Katrin Müller

Die Unabhängigkeit des Abschlussprüfers

GABLER EDITION WISSENSCHAFT

Rechnungswesen und Unternehmensüberwachung

Herausgegeben von
Professor Dr. Hans-Joachim Böcking und
Professor Dr. Michael Hommel

Die Schriftenreihe präsentiert Ergebnisse der betriebswirtschaftlichen Forschung zu den Themengebieten Financial Accounting, Business Reporting, Business Audit, Business Valuation und Corporate Governance. Die Beiträge dieser Rehe verfolgen das Ziel, Vorgaben der Gesetzgebung, der nationalen und internationalen Standardsetter sowie Empfehlungen der Wirtschaftspraxis mittels des Instrumentariums der betriebswirtschaftlichen Theorie zu beschreiben, zu analysieren und insbesondere vor dem Hintergrund der Anforderungen des Kapitalmarktes weiterzuentwickeln.

Katrin Müller

Die Unabhängigkeit des Abschlussprüfers

Eine kritische Analyse der Vorschriften in Deutschland im Vergleich zu den Vorschriften der Europäischen Union, der IFAC und in den USA

Mit einem Geleitwort von Prof. Dr. Hans-Joachim Böcking

Deutscher Universitäts-Verlag

Bibliografische Information Der Deutschen Bibliothek
Die Deutsche Bibliothek verzeichnet diese Publikation in der Deutschen Nationalbibliografie; detaillierte bibliografische Daten sind im Internet über <http://dnb.ddb.de> abrufbar.

Dissertation Universität Frankfurt am Main, 2005

1. Auflage März 2006

Lektorat: Brigitte Siegel / Sabine Schöller

Der Deutsche Universitäts-Verlag ist ein Unternehmen von Springer Science+Business Media.
www.duv.de

Umschlaggestaltung: Regine Zimmer, Dipl.-Designerin, Frankfurt/Main

Gedruckt auf säurefreiem und chlorfrei gebleichtem Papier

ISBN 3-8350-0254-6

Meinen Eltern

Geleitwort

Die regulativen Rahmenbedingungen der Abschlussprüfung werden sowohl in Deutschland als auch weltweit intensiv diskutiert. Gegenstand der Diskussion ist die Frage, ob der Abschlussprüfer seiner Aufgabe im Rahmen der Corporate Governance im erforderlichen Umfang nachgekommen ist. Diese Aufgabe umfasst insbesondere die Verifizierung von Informationen über Unternehmen, um diese Informationen für Rechnungslegungsadressaten glaubwürdig und entscheidungsdienlich zu machen. Eine Voraussetzung für die ordnungsgemäße Erfüllung dieser Aufgabe ist, dass der Abschlussprüfer selbst glaubwürdig, d.h. urteilsfähig und urteilsfrei, ist (independence in fact) und auch gegenüber Dritten so wirkt (independence in appearance). Mithin liegt ein Schwerpunkt der Diskussion auf Maßnahmen zur Steigerung der Unabhängigkeit des Abschlussprüfers.

Die Arbeit von Frau Müller greift diese Problematik auf und untersucht zunächst die Rolle des Abschlussprüfers in der Corporate Governance sowie die Unabhängigkeit des Abschlussprüfers unter theoretischen Aspekten. Auf Basis der hier gewonnenen Erkenntnisse analysiert Frau Müller die Vorschriften zur Unabhängigkeit des Abschlussprüfers in Deutschland im Vergleich zu den Vorschriften der Europäischen Kommission, der International Federation of Accountants und in den USA kritisch. Einen besonderen Schwerpunkt bildet hier die Auseinandersetzung mit den Vorschriften zur Vereinbarkeit von Abschlussprüfung und Beratung, jedoch werden auch andere Sachverhalte, die die Unabhängigkeit des Abschlussprüfers gefährden können, nicht außer Acht gelassen.

Aufbauend auf den Ergebnissen der theoretischen Forschung und den im Rahmen dieses Vergleichs gewonnenen Erkenntnissen entwickelt Frau Müller einen konzeptionell fundierten Entwurf eines Unabhängigkeitsstandards, der einen Handlungsrahmen sowohl für die Abschlussprüfer selbst als auch für die geprüften Unternehmen und die interessierte Öffentlichkeit geben soll. Der Entwurf eines Unabhängigkeitsstandards folgt dabei grundsätzlich einem principles-based approach und wird durch die kasuistische Regelung einzelner, besonders relevanter Tatbestände ergänzt.

Mit ihrer überaus detaillierten Untersuchung der Vorschriften zur Unabhängigkeit des Abschlussprüfers und der Entwicklung eines Entwurfs für einen Unabhängigkeitsstandard leistet Frau Müller einen herausragenden Beitrag zur Forschung in diesem Bereich. Aufgrund der intensiven und umfassenden Auseinandersetzung mit den neuesten Entwicklungen in Bezug auf die Unabhängigkeit des Abschlussprüfers ist die Lektüre dieser Arbeit Vertretern aus Wissenschaft und Praxis als Pflichtlektüre dringend zu empfehlen.

Professor Dr. Hans-Joachim Böcking

Vorwort

Die vorliegende Arbeit ist das Ergebnis des Forschungsprojekts „Independence" der Professur für Betriebswirtschaftlehre, insbesondere Wirtschaftsprüfung und Corporate Governance der Johann Wolfgang Goethe-Universität Frankfurt am Main und der Ernst & Young AG, Stuttgart. Sie wurde im Oktober 2005 vom Fachbereich Wirtschaftswissenschaften der Johann Wolfgang Goethe-Universität Frankfurt am Main als Dissertation angenommen.

Meinem akademischen Lehrer, Herrn Professor Dr. Hans-Joachim Böcking, gebührt mein aufrichtiger Dank für die Möglichkeit zur Promotion, für seine stetige Motivation bei der Betreuung des Promotionsvorhabens und für die Erfahrungen, die ich an seiner Professur sammeln durfte. Bedanken möchte ich mich auch bei Herrn Professor Dr. Ralf Ewert für die freundliche Übernahme des Zweitgutachtens.

Die Ernst & Young AG hat mir die Gelegenheit eröffnet, die Dissertation parallel zu meiner beruflichen Tätigkeit anzufertigen. Für die Ermöglichung dieses Forschungsprojekts sowie die intensiven fachlichen Diskussionen, aus denen das Thema dieser Arbeit hervorging, bedanke ich mich herzlich bei Herrn WP/StB Professor Dr. Norbert Pfitzer, Herrn WP/StB Stephan Gier und Herrn WP/StB Dr. Peter Oser, die mein Promotionsvorhaben stets in besonderem Maße gefördert haben.

Eine Dissertation schreibt sich nicht von allein und nicht alleine und gelingt nur, wenn Arbeitsatmosphäre und -umfeld stimmen. Mein herzlicher Dank gilt daher meinem Freundeskreis sowie meinen Kolleginnen und Kollegen bei Ernst & Young und an der Universität Frankfurt, die mir jederzeit mit fachlichen und freundschaftlichen Ratschlägen zur Seite standen und mir durch ihre Diskussionsbereitschaft und ihre konstruktive Kritik sehr geholfen haben. Für die stetige fachliche und moralische Unterstützung bedanke ich mich herzlich insbesondere bei Herrn RA Harald Bizenberger, Herrn Dr. Andreas Dutzi, Herrn Fabian Gesche, Frau Dr. Gabriele Klein, Frau Dorothee Müller, Frau Anke Müßig, Frau StB Annette Preuße, Herrn Benjamin Rausch und Frau WP/StB Professor Dr. Susanne Schmidtmeier.

Der größte Dank gilt schließlich meinen Eltern, Herrn Dr. Ludger Müller und Frau Corliss Müller, denn sie haben mir nicht nur eine hervorragende Ausbildung ermöglicht, die den Grundstein für diese Arbeit gelegt hat, sondern auch den Entstehensprozess meiner Arbeit – nicht nur fachlich – vom Anfang bis zum Ende intensiv begleitet. Sie haben mir über so manches Motivationsloch hinweggeholfen und mich durch ihr Verständnis und ihre stets guten Ratschläge in jeder Phase meines Lebens unterstützt. Ihnen ist diese Arbeit gewidmet.

Katrin Müller

Inhaltsverzeichnis

Abbildungsverzeichnis

Tabellenverzeichnis

Verzeichnis der verwendeten Symbole

A_t	Prüfungskosten der Periode t
CS	Transaktionskosten des Prüferwechsels
ε	beliebige, positive kleine Zahl
F_t	Prüfungshonorar der Periode t
K	Einarbeitungskosten im Rahmen der Erstprüfung
π	Barwert des Gewinns des Abschlussprüfers
r	Zinssatz
t	Index für eine Periode

Abkürzungsverzeichnis

a.A.	anderer Ansicht
AAA	American Accounting Association
AblEG	Amtsblatt der Europäischen Gemeinschaften
Abs.	Absatz
Abschn.	Abschnit(te)
ADS	Adler/Düring/Schmaltz, Rechnungslegung und Prüfung der Unternehmen, Kommentar zum HGB, AktG, GmbHG, PublG
A.E.R.	American Economic Review *(Zeitschrift)*
a.F.	alter Fassung
AG	Aktiengesellschaft / Die Aktiengesellschaft *(Zeitschrift)*
AICPA	American Institute of Certified Public Accountants
AISG	Accountants International Study Group
AktG	Aktiengesetz (Stand: 15.12.2004)
a.M.	am Main
Anh.	Anhang
Anm.	Anmerkung
Anm. d. Verf.	Anmerkung der Verfasserin
AO	Abgabenordnung
APAG	Gesetz zur Fortentwicklung der Berufsaufsicht über Abschlussprüfer in der Wirtschaftsprüferordnung (Abschlussprüferaufsichtsgesetz – APAG) vom 27.12.2004.
APB	Accounting Principles Board
ARSC	Accounting and Review Services Committee
ASB	Auditing Standards Board
ASR	Accounting Series Release
BaFin	Bundesanstalt für Finanzdienstleistungsaufsicht
BAnz	Bundesanzeiger
BB	Betriebsberater *(Zeitschrift)*
BBK	Betrieb und Rechnungswesen – Buchführung, Bilanz, Kostenrechnung *(Zeitschrift)*
BDO	Binder Dijker Otte & Co.
BFH	Bundesfinanzhof
BFuP	Betriebswirtschaftliche Forschung und Praxis *(Zeitschrift)*
BGB	Bürgerliches Gesetzbuch
BGBl.	Bundesgesetzblatt

BGH	Bundesgerichtshof
BilKoG	Gesetz zur Kontrolle von Unternehmensabschlüssen (Bilanzkontrollgesetz – BilKoG) vom 15.12.2004
BilReG	Gesetz zur Einführung internationaler Rechnungslegungsstandards und zur Sicherung der Qualität der Abschlussprüfung (Bilanzrechtsreformgesetz – BilReG) vom 4.12.2004
BiRiLiG	Bilanzrichtlinien-Gesetz vom 19.12.1985
BMJ	Bundesministerium der Justiz
BMWA	Bundesministerium für Wirtschaft und Arbeit
BörsG	Börsengesetz (Stand: 25.11.2003)
BR-Drucks.	Bundesratsdrucksache
BS WP/vBP	Berufssatzung für Wirtschaftsprüfer/vereidigte Buchprüfer
bspw.	Beispielsweise
BT-Drucks.	Bundestagsdrucksache
BuW	Betrieb und Wirtschaft (*Zeitschrift*)
BVerfG	Bundesverfassungsgericht
bzw.	Beziehungsweise
C&L	Coopers and Lybrand
c.p.	ceteris paribus
CAP	Committee on Accounting Procedure
CEO	Chief Executive Officer
CFR	Central Federal Register
CESR	The Committee of European Securities Regulators
CPA	Certified Public Accountant
DB	Der Betrieb *(Zeitschrift)*
DBW	Die Betriebswirtschaft *(Zeitschrift)*
DCGK	Deutscher Corporate Governance Kodex
d.h.	das heißt
DM	Deutsche Mark/Discussion Memorandum
DRS	Deutscher Rechnungslegungs Standard
DRSC	Deutsches Rechnungslegungs Standards Committee
DStR	Deutsches Steuerrecht *(Zeitschrift)*
e.V.	eingetragener Verein
ECG	European Contact Group
EG	Europäische Gemeinschaft
EGV	Vertrag zur Gründung der Europäischen Gemeinschaft
EPS	Entwurf eines IDW Prüfungsstandards
ERK	Earnings Response-Koeffizient
et al.	et alii
EU	Europäische Union
EuroBilG	Gesetz zur Anpassung bilanzrechtlicher Bestimmungen an die Einführung des Euro, zur Erleichterung der Publizität für Zweigniederlassungen ausländischer Unternehmen sowie zur Einführung einer Qualitätskontrolle für genossenschaftliche Prüfungsverbände (Euro-Bilanzgesetz) vom 10.12.2001
EWGV	Vertrag zur Gründung der Europäischen Wirtschaftsgemeinschaft
EY	Ernst & Young
f.	Folgende
FAIT	Fachausschuss für Informationstechnologie
FASB	Financial Accounting Standards Board
FEE	Fédération des Experts Comptables Européens
FN-IDW	IDW Fachnachrichten *(Zeitschrift)*

FOF	Forum of Firms
FRR	Financial Reporting Releases
GAAP	Generally Accepted Accounting Principles
GAAS	Generally Accepted Auditing Standards
GCCG	German Code of Corporate Governance
gem.	Gemäß
ggü.	Gegenüber
GmbH	Gesellschaft mit beschränkter Haftung
GmbHG	Gesetz betreffend die Gesellschaften mit beschränkter Haftung (Stand: 22.3.2005)
GmbHR	GmbH-Rundschau *(Zeitschrift)*
GoA	Grundsätze ordnungsmäßiger Abschlussprüfung
GoB	Grundsätze ordnungsmäßiger Buchführung
GuV	Gewinn- und Verlustrechnung
h.M.	herrschende Meinung
Halbs.	Halbsatz
HFA	Hauptfachausschuss des IDW
HGB	Handelsgesetzbuch (Stand: 15.12.2004)
HGrG	Gesetz über die Grundsätze des Haushaltsrechts des Bundes und der Länder (Haushaltsgrundsätzegesetz) (Stand: 23.12.2003)
HV	Hauptversammlung
HVB	HypoVereinsbank
HWRP	Handwörterbuch der Rechnungslegung und Prüfung
i.d.R.	in der Regel
i.S.d.	im Sinne des
i.S.e.	im Sinne einer
i.V.m.	in Verbindung mit
IAASB	International Auditing and Assurance Standards Board
IAPC	International Auditing Practices Committee
IAPS	International Auditing Practice Statements
IAS	International Accounting Standards
IASB	International Accounting Standards Board
IASC	International Accounting Standards Committee
ICCAP	International Co-Ordination-Committee for the Accountancy Profession
IDW	Institut der Wirtschaftsprüfer in Deutschland e.V.
IFAC	International Federation of Accountants
IFRS	International Financial Reporting Standards
insb.	insbesondere
IOSCO	International Organisation of Securities Commissions
IPSAS	International Public Sector Accounting Standard
i.R.d.	im Rahmen der/des
ISA	International Standards on Auditing
ISAE	International Standard on Assurance Engagements
ISB	Independence Standards Board
ISQC	International Standard on Quality Control
IStR	Internationales Steuerrecht (*Zeitschrift*)
IWB	Internationale Wirtschaftsbriefe (*Zeitschrift*)
JAE	Journal of Accounting and Economics (*Zeitschrift*)
JfB	Journal für Betriebswirtschaft (*Zeitschrift*)
Jg.	Jahrgang
JoA	Journal of Accountancy (*Zeitschrift*)

k.A.	keine Angabe
KapAEG	Gesetz zur Verbesserung der Wettbewerbsfähigkeit deutscher Konzerne an Kapitalmärkten und zur Erleichterung der Aufnahme von Gesellschafterdarlehen (Kapitalaufnahmeerleichterungsgesetz) vom 20.4.1998
KapCoRiLiG	Gesetz zur Durchführung der Richtlinie des Rates der Europäischen Union zur Änderung der Bilanz- und der Konzernbilanzrichtlinie hinsichtlich ihres Anwendungsbereichs (90/605/EWG), zur Verbesserung der Offenlegung von Jahresabschlüssen und zur Änderung anderer handelsrechtlicher Bestimmungen (Kapitalgesellschaften- und Co-Richtlinie-Gesetz) vom 24.2.2000
KGaA	Kommanditgesellschaft auf Aktien
KonTraG	Gesetz zur Kontrolle und Transparenz im Unternehmensbereich vom 27.4.1998
KoR	Kapitalmarktorientierte Rechnungslegung (*Zeitschrift*)
KPMG	Klynveld Peat Marwick Goerdeler
KWG	Kreditwesengesetz (Stand: 5.4.2004)
m.E.	meines Erachtens
M&A	Mergers and Acquisitions
MARC	Maastricht Accounting and Auditing Research Centre
MaK	Mindestanforderungen an das Kreditgeschäft der Kreditinstitute vom 20.12.2002
MAS	Management Advisory Services
MCSEC	Management Consulting Services Executive Committee
mind.	Mindestens
m.w.N.	mit weiteren Nachweisen
NBW	Neue Betriebswirtschaft und betriebswirtschaftliche Datenverarbeitung (*Zeitschrift*)
NJW	Neue Juristische Wochenschrift (*Zeitschrift*)
NJW-RR	NJW-Rechtsprechungsreport *(Zeitschrift)*
Nr.	Nummer
NYSE	New York Stock Exchange
NZG	Neue Zeitschrift für Gesellschaftsrecht
o.ä.	oder ähnliches
o.g.	oben genannte(r)
o.Jg.	ohne Jahrgang
ObLG	(Bayerisches) Oberlandesgericht
OECD	Organisation for Economic Co-operation and Development
OLG	Oberlandesgericht
PCAOB	Public Company Accounting Oversight Board
PG	Prüfungsgesellschaft
PS	Prüfungsstandard(s)
PublG	Gesetz über die Rechnungslegung von bestimmten Unternehmen und Konzernen (Publizitätsgesetz) (Stand: 10.12.2001)
PwC	PriceWaterhouseCoopers
RBerG	Rechtsberatungsgesetz (Stand: 4.12.2004)
RGBl.	Reichsgesetzblatt
RIW	Recht der internationalen Wirtschaft *(Zeitschrift)*
Rz.	Randziffer
S.	Seite
SA	Securities Act
SAS	Statements on Auditing Standards

SEA	Securities Exchange Act
SEC	Securities and Exchange Commission
SECPS	SEC Practice Section
SOA	Sarbanes-Oxley Act of 2002 vom 30.7.2002
sog.	sogenannte(r)(s)
StB	Der Steuerberater (*Zeitschrift*)
StBerG	Steuerberatungsgesetz (Stand: 21.12.2004)
StuB	Steuern und Bilanzen (*Zeitschrift*)
TAC	Transnational Auditors Committee
TransPuG	Gesetz zur weiteren Reform des Aktien- und Bilanzrechts, zu Transparenz und Publizität (Transparenz- und Publizitätsgesetz) vom 19.7.2002
Tz.	Textziffer
u.a.	unter anderem
u.U.	unter Umständen
US	United States
US-GAAP	United States Generally Accepted Accounting Principles
US-GAAS	United States Generally Accepted Auditing Standards
USA	United States of America
USD	US Dollar
usw.	und so weiter
v.	vom
v.H.	vom Hundert
vBP	vereidigter Buchprüfer
vgl.	vergleiche
Wedit	Wollert-Elmendorff Deutsche Industrie-Treuhand GmbH
WiB	Wirtschaftsrechtliche Beratung (*Zeitschrift*)
WiPrPrüfV	Prüfungsverordnung für Wirtschaftsprüfer nach §§ 14 und 131l der Wirtschaftsprüferordnung (Wirtschaftsprüferprüfungsverordnung) (Stand: 20.7.2004)
WM	Wertpapiermitteilungen *(Zeitschrift)*
WP	Wirtschaftsprüfer(in)
WPg	Die Wirtschaftsprüfung *(Zeitschrift)*
WPG	Wirtschaftsprüfungsgesellschaft
WpHG	Gesetz über den Wertpapierhandel (Wertpapierhandelsgesetz) (Stand: 15.12.2003)
WPK	Wirtschaftsprüferkammer
WPK-Mitt.	Wirtschaftsprüferkammer-Mitteilungen *(Zeitschrift)*
WPO	Gesetz über eine Berufsordnung der Wirtschaftsprüfer (Wirtschaftsprüferordnung) (Stand: 27.12.2004)
WPOÄG	Gesetz zur Änderung der Vorschriften über die Tätigkeit der Wirtschaftsprüfer (Wirtschaftsprüferordnungs-Änderungsgesetz) vom 19.12.2000
z.B.	zum Beispiel
z.T.	zum Teil
ZfB	Zeitschrift für Betriebswirtschaft
ZfbF	Zeitschrift für betriebswirtschaftliche Forschung (bis 1963: ZfhF)
ZfhF	Zeitschrift für handelswissenschaftliche Forschung (ab 1964: ZfbF)
ZGR	Zeitschrift für Unternehmens- und Gesellschaftsrecht
ZHR	Zeitschrift für das gesamte Handels- und Wirtschaftsrecht
ZIP	Zeitschrift für Wirtschaftsrecht

Einleitung

1 Problemstellung

Spektakuläre Zusammenbrüche und Schieflagen von Unternehmen, die als Ergebnis der letzten Jahresabschlussprüfung noch einen uneingeschränkten Bestätigungsvermerk erhalten hatten, führen regelmäßig zu Kritik am Abschlussprüfer und der Institution Abschlussprüfung. Häufig wird der Abschlussprüfer dafür verantwortlich gemacht, die Schieflage des Unternehmens nicht rechtzeitig erkannt und/oder kommuniziert zu haben. Diese Kritik ist zum einen darauf zurückzuführen, dass die Öffentlichkeit Ziel und Inhalt der Abschlussprüfung anders bewertet als dies vom Gesetzgeber vorgeschrieben ist. Dieses Missverständnis wird in der Literatur als Erwartungslücke bezeichnet.[1] Zum anderen wird dem Abschlussprüfer von der Öffentlichkeit eine parteiliche Berufsausübung und damit mangelnde Integrität vorgeworfen.[2] Damit das Testat des Abschlussprüfers die gewünschte vertrauensbildende Wirkung in Bezug auf die Rechnungslegung und den Jahresabschluss hat, muss der Abschlussprüfer selbst auf den Adressaten glaubwürdig wirken, damit dieser den geprüften Abschluss für glaubwürdig erachtet, denn „die Rechnungslegung kann ... die ihr zugedachten Wirkungen nur dann erfüllen, wenn die Vertrauenswürdigkeit der ausgewiesenen Zahlen und sonstigen Informationen gewährleistet ist, wenn also eine Verifizierung seitens einer unabhängigen Instanz durchgeführt wird“[3]. Da das Vertrauen der Öffentlichkeit in die Unabhängigkeit, die Integrität und den Sachverstand des Abschlussprüfers das Fundament darstellt, auf dem die Institution Abschlussprüfung gründet,[4] kann die Glaubwürdigkeit nur erreicht werden, wenn der Abschlussprüfer selbst urteilsfähig und urteilsfrei, d.h. unabhängig, ist (sog. Independence in Fact) und dies auch gegenüber Dritten so vermitteln kann (sog. Independence in Appearance).[5] Können Anteilseigner, Kreditgeber sowie weitere Stakeholder[6] den von den Unternehmen veröffentlichten und vom Abschlussprüfer geprüften Informationen nicht vertrauen, sinkt ihre Investitionsbereitschaft. Die Abschlussprüfung wird somit „neben der Rechnungslegung und Publizität zum dritten tragenden Pfeiler für das Funktionieren der Kapital-

---

1 Vgl. Böcking (1999), S. 720-725; Dörner (1995), S. 13; Forster (1994b), S. 789; Wiedmann (1998), S. 340; Wolz (1998), S. 126-129 sowie die empirische Untersuchung von Hunger (1980), S. 29-32.

2 Vgl. Forster (1995), S. 1f.

3 Ewert (1993), S. 717; vgl. auch Schwandtner (2002), S. 324.

4 Vgl. bereits Emmerich (1977), S. 222; Gessler (1956), S. 463-465; Moxter (1981), S. 579-582; Pougin (1976), S. 96f.; vgl. auch Wagenhofer/Ewert (2003), S. 472.

5 Vgl. Ewert/Stefani (2001), S. 148; Fleischer (1996), S. 758-760; Herzig/Watrin (1995), S. 777f.; Hunger (1980), S. 32f.; Leffson (1988), S. 8 und S. 13; Lutter/Hommelhoff (2000), Anh. § 42 GmbHG, Tz. 5; Mattheus (2002), § 319 HGB, Tz. 41; Schildbach (1996a), S. 1f.; Schwandtner (2002), S. 324; Vollmer/Maurer (1993), S. 595-597.

6 In Bezug auf ein Unternehmen ist ein Stakeholder ein Individuum bzw. eine Gruppe von Individuen, das bzw. die ein Interesse an dem Unternehmen hat bzw. haben. Dazu zählen z.B. Eigen- und Fremdkapitalgeber, Aufsichtsräte, Mitarbeiter, Behörden und Lieferanten. Vgl. Freeman/ Reed (1983), S. 91; Marten/ Quick/Ruhnke (2003), S. 1f.

märkte"[7]. Zu beachten ist hier auch, dass die Unabhängigkeit des Abschlussprüfers „nicht als Selbstzweck und isolierter Grundsatz [besteht], sondern ... der Sicherung der Objektivität des Prüfungsurteils"[8] dient und somit Ausfluss der Gewährleistung einer gleich bleibend hohen Prüfungsqualität ist.[9]

Im Themenkomplex der Unabhängigkeit des Abschlussprüfers wird die Vereinbarkeit von Abschlussprüfung und Beratung am häufigsten erörtert,[10] jedoch dürfen auch andere Problembereiche, wie bspw. die finanzielle oder persönliche Abhängigkeit des Abschlussprüfers von seinem Mandanten, in der Diskussion nicht außer Acht gelassen werden, da diese die gleichen Konsequenzen haben.

Die Unabhängigkeit des Abschlussprüfers wurde in Deutschland im Rahmen der Verabschiedung des Gesetzes zur Kontrolle und Transparenz im Unternehmensbereich (KonTraG)[11] im Jahr 1998 kontrovers diskutiert. Im Jahr 2001 hat die Regierungskommission Corporate Governance[12] in ihrem Abschlussbericht die Thematik erneut erörtert, ohne zu einer abschließenden Regelung zu gelangen, da sie den Konsultationsprozess auf internationaler Ebene abwarten wollte. Mit dem Deutschen Corporate Governance Kodex (DCGK)[13] und dem Transparenz- und Publizitätsgesetz (TransPuG)[14] wurde im Jahr 2002 die sog. Unabhängigkeitserklärung des Abschlussprüfers an den Aufsichtsrat für alle börsennotierten Unternehmen empfohlen.[15] Ein Jahr später wurden durch den Maßnahmenkatalog der Bundesregierung zur Stärkung der Unternehmensintegrität und des Anlegerschutzes umfassende Änderungen des § 319 HGB angekündigt,[16] die im Jahr 2004 durch das Bilanzrechtsreformgesetz[17] mit einer umfangreichen Neufassung des § 319 HGB und der Einfügung des § 319a HGB, der besondere Ausschlussgründe regelt, umgesetzt wurden.[18]

Neben den nationalen Vorschriften können für den deutschen Abschlussprüfer auch internationale Regelungen, wie z.B. die Vorschriften der Europäischen Union (EU) und der International Federation of Accountants (IFAC), von Bedeutung sein. Prüft der Abschlussprüfer zu-

---

7 Ebke (1998b), S. 77; vgl. auch EU-Kommission (1996b), S. 281; Hagel (2002), S. 1355f.; Jacob (1998), S. 159f.; Marx (2002b), S. 293; Schindler/Rosin (2001), S. 118; Stefani (2002a), S. 1f.; Wiedmann (2000), S. 444-446. Wüstemann (2002), S. 718 vertritt mit Verweis auf Moxter (1976), S. 94-99; Moxter (1996b), S. 675 die Auffassung, der Zweck von Rechnungslegungsnormen sei, „Rechnungslegungsadressaten in den Stand zu versetzen, ‚interessengerechte Entscheidungen' zu treffen". Zur Kapitalerhaltungsfunktion des Testats vgl. Erle (1990), S. 61-66.

8 IDW (2002a), S. 253.

9 Vgl. Ring (2002), S. 1348; Ewert (2003), S. 537f.

10 Zu diesem Themenkomplex sind in letzter Zeit einige Dissertationen veröffentlicht worden, z.B. von Demme (2003); Marx (2002a); Stefani (2002a); Stegemeyer (2002).

11 BGBl. I 1998, S. 786-794.

12 Vgl. Baums (2001).

13 Vgl. DCGK (2005).

14 BGBl. I 2002, S. 2681-2687.

15 Vgl. DCGK (2005), Abschn. 7.2.1.

16 Vgl. BMJ (2003b), Abschn. 5.

17 BGBl. I 2004, S. 3166-3182.

18 Vgl. BT-Drucks. 15/3419, S. 9f. und S. 36-42.

dem Unternehmen, die durch eine Registrierung bei der Securities and Exchange Commission (SEC) den US-amerikanischen Kapitalmarkt in Anspruch nehmen, unterliegt er zugleich den dortigen Vorschriften. Auch hier ist die Unabhängigkeit des Abschlussprüfers, insb. infolge des spektakulären Zusammenbruchs des US-amerikanischen Unternehmens Enron und der darauf folgenden Auflösung einer weltweit tätigen Prüfungsgesellschaft, Gegenstand stetiger Diskussion.

So hat die EU-Kommission im Mai 2002 eine Empfehlung zur Unabhängigkeit des Abschlussprüfers in der Europäischen Union[19] verabschiedet, die von den Abschlussprüfern in allen EU-Mitgliedstaaten beachtet werden soll. Momentan liegt der Vorschlag zur Modernisierung der Prüferrichtlinie[20] zur Diskussion vor. Im November 2001 hatte die IFAC die überarbeiteten Regelungen zur Unabhängigkeit als Abschnitt 8 im Code of Ethics[21] verabschiedet. Bereits im November 2000 wurden neue, z.T. einschneidende Regelungen zur Unabhängigkeit des Abschlussprüfers[22] durch die US-amerikanische SEC erlassen. Diese Regelungen wurden durch den im Juli 2002 in Kraft getretenen Sarbanes-Oxley Act of 2002 (SOA)[23] und die im Januar 2003 erfolgte Umsetzung dieses Gesetzes durch die SEC[24] weiter verschärft. Auch das American Institute of Certified Public Accountants (AICPA) hat seine Regelungen zur Unabhängigkeit im AICPA Code of Professional Conduct[25] überarbeitet und im November 2001 veröffentlicht. Mit Einrichtung des Public Company Accounting Oversight Board (PCAOB) hat die SEC dieses u.a. zur Entwicklung von Vorschriften zur Unabhängigkeit ermächtigt. Mittlerweile liegen neue Regelungen zur Vereinbarkeit von Steuerberatungsleistungen mit der Abschlussprüfung im Entwurf vor.

Damit ist zu untersuchen,

1. welche Vorschriften der deutsche Abschlussprüfer zu beachten hat,
2. in welchen Formen eine nicht unabhängige Berufsausübung auftreten kann,
3. (sofern anwendbar) wie nationale und internationale zur Normsetzung befugte Institutionen mit dem Themenkomplex der Unabhängigkeit des Abschlussprüfers umgehen und ob deren Vorgehensweise zielführend ist,
4. wie die Vorschriften zur Unabhängigkeit des Abschlussprüfers transparent für alle Kapitalmarktteilnehmer dargestellt werden können sowie
5. ob die bisherigen in Deutschland gültigen Normen von Art, Umfang und Darstellungsweise her dazu geeignet sind, die Unabhängigkeit des Abschlussprüfers zu bewahren.

---

19 Vgl. EU-Kommission (2002e).

20 Vgl. Vorschlag zur Modernisierung der Prüferrichtlinie (2004).

21 Vgl. IFAC (2001c).

22 Vgl. SEC (2000).

23 Ziel des Sarbanes-Oxley Act ist „to protect investors by improving the accuracy and reliability of corporate disclosures". Sarbanes-Oxley Act of 2002, S. 1.

24 Vgl. SEC (2003a).

25 Vgl. AICPA (2001).

In der Literatur existieren zahlreiche Untersuchungen zur Vereinbarkeit von Abschlussprüfung und Beratung sowie über die negativen wie positiven Auswirkungen der Beratung auf die Abschlussprüfung.[26] Da dies jedoch nur einen, wenn auch wesentlichen, Teilaspekt der Problematik beleuchtet, sollen in dieser Arbeit auch andere Sachverhalte, wie bspw. die finanzielle Abhängigkeit in Form von Anteilsbesitz oder die persönliche Abhängigkeit in Form einer der Abschlussprüfung vor- oder nachgelagerten Tätigkeit beim Mandanten, einen Teil der Untersuchung bilden. Ziel ist ein umfassender Vergleich der Vorschriften zur Unabhängigkeit, die auf den deutschen Abschlussprüfer den größten Einfluss haben, um einen Unabhängigkeitsstandard für den deutschen Abschlussprüfer entwickeln zu können. In diesem Zusammenhang sind m.E. die Regelungen des deutschen Gesetzgebers und der weiteren zur Normsetzung befugten deutschen Institutionen, die Regelungen der EU, der IFAC sowie die US-amerikanischen Vorschriften kritisch zu analysieren.

2 Gang der Untersuchung

Zur strukturierten Problemerfassung wird im ersten Kapitel zunächst auf die ökonomischen Grundlagen der Abschlussprüfung, insb. auf die Principal-Agent-Problematik eingegangen. Im Anschluss wird die Rolle des Abschlussprüfers in der Corporate Governance untersucht und von der Überwachungsfunktion des Aufsichtsrats abgegrenzt. Den Abschluss des ersten Kapitals bildet die Auseinandersetzung mit der Unabhängigkeit des Abschlussprüfers in der Prüfungstheorie anhand von ökonomischen Modellen und empirischen Untersuchungen.

Im zweiten Kapitel werden die Regelungsinstitutionen der Abschlussprüfung, die neben dem Gesetzgeber auf die Abschlussprüfung in Deutschland Auswirkungen haben bzw. haben können, untersucht. Dabei wird zunächst die Normsetzungsbefugnis der Wirtschaftsprüferkammer (WPK) und des Instituts der Wirtschaftsprüfer in Deutschland e.V. (IDW) diskutiert. Anschließend werden die in Deutschland gültigen Vorschriften des HGB, der WPO und der Berufssatzung WPK sowie des DCGK in Bezug auf die Unabhängigkeit des Abschlussprüfers erörtert. Im zweiten Unterkapitel werden dann die relevanten Institutionen der EU erläutert und deren Normsetzungsbefugnis untersucht sowie auf die Vorschriften zur Unabhängigkeit des Abschlussprüfers in der EU eingegangen. Die gleiche Untersuchung wird für die IFAC durchgeführt. Die Vorschriften der EU und der IFAC haben unmittelbaren Einfluss auf die Abschlussprüfung in Deutschland, da Verordnungen der EU direkt angewandt, Richtlinien in deutsches Recht umgesetzt und Empfehlungen beachtet werden müssen. Die Vorschriften der IFAC sind durch das IDW in deutsche Standards zu transformieren. Abschließend werden die in den USA gültigen Vorschriften untersucht. Diese sind zwar nicht grundsätzlich bei Abschlussprüfungen in Deutschland zu beachten, jedoch nimmt ihre Relevanz durch die steigende Anzahl deutscher Unternehmen, die den US-amerikanischen Kapitalmarkt in Anspruch

26 Vgl. z.B. die umfassende tabellarische Übersicht bei Stefani (2002a), S. 372-389. Vgl. vor allem auch Ewert (2003), S. 528-539; Marten (1999a), S. 108-118.

nehmen, und deutscher Tochterunternehmen, deren Mutterunternehmen den US-amerikanischen Kapitalmarkt in Anspruch nehmen, zu.

Im dritten Kapitel werden schließlich, in Anlehnung an den Threats and Safeguards-Approach der IFAC, die einzelnen Risiken, denen die Unabhängigkeit eines Abschlussprüfers ausgesetzt sein kann, diskutiert und deren Behandlung durch die im vorherigen Kapitel vorgestellten Regelungsinstitutionen vergleichend kritisch gegenüber gestellt.

Anschließend werden im vierten Kapital Ansätze zur Stärkung der Unabhängigkeit des Abschlussprüfers kritisch beleuchtet. Dazu gehören z.B. Maßnahmen zur Qualitätssicherung innerhalb der Prüfungsgesellschaft, präventive Maßnahmen des Gesetzgebers, wie die Ausweitung der Haftung des Abschlussprüfers und die Einrichtung eines Enforcement. Daneben kann die Unabhängigkeit durch eine erhöhte Transparenz zwischen Abschlussprüfer und Öffentlichkeit gestärkt werden. Diese Maßnahmen umfassen z.B. die Unabhängigkeitserklärung des Abschlussprüfers an den Aufsichtsrat, die Offenlegung des für die Abschlussprüfung und für weitere Leistungen erhaltenen Honorars sowie die engere Anbindung des Abschlussprüfers an den Aufsichtsrat durch die Einrichtung eines Audit Committee.

Den Abschluss der Arbeit bildet die Entwicklung eines eigenen Unabhängigkeitsstandards für den deutschen Abschlussprüfer.

Die Arbeit schließt mit einer thesenförmigen Zusammenfassung.

Kapitel I: Unabhängige Abschlussprüfung als Element der Unternehmenskontrolle

1 Ökonomische Grundlagen der Abschlussprüfung

1.1 Auseinanderfallende Interessen als Auslöser der Abschlussprüfung

1.1.1 Informationsasymmetrien

Die Information ist das Kernelement für die effiziente Allokation von Ressourcen und damit für das Funktionieren der Märkte. Informationen nehmen heute auch im Rahmen der Unternehmenssteuerung sowie der Kapitalallokation eine führende Rolle ein. Die Informationen sind jedoch nicht gleichmäßig verteilt, d.h. einzelne sog. Stakeholder[27] verfügen über bessere Informationen als andere. Ein typisches Beispiel hierfür ist ein Unternehmen, das nicht von seinen Eigentümern (Kapitalgebern) geführt wird, sondern dessen Eigentümer die Unternehmensführung an Dritte delegiert haben. Diese Dritten können aufgrund ihres Informationsvorsprungs gegenüber den Eigentümern zunächst versuchen, ihren eigenen Nutzen zu maximieren, bevor sie den Nutzen der Eigentümer maximieren.[28] Dieser Zusammenhang, „die Untersuchung und Gestaltung von Auftragsbeziehungen zwischen ungleich informierten Akteuren, die aufgrund von Unsicherheit beschränkt rational handeln"[29], wird in der Literatur als „Principal-Agent-Theorie" bezeichnet.[30] Die Agency-Modelle beschäftigen sich mit der optimalen Vertragsgestaltung zwischen mindestens zwei Vertragspartnern, die unterschiedliche Informationen und divergierende Interessen haben. In der Regel delegiert ein Auftraggeber (Prinzipal) eine oder mehrere Aufgaben an einen Auftragnehmer (Agent), dem er bestimmte Kenntnisse und Fähigkeiten zuschreibt. Hierbei besteht jedoch die Gefahr, dass der Agent ausschließlich seine eigenen Interessen verfolgt und seine Leistung somit unterhalb des aus Sicht des Auftraggebers optimalen Niveaus verbleibt.[31]

Arrow unterscheidet zunächst zwei Grundtypen asymmetrischer Information[32], Hidden Action und Hidden Information.[33] Diese werden in der späteren Literatur ergänzt um Hidden In-

---

27 Vgl. die Definition in der Problemstellung.

28 Die Eigentümer können das Verhalten der Dritten nicht ex ante beobachten und durch Verträge bzw. Gesetz nur eingeschränkt in die gewünschte Richtung lenken. Daher besteht die Möglichkeit, dass die Dritten nicht im Sinne der Eigentümer handeln. Vgl. dazu auch die folgenden Ausführungen zu asymmetrischer Information sowie Arrow (1994), S. 3f. zum methodologischen Individualismus und Baetge/Thiele/Matena (2004), S. 203.

29 Stegemeyer (2002), S. 73.

30 Die Bezeichnung „Principal Agent" wurde zuerst von Ross (1973) verwendet; ähnlich Jensen/ Meckling (1976). Eine Weiterentwicklung dieser Ansätze erfolgte bspw. durch Fama (1980). Vgl. auch Ewert (1985), S. 8-23; Richter/Furubotn (1999), S. 268-277; Marten/Quick/Ruhnke (2003), S. 27.

31 Vgl. z.B. Wagenhofer/Ewert (2002), S. 47-52; Marten/Quick/Ruhnke (2003), S. 28-30.

32 Vgl. zur Unterscheidung zwischen vollkommener und unvollkommener Information Feess (2000), S. 583-623 und S. 625-677; Holler/Illing (2000), S. 43-45; Varian (1995), S. 589-610.

33 Vgl. Arrow (1985), S. 38-42; Ewert (1990), S. 11f.

tention.[34] Hidden Action beschreibt das konkrete Verhalten des Agenten, z.B. Anstrengung, Fleiß oder Sorgfalt. Fällt das Ergebnis der Tätigkeit des Agenten nicht wie vom Prinzipal gewünscht aus, kann dies an einem ungenügenden Arbeitseinsatz des Agenten, aber auch daran liegen, dass der Agent „Pech" hatte. Für den Prinzipal ist nicht ersichtlich, worin das mangelhafte Ergebnis begründet ist.[35] Damit kann er ein mögliches Fehlverhalten des Agenten nicht unmittelbar sanktionieren.[36] Hidden Action birgt dementsprechend die Gefahr, „daß der Agent die Unkenntnis bzw. die fehlenden Kontrollmöglichkeiten des Prinzipals ausnutzt, ohne daß er nachträglich vom Prinzipal entlarvt werden kann"[37]. Diese Verhaltensunsicherheit wird als „Moral Hazard" bezeichnet.[38]

Hidden Characteristics/Hidden Information stellen Informationen dar, die nur dem Agenten bekannt, von diesem aber nicht beeinflussbar sind, z.B. Eigenschaften wie Talent oder Begabung, da sie in seiner Person begründet sind. Der Agent kann dem Prinzipal falsche Eigenschaften mit dem Resultat vortäuschen, dass sich der Prinzipal für einen unerwünschten Vertragspartner entscheidet (sog. Adverse Selection).[39] Der Prinzipal kann Adverse Selection vermeiden, indem er den Agenten entweder selbst einer Untersuchung unterzieht (sog. Screening) oder diese Untersuchung durch Dritte durchführen lässt (sog. Signalling). Der Prinzipal muss die Untersuchung nicht selbst in Auftrag geben, sondern kann auf Untersuchungsergebnisse anderer, z.B. in Form von Zeugnissen, zurückgreifen.[40]

Hidden Intention ist die Absicht des Agenten, sich auf eine bestimmte Art und Weise zu verhalten, z.B. Entgegenkommen, Kulanz oder Fairness. Der Prinzipal weiß ex ante nicht, wie sich der Agent verhalten wird. Im Unterschied zur Hidden Action ist die Handlung des Agenten hier jedoch beobachtbar. Trotzdem ist der Prinzipal aufgrund seines Abhängigkeitsverhältnisses zum Agenten nicht in der Lage, den Agenten zu einem von ihm erwünschten Verhalten zu zwingen. Die Gefahr, dass der Agent dies zu seinem Vorteil ausnutzt, wird als Hold up bezeichnet.[41]

---

34 Keines dieser Charakteristika ist dem Prinzipal vor der Auftragsannahme durch den Agenten bekannt. Er muss sich auf die Aussagen des Agenten oder Dritter verlassen. Vgl. Herzig/Watrin (1995), S. 789-793; Spremann (1990), S. 566-572; Stefani (2002b), S. 223-236.

35 Vgl. Arrow (1985), S. 43-45.

36 Vgl. Varian (1995), S. 596f.; Rasmusen (2001), S. 161-164. Der Agent kann sein Handeln auch so ausrichten, dass für den Prinzipal nicht ersichtlich wird, ob er absichtlich so gehandelt hat. Vgl. Elschen (1998), S. 557.

37 Herzig/Watrin (1995), S. 790.

38 Vgl. Molho (1997), S. 117-145.

39 Ausgangspunkt der Beschäftigung mit Adverse Selection war die Untersuchung von Akerlof (1970). Vgl. auch Rasmusen (2001), S. 211-225; Richter/Furubotn (1999), S. 273-277. Vgl. zur Marktunvollkommenheit die grundlegende Arbeit von Alchian/Demsetz (1972).

40 Vgl. Rasmusen (2001), S. 267-277 zu Signalling, S. 277-282 zu Screening; Herzig/Watrin (1995), S. 798; Molho (1997), S. 19-44 zu Adverse Selection, S. 63-78 zu Signalling, S. 81-90 zu Screening; Spence (1973), S. 355-374 zu Signalling.

41 Vgl. Herzig/Watrin (1995), S. 792.

1.1.2 Die Abschlussprüfung als Konsequenz agencybedingter Interessenkonflikte zwischen Kapitalgebern und Management

Auf die Abschlussprüfung selbst lässt sich die Agency-Theorie ebenfalls anwenden, denn „offen gelegte Unternehmensinformationen können bei skeptischen Anlegern nur dann eine Informationswirkung entfalten, wenn ihnen wenigstens in gewissem Umfang Glaubwürdigkeit attestiert werden kann“[42]. Im Rahmen einer kapitalmarktorientierten Rechnungslegung unterliegen die durch den Jahresabschluss bereitgestellten Informationen zunehmend dem Postulat, für die Anleger entscheidungsdienlich zu sein.[43] Insbesondere in Zeiten spektakulärer Unternehmensschieflagen und -zusammenbrüche wird verstärkt auf die Bedeutung aktueller, entscheidungsdienlicher Informationen hingewiesen, da die Anleger (Prinzipale) Vertrauen in die von der Unternehmensleitung (Agenten) dargestellten Angaben haben müssen.[44] Ein solches Vertrauen liegt z.B. vor, wenn die Prinzipale entweder über die gleichen Informationen verfügen wie die Agenten, was grundsätzlich nicht der Fall ist, da das Management immer einen Informationsvorsprung hat, oder wenn die Informationen von einer anderen Instanz verifiziert worden sind und das Informationsgefälle zwischen dem Prinzipal und dem Agenten somit verringert wurde.[45] Eine Prüfung durch eine unabhängige Instanz wäre nach Ewert nur dann überflüssig, wenn alle Kapitalmarktteilnehmer kostenlosen und unbegrenzten Zugang zu den gewünschten Informationen hätten[46] und bietet dem Agenten den Anreiz, wahrheitsgetreu über die Lage des Unternehmens Bericht zu erstatten, auch wenn dies seinen persönlichen Nutzen schmälern kann, da er davon ausgehen muss, dass nicht wahrheitsgemäße Angaben durch die Prüfung entdeckt werden.[47] Eine solche Instanz kann der Abschlussprüfer sein.[48] Dieser hat bspw. im Rahmen der Prüfung des Lageberichts zu beurteilen, ob die vom Manage-

[42] Ewert/Wagenhofer (2000), S. 49. Leffson (1988), S. 13 bezeichnet Prüfung als die „Gewinnung eines vertrauenswürdigen Urteils über gegebene wirtschaftliche Sachverhalte“. Zum Nutzen von Abschlussprüfungsleistungen vgl. Ruhnke (2003a), S. 259-265.

[43] Das Konzept der Entscheidungsdienlichkeit (Decision Usefulness) findet insb. in den international anerkannten Rechnungslegungsstandards, den US-GAAP und IFRS, Anwendung. Vgl. bspw. IASB (2004), Framework, Tz. 26: „To be useful, information must be relevant to the decision-making needs of users. Information has the quality of relevance when it influences the economic decisions of users by helping them evaluate past, present or future events or confirming, or correcting, their past evaluations.“ Zum Zusammenhang zwischen diesem Kriterium und der Qualitätserhöhung von Informationen durch Assurance Services vgl. Marten/Köhler (2001), S. 435f.; Ruhnke (2003a), S. 257-259.

[44] Vgl. Busse von Colbe (1993), S. 17-21, zur Informationsfunktion des Jahresabschlusses. Vgl. auch Moxter (2003), S. 223-226; Hellwig (1999), S. 2120: „Prüfung ist kein Selbstzweck; noch weniger ist die Prüfungspflicht im Interesse der zu prüfenden Unternehmen oder gar der Prüfungsgesellschaften eingeführt worden.“

[45] Vgl. Ruhnke (2003a), S. 250.

[46] Vgl. Ewert (1993), S. 717. Ein solcher Zugang ist jedoch allein schon aufgrund der praktisch nicht möglichen beliebigen und kostenlosen Informationsbeschaffung unrealistisch. Vgl. auch Wallace (1980), S. 18.

[47] Vgl. Kapitel I.2.4 dieser Arbeit zur Präventivfunktion der Abschlussprüfung.

[48] Vgl. z.B. Antle (1982), S. 512: „The essence of auditing is verification.“; Ruhnke/Schmidt (2002), § 316 HGB, Tz. 6: „Die Abschlussprüfung wird als weiteres Instrument gesehen, um die Unternehmensleitung zu normenkonformen Jahresabschlüssen zu bewegen.“

ment gewählte Darstellung im Lagebericht den tatsächlichen Verhältnissen entspricht.[49] Damit das Urteil des Abschlussprüfers für die Adressaten vertrauens- und glaubwürdig ist, muss nach Wagenhofer/Ewert der „Prüfer sein Urteil allein auf der Basis sachlicher Erwägungen" fällen, d.h. „es [darf] keine Faktoren geben, die die Urteilsfreiheit des Prüfers beeinträchtigen könnten"[50]. Der Abschlussprüfer muss mithin unabhängig sein.[51]

Ausgehend von einem von Antle[52] entwickelten Modell kommt Ballwieser bei der Untersuchung des Interessenkonflikts zwischen Eigner, Manager und Prüfer zu dem Ergebnis, dass es über den „Wettbewerb im Markt für Manager bzw. Prüfer hinaus ... bei mißtrauischen Kapitalgebern auch im Interesse der Manager selbst liegen [müsste], daß sie von unabhängigen Prüfern geprüft werden, weil sie sonst befürchten müssten, daß ihnen die Kosten ihres opportunistischen Verhaltens auferlegt werden"[53]. Auf der einen Seite resultiert das Bedürfnis nach einer unabhängigen Abschlussprüfung folglich aus dem Eigner-Manager-Konflikt.[54] Auf der anderen Seite können zwischen dem Abschlussprüfer als Agenten und den Eigentümern des Unternehmens als Prinzipal ähnliche Probleme entstehen.[55]

In dieser Fallkonstellation kann Hidden Action auftreten, wenn der Abschlussprüfer z.B. ein fehlerhaftes Testat erteilt, da er nicht sorgfältig genug geprüft hat. Zudem handelt auch der Abschlussprüfer im Eigeninteresse, so dass sich – wenn der Prinzipal die Arbeit des Agenten nicht ausreichend überwachen kann – folgende Frage stellt: „If the owner hires an auditor to make sure that the manager is not cheating him, how is the owner assured that the auditor is not also cheating him by not delivering the agreed upon level of auditing services?"[56] Zudem besteht die Möglichkeit, dass der Abschlussprüfer mit anderen Agenten, wie z.B. dem Vorstand, koaliert und so dem Prinzipal schadet. Dem kann jedoch durch die Einführung eines Enforcement und Haftungsregelungen sowie dadurch entgegen gewirkt werden, dass die Beauftragung des Abschlussprüfers nicht durch den Vorstand (Agent), sondern durch die Eigentümer (Prinzipal) erfolgt, und somit der Prinzipal die Möglichkeit hat, über die Fortsetzung

---

49 Durch das KonTraG und das BilReG wurden die Anforderungen an den Lagebericht erheblich verschärft. So sind Kapitalgesellschaften verpflichtet, neben der Darstellung des Geschäftsverlaufs und der Lage der Gesellschaft auch auf die Risiken der künftigen Entwicklung sowie auf finanzielle und nicht finanzielle Leistungsindikatoren einzugehen (§ 289 Abs. 1, Abs. 2 Nr. 2 und Abs. 3 HGB). Zusätzlich verpflichtet der Gesetzgeber in § 317 Abs. 2 HGB den Abschlussprüfer, den Lagebericht darauf zu prüfen, ob dieser mit den anderen, im Jahresabschluss gegebenen Informationen im Einklang steht und ob der Lagebericht als Ganzes insgesamt eine zutreffende Vorstellung von der Lage der Gesellschaft vermittelt. Vgl. ausführlich Böcking/Müßig (2002), § 289 HGB. Der sog. Risikobericht i.R.d. Konzernlageberichts gem. § 315 Abs. 1 Halbs. 2 HGB wird in DRS 5 geregelt. Vgl. u.a. Böcking/Müßig (2003), S. 41f. Zu ökonomisch relevanten Zusammenhängen bei der Lage(berichts)prüfung vgl. Stefani (2002b), S. 213f.

50 Wagenhofer/Ewert (2003), S. 472 (beide Zitate).

51 Vgl. auch Ostrowski/Söder (1999), S. 554f.: „Dem Jahresabschlussprüfer kommt gerade im deutschen System der Corporate Governance ... große Bedeutung zu. Ein möglichst hoher Grad von Unabhängigkeit des Jahresabschlussprüfers von der zu prüfenden Unternehmensverwaltung ist entscheidend für die Werthaltigkeit der ... erbrachten Dienstleistung."

52 Vgl. Antle (1982), S. 506.

53 Ballwieser (1986), S. 362.

54 Vgl. zum Eigner-Manager-Konflikt ausführlich Schildbach (2000), S. 32-39.

55 Vgl. Herzig/Watrin (1995), S. 789-793; Quick (2002), S. 629f.

56 Baiman (1979), S. 29; vgl. auch Ballwieser (1989), S. 339f.; Herzig/Watrin (1995), S. 790f.

des Mandats zu entscheiden.[57] Adverse Selection kann auftreten, wenn der Abschlussprüfer (Agent) nicht über zugesagte Qualifikationen verfügt. Dieser Gefahr kann jedoch durch die staatliche Prüfung zum Wirtschaftsprüfer und die langjährige Ausbildung, bevor die Prüfung abgelegt werden darf, sowie die Pflicht zur Fortbildung begegnet werden. Eine verborgene Eigenschaft des Abschlussprüfers kann auch die mangelnde Unabhängigkeit bzw. Besorgnis der Befangenheit sein, die in seiner Person, z.B. durch kapitalmäßige oder personelle Bindungen an das Unternehmen, begründet ist.[58] Die Problematik der Hidden Intention ist insofern auf den Bereich Abschlussprüfung übertragbar, als Untersuchungen gezeigt haben, dass ein Abschlussprüfer im Rahmen einer Erstprüfung häufig ein geringeres Honorar verlangt, um das Mandat zu erhalten, und in den Folgeprüfungen auf jeweils höhere Honorare angewiesen ist, um diesen Anfangsverlust zu kompensieren.[59] Ein Abschlussprüfer, der so handelt, muss damit rechnen, dass das Unternehmen mit einem Prüferwechsel droht, falls der Abschlussprüfer festgestellte Mängel aufdecken will, da es um die Sorge des Abschlussprüfers um den Mandatsverlust weiß.[60] Abschließend lässt sich feststellen, dass die Prüfungsqualität i.S.e. sachgerechten Prüfungsdurchführung und -berichterstattung in den Bereich der Hidden Action fällt. Die Problematik der Hidden Characteristics entspricht hingegen der Diskussion um die Fähigkeit zur unabhängigen, fachlichen Urteilsbildung, während die Hidden Intention sich auf die Gefahr der Einschränkung der Urteilsfreiheit des Abschlussprüfers bezieht.[61] Einen Überblick über die diskutierten Ansätze gibt die nachfolgende Tabelle.

	Hidden Action	Hidden Characteristics/Information	Hidden Intention
Hintergrund des Problems	Kosten und Möglichkeiten der Überwachung	Verborgenheit von Eigenschaften	Abhängigkeit und Entziehbarkeit von Ressourcen
Verhaltensunsicherheit	Moral Hazard	Adverse Selection	Hold up
Aspekt der Vertrauenswürdigkeit des Abschlussprüfers	Sachgerechte Urteilsbildung	Urteilsfähigkeit	Urteilsfreiheit
Mögliche Probleme	Verminderter Arbeitseinsatz nicht ausreichend sorgfältige Prüfung	fehlende Fachkenntnisse mangelnde Unabhängigkeit	Nicht wahrheitsgemäße Berichterstattung
Problembewältigung durch	Enforcement (Peer Review) Haftungsregelungen Beauftragung durch den Prinzipal	Aus- und Weiterbildung, Berufsexamen Regelungen zur Unabhängigkeit	Nichtfortsetzung des Mandats Rotation

Tabelle 1: *Abschlussprüfung aus ageny-theoretischer Sicht*[62]

[57] Vgl. Herzig/Watrin (1995), S. 790f. Seit Inkrafttreten des KonTraG ist bei Aktiengesellschaften der Aufsichtsrat für die Erteilung des Prüfungsauftrags verantwortlich. Vgl. dazu Kapitel III.2.4.1 dieser Arbeit. Vgl. auch Kapitel I.3.2.2 dieser Arbeit mit der Diskussion einer ökonomischen Begründung der Auftragserteilung durch die Eigner.

[58] Vgl. Herzig/Watrin (1995), S. 789f.

[59] Vgl. zum Konzept des Low Balling und der Quasirenten Kapitel I.3.2.1 dieser Arbeit.

[60] Vgl. Ewert (1990), S. 188-198; Herzig/Watrin (1995), S. 792f.

[61] Vgl. Kasperzak/Mölls (1998), S. 10; auch Herzig/Watrin (1995), S. 793.

[62] In Anlehnung an Herzig/Watrin (1995), S. 794.

2 Die Rolle des Abschlussprüfers in der Corporate Governance

2.1 Abgrenzung und Definition des Begriffs „Corporate Governance" zur Einordnung der Modelle der Unternehmensverwaltung

Der Begriff „Corporate Governance" hat insb. nach der Krise der Philipp Holzmann AG Eingang in das deutsche Fachschrifttum gefunden, ohne jedoch einheitlich definiert worden zu sein. Hintergrund dieser Definitionsvielfalt ist das unterschiedliche Vorverständnis zum Begriff Corporate Governance.[63] So wird der Begriff zum einen aus einer rechtlichen Sichtweise abgeleitet und betrifft die Entscheidungsorganisation im Unternehmen. In diesem Sinne ist Corporate Governance zu definieren als „die zweckmäßige rechtliche Strukturierung der obersten Leitungsorgane". Zum anderen besteht eine kapitalmarktorientierte Sichtweise, die sich in erster Linie mit dem Verhältnis zwischen dem Unternehmen, dem Kapitalmarkt und den weiteren Stakeholdern sowie dem Verhältnis zwischen Unternehmensleitung, Überwachungsorgan und Abschlussprüfer beschäftigt. Nach diesem Ansatz ist Corporate Governance danach zu beurteilen, wie das Management dazu angehalten wird, „nicht eigene Ziele zu verfolgen, sondern die Unternehmensleitung und die Unternehmensüberwachung im Sinne einer langfristigen Steigerung des Unternehmenswerts wahrzunehmen"[64]. Die verschiedenen Definitionsansätze stimmen darin überein, dass „Corporate Governance das Wesen bzw. die Ausgestaltung der internen und externen Überwachungsmechanismen eines Unternehmens"[65] beschreibt.

In der Corporate Governance-Diskussion werden im Wesentlichen zwei Modelle der Unternehmensverwaltung unterschieden: Das Board-Modell und das duale Modell.[66] Charakteristisches Merkmal des in Deutschland vorliegenden dualen Modells ist die institutionelle und personelle Trennung zwischen der Unternehmensführung (wahrgenommen durch den Vorstand) und deren Überwachung (wahrgenommen durch den Aufsichtsrat). Daher wird dieses Modell auch als Trennungsmodell bezeichnet. Das in angloamerikanischen Ländern vorherrschende „monistische Prinzip beinhaltet die Vereinigung von geschäftsführenden und überwachenden Funktionen in einem Spitzengremium, dem Board of Directors"[67] und wird auch als Vereinigungsmodell bezeichnet. Das Board setzt sich grundsätzlich aus Mitgliedern, die hauptberuflich mit der Geschäftsführung betraut sind (sog. Inside Directors), und Mitgliedern ohne Beteiligung an der Geschäftsführung (sog. Outside Directors) zusammen.[68]

---

63 Vgl. zu einer systematischen Auswertung und Darstellung von wesentlichen Definitionsansätzen Turnbull (1997), S. 181-185. Böckli (2000), S. 133f., weist ebenfalls auf generelle Schwierigkeiten i.R.d. Begriffsbestimmung hin. Vgl. auch Dutzi (2005), S. 9-12.

64 Schneider (2000), S. 2413 (beide Zitate) m.w.N.; vgl. auch Lutter (2001), S. 225f.

65 Böcking (2003a), S. 248; auch Dutzi (2005), S. 9-12.

66 Vgl. Bleicher/Leberl/Paul (1989), S. 25-29. Eine Darstellung der unterschiedlichen Ausprägungen dieser Modelle findet sich bei Fey (1995), S. 1320-1322.

67 Schmalenbach-Gesellschaft (2000), S. 2281.

68 Vgl. Bleicher/Paul (1986), S. 264-266; Potthoff (1996), S. 253-261; Theisen (1989), S. 162f.

Board Modell (Vereinigungsmodell)	Duales Modell (Trennungsmodell)
Vorteile • Gemeinsame Verantwortung für Geschäftsführung und Überwachung • Flexible Aufgabenverteilung innerhalb des Board	**Vorteile** • Klare Abgrenzung der Verantwortungsbereiche und damit der Haftungsfrage • Hohes Maß an Neutralität und Unabhängigkeit des Aufsichtsrats durch Wahrung des Vier-Augen-Prinzips
Nachteile • Gefahr der mangelnden Neutralität und Objektivität der Kontrolleure (Selbstüberwachung) • Unklare Aufgaben- und Kompetenzverteilung für Dritte	**Nachteile** • Mögliche „Entscheidungsferne" des Aufsichtsrats in der Entscheidungsfindung • Gefahr der „Überwachungsroutine" • Gefahr der gesetzlichen Überreglementierung

Tabelle 2: Gegenüberstellung des Board-Modells und des dualen Modells[69]

Die Gegenüberstellung der Vor- und Nachteile beider Modelle in der vorhergehenden Tabelle verdeutlicht, dass keines der beiden Modelle dem anderen überlegen ist.[70] Der Abschlussprüfer hat in beiden Modellen dieselbe Aufgabe, den jeweiligen Kontrolleur bei seiner Überwachungsaufgabe zu unterstützen.[71]

2.2 Interne Unternehmensüberwachung durch den Aufsichtsrat in Deutschland

Die wichtigste Aufgabe des Aufsichtsrats im dualen Modell der aktienrechtlichen Unternehmensüberwachung ist gem. § 111 Abs. 1 AktG die Überwachung der Geschäftsführung.[72] Dies umfasst insb. die Kontrolle der Einhaltung der Sorgfalt eines ordentlichen und gewissenhaften Geschäftsleiters i.S.d. § 93 AktG durch die Mitglieder des Vorstands. Gegenstand der Überwachung sind die in § 90 AktG geregelten Berichtspflichten des Vorstands an den Aufsichtsrat. Eine solche Kontrolle durch den Aufsichtsrat kann „wirksam nur durch ständige Diskussion mit dem Vorstand und insofern durch dessen laufende Beratung ausgeübt werden; die Beratung ist deshalb das vorrangige Mittel der in die Zukunft gerichteten Kontrolle des Vorstands"[73]. Die Wirksamkeit der Kontrolle des Vorstands durch den Aufsichtsrat wird insb. in Zeiten der Schieflage eines Unternehmens in Frage gestellt. Die als „Überwachungslücke" bezeichneten Defizite wurden in der Literatur in drei Bereiche klassifiziert:[74]

a) Defizite in der Informationsversorgung durch den Vorstand,
b) Defizite in der Person der Aufsichtsratsmitglieder und
c) Defizite in der Organisation des Aufsichtsrats und seiner Arbeitsweise.

<u>ad a) Defizite in der Informationsversorgung durch den Vorstand</u>

Dieser Kritikpunkt greift nicht, soweit der Aufsichtsrat das ihm vom Gesetzgeber an die Hand gegebene Überwachungsinstrumentarium ausnutzt. So hat der Aufsichtsrat gem. § 171 Abs. 1 AktG „den Jahresabschluß, den Lagebericht und den Vorschlag für die Verwendung des Bi-

---

69 Quelle der Tabelle: In Anlehnung an Orth (2000), S. 88.
70 Vgl. Potthoff (1996), S. 259-261.
71 Vgl. zur Unterstützungsfunktion des Abschlussprüfers Kapitel I.2.4 dieser Arbeit.
72 Vgl. Lutter/Krieger (2002), S. 23.
73 BGH-Urteil v. 25.3.1991, S. 1212.
74 Vgl. Dörner/Oser (1995), S. 1086-1088; Schmalenbach-Gesellschaft (1995), S. 1-4.

lanzgewinns zu prüfen, bei Mutterunternehmen ... auch den Konzernabschluß und den Konzernlagebericht".[75] Grundlage für die Überwachung des Vorstands durch den Aufsichtsrat ist die Qualität seiner Information durch den Vorstand. Der Gesetzgeber verpflichtet folglich den Vorstand mit § 90 Abs. 1 AktG, dem Aufsichtsrat über „die beabsichtigte Geschäftspolitik und andere grundsätzliche Fragen der Unternehmensplanung (insbesondere die Finanz-, Investitions- und Personalplanung) [zu berichten], wobei auf Abweichungen der tatsächlichen Entwicklung von früher berichteten Zielen unter der Angabe von Gründen einzugehen ist" (sog. Follow-up Berichterstattung).[76] Durch die Rückgabe der Bestellungskompetenz des Abschlussprüfers vom Vorstand an den Aufsichtsrat im Rahmen des KonTraG wird dem Aufsichtsrat zudem ein kompetenter Berater zur Seite gestellt.[77] Der Gesetzgeber kompensiert so durch die Verabschiedung neuer Vorschriften in Bezug auf den Aufsichtsrat die Schwächen des Two Tier-Modells.[78]

ad b) Defizite in der Person der Aufsichtsratsmitglieder

Der BGH forderte bereits 1982 zu Recht, dass „ein Aufsichtsratsmitglied diejenigen Mindestkenntnisse und -fähigkeiten besitzen oder sich aneignen muß, die es braucht, um alle normalerweise anfallenden Geschäftsvorgänge auch ohne fremde Hilfe zu verstehen und sachgerecht beurteilen zu können"[79]. Dieser Kritik an der Fachkompetenz des Aufsichtsrats wird auch durch den DCGK begegnet, der in Abschnitt 5.4.1 konkretisierend darauf hinweist, dass „dem Aufsichtsrat jederzeit Mitglieder angehören [sollen], die über die zur ordnungsgemäßen Wahrnehmung der Aufgaben erforderlichen Kenntnisse, Fähigkeiten und fachlichen Erfahrungen verfügen". Hat ein einzelnes Aufsichtsratsmitglied eine besondere Position inne, können an dieses auch höhere Anforderungen gestellt werden.[80] Mitglieder des Aufsichtsrats müssen weiterhin über eine hohe persönliche Integrität verfügen und dürfen nicht aufgrund von Interessenkollisionen befangen wirken (und sein).[81] So kommt eine Studie zu dem Ergebnis, „dass fehlende Unabhängigkeit bzw. Interessenkonflikte der Mitglieder der Kontrollgremien und die sich daraus ergebende unzureichende Ausübung der Managementkontrolle die wichtigsten Einflussgrößen der jeweiligen Zusammenbrüche waren"[82]. Auch der DCGK

---

75 Die Pflicht zur Prüfung des Konzernabschlusses und -lageberichts wurde durch das KonTraG in das AktG aufgenommen. Vgl. z.B. Hommelhoff/Mattheus (1998), S. 252.

76 Durch das KonTraG 1998 wurde die Berichterstattungspflicht zunächst um eine zukunftsorientiert-planerische Komponente erweitert. Da indes auch die Umsetzung der Unternehmensplanung für die Überwachung von Bedeutung ist, erweiterte der Gesetzgeber diese Berichterstattungspflicht durch das TransPuG 2002. Vgl. BT-Drucks. 14/8769, S. 13f.

77 Vgl. ausführlich Kapitel III.2.4.1 dieser Arbeit.

78 Vgl. Lutter (2001), S. 228: „Die Reformen durch das noch junge KonTraG haben den Standard von Corporate Governance in Deutschland ... deutlich erhöht." Vgl. auch Seibert (1999), S. 339.

79 Vgl. BGH-Urteil v. 15.11.1982, S. 991f.

80 Dies gilt insb. für die Position des Aufsichtsratsvorsitzenden und für die Mitglieder der Aufsichtsratsausschüsse. Vgl. Hüffer (2002), § 116 AktG, Tz. 2f.; Säcker (2004), S. 181f.

81 Vgl. Säcker (2004), S. 182-184.

82 Schwalbach (2004), S. 187. Auch der BGH hat sich dieser Auffassung angeschlossen und die Gewährung von Aktienoptionen an Aufsichtsratsmitglieder aufgrund der möglichen negativen Auswirkungen auf deren Unabhängigkeit verboten. Vgl. BGH-Urteil v. 16.2.2004, S. 333-335. Vgl. auch Meyer/Ludwig (2004), S. 942; Richter (2004), S. 952-955; Vetter (2004), S. 235-238.

fordert von den Mitgliedern des Aufsichtsrats eine hinreichende Unabhängigkeit. So sollte der Vorsitzende des Prüfungsausschusses kein ehemaliges Vorstandsmitglied der Gesellschaft sein und dem Aufsichtsrat sollen nicht mehr als zwei ehemalige Vorstandsmitglieder angehören.[83]

ad c) Defizite in der Organisation des Aufsichtsrats und seiner Arbeitsweise.

Insbesondere die Größe des Aufsichtsrats führt häufig zu Kritik, da „Aufsichtsräte mit 20 Mitgliedern … als schwerfällig“[84] gelten. Da jedoch eine Verringerung der Anzahl Aufsichtsratsmitglieder aufgrund der aktienrechtlichen Vorschriften und der Vorschriften zur Mitbestimmung[85] schwer durchsetzbar ist, werden zur sachgerechten Aufgabenerfüllung des Aufsichtsrats Ausschüsse gebildet.[86] Diese Ausschüsse können gem. § 107 Abs. 3 AktG sowohl vorbereitend wie auch entscheidend tätig werden. Nur besonders bedeutende Entscheidungen sind vom Plenum zu treffen.[87]

2.3 Die Einrichtung von Prüfungsausschüssen im Aufsichtsrat

Im deutschen Schrifttum ist im Rahmen der Diskussion um die Verbesserung der Qualität der Abschlussprüfung die Einrichtung eines Prüfungsausschusses im Aufsichtsrat zur Intensivierung der Zusammenarbeit zwischen Abschlussprüfer und Aufsichtsrat vermehrt und z.T. heftig diskutiert worden.[88] Vorbild für deutsche Prüfungsausschüsse sind die seit 1978 für ein Listing an der New York Stock Exchange verpflichtenden Audit Committees.[89] Mit dem Audit Committee wird „ein ständiger Ausschuß des ‚Board of Directors' … eingerichtet, um sowohl mit dem externen Abschlussprüfer als auch mit der Internen Revision und anderen mit dem Rechnungs- und Finanzwesen in Verbindung stehenden Abteilungen direkt zusammenzuarbeiten“[90]. Seit Verabschiedung des SOA ist die Einrichtung von Audit Committees für alle SEC-registrierten Gesellschaften grundsätzlich verpflichtend.[91]

83 Vgl. DCGK (2005), Abschn. 5.3.2 und 5.4.1f.; Scheffler (2003), S. 259-261; auch EU-Kommission (2004), S. 12f.; EU-Kommission (2005), S. 63.

84 Orth (2000), S. 107. Vgl. auch Dörner/Oser (1995), S. 1087; Scheffler (2003), S. 236f.

85 Vgl. Lutter (2001), S. 226f., der kritisch darauf hinweist, dass durch die Vorschriften zur Mitbestimmung die Flexibilität des Aufsichtsrats behindert wird.

86 Vgl. zur Bildung von Prüfungsausschüssen im Aufsichtsrat Kapitel I.2.3 dieser Arbeit.

87 Diese ergeben sich aus dem Aufgabenkatalog des § 107 Abs. 3 Satz 2 AktG und umfassen z.B. die Bestellung und Abberufung von Vorstandsmitgliedern. Vgl. ausführlich Lutter/Krieger (2002), S. 242-258; Schmalenbach-Gesellschaft (1995), S. 2.

88 Vgl. Langenbucher (1997), S. 92-94; Orth (2000), S. 112-122; Richter (1978), S. 32f.; Schmidt (1996), S. 65f.; Scheffler (1995), S. 672f.; Schwegler (1995), S. 1684f.; Theisen (1995), S. 192f. Kritisch Haasen (1988), S. 376-379; Richter (2002), Sp. 117f. Für die Einführung von Audit Committees sprechen sich IDW (1995), S. 102bf.; Langenbucher/Blaum (1994), S. 2199-2202; Lück (1990), S. 1010f. aus. Vgl. auch die empirische Studie von Coenenberg/Reinhart/Schmitz (1997), S. 990-997, die zu dem Ergebnis kommen, dass „sich Änderungen im deutschen Aktien- und Unternehmensverfassungsrecht in naher Zukunft nicht vermeiden lassen werden“ (S. 997).

89 Einen Überblick über die historische Entwicklung der Audit Committees in den USA geben u.a. Haasen (1988), S. 371f., Lück (1990), S. 996-1000; Ostermeyer (2001), S. 258f.; Scheffler (2003), S. 238f.

90 Lück (1990), S. 995.

91 Vgl. Sec. 301 SOA.

Die Entwicklung von Audit Committees zur Kommunikation zwischen Abschlussprüfer und dem Board of Directors ist eine logische Konsequenz aus der nicht vorhandenen Trennung zwischen Unternehmensführung und -kontrolle in der angelsächsischen Corporate Governance und dient u.a. der Sicherung der Unabhängigkeit des Abschlussprüfers.[92] Dementsprechend soll das Audit Committee mit unabhängigen, nicht mit der Geschäftsführung betrauten Directors besetzt werden.[93] Seit Verabschiedung des SOA werden an die Mitglieder des Audit Committee strengere Anforderungen gestellt.[94] So müssen diese Mitglieder unabhängig von der Gesellschaft sein, d.h. sie dürfen weder von der Gesellschaft eine Vergütung neben der Vergütung für ihre Tätigkeit im Audit Committee erhalten noch der Gesellschaft oder verbundenen Unternehmen der Gesellschaft nahe stehen.[95] Zudem sollte dem Audit Committee wenigstens ein „Financial Expert" angehören.[96] Zu den zentralen Aufgaben des Audit Committee gehören

- die Bestellung, Vergütung und Beaufsichtigung des Abschlussprüfers,
- die Besprechung von Umfang, Schwerpunkt und Ansatz der Abschlussprüfung,
- die Diskussion mit dem Abschlussprüfer über den Jahresabschluss und die Prüfungsergebnisse sowie
- die Erörterung von Vorschlägen des Abschlussprüfers zur Verbesserung des internen Kontrollsystems.

Diese Aufgabenschwerpunkte beinhalten neben der Klärung von Meinungsverschiedenheiten zwischen Management und Abschlussprüfer auch die Vorabgenehmigung von Nichtprüfungsleistungen durch den Abschlussprüfer.[97]

In Deutschland steht der Einrichtung eines Prüfungsausschusses aus rechtlicher Sicht grundsätzlich nichts im Weg, denn gem. § 107 Abs. 3 AktG kann der Aufsichtsrat „aus seiner Mitte einen oder mehrere Ausschüsse bestellen, ... um seine Verhandlungen oder Beschlüsse vor-

---

92 Vgl. Schmalenbach-Gesellschaft (2000), S. 2281; Haasen (1988), S. 370f.; Langenbucher/Blaum (1994), S. 2198; Lück/van Hall (1984), S. 1941; Ranzinger/Blies (2001), S. 457f.

93 Vgl. Lück (1990), S. 1002f. Vgl. auch O'Reilly et al. (1998), S. 33-6 zur Zusammensetzung eines Audit Committee nach Verabschiedung des Federal Deposit Insurance Corporation Improvement Act of 1991: „Each institution must have an audit committee composed of outside directors independent of management."

94 Vgl. Sec. 301 SOA. Vgl. auch Atkins (2003), S. 262f; Gruson/Kubicek (2003), S. 340-342; Schwarz/Holland (2002), S. 1669-1671; Sweeney/Waller Vallario (2002), S. 51-54.

95 Vgl. Kersting (2003), S. 238; Gruson/Kubicek (2003), S. 345f.

96 Vgl. SEC (2003b), Abschn. II A; 17 CFR § 228.401(e); Luttermann (2003), S. 746. Gehört dem Audit Committee kein Financial Expert an, ist darüber zu berichten.

97 Vgl. Böcking/Dutzi/Müßig (2004), S. 431-433; Henssler (2003), S. 257; Kersting (2003), S. 234 und S. 239-241; Ostermeyer (2001), S. 259f. Diese Aufgaben wurden bereits vor Verabschiedung des SOA als zentrale Aufgaben gesehen. Das AICPA schlägt weiter vor, das Audit Committee mit einer Durchsicht der Zwischenabschlüsse, der Prüfung potenzieller Interessenkonflikte in Bezug auf Boardmitglieder oder andere Führungskräfte und der Bewertung der Organisation und Qualifikation der Internen Revision zu betrauen. Vgl. Coenenberg/Reinhart/Schmitz (1997), S. 989f.; Haasen (1988), S. 373; Langenbucher/Blaum (1994), S. 2199; Lück (1990), S. 1000-1002; Lück/van Hall (1984), S. 1942; Orth (2000), S. 116; Scheffler (2003), S. 239-245.

zubereiten oder die Ausführungen seiner Beschlüsse zu überwachen".[98] Zudem empfiehlt der DCGK in Abschnitt 5.3.2 die Einrichtung eines Prüfungsausschusses, „der sich insbesondere mit Fragen der Rechnungslegung und des Risikomanagements, der erforderlichen Unabhängigkeit des Abschlussprüfers, der Erteilung des Prüfungsauftrags an den Abschlussprüfer, der Bestimmung von Prüfungsschwerpunkten und der Honorarvereinbarung befasst".[99] Der Vorsitzende des Prüfungsausschusses soll – ähnlich den US-amerikanischen Vorschriften und den Vorschriften der EU-Kommission – „über besondere Kenntnisse und Erfahrungen in der Anwendung von Rechnungslegungsgrundsätzen und interner Kontrollverfahren verfügen"[100]. Aus diesen Aufgabenschwerpunkten wird die Anlehnung an das US-amerikanische Modell ersichtlich.[101] Die Einrichtung von Prüfungsausschüssen ist folglich insb. in Bezug auf die Effizienzsteigerung der Überwachungsfunktion im Unternehmen und der daraus resultierenden Stärkung der Stellung von Aufsichtsrat und Abschlussprüfer gegenüber dem Vorstand zu befürworten.[102] Zu beachten ist gleichwohl, dass die endgültige Beschlussfassung über den Jahresabschluss und damit die Überwachungsaufgabe nicht an den Prüfungsausschuss delegiert werden darf, sondern durch den gesamten Aufsichtsrat erfolgen muss.[103]

Die EU-Kommission sieht in ihrem Vorschlag zur Modernisierung der Prüferrichtlinie die Einrichtung von Prüfungsausschüssen bei Unternehmen von öffentlichem Interesse[104] verpflichtend vor. Mindestens ein unabhängiges Mitglied muss über Sachverstand in der Rechnungslegung und/oder der Abschlussprüfung verfügen.[105] Damit übernimmt die EU-Kommission das Konzept des Audit Committee Financial Expert in einer verschärften Form, da nach den US-amerikanischen Regelungen der Financial Expert kein Pflichtbestandteil eines Audit Committee ist. In ihrer Empfehlung vom 15.2.2005 sieht die EU-Kommission die Einrichtung eines Prüfungsausschusses weiterhin vor und empfiehlt, dass dessen Mitglieder „über zeitnahe, einschlägige Kenntnisse im Bereich Finanzen und Rechnungslegung börsennotierter Gesellschaften verfügen, die für die Tätigkeit der Gesellschaft von Belang sind"[106].

---

[98] So auch Langenbucher/Blaum (1994), S. 2199f.; Lück (1990), S. 1007; Richter (2002), Sp. 117. Der Gesetzgeber wollte die Einrichtung von Ausschüssen nicht gesetzlich vorschreiben, aber forcieren. Dies wird auch durch § 171 Abs. 2 Satz 2 AktG verdeutlicht, denn der Aufsichtsrat einer börsennotierten Aktiengesellschaft muss in seinem Bericht angeben, „welche Ausschüsse gebildet worden sind, sowie die Zahl seiner Sitzungen und die der Ausschüsse" mitteilen.

[99] Eine ähnliche Empfehlung erfolgte durch die Schmalenbach-Gesellschaft (2000), S. 2282. Baums (2001), Tz. 314 sieht die verpflichtende Einrichtung eines Prüfungsausschusses noch kritisch.

[100] Regierungskommission DCGK (2005).

[101] Zu beachten ist jedoch, dass sich die amerikanischen Audit Committees als Reaktion auf die Kritik am monistischen Modell gebildet haben, während in Deutschland bereits eine institutionelle Trennung zwischen Unternehmensleitung und -kontrolle besteht. Vgl. Baums (2001), Tz. 312; Lück (1999), S. 441f.; Stefani (2002a), S. 45f.

[102] Vgl. Schmalenbach-Gesellschaft (2000), S. 2282; Lück (1999), S. 443; Ranzinger/Blies (2001), S. 462. Zur Verbreitung von Prüfungsausschüssen in deutschen Aufsichtsräten vgl. Oser/Orth/ Wader (2004), S. 1123f.; Veit (2003), S. 2021-2023.

[103] Vgl. ADS (2000), § 171 AktG, Tz. 13-16; Baums (2001), Tz. 315; Böcking/Dutzi/Müßig (2004), S. 431f.; Schmidt (1996), S. 65f.; Ziemons (2000), S. 78f.

[104] Vgl. die Definition in Kapitel II.2.2.2 dieser Arbeit.

[105] Vgl. Art. 39 Abs. 1 des Vorschlags zur Modernisierung der Prüferrichtlinie.

[106] EU-Kommission (2005), S. 56; vgl. auch EU-Kommission (2005), S. 55 und S. 60-62.

Zu den Aufgaben des Prüfungsausschusses zählt die EU-Kommission

- die Überwachung des Rechnungslegungsprozesses,
- die Kontrolle der Wirksamkeit des Internen Kontrollsystems[107], der Innenrevision und des Risikomanagements,
- die Beaufsichtigung der Prüfung des Jahres- und des Konzernabschlusses,
- die Überwachung der Unabhängigkeit des Abschlussprüfers, insb. die Überprüfung der Erbringung von Nichtprüfungsleistungen sowie
- die Vorauswahl des Abschlussprüfers.[108]

2.4 Die Funktionen der (gesetzlichen) Abschlussprüfung in Deutschland

Die Funktionen der gesetzlichen Abschlussprüfung in Deutschland sind seit Einführung der gesetzlichen Pflichtprüfung im Jahr 1931 im Wesentlichen unverändert geblieben.[109] „Durch die Abschlussprüfung soll die Verlässlichkeit der in Jahresabschluss und Lagebericht enthaltenen Informationen bestätigt und insoweit deren Glaubwürdigkeit erhöht werden."[110] In der Literatur wird zwischen der Kontroll- bzw. Garantiefunktion, der Informationsfunktion- bzw. Unterstützungsfunktion und der Beglaubigungsfunktion unterschieden, die wie folgt definiert werden können:[111]

- Kontroll- bzw. Garantiefunktion: Nach § 317 Abs. 1 Satz 2 HGB hat sich die Prüfung „darauf zu erstrecken, ob die gesetzlichen Vorschriften und sie ergänzende Bestimmungen des Gesellschaftsvertrags oder der Satzung beachtet worden sind". Aufgabe des Abschlussprüfers ist demzufolge, Unrichtigkeiten und Verstöße[112] gegen diese Vorschriften und Bestimmungen, die sich auf die Darstellung des Bilds der Vermögens-, Finanz- und Ertragslage wesentlich auswirken, aufzudecken.[113] Als schutzwürdig werden insb. die Personen angesehen, die sich selbst keinen Einblick in die unternehmensinternen Unterlagen verschaffen können, wie Minderheitsaktionäre, Gläubiger,[114] Arbeitnehmer sowie die Öf-

---

107 Dazu berichtet der Abschlussprüfer bzw. die Prüfungsgesellschaft dem Prüfungsausschuss insb. über wesentliche Schwächen im internen Kontrollsystem sowie über die wichtigsten bei der Abschlussprüfung gewonnenen Erkenntnisse.

108 Vgl. Art. 39 Abs. 2 und Art. 43 des Vorschlags zur Modernisierung der Prüferrichtlinie; auch ausführlich EU-Kommission (2005), S. 61.

109 Zur geschichtlichen Entwicklung des Prüfungswesens in Deutschland vgl. Markus (1992), S. 1-10; Meisel (1993), S. 1-9.

110 IDW PS 200, Tz. 8. Pougin (1976), S. 95, bezeichnet den Wirtschaftsprüfer als „unabhängige Kontrollinstanz des marktwirtschaftlichen Systems". Zu den Funktionen der Rechnungslegung vgl. bspw. Budde/Steuber (1996), S. 542-550.

111 Vgl. z.B. ADS (2000), § 316 HGB, Tz. 16-22; IDW (2000), Abschn. R, Tz. 1-5.

112 Zur Definition der Begriffe Unrichtigkeiten und Verstöße vgl. IDW PS 210, Tz. 6f.

113 Vgl. Ruhnke/Schmidt (2002), § 316 HGB, Tz. 2 m.w.N. Lück (1991), S. 23 bezeichnet die Kontrollfunktion als Sicherungsfunktion. Für Marten (1995), S. 707 „stellt die Kontrollfunktion die wesentlichste Aufgabe der Jahresabschlußprüfung dar". Levitt (1998) charakterisiert den Abschlussprüfer als „the public's watchdog in the financial reporting process".

114 Die Schutzwürdigkeit der Minderheitsaktionäre wurde bereits durch das Aktiengesetz 1965 und die der Gläubiger durch das Aktiengesetz 1937 hervorgehoben. Vgl. Kicherer (1972), S. 37.

fentlichkeit und sonstige Geschäftspartner des zu prüfenden Unternehmens.[115] Die Abschlussprüfung kann somit auch als Gesetz- und Ordnungsmäßigkeitsprüfung bezeichnet werden. Sie erstreckt sich indes lediglich auf die Ordnungsmäßigkeit der Rechnungslegung und gibt keine Gewähr für das Weiterbestehen des Unternehmens oder die Wirtschaftlichkeit und Effektivität der Geschäftsführung.[116] Die Kontrollfunktion umfasst auch die Regler-[117] und die Präventivfunktion.[118]

- Informations- oder Unterstützungsfunktion: Die Abschlussprüfung soll ebenso die Auftraggeber, d.h. je nach Rechtsform oder Satzung die gesetzlichen Vertreter, das Kontrollorgan oder die Gesellschafter eines Unternehmens, über das Ergebnis der Prüfung informieren und das Kontrollorgan bei seiner Überwachungsaufgabe unterstützen.[119] Informationsinstrumente sind i.d.R. der Prüfungsbericht gem. § 321 HGB sowie die mündliche Berichterstattung.[120] Den Informationsbedürfnissen der Öffentlichkeit kommt der Abschlussprüfer durch die Berichterstattung i.R.d. Bestätigungsvermerks gem. § 322 HGB nach.[121]

115 Vgl. bereits Jacobs (1975), S. 2238: „Als Ziel der Prüfung der Rechnungslegung sieht der Gesetzgeber den Schutz derjenigen vor Manipulationen der Rechnungslegung, und damit der Geschäftsführung, die wegen ihrer geringen Machtstellung im Unternehmen weder am Zustandekommen des Jahresabschlusses mitgewirkt noch die Möglichkeiten haben, sich aus eigener Kraft Einblick in sonstige unternehmensinterne Unterlagen zu verschaffen." Zu den Erwartungen der externen Adressaten der Rechnungslegung vgl. u.a. Clemm (1984), S. 650-652.

116 Vgl. IDW PS 200, Tz. 15. Eine Geschäftsführungsprüfung kann sich lediglich aufgrund rechtsformspezifischer Besonderheiten wie bspw. § 53 Abs. 1 GenG oder § 53 HGrG oder i.R.d. aktienrechtlichen Sonderprüfung gem. § 142 AktG ergeben. Vgl. IDW (2000), Abschn. R, Tz. 5. Vgl. zur Prüfung gem. § 53 HGrG Eibelshäuser (1997), S. 169-176; Eibelshäuser/Nowak (2004), Tz. 18-68.

117 Vgl. Leffson (1988), S. 326. Teilweise wird die Reglerfunktion auch als Korrekturfunktion bezeichnet. Vgl. Ruhnke/Schmidt (2002), § 316 HGB, Tz. 3.

118 Vgl. bspw. Richter (1976), S. 6, der hier von einer „prophylaktischen Wirkung" spricht. Zur Fehlerprophylaxe durch die Abschlussprüfung vgl. auch Ruhnke (2003a), S. 261f.

119 Vgl. IDW PS 450, Tz. 1: „Der Prüfungsbericht hat dabei die Aufgabe, durch die Dokumentation wesentlicher Prüfungsfeststellungen und -ergebnisse die Überwachung des Unternehmens zu unterstützen." Vgl. auch Böcking (2001), S. 61f.; Hense (1995), S. 290-298; Hönle (1981), S. 467; bereits Schulze-Osterloh (1976), S. 416; Theisen (1999), S. 341f.; Tielmann (2001a), S. S 26f.

120 Zu den Unterschieden i.R.d. Aushändigung des Prüfungsberichts bei Aktiengesellschaften und GmbH vgl. ADS (2000), § 316 HGB, Tz. 20f. Neben der schriftlichen Berichterstattung existiert auch eine mündliche: „Mit der mündlichen Berichterstattung soll der Abschlussprüfer dem Aufsichtsrat bei dessen Prüfung des Jahres- und Konzernabschlusses sowie (Konzern-)Lageberichts gemäß § 171 Abs. 1 Satz 1 AktG als unabhängige sachverständige Auskunftsperson zur Verfügung stehen, um ihn insoweit bei der Überwachung der Geschäftsführung gemäß § 111 Abs. 1 AktG zu unterstützen." IDW PS 470, Tz. 2. Einen Überblick über die Entwicklung der Berichterstattung des Abschlussprüfers i.R.d. Prüfungsberichts geben Pfitzer/Orth (2003), S. 876-888.

121 Zum Konzept der abgestuften Prüfungspublizität durch Prüfungsbericht und Bestätigungsvermerk vgl. bspw. Sieben (1977), S. 57. Vgl. zum Bestätigungsvermerk auch IDW PS 400.

- Beglaubigungsfunktion: Die Beglaubigungsfunktion gegenüber den Adressaten des Abschlusses erfüllt der Abschlussprüfer durch die Erteilung eines Bestätigungsvermerks,[122] der für diese die einzige Information über das Ergebnis der Abschlussprüfung ist.[123]

2.5 Die Doppelverantwortung des Abschlussprüfers in der deutschen Corporate Governance

In allen Corporate Governance-Systemen ist der Abschlussprüfer integraler Bestandteil der Überwachung.[124] Im deutschen Corporate Governance-System bildet die Unterstützung des Aufsichtsrats durch den Abschlussprüfer neben dem Leitungsauftrag des Vorstands und der Überwachungsaufgabe des Aufsichtsrats einen weiteren Baustein der aktienrechtlichen Unternehmensverfassung. Gleichwohl hat der Abschlussprüfer neben der Verantwortung gegenüber dem Aufsichtsrat auch eine Überwachungsfunktion gegenüber der Öffentlichkeit inne und unterliegt folglich einer Doppelverantwortung:[125] Durch seine Prüfung der Rechnungslegung gem. § 317 HGB und seiner Berichterstattung über das Ergebnis seiner Prüfung gem. § 321 HGB an den Aufsichtsrat unterstützt der Abschlussprüfer diesen bei dessen Überwachung der Geschäftsführung gem. § 111 Abs. 1 AktG bzw. § 52 Abs. 1 GmbHG[126] insb. durch die sog. Redepflicht gem. § 321 Abs. 1 Satz 3 HGB. Damit ist der Abschlussprüfer als „aktiver Funktionsträger in die interne ... Unternehmensverfassung eingebunden“[127]. Auf der anderen Seite erwarten die Aktionäre und die interessierte Öffentlichkeit, dass der Abschlussprüfer im Rahmen seiner Prüfung feststellt, ob die von der Unternehmensleitung getroffenen Feststellungen und deren Aussagegehalt zutreffend sind (sog. Kontroll- bzw. Garantiefunktion des Abschlussprüfers).[128]

Die Unterstützungsfunktion erfordert eine gewisse kritische Distanz des Abschlussprüfers zum Ersteller des Prüfungsobjekts, der Unternehmensleitung.[129] Durch die aktienrechtlichen Novellen von 1937 und 1965 sowie durch das BiRiLiG 1985 hatte sich der Fokus der Abschlussprüfung indes zur Garantiefunktion verschoben. Die Unterstützungsfunktion des Aufsichtsrats stand im Hintergrund, denn der Abschlussprüfer sah seine Rolle in der des Beraters

---

122 Vgl. Forster (1994a), S. 955f., der dazu ausführt: „Die Jahresabschlußprüfung war und ist eine Beglaubigungsprüfung. Unabhängig vom jeweiligen Wortlaut zielt der Bestätigungsvermerk in seiner uneingeschränkten Form darauf ab, die Gesetzmäßigkeit der Rechnungslegung zu bestätigen.“ Vgl. auch Erle (1990), S. 67-73; Knief (1976), S. 116-120.

123 Zu den Offenlegungspflichten von Kapitalgesellschaften in Bezug auf den Bestätigungsvermerk siehe § 325 HGB. Vgl. z.B. ADS (2000), § 325 HGB, Tz. 1-15, Tz. 38-42 und § 316 HGB, Tz. 22; Hütten (2002), § 325 HGB, Tz. 35-37.

124 Vgl. Orth (2000), S. 87.

125 Vgl. Hachmeister (1999), S. 1453f.; Mattheus (1999), S. 685.

126 Vgl. Böcking/Orth (1999), S. 431-433 sowie ADS (2000), § 319 HGB, Tz. 12; Dörner (1998a), S. 5f.; Escher-Weingart (1999), S. 910; Funke (1996), S. 1603; Hellwig (1999), S. 2123; Hommelhoff/Mattheus (1998), S. 251f.

127 Hommelhoff/Mattheus (2003), S. 645.

128 Vgl. ADS (2000), § 319 HGB, Tz. 11; Böcking/Orth (1999), S. 431; Marx (2002b), S. 292f.; Zemke (1994), S. 91, weist darauf hin, dass „die Funktion des ‚Dieners zweier Herren' ... rechtlich und ethisch nicht immer unproblematisch aber in der Praxis ... oft nicht trennbar“ ist.

129 Vgl. Funke (1996), S. 1603; Götz (1995), S. 340f.

der Unternehmensleitung.[130] Dies führte zu teilweise heftiger Kritik.[131] Mit Hilfe des KonTraG wurde die Position des Aufsichtsrats gegenüber dem Abschlussprüfer gestärkt, indem der Aufsichtsrat Auftraggeber des Abschlussprüfers und Empfänger des Prüfungsberichts wurde.[132] Die Unterstützungsfunktion wurde somit – zumindest bei Gesellschaften, die über einen Aufsichtsrat verfügen – wieder stärker in den Vordergrund gerückt.

Hauptaufgabe des Wirtschaftsprüfers ist gem. § 2 Abs. 1 WPO die Durchführung betriebswirtschaftlicher Prüfungen (insb. Jahresabschlussprüfungen) mit der Berichterstattung über diese i.R.d. Bestätigungsvermerks.[133] Wirtschaftlich identisch mit den gesetzlich vorgeschriebenen Jahresabschlussprüfungen sind die freiwilligen Abschlussprüfungen.[134] Daneben darf der Wirtschaftsprüfer seine Mandanten in steuerlichen Angelegenheiten beraten und vertreten (§ 2 Abs. 2 WPO i.V.m. § 3 Nr. 1 und 3 StBerG), als Sachverständiger auftreten (§ 2 Abs. 3 Nr. 1 WPO) sowie in wirtschaftlichen Angelegenheiten beraten und fremde Interessen wahren (§ 2 Abs. 3 Nr. 2 WPO). Er ist weiterhin zur treuhänderischen Verwaltung befugt (§ 2 Abs. 3 Nr. 3 WPO). Der Wirtschaftsprüfer darf zudem gem. Art. 1 § 5 Nr. 2 RBerG rechtsberatend tätig werden, soweit es Angelegenheiten betrifft, mit denen er auch beruflich befasst ist und eine sachgemäße Bearbeitung dieser Angelegenheiten ohne Rechtsberatung nicht möglich ist. Handelt es sich um eine Tätigkeit, die von der kennzeichnenden beruflichen Tätigkeit des Wirtschaftsprüfers völlig losgelöst ist, fällt dies nicht mehr unter Art. 1 § 5 Nr. 2 RBerG.[135] Neben dem durch § 2 WPO definierten Inhalt der Tätigkeit des Wirtschaftsprüfers sind weitere Tätigkeiten mit dem Beruf des Wirtschaftsprüfers gem. § 43a Abs. 4 WPO vereinbar, wie z.B. freie Berufe auf im Bereich Rechnungswesen, Tätigkeiten an wissenschaftlichen Institu-

130 Vgl. bspw. Hommelhoff (1998), S. 2568f.

131 Vgl. z.B. Dörner/Oser (1995), S. 1092: „So wird z.B. moniert, daß der WP de facto vom Vorstand bestellt werde, dessen Rechnungslegung er (im öffentlichen Interesse) zu prüfen habe mit der Folge, daß er vor Pressionen des Vorstands kapitulieren könnte, um seines Mandats nicht verlustig zu gehen." Zustimmend Böcking/Orth (1998a), S. 360f.; Hommelhoff/Mattheus (1998), S. 257f.; Seibert (1997), S. 5f.; Theisen (1995), S. 186; kritisch Forster (1995), S. 3.

132 Damit wurde durch das KonTraG die Rechtslage vor der Aktienrechtsnovelle 1937 wieder hergestellt. Vgl. Kapitel III.2.4.1 dieser Arbeit sowie Böcking/Orth (1999), S. 431; Hommelhoff/Mattheus (1998), S. 251; Theisen (1995), S. 193f.

133 Diese sog. Vorbehaltsaufgabe steht grundsätzlich nur Wirtschaftsprüfern und Wirtschaftsprüfungsgesellschaften zu. Mittelgroße GmbHs oder mittelgroße Personenhandelsgesellschaften i.S.d. § 264a Abs. 1 HGB können gem. § 319 Abs. 1 HGB auch von vereidigten Buchprüfern bzw. Buchprüfungsgesellschaften geprüft werden. Mit der 5. WPO-Novelle wird der Berufsstand der vereidigten Buchprüfer geschlossen. Vgl. BR-Drucks. 302/03, S. 2; o.V. (2003), S. 30f.

134 Vgl. IDW (2000), Abschn. A, Tz. 18.

135 Vgl. BGH-Urteil v. 4.11.1987, S. 77-79; IDW (2000), Abschn. A, Tz. 24-26; vgl. auch Böcking (2001), S. 54; Lenz (1999), S. 540f. Ähnlich BGH-Urteil v. 18.5.1995, S. 1558. Siehe auch Kapitel III.2.2.2.3(e) dieser Arbeit.

ten und als Lehrer an Hochschulen, Tätigkeiten als Angestellte der WPK[136] oder des DRSC[137] sowie freie schriftstellerische[138], wissenschaftliche und künstlerische Tätigkeiten. Daraus wird ersichtlich, dass ein Wirtschaftsprüfer neben der Abschlussprüfung noch weitere Tätigkeiten, insb. auf dem Gebiet der Beratung erbringen darf.[139] Er ist gleichwohl gem. § 43 WPO an die im Folgenden dargestellten Berufsgrundsätze gebunden.[140] Der Wirtschaftsprüfer muss dabei diese Grundsätze nicht nur tatsächlich erfüllen, sondern darf auch nicht so wirken, als ob er sie nicht befolge.[141]

- Der Grundsatz der Unabhängigkeit gehört zu den elementaren Grundsätzen des Wirtschaftsprüferberufs.[142] Nach § 43 Abs. 1 Satz 1 WPO hat der Wirtschaftsprüfer seinen Beruf unabhängig auszuüben. Er hat insb. darauf zu achten, dass seine Urteilsfreiheit nicht durch personelle Verflechtungen mit der zu prüfenden Gesellschaft, durch finanzielle Interessen an der zu prüfenden Gesellschaft, durch persönliche Beziehungen oder durch die Verbindung von Prüfungs- und Sachverständigentätigkeiten eingeschränkt wird.[143]
- Der Grundsatz der Gewissenhaftigkeit gem. § 43 Abs. 1 Satz 1 WPO betrifft in erster Linie die Berufsausübung durch den Wirtschaftsprüfer und umfasst die berufliche Kompetenz, die berufsübliche Sorgfalt sowie die Beachtung fachlicher Rechnungslegungs- und Prüfungsgrundsätze.[144]
- Der Grundsatz der Verschwiegenheit: Das Vertrauen, das einem Wirtschaftsprüfer entgegengebracht wird, beruht v.a. auf der in freien Berufen[145] geregelten Verpflichtung zur Verschwiegenheit. Neben § 43 Abs. 1 WPO regeln die §§ 9 und 10 der Berufssatzung WPK sowie § 323 Abs. 1 HGB diesen Grundsatz.
- Der Grundsatz der Eigenverantwortlichkeit dient der Stärkung der Unabhängigkeit des Abschlussprüfers, da hier festgelegt wird, dass Wirtschaftsprüfer „unabhängig von der Art

---

136 Zu Aufgaben und Tätigkeit der WPK vgl. Kapitel II.1.1.1 dieser Arbeit.

137 Das DRSC wurde mit Abschluss des sog. Standardisierungsvertrags vom 3.9.1998 vom BMJ als die für Deutschland zuständige Standardisierungsorganisation anerkannt. Die vom DRSC erlassenen Deutschen Rechnungslegungs Standards (DRS) haben die Vermutung für sich, die Konzernrechnungslegung betreffende GoB zu sein, sobald sie vom BMJ bekannt gemacht wurden. Die DRS erlangen gleichwohl nicht den Charakter einer Gesetzesnorm, sondern stellen vielmehr eine verbindliche Konkretisierung der GoB im Bereich der Konzernrechnungslegung dar. Vgl. Böcking/Dutzi (2002), § 342 HGB, Tz. 21f. und Tz. 67.Zu Aufgaben und Tätigkeit des DRSC vgl. Böcking/Dutzi (2002), § 342 HGB und § 342a HGB.

138 Vgl. zur literarischen Betätigung des Wirtschaftsprüfers bereits Schmalenbach (1948), S. 3f.

139 Vgl. zum Berufsbild des Wirtschaftsprüfers Mathews (1987), S. 2266; BFH-Urteil v. 4.12.1980; LG Bonn, Beschluss v. 29.10.2001. Auch die in § 4 WiPrPrüfV festgelegten Prüfungsgebiete lassen darauf schließen, dass der Wirtschaftsprüfer bspw. zur Unternehmensbewertung befugt ist. Vgl. auch Dörner (1976), S. 507-512; Zitzelsberger (1998), S. 14f.

140 Vgl. Fleischer (1996), S. 759, der die Grundsätze der Unabhängigkeit, Gewissenhaftigkeit, Verschwiegenheit und Eigenverantwortlichkeit „Kardinaltugenden des Berufsstandes" nennt.

141 Vgl. IDW PS 201, Tz. 25. Dieses Konzept findet sich auch in anderen Rechtskreisen wieder. Vgl. z.B. IFAC (2001c), Tz. 8.8. Vgl. auch Kapitel I.3.1 dieser Arbeit. Zum Zusammenhang zwischen Berufsethik und Berufsgrundsätzen für Wirtschaftsprüfer vgl. Ludewig (2003), S. 1095-1099.

142 Vgl. Lanfermann (1998), S. 271.

143 Vgl. Buchner (1997), S. 38-50.

144 Vgl. IDW PS 201, Tz. 25. Vgl. auch §§ 4-8 und 37-39 der Berufssatzung WPK.

145 Vgl. § 1 Abs. 2 WPO: „Der Wirtschaftsprüfer übt einen freien Beruf aus. Seine Tätigkeit ist kein Gewerbe." Vgl. zur Berufsfreiheit der freien Berufe Zuck (2001), S. 2055-2059.

der beruflichen Tätigkeit ... ihr Handeln in eigener Verantwortung zu bestimmen, ihr Urteil selbst zu bilden und ihre Entscheidungen selbst zu treffen"[146] haben.

- Der Grundsatz des berufswürdigen Verhaltens: Der Wirtschaftsprüfer muss sich der besonderen Verpflichtung, gesetzliche Bestätigungsvermerke erteilen zu dürfen, bewusst sein. Er hat sich daher auch außerhalb seiner Berufsausübung berufswürdig zu verhalten[147] und insb. jede Tätigkeit zu versagen, die mit dem Beruf oder dem Ansehen des Berufs der Wirtschaftsprüfer unvereinbar ist.[148]

3 Die Unabhängigkeit des Abschlussprüfers unter theoretischen Aspekten

3.1 Definition des Begriffs „Unabhängigkeit"

Neben der fachlichen Urteilsfähigkeit[149] muss der Abschlussprüfer, um ein vertrauenswürdiges Urteil abgeben zu können, insb. über Urteilsfreiheit verfügen. Dies bedeutet, dass er „sein Urteil allein auf der Basis sachlicher Gesichtspunkte"[150], unabhängig von entgegenstehenden eigenen Interessen oder Interessen Dritter, erarbeiten kann. Unabhängigkeit bedeutet somit vor allem Entscheidungs- und Handlungsfreiheit und ist eine persönliche Eigenschaft.[151] In formalanalytischen Modellen zur Prüfungstheorie wird der Grad der Unabhängigkeit i.d.R. definiert als „die bedingte Wahrscheinlichkeit dafür ..., daß die Information über Fehler in der Rechnungslegung tatsächlich auch an die Abschlußadressaten weitergegeben wird, sollten solche Mängel entdeckt worden sein"[152]. Letztlich ist entscheidend, wie eng die Beziehung zwischen Abschlussprüfer und dem zu prüfenden Unternehmen sein darf, ohne die Unabhängigkeit des Abschlussprüfers tatsächlich oder in der Wahrnehmung eines sachverständigen und informierten Dritten zu beeinträchtigen.[153] Begrifflich wird sowohl national als auch international zwischen der Independence in Appearance (Nichtbestehen der Besorgnis der Befangenheit bzw. äußere Unabhängigkeit) und der Independence in Fact bzw. Independence of Mind (Unbefangenheit bzw. innere Unabhängigkeit) unterschieden.[154] Ausschlaggebend ist im Rahmen der Beurteilung der Unabhängigkeit nicht allein, ob der Abschlussprüfer tatsäch-

---

146 § 11 Abs. 1 der Berufssatzung WPK.

147 Vgl. § 1 Abs. 1 der Berufssatzung WPK i.V.m. § 43 Abs. 2 WPO.

148 Dies schließt auch Tätigkeiten mit ein, in deren Rahmen er für pflichtwidriges Handeln in Anspruch genommen werden soll. Vgl. § 1 Abs. 2 der Berufssatzung WPK i.V.m. § 49 WPO.

149 Von der Urteilsfähigkeit des deutschen Wirtschaftsprüfers kann aufgrund seiner Ausbildung und des Berufsexamens ausgegangen werden. Vgl. Biener (1995), S. 43f. Eine tabellarische Zusammenstellung der Anforderungen an die Urteilsfähigkeit findet sich in IDW (2002c), Abschn. Q, Tz. 19.

150 Ewert (2002), Sp. 2386. Vgl. auch Leffson (1988), S. 66-86. Eine tabellarische Zusammenstellung der Anforderungen an die Urteilsfreiheit findet sich in IDW (2002c), Abschn. Q, Tz. 18.

151 Vgl. Fleischer (1996), S. 759f.; Forster (1976), S. 328.

152 Stefani (2002b), S. 219 mit Verweis auf DeAngelo (1981b), S. 116: „The level of auditor independence is defined as the conditional probability that, given a breach has been discovered, the auditor will report the breach".

153 Vgl. Sutton (1997), S. 89.

154 Vgl. z.B. EU-Kommission (2002e), S. 34f.; IFAC (2001c), Tz. 8.8; SEC (2000), Abschn. I; bereits Carey/Doherty (1966), S. 20; Jäckel (1960), S. 38f.

lich unabhängig ist, sondern ob er gegenüber den Adressaten des Jahresabschlusses auch so wirkt.[155]

Independence in Appearance stellt die rechtliche und wirtschaftliche Bindungsfreiheit zwischen dem Abschlussprüfer und dem Prüfungsobjekt in den Mittelpunkt, die den Abschlussprüfer in die Lage versetzt, seine Prüfung eigenverantwortlich ohne Einflussnahme anderer Personen durchzuführen.[156] Die EU-Kommission definiert Independence in Appearance als „die Vermeidung von Tatsachen und Umständen, die so schwer ins Gewicht fallen, dass ein sachverständiger und informierter Dritter die Fähigkeit des Abschlussprüfers zur objektiven Wahrnehmung seiner Aufgaben in Zweifel ziehen würde“[157]. Weitaus schwieriger ist die Abgrenzung der Independence in Fact, welche die innere Einstellung des Prüfers zum Prüfungsobjekt kennzeichnet. Die EU-Kommission definiert Independence in Fact als „die innere Einstellung, die ausschließlich die zur Erfüllung vorliegenden auftragsrelevanten Aspekte in Betracht zieht“[158]. Der Prüfer muss, um dieser zu genügen, dem Prüfungsobjekt unvoreingenommen gegenüberstehen (Independence in Fact) und hat dies auch gegenüber Dritten so vermitteln (Independence in Appearance). Diese Abgrenzung ist insb. deshalb schwierig, da die Befangenheit subjektiv empfunden wird und somit objektiv nicht messbar ist.[159]

Damit steht nicht die tatsächliche Unabhängigkeit des Abschlussprüfers, sondern eine mögliche Besorgnis der Befangenheit[160] im Mittelpunkt. Entscheidend ist folglich nicht, ob das objektive Urteil des Prüfers tatsächlich durch sachfremde Tatbestände beeinflusst wird, sondern ob vernünftige Gründe vorliegen, an der Unabhängigkeit zu zweifeln.[161] Generelle Kriterien zur Abgrenzung der Besorgnis der Befangenheit liegen nicht vor; eine Entscheidung, ob eine Besorgnis der Befangenheit gegeben ist, hat fallweise zu erfolgen.[162]

---

155 Vgl. Baetge/Thiele (2004), § 319 HGB, Tz. 5f.

156 Vgl. Granobs (1981), S. 532; Jäckel (1960), S. 38f.; Kicherer (1970), S. 101f.; Richter (1975), S. 100.

157 EU-Kommission (2002e), S. 34. Ähnlich IFAC (2001c), Tz. 8.8: „The avoidance of facts and circumstances that are so significant that a reasonable and informed third party, having knowledge of all relevant information, including safeguards applied, would reasonably conclude a firm's, or a member of the assurance team's, integrity, objectivity or professional skepticism has been compromised"; SEC (2000), Abschn. I: „An auditor is not independent if a reasonable investor, with knowledge of all relevant facts and circumstances, would conclude that the auditor is not capable of exercising objective and impartial judgment".

158 EU-Kommission (2002e), S. 34. Ähnlich IFAC (2001c), Tz. 8.8: „The state of mind that permits the provision of an opinion without being affected by influences that compromise professional judgment, allowing an individual to act with integrity, and exercise objectivity and professional skepticism"; SEC (2000), Abschn. I: „direct evidence of the auditor's mental state".

159 Vgl. Thümmel (1986), S. 647; auch Kicherer (1970), S. 100f.

160 Nach dem Bundesverfassungsgericht liegt Besorgnis der Befangenheit eines Richters vor, wenn „ein am Verfahren Beteiligter bei vernünftiger Würdigung aller Umstände Anlaß hat, an der Unvoreingenommenheit des Richters zu zweifeln". BVerfG, Beschluss v. 5.4.1990, S. 38. Diese Definition kann auf den Abschlussprüfer übertragen werden.

161 Vgl. Bayerisches ObLG, Beschluss v. 17.9.1987, S. 20-22; Bormann (2002), S. 191; Schwandtner (2002), S. 324.

162 Vgl. Dörner (1997), S. 83; Niehus (1998), Tz. 64.

In Deutschland verpflichtet der Gesetzgeber den Abschlussprüfer mit § 323 Abs. 1 Satz 1 HGB zudem zur unparteiischen Prüfung,[163] ohne diesen Begriff gesetzlich zu definieren. Nach überwiegender Meinung im Schrifttum müssen sich Abschlussprüfer „beim Umfang der Prüfung, bei der Wertung ihrer Feststellungen und bei der Formulierung des Prüfungsberichts freihalten von fremden Beeinflussungen“[164], um ihre Unparteilichkeit nicht zu gefährden. Unabhängigkeit und Unbefangenheit sind somit die Voraussetzungen für die Unparteilichkeit.[165] Daraus wird ersichtlich, dass sich – obwohl jeder Abschlussprüfer zur Unabhängigkeit verpflichtet ist – diese nicht erzwingen lässt, jedoch „Möglichkeiten [bestehen], Regelungen zu treffen, die es dem einzelnen Abschlußprüfer erleichtern, eine Haltung der Unabhängigkeit einzunehmen. Solche Regelungen müssen sich gegen die Entstehung von Situationen richten, aus denen sich erfahrungsgemäß eine Abhängigkeit ergeben kann“[166].

3.2 Ökonomische Analysen zur Unabhängigkeit des Abschlussprüfers

3.2.1 Quasirenten – das Grundmodell des Low Balling von DeAngelo

Das wirtschaftliche Interesse eines Abschlussprüfers, das Mandat über die Erstprüfung hinaus zu behalten, wird insb. mit sog. Quasirenten- bzw. Low Balling-Ansätzen diskutiert. Ausgangspunkt dieser Ansätze sind die Arbeiten von DeAngelo[167] aus dem Jahr 1981.[168] Unter Low Balling wird die Durchführung einer Erstprüfung zu einem Honorar verstanden, das die Prüfungskosten nicht deckt. Grund für eine solche Gebührengestaltung kann bspw. der Preisdruck auf dem Markt für Prüfungsleistungen sein: Der Abschlussprüfer muss einen niedrigeren Preis, der unter seinen Kosten liegen kann, als seine Wettbewerber anbieten, um das Mandat zu erhalten.[169] Quasirenten sind die ökonomischen Vorteile des amtierenden Prüfers im Rahmen der Honorarverhandlung für die Folgeprüfung, denn dem Mandanten entstehen bei einem Prüferwechsel Transaktionskosten[170] wie bspw. Suchkosten oder Kosten der internen Umstellung auf den neuen Abschlussprüfer.[171] Der Abschlussprüfer hingegen muss – da

163 Vgl. auch § 43 Abs. 1 Satz 2 WPO; § 20 Satz 1 der Berufssatzung WPK. Zudem ist die Unparteilichkeit neben der Gewissenhaftigkeit und der Verschwiegenheit Teil des Berufseids der Wirtschaftsprüfer gem. § 17 Abs. 1 Satz 2 WPO.

164 ADS (2000), § 323 HGB, Tz. 28.

165 Vgl. ADS (2000), § 323 HGB, Tz. 28f.; Ebke (2001), § 323 HGB, Tz. 41; Ewert (1999b), S. 519; IDW (2000), Abschn. A, Tz. 257f.; Kuhner/Päßler (2003), § 323 HGB, Tz. 12f.; Wüstemann (1975), S. 48-51.

166 Schulze-Osterloh (1977), S. 102. Vgl. auch Binz (1985), S. 211-217; Westrick (1963), S. 80f.

167 Vgl. DeAngelo (1981b); DeAngelo (1981a).

168 Vgl. Ballwieser (2001), S. 105-107; Ewert (2002), Sp. 2392; Ostrowski/Söder (1999), S. 555.

169 Vgl. Schmidt (1997), S. 236f.: „In reifen Märkten wächst die Neigung, mit Low Balling, was besser klingt als brutale Preisunterbietung, an gute und zukunftsweisende Mandate zu gelangen. Das muß man so sehen. So sind die Marktbedingungen im Prüfungsbereich. Es hat gar keinen Zweck, davor die Augen zu verschließen.“ Ähnlich Wiedmann (1998), S. 342: „Aus diesem Grund wird der Wettbewerb auf dem Markt für Abschlussprüfungsaufträge im wesentlichen über Prüfungshonorare geführt.“

170 Zu Rolle und Stellung der Transaktionskosten innerhalb einer allgemeinen Theorie der Unternehmung vgl. Albach (1999), S. 419f.

171 Vgl. Ballwieser (2001), S. 105-107; Ewert (2002), Sp. 2392; nach Richter/Furubotn (1999), S. 35 entstehen Transaktionskosten „im Zusammenhang mit dem Tauschprozeß, und ihre Höhe wirkt sich auf die Art und Weise der Organisation und Durchführung wirtschaftlicher Tätigkeit aus. Zur allgemeinen Kategorie der Transaktionskosten zählen: Such- und Informationskosten, Verhandlungs- und Entscheidungskosten, Überwachungs- und Durchsetzungskosten.“

er für die Erstprüfung ein zu geringes Honorar verlangt hatte – „die anfänglich nicht gedeckten Erstprüfungskosten im Zeitablauf aus den Überschüssen der Folgeprüfungen wiedererlangen“[172]. Der Abschlussprüfer könnte dementsprechend aus Sorge, das Mandat zu verlieren, geneigt sein, Forderungen des Mandanten in Bezug auf bestimmte Bilanzierungsmaßnahmen nachzugeben.

DeAngelo[173] geht von einem mehrperiodigen Modell mit unbegrenztem Zeithorizont (t = 1, 2, ..., ∞) aus, auf dem in der ersten Periode perfekter Wettbewerb in Bezug auf die technischen Fähigkeiten der Abschlussprüfer vorliegt. Ab der zweiten Periode besteht kein perfekter Wettbewerb mehr, da der amtierende Abschlussprüfer im Unterschied zu einem neuen Abschlussprüfer über Kostenvorteile verfügt, denn Erstprüfungen verursachen beim Mandanten mehr Kosten als Folgeprüfungen. Folglich betragen die Kosten, die für den Abschlussprüfer in der ersten Periode anfallen $A_1 = A + K$[174] und – vereinfachend – in allen Folgeperioden $A = A_2 = A_3 = \ldots = A_\infty$. Der Abschlussprüfer erhält in jeder Periode t ein Honorar in Höhe von F_t, das annahmegemäß in den Folgeprüfungen konstant ist ($F = F_2 = F_3 = \ldots = F_\infty$). Im Zeitpunkt der Annahme eines neuen Prüfungsauftrags in t = 1 ist der Barwert der Gewinne π bei einem Zinssatz von r > 0

(1) $$\pi = \underbrace{(F_1 - A_1)}_{\text{Gewinn der Erstprüfung}} + \underbrace{\frac{F-A}{r}}_{\text{Quasirentenstrom aus Folgeprüfungen}},$$

falls der Abschlussprüfer das Mandat nie verliert. Dabei muss F > A gelten, da ansonsten die Aufrechterhaltung des Mandats für den Abschlussprüfer ökonomisch nicht sinnvoll wäre. Die Obergrenze der zukünftigen Honorare des amtierenden Abschlussprüfers hängt vom Honorarangebot seiner Konkurrenten und den Transaktionskosten eines Prüferwechsels (CS) ab, die dem Mandanten entstehen. Der Mandant wird c.p. den amtierenden Abschlussprüfer solange nicht wechseln, wie dar Barwert der Honorare des amtierenden Abschlussprüfers kleiner ist als der Barwert der Kosten des Abschlussprüfers und der eigenen Kosten, d.h. solange wie gilt

(2) $$\underbrace{\frac{F}{r}}_{\text{Barwert der Honorare des bestehenden Abschlussprüfers}} < \underbrace{\underbrace{\frac{A}{r}}_{\text{Laufende Kosten der Abschlussprüfung}} + \underbrace{\frac{K}{1+r}}_{\text{einmalige Kosten der Erstprüfung}}}_{\text{Kosten des Abschlussprüfers}} + \underbrace{\underbrace{\frac{CS}{1+r}}_{\text{Transaktionskosten des Prüferwechsels}}}_{\text{Kosten des Mandanten}}$$

bzw.

[172] Ewert (1999a), S. 41. Ähnlich Ostrowski/Söder (1999), S. 557: „Bei der Abgabe eines Gebotes für ein Erstprüfungsmandat antizipieren die Prüfer die zukünftig zu realisierenden Quasi-Renten und verlangen deshalb für die Erstprüfung ein unter den Kosten liegendes Honorar.“ Vgl. auch Böcking (2003b), S. 686-688.

[173] Die folgenden Ausführungen basieren auf DeAngelo (1981b), S. 118-123.

[174] A sind die laufenden Kosten der Abschlussprüfung, K die Einarbeitungskosten des Abschlussprüfers. Das Modell unterstellt, dass A und K bei allen Prüfungsgesellschaften gleich hoch sind. Vgl. auch Ewert (1990), S. 186f.; Lenz (1991), S. 182.

(3) $$F < A + \underbrace{r\frac{CS+K}{1+r}}_{\substack{\text{Verhandlungs-}\\ \text{spielraum}}},$$

Daraus ergibt sich für den amtierenden Abschlussprüfer folgende Honorarbandbreite:

(4) $$A \leq F < A + r\frac{CS+K}{1+r}$$

Wenn CS = K = 0 ist, entsprechen die Honorare zukünftiger Prüfungen den durch die Prüfung verursachten Kosten. Damit wäre kein Low Balling zu erwarten, da amtierende Abschlussprüfer gegenüber neuen Abschlussprüfern weder Vor- noch Nachteile hätten. Gilt hingegen CS > 0 und K > 0, so kann der amtierende Abschlussprüfer den Wechsel des Mandanten zu einem Abschlussprüfer verhindern, indem er das Honorar so wählt, dass Gleichung 2 erfüllt ist. Das maximale Honorar, welches der Abschlussprüfer verlangen kann, ohne einen Wechsel zu riskieren ist folglich:

(5) $$F^* = A + r\frac{CS+K}{1+r} - \varepsilon,$$

mit ε als beliebig kleiner positiver Zahl. Ceteris paribus folgt, dass die zukünftigen Honorare so festgesetzt werden, dass gilt $F^* - A > 0$: Der amtierende Abschlussprüfer realisiert zukünftige positive Quasirenten. Rationale Abschlussprüfer werden im Wettbewerb um ein Prüfungsmandat die zu erwartenden Quasirenten der Folgeprüfungen berücksichtigen und folglich in t=1 solange Low Balling betreiben, bis gilt

(6) $$\pi^* = (F_1{}^* - A_1) + \underbrace{\frac{F^* - A}{r}}_{>0} = 0,$$

d.h. bis der Barwert der Gewinne im Gleichgewicht null ist. Daraus wird ersichtlich, dass Quasirenten zu Low Balling führen. Low Balling an sich beeinträchtigt die Unabhängigkeit indes nicht, sondern ist lediglich die wettbewerbliche Reaktion auf die Erwartung künftiger Quasirenten.[175]

Eine empirische Untersuchung dieses Sachverhalts ist bislang unmöglich, da die Kosten für die Abschlussprüfung für Außenstehende nicht beobachtbar sind. Daher wird auf das sog. Price Cutting zurückgegriffen, das die Differenz zwischen den Honoraren für Erst- und Folgeprüfungen beschreibt. Der Unterschied zwischen Low Balling und Price Cutting besteht darin, dass Low Balling immer eine Erstprüfung unterhalb der Kosten für die Prüfung meint, während Price Cutting lediglich einen Abschlag von der gewünschten Prüfungsgebühr beschreibt.[176] Stefani kommt im Rahmen ihrer Untersuchung empirischer Arbeiten zum Price Cutting zu dem Ergebnis, dass „durch eine Reihe weiterer Studien … bestätigt werden [konnte], dass Abschlussprüfer für Erstprüfungen geringere Gebühren erheben"[177]. Solche Untersu-

175 Vgl. DeAngelo (1981b), S. 126.
176 Vgl. Wagenhofer/Ewert (2003), S. 478f. Vgl. auch die grundlegenden Arbeiten von Ettredge/Greenberg (1990) und Simon/Francis (1988).
177 Stefani (2002a), S. 120. Vgl. auch Stefani (2002a), S. 390-396 (Teil 3 in Anhang B).

chungen schieden bislang in Deutschland aus, da Unternehmen nicht verpflichtet waren, die Honorare des Abschlussprüfers zu veröffentlichen. Durch das BilReG werden solche Angaben für Geschäftsjahre, die nach dem 31.12.2004 beginnen, verpflichtend, so dass diese Untersuchung zukünftiger Forschung vorbehalten ist.[178] Daneben konnte in Experimentalstudien Low Balling festgestellt werden.[179]

DeAngelo leitet aus den von ihr angestellten Überlegungen die These ab, dass eine größere Prüfungsgesellschaft den Verlust eines Mandats eher mit anderen Mandaten ausgleichen kann als eine kleine Gesellschaft, die nur über wenige Prüfungsmandate mit einem tendenziell höheren Anteil am Gesamthonorarvolumen verfügt. Damit seien größere Prüfungsgesellschaften tendenziell unabhängiger als kleine, da sie einem geringeren Druck des Managements, z.B. im Fall eines potenziellen Prüferwechsels, ausgesetzt seien und folglich weniger als kleine Prüfungsgesellschaften geneigt seien, sich opportunistisch zu verhalten. Dies führe in der Folge zu einer Erhöhung der Prüfungsqualität.[180]

3.2.2 Weiterentwicklungen des Modells von DeAngelo

Aufbauend auf dem Quasirentenmodell von DeAngelo erweitern Lee/Gu dieses um die Kompetenz der Eigner, dem Prüfer das Mandat zu entziehen, Magee/Tseng um zwei unterschiedliche Prüfertypen, Gigler/Penno um heterogene Prüfer, Ostrowski/ Söder um Beratungsaufträge sowie Stefani um Anleger und Probleme bei der Prüfung des Lageberichts.

<u>(a) Lee/Gu</u>

Lee/Gu erweitern – ausgehend von der Moral Hazard-Problematik zwischen Prinzipal (Eigner) und Agent (Manager und Abschlussprüfer) – das Modell von DeAngelo um die Kompetenz der Eigner, den Abschlussprüfer zu bestellen und abzuberufen.[181] Dem Eigner stehen in diesem Modell zwei verschiedene Möglichkeiten der Honorierung des Abschlussprüfers zur Verfügung: Im sog. Flat-Fee-Scheme erhält der Abschlussprüfer in jeder Periode ein konstantes Honorar, während er im Low-Balling-Scheme in der ersten Periode einen Honorarabschlag in Kauf nimmt. Die Honorare in den Folgeperioden sind in dieser Variante ebenfalls konstant, aber höher als im Flat-Fee-Scheme. Der Barwert der Honorare zum Zeitpunkt des Vertragsabschlusses ist in beiden Fällen gleich, in den Folgeperioden ist jedoch das Low-Balling-Scheme für den Eigner günstiger: Der Abschlussprüfer verliert den Barwert der künftig anfallenden Überschüsse, wenn er mit dem Manager kolludiert und dies aufgedeckt wird. Im Ergebnis haben Quasirenten einen positiven Effekt auf die Unabhängigkeit des Abschlussprüfers, da „das „Low-Balling-Scheme“ … für den Prüfer den selben Anreiz wie die

---

178 Vgl. auch Kapitel I.3.3.
179 Vgl. Wagenhofer/Ewert (2003), S. 478f.
180 Vgl. DeAngelo (1981a), S. 184; Ewert/Wagenhofer (2000), S. 50f. Eine ausführliche Darstellung und kritische Würdigung des Modells von DeAngelo findet sich bei Marten (1999b), S. 49-53 und bei Stefani (2002a), S. 110-146.
181 Vgl. Lee/Gu (1998), S. 535: „In our multi-agent moral hazard model, the right to hire and fire the auditor lies in the hands of the owner.“

Haftung [induziert], nicht in eine Kollusion mit dem Manager einzuwilligen und unabhängig zu bleiben, aber zu geringeren Kosten"[182].

(b) Magee/Tseng

Hier wird von einem mehrperiodigen Modell des Prüfungsmarkts für einen Mandanten ausgegangen. Magee/Tseng erweitern das Modell von DeAngelo um Meinungsverschiedenheiten zwischen Abschlussprüfer und Mandant in Bezug auf Rechnungslegungsstandards. Sie gehen dabei von zwei verschiedenen Abschlussprüfertypen aus: Typ A stimmt mit der gewählten Bilanzierungsweise des Managements überein, während Typ B dies nicht tut.[183] Typ B hat dann wiederum die Möglichkeit, wahrheitsgemäß zu berichten, d.h. den Bestätigungsvermerk einzuschränken, oder dem Wunsch des Mandanten nachzukommen, d.h. einen uneingeschränkten Bestätigungsvermerk zu erteilen, obwohl er die gewählte Bilanzierungsweise für falsch hält. Magee/Tseng definieren einen Abschlussprüfer als nicht unabhängig, wenn seine „decisions are not consistent with his or her beliefs about a reporting policy"[184]. Folglich ist ein Abschlussprüfer vom Typ B unabhängig, wenn er wahrheitsgemäß berichtet, obwohl dies dem Wunsch des Managements widerspricht. Daraus wird deutlich, dass eine Gefährdung der Unabhängigkeit des Abschlussprüfers nur dann gegeben ist, wenn Abschlussprüfer beider Typen am Markt vorhanden sind, d.h. sog. „Opinion Shopping" möglich ist, und sich die Meinungsverschiedenheit auf mehr als eine Periode bezieht.

(c) Gigler/Penno

Gigler/Penno stellen 1995 eine um heterogene Prüfer erweiterte Version des Grundmodells von DeAngelo vor.[185] In diesem Modell existieren ebenfalls zwei Typen von Abschlussprüfern, die sich in Bezug auf die Prüfungskosten für das zu prüfende Unternehmen unterscheiden (können). Folglich gibt es hier – anders als im Modell von DeAngelo – auch kosteninduzierte Anlässe, den Prüfer zu wechseln.[186] Ein solcher Wechsel findet statt, wenn der amtierende Abschlussprüfer zu Beginn der zweiten Periode ein höheres Honorar verlangt als der andere Abschlussprüfer. Um diesen Wechsel zu vermeiden, muss der amtierende Abschlussprüfer bereits in der ersten Periode sicherstellen, dass seine Wahl „mit einem verringerten Barwert der Vorteile aus dem künftigen Prüferwechsel verbunden ist". Daraus folgt nicht nur, dass der Abschlussprüfer mit dem niedrigeren Honorar in Periode 1 den Auftrag erhält, sondern auch „dass dieser schon bei Mandatsannahme einen positiven Überschussbarwert und mithin echte Renten erzielt"[187]. In diesem Modell tritt folglich kein Low Balling auf, sondern

182 Stefani (2002a), S. 151f. Vgl. auch Lee/Gu (1998), S. 550f.; Wagenhofer/Ewert (2003), S. 504.
183 Vgl. Magee/Tseng (1990), S. 321.
184 Magee/Tseng (1990), S. 322.
185 Vgl. Gigler/Penno (1995), S. 317-319.
186 Vgl. Gigler/Penno (1995), S. 329f.
187 Wagenhofer/Ewert (2003), S. 483 (beide Zitate).

nur Price Cutting, da die Abschlussprüfer nicht gezwungen sind, ein Angebot unter ihren Selbstkosten abzugeben.[188]

(d) Ostrowski/Söder

Ostrowski/Söder erweitern 1999 das Grundmodell des Low Balling von DeAngelo um zusätzliche Beratungsaufträge[189] und kommen zu dem Ergebnis, dass „eine weitergehende Beeinträchtigung der Unabhängigkeit der Prüfer in der Existenz der Quasirenten im Beratungsgeschäft besteht, die den Effekt der Quasirenten aus Folgeprüfungen verstärken“[190] kann. Ewert merkt in Bezug auf dieses Modell zu Recht kritisch an, dass es hier nur auf das Verhältnis der einzelnen Quasirenten zueinander ankommt und daher „diese Folgerung so nicht gezogen werden [kann], wenn nicht nur bei einem Mandat zugleich Prüfung und Beratung angeboten werden“[191]. Steigen die Quasirenten bei einem Mandanten an, so sagt dies nichts über die Quasirenten bei anderen Mandanten und über deren Auswirkungen auf die Unabhängigkeit aus.[192]

(e) Stefani

Stefani berücksichtigt in ihrer Erweiterung des Grundmodells von DeAngelo die Anleger am Kapitalmarkt.[193] Dazu betrachtet sie ein Unternehmen, dem aufgrund der Möglichkeit zur Durchführung eines vorteilhaften Investitionsprojekts Kapital zugeführt werden muss. Die exakte Risikoklasse des Projekts wird jedoch erst im Rahmen der Abschlussprüfung ermittelt, die durchgeführt wird, um die Darstellung des Projekts gegenüber den potenziellen Investoren glaubwürdig erscheinen zu lassen.[194] Die Investoren machen zudem ihre Finanzierungskonditionen von der Risikoklasse des Projekts abhängig. Das Unternehmen hat dementsprechend ein Interesse daran, dass der Abschlussprüfer einen uneingeschränkten Bestätigungsvermerk erteilt, weil sich so günstigere Finanzierungskonditionen ergeben. Die Investoren wissen, dass auf dem Markt zwei Arten von Abschlussprüfern agieren, opportunistische Prüfer und seriöse Abschlussprüfer, aber sie können diese Eigenschaft aus der Berichterstattung des Abschlussprüfers nicht eindeutig ableiten. Dem zu prüfenden Unternehmen wird diese Eigenschaft am Ende der ersten Periode bekannt. Folglich ist diese Information asymmetrisch zwischen Abschlussprüfer und Unternehmen auf der einen Seite und Investor auf der anderen Seite verteilt. Die Veröffentlichung der Honorare für Prüfungs- und Nichtprüfungsleistungen verringert diese Informationsasymmetrien, da „die Anleger [daraus] Schlüsse ziehen [könnten], in

188 Vgl. Gigler/Penno (1995), S. 330f.
189 Vgl. Ostrowski/Söder (1999), S. 555.
190 Ostrowski/Söder (1999), S. 562.
191 Ewert (2002), Sp. 2394.
192 Vgl. Ewert (1999a), S. 53f.; bereits Ewert (1990), S. 196-199.
193 Vgl. Stefani (2002a), S. 179-230.
194 Das Modell unterstellt, dass am Ende der ersten Periode sowohl der Abschlussprüfer als auch das zu prüfende Unternehmen perfekt über die Risikoklasse des Investitionsprojekts informiert sind. Vgl. Stefani (2002a), S. 184.

welchem Maße es dem vorhandenen Prüfer gelungen ist, informationsbedingte Finanzierungsvorteile abzuschöpfen“[195].

Abschließend lässt sich festhalten, dass aus der Existenz von Quasirenten nicht zwingend negative Auswirkungen auf die Unabhängigkeit des Abschlussprüfers resultieren müssen: Im Modell von Lee/Gu werden Quasirenten gerade als Mittel gesehen, um eine Kollusion zwischen Abschlussprüfer und Manager zu verhindern. Hintergrund dieser diametral unterschiedlichen Beurteilung ist wohl die Rolle der Eigner i.R.d. Bestellung des Abschlussprüfers, denen nur im Modell von Lee/Gu eine aktive Rolle zugestanden wird.[196] Folglich können alle diskutierten Reformvorschläge, die die Position der Eigner stärken, positiv bewertet werden. Darunter fallen bspw. das Recht des Aufsichtsrats, den Abschlussprüfer zu bestellen, oder die Einrichtung eines Prüfungsausschusses im Aufsichtsrat, der aktiv am Prozess der Bestellung des Abschlussprüfers teilnimmt oder z.B. Nichtprüfungsleistungen vorab genehmigt.[197] In Bezug auf den deutschen Prüfungsmarkt ist darauf hinzuweisen, dass der Aufsichtsrat aufgrund der Regelungen zur Mitbestimmung kein perfekter Agent der Eigner[198] und durch seine Überwachungs- und Beratungsfunktion des Vorstands in die strategische Unternehmensführung involviert ist. Dies wiederum stützt eher die getroffenen Annahmen des Ansatzes von DeAngelo als von Lee/Gu, da die Möglichkeit besteht, dass die Interessen des Managements und des Aufsichtsrats und nicht die der Eigner und des Aufsichtsrats gleichgerichtet sind.[199]

3.2.3 Arbeiten zur Vereinbarkeit von Abschlussprüfung und Beratung in Deutschland

In Deutschland sind ökonomische Analysen zur Unabhängigkeit des Abschlussprüfers selten. Im Folgenden sollen zwei Arbeiten (Lange und Böcking/Löcke) aus den neunziger Jahren des letzten Jahrhunderts kurz erörtert werden.

Lange[200] untersuchte in einer 1994 veröffentlichten Arbeit die „aus der Verbindung von Prüfung und Beratung resultierenden Chancen und Risiken“[201] und das dadurch bedingte Abwägungsproblem. Dabei standen folgende Themen im Vordergrund:

- die Beurteilung der Bereitschaft des Abschlussprüfers zur Preisgabe seiner Unabhängigkeit vor dem Hintergrund gleichzeitiger Beratungsaufträge,
- die ökonomische Beurteilung der gleichzeitigen Abschlussprüfung und Beratung im Lichte der so entstehenden Chancen und Risiken sowie
- die Überlegung, wie zusätzliche gesetzliche Regelungen in Bezug auf die gleichzeitige Abschlussprüfung und Beratung aus Sicht der Unternehmenseigner zu beurteilen sind,

195 Wagenhofer/Ewert (2003), S. 499.
196 Vgl. Lee/Gu (1998), S. 535.
197 Vgl. Stefani (2002a), S. 154.
198 Vgl. auch bereits BVerfG, Beschluss v. 7.11.1972, S. 112.
199 Vgl. Wagenhofer/Ewert (2003), S. 505.
200 Vgl. Lange (1994).
201 Lange (1994), S. 6.

und ob es möglich ist, aus bereits existierenden positiven Synergieeffekten Motivationsanreize für die Prüfungstätigkeit abzuleiten.[202]

Im Anschluss an diese Fragestellungen entwickelte Lange ein „mikroökonomisches Entscheidungsmodell für den Unternehmenseigner zur Akzeptierbarkeit von Beratungsleistungen des Abschlußprüfers"[203], das zum Ziel hat, die Vor- und Nachteile aus einer gleichzeitigen Abschlussprüfung und Beratung hinsichtlich der für den Unternehmenseigner entstehenden Vermögensentwicklungen zu beurteilen. Lange kam zu dem Ergebnis, dass ein Verbot von gleichzeitiger Abschlussprüfung und Beratung für den Unternehmenseigner suboptimal ist. Er konnte sogar zeigen, dass „ein besonders großes Beratungsvolumen ggf. im Interesse des Eigners liegen kann"[204]. Dies ist dann der Fall, wenn der Abschlussprüfer im Rahmen einer Beratung gewonnenes Wissen im Zuge seiner Prüfungstätigkeiten verwenden kann. Gleichwohl ist zu beachten, dass die hier gewonnenen Synergieeffekte dem Abschlussprüfer zugehen und nicht zwingend zu der – vom Eigner gewünschten – Preisreduktion führen müssen.[205]

Böcking/Löcke[206] untersuchten in ihrem Beitrag aus dem Jahr 1997 die ökonomischen Auswirkungen des Verhältnisses von Abschlussprüfung und Beratung im Lichte des § 319 Abs. 2 Satz 1 Nr. 5 HGB a.F. und der Allweiler-Entscheidung[207] des BGH. Dazu stellten sie zunächst die Extrempositionen, d.h. die Vereinbarkeit bzw. die Unvereinbarkeit von Abschlussprüfung und Beratung dar, bevor sie drei ökonomische Analysekriterien (Informationsasymmetrien, Transaktionskosten sowie Anreizwirkungen) auswählten, anhand derer sie die Allokationseffizienz der gleichzeitigen Abschlussprüfung und Beratung untersuchten.[208] Die Untersuchung der asymmetrischen Informationsverteilung ergab kein klares Votum zur Vereinbarkeit von Abschlussprüfung und Beratung: Auf der einen Seite verringern die normierte Rechnungslegung, Abschlussprüfung und Publizität Informationsasymmetrien, auf der anderen Seite birgt „eine gleichzeitige Abschlußprüfung und Beratung … die Gefahr, daß das Management in seinen Interessen gestärkt, Gesellschafter hingegen benachteiligt werden"[209]. Unter dem Gesichtspunkt der Verringerung von Transaktionskosten durch die gleichzeitige Abschlussprüfung und Beratung kamen Böcking/Löcke zu dem Ergebnis, dass aus ökonomischer Sicht eine gleichzeitige Abschlussprüfung und Beratung vorteilhaft sein kann.[210] In Bezug auf die Anreizwirkungen argumentierten Böcking/Löcke, dass eine strikte Trennung von Abschlussprüfung und Beratung in praxi durch eine verdeckte Zusammenarbeit zwischen Prüfungsgesellschaften leicht umgangen werden kann. Zudem ist der Abschlussprüfer auch verpflichtet,

202 Vgl. Lange (1994), S. 6 und S. 214.
203 Lange (1994), S. 128. Die Beschreibung des Modells findet sich auf S. 129-161.
204 Lange (1994), S. 216.
205 Vgl. Lange (1994), S. 211f.
206 Vgl. Böcking/Löcke (1997).
207 Vgl. BGH-Urteil v. 21.4.1997.
208 Vgl. Böcking/Löcke (1997), S. 462-464.
209 Böcking/Löcke (1997), S. 465 mit Verweis auf Haegert (1985), S. 215f. Im Ergebnis zustimmend Wiedmann (1997), S. 877f.
210 Vgl. Böcking/Löcke (1997), S. 465-467; auch bereits Backhaus (1990), S. 684; Quick (2002), S. 627f.; Wiedmann (1997), S. 878.

im Rahmen des Einwirkungsgebots Verbesserungsvorschläge zu erteilen.[211] Abschließend resümierten Böcking/Löcke, dass „aus ökonomischer Sicht ... stärkere Argumente für die Vereinbarkeit von Abschlußprüfung und Beratung"[212] sprechen.

3.3 Empirische Arbeiten zur Unabhängigkeit des Abschlussprüfers

3.3.1 Maßstäbe zur Beurteilung der Unabhängigkeit des Abschlussprüfers

Die Vereinbarkeit von Abschlussprüfung und Beratung sowie die (interne oder externe) Rotation des Abschlussprüfers stellen die am meisten diskutierten Problemfelder im Themenkomplex der Unabhängigkeit des Abschlussprüfers dar.[213] Die Unabhängigkeit und die Prüfungsqualität sind gleichwohl nicht direkt messbar. Daher wird versucht, Maßstäbe zur Beurteilung der Unabhängigkeit des Abschlussprüfers in Form von Proxyvariablen heranzuziehen. Als solche dienen i.d.R. die Honorare des Abschlussprüfers für Nichtprüfungsleistungen sowie die Mandatsdauer. Diese Proxyvariablen werden zu anderen Sachverhalten wie z.B. Aktienrenditen oder Testatseinschränkungen in Beziehung gesetzt, um aus den Zusammenhängen zwischen beiden Rückschlüsse auf die Unabhängigkeit des Abschlussprüfers ziehen zu können. Daneben wird versucht, durch Befragungen oder Experimente die Einstellung von Jahresabschlussadressaten und anderen interessierten Personen in Bezug auf die Unabhängigkeit des Abschlussprüfers zu ermitteln. In Anlehnung an Ewert[214] werden diese Proxyvariablen im Folgenden danach gruppiert, ob sie eher die Independence in Fact oder die Independence in Appearance untersuchen. Die untersuchten Studien entstammen zum größten Teil dem angloamerikanischen Umfeld. In Deutschland liegen so gut wie keine empirischen Studien zur Unabhängigkeit des Abschlussprüfers vor, die auf vorhandenes Datenmaterial zurückgreifen, da bislang Prüfungs- und Beratungshonorare nicht veröffentlicht werden mussten.[215] Nach Inkrafttreten des BilReG werden solche Daten ab dem Geschäftsjahr, das nach dem 31.12.2004 beginnt, zur Verfügung stehen, so dass diese Untersuchung künftiger Forschung vorbehalten ist. Eine Analyse der Prüfungs- und Beratungshonorare, die deutsche Unternehmen an ihren Abschlussprüfer gezahlt haben, ist momentan lediglich bei den deutschen SEC-registrierten Unternehmen für die Jahre 2002 bis 2004 möglich. Rückschlüsse können aus den erhobenen

211 Vgl. Böcking/Löcke (1997), S. 467-469. Für die Vereinbarkeit von Abschlussprüfung und Beratung spricht sich auch Moxter (1996a), S. 684 aus: „Die gesetzliche Abschlußprüfung hatte von ihren Anfängen her immer auch die Aufgabe der Wirtschaftlichkeitsförderung. Ein Abschlußprüfer, der bei der Wahrnehmung seiner Aufgaben bestehende Rationalisierungsaufgaben erkennt und verschweigt, versteht seinen Aufgabenbereich entschieden zu eng." Gl.A. Ring (2002), S. 1349; Wiedmann (1997), S. 879.

212 Böcking/Löcke (1997), S. 469. Ähnlich Moxter (1996a), S. 685: „Die gelegentlich anzutreffende Furcht, jedwede Beratungsaufträge korrumpieren den Abschlußprüfer, machten ihn zum Kumpan statt zum Kontrolleur der Rechnungslegungspflichtigen, ist unbegründet." Gl.A. Ballwieser (2001), S. 108-110; Kämpfer (1997), S. 871f.; Schildbach (1997), S. 872f. Kritisch dagegen Siegel (1997), S. 875-877.

213 Für die EU-Kommission (2002c), S. 1, stellen das „Erbringen zusätzlicher Leistungen" durch Abschlussprüfer zusammen mit der „Beschäftigung bei dem Abschlussprüfungskunden" Kernfragen in Bezug auf die Unabhängigkeit dar.

214 Vgl. Ewert (2003), S. 531.

215 Vgl. die Studie von Lenz/Bauer (2004), die aus der Gegenüberstellung der Prüfungs- und Beratungshonorare keine Rückschlüsse auf die Unabhängigkeit des Abschlussprüfers zieht, sondern lediglich einen „Einblick über die Höhe und Variabilität der Honorare für Prüfungs- und Beratungsleistungen, die an den Abschlussprüfer gezahlt wurden", geben will. Lenz/Bauer (2004), S. 986.

Daten jedoch nicht gezogen werden, da die Stichprobe sowohl in Bezug auf die Menge (18 Unternehmen) als auch in Bezug auf die Zeitreihe (2002-2004) noch keine Aussagekraft besitzt. Es fällt jedoch auf, dass der Anteil Prüfungshonorare an den Gesamthonoraren steigt: So betrug dieser 2002 im Mittel 68,28 %, im Jahr 2003 im Mittel 75,22 % und im Jahr 2004 im Mittel 73,13 %. Die folgende Abbildung zeigt die Entwicklung der Honorare für Prüfungsleistungen und für Nichtprüfungsleistungen für alle deutschen SEC-registrierten Unternehmen im Zeitablauf.

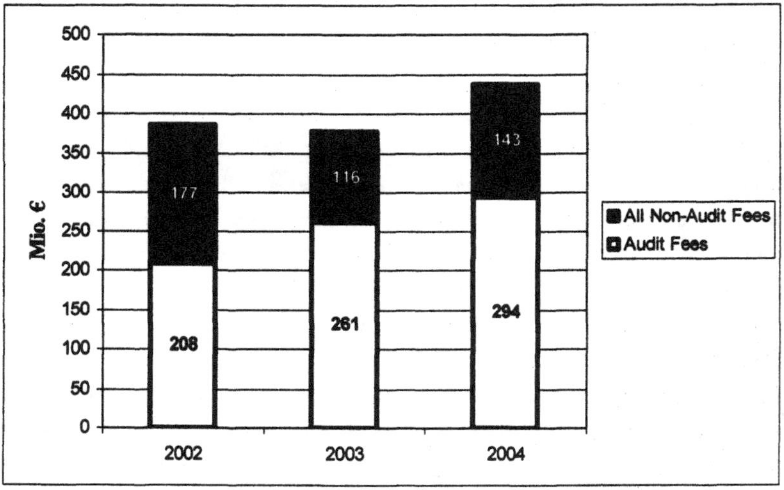

Abbildung 1: *Entwicklung der Honorare für Prüfungsleistungen (Audit Fees) und für Nichtprüfungsleistungen (All Non-Audit Fees) deutscher SEC-registrierter Unternehmen in den Jahren 2002-2004*

Daneben lässt sich feststellen, dass auch der Anteil der Honorare für prüfungsnahe Dienstleistungen (Audit-Related Fees) an den Gesamthonoraren für Nichtprüfungsleistungen (All Non-Audit Fees) tendenziell ansteigt, von 30,54 % im Jahr 2002 über 44,70 % im Jahr 2003 auf 42,89 % im Jahr 2004. Hinweise für den Hintergrund dieser Entwicklung finden sich in den 20-F Statements dieser Unternehmen nicht, es ist jedoch zu vermuten, dass ein Ausweis von Honoraren in der Kategorie Audit-Related Fees deshalb angestrebt wird, um nachzuweisen, dass es sich hier eher um prüfungsnahe Dienstleistungen als um reine Beratungsleistungen handelt.[216] Die nachfolgende Tabelle liefert einen Überblick über die absolute Höhe der einzelnen Honorarkategorien, sortiert nach Unternehmen, in Mio. €.

216 Vgl. zur Abgrenzung der Honorarkategorien Kapitel IV.4.3.2 dieser Arbeit.

Unternehmen	Abschlussprüfer	All Fees			Audit Fees			All Non-Audit Fees		
		2004	2003	2002	2004	2003	2002	2004	2003	2002
Allianz AG	KPMG	70,0	67,0	56,0	39,0	41,0	25,0	31,0	26,0	31,0
Altana AG	PWC(ab 03)/KPMG(02)	4,5	3,9	5,0	2,9	3,0	4,5	1,6	0,9	0,6
BASF AG	Deloitte & Touche	15,6	15,9	15,4	11,7	11,7	11,4	3,9	4,2	4,0
Bayer AG	PWC	27,0	27,0	30,0	18,0	23,0	28,0	9,0	4,0	2,0
DaimlerChrysler AG	KPMG	63,5	50,1	50,8	38,4	34,0	31,4	25,1	16,1	19,4
Deutsche Bank AG	KPMG	61,0	53,0	67,0	40,0	32,0	30,0	21,0	21,0	37,0
Deutsche Telekom AG	PWC	29,8	32,0	68,9	18,0	16,2	21,0	11,8	15,8	47,9
	EY	24,7	18,0	12,2	20,3	13,7	11,2	4,4	4,3	1,0
E.ON AG	PWC	59,3	39,5	57,7	41,4	31,3	31,4	17,9	8,2	26,3
Epcos AG	KPMG	1,2	1,2	-	1,0	1,0	-	0,2	0,2	-
Fresenius Medical Care AG	KPMG	4,9	3,6	3,7	3,3	2,5	2,3	1,7	1,1	1,4
GPC Biotech AG	EY	1,3	0,3	-	1,3	0,2	-	0,0	0,1	-
Infineon Technologies AG	KPMG	5,0	3,4	4,3	4,3	2,6	3,0	0,7	0,8	1,3
Lion Bioscience AG	EY	0,3	0,6	0,0	0,2	0,4	0,0	0,1	0,2	0,0
Pfeiffer Vacuum Technology AG	EY(04)/KPMG(03)/EY(02)	0,3	0,3	0,3	0,3	0,3	0,2	0,0	0,0	0,1
Primacom AG	EY	0,7	0,6	0,9	0,5	0,5	0,7	0,2	0,1	0,2
SAP AG	KPMG	6,4	4,6	7,6	4,3	3,7	3,2	2,1	0,9	4,4
Schering AG	BDO	6,2	3,9	3,7	5,7	3,5	3,4	0,5	0,4	0,3
SGL Carbon AG	EY(04)/BDO(03, 02)	1,8	1,7	1,7	1,5	1,4	1,5	0,3	0,3	0,1
Siemens AG	KPMG	52,9	50,8	0,0	41,9	38,9	0,0	11,0	11,9	0,0
Lion Bioscience AG	EY	0,3	0,6	0,0	0,2	0,4	0,0	0,1	0,2	0,0
Unternehmen	**Abschlussprüfer**	**Audit-Related Fees**			**Tax Fees**			**All other Fees**		
		2004	2003	2002	2004	2003	2002	2004	2003	2002
Allianz AG	KPMG	16,0	13,0	18,0	3,0	4,0	4,0	12,0	9,0	9,0
Altana AG	PWC(ab 03)/KPMG+B36(	1,1	0,7	0,1	0,4	0,2	0,2	0,2	0,0	0,2
BASF AG	Deloitte & Touche	1,8	0,8	0,3	1,6	2,2	3,0	0,5	1,2	0,7
Bayer AG	PWC	8,0	3,0	1,0	1,0	1,0	1,0	0,0	0,0	0,0
DaimlerChrysler AG	KPMG	14,4	7,2	13,0	5,7	6,2	6,2	5,0	2,7	0,2
Deutsche Bank AG	KPMG	6,0	12,0	24,0	15,0	8,0	9,0	0,0	1,0	4,0
Deutsche Telekom AG	PWC	6,5	8,2	10,0	0,9	3,4	2,7	4,4	4,2	35,2
	EY	2,6	2,7	0,8	1,3	0,3	0,1	0,5	1,3	0,1
E.ON AG	PWC	11,4	4,8	8,3	1,7	1,8	4,7	4,8	1,6	13,3
Epcos AG	KPMG	0,1	0,1	-	0,1	0,1	-	0,0	0,0	-
		1,6	0,3	0,2	0,7	0,8	1,2	0,0	0,2	0,1
Fresenius Medical Care AG	KPMG	1,2	0,3	0,2	0,5	0,7	1,2	0,0	0,2	0,0
GPC Biotech AG	EY	0,0	0,0	-	0,0	0,0	-	0,0	0,1	-
Infineon Technologies AG	KPMG	0,3	0,5	0,6	0,4	0,3	0,6	0,0	0,0	0,1
Lion Bioscience AG	EY	0,0	0,0	0,0	0,1	0,1	0,0	0,0	0,1	0,0
Pfeiffer Vacuum Technology AG	EY(04)/KPMG(03)/EY(02)	0,0	0,0	0,0	0,0	0,0	0,1	0,0	0,0	0,0
Primacom AG	EY	0,0	0,0	0,0	0,2	0,1	0,2	0,0	0,0	0,0
SAP AG	KPMG	0,9	0,6	0,4	1,2	0,1	3,8	0,0	0,2	0,2
Schering AG	BDO	0,1	0,1	0,0	0,4	0,3	0,2	0,0	0,0	0,1
SGL Carbon AG	EY(04)/BDO(03, 02)	0,1	0,0	0,1	0,1	0,2	0,1	0,2	0,0	0,0
Siemens AG	KPMG	5,9	5,3	0,0	4,2	5,4	0,0	0,9	1,2	0,0

Tabelle 3: *Überblick über Honorare für Abschlussprüfer deutscher SEC-registrierter Unternehmen in den Jahren 2002-2004*[217]

Da Funktion und Aufgaben des Abschlussprüfers international ähnlich gesehen werden wie in Deutschland,[218] ist eine Übertragbarkeit der Ergebnisse der vorliegenden internationalen Studien auf Deutschland möglich. Im Rahmen der Auswertung der empirischen Arbeiten ist insbesondere die Form der Datengenerierung kritisch zu hinterfragen. So können bspw. bei Befragungen die Teilnehmer z.T. schnell ersehen, welchen Hintergrund die Fragestellungen haben und folglich durch ihre – nicht wahrheitsgemäßen Antworten – zu einem verzerrten Untersuchungsergebnis beitragen. Auch Experimente bilden die Wirklichkeit nur unzureichend ab, da hier häufig Studenten die Sachverhalte hypothetisch beurteilen.[219]

---

217 Bis auf die Daten von Fresenius Medical Care AG haben alle Unternehmen ihr 20-F Statement in Euro eingereicht. Die Daten von Fresenius Medical Care AG wurden mit dem Stichtagskurs zum 31.12.2002, 31.12.2003 und 31.12.2004 von US-Dollar in Euro umgerechnet.

218 Siehe dazu Kapitel I.2 dieser Arbeit.

219 Vgl. Ewert (2003), S. 532 und S. 534.

3.3.2 Arbeiten zur Independence in Appearance

Grundsätzlich können Arbeiten zur Independence in Appearance wie folgt strukturiert werden:

a) Abstimmungsverhalten bei der Wahl des Prüfers,

b) Einstellungen einzelner Abschlussadressaten,

c) Analyse von Kapitalmarktreaktionen.[220]

<u>ad a) Studien zum Abstimmungsverhalten bei der Wahl des Prüfers</u>

Hier wird untersucht, ob Aktionäre eines Unternehmens aufgrund eines hohen Anteils an Honoraren für Nichtprüfungsleistungen die Unabhängigkeit des Abschlussprüfers für beeinträchtigt halten und diesen folglich nicht wieder wählen. Dabei wird auf öffentlich zugängliche Daten zurückgegriffen. Zu dieser Hypothese liegen Studien von Glezen/Millar aus dem Jahr 1985 und Raghunandan aus dem Jahr 2003 vor. Während erstere keine Verringerung der Zustimmung bei höherem Anteil an Honoraren für Nichtprüfungsleistungen feststellen,[221] findet Raghunandan einen positiven Zusammenhang zwischen dem Zuwachs des Anteils der ablehnenden bzw. enthaltenen Stimmen und dem Verhältnis zwischen Honoraren für Prüfungs- und Nichtprüfungsleistungen. Gleichzeitig stellt er indes eine hohe Zustimmungsquote (97 %) auch bei einem großen Verhältnis zwischen Honoraren für Prüfungs- und Nichtprüfungsleistungen (über 400 %) fest. Dies relativiert sein erstes Ergebnis.[222]

Autoren Jahr	Untersuchungsgegenstand	Stichprobe	Ergebnisse der Studie
Raghunandan 2003	Zusammenhang zwischen dem Abstimmungsverhalten der Aktionäre in Bezug auf den vorgeschlagenen Abschlussprüfer und der relativen Höhe der Honorare für Nichtprüfungsleistungen.	Proxy Statements von 172 der Fortune 1000-Unternehmen; Untersuchungszeitraum: Februar - April 2001.	Positiver Zusammenhang zwischen dem Zuwachs des Anteils der ablehnenden bzw. enthaltenen Stimmen und der Höhe des Verhältnisses zwischen Honoraren für Prüfungs- und Nichtprüfungsleistungen. Gleichzeitig wird eine hohe Zustimmungsquote (97 %) auch bei einem großen Verhältnis zwischen Honoraren für Prüfungs- und Nichtprüfungsleistungen (über 400 %) festgestellt.
Glezen/Millar 1985	Untersuchung zur Zustimmung der Aktionäre zum gewählten Abschlussprüfer vor und nach Inkrafttreten von ASR 250.	178 Unternehmen, die im Zeitraum 1976-1981 an der NYSE registriert waren, und die ihre Aktionäre zur Zustimmung zur Wahl des Abschlussprüfers aufforderten.	Keine Verringerung der Zustimmung in Abhängigkeit der Höhe der Honorare für Nichtprüfungsleistungen feststellbar.

Tabelle 4: Abstimmungsverhalten bei der Prüferwahl

<u>ad b) Studien zur Einstellung einzelner Abschlussadressaten</u>

Die Einstellung einzelner Jahresabschlussadressaten wird im Rahmen der empirischen Prüfungsforschung insb. durch Befragungen bzw. Experimentalstudien versucht zu ermitteln. Be-

220 Vgl. Ewert (2003), S. 531 und S. 536.

221 Vgl. Glezen/Millar (1985), S. 869.

222 Vgl. Raghunandan (2003), S. 162. Vgl. auch Ewert (2003), S. 531f.

sonders häufig werden Mitarbeiter von Banken, Controller und Abschlussprüfer befragt. Die Ergebnisse dieser Befragungen sind uneinheitlich. Auffallend ist, dass insb. die befragten Abschlussprüfer durch die Erbringung von Nichtprüfungsleistungen keine Gefährdung ihrer Unabhängigkeit annehmen. Der Unterschied in der Wahrnehmung der Unabhängigkeit eines Abschlussprüfers wird bereits 1976 in der Studie von Richter deutlich[223] und durch die Studie von Backhaus et al. (2003) bestätigt, da hier Selbst- und Fremdbild des Wirtschaftsprüfers erheblich differieren.[224] Baetge/Lutter (2003) und Mandler (2003) kommen in ihren Befragungen zu dem Ergebnis, dass die gleichzeitige Abschlussprüfung und Beratung nicht generell zu verbieten ist.[225] Die internationalen Befragungen zu dieser Thematik kommen häufig zu dem Ergebnis, dass die Unabhängigkeit des Abschlussprüfers durch die Erbringung von Nichtprüfungsleistungen gefährdet ist, wenn unmittelbar nach dem Einfluss von Nichtprüfungsleistungen auf die Unabhängigkeit gefragt wird. Werden hingegen Proxyvariablen abgefragt, wie z.B. der Einfluss von Beratungsleistungen auf die Kreditvergabeentscheidung eines Kreditsachbearbeiters, finden sich häufig keine signifikanten Zusammenhänge.[226] Hinsichtlich der externen Zwangsrotation ergab eine Befragung durch das United States General Accounting Office (2004) eine überwiegende Ablehnung der externen Zwangsrotation.[227]

Autoren Jahr	Untersuchungsgegenstand	Stichprobe	Ergebnisse der Studie
Backhaus et al. 2003	Ermittlung des Selbst- und Fremdbilds der WPs durch Befragung von WPs, Vorständen, Aufsichtsräten, Medienvertretern und anderen.	1547 WPs, 161 andere Personen aus Deutschland (keine Angabe zur Größe der Stichprobe).	Erhebliche Meinungsdifferenzen im Selbst- und Fremdbild.

223 Vgl. Richter (1976), S. 63 (Frage 7). Bemerkenswert ist, dass das IDW und die WPK in einem gemeinsamen Rundschreiben an die Mitglieder der WPK Bedenken in Bezug auf diese Umfrage äußerten und ihre Mitglieder implizit dazu aufforderten, den Fragebogen nicht zu beantworten. Dies hat den Rücklauf der Fragebögen, die an die Wirtschaftsprüfer versendet wurden, stark beeinflusst. So antworteten nur 82 (27,2 %) der befragten Wirtschaftsprüfer, während 191 (52,0 %) der befragten Wirtschaftsjournalisten die Fragebögen zurücksandten. Vgl. Richter (1976), S. 30-36.

224 Vgl. Backhaus et al. (2003), S. 628.

225 Vgl. Baetge/Lutter (2003), S. 39-66 und S. 9-11; Mandler (2003), S. 348. An der Erhebung der Daten durch Baetge/Lutter ist zu kritisieren, dass hier keine Auswahl von Teilnehmern getroffen wurde, sondern jeder per Internet oder dem in Fachzeitschriften abgedruckten Fragebogen (auch mehrmals) teilnehmen konnte. Insgesamt wurden 660 Fragebögen ausgewertet.

226 Vgl. Ryan et al. (2001), S. 381, mit einer Gegenüberstellung verschiedener Untersuchungen zur Wahrnehmung der Unabhängigkeit des Abschlussprüfers durch die Jahresabschlussadressaten. Vgl. z.B. auch Beattie/Brandt/Fearnel (1999) im Rahmen einer Befragung von Finanzvorständen undPrüfungspartnern börsennotierter Unternehmen in UK; Carcello/Hermanson/McGrath (1992) im Rahmen einer Befragung von Prüfungspartnern, Controllern und Jahresabschlussadressaten zur Prüfungsqualität; Lindsay (1992) im Rahmen einer Befragung von Wertpapieranalysten und Bankiers aus Australien und Kanada, Pany/Reckers (1988) bei der Befragung von Kreditsachbearbeitern und Finanzanalysten sowie bereits Firth (1981) i.R.d. Befragung von Kreditsachbearbeitern.

227 Vgl. United States General Accounting Office (2003), S. 1-10. Befragt wurden Abschlussprüfer sowie CEOs und Vorsitzende von Audit Committees SEC-registrierter Unternehmen.

Autoren Jahr	Untersuchungs gegenstand	Stichprobe	Ergebnisse der Studie
Baetge/ Lutter 2003	Umfrage zur Sicherung der Unabhängigkeit des Abschlussprüfers kapitalmarktorientierter Unternehmen.	660 Personen, die einen im Internet und verschiedenen (deutschen) Zeitschriften publizierten Fragebogen ausgefüllten (57 % WPs, 31 % Rechnungsleger, 12 % Außenstehende).	Ablehnung der generellen Trennung von Prüfung und Beratung (71 % der Befragten).
United States General Accounting Office 2004	Umfrage zur externen Rotation.	616 Abschlussprüfer (Rücklauf: 211/34,3 %) und 1.171 SEC-registrierte Unternehmen (Rücklauf: 431/ 36,8 % der CEOs und 350/ 29,9% der Vorsitzenden des Audit Committee).	76 % der befragten PG, die mehr als 10 börsennotierte Unternehmen prüfen, 88 % der CEOs der Fortune 1000-Unternehmen und 90 % ihrer Audit Committees lehnen eine externe Rotation ab.
Mandler 2003	Umfrage zur Reform der Rechnungslegung und Abschlussprüfung.	145 Hochschullehrer an deutschen Gesamt- und Fachhochschulen des Arbeitskreises Steuern und Wirtschaftsprüfung (Rücklauf: 72/ 49,7 %).	Generelles Verbot der Unternehmensberatung durch den WP (Ausnahme: Steuerberatung).
Ryan et al. 2001	Einstellung einzelner Jahresabschlussadressaten.	Zusammenfassung einzelner Studien.	Grundsätzlich sind die Ergebnisse uneinheitlich, deuten jedoch daraufhin, dass die Abschlussadressaten die Unabhängigkeit des Abschlussprüfers nicht für gefährdet halten, wenn relativ wenig Nichtprüfungsleistungen erbracht werden.
Beattie/ Brandt/ Fearnley 1999	Untersuchung zum Einfluss bestimmter Faktoren auf die Unabhängigkeit des Abschlussprüfers in der Wahrnehmung einzelner Personen.	300 Finanzvorstände (Rücklauf: 153/51,0 %) und 300 Prüfungspartner (Rücklauf: 244/ 81,3 %) börsennotierter Unternehmen in UK.	Die Unabhängigkeit ist insbesondere durch die finanzielle Abhängigkeit des Abschlussprüfers von seinem Mandanten und durch die Erbringung von Nichtprüfungsleistungen gefährdet.
Carcello/ Hermanson/ McGrath 1992	Untersuchung der Beurteilung verschiedener Komponenten der Prüfungsqualität durch Prüfer, Jahresabschlussersteller und Jahresabschlussadressaten.	650 Partner von PG(Rücklauf: 245/ 37,7 %), 653 Controller von Fortune 1000-Gesellschaften (Rücklauf: 264/ 40,4%) und 514 Jahresabschlussadressaten (Rücklauf: 120/23,3 %).	In Bezug auf die Prüfungsqualität werden insb. die Erfahrung des Prüfers mit dem zu prüfenden Unternehmen, die Branchenexpertise des Prüfers, das Eingehen des Prüfers auf die Bedürfnisse des zu prüfenden Unternehmens und das Erfüllen der Prüfungsstandards (eingeschlossen Unabhängigkeit) als relevante Faktoren angesehen. Das Erfüllen der Prüfungsstandards wird von den Jahresabschlussadressaten als wichtiger angesehen als von den Partnern.
Lindsay 1992	Befragung von Jahresabschlussadressaten, über die Wahrscheinlichkeit der Lösung eines Bilanzierungsproblems zugunsten des Mandanten im Falle einer Meinungsverschiedenheit.	49 Wertpapieranalysten und 69 Bankiers aus Australien und 50 Wertpapieranalysten und 55 Bankiers aus Kanada.	Die Befragten halten die Lösung eines Bilanzierungsproblems im Sinne des Mandanten für wahrscheinlicher, wenn für das Bilanzierungsproblem keine konkreten Regelungen bestehen, wenn der Anteil der Honorare für Nichtprüfungsleistungen am Gesamthonorar mind. 40 % beträgt, wenn die Wettbewerbsintensität auf dem Prüfungsmarkt hoch ist und wenn die Prüfung von einer kleinen PG durchgeführt wird.

Autoren Jahr	Untersuchungs-gegenstand	Stichprobe	Ergebnisse der Studie
Pany/Reckers 1988	Untersuchung, ob der Anteil der Honorare für Nichtprüfungsleistungen (hier: Beratungsleistungen) am Gesamthonorar Auswirkungen auf Kreditvergabe- und Investitionsentscheidungen hat.	Befragung von 192 Kreditsachbearbeitern und 104 Finanzanalysten in den USA.	Die Kreditvergabeentscheidung und die Sicherheit der 12-Monats-Investition hängen von der Höhe des Anteils der Honorare für Nichtprüfungsleistungen ab. Insgesamt hat die Höhe des Anteils der Nichtprüfungsleistungen aber kaum Einfluss auf Kreditvergabe- und Investitionsentscheidungen.
Firth 1981	Auswirkungen bestimmter Sachverhalte wie z.B. Mandatsdauer auf die Entscheidung über die Vergabe von Krediten.	Befragung von 1.700 Kreditsachbearbeitern aus UK (Rücklauf: 1.252/ 73,6 %).	Gefährdung der Unabhängigkeit, wenn die PG mehr als 15 % ihrer Honorare von einem Mandanten bezieht, wenn beim Mandanten ein ehemaliger Partner der PG für die Erstellung des Abschlusses zuständig ist, wenn der Prüfer Anteile an dem zu prüfenden Unternehmen besitzt, ein Gebäude verwaltet, das dem Mandanten gehört und wenn Prüfung und Beratung gleichzeitig angeboten werden. Die Unabhängigkeit wird nicht als gefährdet angesehen, wenn der Prüfer den Mandanten schon zehn Jahre oder länger betreut.
Richter 1976	Befragung von WP und Wirtschaftsjournalisten zur Wahrnehmung der Öffentlichkeit in Bezug auf die Unabhängigkeit des Abschlussprüfers.	367 Wirtschaftsjournalisten (Rücklauf: 191) und 301 WP (Rücklauf: 82/27,2 %) aus Deutschland.	80 % der Wirtschaftsjournalisten hielten die Unabhängigkeit des Abschlussprüfers für gefährdet, wenn gleichzeitig Nichtprüfungsleistungen erbracht wurden, während 55 % der befragten WP keine Auswirkungen auf die Unabhängigkeit sahen. Selbst- und Fremdbild fallen folglich auseinander.

Tabelle 5: Einstellung einzelner Abschlussadressaten

ad c) Studien zur Analyse von Kapitalmarktreaktionen

Krishnan/Sami/Zhang (2004) untersuchen die Beziehung zwischen dem sog. Earnings Response-Koeffizienten, d.h. der Beziehung zwischen Gewinnen und Kursänderungen, und der von den Adressaten wahrgenommenen Unabhängigkeit des Abschlussprüfers, gemessen an der Höhe der Honorare für Nichtprüfungsleistungen. Sie können keinen Zusammenhang zwischen diesen Größen herstellen.[228] Folglich scheint die Höhe der Honorare für Nichtprüfungsleistungen aus Sicht der Investoren keinen negativen Einfluss auf die Unabhängigkeit des Abschlussprüfers zu haben.[229] Im Rahmen der Untersuchung des Zusammenhangs zwischen Mandatsdauer und Aktienrenditen kommen Ghosh/Moon (2003) zu dem Ergebnis, dass Unternehmen bei einer längeren Mandatsdauer weniger geneigt sind, Earnings Management zu betreiben, und Investoren in diesem Fall eine Steigerung der Prüfungsqualität sehen.[230] Dem stehen die Ergebnisse von Mansi/Maxwell/Miller (2003) entgegen, die einen signifikant negativen Zusammenhang zwischen Prüfungsqualität und Mandatsdauer und den Bondrisikoprämien, insb. bei den risikoreichen „non-investment grade" Unternehmen, sehen.[231]

[228] Vgl. Krishnan/Sami/Zhang (2004), S. 1 und S. 20-22.
[229] Ewert merkt indes zu Recht an, dass sich „die tatsächlich relevanten Kontrollgrößen … typischerweise erst nach einer Reihe von Studien heraus[stellen]" und folglich diese Ergebnisse auch nicht überbewertet werden sollten. Ewert (2003), S. 533.
[230] Vgl. Ghosh/Moon (2003), S. 22.
[231] Vgl. Mansi/Maxwell/Miller (2003), S. 25f.

Autoren, Jahr	Untersuchungsgegenstand	Stichprobe	Ergebnisse der Studie
Krishnan/ Sami/Zhan 2004	Zusammenhang zwischen dem Earnings Response-Koeffizienten (ERK) und der Höhe von Honoraren für Nichtprüfungsleistungen um zu untersuchen, ob Investoren die Unabhängigkeit für beeinträchtigt halten.	481 Fortune 1000-Unternehmen im Zeitraum 2001, bei denen der Anteil von Honoraren für Nichtprüfungsleistungen am Gesamthonorar wesentlich war.	Kein Zusammenhang zwischen der Höhe der Honorare für Nichtprüfungsleistungen und dem ERK. Folglich scheinen die Investoren Nichtprüfungsleistungen nicht für unabhängigkeitsschädigend zu halten.
Ghosh/Moon 2003	Beziehung zwischen der Mandatsdauer und Earnings Management sowie den Aktienrenditen am Kapitalmarkt als Proxyvariablen für Prüfungsqualität.	Börsennotierte Unternehmen in den USA im Zeitraum 1985-2000.	Mandanten sind weniger geneigt, Earnings Management zu betreiben bei längerer Mandatsdauer. Investoren sehen eine gestiegene Prüfungsqualität bei steigender Mandatsdauer.
Mansi/ Maxwell/ Miller 2003	Beziehung zwischen Prüfungsqualität und Dauer des Mandantsverhältnisses einerseits sowie der Bewertung von marktgehandelten Unternehmensobligationen andererseits.	8771 Jahresabschlüsse börsennotierter Unternehmen in den USA im Zeitraum 1973-1998.	Signifikant negativer Zusammenhang zwischen Prüfungsqualität und Mandatsdauer und den Bondrisikoprämien, insbesondere bei den risikoreichen „non-investment grade" Unternehmen.

Tabelle 6: *Analyse von Kapitalmarktreaktionen*

3.3.3 Arbeiten zur Independence in Fact

Die Arbeiten zur Independence in Fact versuchen, „anhand des Prüferverhaltens oder durch Betrachtung der Endprodukte des Prüfungsprozesses … Anhaltspunkte für eine reale Beeinträchtigung der Unabhängigkeit des Prüfers zu gewinnen"[232] und lassen sich wie folgt strukturieren:

a) Tatsächliches Verhalten von Abschlussprüfern,
b) Testatseinschränkungen,
c) Bilanzpolitik des Managements und
d) explizite Bilanzkorrekturen.

<u>ad a) Studien zum tatsächlichen Verhalten von Abschlussprüfern</u>

Das tatsächliche Verhalten von Abschlussprüfern wird hier durch Experimentalstudien versucht nachzubilden. Fearnley/Beattie/Brandt (2005) untersuchen anhand der Befragung von Finanzvorständen, wie Meinungsverschiedenheiten zwischen diesen und dem Abschlussprüfer gelöst werden. Sie stellen dabei fest, dass das Risiko der Einschüchterung am häufigsten auftritt und sowohl durch die Organisation innerhalb der Prüfungsgesellschaft als auch durch die Ausgestaltung der Corporate Governance bei dem zu prüfenden Unternehmen verschärft werden kann.[233] Dopuch/King (1991) können dabei keine Hinweise darauf feststellen, dass das Urteil der Abschlussprüfer, die auch beratend tätig waren, für weniger glaubwürdig gehal-

---

232 Ewert (2003), S. 533.

233 Vgl. Fearnley/Beattie/Brandt (2005), S. 47, S. 49, S. 57 und S. 67.

ten wurde.[234] Dies deckt sich mit den Ergebnissen von Corless/Parker (1987), die keinen messbaren Einfluss der Tatsache, dass die eigene Prüfungsgesellschaft beratend tätig war, auf das Urteil der Abschlussprüfer ermitteln können und zu dem Ergebnis kommen, dass die Abschlussprüfer, deren Prüfungsgesellschaft auch beraten hatte, im Durchschnitt sogar eher kritischer eingestellt waren.[235] Dopuch/King/Schwartz (2003) untersuchen im Rahmen eines Experiments, ob die Offenlegung von Informationen über Nichtprüfungsleistungen den Glauben der Investoren in die Independence in Fact erhöht. Dies ist indes nur auf einem Markt der Fall, auf dem Independence in Appearance und Independence in Fact vorliegen. Folglich kann diese Offenlegung die Effizienz von Kapitalmärkten verringern, wenn sie falsche Signale in Bezug auf die Unabhängigkeit des Abschlussprüfers setzt.[236] Im Rahmen einer Experimentalstudie zur Rotation stellen die gleichen Autoren 2001 fest, dass in Märkten, in denen eine zwingende Rotation nicht vorgeschrieben ist, die Testate signifikant mehr zu Gunsten des Mandanten verzerrt werden als in den Märkten mit zwingender Rotation.[237]

Autoren Jahr	Untersuchungsgegenstand	Stichprobe	Ergebnisse der Studie
Feamley/ Beattie/Brandt 2005	Fallstudie mit 22 Meinungsverschiedenheiten zwischen Abschlussprüfer und Mandant; Analyse anhand des Threats and Safeguards-Ansatzes der IFAC und in UK	Die 22 Meinungsverschiedenheiten traten in 6 Unternehmen auf. Deren Financial Directors wurden befragt.	Das Risiko der Einschüchterung ist die am häufigsten auftretende Risikoart. Risiken für die Unabhängigkeit können auch in der Organisation der Prüfungsgesellschaft selbst begründet liegen und können durch eine schlechte Corporate Governance-Organisation beim Prüfungsmandanten verschärft werden.
Dopuch/ King/Schwartz 2003	Experiment mit drei Märkten: Markt 1: Investoren erhalten keine Informationen, ob der Abschlussprüfer Nichtprüfungsleistungen erbringt. Markt 2: Investoren werden informiert, dass der Abschlussprüfer keine Nichtprüfungsleistungen erbringt. Markt 3: Der Abschlussprüfer erbringt Nichtprüfungsleistungen, die seine Unabhängigkeit beeinträchtigen können. Independence in Fact wird gemessen durch beeinflusste bzw. unbeeinflusste Testate des Abschlussprüfers.	Experiment mit Studenten, denen die Rollen des Abschlussprüfers, des Investors und des Risikokapitalgebers zugewiesen wurden.	Die Offenlegung von Informationen über Nichtprüfungsleistungen erhöht den Glauben der Investoren in die Independence in Fact nur auf dem Markt, auf dem Independence in Appearance und Independence in Fact vorliegt. Folglich kann diese Offenlegung die Effizienz von Kapitalmärkten verringern, wenn sie falsche Signale in Bezug auf die Unabhängigkeit des Abschlussprüfers setzt.

[234] Vgl. Dopuch/King (1991), S. 88. Dopuch/King simulieren zwei Märkte, auf denen Studenten die Rollen von Verkäufern, Käufern und Prüfern von Investments wahrnehmen. Die Märkte unterscheiden sich lediglich dadurch, dass auf einem Markt die gleichzeitige Abschlussprüfung und Beratung zulässig ist und auf dem anderen nicht.

[235] Vgl. Corless/Parker (1987), S. 29.

[236] Vgl. Dopuch/King/Schwartz (2003), S. 107f.

[237] Vgl. Dopuch/King/Schwartz (2001), S. 115f.

Autoren Jahr	Untersuchungsgegenstand	Stichprobe	Ergebnisse der Studie
Dopuch/King/ Schwarz 2001	Experimentalstudie zur Untersuchung, ob eine zwingende Rotation des Abschlussprüfers dessen Unabhängigkeit erhöht. Unabhängigkeit wird gemessen als die Bereitschaft des Abschlussprüfers, ein durch den Mandanten beeinflusstes Testat abzugeben.	k.A.	In Märkten, in denen eine zwingende Rotation nicht vorgeschrieben ist, werden die Testate signifikant mehr zu Gunsten des Mandanten verzerrt als in den Märkten mit zwingender Rotation.
Dopuch/King 1991	Simulation von zwei Märkten, die aus Verkäufern, Käufern und Abschlussprüfern von Investments bestehen, und sich in der (Un-)Zulässigkeit von gleichzeitiger Abschlussprüfung und Beratung unterscheiden.	Experiment mit Studenten, denen die Rollen des Verkäufers, Käufers oder Prüfers zufällig zugewiesen wurden.	Keine Hinweise darauf, dass die Käufer das Urteil der Prüfer, die auch beratend tätig waren, für weniger glaubwürdig hielten.
Corless/Parker 1987	Bewertung der Zuverlässigkeit des internen Kontrollsystems durch den Abschlussprüfer, wenn diesem bekannt ist, dass die eigene PG an der Einrichtung des Systems beratend mitgewirkt hat.	181 (erfahrene) Abschlussprüfer, denen nicht bekannt war, dass sie an einer Studie teilnehmen in den USA.	Kein messbarer Einfluss der Tatsache, dass die eigene Prüfungsgesellschaft beratend tätig war, auf das Urteil der Abschlussprüfer. Im Durchschnitt waren die Abschlussprüfer, deren Prüfungsgesellschaft auch beraten hatte, sogar eher kritischer eingestellt.

Tabelle 7: Tatsächliches Verhalten von Abschlussprüfern

ad b) Studien zu Testatseinschränkungen

Diese Studien unterstellen die Hypothese, dass der Abschlussprüfer, um sein Mandat nicht zu verlieren, eine vom Mandanten erwünschte Berichterstattung in Form eines uneingeschränkten Bestätigungsvermerks mit trägt, obwohl die Erteilung eines eingeschränkten Bestätigungsvermerks oder eines Versagungsvermerks aus Sicht des Abschlussprüfers angebracht wäre. Die Häufigkeit von eingeschränkten bzw. versagten Bestätigungsvermerken sollte daher negativ mit der Höhe der Honorare für Nichtprüfungsleistungen verknüpft sein. Die Ergebnisse dieser Studien sind unterschiedlich: Wines (1994) resümiert, dass die negative Verknüpfung tatsächlich vorliegt,[238] während Craswell (1999), der die Arbeit von Wines methodisch überarbeitet hat, die negative Verknüpfung nicht mehr feststellen kann.[239] Zu diesem Ergebnis kommen auch Barkess/Simnett (1994).[240] Diese Resultate werden durch eine weitere Studie von Craswell/Stokes/Laughton (2002) erneut bestätigt.[241] Lennox (1999) und Lai/Yim (2002)

238 Vgl. Wines (1994), S. 83.
239 Vgl. Craswell (1999), S. 29, S. 36 und S. 38.
240 Vgl. Barkess/Simnett (1994), S. 106f.
241 Vgl. Craswell/Stokes/Laughton (2002), S. 273f.

finden sogar signifikant positive Zusammenhänge zwischen der Höhe der Honorare für Nichtprüfungsleistungen und den Testatseinschränkungen.[242] Vanstraelen (2000) untersucht den Zusammenhang zwischen Mandatsdauer und Testatseinschränkungen und kommt zu dem Ergebnis, dass langjährige Mandatsbeziehungen die Wahrscheinlichkeit signifikant erhöhen, dass der Abschlussprüfer ein uneingeschränktes Testat erteilt.[243] Eine weitere Verfeinerung der Untersuchungsmethode ist die Betrachtung besonderer Ereignisse im Zusammenhang mit dem Bestätigungsvermerk des Abschlussprüfers. So untersuchen Sharma/Sidhu (2001) und DeFond/Raghunandan/Subramanyam (2002) die Aussage zur Fortbestehensprognose des Abschlussprüfers im Bestätigungsvermerk von Unternehmen, die im folgenden Jahr insolvent wurden. Auch hier sind die Ergebnisse nicht eindeutig, denn erstere finden hier für den australischen Markt einen negativen Zusammenhang mit der Höhe der Honorare für Nichtprüfungsleistungen,[244] während letztere diesen Zusammenhang für den US-amerikanischen Markt nicht feststellen können.[245] Geiger/Raghunandan (2002) untersuchen die Beziehungen zwischen der Berichterstattung über die Gültigkeit der Fortbestehensprognose und der Mandatsdauer und finden hingegen einen signifikant positiven Zusammenhang. Daraus folgt, dass eine langjährige Mandatsbeziehung nicht zu einer weniger kritischen Berichterstattung führen muss.[246] Zu einem ähnlichen Ergebnis kommen Gómez-Aguilar/Ruiz-Barbadillo/ Carrera (2004), die für den spanischen Markt untersuchen, ob über die Gültigkeit der Fortbestehensprognose eher zutreffend berichtet wird, wenn eine Pflicht zur externen Rotation vorliegt (wie in den Jahren 1991-1995 in Spanien der Fall) oder wenn diese nicht vorliegt (wie in den untersuchten Jahren 1996-2000). Sie kommen zu dem Ergebnis, dass die Unabhängigkeit des Abschlussprüfers durch die externe Pflichtrotation nicht gestärkt wird.[247]

Autoren Jahr	Untersuchungsgegenstand	Stichprobe	Ergebnisse der Studie
Gómez-Aguilar/ Ruiz-Barbadillo/ Carrera	Untersuchung des Einflusses einer externen Rotation des Abschlussprüfers auf die Neigung des Abschlussprüfers, eingeschränkte Testate aufgrund mangelndem Going Concern zu erteilen	1.349 spanische Unternehmen, die finanzielle Schwierigkeiten haben, in den Jahren 1991-2000.	Eine externe Rotation hat einen negativen Einfluss auf die Neigung des Abschlussprüfers, einen eingeschränkten Bestätigungsvermerk zu erteilen.

242 Vgl. Lennox (1999), S. 250; Lai/Yim (2002), S. 15f.

243 Vgl. Vanstraelen (2000), S. 437f. Ewert kritisiert hier zu Recht, dass „man die Testatseinschränkungen eigentlich an solchen Fällen messen müsste, in denen Einschränkungen erforderlich gewesen wären, aber nicht vorgenommen wurden." Ewert (2003), S. 537.

244 Vgl. Sharma/Sidhu (2001), S. 619.

245 Vgl. DeFond/Raghunandan/Subramanyam (2002), S. 1247 und S. 1271f. Hier ist anzumerken, dass die Untersuchung für den australischen Markt nur einen geringen Datensatz umfasst und folglich nicht so aussagekräftig ist wie diese Untersuchung für den US-amerikanischen Markt. Vgl. auch Ewert (2003), S. 534f.

246 Vgl. Geiger/Raghunandan (2002), S. 75f.

247 Vgl. Gómez-Aguilar/Ruiz-Barbadillo/Carrera (2004), S. 22.

Autoren Jahr	Untersuchungsgegenstand	Stichprobe	Ergebnisse der Studie
Craswell/ Stokes/ Laughton 2002	Zusammenhang zwischen dem Verhältnis der Honorare für Nichtprüfungsleistungen zum Gesamthonorar und der Anzahl eingeschränkter Testate dieses Unternehmens. Die Honorare werden in Bezug auf die PG und auf die einzelne Niederlassung ausgewertet.	1062 in Australien börsennotierte Unternehmen im Jahr 1994 und 1045 im Jahr 1996.	Abhängigkeit durch Prüfungshonorare führt weder auf Ebene der PG noch auf Ebene der Niederlassung zu einem Risiko in Bezug auf die Unabhängigkeit.
DeFond/ Raghunandan/ Subramanyam 2002	Zusammenhang zwischen Honoraren für Nichtprüfungsleistungen und der Neigung des Abschlussprüfers, den Bestätigungsvermerk aufgrund der fehlenden Going-Concern-Annahme einzuschränken.	1158 SEC-registrierte Unternehmen, die finanziell angeschlagen[248] sind; Zeitraum: Februar-Oktober 2001.	Keine signifikanten Beziehungen zwischen den Honoraren für Nichtprüfungsleistungen und der Häufigkeit von Testatseinschränkungen aufgrund der fehlenden Going Concern-Annahme.
Geiger/ Raghunandan 2002	Testate von Unternehmen, die im Folgejahr insolvent wurden.	121 insolvente, US-amerikanische Unternehmen im Zeitraum 1996-1998	Signifikant positiver Zusammenhang zwischen der Mandatsdauer und einer kritischen Berichterstattung zum Going Concern des Unternehmens. Fehler in der Berichterstattung waren häufiger in den ersten Jahren einer Prüfung zu beobachten.
Lai/Yim 2002	Analyse der Prüfungshonorare und der Testate bei Erstprüfungen, wenn die PG gleichzeitig Nichtprüfungsleistungen erbringt.	3099 US-SEC registrierte Mandanten von Big Five-PGs im Jahr 2000.	PGs bieten geringere Prüfungshonorare an, wenn gleichzeitig höhere Honorare für Nichtprüfungsleistungen vereinbart sind. Die Wahrscheinlichkeit, dass bei einem neuen Mandat ein eingeschränkter Bestätigungsvermerk erteilt wird, ist höher wenn mehr Nichtprüfungsleistungen erbracht werden.
Sharma/Sidhu 2001	Analyse der Honorare für Nichtprüfungsleistungen bei insolventen Unternehmen.	49 australische Unternehmen, die aufgrund ihrer Insolvenz von der Börse ausgeschlossen wurden; Zeitraum: 1989-1996.	Ein höherer Anteil von Honoraren für Nichtprüfungsleistungen beeinflusst die Entscheidung des Abschlussprüfers, das Testat aufgrund von Going Concern-Überlegungen einzuschränken.
Vanstraelen 2000	Zusammenhang zwischen der Mandatsdauer und der Einschränkung von Testaten.	Unternehmen, deren Jahresabschlüsse bei der belgischen Nationalbank eingereicht wurden; Zeitraum: 1992-1996.	Langjährige Mandatsbeziehungen erhöhen die Wahrscheinlichkeit signifikant, dass der Abschlussprüfer ein uneingeschränktes Testat erteilt.
Craswell 1999	Zusammenhang zwischen dem Verhältnis der Honorare für Nichtprüfungsleistungen zum Gesamthonorar und der Anzahl eingeschränkter Testate dieses Unternehmens.	885 in Australien börsennotierte Unternehmen im Jahr 1985, 1477 im Jahr 1987 und 1079 im Jahr 1994.	Keine signifikante Beziehung zwischen der relativen Höhe der Honorare für Nichtprüfungsleistungen und der Anzahl der eingeschränkten Testate.

[248] Unter „finanziell angeschlagen“ verstehen die Autoren solche Unternehmen, die entweder Verluste oder einen negativen operativen Cash Flow ausweisen. Vgl. DeFond/Raghunandan/Subramanyam (2002), S. 1255.

Autoren Jahr	Untersuchungsgegenstand	Stichprobe	Ergebnisse der Studie
Lennox 1999	Analyse des Zusammenhangs zwischen Honoraren für Nichtprüfungsleistungen und Testatseinschränkungen sowie Analyse der freiwilligen Offenlegung von Honoraren für Nichtprüfungsleistungen.	987 in UK börsennotierte Unternehmen im Zeitraum 1988-1994.	Schwach positiver Zusammenhang zwischen Honoraren für Nichtprüfungsleistungen und Testatseinschränkungen. Jedoch kommt Lennox zu dem Ergebnis, dass Nichtprüfungsleistungen die Wahrscheinlichkeit des Aufdeckens von Fehlern erhöhen und die Unabhängigkeit des Abschlussprüfers verringern. Die Auswirkungen auf die Prüfungsqualität sind folglich positiv, aber unwesentlich.
Barkess/Simnett 1994	Zusammenhang zwischen Testatseinschränkungen und Nichtprüfungsleistungen sowie Mandatsdauer und Testatseinschränkungen.	2094 Jahresabschlüsse in Australien börsennotierter Unternehmen in den Jahren 1986-1990.	Keine signifikanten Zusammenhänge zwischen der Höhe der Honorare für Nichtprüfungsleistungen und Testatseinschränkungen oder Mandatsdauer. Nach einem Prüferwechsel wurden besonders hohe Honorare für Nichtprüfungsleistungen festgestellt.
Wines 1994	Zusammenhang zwischen dem Verhältnis der Honorare für Nichtprüfungsleistungen zum Gesamthonorar und der Anzahl eingeschränkter Prüfungsurteile dieses Unternehmens.	76 in Australien börsennotierte Unternehmen im Zeitraum 1980-1989.	Abschlussprüfer können eher geneigt sein, das Prüfungsurteil nicht einzuschränken, wenn der Anteil der Honorare für Nichtprüfungsleistungen am Gesamthonorar hoch ist.

Tabelle 8: *Testatseinschränkungen*

ad c) Studien zur Bilanzpolitik des Managements

Grundlage dieser Untersuchungen ist die Aufgabe des Abschlussprüfers, das Management von einer unzulässigen Bilanzpolitik „abzuschrecken". Dies zeigt sich durch die Differenz zwischen den ausgewiesenen Gewinnen und den Cash Flows des Unternehmens, d.h. den sog. Discretionary Accruals. Wird dieser ins Verhältnis zur Höhe der Honorare für Nichtprüfungsleistungen, Prüfungsleistungen oder der Gesamthonorare gesetzt, können Rückschlüsse auf die Unabhängigkeit des Abschlussprüfers gezogen werden. Callaway Dee/Lulseged/Nowlin (2001) stellen einen positiven Zusammenhang zwischen den Discretionary Accruals und der Höhe der Honorare für Nichtprüfungsleistungen fest,[249] den Chung/Kallapur (2003) nicht ermitteln können. Diese stellen keine signifikanten Beziehungen fest.[250] Die Ergebnisse der Studie von Frankel/Johnson/Nelson (2002) sind uneinheitlich: Zwischen Discretionary Accruals und Beratungshonoraren wird ein Zusammenhang festgestellt, während eine Analyse der Beziehung zu den Gesamthonoraren keine signifikante Beziehung ergibt.[251] Die Vorgehensweise wurde von Ashbaugh/LaFond/Mayhew (2003) heftig kritisiert und verfeinert. Diese Autoren finden keine signifikanten Beziehungen.[252] Antle et al. (2002) führen – mit Hinweis auf den zu geringen Datensatz der genannten Studien – eine solche Studie für den britischen Markt durch und kommen zu einem signifikant negativen Zusammenhang zwischen Discreti-

249 Vgl. Callaway Dee/Lulseged/Nowlin (2001), S. 24.
250 Vgl. Chung/Kallapur (2001), S. 25f.
251 Vgl. Frankel/Johnson/Nelson (2002), S. 98 und S. 100.
252 Vgl. Ashbaugh/LaFond/Mayhew (2003), S. 611 und S. 634.

onary Accruals und der Höhe der Honorare für Nichtprüfungsleistungen. Dieses Ergebnis impliziert eine höhere Qualität der publizierten Daten bei Unternehmen, die durch ihren Abschlussprüfer beraten werden.[253] Zu einem ähnlichen Ergebnis in Bezug auf die externe Zwangsrotation kommen Myers/Myers/Omer (2003), die einen negativen Zusammenhang zwischen Mandatsdauer und Discretionary Accruals feststellen.[254]

Autoren Jahr	Untersuchungsgegenstand	Stichprobe	Ergebnisse der Studie
Antle et al. 2003	Zusammenhang zwischen Honoraren für Nichtprüfungsleistungen und Accruals.	2443 Abschlüsse von Unternehmen aus UK aus den Jahren 1994-2000. 1430 Abschlüsse von Unternehmen aus den USA aus dem Jahr 2000.	Signifikant negativer Zusammenhang zwischen Accruals und der Höhe der Honorare für Nichtprüfungsleistungen, d.h. durch gleichzeitige Beratung kann die Qualität des veröffentlichten Jahresabschlusses erhöht werden.
Ashbaugh/ La Fond/ Mayhew 2003	Wiederholung der Untersuchung von Frankel/Johnson/ Nelson 2002.	3170 SEC-registrierte Unternehmen im Zeitraum November - Dezember 2001.	Kein Zusammenhang zwischen positiven Discretionary Accruals und Honoraren an den Abschlussprüfer. Das Ergebnis von Frankel/Nelson/Johnson, dass Mandanten, die Nichtprüfungsleistungen nachfragen, in höherem Maße Earnings Management betreiben als andere Unternehmen, wird nicht gestützt.
Chung/Kallapur 2003	Zusammenhang zwischen der Bedeutung eines Mandanten für einen Abschlussprüfer und den Accruals.	1864 SEC-registrierter Mandanten von Big-Five PGs im Zeitraum Februar-Juni 2001.	Keine signifikanten Beziehungen zwischen a) dem Anteil des Gesamthonorars eines Mandanten am Umsatz der PG und den Accruals und b) dem Anteil der Honorare für Nichtprüfungsleistungen am Umsatz der PG und den Accruals.
Myers/Myers/ Omer 2003	Verhältnis zwischen Earnings Quality und Mandatslaufzeit.	42.302 eingereichte Jahresabschlüsse SEC-registrierter Unternehmen im Zeitraum 1998-2000.	Eine lange Mandatsdauer führt nicht zu einer reduzierten Prüfungsqualität.
Callaway Dee/ Lulseged/ Nowlin 2002	Zusammenhang zwischen Honoraren für Nichtprüfungsleistungen und Discretionary Accruals.	203 SEC-registrierte Unternehmen im September 2001.	Abschlussprüfer, die einen größeren Anteil am Gesamthonorar für Nichtprüfungsleistungen erhalten, erlauben ihren Mandanten eher Accruals, die den Gewinn erhöhen.
Frankel/ Johnson/Nelson 2002	Untersuchung des Zusammenhangs zwischen Honoraren an den Abschlussprüfer und Earnings Management und der Marktreaktionen (= Aktienkursentwicklung) auf die Veröffentlichung der Honorare an den Abschlussprüfer.	3074 Proxy Statements, die zwischen Februar und Juni 2001 bei der SEC eingereicht wurden.	Signifikant positiver Zusammenhang zwischen Nichtprüfungsleistungen und der Höhe der Discretionary Accruals. Signifikant negativer Zusammenhang zwischen Prüfungshonoraren und Discretionary Accruals. Kein Zusammenhang zwischen den Gesamthonoraren und den Discretionary Accruals.

Tabelle 9: *Bilanzpolitik des Managements*

253 Vgl. Antle et al. (2002), S. 17; vgl. auch Ewert (2003), S. 535.
254 Vgl. Myers/Myers/Omer (2003), S. 796.

ad d) Studien zu expliziten Bilanzkorrekturen

Diese Studien untersuchen die Hypothese, dass Jahresabschlüsse, die geändert werden (müssen), mit einem tendenziell höheren Umfang an Honoraren für Nichtprüfungsleistungen verknüpft sind, falls der Abschlussprüfer nicht unabhängig ist. Kinney/Palmrose/Scholz (2003) finden keinen signifikant positiven Zusammenhang zwischen der Erbringung von Dienstleistungen im Rahmen von Financial Information System Design and Implementation sowie Interner Revision und Bilanzkorrekturen. Die Erbringung von Steuerberatungsleistungen führt sogar zu einer geringeren Anzahl an Bilanzkorrekturen. Die Autoren schlagen deshalb vor, Nichtprüfungsleistungen nicht generell zu verbieten, sondern deren Honorare absolut oder relativ zu begrenzen.[255] Agrawal/Chadha (2003) stellen ebenfalls keinen signifikanten Zusammenhang zwischen einem höheren Beratungsumfang und Bilanzkorrekturen fest. Die Wahrscheinlichkeit einer Bilanzänderung ist jedoch signifikant niedriger in den Unternehmen, die über einen Financial Expert im Board oder im Audit Committee verfügen.[256] Dies deutet auf die Relevanz eines gut informierten Überwachungsorgans hin. Auch Raghunandan/Read/Whisenant (2003) können keinen signifikanten Zusammenhang zwischen einem höheren Beratungsumfang und Bilanzkorrekturen feststellen.[257] Myers et al. (2003) kommen nach einer Untersuchung des Zusammenhangs zwischen Mandatslaufzeit und Bilanzkorrekturen zu dem Ergebnis, dass die Mandatslaufzeit keinen Einfluss auf die Art oder das Ausmaß der Bilanzkorrektur hat.[258]

Autoren Jahr	Untersuchungsgegenstand	Stichprobe	Ergebnisse der Studie
Kinney/ Palmrose/Scholz 2003	Auswirkungen der Erbringung von Nichtprüfungsleistungen auf Bilanzkorrekturen.	432 SEC-registrierte Unternehmen, die in den Jahren 1995-2000 Bilanzkorrekturen bekannt gegeben haben sowie 512 SEC-registrierte Unternehmen ohne Bilanzkorrekturen.	Kein signifikant positiver Zusammenhang zwischen der Erbringung von Financial Information System Design and Implementation sowie Interner Revision und Bilanzkorrekturen. Die Erbringung von Steuerberatungsleistungen führt sogar zu einer geringeren Anzahl an Bilanzkorrekturen. Die Autoren schlagen deshalb vor, Nichtprüfungsleistungen nicht generell zu verbieten, sondern deren Honorare absolut oder relativ zu begrenzen.
Myers et al. 2003	Verhältnis zwischen Mandatslaufzeit und Bilanzkorrekturen.	562 SEC-registrierte Unternehmen, die Bilanzkorrekturen zwischen Januar 1997 und Oktober 2001 bekannt gegeben haben.	Die Mandatsdauer hat keinen Einfluss auf die Art oder das Ausmaß der Bilanzkorrektur.

255 Vgl. Kinney/Palmrose/Scholz (2003), S. 25.
256 Vgl. Agrawal/Chada (2003), S. 24.
257 Vgl. Raghunandan/Read/Whisenant (2003), S. 12f.
258 Vgl. Myers et al. (2003), S. 22.

Autoren Jahr	Untersuchungsgegenstand	Stichprobe	Ergebnisse der Studie
Raghunandan/ Read/Whisenant 2003	Zusammenhang zwischen Unternehmen, die ihren Jahresabschluss geändert haben und den Honoraren für Nichtprüfungsleistungen, die deren Abschlussprüfers während der zu ändernden Berichtsperioden erhalten haben.	110 SEC-registrierte Unternehmen, die ihre Jahresabschlüsse ändern mussten; Kontrollgruppe: 3481 weitere SEC-registrierte Unternehmen. Zeitraum: Februar - August 2001.	Keine wesentlichen Unterschiede zwischen den Unternehmen, die ihren Jahresabschluss ändern mussten und der Kontrollgruppe in Bezug auf unerwartete Honorare für Nichtprüfungsleistungen, dem Verhältnis der Honorare und der absoluten Höhe der Honorare.
Agrawal/Chada 2003	Untersuchung des Verhältnisses zwischen bestimmten Corporate Governance Mechanismen und der Wahrscheinlichkeit, dass ein Unternehmen Bilanzierungsprobleme hat und folglich seinen Jahresabschluss ändern muss.	159 SEC-registrierte Unternehmen, die ihren Gewinn korrigiert haben (restatement of earnings).	Keine Beziehung zwischen der Wahrscheinlichkeit, dass ein Unternehmen seinen Jahresabschluss ändern muss und der Unabhängigkeit des Board und des Audit Committee sowie des Abschlussprüfers. Die Wahrscheinlichkeit einer Änderung ist jedoch signifikant niedriger in den Unternehmen, die über einen Financial Expert im Board oder im Audit Committee verfügen.

Tabelle 10: *Explizite Bilanzkorrekturen*

3.3.4 Fazit

Zusammenfassend lässt sich festhalten, dass alle empirischen Untersuchungen zwar Auswirkungen einer Beratung auf die Abschlussprüfung sehen, jedoch keine eindeutigen Aussagen in Bezug auf die Vor- bzw. Nachteilhaftigkeit einer gleichzeitigen Abschlussprüfung und Beratung zulassen. Auffallend ist indes, dass gerade die Befragung der Jahresabschlussadressaten häufig einen negativen Zusammenhang zwischen Prüfung und Beratung als Ergebnis hat,[259] während die Auswertung vorhandenen Datenmaterials eher eine positive Auswirkung der Beratung auf die Prüfungsqualität sieht. Meines Erachtens lassen die Untersuchungsergebnisse den Schluss zu, dass eine beratende Unterstützung des zu prüfenden Unternehmens zulässig ist, solange das Kontrollorgan zustimmt, das relative Beratungshonorar begrenzt wird und die Adressaten über diese Unterstützung unterrichtet werden.[260] Auch die Ergebnisse der Studien zur externen Rotation lassen nicht den Schluss zu, dass eine externe Rotation positive Auswirkungen auf die Unabhängigkeit des Abschlussprüfers haben muss bzw. dass ohne die Einführung einer externen Rotation die Unabhängigkeit des Abschlussprüfers gefährdet ist.

259 Vgl. Kapitel I.3.3.2, Abschn. (b) dieser Arbeit.
260 Vgl. auch Quick (2002), S. 635f.

Kapitel II: Grundsätze der Regelungsinstitutionen der Abschlussprüfung

1 Deutschland

1.1 Aufbau und Aufgaben der deutschen Berufsorganisationen

1.1.1 Die Wirtschaftsprüferkammer (WPK)

Die WPK, eine Körperschaft öffentlichen Rechts, ist „zur Erfüllung der beruflichen Selbstverwaltungsaufgaben" gem. § 4 Abs. 1 WPO gebildet worden. Ihre Aufgaben sind in § 57 WPO kodifiziert und umfassen die Wahrung der beruflichen Belange der Mitglieder sowie die Überwachung der beruflichen Pflichterfüllung.[261] Diese aus § 57 Abs. 1 WPO abgeleiteten Aufgaben der WPK werden in § 57 Abs. 2 WPO ausgeführt und umfassen u.a. die Berufsaufsicht, die Interessenvertretung der Mitglieder, die Beratung und Belehrung der Mitglieder in Fragen der Berufspflichten sowie das Betreiben eines Systems der Qualitätskontrolle. Die WPK ist weiterhin befugt, Ausnahmegenehmigungen gem. § 319 Abs. 3 Satz 1 Nr. 5 HGB von der Anwendung der Honorarklausel zur Vermeidung von Härtefällen und gem. § 319 Abs. 1 Satz 3 HGB von der Teilnahme am System der externen Qualitätskontrolle nach § 57a WPO zu erteilen.[262] Die Mitgliedschaft in der WPK ist für alle Wirtschaftsprüfer, vereidigte Buchprüfer, Wirtschaftsprüfungsgesellschaften und Buchprüfungsgesellschaften sowie deren gesetzliche Vertreter, die selbst nicht Wirtschaftsprüfer sind, verpflichtend.[263] Die Organe der WPK sind in § 59 WPO geregelt und umfassen die Wirtschaftsprüferversammlung, den Beirat, den Vorstand und die Kommission für Qualitätskontrolle. Die Wirtschaftsprüferversammlung wählt den Beirat, dieser wiederum den Vorstand. Mitglieder der Wirtschaftsprüferversammlung sind alle Mitglieder der WPK, sowohl Pflichtmitglieder als auch freiwillige[264] Mitglieder. Die Aufsicht über die WPK selbst obliegt gem. § 66 WPO dem Bundesministerium für Wirtschaft und Arbeit. Dies ist insofern zu kritisieren, als es sich hierbei um eine reine Rechts- und nicht um eine Fachaufsicht handelt.[265] Dieser Kritik wurde mittlerweile durch das APAG mit der Einrichtung der Abschlussprüferaufsichtskommission, einer vom Berufsstand unabhängigen Fachaufsicht über die WPK, begegnet.[266]

Durch das „Dritte Gesetz zur Änderung der Wirtschaftsprüferordnung"[267] wurde die WPK gem. § 57 Abs. 3 WPO befugt, eine Berufssatzung zu erlassen, in der die in § 57 Abs. 4 WPO beschriebenen Berufspflichten näher geregelt werden. Dazu gehören auch die Unabhängigkeit

---

261 Mit dem Abschlussprüferaufsichtsgesetz (APAG) werden die §§ 4 Abs. 1, 57 Abs. 1 WPO deklaratorisch neu gefasst. Vgl. BR-Drucks. 665/04, S. 2f., S. 21 und S. 23.

262 Vgl. IDW (2000), Abschn. B, Tz. 39-52. Vgl. auch Biener (1987), S. 47-49 und 58-60.

263 Vgl. §§ 58 Abs. 1 und 128 Abs. 3 WPO; Buchner (1997), S. 86. Im Folgenden wird in dieser Arbeit wenn auf den Beruf des deutschen Abschlussprüfers Bezug genommen wird, ausschließlich der Begriff des Wirtschaftsprüfers verwendet; die genannten Vorschriften betreffen vereidigte Buchprüfer gleichermaßen.

264 Freiwillige Mitglieder sind z.B. genossenschaftliche Prüfungsverbände oder Sparkassen- und Giroverbände (§ 58 Abs. 2 WPO) und brauchen gem. § 40 der Berufssatzung WPK diese nicht zu beachten.

265 Vgl. IDW (2000), Abschn. B, Tz. 60. Kritisch Lenz (2002), S. 2273. A.A. Lanfermann/Maul (2002), S. 1728.

266 Vgl. BR-Drucks. 665/04, S. 17-19.

267 Vgl. BGBl. I 1994, S. 1569.

(als allgemeine Berufspflicht gem. § 57 Abs. 4 Nr. 1a WPO) sowie die Unbefangenheit und Unparteilichkeit (als besondere Berufspflichten bei der Durchführung von Prüfungen und der Erstattung von Gutachten gem. § 57 Abs. 4 Nr. 2a WPO).[268] Die Berufssatzung WPK trat am 15.9.1996 in Kraft. Im Gegensatz zu den Berufsrichtlinien[269], die durch die Berufssatzung WPK außer Kraft gesetzt wurden, handelt es sich bei der Berufssatzung WPK aufgrund der gesetzlichen Ermächtigung der WPK um Vorschriften, die für die Mitglieder der WPK nach den §§ 58 Abs. 1 Satz 1, 128 Abs. 3 WPO bindend, jedoch nicht gesetzliche verpflichtend sind.[270] Die Berufssatzung WPK umfasst[271]

- die allgemeinen Berufspflichten (z.B. Unabhängigkeit, Verbot der Vertretung widerstreitender Interessen, Gewissenhaftigkeit, Sicherung der gewissenhaften Berufsausübung, Umgang mit fremden Vermögenswerten, Verschwiegenheit, Verbot der Verwertung von Berufsgeheimnissen, Eigenverantwortlichkeit und Haftungsbegrenzung)[272],
- die besonderen Berufspflichten bei der Durchführung von Prüfungen und der Erstattung von Gutachten (z.B. Unbefangenheit und Unparteilichkeit, Besorgnis der Befangenheit, Vereinbarkeit der Prüfungstätigkeit und Gutachtertätigkeit mit Beratung, Unvereinbarkeit von Prüfungstätigkeit und Gutachtertätigkeit mit Erstellung, Ausschluss als Prüfer und Vergütung)[273],
- die besonderen Berufspflichten bei beruflicher Zusammenarbeit[274],
- die besonderen Berufspflichten im Zusammenhang mit erlaubter Kundmachung und berufswidriger Werbung[275],
- die besonderen Berufspflichten zur Sicherung der Qualität der Berufsarbeit in den Aufgaben nach § 2 Abs. 1 WPO[276] sowie
- die Schlussbestimmungen[277].

1.1.2 Das Institut der Wirtschaftsprüfer in Deutschland e.V. (IDW)

Das IDW ist eine Fachorganisation des Berufsstands der Wirtschaftsprüfer auf freiwilliger Basis.[278] Eine wesentliche Aufgabe des IDW ist die Entwicklung einheitlicher Grundsätze ordnungsmäßiger Abschlussprüfung zur Konkretisierung der gesetzlichen Prüfungsvorschrif-

268 Vgl. Biener (1997b), S. 646-648.

269 Die Berufsrichtlinien waren gegliedert in Grundsätze und richtungsweisende Feststellungen. Letztere konkretisierten die Grundsätze durch die Formulierung von Hinweisen für das berufliche Verhalten. Auch hier gehörten die Unabhängigkeit und Unbefangenheit sowie die Unparteilichkeit zu den originären Grundsätzen des beruflichen Verhaltens. Vgl. Marten/Quick/Ruhnke (2003), S. 82f.

270 Vgl. § 40 der Berufssatzung WPK. Hier wird auch auf die §§ 131b Abs. 2 und 131f Abs. 2 WPO hingewiesen. Diese Vorschriften betrafen die erleichterte Bestellung zum Wirtschaftsprüfer und wurden i.R.d. 4. WPO-Novelle aufgehoben. Vgl. BT-Drucks. 14/3649, S. 31; auch Marten/Quick/Ruhnke (2003), S. 90.

271 Die im Folgenden dargestellte Gliederung der Berufssatzung WPK entspricht im Wesentlichen § 57 Abs. 4 Nr. 1-5 WPO.

272 Vgl. §§ 2-19 der Berufssatzung WPK.

273 Vgl. §§ 20-27a der Berufssatzung WPK.

274 Vgl. §§ 28-30 der Berufssatzung WPK.

275 Vgl. §§ 31-36 der Berufssatzung WPK.

276 Vgl. §§ 37-39 der Berufssatzung WPK.

277 Vgl. §§ 40-41 der Berufssatzung WPK.

278 Vgl. IDW (2000), Abschn. B, Tz. 7. Zur historischen Entwicklung vgl. Biener (1987), S. 48f.

ten.[279] Im Gegensatz zur WPK und zum DRSC ist das IDW jedoch nicht als Normierungsgremium von der Bundesregierung anerkannt. Damit haben seine Standards keinen Rechtsnormcharakter. Gleichwohl sind die Verlautbarungen des IDW in der Form bindend, als sich die Mitglieder des IDW[280] verpflichtet haben, freiwillig die vom IDW entwickelten Verlautbarungen, auch wenn sie über die gesetzlichen Anforderungen hinausgehen, zu erfüllen. Im IDW PS 201 wird konkretisierend festgelegt, dass von den IDW Prüfungsstandards nur in begründeten Ausnahmefällen abgewichen werden kann. Diese Abweichungen sind im Prüfungsbericht zu begründen und im Bestätigungsvermerk zu nennen.[281] Damit sind die Verlautbarungen des IDW zwar rechtlich nicht bindend,[282] aber sie besitzen – auch im Hinblick auf die große Mitgliederzahl des IDW – den Rang der „Verbindlichkeit des Unverbindlichen“[283] und somit eine faktische Bindungswirkung, denn sie stellen sowohl für den Abschlussprüfer selbst als auch für die Gerichte wichtige Erkenntnisquellen und Entscheidungshilfen im Fall von Zweifelsfragen in Bezug auf die ordnungsgemäße Berufsausübung dar.[284] Zudem nimmt das IDW im Einvernehmen mit der WPK deren in § 57 Abs. 2 Nr. 10 WPO geregelte Aufgabe der beruflichen Fortbildung der Mitglieder wahr und entwickelt in diesem Zusammenhang die oben erläuterten Verlautbarungen.[285] Die Organe des IDW sind seine Mitgliederversammlung, der sog. Wirtschaftsprüfertag, der Verwaltungsrat und der Vorstand.[286]

Die Facharbeit des IDW vollzieht sich in verschiedenen Ausschüssen und Arbeitskreisen. Wichtigster Ausschuss ist der Hauptfachausschuss (HFA), der Prüfungsnormen entwickelt und fachliche Probleme grundlegender Art behandelt. Diesem untergeordnet sind Fachausschüsse zu bestimmten Themen. Daneben können bei Bedarf vom Vorstand des IDW Arbeitskreise eingerichtet werden.[287]

---

279 Das IDW (2001) sieht seine Hauptaufgaben darin, „die Fachgebiete des Wirtschaftsprüfers zu fördern und so für die Interessen des Wirtschaftsprüfers einzutreten“ (§ 2 Abs. 1) und „für einheitliche Grundsätze der unabhängigen, eigenverantwortlichen und gewissenhaften Berufsausübung einzutreten und deren Einhaltung durch die Mitglieder sicherzustellen“ (§ 2 Abs. 2). Vgl. auch Marten/Quick/Ruhnke (2003), S. 62-64; Naumann (2003), S. 26-29.

280 Vgl. IDW (2000), Abschn. B, Tz. 10-12; danach sind ungefähr 85 % der Wirtschaftsprüfer in Deutschland Mitglieder des IDW.

281 Vgl. IDW PS 201, Tz. 29.

282 Vgl. Amtsgericht Duisburg, Beschluss v. 31.12.1993, S. 467: Eine Stellungnahme des Hauptfachausschusses des IDW „kann nicht kraft besonderer Autorität die gerichtliche Auslegung einer gesetzlichen Vorschrift verdrängen. … Seine Verlautbarungen (Stellungnahmen und Fachgutachten) mögen zwar einen Bestand von anerkannten Grundsätzen und Regeln der ordnungsmäßigen Berufsausübung wiedergeben, wie er nach eingehender Diskussion im Berufsstand der Wirtschaftsprüfer für notwendig gehalten wird. Sie haben aber trotz der hierauf bezogenen Empfehlungen der öffentlich-rechtlichen Wirtschaftprüferkammer keine rechtliche Verbindlichkeit.“

283 Baetge/Sell (1999), S. 523 mit Verweis auf Taupitz (1991), S. 761, der sich mit der „Rechtskompetenz der Schaffung von Nichtrecht“ auseinandersetzt und den o.g. Begriff prägt.

284 Vgl. ADS (2000), § 323 HGB, Tz. 23 m.w.N.; Biener (1987), S. 49 und S. 55-57; Biener (1996), S. 60-62.

285 Vgl. Marten/Quick/Ruhnke (2003), S. 62-64.

286 Vgl. IDW (2001), § 7 Abs. 1.

287 Vgl. IDW (2001), § 12.

1.2 Gesetzliche Grundlagen und Berufsgrundsätze zur unabhängigen Abschlussprüfung

1.2.1 Von der Einführung der Pflichtprüfung als Auslöser einer gesetzlichen Abschlussprüfung bis zur Verabschiedung des Bilanzrechtsreformgesetzes

Mit der Einführung der gesetzlichen Pflichtprüfung für Aktiengesellschaften[288] durch Wirtschaftsprüfer im Jahr 1931 wurde auch der Berufsstand der Wirtschaftsprüfer erstmals gesetzlich erfasst.[289] Ziel dieser gesetzgeberischen Reform war, angesichts der Zusammenbrüche großer Unternehmen, die häufig mit nicht aufgedeckten Bilanzfälschungen in Zusammenhang gebracht wurden, die Abschlussprüfung in vertrauenswürdige Hände zu legen.[290] Aktiengesellschaften wurden folglich verpflichtet, ihre Jahresabschlüsse durch unabhängige Prüfer prüfen zu lassen.[291] Das Recht zur Durchführung dieser Prüfung wurde anschließend den öffentlich bestellten Wirtschaftsprüfern und Wirtschaftsprüfungsgesellschaften, die in die Liste der Hauptstelle für öffentlich bestellte Wirtschaftsprüfer eingetragen waren, verliehen.[292]

Das HGB 1931 enthielt bereits Vorschriften zum Umgang mit Fragen bezüglich des Ausschlusses eines Bilanzprüfers von der Abschlussprüfung. Gemäß § 262c Abs. 2 HGB 1931 war ein Bilanzprüfer von der Prüfung ausgeschlossen, wenn die zu prüfende Gesellschaft auf die Geschäftsführung des Bilanzprüfers einen maßgeblichen Einfluss ausüben konnte oder wenn der Bilanzprüfer als Vorstands- oder Aufsichtsratsmitglied oder als Angestellter für den Prüfungsmandanten tätig war. Weitere Ausschlusstatbestände wurden nicht festgelegt.[293] Zusätzlich verpflichtete § 262g Abs. 1 HGB 1931 den Bilanzprüfer und dessen Gehilfen zur gewissenhaften und unparteiischen Prüfung.[294]

Mit dem Aktiengesetz 1937 wurde diese generalklauselartige Vorschrift durch § 137 Abs. 2 AktG 1937[295] auf solche Prüfer erweitert, die bei Gesellschaften als Vorstand, Aufsichtsrat oder Angestellte tätig waren, die von der zu prüfenden Gesellschaft abhängig waren oder die die zu prüfende Gesellschaft beherrschten. Heutige Ausschlusstatbestände, wie bspw. das Verbot der Mitwirkung an der Aufstellung des Jahresabschlusses, waren (immer noch) nicht kodifiziert. ADS vertraten sogar die Auffassung, dass „eine Besorgnis der Befangenheit … nach Auffassung des Wirtschaftsprüferberufsstandes in der Regel nicht daraus hergeleitet

[288] Vgl. ADS (2000), § 319 HGB, Tz. 1 sowie § 316 HGB, Tz. 5-15b zur historischen Entwicklung der Pflichtprüfung in Deutschland.

[289] Vgl. ADS (2000), § 316 HGB, Tz. 5, die das Jahr 1931 daher als das „Geburtsjahr der gesetzlich vorgeschriebenen Abschlußprüfung" bezeichnen.

[290] Vgl. ADS (2000), § 316 HGB, Tz. 8.

[291] Vgl. die „Verordnung des Reichspräsidenten über Aktienrecht, Bankenaufsicht und über eine Steueramnestie" vom 19.9.1931, RGBl. I 1931, S. 493-509.

[292] Vgl. die „Erste Verordnung zur Durchführung der aktienrechtlichen Vorschriften der Verordnung des Reichspräsidenten über Aktienrecht, Bankenaufsicht und eine Steueramnestie" vom 16.12.1931, RGBl. I 1931, S. 760-772. Zur Entwicklung des Berufsstands der Wirtschaftsprüfer in Deutschland vgl. Jenkis (1989), S. 68-73; Mattheus (1999), S. 682-684.

[293] Vgl. Pinner (1932), § 262c HGB, Tz. 4-7. Einen ausführlichen Überblick über die Rechtslage zur Vereinbarkeit von Abschlussprüfung und Beratung vor Einführung des BiRiLiG gibt Marx (2002b), S. 94-121.

[294] Vgl. Pinner (1932), § 262g HGB, Tz. 1.

[295] Zur Unabhängigkeitsgarantie des § 137 Abs. 2 AktG vgl. Flume (1952), S. 484-486.

werden kann, daß der Abschlußprüfer ... bei der Aufstellung des zu prüfenden Abschlusses mitgewirkt hat"[296]. Der Grundsatz der gewissenhaften und unparteiischen Prüfung wurde identisch übernommen. Zugleich wurde eingeführt, dass ein Verstoß gegen § 137 Abs. 2 AktG 1937 gem. § 195 Nr. 3 AktG 1937 die Nichtigkeit des Jahresabschlusses zur Folge hatte.

Mit dem Aktiengesetz 1965 wurde § 164 AktG präziser formuliert als § 137 AktG 1937 und „die in der Literatur heftig kritisierte Generalklausel durch eine kasuistisch enumerative Aufzählung einzelner Tatbestände ersetzt"[297]. Zudem wurde hier erstmals zwischen dem Wirtschaftsprüfer selbst und der Wirtschaftsprüfungsgesellschaft unterschieden. Inhaltlich wurde § 164 Abs. 2 AktG 1965 dahingehend erweitert, dass der Ausschluss als Abschlussprüfer nicht nur dann erfolgte, wenn der Wirtschaftsprüfer in Organfunktion oder als Angestellter bei einer Gesellschaft beschäftigt war, die von der zu prüfenden abhängig war oder diese beherrschte, sondern grundsätzlich bei allen Gesellschaften, die mit der zu prüfenden verbunden waren.[298] Ein Verstoß gegen diese Regelungen hatte gem. § 256 Abs. 1 Nr. 3 AktG 1965 die Nichtigkeit des Jahresabschlusses zur Folge.

Erst mit Verabschiedung des Bilanzrichtlinien-Gesetzes (BiRiLiG) 1985[299] wurden die Vorschriften zum Ausschluss eines Wirtschaftsprüfers von der Abschlussprüfung bei einer Kapitalgesellschaft ausführlich im HGB geregelt,[300] ohne den Begriff der Unabhängigkeit des Abschlussprüfers im HGB zu definieren. Es wird lediglich darauf eingegangen, dass ein bereits bestellter Abschlussprüfer wieder abbestellt werden kann, „wenn dies aus einem in der Person des gewählten Prüfers liegenden Grund geboten erscheint, insbesondere wenn Besorgnis der Befangenheit besteht"[301]. In § 319 HGB ist des Weiteren geregelt, in welchen Fällen der Wirtschaftsprüfer in jedem Fall von der Abschlussprüfung auszuschließen ist.[302] Damit legt der Gesetzgeber einzelne Sachverhalte fest, die zur Inhabilität führen, ohne jedoch den Begriff abschließend zu definieren. Der Arbeitskreis Bilanzrecht der Hochschullehrer führt dazu aus: „Unabhängigkeit ist ein geistiges, ein moralisches Verständnis, das weder voll kontrollierbar noch gestaltbar, jedenfalls nicht befehlbar durch den Gesetzgeber ist. Deshalb schreibt deutsches Recht in § 319 HGB auch nicht vor, dass der Abschlussprüfer unabhängig oder unbefangen zu sein hat, sondern schreibt kasuistisch vor, wann Abhängigkeit und Befangenheit vorliegen."[303] Auch nach Verabschiedung des Bilanzrechtsreformgesetzes (BilReG) 2004 ist

---

[296] ADS (1957), § 137 AktG, Tz. 21.

[297] Oser (1993), S. 219-220. Vgl. auch ADS (1971), § 164 AktG, Tz. 1-2. Kritisch Westrick (1963), S. 76-80 und 84-87.

[298] Vgl. Oser (1993), S. 220; Dorn-Zachertz (1977), S. 13-15. Simitis (1972), S. 334 kritisiert gleichwohl, dass „die vorhandenen Normen ... nicht gerade besonders aufschlußreich" sind.

[299] BGBl. I 1985, S. 2355-2433.

[300] Das BiRiLiG setzt u.a. die 8. EG-Richtlinie (sog. Prüferrichtlinie) in deutsches Recht um. Die Prüfung von Jahres- und Konzernabschlüssen sowie (Konzern-)Lageberichten ist seitdem für alle Kapitalgesellschaften in den §§ 316-324 HGB geregelt. Die entsprechenden Vorschriften im AktG 1965, §§ 162-169 AktG 1965, wurden ersatzlos gestrichen. Vgl. zu den Regelungen zur Unabhängigkeit des Abschlussprüfers im Vorentwurf des BiRiLiG Biener (1980), S. 696-698.

[301] § 318 Abs. 3 Satz 1 HGB.

[302] Vgl. hierzu Kapitel II.1.2.4 dieser Arbeit.

[303] Arbeitskreis Bilanzrecht der Hochschullehrer Rechtswissenschaft (2002), S. 2663.

der Begriff der Unabhängigkeit im HGB weiterhin nicht definiert. Es wird jedoch klar gestellt, dass ein Wirtschaftsprüfer als Abschlussprüfer ausgeschlossen ist, wenn Besorgnis der Befangenheit vorliegt. Zudem wird nun zwischen Ausschlussgründen, die für alle Abschlussprüfer gelten und solchen, die nur bei Abschlussprüfern von Unternehmen, die einen organisierten Markt i.S.d. § 2 Abs. 5 WpHG in Anspruch nehmen, gelten, unterschieden.[304] Schließlich verpflichtet § 323 HGB den Abschlussprüfer sowie die weiteren an der Prüfung beteiligten Personen zu einer unparteiischen Prüfung. Ein Verstoß gegen §§ 319 Abs. 2-5; 319a HGB hat keine Auswirkungen auf den Jahresabschluss des zu prüfenden Unternehmens.[305] § 319 HGB wurde seit dem BiRiLiG geändert durch

- das Gesetz zur Kontrolle und Transparenz im Unternehmensbereich (KonTraG)[306] (Herabsetzung der Einnahmegrenze von einem Mandanten von 50 auf 30 v.H. (Abs. 2 Satz 1 Nr. 8) sowie Einfügung des Abs. 2 Satz 2 und des Abs. 3 Nr. 6 betreffend die interne Rotation des den Bestätigungsvermerk unterzeichnenden Wirtschaftsprüfers),
- das Kapitalgesellschaften- und Co-Richtlinie-Gesetz (KapCoRiLiG)[307] (Erweiterung des Abs. 1 Satz 2 auf mittelgroße Personengesellschaften i.S.d. § 264a Abs. 1 HGB),
- das Wirtschaftsprüferordnungs-Änderungsgesetz (WPOÄG)[308] (Einfügung des Abs. 2 Satz 2 Nr. 2 und Abs. 3 Nr. 7 zur Vorlage einer wirksamen Bescheinigung über die Teilnahme an der Qualitätskontrolle),
- das Euro-Bilanzgesetz (EuroBilG)[309] (Ausweitung des Abs. 2 Satz 2 auf vereidigte Buchprüfer),
- das 4. Finanzmarktförderungsgesetz[310] (Änderung des Begriffs „die Aktien mit amtlicher Notierung ausgegeben hat" in Abs. 3 Nr. 6 zu „deren Aktien zum Handel am amtlichen Markt zugelassen sind") sowie
- das Gesetz zur Einführung internationaler Rechnungslegungsstandards und zur Sicherung der Qualität der Abschlussprüfung (BilReG)[311] (ausführliche Überarbeitung der Vorschriften zur Unabhängigkeit des Abschlussprüfers im HGB).

Zeitgleich zum BilReG wurde das Gesetz zur Kontrolle von Unternehmensabschlüssen (BilKoG) verabschiedet, das mittelbar ebenfalls Einfluss auf den Abschlussprüfer nimmt, da die hier geschaffene Prüfstelle für Rechnungslegung gem. § 342b Abs. 8 Satz 2 HGB festgestellte Verstöße des Abschlussprüfers an die Wirtschaftsprüferkammer melden muss.[312]

---

304 Vgl. §§ 319 und 319a HGB.
305 Vgl. zu den Rechtsfolgen eines Verstoßes gegen § 319 HGB Kapitel IV.3.1 dieser Arbeit.
306 BGBl. I 1998, S. 786-794.
307 BGBl. I 2000, S. 154-162.
308 BGBl. I 2000, S. 1769-1781.
309 BGBl. I 2001, S. 3414-3421.
310 BGBl. I 2002, S. 2010-2072.
311 BGBl. I 2004, S. 3166-3182. Vgl. auch Kapitel II.1.2.2.
312 Vgl ausführlich zum BilKoG Kapitel IV.3.3.2.2(b) dieser Arbeit.

1.2.2 Neue Vorschriften zur Unabhängigkeit des Abschlussprüfers in Deutschland durch das Bilanzrechtsreformgesetz (BilReG)

Mit Verabschiedung des BilReG wurden die handelsrechtlichen Vorschriften zur Unabhängigkeit des Abschlussprüfers grundlegend neu gefasst. Dazu wurde zunächst § 319 HGB überarbeitet. In § 319 Abs. 1 HGB werden wie bisher die allgemeinen Voraussetzungen für die Auswahl des Abschlussprüfers dargelegt. Dazu gehört jetzt auch die bisher in § 319 Abs. 2 Satz 2 Nr. 2 bzw. Abs. 3 Nr. 7 HGB a.F. verlangte wirksame Bescheinigung über die Teilnahme an der externen Qualitätskontrolle i.S.d. § 57a WPO. Damit zählt die nicht erfolgte Teilnahme an der externen Qualitätskontrolle zu den Ausschlussgründen, die zu einer Nichtigkeit des geprüften Jahresabschlusses führen und folglich auch Auswirkungen auf das zu prüfende Unternehmen haben. Mit § 319 Abs. 2 HGB werden die zentralen Grundsätze zur Unabhängigkeit des Abschlussprüfers erstmalig gesetzlich kodifiziert. Danach ist „ein Wirtschaftsprüfer ... als Abschlussprüfer ausgeschlossen, wenn Gründe, insbesondere Beziehungen geschäftlicher, finanzieller oder persönlicher Art, vorliegen, nach denen die Besorgnis der Befangenheit besteht." Eine Besorgnis der Befangenheit ist gegeben, wenn aus der Sicht eines vernünftigen Dritten objektive Gründe vorliegen, an der Unvoreingenommenheit des Abschlussprüfers zu zweifeln. Dies ist insb. dann der Fall, wenn der Abschlussprüfer

„1. ein wirtschaftliches oder sonstiges Eigeninteresse von nicht nur untergeordneter Bedeutung am Ergebnis der Prüfung hat,
2. im Rahmen der Prüfung Darstellungen im Abschluss zu beurteilen hat, an deren Gestaltung er mitgewirkt hat,
3. als Interessenvertreter für oder gegen die zu prüfende Kapitalgesellschaft tätig ist,
4. nahe Beziehungen[313] zur Unternehmensleitung unterhält, die ein übermäßiges Vertrauen begründen oder
5. er besonderen Einflussnahmen durch die zu prüfende Kapitalgesellschaft unterliegt, die seine Objektivität beeinträchtigen."[314]

Es liegt grundsätzlich keine Besorgnis der Befangenheit vor, wenn der Abschlussprüfer frühere Abschlüsse des Unternehmens geprüft hat, etwaige Fehler des Abschlussprüfers in den Jahresabschlüssen früherer Jahre festgestellt werden, der Abschlussprüfer gleichzeitig Abschlüsse von Tochtergesellschaften oder Konkurrenzunternehmen prüft oder als Gutachter, Zeuge oder Sachverständiger für das zu prüfende Unternehmen auftritt.[315]

Mit der Abgrenzung des Begriffs der Besorgnis der Befangenheit in § 319 Abs. 2 HGB wird die Verbindung zu § 318 Abs. 3 HGB geschaffen, der die Ersetzung des Abschlussprüfers aufgrund der Besorgnis der Befangenheit regelt. Damit wird zum einen die Rechtsunsicherheit über das Verhältnis von § 318 und § 319 HGB beseitigt[316] und zum anderen das BGH-Urteil vom 25.11.2002[317] umgesetzt, nach der der Ersetzungsantrag gem. § 318 Abs. 3 HGB

---

313 Vgl. zum Begriff der nahe stehenden Personen DRS 11 und IDW PS 255.
314 BT-Drucks. 15/3419, S. 38. Vgl. auch Peemöller/Oehler (2004), S. 1159; Pfitzer/Orth/Hettich (2004), S. 329f.
315 Vgl. ADS (2000), § 318 HGB, Tz. 364-370.
316 Vgl. zum Verhältnis von § 318 und § 319 HGB Kapitel II.1.2.4 dieser Arbeit.
317 Vgl. Kapitel III.2.2.2.1(c) dieser Arbeit.

a.F. nicht die aktienrechtliche Anfechtungsklage nach § 243 AktG ausschließt. § 318 Abs. 3 HGB wurde im Zuge des BilReG dahingehend angepasst, dass in Zukunft „die Prüfung einer möglichen Befangenheit des Abschlussprüfers unabhängig davon, ob die Befangenheit bereits im Zeitpunkt seiner Wahl durch die Hauptversammlung oder erst später eingetreten ist, ausschließlich in einem einheitlichen Ersetzungsverfahren erfolgt."[318]

Mit dem neuen § 319 Abs. 3 HGB wird die bisher in § 319 Abs. 2 HGB a.F. geregelte kasuistisch enumerative Aufzählung von Einzeltatbeständen sprachlich gestrafft und ergänzt. Insbesondere von Bedeutung ist die inhaltliche Ausweitung des bisherigen § 319 Abs. 2 Satz 1 Nr. 5 HGB a.F. um die Mitwirkung bei der internen Revision, das Erbringen von Management- oder Finanzdienstleistungen sowie von versicherungsmathematischen Leistungen oder Bewertungsleistungen, die sich auf den zu prüfenden Jahresabschluss nicht nur unwesentlich auswirken, solange diese Tätigkeiten für den Jahresabschluss nicht von untergeordneter Bedeutung sind.[319] Mit dem neuen Abs. 4 wird inhaltlich der bisherige Abs. 3 übernommen. Mit Abs. 5 werden die Regelungen auf den Konzernabschlussprüfer übertragen. Diese Regelung entspricht dem ehemaligen Abs. 4.[320]

Kritisch ist anzumerken, dass die neuen Regelungen zur Unabhängigkeit den Verbundgedanken der EU-Empfehlung nicht berücksichtigen: Von den Regelungen zur Unabhängigkeit in den §§ 319, 319a HGB sind nur die Wirtschaftsprüfungsgesellschaft selbst und mit ihr i.S.d. § 271 Abs. 2 HGB verbundene Unternehmen betroffen,[321] jedoch nicht solche Gesellschaften, die nicht kapitalmäßig, aber über ein gemeines Netzwerk mit der Wirtschaftsprüfungsgesellschaft verbunden sind.[322]

Neu hinzugekommen ist die Ausweitung der Regelungen in § 319 Abs. 3 HGB auf Ehegatten und Lebensgefährten des Abschlussprüfers gem. § 319 Abs. 3 Satz 2 HGB. Bislang waren bspw. verwandtschaftliche Beziehungen zwischen dem Abschlussprüfer und Mitarbeitern des zu prüfenden Unternehmens in Organfunktion nicht als unzulässig im HGB geregelt, da Beziehungen zwischen einzelnen Familienmitgliedern unterschiedlich sein können und nicht zwingend zu einer Abhängigkeit führen müssen.[323] Diese mögliche Abhängigkeit wurde le-

---

318 BT-Drucks. 15/3419, S. 35f. Vgl. auch Veltins (2004), S. 448.

319 Vgl. § 319 Abs. 3 Nr. 3 HGB; BT-Drucks. 15/3419, S. 39.

320 Vgl. BT-Drucks. 15/3419, S. 39. Im Referentenentwurf vom 15.12.2003 war noch darauf hingewiesen worden, dass der Abschlussprüfer kein Anspruch auf Honorar hat, wenn er die Regelungen der Abs. 1 Satz 3 und Abs. 2 bis 4 missachtet. Vgl. BMJ (2003a), S. 48f. der Begründung.

321 Vgl. kritisch Lenz (2004a), S. 708f.

322 Der Arbeitskreis Bilanzrecht der Hochschullehrer Rechtswissenschaft schlägt in Bezug auf die Empfehlung der EU-Kommission eine generelle Trennung von Prüfung und Beratung eines Mandanten und dessen verbundenen Gesellschaften vor, da „rechtspolitisch … nicht konkretisierte, allgemein unterstellte Ablenkungen des Abschlussprüfers von der konzentrierten Prüfungstätigkeit durch eine daneben geleistete Beratungstätigkeit durch Konzernangehörige verhindert werden" sollen. Arbeitskreis Bilanzrecht der Hochschullehrer Rechtswissenschaft (2002), S. 2664. Ein Mitglied des Arbeitskreises schloss sich dieser Auffassung nicht an.

323 Vgl. noch BT-Drs. 15/3419, S. 40; auch bereits BT-Drs. 10/317, S. 96.

diglich über die Berufssatzung erfasst.[324] Fraglich ist indes, wie die neue Regelung praktisch umsetzbar ist und ob arbeitsrechtliche Konsequenzen aus dieser Regelung zur ziehen sind.[325]

Mit § 319a HGB werden darüber hinaus Ausschlussgründe in besonderen Fällen festgelegt. Diese sind nur im Rahmen der Abschlussprüfung von Unternehmen, die einen organisierten Markt i.S.d. § 2 Abs. 5 WpHG in Anspruch nehmen[326] zu beachten. Hintergrund dieser strengeren Regeln für solche Unternehmen ist, dass der Kreis der an diesen Unternehmen interessierten Personen i.d.R. größer ist. Folglich stellt der Gesetzgeber an die Unabhängigkeit des Abschlussprüfers hier erhöhte Anforderungen. Dazu gehören

- die Absenkung der Honorargrenze von 30 % auf 15 %,
- das Verbot des Erbringens von Rechts- und Steuerberatungsleistungen über die Abschlussprüfung hinaus, „die über das Aufzeigen von Gestaltungsalternativen hinausgehen und die sich auf die Darstellung der Vermögens-, Finanz- und Ertragslage in dem zu prüfenden Jahresabschluss unmittelbar und nicht nur unwesentlich auswirken“[327],
- das Verbot der Unterstützung des zu prüfenden Unternehmens im Rahmen der Entwicklung und Implementierung von Rechnungslegungsinformationssystemen, sofern dies nicht von untergeordneter Bedeutung ist und
- die Ausweitung der Vorschriften zur internen Rotation.[328]

Zusätzlich zu einer Verschärfung der Regelungen zur Unabhängigkeit des Abschlussprüfers sind die Unternehmen, die einen organisierten Markt i.S.d. § 2 Abs. 5 WpHG in Anspruch nehmen verpflichtet, Art und Höhe der Honorare für den Abschlussprüfer im Anhang anzugeben, die im Geschäftsjahr als Aufwand erfasst wurden.[329]

Die neuen Regelungen zur Unabhängigkeit des Abschlussprüfers finden gem. Artikel 58 Abs. 3 und 4 EGHGB grundsätzlich erstmalig Anwendung auf das Geschäftsjahr, das nach dem 31.12.2004 beginnt. Ausnahmen bestehen lediglich für

- § 319 Abs. 1 Satz 3 HGB (Teilnahme an der externen Qualitätskontrolle): anzuwenden für Geschäftsjahre, die nach dem 31.12.2005 beginnen.
- § 319a Abs. 1 Satz 1 Nr. 1, 4 und Satz 4 HGB (Gesamteinnahmengrenze, interne Rotation): anzuwenden für Geschäftsjahre, die nach dem 31.12.2006 beginnen.

---

324 Vgl. § 21 der Berufssatzung WPK, der dazu ausführt: „(1) Besorgnis der Befangenheit liegt insbesondere vor, wenn nahe Beziehungen des WP/vBP zu einem Beteiligten oder zum Gegenstand der Beurteilung bestehen, die geeignet sein können, die Urteilsbildung zu beeinflussen. (2) Nahe Beziehungen bestehen insbesondere … zwischen Angehörigen im Sinne des § 15 AO“.

325 Vgl. Pfitzer/Oser/Orth (2004), S. 2599.

326 Der Regierungsentwurf des BilReG hatte unter die sog. „Unternehmen von öffentlichem Interesse“, die § 319a HGB zu beachten haben, noch die Kreditinstitute, Finanzdienstleistungsinstitute und Pensionsfonds, deren Bilanzsumme 150 Mio. € übersteigt, subsummiert. Vgl. BT-Drs. 15/3419, S. 10 und S. 43.

327 § 319a Abs. 1 Satz 1 Nr. 2 HGB.

328 Vgl. BMJ (2003a), S. 49-53 der Begründung.

329 Vgl. §§ 285 Satz 1 Nr. 17, 314 Abs. 1 Nr. 9 HGB sowie ausführlich Kapitel IV.4.3.2. dieser Arbeit.

Daneben besteht eine Übergangsregelung für nach §§ 319 Abs. 3 Satz 1 Nr. 3, 319a Abs.1 Satz 1 Nr. 2 HGB unzulässige Nichtprüfungsleistungen, die vor dem 29.10.2004, dem Tag des Beschlusses im Bundestag, vereinbart worden sind und unter § 319 HGB a.F. zulässig waren. Die Übergangsregel gilt für Abschlussprüfungen von Geschäftsjahren, die vor dem 1.1.2006 beginnen.

Fraglich ist, ob eine Zweiteilung der zu prüfenden Unternehmen – insb. im Hinblick auf den deutschen Mittelstand – sinnvoll ist. Auf die Independence in Fact des Abschlussprüfers dürfte eine Trennung der Vorschriften für Unternehmen, die einen organisierten Markt i.S.d. § 2 Abs. 5 WpHG und anderen Unternehmen keine Auswirkungen haben, da der Abschlussprüfer bei jeder Abschlussprüfung zu beurteilen hat, ob er unabhängig ist. Zudem lässt der Gesetzgeber offen, ob ein Wirtschaftsprüfer, der Abschlussprüfer eines Konzernabschlusses ist, die Regelungen des § 319a HGB auch auf von ihm geprüfte Tochterunternehmen, die keinen organisierten Markt i.S.d. § 2 Abs. 5 WpHG in Anspruch nehmen, anzuwenden hat, nur weil das Mutterunternehmen diese Voraussetzungen erfüllt. Im Sinne einer wirtschaftlichen Betrachtungsweise müssten m.E. Beratungstätigkeiten, die für das Mutterunternehmen unzulässig sind, für Tochterunternehmen ebenfalls unzulässig sein, wenn diese Auswirkungen auf den zu prüfenden Konzernabschluss haben.

Jedoch ist im Zuge dieser Diskussion insb. die Independence in Appearance von Bedeutung. Der deutsche Gesetzgeber versucht daher, in Anlehnung an die internationalen Vorschriften, für solche Unternehmen, die durch ihre Kapitalmarktorientierung verstärkt im Licht der Öffentlichkeit stehen, durch strengere Vorschriften das Vertrauen der Öffentlichkeit hinsichtlich der Qualität der Rechnungslegungsinformationen zu stärken. Hintergrund ist, dass „die Interessen breiter Kreise der Bevölkerung am Fortbestand dieser Unternehmen, die eine wichtige gesamtwirtschaftliche Funktion übernehmen, in besonderem Maße zu beachten“[330] sind. Diese Zweiteilung resultiert folglich nicht aus ökonomischen Überlegungen, sondern aus dem Forschungsansatz der Organisationstheorie, wonach sich Strukturen entsprechend den Anforderungen und Erwartungen der Umwelt gestalten.[331] Möglich wäre indes auch, die strengeren Vorschriften zur Unabhängigkeit des Abschlussprüfers nicht an dem Kriterium der Kapitalmarktorientierung, sondern an dem Größenkriterium des § 267 Abs. 3 HGB auszurichten, denn die Kapitalmarktorientierung ist nicht zwingend Maß für das öffentliche Interesse. Vielmehr können die vom Gesetzgeber in §§ 326, 327 HGB vorgesehenen größenabhängigen Erleichterungen bei der Offenlegungspflicht für kleine und mittelgroße Kapitalgesellschaften als Indiz für eine geringeres öffentliches Interesse angesehen werden. Daher sollten im Umkehrschluss die strengeren Vorschriften zur Unabhängigkeit des Abschlussprüfers bei allen großen Kapitalgesellschaften – unabhängig von ihrer Kapitalmarktorientierung – Anwendung finden. Somit wären zu Recht auch mittelständische Unternehmen, die aufgrund ihrer Größe im öffentlichen Interesse stehen, aber nicht kapitalmarktorientiert sind, von diesen Regelun-

330 BT-Drucks. 15/3419, S. 41.
331 Vgl. Böcking/Dutzi/Müßig (2004), S. 427f.

gen betroffen. Dann wäre allerdings auch das Enforcement[332] auf alle großen Kapitalgesellschaften auszudehnen.

1.2.3 Der Umfang des Begriffs „Abschlussprüfer" nach deutschen Regelungen

§ 319 Abs. 1 HGB regelt, welcher Personenkreis zur Abschlussprüfung gem. § 316 Abs. 1 und 2 HGB befähigt ist. Danach dürfen grundsätzlich Wirtschaftsprüfer und Wirtschaftsprüfungsgesellschaften als Abschlussprüfer tätig werden. Die Abschlussprüfung von mittelgroßen GmbH sowie Personenhandelsgesellschaften i.S.d. § 264a Abs. 1 HGB dürfen auch vereidigte Buchprüfer bzw. Buchprüfungsgesellschaften durchführen.[333] Wirtschaftsprüfer bzw. Wirtschaftsprüfungsgesellschaften, die als Abschlussprüfer tätig werden wollen, müssen nach § 319 Abs. 1 Satz 3 HGB über eine wirksame Bescheinigung über die Teilnahme am Qualitätskontrollsystem i.S.d. § 57a WPO oder über eine Ausnahmegenehmigung der WPK verfügen.

Als Abschlussprüfer gilt der Wirtschaftsprüfer selbst, die Personen, mit denen der Wirtschaftsprüfer seinen Beruf gemeinsam ausübt (§ 319 Abs. 3 Satz 1 Halbsatz 2 HGB bzw. § 319a Abs. 1 Satz 3 HGB) sowie die Personen, die er im Rahmen der Abschlussprüfung einsetzt (§ 319 Abs. 3 Satz 1 Nr. 4 HGB). Durch die zuerst genannte Sozietätsklausel werden alle natürlichen und juristischen Personen, die mit dem Wirtschaftsprüfer den Beruf gemeinsam ausüben, erfasst.[334] Als gemeinsame Berufsausübung wird dabei jede Zusammenarbeit angesehen, die „auf Dauer und in erheblichem Umfang darauf angelegt ist, gemeinsam Aufträge zu akquirieren [und] durchzuführen"[335]. Diese aus der gemeinsamen Berufsausübung resultierende Gleichrichtung der Interessen liegt insb. vor, wenn wirtschaftliche Erfolge bzw. Misserfolge aus der Berufsausübung eines Eigentümers einer Wirtschaftsprüfungsgesellschaft, z.B. eines Partners, auch zu wirtschaftlichen Erfolgen bzw. Misserfolgen bei anderen Partnern führen,[336] aber auch, „wenn die Partner nur durch gemeinsames Eigentum, erhebliche gemeinsame Ressourcen oder sogar nur über einen gemeinsamen Namen verbunden oder assoziiert sind"[337]. Daneben dürfen unzulässige Beratungsleistungen nach § 319 Abs. 3 Satz 1 Nr. 3 letzter Teilsatz HGB auch nicht durch ein Unternehmen erbracht werden, bei dem der Wirtschaftsprüfer „gesetzlicher Vertreter, Arbeitnehmer, Mitglied des Aufsichtsrats oder Gesellschafter, der mehr als zwanzig vom Hundert der den Gesellschaftern zustehenden Stimmrecht besitzt", ist. Erstaunlich ist, dass der Gesetzgeber den Begriff eines „verbundenen Un-

---

[332] Vgl. zum Enforcement Kapitel IV.3.3 dieser Arbeit.

[333] Die Befähigung zur Abschlussprüfung mittelgroßer GmbH durch vereidigte Buchprüfer wurde 1985 durch das BiRiLiG und zur Abschlussprüfung von Personenhandelsgesellschaften 2000 durch das KapCoRiliG eingeführt. Vgl. Mattheus (2002), § 319 HGB, Tz. 1 und 5. Mit der 5. WPO-Novelle wurde der Berufsstand der vereidigten Buchprüfer geschlossen. Im Folgenden wird daher ausschließlich auf Wirtschaftsprüfer Bezug genommen. Vgl. BR-Drucks. 302/03, S. 2. Zu den Änderungen durch das BilReG vgl. Kapitel II.1.2.2.

[334] Vgl. ADS (2000), § 319 HGB, Tz. 68; Mattheus (2002), § 319 HGB, Tz. 53; vgl. auch Lenz (2004a), S. 707f.

[335] Baetge/Thiele (2004), § 319 HGB, Tz. 34.

[336] Baetge/Thiele (2004), § 319 HGB, Tz. 31 bezeichnen dies als vergemeinschaftete Einnahmen. Vgl. auch ADS (2000), § 319 HGB, Tz. 58. Kritisch Zimmer (2002), § 319 HGB, Tz. 18.

[337] Mattheus (2002), § 319 HGB, Tz. 54. Vgl. BT-Drucks. 10/317, S. 96.

ternehmens“ nach § 271 Abs. 2 HGB definiert und nicht auch solche Gesellschaften, die zwar nicht gesellschaftsrechtlich, aber doch durch einen gemeinsamen Namen miteinander verbunden sind, unter die verbundenen Unternehmen subsumiert.[338]

Ausgeschlossen von der Abschlussprüfung sind ein Wirtschaftsprüfer und die unter die Sozietätsklausel fallenden Personen, wenn einer der in § 319 Abs. 3 HGB geregelten Ausschlussgründe vorliegt. Die Ausschlussgründe für Wirtschaftsprüfungsgesellschaften (in der Funktion als Abschlussprüfer), die in § 319 Abs. 4 HGB geregelt sind, enthalten keinen Verweis auf die Sozietätsklausel des Abs. 3. Daraus wird z.T. recht formal gefolgert, dass die Sozietätsklausel hier nicht anwendbar sei. Im Rahmen einer wirtschaftlichen Betrachtungsweise kann diese Begründung gleichwohl nicht überzeugen, denn gerade einer Wirtschaftsprüfungsgesellschaft und den Unternehmen, mit denen sie ihren Beruf gemeinsam ausübt, kann eine Gleichrichtung der Interessen aus der Sicht eines objektiven Dritten nicht abgesprochen werden. Die Sozietätsklausel ist folglich entsprechend auch bei Wirtschaftsprüfungsgesellschaften immer dann anzuwenden, wenn in § 319 Abs. 4 HGB auf Vorschriften in Abs. 3 verwiesen wird, für die die Sozietätsklausel gilt, da hier auf die Vorschriften insgesamt und nicht nur auf die Tatbestandsmerkmale, die direkt unter den einzelnen Nummern aufgeführt sind, verwiesen wird.[339] Damit werden bestimmte Personen innerhalb der Wirtschaftsprüfungsgesellschaft den Regelungen des § 319 HGB in Bezug auf ein bestimmtes Unternehmen unterworfen, auch wenn diese nicht an der Abschlussprüfung dieses Unternehmens beteiligt sind.

Zusätzlich werden durch § 319 Abs. 3 Satz 1 Nr. 4 HGB die Fachmitarbeiter, die i.R.d. im Rahmen der Prüfung eingesetzt werden, (sog. „Gehilfen“) von der Abschlussprüfung ausgeschlossen, wenn einer der in § 319 Abs. 3 Satz 1 Nr. 1-3 HGB genannten Tatbestände vorliegt, da diese in der Lage sind, das Prüfungsergebnis zu beeinflussen.[340] Unter Fachmitarbeiter fallen alle Mitarbeiter, auch freie Mitarbeiter, die mandatsbezogen eingesetzt werden und somit mit dem zu prüfenden Sachverhalt fachlich in Berührung kommen, auch wenn sie nicht für die gesamte Dauer, sondern lediglich für Teilabschnitte der Prüfung eingesetzt werden. Dabei ist es unerheblich, ob diese bereits die Berufsexamina erfolgreich abgelegt haben oder nicht. Nicht von dieser Regelung betroffen sind reine Verwaltungskräfte wie bspw. Mitarbeiter im Schreibbüro oder im Sekretariat.[341]

---

338 Vgl. BT-Drs. 15/3419, S. 40.

339 Gl.A. Baetge/Thiele (2004), § 319 HGB, Tz. 138; Biener/Bernecke (1986), S. 416; Claussen/Korth (1991), § 319 HGB, Tz. 57; Mattheus (2002), § 319 HGB, Tz. 122. A.A. ADS (2000), § 319 HGB, Tz. 170-173; Hense/Veltins (2003), § 319 HGB, Tz. 36. Abwägend Zimmer (2002), § 319 HGB, Tz. 60. Es fällt auf, dass insb. die neueren Kommentierungen eine vollumfängliche Anwendung der Sozietätsklausel auf die Wirtschaftsprüfungsgesellschaft verneinen.

340 Vgl. ADS (2000), § 319 HGB, Tz. 144.

341 Vgl. ADS (2000), § 319 HGB, Tz. 144; Baetge/Thiele (2004), § 319 HGB, Tz. 97f.; Hense/ Veltins (2003), § 319 HGB, Tz. 28f.; Mattheus (2002), § 319 HGB, Tz. 84-86.

Daneben dürfen auch Ehegatten und Lebensgefährten des Abschlussprüfers einen Ausschlussgrund nach §§ 319 Abs. 3 Satz 1 Nr. 1, 2 oder 3, 319a Abs. 1 HGB nicht erfüllen, damit die Unabhängigkeit des Abschlussprüfers gewahrt bleibt.[342]

1.2.4 Grundlegende Regelungen zur Unabhängigkeit des Abschlussprüfers in Deutschland im HGB, der WPO und der Berufssatzung

Gesetzliche Vorschriften zur Unabhängigkeit des Abschlussprüfers in Deutschland finden sich zunächst in §§ 319, 319a HGB. So legt § 319 Abs. 2 HGB grundsätzlich fest, in welchen Fällen ein Wirtschaftsprüfer grundsätzlich befangen sein kann. Diese durch das BilReG neu eingefügte Generalklausel wird durch eine kasuistische Aufzählungen einzelner Tatbestände, nach denen der Wirtschaftsprüfer nicht als Abschlussprüfer tätig werden darf, in §§ 319 Abs. 3 und 319a Abs. 1 HGB ergänzt. Für den Konzernabschlussprüfer gelten diese Regelungen gem. §§ 319 Abs. 5, 319a Abs. 2 HGB entsprechend.

Die Relevanz der Unabhängigkeit, Unparteilichkeit und Unbefangenheit des Abschlussprüfers wird im Berufsrecht der Wirtschaftsprüfer durch die §§ 43 und 49 WPO hervorgehoben. Nach § 43 Abs. 1 WPO hat der Wirtschaftsprüfer seinen Beruf unabhängig auszuüben und sich bei der Erstattung von Prüfungsberichten und Gutachten unparteiisch zu verhalten. § 49 WPO verpflichtet den Wirtschaftsprüfer, seine Tätigkeit zu versagen, wenn eine Besorgnis der Befangenheit besteht.[343] An diese gesetzlichen Normen hat sich der Abschlussprüfer zwingend zu halten.

Die Berufssatzung WPK konkretisiert den Grundsatz der Unabhängigkeit in § 2 Abs. 1: „WP/vBP dürfen keine Bindungen eingehen, die ihre berufliche Entscheidungsfreiheit beeinträchtigen oder beeinträchtigen könnten. Sie haben ihre persönliche und wirtschaftliche Unabhängigkeit gegenüber jedermann zu bewahren" und die Grundsätze der Unbefangenheit und Unparteilichkeit in § 20: „WP/vBP haben sich insbesondere bei der Erstattung von Prüfungsberichten und Gutachten unparteiisch zu verhalten (§ 43 Abs. 1 Satz 2 WPO). Sie haben ihre Tätigkeit zu versagen, wenn die Besorgnis der Befangenheit bei der Durchführung eines Auftrages besteht (§ 49 2. Halbsatz WPO)." § 2 Abs. 2 sowie die §§ 21, 22 und 23 der Berufssatzung WPK erläutern diese Grundsätze näher und geben Beispiele.[344] Einen Überblick über den Zusammenhang dieser Vorschriften gibt die folgende Abbildung:

---

342 Vgl. § 319 Abs. 3 Satz 2 HGB und § 319a Abs. 1 Satz 2 HGB.

343 Vgl. § 21 der Berufssatzung WPK; ADS (2000), § 318 HGB, Tz. 352-363. Eine Definition des Begriffs „Besorgnis der Befangenheit" findet sich in § 319 Abs. 2 HGB. Vgl. Kapitel II.1.2.2 dieser Arbeit.

344 Vgl. Ebke (2001), § 319 HGB, Tz. 14f. Vgl. zu den Berufsgrundsätzen Kapitel I.2.5 dieser Arbeit.

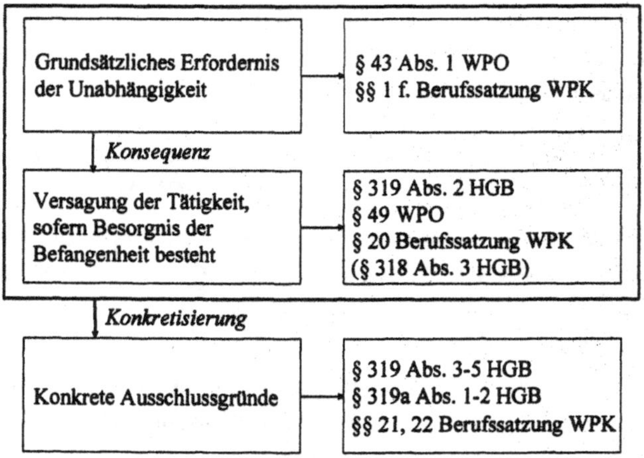

Abbildung 2: *Zusammenhang zwischen den Vorschriften des HGB, der WPO und der Berufssatzung WPK*[345]

§ 24 der Berufssatzung WPK nimmt Bezug auf § 319 HGB. Die Berufssatzung WP wurde zuletzt am 24.11.2004 geändert. Trotzdem wird hier noch auf die Regelungen zur Unabhängigkeit des Abschlussprüfers vor Verabschiedung des BilReG verwiesen. Danach sind Wirtschaftsprüfer bei allen gesetzlichen Abschlussprüfungen und bei allen freiwilligen Abschlussprüfungen, bei denen ein Bestätigungsvermerk erteilt wird, der dem gesetzlichen Bestätigungsvermerk in § 322 HGB nachgebildet ist, von der Prüfung ausgeschlossen, wenn einer der Ausschlusstatbestände des § 319 Abs. 2 und 3 HGB a.F. auf den Wirtschaftsprüfer selbst oder auf einen seiner Gehilfen[346] zutrifft. Daraus wurde z.T. geschlossen, dass die absoluten Befangenheitstatbestände in § 319 Abs. 2 und 3 HGB a.F. als lex specialis zu den Vorschriften der WPO und der Berufssatzung WPK zu sehen waren, denn in § 319 HGB a.F. wurden einzelne, „absolute" Ausschlusstatbestände, die sich operational erfassen lassen, kasuistisch konkretisiert, während die WPO und § 318 Abs. 3 HGB a.F. allgemein bestimmten, dass ein Wirtschaftsprüfer sich unabhängig und unbefangen zu verhalten hat.[347] Dies ist jedoch nicht der Fall, denn „eine spezielle Norm [hebt] eine allg. Norm ... nur dann auf ..., wenn die Spezialnorm nach dem Willen des Gesetzgebers den mit der allg. Norm verfolgten Gesetzeszweck in einzelnen Fällen durchbrechen soll"[348]. Hier war jedoch die Zielsetzung in allen Vorschriften die gleiche: die Sicherung der Unabhängigkeit und Unbefangenheit des Abschlussprüfers. Der Unterschied zwischen den einzelnen Vorschriften bestand darin, dass die Normen der WPO und der Berufssatzung WPK im Gegensatz zu den Vorschriften des HGB dem Wirtschaftsprüfer einen gewissen Ermessensspielraum bzgl. der Auftragsannahme ge-

345 Quelle: In Anlehnung an Marten/Quick/Ruhnke (2003), S. 124.
346 Zur Definition der Begriffe „Abschlussprüfer" und „Gehilfe" vgl. Kapitel II.1.2.3 dieser Arbeit.
347 Vgl. Dörner (1997), S. 86; Leffson (1988), S. 334-336. Das Bayerische ObLG, Beschluss v. 17.9.1987, S. 1366 bezeichnet die in § 319 HGB a.F. normierten Ausschlusstatbestände als „absolute Befangenheitsgründe" im Gegensatz zu den relativen Befangenheitsgründen, die über § 318 Abs. 3 HGB a.F. erfasst werden.
348 Baetge/Thiele (2004), § 319 HGB, Tz. 21.

währen.[349] Mit Einführung des § 319 Abs. 2 HGB, der ebenfalls in allgemeiner Form regelt, dass ein Wirtschaftsprüfer nicht Abschlussprüfer sein kann, wenn Beziehungen vorliegen, nach denen Besorgnis der Befangenheit besteht, wurde dieser Literaturstreit beendet. Nun regelt § 319 HGB zunächst allgemeine Tatbestände über die Generalklausel in Abs. 2. Die §§ 319 Abs. 3-4 und 319a Abs. 1 regeln – wie bislang § 319 Abs. 2 HGB a.F. – konkrete Tatbestände, nach denen ein Wirtschaftsprüfer auf jeden Fall von der Abschlussprüfung ausgeschlossen ist, umfassen aber nicht alle Tatbestände, die zu einer Verletzung der Unabhängigkeit führen können, sondern nur solche, die sich objektiv erfassen lassen.[350] Besteht bei der Durchführung eines Auftrags eine Besorgnis der Befangenheit, hat der Wirtschaftsprüfer gem. § 49 WPO i.V.m. § 319 Abs. 2 HGB seine Tätigkeit zu versagen.[351] Im Falle der Abschlussprüfung besteht die Möglichkeit der Klage auf Ersetzung des Abschlussprüfers aufgrund der Besorgnis der Befangenheit gem. § 318 Abs. 3 HGB.[352] Hierbei ist jedoch zu beachten, dass eine Besorgnis der Befangenheit nicht auf das persönliche Empfinden eines einzelnen Anteilseigners zielt, sondern darauf, „ob bei objektiver Betrachtungsweise ein vernünftiger Grund besteht, aus dem auch eine verständige Person einen Ablehnungsgrund herleiten würde"[353]. Die „Gemeinsame Stellungnahme der WPK und des IDW: Zur Qualitätssicherung in der Wirtschaftsprüferpraxis (VO 1/1995)"[354] und die im Entwurf vorliegende Stellungnahme VO 1/2005 „Anforderungen an die Qualitätssicherung in der Wirtschaftsprüferpraxis" beschreiben beispielhaft weitere Maßnahmen, welche die Unabhängigkeit des Wirtschaftsprüfers sichern und die Besorgnis der Befangenheit vermeiden sollen.[355]

---

349 Vgl. auch BGH-Urteil v. 3.6.2004, S. 1607 wonach § 49 WPO eine „Verhaltensregel für den Wirtschaftsprüfer" darstellt. Der Gesetzgeber hat sich hier auf die Fälle beschränkt, „bei denen die (äußeren) Abhängigkeiten aufgrund gesellschafts- und arbeitsrechtlicher Beziehungen zum zu prüfenden Unternehmen oder zum Prüfungsgegenstand so wesentlich sind, dass bei ihrem Vorliegen typischerweise Interessenkollisionen gegeben sind oder von der Öffentlichkeit befürchtet werden". Mattheus (2002), § 319 Tz. 32; vgl. auch Hense/Veltins (2003), § 319 HGB, Tz. 5; Claussen/Korth (1991), § 319 HGB, Tz. 18.

350 Vgl. zu § 319 Abs. 2 HGB a.F. Baetge/Thiele (2004), § 319 HGB, Tz. 20.

351 Vgl. § 318 Abs. 3 HGB a.F. i.V.m. § 49 WPO. In der Praxis war die Bedeutung des § 318 Abs. 3 HGB a.F. bis zum BGH-Urteil v. 25.11.2002 eher gering. Der BGH sah hier keine Verletzung des § 319 Abs. 2 Satz 1 Nr. 5 HGB aufgrund der vorangegangenen Beratung, sondern eine Besorgnis der Befangenheit aufgrund eventueller Fehlleistungen des Abschlussprüfers in einer vorangegangenen Beratung. Vgl. Marx (2003), S. 432-434. Eine Besprechung des Urteils findet sich in Kapitel III.2.2.2.1(c). Mattheus (2002), § 319 HGB, Tz. 43-45 bezeichnet das Zusammenspiel zwischen § 318 und § 319 HGB als „Normendualismus".

352 Seit Verabschiedung des BilReG ist es möglich, die Prüfung einer möglichen Befangenheit in einem einheitlichen Ersetzungsverfahren durchzuführen. Anfechtungs- und Nichtigkeitsklagen, die eine mögliche Befangenheit des gesetzlichen Abschlussprüfers als Hintergrund haben, sind künftig unzulässig. Vgl. BT-Drucks. 15/3419, S. 35f.

353 ADS (2000), § 319 HGB, Tz. 50; vgl. auch Richter (1975), S. 101; BVerfG, Beschluss v. 5.4.1990, S. 38.

354 Die VO 1/995 ersetzt die Stellungnahme VO 1/1982 „Zur Gewährleistung der Prüfungsqualität". Ziel ist die Gewährleistung einer hohen Qualität der beruflichen Tätigkeiten des Wirtschaftsprüfers, denn „die Öffentlichkeit bringt der Arbeit des Wirtschaftsprüfers großes Vertrauen entgegen. Für den Wirtschaftsprüfer ergibt sich hieraus und aus den gesetzlichen Vorschriften die Verpflichtung, durch geeignete Maßnahmen in seiner Wirtschaftsprüferpraxis stets eine hohe Qualität seiner beruflichen Tätigkeiten zu gewährleisten." WPK/IDW (1996), S. 1. Vgl. auch Krawitz/ Leukel (1998), S. 1931f.; Lindgens-Strache (1997), S. 277-279.

355 Vgl. dazu Kapitel IV dieser Arbeit.

1.2.5 Der Deutsche Corporate Governance Kodex

Der Deutsche Corporate Governance Kodex (DCGK) wurde am 30.8.2002 erstmalig im elektronischen Bundesanzeiger bekannt gemacht und seitdem drei Mal überarbeitet.[356] Er geht zurück auf eine Empfehlung der Regierungskommission Corporate Governance vom Juli 2001[357] und wurde von der Regierungskommission Deutscher Corporate Governance Kodex entwickelt. Der DCGK richtet sich an alle börsennotierten Unternehmen[358] in Deutschland. Ziel ist, „das deutsche Corporate Governance System transparent und nachvollziehbar"[359] und somit auch den deutschen Kapitalmarkt für Investoren attraktiver zu gestalten.[360] Der DCGK unterscheidet zwischen

- Vorschriften zum geltenden Recht, die von den Unternehmen ohnehin zu beachten sind,
- Empfehlungen, die durch das Wort „soll" gekennzeichnet sind und von denen das Unternehmen abweichen kann, solange es die Abweichungen offen legt und
- Anregungen, die durch die Wörter „sollte" bzw. „kann" gekennzeichnet sind und von denen eine Abweichung ohne Offenlegung von Gründen erfolgen kann.[361]

Der DCGK ist – neben der Präambel – in insgesamt sechs Abschnitte gegliedert, von denen sich der letzte mit Rechnungslegung und Abschlussprüfung beschäftigt.[362] Seine gesetzliche Verankerung findet der DCGK im AktG und im HGB. Die Paragraphen, die auf die Beachtung des DCGK abzielen, wurden durch das TransPuG[363] in die entsprechenden Gesetze eingefügt. Danach haben Vorstand und Aufsichtsrat gem. § 161 AktG jährlich zu erklären, ob sie den Empfehlungen des DCGK folgen oder, wenn dies nicht der Fall ist, die Abweichungen offen zu legen (sog. Entsprechenserklärung oder „comply or explain").[364] Diese Erklärung ist den Aktionären dauerhaft zugänglich zu machen. Die Einhaltung des § 161 AktG wird durch

---

356 Die erste Überarbeitung vom November 2002 betraf lediglich eine Formulierung in Abschn. 6.6, die auf einer Gesetzesänderung des § 15a WpHG basierte. Die zweite Überarbeitung vom Mai 2003 war wesentlich umfassender und änderte Vorschriften in Abschn. 3.10, 4.2, 5.4, 6.6 und 7.2. In Bezug auf die Unabhängigkeit des Abschlussprüfers ist die Änderung in Abschn. 7.2.1 von Bedeutung, wonach der Abschlussprüfer mit dem Aufsichtsrat vereinbaren soll, diesen nur dann über während der Prüfung auftretende Befangenheitsgründe zu unterrichten, wenn diese nicht unverzüglich beseitigt werden. Vgl. DCGK, Abschn. 7.2.1. Die dritte Änderung vom 2.6.2005 betraf insb. die Stärkung der Unabhängigkeit der Aufsichtsratsmitglieder. Dazu wurden Änderungen in den Abschn. 3.10, 5.3.2, 5.4.2 vorgenommen und die Abschn. 5.4.3 und 5.4.4 neu eingefügt. Daneben wurden Änderungen aufgrund der Verabschiedung des BilReG vorgenommen. Vgl. Regierungskommission DCGK (2005).

357 Vgl. Baums (2001), Tz.. 5-17; Baums/Stöcker (2003), S. 5-38.

358 Nicht börsennotierte Gesellschaften sind nicht verpflichtet, den DCGK einzuhalten, gleichwohl wird diesen dessen Beachtung empfohlen. Vgl. DCGK (2005), Abschn. 1.

359 DCGK (2005), Abschn. 1.

360 Einen Überblick über Grundlagen und Einzelbestimmungen des DCGK gibt Werder (2002), S. 801-810. Vgl. auch Böcking/Dutzi (2003), S. 225-227.

361 Vgl. DCGK (2005), Abschn. 1.

362 Die sechs Abschnitte lauten: Aktionäre und Hauptversammlung, Zusammenwirken von Vorstand und Aufsichtsrat, Vorstand, Aufsichtsrat, Transparenz, Rechnungslegung und Abschlussprüfung.

363 BGBl. I 2002, S. 2681-2687.

364 Vgl. z.B. Lutter (2002), S. 525-527 sowie S. 537-543 zu den Folgen eines Verstoßes gegen gesetzlich normierte oder gesellschaftsintern konkretisierte Pflichten oder gegen die allgemeine Sorgfaltspflicht. Die EU-Kommission plant zudem, börsennotierte Unternehmen zu verpflichten, ihrem Jahresabschluss eine „Corporate Governance-Erklärung" über Kernelemente der Corporate Governance beizufügen. Vgl. EU-Kommission (2003a), S. 15; Maul/Lanfermann/Eggenhofer (2003), S. 1289f.; Wiesner (2003), S. 978f.

die §§ 285 Satz 1 Nr. 16 und 314 Abs. 1 Nr. 8 HGB sichergestellt, denn im Anhang zum Jahres- bzw. Konzernabschluss ist anzugeben, „dass die nach § 161 des Aktiengesetzes vorgeschriebene Erklärung abgegeben und den Aktionären zugänglich gemacht worden ist“[365]. Damit obliegt es dem Abschlussprüfer lediglich formal zu prüfen, ob diese Anhangangabe zutreffend ist, die Erklärung selbst, d.h. ihr Inhalt, ist durch den Abschlussprüfer nicht zu prüfen. Eine nicht abgegebene oder den Aktionären nicht zugänglich gemachte Erklärung führt zu einer Einschränkung des Bestätigungsvermerks. Bemerkt der Abschlussprüfer bei seiner Prüfung Tatsachen, die die Angaben in der Entsprechenserklärung unrichtig erscheinen lassen, so muss er hierauf gemäß der Redepflicht des § 321 Abs. 1 Satz 3 HGB im Prüfungsbericht hinweisen. Kritisch ist in diesem Zusammenhang, dass der Abschlussprüfer nur im Prüfungsbericht auf solche Tatsachen hinweisen kann und die Information damit der breiten Öffentlichkeit vorenthalten wird. Auch der Aufsichtsrat ist keine zusätzliche Kontrollinstanz, da die Entsprechenserklärung von Vorstand und Aufsichtsrat gemeinsam abgegeben wird.[366]

In Bezug auf die Unabhängigkeit des Abschlussprüfers ist in Abschn. 7.2.1 geregelt, dass der Aufsichtsrat, bevor er der Hauptversammlung einen Wahlvorschlag für einen Abschlussprüfer unterbreitet, von diesem eine sog. Unabhängigkeitserklärung einholen muss.[367] Zudem ist der Abschlussprüfer verpflichtet, den Aufsichtsrat über potenzielle Ausschluss- und Befangenheitsgründe, die während der Prüfung auftreten, unverzüglich zu unterrichten, sofern diese nicht unverzüglich beseitigt werden. Daneben empfiehlt der DCGK in Abschn. 5.3.2 die Einrichtung eines Prüfungsausschusses, der sich insb. auch mit der Unabhängigkeit des Abschlussprüfers beschäftigen soll.[368]

1.2.6 Geltungsbereich der §§ 319, 319a HGB über die Abschlussprüfung hinaus

§§ 319, 319a HGB sind bei allen gesetzlichen und freiwilligen Abschlussprüfungen zu beachten, bei denen ein Bestätigungsvermerk gem. § 322 HGB bzw. ein § 322 HGB nachgebildeter Bestätigungsvermerk erteilt wird. Daneben verweisen zahlreiche weitere Vorschriften auf §§ 319, 319a HGB.[369] So sind diese Vorschriften im Rahmen der Auswahl des Prüfers in folgenden Fällen anzuwenden:[370]

- Sonderprüfung (§ 143 Abs. 2 AktG): Diese Vorschrift schließt solche Personen von der Tätigkeit als Sonderprüfer aus, die nach §§ 319 Abs. 2-3, 319a Abs. 1 HGB nicht Abschlussprüfer sein dürfen bzw. in der Zeit, in der sich der zu prüfende Vorgang ereignet hat, nicht hätten sein dürfen. Auf Wirtschaftsprüfungsgesellschaften ist dies entsprechend anzuwenden. Da § 143 Abs. 2 AktG nicht auf § 319 Abs. 1 HGB verweist, handelt es sich

365 § 285 Nr. 16 HGB. Vgl. auch Böcking/Dutzi (2003), S. 227f.; Lutter (2003), S. 75-78.
366 Vgl. BT-Drucks. 14/8769, S. 25. Vgl. Böcking/Dutzi (2002), § 285 Nr. 16 HGB, Tz. 282; Berg/Stöcker (2002), S. 1573-1574.
367 Vgl. Kapitel IV.4.3 dieser Arbeit.
368 Vgl. dazu ausführlich Kapitel I.2.3 dieser Arbeit.
369 Auf die Verweise im Rahmen der Prüfung von Versicherungsunternehmen (§ 341k Abs. 1 Satz 1 HGB) und Kreditinstituten (§ 340k Abs. 1 Satz 1 HGB) wird an dieser Stelle nicht weiter eingegangen, da es sich hier ebenfalls um gesetzliche Abschlussprüfungen handelt.
370 Vgl. Ebke (2001), § 319 HGB, Tz. 11; Mattheus (2002), § 319 HGB, Tz. 9-11.

bei der Tätigkeit des Sonderprüfers nicht um eine Vorbehaltsaufgabe des Wirtschaftsprüfers. Voraussetzung ist jedoch gem. § 143 Abs. 1 Nr. 1 AktG, dass der Sonderprüfer in der Buchführung ausreichend vorgebildet und erfahren ist, bzw. gem. Nr. 2, dass bei Prüfungsgesellschaften mindestens ein gesetzlicher Vertreter über diese Qualifikation verfügt.

- Gründungsprüfung (§ 33 Abs. 5 Satz 1 AktG): Die Vorschrift verweist auf die Vorschrift zur Sonderprüfung, die folglich entsprechend anzuwenden ist. Eine Tätigkeit als Gründungsprüfer schließt eine darauf folgende Abschlussprüfung nicht aus.[371]
- Prüfung wegen Verdacht auf Unterbewertung (§ 258 Abs. 4 AktG): Die Prüfer müssen Wirtschaftsprüfer sein. Die Vorschrift verlangt die sinngemäße Anwendung der §§ 319 Abs. 2-4, 319a Abs. 1 HGB. Zum Prüfer darf nicht bestellt werden, wer in den letzten drei Jahren vor der Bestellung Abschlussprüfer der Gesellschaft war oder momentan Abschlussprüfer ist.
- Sonderprüfung des Abhängigkeitsberichts (§ 315 AktG): Hier wird lediglich implizit auf die Vorschriften zur Sonderprüfung verwiesen. Diese sind gleichwohl entsprechend anwendbar.[372] Da der Abhängigkeitsbericht jedoch ohnehin gem. § 313 AktG durch den Abschlussprüfer im Rahmen der Abschlussprüfung zu prüfen ist, erscheint es sachgerecht, die Sonderprüfung durch einen anderen Wirtschaftsprüfer vornehmen zu lassen.
- Verschmelzungsprüfung (§ 11 Abs. 1 Satz 1 UmwG): Diese Vorschrift verweist auf die §§ 319 Abs. 1-4, 319a Abs. 1 HGB. Damit handelt es sich bei der Verschmelzungsprüfung um eine Vorbehaltsprüfung für Wirtschaftsprüfer.
- Spaltungsprüfung (§ 125 UmwG): Diese Vorschrift verweist auf die Vorschriften zur Verschmelzungsprüfung, die folglich entsprechend anzuwenden sind.
- Kapitalerhöhungsprüfung[373] (§ 209 Abs. 4 Satz 2 AktG und § 57f Abs. 3 Satz 2 GmbHG): Diese Vorschrift verweist auf die §§ 319 Abs. 1-4, 319a Abs. 1 HGB. Damit handelt es sich bei der Kapitalerhöhungsprüfung um eine Vorbehaltsprüfung für Wirtschaftsprüfer. Die Kapitalerhöhungsprüfung ist mit der Abschlussprüfung vereinbar.
- Vertragsprüfung (§ 293d AktG): Diese Vorschrift verweist auf §§ 319 Abs. 1-4, 319a Abs. 1 HGB. Damit handelt es sich bei der Prüfung von Unternehmensverträgen um eine Vorbehaltsprüfung für Wirtschaftsprüfer.[374]
- Squeeze-out-Prüfung (§ 327c Abs. 2 AktG). Diese Vorschrift verweist auf die Vorschriften zur Vertragsprüfung, die folglich sinngemäß anzuwenden sind. Will ein Wirtschaftsprüfer als Squeeze-out-Prüfer tätig werden, darf er m.E. das Wertgutachten zur Ermittlung des Werts der Anteile nicht erstellt haben.[375] Unschädlich ist hingegen die Einwirkung des

---

371 Vgl. IDW (2002c), Abschn. C, Tz. 11; Schindler/Rosin (2001), S. 131.

372 Vgl. Mattheus (2002), § 319 HGB, Tz. 11.

373 Hier ist ausschließlich die Kapitalerhöhungsprüfung bei Kapitalerhöhung aus Gesellschaftsmitteln gemeint, die durchgeführt werden muss, wenn die letzte Jahresbilanz mit einem eingeschränkten Bestätigungsvermerk oder einem Versagungsvermerk versehen oder nicht festgestellt worden ist bzw. wenn ihr Stichtag mehr als acht Monate zurückliegt.

374 Vgl. in Bezug auf die Erstellung eines Gutachtens durch den gerichtlich bestellten Vertragsprüfer auch OLG Düsseldorf, Beschluss v. 21.12.2000, S. 533f.

375 Ähnlich IDW (2002a), S. 254; OLG Stuttgart, Beschluss v. 3.12.2003, S. 62f.

gerichtlich bestellten Prüfers auf den Bericht des Hauptaktionärs, um das Testat erteilen zu können.[376]

Daraus wird ersichtlich, dass ein Wirtschaftsprüfer nicht nur als Abschlussprüfer an die Vorschriften zur Unabhängigkeit gebunden ist, sondern diese auch bei der Durchführung anderer Aufträge zu beachten hat.

2 Die Europäische Union

2.1 Aufbau und Normsetzungsbefugnis der Europäischen Union

Die vertragliche Grundlage der Europäischen Union ist der am 25.3.1957 zwischen Belgien, der Bundesrepublik Deutschland, Frankreich, Italien, Luxemburg und den Niederlanden geschlossene Vertrag zur Gründung der Europäischen Wirtschaftsgemeinschaft (EWGV).[377] Dieser sog. Rom-Vertrag legt in Artikel 44 (ex-Artikel 54) Abs. 2g fest, dass der Europäische Rat und die EU-Kommission die ihnen übertragenen Aufgaben erfüllen, indem sie „soweit erforderlich die Schutzbedingungen koordinieren, die in den Mitgliedstaaten den Gesellschaften im Sinne des Artikel 48 Abs. 2 im Interesse der Gesellschafter sowie Dritter vorgeschrieben sind, um diese Bestimmungen gleichwertig zu gestalten". Der Rom-Vertrag wird als Ausgangspunkt der Harmonisierung des Gesellschaftsrechts in Europa gesehen. Zur Erfüllung ihrer Aufgaben stehen der EU folgende Rechtsmittel zur Verfügung:

Rechtsmittel	Wirkung
Verordnung	o Allgemein gültig mit unmittelbarer, verbindlicher Geltung in jedem Mitgliedstaat in allen Teilen. o Ersetzt/ergänzt nationales Recht (Durchgriffswirkung der Verordnungen). o Bedarf keiner Transformation in nationales Recht und keiner Veröffentlichung in den Mitgliedstaaten.
Richtlinie	o Verbindlich hinsichtlich des zu erreichenden Ziels/der Ergebnisse der Richtlinie i.S.e. rechtlichen, wirtschaftlichen und/oder sozialen Gesamtzustands. o Veranlasst nationale Rechtsetzung, da sie der Umsetzung in das nationale Recht aller Mitgliedstaaten bedarf, wobei die Wahl der Form und der Mittel den jeweiligen innerstaatlichen Stellen überlassen wird.
Entscheidung	o Verbindlich in allen Teilen für diejenigen, die sie betrifft. o Wirkt auf ihren Adressatenkreis (einzelne Mitgliedstaaten oder natürliche und juristische Personen in den Mitgliedstaaten) wie eine Verordnung.
Empfehlung/ Stellungnahme	o Nicht verbindlich, jedoch bei der Auslegung nationaler Rechtsvorschriften zu berücksichtigen. o Legen dem Adressaten ein bestimmtes Verhalten nahe. o Enthalten häufig sachverständige Meinungsäußerungen. o Nach dem in den Artikeln 250-252 (ex-Art. 189 a-c) festgelegten Gesetzgebungsverfahren beruhen Verordnungen, Richtlinien und Entscheidungen auf Vorschlägen und/oder Stellungnahmen.

Tabelle 11: Rechtsmittel der EU[378]

---

[376] Vgl. OLG Düsseldorf, Urteil v. 14.1.2005, S. 715.

[377] Vgl. Weber-Braun (1995), S. 3. Der EWGV wurde überarbeitet und liegt als EG-Vertrag (EGV) vor. Den folgenden Ausführungen liegt der EGV vom 7.2.1992 zugrunde.

[378] Quelle: In Anlehnung an Grams (1998), S. 87-90; Ruffert (2002), Art. 249 EGV, Tz. 38-42 zu Verordnungen, Tz. 43-115 zu Richtlinien, Tz. 116-118 zu Entscheidungen sowie Tz. 119f. zu Empfehlungen und Stellungnahmen; Streinz (2001), S. 169.

In Bezug auf die Harmonisierung der Abschlussprüfung sind bisher die 8. EG-Richtlinie am 10.4.1984 (sog. Prüferrichtlinie)[379], die Empfehlung der EU-Kommission zu Mindestanforderungen an Qualitätssicherungssysteme für die Abschlussprüfung am 21.11.2000[380], die Empfehlung der EU-Kommission vom 16.5.2002 „Unabhängigkeit des Abschlussprüfers in der EU – Grundprinzipien"[381] und am 21.5.2003 der Aktionsplan der EU-Kommission über die Modernisierung des Gesellschaftsrechts und Verbesserung der Corporate Governance[382] sowie die Mitteilung der EU-Kommission zur Stärkung der Abschlussprüfung in der EU[383] verabschiedet worden. Mittlerweile hat die EU-Kommission mit der Verabschiedung des Vorschlags einer „Richtlinie über die Prüfung des Jahresabschlusses und des konsolidierten Abschlusses und zur Änderung der Richtlinien 78/660/EWG und 83/349/EWG" einen Kernpunkt des Aktionsplans umgesetzt.[384]

Die 8. EG-Richtlinie soll die einzelstaatlichen Vorschriften über die Zulassung der mit der Pflichtprüfung der Rechnungslegung beauftragten Personen koordinieren. Sie wurde durch das BiRiLiG vom 19.12.1985 in deutsches Recht transformiert. Die Empfehlung der EU-Kommission in Bezug auf Unabhängigkeit ist nicht verbindlich. Die Mitgliedstaaten sind indes nach dem Prinzip der Gemeinschaftstreue gehalten, die Empfehlungen und Stellungnahmen der EU-Kommission zu beachten. Zudem müssen die Gerichte in den Mitgliedstaaten die Empfehlungen und Stellungnahmen im Rahmen der Auslegung nationaler Vorschriften heranziehen.[385] Ferner hat die EU-Kommission angekündigt, 2005 zu überprüfen, wie die Empfehlung in den einzelnen Mitgliedstaaten umgesetzt wurde, um ggf. verbindlichere Regelungen zu schaffen.[386] Der deutsche Gesetzgeber hat mit dem Bilanzrechtsreformgesetz[387] die Empfehlung bereits deutsches Recht umgesetzt. Am 21.5.2003 hat die EU-Kommission mit ihrer Mitteilung über die Modernisierung des Gesellschaftsrechts und Verbesserung der Corporate Governance (sog. Aktionsplan)[388] und ihrer Mitteilung zur Stärkung der Abschlussprüfung in der EU[389] einen weiteren Schritt zur Wiederherstellung des Vertrauens in die Kapi-

379 Vgl. AblEG Nr. L 126 v. 12.5.1984, S. 20-26.

380 Vgl. EU-Kommission (2001), S. 91-97. Diese Empfehlung wurde i.R.d. 4. WPO-Novelle und der damit erfolgten Einfügung der §§ 57a ff. WPO, dem Erlass einer Satzung für Qualitätskontrolle durch den Beirat der WPK und der Verabschiedung des IDW PS 140 sowie des zugehörigen IDW PH 9.140 in Deutschland umgesetzt. Deutschland hat sich damit für den Peer Review als Verfahren der Qualitätskontrolle entschieden. Vgl. zur Umsetzung in Deutschland Göhner (2000), S. 1405-1408; Graumann (2002), S. 315-319; Marks/Schmidt (2000), S. 409-411; Marten/Köhler (2000), S. 867; Quick (2001), S. 25-30. Vgl. zur Diskussion vor Verabschiedung des WPOÄG Dörner (1999), S. 128-131; Orth (2000), S. 218-220.

381 Vgl. EU-Kommission (2002e), S. 22-57.

382 Vgl. EU-Kommission (2003a).

383 Vgl. EU-Kommission (2003c).

384 Dieser wird im Folgenden „Vorschlag zur Modernisierung der Prüferrichtlinie" bezeichnet.

385 Vgl. Artikel 249 Abs. 5 EGV; Ruffert (2002), Art. 249 EGV, Tz. 119f.; EuGH-Urteil v. 13.12.1989, Tz. 18: „Die innerstaatlichen Gerichte sind … verpflichtet, bei der Entscheidung der bei ihnen anhängigen Rechtsstreitigkeiten die Empfehlungen zu berücksichtigen, insb. dann, wenn diese Aufschluß über die Auslegung zu ihrer Durchführung erlassener innerstaatlicher Rechtsvorschriften geben oder wenn sie verbindliche gemeinschaftliche Vorschriften ergänzen sollen."

386 Vgl. EU-Kommission (2002d), S. 3.

387 BGBl. I 2004, S. 3166-3182.

388 Vgl. EU-Kommission (2003a).

389 Vgl. EU-Kommission (2003c).

talmärkte getan. Der zuerst genannte Aktionsplan unterscheidet zwischen kurz-, mittel- und langfristigen Maßnahmen u.a. in Bezug auf Corporate Governance, Kapitalerhaltung, Konzernrecht und Umstrukturierung.[390] Im Zentrum der Mitteilung zur Stärkung der Abschlussprüfung in der EU stehen die Modernisierung der Prüferrichtlinie und die Einsetzung eines Regelungsausschusses zur Abschlussprüfung.[391] Mit dem Vorschlag zur Modernisierung der Prüferrichtlinie vom 16.3.2004 wird die gesetzliche Grundlage für die Abschlussprüfung in der EU wesentlich verbreitert, da über die bisher bereits geregelten Sachverhalte der Zulassung zum Prüferberuf und einiger wesentlicher Berufsgrundsätze hinaus die Richtlinie nunmehr auch vorsieht „die Pflichten, die Unabhängigkeit und die Berufsgrundsätze des Abschlussprüfers genauer [zu] regeln, zur externen Qualitätssicherung [zu] verpflichten, eine solide Beaufsichtigung des Prüferberufs [zu] gewährleisten, die Zusammenarbeit zwischen den Berufsaufsichten in der EU [zu] verbessern und den Anwendungsbereich der achten Richtlinie auf diese Weise erheblich aus[zu]weiten“[392].

2.2 Vorschriften zur Unabhängigkeit

2.2.1 Das Grünbuch der EU-Kommission zur „Rolle, Stellung und Haftung des Abschlussprüfers in der Europäischen Union“ als Ausgangspunkt

Mit dem am 24.7.1996 von der EU-Kommission verabschiedeten Grünbuch[393] sollte eine einheitliche Definition der Abschlussprüfer auf europäischer Ebene erreicht und somit die Qualität der Abschlussprüfung in der EU verbessert werden.[394] In Bezug auf die Unabhängigkeit des Abschlussprüfers regelt die 8. EG-Richtlinie bislang in Artikel 24 lediglich, dass bestimmte Jahres- und Konzernabschlüsse von einer dazu befugten Person geprüft werden müssen, die unabhängig sein muss. Zudem müssen die Mitgliedstaaten gemäß Artikel 26 der 8. EG-Richtlinie angemessene Sanktionen bei Verstößen gegen die nationalen Vorschriften zur Unabhängigkeit sicherstellen.[395] Eine genauere Definition, insb. des Begriffs „Unabhängigkeit“, war zum damaligen Zeitpunkt nicht mehrheitsfähig.[396] Im Grünbuch wird die Definition des Begriffs Unabhängigkeit unterteilt in „Unbefangenheit, d.h. die innere Einstellung bei der

390 Vgl. auch Maul/Lanfermann/Eggenhofer (2003), S. 1295; Wiesner (2003), S. 978f.
391 Vgl. van Hulle/Lanfermann (2003), S. 1323.
392 Vorschlag zur Modernisierung der Prüferrichtlinie, S. 2.
393 Ein Grünbuch ist ein Instrumentarium „zur Befragung der Mitgliedstaaten und der interessierten Kreise“. van Hulle (1996), S. 279. Es handelt sich somit um ein Diskussionspapier, das keine konkreten Vorschläge unterbreitet, sondern darauf abzielt, die Adressaten zur Meinungsäußerung zu bewegen sowie Maßnahmen vorzuschlagen. Vgl. auch Peemöller/Keller (1997), S. 895.
394 Grundlagen des Grünbuchs sind eine von der Kommission in Auftrag gegebene Studie mit dem Titel „The Role, Position and Liability of the Statutory Auditor within the European Union“ sowie weitere Studien, die auf nationaler und internationaler Ebene erarbeitet worden sind. Vgl. Buijink et al. (1996) sowie EU-Kommission (1996b), S. 281; vgl. auch Windmöller (1996), S. 1092-1102. Zudem hat die Kommission im Dezember 1996 eine Konferenz zu diesem Thema abgehalten, in deren Rahmen die Thesen des Grünbuchs im Wesentlichen bestätigt wurden. Vgl. EU-Kommission (1996a); vgl. auch Ebke (1997b), S. 20f.; Lanfermann (1998), S. 275f.
395 Vgl. van Hulle (1996), S. 279.
396 Vgl. EU-Kommission (1996b), Abschn. 4.7; Biener (1997a), S. 411. Es ist insofern nicht verwunderlich, dass die Vorschriften zur Unabhängigkeit innerhalb der EU sehr unterschiedlich sind. Vgl. Buijink et al. (1996), S. 71-81.

Beurteilung aller für seine Aufgabe maßgeblichen Tatbestände" und in „Unabhängigkeit nach außen, d.h. die Vermeidung von Sachverhalten und Umständen, die so schwer ins Gewicht fallen, daß ein informierter Dritter die Unparteilichkeit des Abschlussprüfers in Zweifel ziehen würde"[397]. Als wesentliche Risiken für die Unabhängigkeit des Abschlussprüfers führte die EU-Kommission im Grünbuch eine zunehmend geschäftsmäßige Haltung der Abschlussprüfer, den zunehmenden Kostendruck im Rahmen von Ausschreibungsverfahren und die daraus resultierenden Verteilungskämpfe insb. um prestigeträchtige Mandate sowie die Erbringung zusätzlicher Leistungen des Abschlussprüfers an die zu prüfende Gesellschaft an.[398] Ein generelles Verbot der Erbringung von Beratungsleistungen lehnte die EU-Kommission jedoch ab, „da sich diese Bestimmung sehr leicht dadurch umgehen läßt, daß die Leistung von einem verbundenen oder assoziierten Unternehmen erbracht wird"[399]. Stattdessen sollte der Abschlussprüfer bei der Erbringung sonstiger Leistungen darauf achten, dass er keine Entscheidungen für seinen Auftraggeber trifft und auch nicht in die Unternehmensführung eingebunden wird. Damit orientierte sich die EU-Kommission bereits grundsätzlich am Kriterium der funktionalen Entscheidungszuständigkeit.[400] Zudem schlug die E-Kommission vor, Sicherungsmaßnahmen, wie bspw. die Offenlegung der Vergütung für die Prüfungstätigkeit und die sonstigen Tätigkeiten, zu implementieren.[401] Diskutiert wurde ebenfalls eine verpflichtende Rotation des Abschlussprüfers, wobei der internen Rotation der Vorzug vor einer externen Rotation gegeben wurde.[402] Art und Umfang der Regelungen zur Unabhängigkeit in der EU wurden offen gelassen.

Nach der Befürwortung des Grünbuchs durch das Europäische Parlament am 15.1.1998 beschloss die EU-Kommission, einen „Ausschuss für Fragen der Abschlussprüfung" (Commit-

397 EU-Kommission (1996b), Abschn. 4.8 (beide Zitate). Vgl. auch Kapitel I.3.1 dieser Arbeit.

398 Vgl. EU-Kommission (1996b), Abschn. 4.9-4.12. Das IDW (1996), S. 554g, kritisiert, dass wesentliche Sachverhalte, die die Unabhängigkeit des Abschlussprüfers gefährden können, im Grünbuch nicht aufgeführt werden. Darunter fallen bspw. kapitalmäßige oder persönliche Verflechtungen zwischen Abschlussprüfer und dem zu prüfenden Unternehmen, die Vereinbarung einer erfolgsabhängigen Vergütung oder das Verhältnis zwischen dem Honorar, das der Abschlussprüfer von einem Mandanten erhält, und seinem Gesamtumsatz.

399 EU-Kommission (1996b), Abschn. 4.13. In Belgien, Frankreich und Italien war die gleichzeitige Beratung durch Personen, die der selben rechtlichen Einheit wie der Abschlussprüfer angehören, bereits damals unzulässig. Vgl. Buijink et al. (1996), S. 74; Stevenson (2000), S. 148 in Bezug auf Frankreich.

400 Dieser Begriff wurde durch den BGH im Jahr 1997 definiert. Die European Contact Group (ECG), eine Arbeitsgruppe der damaligen Big Eight-Prüfungsgesellschaften in Europa, veröffentlichte im Juli 1996 „Responding to Market Expectations, an Action Plan to Reduce the Expectation Gap". Mit dieser Verlautbarung verpflichteten sich die Vorsitzenden der Big Eight zur Einhaltung bestimmter Regeln, wie bspw. das Verbot des Treffens von Entscheidungen für den Mandanten im Rahmen von Beratungsleistungen. Verboten sind bei Unternehmen von öffentlichem Interesse folgende Tätigkeiten, solange die Unternehmensführung diese nicht überwacht und nicht die endgültigen Entscheidungen trifft: die Abschlusserstellung, die Bewertung von Vermögensgegenständen und Schulden zur Übernahme in den Jahresabschluss, die Vermittlung bei der Lösung von Rechtstreitigkeiten, bestimmte Dienstleistungen mit unmittelbarem Einfluss auf das obere Management sowie bestimmte Dienstleistungen, die die obere Führungsebene direkt betreffen, wie z.B. das Einstellen von Führungskräften und Beratung in Bezug auf deren Vergütung. Vgl. European Contact Group (1996), S. 24f.

401 Vgl. EU-Kommission (1996b), Abschn. 4.13f.

402 Vgl. EU-Kommission (1996b), Abschn. 4.15.

tee on Auditing)[403] einzurichten, in dem auch – nicht stimmberechtigte – Mitglieder des Berufsstands vertreten sein sollten und der u.a. neue Vorschriften zur Unabhängigkeit des Abschlussprüfers entwickeln sollte. Dazu war zunächst zu untersuchen, wie die Qualitätskontrolle in den einzelnen Mitgliedstaaten durchgeführt wird. Der Berufsstand hat sich zudem verpflichtet, „seine früheren Arbeiten zur Frage der Unabhängigkeit zu überprüfen, um zentrale Grundsätze als Richtschnur für die Abschlußprüfer in der EU aufzustellen“[404]. Dieser Verpflichtung ist die Fédération des Experts Comptables Européens (FEE), der europäische Zusammenschluss verschiedener nationaler Organisationen prüfender Berufe, im Juli 1998 mit der Veröffentlichung der ersten Empfehlungen zur „Unabhängigkeit und Objektivität des gesetzlichen Abschlußprüfers – Gemeinsame zentrale Grundsätze – Leitsätze für den europäischen Berufsstand“ nachgekommen. Da die EU-Kommission in ihrer Empfehlung zur Unabhängigkeit des Abschlussprüfers die Grundsätze der FEE übernimmt, wird auf eine Darstellung an dieser Stelle verzichtet.[405]

2.2.2 Die Empfehlung der EU-Kommission vom 16.5.2002 und deren Ergänzung durch den Vorschlag zur Modernisierung der Prüferrichtlinie vom 16.3.2004

Mit Veröffentlichung des „Consultative Paper on Statutory Auditors' Independence in the EU: A Set of Fundamental Principles“[406] legte die EU-Kommission der interessierten Öffentlichkeit am 15.12.2000 erstmals den Entwurf eines eigenen, umfassenden Ansatzes zur Unabhängigkeit des Abschlussprüfers in der EU zur Stellungnahme vor. Dieser Ansatz wurde in den folgenden 17 Monaten weiter überarbeitet und beraten und schließlich am 16.5.2002 verabschiedet.[407] Das Consultative Paper stimmt in weiten Teilen mit der schließlich verabschiedeten Empfehlung überein. Die EU-Kommission hatte sich für die Verabschiedung einer Empfehlung und nicht einer Verordnung entschieden, da die Entwicklung nationaler Vorschriften zur Unabhängigkeit „bis zur endgültigen Harmonisierung in das Ermessen der Mitgliedstaaten gestellt“[408] werden soll. Ziel war, allen Beteiligten, d.h. den Abschlussprüfern, den Regulierungsbehörden und der interessierten Öffentlichkeit, ein einheitliches Verständnis über die Unabhängigkeit zu vermitteln, damit Tatsachen und Umstände, die für die Unabhän-

---

403 Vgl. EU-Kommission (2002a). Die EU-Kommission plant, das Committee on Auditing in einen beratenden Ausschuss, das sog. Audit Advisory Committee, umzuwandeln, und einen Regelungsausschuss mit Vertretern der Mitgliedstaaten unter dem Vorsitz der Kommission einzusetzen. Dies hat zur Folge, dass Fragen der Abschlussprüfung nicht mehr über den Kontaktausschuss für Richtlinien der Rechnungslegung abgewickelt werden. Vgl. EU-Kommission (2003c), S. 3f.

404 EU-Kommission (1998), S. 15.

405 Vgl. FEE (1998).

406 Vgl. EU-Kommission (2000a).

407 Die lange Konsultationsdauer ist auf die Ereignisse im Zusammenhang mit dem Zusammenbruch des US-amerikanischen Unternehmens Enron zurückzuführen. Die Kommission sah sich veranlasst, den bereits verabschiedungsreifen Entwurf erneut durch das Committee on Auditing überprüfen zu lassen. Es resultierten die Einführung einer zweijährigen Cooling-off-Periode für Partner von Prüfungsgesellschaften, die den Wechsel zu Prüfungsmandanten erschweren soll und die erweiterten Offenlegungspflichten in Bezug auf Honorare für Prüfungs- und Nichtprüfungsleistungen. Vgl. EU-Kommission (2002b), S. 4. Unter der Cooling-off-Periode wird die Zeit verstanden, die zwischen der Tätigkeit bei der Prüfungsgesellschaft und dem neuen Arbeitgeber des Mitarbeiters verstrichen sein muss, um die Unabhängigkeit der Prüfungsgesellschaft nicht zu gefährden.

408 EU-Kommission (2002e), S. 23.

gigkeit des Abschlussprüfers ein Risiko darstellen, innerhalb der EU zusammenhängend ausgelegt und behandelt werden.[409] Einige grundlegende Teile der Empfehlung wurden mittlerweile in den Vorschlag zur Modernisierung der Prüferrichtlinie aufgenommen.[410]

Mit Verabschiedung der Empfehlung hat sich die EU-Kommission in der Tradition des kontinental-europäischen Code Law für ein auf Prinzipien basierendes Konzept (Principle Approach) entschieden, da dies einerseits für den Abschlussprüfer einen Handlungsrahmen darstellt, innerhalb dessen dieser sich bewegen kann, und andererseits dem Berufsstand oder den Regulierungsbehörden ausreichend Möglichkeiten bietet, zügig auf neue Entwicklungen zu reagieren.[411] Die Empfehlung gliedert sich in einen Teil A „Rahmenkonzept", der festlegt, wie sich der Abschlussprüfer zu verhalten hat, um seine Unabhängigkeit zu gewährleisten und auf welchen Personenkreis diese Vorschriften anzuwenden sind, und in einen Teil B „Besondere Umstände", in dem Prinzipien zur Behandlung spezieller Sachverhalte dargestellt werden. Der eigentlichen Empfehlung angehängt ist ein Anhang, in dem beide Teile ausführlich erläutert werden. Neben den entwickelten Grundprinzipien ist weiterhin eine Kontrolle der Einhaltung der getroffenen Regelungen notwendig. Dies soll durch die Implementierung angemessener Qualitätssicherungssysteme geschehen.[412]

Im Rahmenkonzept der Empfehlung wird festgelegt, dass
„der Abschlussprüfer ... bei der Durchführung einer Pflichtprüfung seinem Prüfungsmandanten gegenüber unabhängig sein [muss], und zwar sowohl in Bezug auf seine innere Einstellung als auch dem äußeren Erscheinen nach. Ein Abschlussprüfer sollte eine Pflichtprüfung dann nicht durchführen, wenn zwischen ihm und seinem Mandanten eine finanzielle, geschäftliche oder sonstige Beziehung (einschließlich bestimmter Nichtprüfungsleistungen für einen Prüfungsmandanten) oder ein Beschäftigungsverhältnis besteht, die bzw. das einen sachverständigen Dritten veranlassen würde, die Unabhängigkeit des Abschlussprüfers in Frage zu stellen."[413]

Dieses Grundprinzip wird in dem Vorschlag zur Modernisierung der Prüferrichtlinie in Anlehnung an die Empfehlung wie folgt gefasst:
„Die Mitgliedstaaten sorgen dafür, dass Abschlussprüfer und Prüfungsgesellschaften bei der Durchführung der Abschlussprüfung von dem geprüften Unternehmen unabhängig und in keiner Weise an Entscheidungen der Unternehmensleitung beteiligt sind. Abschlussprüfer oder Prüfungsgesellschaften sollen von der Durchführung der Abschlussprüfung absehen, wenn zwischen ihnen und dem geprüften Unternehmen eine finanzielle oder geschäftliche Beziehung, ein Beschäftigungsverhältnis oder eine sonstige Verbindung – wozu auch die

409 Vgl. EU-Kommission (2002e), S. 23; IDW (2002c), Abschn. Q, Tz. 22.
410 Vgl. Artikel 26 des Vorschlags zur Modernisierung der Prüferrichtlinie.
411 Vgl. EU-Kommission (2002e), S. 23. Durch einen auf Prinzipien basierenden Ansatz wird vermieden, auf neue Aspekte nur durch das Erlassen neuer Regeln reagieren zu können, da ein solcher Ansatz ermöglicht, verschiedene Fallgestaltungen den entwickelten Prinzipien unterzuordnen. Dies wird auch von WPK und IDW begrüßt. Vgl. WPK/IDW (2002), S. 1270.
412 Vgl. EU-Kommission (2002e), S. 24. Vgl. zur Einführung von Qualitätssicherungssystemen in der EU EU-Kommission (2001), S. 92. In Deutschland wird. i.R.d. Peer Review bspw. auch überprüft, ob „die Wirtschaftsprüferpraxis Grundsätze und Maßnahmen eingeführt [hat], die sicherstellen, dass die Unabhängigkeit und Unparteilichkeit gegenüber dem Mandanten gewahrt ist und keine Besorgnis der Befangenheit besteht". IDW PH 9.140, Anhang 3, Frage A.1.
413 EU-Kommission (2002e), S. 24.

Erbringung zusätzlicher Leistungen[414] zählt – besteht, die ihre Unabhängigkeit gefährden könnte."[415]

Unter einem Abschlussprüfer wird in diesem Zusammenhang eine natürliche oder juristische Person verstanden, die nach der 8. EG-Richtlinie von der Behörde eines Mitgliedstaats zur Durchführung von Pflichtprüfungen zugelassen ist. Eine Pflichtprüfung ist eine vom Gemeinschaftsrecht zwingend vorgeschriebene Prüfung eines Jahres- oder Konzernabschlusses und der Übereinstimmung des zugehörigen Lageberichts sowie jede andere Prüfung, bei der ein Bestätigungsvermerk erteilt wird, solange diese Prüfung durch die nationale Gesetzgebung des Mitgliedstaats vorgeschrieben ist. Ein Prüfungsmandant ist ein Unternehmen, dessen Jahresabschluss bzw. ein Mutterunternehmen, dessen konsolidierter Abschluss einer Pflichtprüfung unterzogen wird.[416]

Die Regeln zur Unabhängigkeit müssen sowohl der Abschlussprüfer selbst als auch alle anderen Personen, „die in der Lage sind, das Ergebnis der Pflichtprüfung zu beeinflussen"[417], beachten. Dieser Personenkreis umfasst[418]

- das Auftragsteam (d.h. die Partner, Prüfungsleiter und Mitarbeiter des Auftrags, die Fachkräfte aus anderen Abteilungen, die an der Prüfung beteiligt sind, wie bspw. Rechtsanwälte, Versicherungsmathematiker oder Steuerfachleute sowie diejenigen, die den Prüfungsauftrag einer internen Nachschau unterziehen oder ihn unmittelbar überwachen),
- alle Personen der Chain of Command[419] sowie
- alle weiteren Personen innerhalb der Prüfungsgesellschaft oder innerhalb ihres Firmenverbunds, die Einfluss auf die Pflichtprüfung nehmen können.

Als Faktoren, die ein Risiko für die Unabhängigkeit darstellen, benennt die EU-Kommission[420]

---

414 Die „zusätzlichen Leistungen" werden in dem Vorschlag zur Modernisierung der Prüferrichtlinie nicht näher beschrieben, so dass es im Ermessen der Mitgliedstaaten liegt, einzelne oder auch alle Nichtprüfungsleistungen zu untersagen. Zudem plant die EU-Kommission, eine Studie in Auftrag zu geben, in untersuchen soll, ob ein vollumfängliches Verbot sämtlicher Nichtprüfungsleistungen sachgerecht ist. Vgl. EU-Kommission (2003c), S. 7; vgl. auch Lanfermann (2004), S. 610.

415 Art. 23 Abs. 1 des Vorschlags zur Modernisierung der Prüferrichtlinie. Materielle Unterschiede bestehen zwischen beiden Definitionen nicht.

416 Vgl. EU-Kommission (2002e), S. 55f.

417 EU-Kommission (2002e), S. 25.

418 Vgl. EU-Kommission (2002e), S. 25.

419 Im AblEG ist „Chain of Command" mit „Weisungsbefugter" übersetzt. Im Folgenden soll der englische Begriff, der auch von der SEC und dem AICPA verwendet wird, verwendet werden. Als Chain of Command gelten „all diejenigen, die im Verhältnis zu den Prüfungspartnern des Prüfungsteams oder im Hinblick auf die Durchführung der Pflichtprüfung auf Praxis-, Landes-, regionaler oder globaler Ebene eine direkte Aufsichts-, Leitungs-, Vergütungs- oder sonstige Kontrollfunktion haben. Dazu zählen auch alle Partner, Vertretungsberechtigte und Anteilseigner, die die Beurteilung der Leistungen eines Prüfungspartners des Prüfungsteams durchführen, kontrollieren, unmittelbar beeinflussen oder dessen Vergütung als Folge von deren Beteiligung am Prüfungsauftrag in anderer Weise bestimmen können." EU-Kommission (2002e), S. 57.

420 Vgl. EU-Kommission (2002e), S. 25.

- Eigeninteresse (Gefahren oder Risiken, die mit eigenen Interessen des Abschlussprüfers verbunden sind, bspw. ein eigenes finanzielles Interesse des Abschlussprüfers am Prüfungsmandanten),
- Überprüfung eigener Leistungen (Gefahren oder Risiken, die aus der Überprüfung eigener Arbeiten des Abschlussprüfers hervorgehen, bspw. bei gleichzeitiger Abschlussprüfung und -erstellung),
- Interessenvertretung (Gefahren oder Risiken, die aus der gleichzeitigen Abschlussprüfung und Interessenvertretung des Mandanten resultieren),
- Vertrautheit/Vertrauen (Gefahren oder Risiken, die sich aus zu großer Vertrautheit mit oder Vertrauen gegenüber dem Mandanten ergeben, bspw. bei einer langjährigen Mandatsbeziehung) sowie
- Einschüchterung (Gefahren oder Risiken, die durch Bedrohung des Abschlussprüfers entstehen).

Um eventuell bestehende Risiken für die Unabhängigkeit des Abschlussprüfers zu verringern bzw. auszuräumen, müssen sowohl vom Prüfungsmandanten als auch vom Abschlussprüfer selbst entsprechende Schutzmaßnahmen implementiert werden.

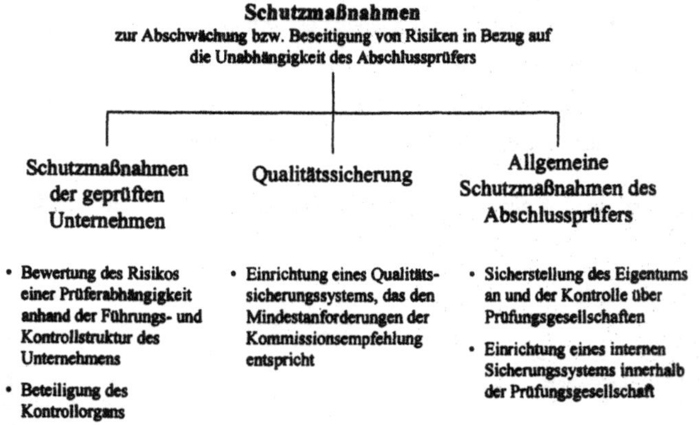

Abbildung 3: Von der EU-Kommission vorgeschlagene Schutzmaßnahmen[421]

Das geprüfte Unternehmen hat darauf zu achten, dass der Abschlussprüfer nicht von der Unternehmensleitung bestellt wird. Zudem sollten alle vom Abschlussprüfer erbrachten Dienstleistungen im Unternehmen erörtert und überwacht werden. Bei Unternehmen von öffentli-

[421] Quelle: In Anlehnung an EU-Kommission (2002e), S. 25f.

chem Interesse[422], die über ein Kontrollorgan verfügen, sollte der Abschlussprüfer gegenüber diesem eine jährliche Unabhängigkeitserklärung abgeben.[423] Zu den allgemeinen Schutzmaßnahmen, die der Abschlussprüfer selbst einzurichten hat, gehört zum einen, dass die Mehrheit der Stimmrechte an einer Prüfungsgesellschaft von Personen gehalten wird, die innerhalb der EU zur Durchführung von Pflichtprüfungen bestellt sind. Zum anderen ist jeder Abschlussprüfer verpflichtet, ein internes Qualitätssicherungssystem einzurichten.[424]

Schließlich hat der Abschlussprüfer die von einem Prüfungsmandanten in dessen Berichtszeitraum erhaltenen Honorare „in voller Höhe und angemessener Weise offen zu legen"[425]. Die EU-Kommission schlägt den Mitgliedstaaten vor, dies lediglich bei den Unternehmen zur verlangen, die ihren Jahresabschluss aufgrund gesetzlicher Vorschriften dieses Mitgliedstaats offen legen müssen. Die Honorare sind dabei nach bestimmten Kategorien aufzuschlüsseln.[426] Die Empfehlung führt nicht aus, was unter „in angemessener Weise" zu verstehen ist. Der Vorschlag zur Modernisierung der Prüferrichtlinie greift dies auf und legt fest, dass Prüfungsgesellschaften, die Unternehmen von öffentlichem Interesse prüfen, in ihrem sog. Transparenzbericht[427] anzugeben haben, wie sich der Gesamtumsatz auf Prüfungshonorare und Honorare für andere Bestätigungsleistungen, Steuerberatungsleistungen und sonstige Leistungen verteilt.[428] Daneben haben alle prüfungspflichtigen Unternehmen, die zur Aufstellung eines Anhangs verpflichtet sind, im Anhang die Honorare für Prüfungsleistungen, andere Bestätigungsleistungen, Steuerberatungsleistungen und für sonstige Leistungen offen zu legen.[429] Der künftige Transparenzbericht verlangt zusätzlich die Offenlegung von Informationen zur Prüfungsgesellschaft selbst, ihrem Firmenverbund, ihrer Leitungsstruktur, ihres internen Qualitätssicherungssystems, zur externen Qualitätskontrolle, zu Prüfungsmandanten, die Unternehmen von öffentlichem Interesse sind, Praktiken, mit denen die Prüfungsgesellschaft ihre

422 Gemäß der Definition der EU-Kommission sind Unternehmen von öffentlichem Interesse „Unternehmen, die aufgrund ihrer Größe, ihrer Belegschaftsstärke oder ihrer Unternehmensverfassung und dem dadurch bedingten großen Kreis von Interessengruppen von erheblichem öffentlichen Interesse sind. Dazu zählen unter anderem Kreditinstitute, Versicherungsunternehmen, Wertpapierfirmen, Organismen für Gemeinsame Anlagen in Wertpapiere [im Original abgekürzt], Pensionsfonds und börsennotierte Unternehmen". EU-Kommission (2002e), S. 56.

423 Vgl. EU-Kommission (2002e), S. 25f. Vgl. auch Kapitel IV.4.3 dieser Arbeit.

424 Vgl. EU-Kommission (2002e), S. 26f.; zum internen Qualitätssicherungssystem vgl. Kapitel IV.2 dieser Arbeit.

425 EU-Kommission (2002e), S. 27.

426 Vgl. EU-Kommission (2002e), S. 27; Kapitel IV.4.3 dieser Arbeit.

427 Der Transparenzbericht ist künftig von allen Prüfungsgesellschaften, die Unternehmen von öffentlichem Interesse prüfen, offen zu legen. Vgl. Art. 38 Abs. 2 des Vorschlags zur Modernisierung der Prüferrichtlinie.

428 Vgl. Art. 38 Abs. 1 Nr. (i) des Vorschlags zur Modernisierung der Prüferrichtlinie. Aus dem Vorschlag geht indes nicht klar hervor, ob sich diese Angaben im Transparenzbericht nur auf Abschlussprüfungen bei Unternehmen von öffentlichem Interesse beziehen oder ob in den Transparenzbericht alle von der Prüfungsgesellschaft geprüften Unternehmen einbezogen werden. Vgl. zum Transparenzbericht auch Klein/Tielmann (2004), S. 503.

429 Vgl. Art. 50 Abs. 1 Nr. (a) des Vorschlags zur Modernisierung der Prüferrichtlinie. Diese Offenlegungspflicht wurde für Deutschland in §§ 285 Satz 1 Nr. 17, 314 Abs. 1 Nr. 9 HGB berücksichtigt.

Unabhängigkeit wahrt, zur Fortbildung ihrer Mitarbeiter sowie Angaben zur Bemessung der Vergütung der Partner.[430]

Der Teil B der Empfehlung enthält exemplarisch zehn Kategorien, welche die Unabhängigkeit des Abschlussprüfers in besonderem Maße gefährden können und daher vermieden werden müssen. Dies sind im Einzelnen:[431]

- Finanzielle Beteiligungen,
- geschäftliche Beziehungen,
- Beschäftigung beim Mandanten,
- Übernahme einer Führungs- oder Kontrollfunktion beim Mandanten,
- Aufnahme einer Tätigkeit bei einer Prüfungsgesellschaft,
- verwandtschaftliche und sonstige persönliche Beziehungen,
- Nichtprüfungsleistungen,
- Honorare für Prüfungs- und Nichtprüfungsleistungen,
- Rechtsstreitigkeiten und
- über einen langen Zeitraum tätige leitende Mitarbeiter.

3 Die International Federation of Accountants

3.1 Aufbau, Aufgaben und Verbindlichkeit für den deutschen Abschlussprüfer

Die International Federation of Accountants (IFAC) ist eine weltweite Organisation, die sich mit der Entwicklung internationaler Prüfungsnormen beschäftigt. Sie wurde im Oktober 1977 anlässlich des XI. Internationalen Accountants-Kongresses in München gegründet.[432] Zu den Gründungsmitgliedern der IFAC zählen neben dem IDW und der WPK insgesamt 63 Berufsorganisationen aus 49 Ländern. Mittlerweile gehören der IFAC 157 Organisationen aus 118 Ländern an.[433] Ziel der IFAC ist die weltweite Entwicklung und Verbesserung des Accountancy-Berufs durch harmonisierte Berufs- und Prüfungsgrundsätze, damit die Accountants[434] im Interesse der Öffentlichkeit gleich bleibend hohe Dienstleistungen erbringen können. Dazu arbeitet die IFAC eng mit dem International Accounting Standards Board (IASB)[435] zusammen.[436] So hat die IFAC z.B. das Recht, die im zentralen Entscheidungsorgan des IASB, dem Board, vertretenen Mitgliedsländer vorzuschlagen und fünf der 19 Trustees zu ernennen.[437]

---

430 Vgl. Artikel 38 Abs. 1 des Vorschlags zur Modernisierung der Prüferrichtlinie.

431 Vgl. EU-Kommission (2002e), S. 27-33. Diese werden ausführlich in Kapitel III dieser Arbeit diskutiert.

432 Vgl. Lanfermann (1978), S. 3f.; IDW (1978), S. 473-475.

433 Vgl. IFAC (2004b).

434 Vgl. Kapitel II.3.2.2 dieser Arbeit zur Definition des Begriffs (Professional) Accountant.

435 Vgl. zu den Zielen, der Organisation, der Entwicklung und der Bedeutung des IASB Kleekämper/Kuhlewind/Alvarez (2002), S. 1-53.

436 Vgl. IFAC (2001a), Section 2; zur Entstehung und Zielsetzung der IFAC vgl. auch Wiedmann (1996), S. 154-156.

437 Den Trustees kommt eine Aufsichts- und Finanzierungsfunktion zu. Dieses Gremium ist vom Board des IASB strikt getrennt und wird nicht mit inhaltlichen Fragen zur Rechnungslegung betraut, um die Unabhängigkeit der Board-Mitglieder bei der Verabschiedung von Standards sicherzustellen. Vgl. Kleekämper/Kuhlewind/Alvarez (2002), Abschn. A I, Tz. 29 und 44.

Die Organe der IFAC sind der Council (die Mitgliederversammlung) und das Board. Der Council setzt sich aus jeweils einem Vertreter jeder Mitgliedsorganisation zusammen. Er wählt die Mitglieder des Board, entscheidet über die Mitgliedsbeiträge und stimmt über Änderungen der Verfassung der IFAC ab.[438] Geleitet wird die IFAC vom Board.[439] Zu seinen Aufgaben zählen u.a. die Überwachung des Arbeitsprogramms der IFAC und des Budgets.[440] Die Facharbeit der IFAC erfolgt in kleineren Ausschüssen, sog. Committees. Einen Überblick über die einzelnen Committees gibt die folgende Abbildung:

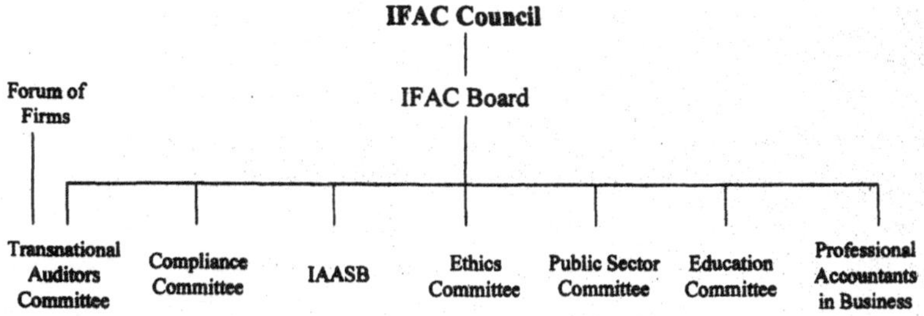

Abbildung 4: *Organisation der IFAC*[441]

Für Prüfungsfragen sind insb. die folgenden Committees von Bedeutung:

- Das International Auditing and Assurance Standards Board (IAASB)[442] ist der bedeutendste Ausschuss der IFAC und hat die Aufgabe, die Qualität und die Vereinheitlichung der Prüfungsstandards weltweit u.a. durch die Entwicklung von Grundsätzen ordnungsmäßiger Abschlussprüfung voranzutreiben. Dazu gibt das IAASB die International Standards on Auditing (ISA) und entsprechende Hilfestellung bei deren Anwendung, die International Auditing Practice Statements (IAPS), heraus.[443]
- Das Ethics Committee diskutiert berufsethische Fragestellungen und entwickelt entsprechende Leitsätze.
- Das Education Committee ist verantwortlich für die Entwicklung von Standards, Leitsätzen und anderen Diskussionspapieren, die weltweit der Aus- und Weiterbildung der Mitglieder des Berufsstands dienen sollen.[444]

---

438 Vgl. IFAC (2001a), Section 8-20.
439 Vgl. IFAC (2001a), Section 21-34.
440 Vgl. IFAC (2004c), S. 9; Ruhnke (1995), S. 942.
441 Quelle: In Anlehnung an IFAC (2004d).
442 Das IAASB ging 2002 aus dem International Auditing Practice Committee (IAPC) hervor.
443 Vgl. IFAC (2004c), S. 122-124; das IAASB ist der einzige Ausschuss, auf den im Vorwort des IFAC Handbook explizit hingewiesen und dessen Arbeitsweise beschrieben wird.
444 Vgl. IFAC (2004d); Marten/Quick/Ruhnke (2003), S. 66-72.

Das Forum of Firms ist eine Gruppe von Prüfungsgesellschaften bzw. Firmenverbünden von Prüfungsgesellschaften, die grenzüberschreitende Abschlussprüfungen durchführen.[445] Die Mitglieder dieser Gruppe haben sich dazu verpflichtet, bei internationalen Prüfungen weltweit einheitliche Qualitätsmaßstäbe (im Einklang mit den ISA) anzuwenden und sich zusätzlich einem Global Peer Review durch das neu geschaffene Transnational Auditors Committee, dem exekutiven Arm des Forum of Firms, zu unterwerfen.[446]

Die Satzung der IFAC unterscheidet drei Gruppen von Mitgliedern: Full Members, Associate Members und Affiliate Members. Die Full Members verpflichten sich, die Zielsetzung der IFAC zu unterstützen, indem sie zum einen ihre Mitglieder über die Facharbeit der IFAC unterrichten und sich zum anderen nach besten Kräften (Best Endeavors) darum bemühen, die Verlautbarungen der IFAC in nationales Recht zu transformieren,[447] solange keine nationalen Vorschriften dagegen stehen.[448] Zudem sollen die Full Members auch auf Regierungen und Standard Setter dahingehend einwirken, dass veröffentlichte Jahresabschlüsse mit den IFRS in Einklang stehen.[449] Im Unterschied zu den Full Members müssen Associate und Affiliate Members die Arbeit der IFAC lediglich unterstützen. Wie diese Unterstützung auszusehen hat, ist nicht geregelt.[450] Das IDW und die WPK sind Full Members der IFAC. Damit haben sich deren Mitglieder den Regelungen der IFAC zu unterwerfen. Das IDW hat folglich im Jahr 1998 begonnen, die bisherigen Fachgutachten, die nicht systematisch geordnet waren, in ein dekadisches System von Prüfungsstandards und sie erläuternde Prüfungshinweise zu überführen[451] und kommt so seiner Verpflichtung nach, die angestrebte internationale Harmonisierung der Abschlussprüfung durch Transformation der von der IFAC herausgegebenen ISA in nationale Prüfungsstandards zu erreichen.[452] Diese Transformation ist mittlerweile abgeschlossen.[453]

---

445 Das Forum of Firms wurde im Januar 2001 als wesentlicher Bestandteil des „Strengthening proposals" der IFAC gegründet. Ziel dieses Vorschlags war „to raise the quality of financial reporting and auditing worldwide, and to strengthen IFAC's leadership role and standard-setting work". Fujinuma (2000). Vgl. auch IFAC (2004e).

446 Vgl. IFAC (2001a), Section Interpretations; Mertin/Schmidt (2001), S. 333; Schruff (2001), S. S 91.

447 Sog. „Best-Endeavors-Klausel". Diese war auch Bestandteil der alten Satzung, zitiert in ISA 100, Tz. 16.

448 Diese Aufgabe hat in Deutschland das IDW übernommen. Wird ein ISA in einen deutschen Prüfungsstandard transformiert, so ist letzterer zu beachten (sog. Dominanz nationaler Normenäquivalente). Ein Abweichen von den ISA ist zu begründen und nur aus gewichtigen Gründen möglich. Ein solcher Grund liegt bspw. vor, wenn eine Vorschrift der ISA nicht auf das deutsche Recht übertragbar ist. Geht ein ISA über die nationalen Normen hinaus, oder ist der ISA noch nicht transformiert, so hat der Abschlussprüfer zu überprüfen, ob das von ihm gewählte Vorgehen den internationalen Anforderungen entspricht. Vgl. Ruhnke (1997), S. 81f.

449 Vgl. IFAC (2001a), Section 4.c.

450 Vgl. IFAC (2001a), Section 5.

451 Vgl. IDW (1998), S. 652f.

452 Vgl. Baetge/Sell (1999), S. 518; Böcking/Müßig (2001), S. 15-19; Böcking/Orth/Brinkmann (2000), S. 220-224; Jacob (2001), S. 237-244.

453 Vgl. IDW (2003), S. 239. Zu beachten ist indes, dass die ISAs einer ständigen Überarbeitung unterliegen, an die die IDW Prüfungsstandards ebenfalls anzupassen sind.

3.2 Internationale Prüfungs- und Berufsgrundsätze

3.2.1 Die International Standards on Auditing (ISA)

Mit den vom IAASB herausgegebenen ISA erlässt die IFAC Prüfungsgrundsätze. Die ISA enthalten sowohl grundsätzliche Vorschriften (Basic Principles) als auch wesentliche Prüfungshandlungen (Essential Procedures). Neben den ISA veröffentlicht das IAASB sog. I-APS, die den Prüfer bei seiner praktischen Arbeit unterstützen sollen. Diese haben jedoch nicht die gleiche Verbindlichkeit wie die ISA.[454]

Die EU-Kommission plant, für alle gesetzlichen Abschlussprüfungen in der EU künftig die ISA als Prüfungsgrundsätze vorzuschreiben. Diese sollen – wie die IFRS – im Rahmen eines sog. Endorsement-Verfahrens Verbindlichkeit erlangen.[455] Damit erlangen die ISA unmittelbare Geltung als Prüfungsgrundsätze in Deutschland und müssen nicht mehr durch das IDW in deutsche Prüfungsgrundsätze transformiert werden.

3.2.2 Der Begriff „Accountant" nach den Regelungen der IFAC

Als Accountant gelten „those persons, whether they are in public practice, (including a sole practioner, partnership or corporate body), industry, commerce, the public sector or education, who are members of an IFAC member body"[456]. Der Begriff des Accountant umfasst somit neben den Abschlussprüfern sämtliche Berufsgruppen, die sich mit Rechnungslegung befassen und einer Mitgliedsorganisation der IFAC angehören.[457] Folglich ist der IFAC Code of Ethics für jeden deutschen Wirtschaftsprüfer bindend, da die WPK, in der jeder deutsche Wirtschaftsprüfer Mitglied sein muss, ein Member Body der IFAC ist.[458]

3.2.3 Der IFAC Code of Ethics als Synopse internationaler Berufsgrundsätze

Neben der Entwicklung internationaler Prüfungsgrundsätze ist insb. die Kodifizierung weltweit anzuwendender Berufsgrundsätze Aufgabe der IFAC. Der Code of Ethics for Professional Accountants wurde 1992 vom Ethics Committee der IFAC herausgegeben und ersetzt die IFAC Guidelines on Ethics for Professionals Accountants aus dem Jahr 1990, die eine geringere Verbindlichkeit aufwiesen.[459] Die IFAC erkennt gleichzeitig an, dass

„due to national differences of culture, language, legal and social systems, the task of preparing detailed ethical requirements is primarily that of the member bodies in each country concerned and that they also have the responsibility to implement and enforce such requirements. However, IFAC believes that the identity of the accountancy profession is characterized

454 Vgl. IFAC (2004c), S. 123.
455 Vgl. Art. 26 des Vorschlags zur Modernisierung der Prüferrichtlinie.
456 IFAC (2004c), S. 18.
457 Die IFAC verwendet die Begriffe Professional, Professional Accountant und Accountant synonym. In dieser Arbeit wird der Begriff Accountant verwendet.
458 Vgl. IFAC (2000b), S. 36.
459 Vgl. Kuhner (1999), S. 7-9; Mertin/Schmidt (2001), S. 322.

worldwide by its endeavor to achieve a number of common objectives and by its observance of certain fundamental principles for that purpose.“[460]

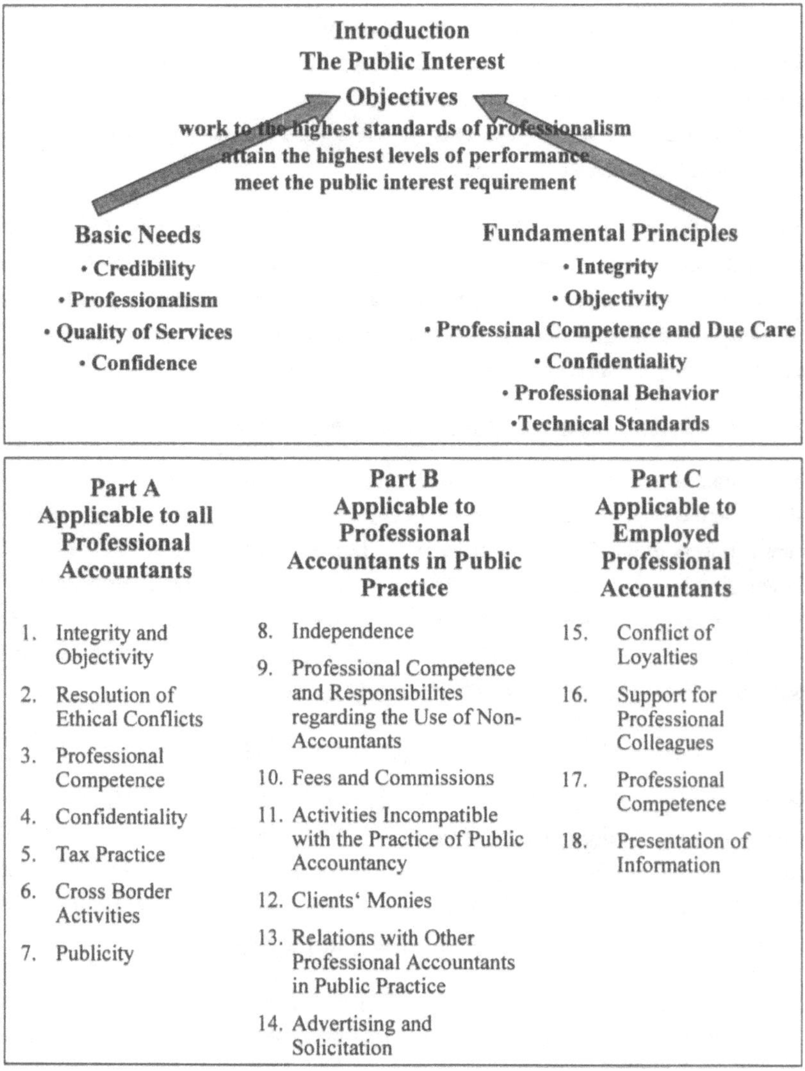

Abbildung 5: *Der IFAC Code of Ethics*[461]

Nach einer Einführung und einem Hinweis auf das besondere öffentliche Interesse, dem die Tätigkeit des Accountant unterliegt, geht der IFAC Code of Ethics auf die obersten Ziele des Berufsstands ein. Diese Ziele, ein Arbeiten mit höchstmöglicher Professionalität und auf

[460] IFAC (2004c), S. 20.
[461] Quelle: In Anlehnung an IFAC (2004c), S. 13f.; Marten/Quick/Ruhnke (2003), S. 118.

höchstmöglichem Leistungsniveau sowie die Erfüllung der Anforderungen des öffentlichen Interesses, können nur erreicht werden, wenn der Berufsstand die vier grundlegenden Erfordernisse (Basic Needs) in sich vereint: Credibility (Glaubwürdigkeit), Professionalism (professionelles Handeln), Quality of Services (hohe Qualität der Dienstleistungen) sowie Confidence (Vertrauen der Öffentlichkeit in die Arbeit des Berufsangehörigen).[462] Einen Überblick über die vom Accountant zu erfüllenden elementaren Grundsätze und die Regelungen, die für alle Accountants gelten (Teil A) sowie solche für in freiberuflicher Praxis (Teil B)[463] und für nicht in freiberuflicher Praxis (Teil C)[464] tätige Accountants gibt die vorangegangene Abbildung.

Obwohl die Unabhängigkeit somit explizit nur für solche Accountants vorgeschrieben ist, die Assurance Engagements[465] durchführen, wird über das in Section 1 kodifizierte Gebot der Objektivität auf diese Vorschrift indirekt Bezug genommen, denn jeder Accountant soll Beeinträchtigungen seiner Objektivität, die sein Urteilsvermögen beeinflussen könnten, vermeiden.[466]

3.2.4 Die Regelungen zur Unabhängigkeit im IFAC Code of Ethics

Am 12.6.2000 wurde ein erster Entwurf einer Änderung des die Unabhängigkeit betreffenden Abschnitts (Section 8) des Code of Ethics zur Diskussion vorgelegt.[467] Mit diesem methodisch neu entwickelten Ansatz, dem sog. Risks and Safeguards-Approach, wurde ein Conceptual Framework zur Sicherung der Unabhängigkeit eines Accountant[468] vorgestellt. Der Entwurf gliedert sich in zwei Teile: Im ersten Teil werden allgemeine Grundsätze zur Unabhängigkeit eines Accountant sowie ein Maßnahmenkatalog zur Sicherung der Unabhängigkeit dargelegt, während im zweiten Teil beispielhaft Einzeltatbestände aufgeführt werden, die die Unabhängigkeit des Accountant verletzen können.[469] Der Entwurf unterscheidet zwischen Independence of Mind, d.h. der inneren Einstellung des Accountant, und Independence in Appearance, d.h. der nach außen dargestellten Unabhängigkeit.[470] Der Accountant soll mit Hilfe dieses Ansatzes in der Lage sein festzustellen, ob

- die seine Unabhängigkeit beeinträchtigenden Faktoren (Risks) unwesentlich sind,

---

462 Vgl. IFAC (2004c), S. 22-24. Vgl. auch Marten/Quick/Ruhnke (2003), S. 116-119.

463 Dies umfasst die Partner einer Prüfungsgesellschaft bzw. Personen in ähnlichen Funktionen, deren Angestellte, die mandantenbezogene, fachliche Dienstleistungen erbringen und Accountants, die in einer Praxis eine Geschäftsführerfunktion innehaben. Vgl. IFAC (2004c), S. 24.

464 Dies umfasst alle Accountants, die den Beruf als Prüfer nicht ausüben, weil sie in der Industrie, im Handel, im öffentlichen Dienst oder in der Ausbildung tätig sind. Vgl. IFAC (2004c), S. 25.

465 Assurance Engagements sind Prüfungsdienstleistungen, insb. die Jahresabschlussprüfung (Audit) und die prüferische Durchsicht (Review). Vgl. IFAC (2004c), S. 172f. (ISA 120.4f); Marten/ Quick/Ruhnke (2003), S. 99f.

466 Vgl. Marten/Quick/Ruhnke (2003), S. 119f.

467 Vgl. IFAC (2000a).

468 Zum Begriff des Accountant vgl. Kapitel II.3.2.2 dieser Arbeit.

469 Vgl. IFAC (2000a), Tz. 8.100.

470 Vgl. IFAC (2000a), Tz. 8.2. Zur Definition der Begriffe vgl. Kapitel I.3.1 dieser Arbeit.

- den seine Unabhängigkeit beeinträchtigenden Faktoren geeignete Maßnahmen (Safeguards) gegenübergestellt werden können, um die Unabhängigkeit zu gewährleisten und/oder ob
- die einzige geeignete Maßnahme zur Sicherung der Unabhängigkeit die Ablehnung bzw. Niederlegung des Mandats ist.[471]

Dieser Entwurf wurde intensiv diskutiert und im April 2001 erneut zur Diskussion gestellt.[472] Der Conceptual Approach wurde von vielen Kommentatoren begrüßt[473] und daher beibehalten, jedoch im zweiten Entwurf in Threats and Safeguards-Approach umbenannt. Eine weitere wesentliche Änderung bestand in der Ausweitung des Personenkreises, welcher die Unabhängigkeit des Accountant möglicherweise beeinträchtigen kann. Dazu zählen nicht mehr nur die Immediate Family und die Close Family[474] wie im ersten Entwurf, sondern auch Angestellte der Prüfungsgesellschaft, die nicht Mitglied des Assurance Team sind, und die Prüfungsgesellschaft selbst.[475] Im November 2001 wurden die neuen Regelungen zur Unabhängigkeit des Accountant verabschiedet und zwei Monate später veröffentlicht.[476]

In Bezug auf die die Unabhängigkeit beeinträchtigenden Faktoren (Threats) wird zwischen Self-Interest Threat, Self-Review Threat, Advocacy Threat, Familiarity Threat und Intimidation Threat unterschieden.[477] Die Maßnahmen (Safeguards), die zur Sicherung der Unabhängigkeit ergriffen werden können umfassen

1. Berufsständische Maßnahmen, wie z.B. Aus- und Weiterbildung der Berufsangehörigen und deren Gehilfen oder die externe Kontrolle des internen Qualitätssicherungssystems des Accountant.
2. Maßnahmen des Assurance Client, wie z.B. die Beauftragung des Abschlussprüfers durch andere Personen als die Unternehmensleitung, die Einstellung einer ausreichenden Anzahl von Fachkräften im Bereich Finanzen/Rechnungswesen, damit der Accountant nicht die Möglichkeit hat, unternehmerische Entscheidungen für die Unternehmensleitung zu treffen oder eine ausreichende Corporate Governance-Struktur.
3. Maßnahmen in der eigenen Praxis, wie z.B. Maßnahmen zur internen Qualitätssicherung, ausreichende Kommunikation der Unabhängigkeitserfordernisse, interne Nachschau durch einen nicht an der Durchführung der Prüfung beteiligten Accountant, interne Rotation,

---

471 Vgl. IFAC (2000a), Tz. 8.7; Mertin/Schmidt (2001), S. 323.

472 Vgl. IFAC (2001b), Preface.

473 Vgl. z.B. WPK (2000), S. 3: „WPK welcomes the new approach since it provides more guidance for professionals seeking solutions in a particular situation."

474 Unter Immediate Family versteht die IFAC Ehegatten oder Lebensgefährten und Abhängige. Close Family umfasst Eltern, nicht abhängige Kinder und Geschwister. Vgl. IFAC (2001c), S. iiif.

475 Vgl. IFAC (2001b), Preface.

476 Vgl. IFAC (2001c).

477 Vgl. IFAC (2001c), Tz. 8.28-8.33; Mertin/Schmidt (2001), S. 323; diese beschreiben indes den ersten Entwurf der IFAC. Die IFAC und die EU verwenden hier die gleichen Begriffe.

Dokumentation festgestellter Risiken, die als unwesentlich bewertet wurden oder Ablehnung/Niederlegung des Mandats.[478]

Für Zwecke der Beurteilung der Unabhängigkeit unterscheidet die IFAC zwischen drei Arten von Assurance Engagements:[479] Audit Engagements, Non-Audit Engagements, bei denen die Verwendung des erstellten Berichts nicht eingeschränkt ist, und Non-Audit Engagements, bei denen die Verwendung des erstellten Berichts auf bestimmte Adressaten beschränkt ist.[480] Im Fall von Audit Clients gilt – unabhängig von der Art des durchgeführten Auftrags – immer, dass die Mitglieder des Assurance Team, die Prüfungsgesellschaft selbst und ihr Firmenverbund von diesem Audit Client unabhängig sein müssen. Die Vorschriften für Dienstleistungen außerhalb der Abschlussprüfung sind in der folgenden Tabelle zusammengefasst:

Die Unabhängigkeit muss gegeben sein für	Non Audit keine eingeschränkte Verwendung		Non Audit eingeschränkte Verwendung	
Assurance Team	✓	✓	✓	Verbot wesentlicher direkter Anteile am Mandanten
Prüfungsgesellschaft	✓	✓	✓	
Firmenverbund der PG	✓	-	✓	-

Tabelle 12: Anforderungen zur Unabhängigkeit bei Assurance Engagements[481]

Aus dieser Tabelle wird die sinnvolle Differenzierung in Tätigkeiten, die für Audit Clients erbracht werden, und in solche, die für Assurance Clients erbracht werden, ersichtlich.

4 USA

4.1 Die Entwicklung der Abschlussprüfung in den USA

4.1.1 Von den Anfängen der Abschlussprüfung zur Gründung der SEC

In den USA wurde die Abschlussprüfung hauptsächlich durch das im Jahr 1887 gegründete American Institute of Certified Public Accountants (AICPA) geprägt.[482] Bedingt durch den Zusammenbruch der US-amerikanischen Börsen im Jahr 1929, der auch auf mangelhafte Bi-

478 Vgl. IFAC (2001c), Tz. 8.36-8.42; Mertin/Schmidt (2001), S. 323; diese beschreiben indes den ersten Entwurf der IFAC.

479 Der Mandant, bei dem ein Assurance Engagement durchgeführt wird, wird als Assurance Client bezeichnet. Handelt es sich um ein Audit Engagement, wird der Mandant als Audit Client bezeichnet. Wird bei einem Audit Client ein Assurance Engagement durchgeführt, gelten trotzdem weiterhin die Bezeichnung Audit Client und die für Audit Clients geltenden Regelungen.

480 Vgl. IFAC (2001c), Tz. 8.13-8.19.

481 Quelle: In Anlehnung an IFAC (2001c), Tz. 8.16. Hier wurde auf die Darstellung der Vorschriften für Abschlussprüfungen (Audit) verzichtet, da für diese immer die vollständige Unabhängigkeit aller Beteiligten gilt.

482 Das AICPA wurde im Jahr 1887 unter dem Namen American Association of Public Accountants gegründet, um durch den Zusammenschluss aller Certified Public Accountants (CPA) einen hohen einheitlichen Standard der Berufsausübung gewährleisten zu können. Seinen heutigen Namen erhielt es im Jahr 1957. Vgl. Baetge/Sell (1999), S. 517f.; Haller/Raffournier/Walton (2000), S. 155 zu einem Überblick über die historische Entwicklung.

lanzierungs- und Offenlegungspflichten der börsennotierten Unternehmen zurückgeführt wurde,[483] gründete das AICPA in Zusammenarbeit mit der New York Stock Exchange (NY-SE) ein Komitee, das Maßnahmen entwickeln sollte, um diesen Missstand zu beheben. Bis dato existierten Vorschriften zur Unternehmenspublizität lediglich auf Bundesstaatenebene, die sog. Blue Sky Laws, die die Kontrolle und Sicherung des Wertpapierhandels innerhalb der Einzelstaaten durch Registrierungs-, Prüfungs- und Offenlegungspflichten sicherstellen sollten.[484] Diese Entwicklung mündete in die Verabschiedung des Securities Act (SA) im Jahr 1933 und des Securities Exchange Act (SEA) im darauf folgenden Jahr. Der SA regelt die Voraussetzungen für die erstmalige Registrierung und Notierung eines Wertpapiers. Mit dem SEA wird der faire Handel mit Wertpapieren geregelt.[485] Ziel war, „betrügerisches und manipulatives Verhalten auf dem Kapitalmarkt zu verhindern, um die Position der aktuellen und potentiellen Marktteilnehmer im Sinne des Anleger- und Funktionenschutzgedankens zur stärken“[486], d.h. das Vertrauen der Investoren in das Funktionieren der Kapitalmärkte zu erhöhen und die Funktionsfähigkeit des Kapitalmarkts wiederherzustellen. Zur Gewährleistung der Einhaltung dieser Gesetze gründete der US-amerikanische Kongress 1934 die ihm direkt unterstellte Securities and Exchange Commission (SEC) als unabhängige Börsenaufsichtsbehörde.[487]

4.1.2 Der Sarbanes-Oxley Act of 2002

Als Reaktion auf diverse Bilanzskandale, insb. um das US-amerikanische Unternehmen Enron, wurde der Sarbanes-Oxley Act of 2002[488] (SOA) verabschiedet und trat am 30.7.2002 in Kraft. Ziel dieser Gesetzesinitiative war, die Ursachen von Bilanzskandalen durch Eingriffe in die Selbstregulierung der Prüfer und die Corporate Governance der Unternehmen, die an der NYSE notiert sind, zu bekämpfen.[489] Der Geltungsbereich des SOA umfasst alle Issuer[490], die den Bestimmungen des SA bzw. des SEA unterliegen, sowie deren Abschlussprüfer. Damit unterliegen auch deutsche Wirtschaftsprüfungsgesellschaften, die Issuer prüfen, den Anforde-

483 Die NYSE verlangte zwar bereits seit 1919 von den Corporations, die bei ihr börsennotiert waren, die Vorlage von Konzernabschlüssen bzw. verschiedener Einzelabschlüsse, jedoch existierten keine bundesweit einheitlichen Vorschriften für die Erstellung von Einzel- und Konzernabschlüssen. Vgl. Born (1999), S. 251; Eisolt (1992), S. 12; Haller/Raffournier/Walton (2000), S. 156.

484 Vgl. bspw. Böckem (2000), S. 103.

485 Vgl. KPMG (2003), S. 4f.

486 Pellens/Fülbier/Gassen (2004), S. 801; vgl. auch den Hinweis von Pellens/Fülbier/Gassen auf die Präambel des SA, die auf die Relevanz des Anlegerschutzes durch Unternehmenspublizität hinweist: „to provide full and fair disclosure of the characters of securities sold in interstate and foreign commerce and through the mails“. SA, 15 U.S. Code, Sections 77a-77aa, Präambel.

487 Vgl. Tielmann (2001c), S. 187f.

488 Vgl. Sarbanes-Oxley Act of 2002. Einen kurzen Überblick über die Regelungen geben Miller/Pashkoff (2002), S. 33-36.

489 Der US-amerikanische Präsident bezeichnete dieses Gesetz als die weitreichendste Reform der amerikanischen Wirtschaftspraxis seit Verabschiedung des SA und des SEA in den dreißiger Jahren des letzten Jahrhunderts. Vgl. Lanfermann/Maul (2002), S. 1725; Lenz (2002), S. 2270; Kamann/Simpkins (2003), S. 184.

490 Ein Issuer ist definiert als ein Wertpapieremittent, dessen Wertpapiere nach Sec. 12 SEA 1934 registriert sind, oder der die Zulassung von Wertpapieren bei der SEC beantragt hat und folglich verpflichtet ist, Berichte bei der SEC einzureichen. Dies umfasst auch die sog. Foreign Private Issuers, d.h. ausländische Unternehmen, deren Wertpapiere an der NYSE bzw. der NASDAQ gehandelt werden. Vgl. SOA Sec. 2 (7); Lenz (2002), S. 2270 m.w.N.

rungen des SOA.[491] Der SOA zielt primär auf das amerikanische Prüfungswesen und die dortige Berufsaufsicht ab. Gleichwohl werden auch für andere Gruppen, z.B. Vorstandsmitglieder, das Audit Committee, Finanzanalysten, Investmentbanken und Rating-Agenturen, z.T. strengere Vorschriften erlassen, um die Wirtschaftskriminalität zu bekämpfen und das Vertrauen der Investoren in Rechnungslegung und Unternehmensüberwachung wieder herzustellen.[492]

Wesentliche Neuregelungen des SOA in Bezug auf Abschlussprüfung umfassen:

1. Die Einrichtung einer weiteren Berufsaufsicht neben der SEC über die Abschlussprüfer durch das sog. Public Company Accounting Oversight Board (PCAOB): Das (privatrechtliche organisierte) PCAOB ist direkt der SEC unterstellt und wird von dieser überwacht.
2. Verschärfte Vorschriften zur Unabhängigkeit des Abschlussprüfers: Der SOA schließt die Erbringung der folgenden neun Nichtprüfungsleistungen durch den Abschlussprüfer aus: Buchführungstätigkeiten, Entwicklung und Implementierung von Finanzinformationssystemen, Bewertungsgutachten, versicherungsmathematische Gutachten, interne Revision, Personalberatung, Tätigkeiten als Broker/Dealer und Investmentberater sowie Rechtsberatung und andere Expertenleistungen, die nicht mit der Prüfung in Verbindung stehen. Daneben ist eine interne Rotation des Partners mit der Hauptverantwortung für diesen Audit Client und des für die interne Nachschau verantwortlichen Partners nach fünf Jahren verpflichtend. Schließlich wird der Wechsel von Mitarbeitern der Prüfungsgesellschaft in eine leitende Position bei einem Audit Client durch die Einführung einer Cooling-off-Periode von einem Jahr geregelt. Zudem hat der Abschlussprüfer gegenüber dem Audit Committee über kritische Bilanzierungs- und Bewertungsmethoden, die Ausübung von Wahlrechten und den sonstigen Schriftwechsel zwischen dem Audit Client und dem Abschlussprüfer zu berichten.[493]

4.2 Das American Institute of Certified Public Accountants (AICPA)

Die wichtigsten Organe des AICPA sind der Governing Council, der Board of Directors und der Joint Trial Board. Der Governing Council kann die Facharbeit an seine zahlreichen Boards und Committees delegieren. Hervorzuheben ist hier das Auditing Standards Board, das für die Herausgabe der Prüfungsstandards (Statements on Au-diting Standards – SAS) verantwortlich ist. Weitere wesentliche Boards sind das Accounting and Review Services Committee (ARSC) und das Management Consulting Services Executive Committee (MCSEC).[494]

---

491 Vgl. FEE (2002), S. 2f.; IDW/WPK (2002), S. 295; Merkt (2003), S. 130, jedoch nur zur Problematik des gelisteten Unternehmens; WPK (2002b), S. 291f.

492 Vgl. Bertschinger/Schaad (2002), S. 883; Lenz (2002), S. 2271; Kamann/Simpkins (2003), S. 184-187.

493 Vgl. Emmerich/Schaum (2003), S. 684f.; IDW (2002b), S. 455; Lenz (2002), S. 2274f.

494 Vgl. Baetge/Sell (1999), S. 518; Kubin (2002), Sp. 45-47; Siefke (2000), Tz. 7-12.

Seine Hauptaufgabe sieht das AICPA in der Unterstützung seiner Members[495] durch Informationen und praktische Hilfsmittel, damit diese ihren Beruf auf einem hohen professionellen Niveau ausüben können. Ein besonderer Schwerpunkt wird dabei auf die Entwicklung von Prüfungsstandards, die Aus- und Weiterbildung der Member und die Überwachung der Anwendung der entwickelten Standards gelegt.[496] Die Berufsgrundsätze des AICPA sind im AICPA Code of Professional Conduct geregelt. Dieser umfasst zwei Teile, die Principles und die Rules. Erstere stellen ein Rahmenkonzept dar, während letztere die Durchführung von Dienstleistungen durch die Member des AICPA regeln.[497] Der AICPA Code of Professional Conduct umfasst – neben einer Einführung und einem Anhang – sieben Kapitel (Sections), die in weitere Kapitel untergliedert sind. Section 50 ist das Rahmenkonzept. Die Unabhängigkeit der Member wird zunächst allgemein in den Principles erläutert und anschließend in den Rules detaillierter ausgeführt. Die Vorschriften gelten für alle Member des AICPA, die prüfend tätig sind. Artikel IV der Section 55 des AICPA Code of Professional Conduct schreibt vor, dass „a member should maintain objectivity and be free of conflicts of interest in discharging professional responsibilities. A member in public practice should be independent in fact and appearance when providing auditing and other attestation services"[498]. Dieser allgemeine Grundsatz wird durch die Rules 101, 102 und 191 näher erläutert, die den finanziellen Anteilsbesitz und sonstige Beziehungen, wie bspw. Organstellung oder andere Angestelltenverhältnisse, zum Audit Client regeln.[499] Mit Einrichtung des PCAOB ist das AICPA allerdings nicht mehr befugt, Prüfungs- und Ethikgrundsätze für SEC-registrierte Unternehmen zu verabschieden. Die bisher verabschiedeten Standards behalten indes vorerst ihre Gültigkeit.[500]

4.3 Die Securities and Exchange Commission (SEC)

4.3.1 Aufbau und Aufgaben der SEC

Mit Verabschiedung des SA 1933 und des SEA 1934 wurde die Gründung einer bis dahin nicht existierenden Bundesbehörde erforderlich, die die eingeführten Kontroll- und Eingriffsbefugnisse einer staatlichen Börsenaufsicht ausüben sollte. Daher wurde 1934 die Securities and Exchange Commission (SEC) gegründet und mit weitreichenden, gewaltenübergreifenden Auslegungs- und Durchsetzungsbefugnissen ausgestattet.[501] Sie ist bspw. berechtigt, allen Unternehmen, die an einer unter ihrer Aufsicht stehenden Börse notiert sind, die Rechnungslegungs- und Prüfungsvorschriften für deren (Konzern-)Jahres- und Quartalsabschlüsse vor-

---

[495] Member des AICPA können sowohl In Public Practice tätig sein und bspw. Abschlussprüfungen durchführen, als auch sonstige Dienstleistungen, wie bspw. Übernahme der Internen Revision, erbringen. Vgl. AICPA (2003a), § 55.

[496] Vgl. AICPA (1995). Zu Aufgaben und Funktionen des AICPA vgl. auch Kubin (2002), Sp. 43f.

[497] Vgl. AICPA (2003a), Abschn. Introduction – Composition, Applicability, and Compliance.

[498] AICPA (2003a), § 55. Vgl. auch Carey/Doherty (1966), S. 19-21.

[499] Vgl. AICPA (2001).

[500] Vgl. PCAOB (2004b), Rule 3200T-3600T (S. 38-40).

[501] Zu den Durchsetzungsbefugnissen der SEC vgl. Böckem (2000), S. 103-108; Kiefer (2003), S. 62-99; Tielmann (2001c), S. 187-199; Wüstemann (2002), S. 721-723.

zuschreiben.[502] Sie ist als Bundesbehörde lediglich dem amerikanischem Kongress unterstellt und nur diesem rechenschaftspflichtig.

Die SEC wird von fünf Commissioners (darunter der Chairman der SEC) geleitet, die vom amerikanischen Präsidenten mit Zustimmung des Senats für fünf Jahre ernannt werden. Der Präsident hat keine direkte Weisungsbefugnis gegenüber den Commissioners und kann diese auch nicht absetzen. Die Tätigkeit der SEC wird vom Kongress überwacht. Gleichwohl kann die SEC unabhängig von anderen staatlichen Stellen Maßnahmen einführen und Entscheidungen treffen.[503]

Zur Bewältigung ihrer Aufgaben ist die SEC in verschiedene Hauptgeschäftsbereiche (sog. Divisions) und diese unterstützende Stabsabteilungen (sog. Offices) unterteilt. Besondere Bedeutung kommt dabei folgenden Divisions und Offices zu:

- Division of Corporation Finance: zuständig für die Überwachung der Einhaltung der Publizitätsanforderungen sowie die Analyse der eingereichten Unterlagen.
- Division of Enforcement: zuständig für die Untersuchung möglicher Verstöße von Unternehmen gegen die Kapitalmarktvorschriften.
- Office of the Chief Accountant: zuständig für die Beratung in Fragen der Rechnungslegung.[504]

Grundsätzlich obliegen der SEC sowohl exekutive als auch legislative und judikative Aufgaben. Sie ist zuständig für die Durchsetzung der Kapitalmarktgesetze, insb. des SA und des SEA sowie den hierzu erlassenen SEC-Rules. Des Weiteren obliegt der SEC die Aufsicht über alle Marktteilnehmer, d.h. Börsen, Börsenmakler, Issuer sowie deren Abschlussprüfer.[505] Ihre Rule-Making-Power hat die SEC im Bereich der Rechnungslegung zwar an das Financial Accounting Standards Board (FASB) und im Bereich der Prüfungsstandards an das AICPA übertragen, sich aber gleichwohl das Recht vorbehalten, eigene Normen aufzustellen, wenn sie mit den Ergebnissen des FASB bzw. des AICPA nicht einverstanden ist.[506] Durch den SOA wurde das Recht, Prüfungsstandards zu entwickeln, vom AICPA auf das PCAOB übertragen; die bereits existierenden Standards des AICPA behalten aber weiterhin Gültigkeit.[507] Somit kommt sowohl den vom FASB, AICPA oder PCAOB als auch den von der SEC erlassenen Verlautbarungen und Stellungnahmen ein quasi-gesetzlicher Charakter zu.[508] Daneben

---

502 Vgl. Pellens/Fülbier/Gassen (2004), S. 56-58.

503 Vgl. z.B. Haller/Raffournier/Walton (2000), S. 156.

504 Vgl. Böckem (2000), S. 107f.; Kiefer (2003), S. 31-34; Tielmann (2001c), S. 192f. Einen Überblick über sämtliche Divisions und Offices gibt die Homepage der SEC unter http://www.sec.gov/about.whatwedo.shtml.

505 Vgl. Pellens/Fülbier/Gassen (2004), S. 57f.; die Überwachung der Marktteilnehmer wird durch die Division of Market Regulation durchgeführt. Vgl. Merkt (2002), Sp. 2185.

506 Vgl. Siefke (2000), Tz.14. Die SEC nimmt ihr Eingriffsrecht insb. durch Erfordernisse i.R.d. Börsenzulassung und -notierung war.

507 Vgl. PCAOB (2003a), S. 4-11. Vgl. auch Emmerich/Schaum (2003), S. 682.

508 Vgl. Haller (1993), S. 35f., der die wichtigsten Verlautbarungen und Stellungnahmen der SEC aufzählt. Dies sind: Regulation S-X, Regulation S-K, Forms, Accounting Series Releases, Financial Reporting Releases, Accounting and Auditing Enforcement Releases sowie Staff Accounting Bulletins.

hat die SEC die Möglichkeit, geeignete Sanktionsmaßnahmen zu ergreifen, um die Einhaltung der Registrierungs-, Berichts- oder sonstiger Pflichten zu erzwingen. Daraus wird ersichtlich, dass die SEC aufgrund ihrer Funktion als Wächter über den Zugang sowohl US-amerikanischer als auch ausländischer Unternehmen auf den US-amerikanischen Kapitalmarkt ein beträchtliches Machtpotenzial zukommt.[509]

4.3.2 Die Vorschriften zur Unabhängigkeit in Regulation S-X

Die bereits 1940 erlassene und seitdem kontinuierlich überarbeitete Regulation S-X regelt grundlegend Form, Inhalt und Gestaltung sowie Prüfung und Offenlegung von bei der SEC eingereichten (Konzern-)Jahres- und Quartalsabschlüssen. Zudem legt sie in 17 CFR § 210.2-01 Qualifications of Accountants Anforderungen an die Qualifikation und die Unabhängigkeit der Accountants fest. Ein Accountant wird definiert als „a certified public accountant or public accountant performing services in connection with an engagement for which independence is required"[510]. Der Begriff umfasst auch Prüfungsgesellschaften, mit denen der Abschlussprüfer gesellschaftsrechtlich oder über einen gemeinsamen Namen verbunden ist.

Im November 2000 veröffentlichte die SEC nach umfangreichen Beratungen[511] neue Vorschriften zur Unabhängigkeit der Accountants. Diese Vorschriften folgen keinem auf Prinzipien basierenden Ansatz (Principle Approach), sondern basieren, dem angloamerikanischen Case Law folgend, auf Einzelvorschriften (Rule Approach). Wesentliche Änderungen betrafen insb. die Vereinbarkeit von (Pflicht-)Prüfungsleistungen mit den Nichtprüfungsleistungen. Die Verabschiedung des SOA machte eine Einarbeitung dieser Regelungen bis Ende Januar 2003 in 17 CFR § 210.2-01 durch die SEC und damit eine Änderung der erst zwei Jahre alten Regelungen erforderlich.[512] Diese Durchführungsregeln entsprechen im Wesentlichen den bereits bestehenden Regelungen der SEC in Bezug auf die Unabhängigkeit. Neu hinzugefügt wurde die Genehmigungspflicht von Nichtprüfungsleistungen durch das Audit Committee des Audit Client. Zudem wurden die Vorschriften zu unzulässigen Nichtprüfungsleistungen präzisiert, eine interne Partnerrotation eingeführt und die Bestimmungen zum Wechsel eines Mitglieds der Prüfungsgesellschaft zu einem Audit Client verschärft.[513]

Die SEC fordert grundsätzlich die Unabhängigkeit vom Audit Client, d.h. „the entity whose financial statements or other information is being audited, reviewed, or attested"[514] und von dessen verbundenen Unternehmen, d.h. Unternehmen, die den Audit Client kontrollieren oder von diesem kontrolliert werden, einschließlich des Mutter- sowie der Tochterunternehmen des

---

509 Vgl. Böckem (2000), S. 105; Haller/Raffournier/Walton (2000), S. 157f.; Tielmann (2001c), S. 190.

510 17 CFR § 210.1-02(f)(1).

511 Zur Kritik der SEC an den bestehenden Unabhängigkeitsregelungen vor Verabschiedung der neuen Regelungen vgl. Turner/Godwin (1999), S. 284.

512 Zu den Ausführungsregelungen der SEC zum SOA vgl. Lanfermann/Maul (2003a), S. 349-355 mit einem zeitlichen Überblick. Vgl. auch Donald (2003), S. 706.

513 Vgl. SEC (2003a), Abschn. A.I. Vgl. auch Albrecht (2003), S. 365-368: Lanfermann/Maul (2003a), S. 354f.; Kersting (2003), S. 234-237 und S. 241f.

514 17 CFR § 210.2-01(f)(6).

Audit Client.[515] Daneben bestehen Regelungen, die nur in Bezug auf den jeweiligen Issuer gelten, auch wenn dieses kein Audit Client ist. Nach diesen Vorschriften ist ein Accountant im Bezug auf den Audit Client abhängig, „if the accountant is not, or a reasonable investor with knowledge of all relevant facts and circumstances would conclude that the accountant is not, capable of exercising objective and impartial judgment on all issues encompassed within the accountant's engagement“[516]. Bei der Auslegung dieser Vorschrift prüft die SEC in erster Linie,

- ob eine Verbindung oder das Erbringen einer Dienstleistung ein gemeinsames oder gegensätzliches Interesse zwischen dem Accountant und dem Audit Client hervorruft,
- ob der Accountant seine eigene Arbeit prüft,
- ob der Accountant für den Audit Client unternehmerisch tätig wird oder
- ob der Accountant für den Audit Client als Parteivertreter tätig wird.[517]

Auf diese Definition folgt eine nicht abschließende Aufzählung von Umständen, die eine Abhängigkeit des Accountant vermuten lassen. Dies sind Financial Relationships, Employment Relationships, Business Relationships, Non-Audit Services sowie Contingent Fees.[518] Schließlich legt die SEC noch Qualitätssicherungsmaßnahmen fest, die eine Prüfungsgesellschaft, die solche Maßnahmen implementiert hat, von den Verstößen gegen die Unabhängigkeit durch einzelne Mitarbeiter exkulpiert.[519] Zuletzt werden Übergangsvorschriften festgelegt und einzelne Begriffe definiert.[520]

4.4 Das Public Company Accounting Oversight Board (PCAOB)

Das PCAOB wurde 2002 als Überwachungsstelle für die Abschlussprüfer auf Grundlage des SOA eingerichtet „to oversee the auditors of public companies in order to protect the interests of investors and further the public interest in the preparation of informative, fair, and independent audit reports“[521]. Das PCAOB steht unter der Aufsicht der SEC und ist verantwortlich für die Registrierung, Kontrolle und Untersuchung von Prüfungsgesellschaften, die als Abschlussprüfer SEC-registrierter Unternehmen tätig sind, sowie für die Ahndung von Rechtsverstößen durch diese. Prüfungsgesellschaften, die sich nicht beim PCAOB registrieren, dürfen nicht mehr als Abschlussprüfer SEC-registrierter Unternehmen tätig werden. Folg-

515 Wenn in den Regelungen der SEC auf den Audit Client Bezug genommen wird, sind damit auch immer die verbundenen Unternehmen des Audit Client eingeschlossen.

516 17 CFR § 210.2-01(b).

517 Vgl. 17 CFR § 210.2-01, Preliminary Note; da diese Prinzipien vom Berufsstand heftig kritisiert wurden, da sie für vage und zu weitgehend gehalten wurden, hat die SEC, einem Kompromissvorschlag folgend, diese nicht in die eigentlichen Vorschriften, sondern in die Preliminary Note integriert; vgl. Lenz (2001), S. 300.

518 Vgl. 17 CFR § 210.2-01(c).

519 Vgl. 17 CFR § 210.2-01(d).

520 Vgl. 17 CFR § 210.2-01(e)-(f).

521 PCAOB (2004a), S. 2. Vgl. auch Sec. 101 SOA.

lich müssen nicht nur US-amerikanische, sondern alle Prüfungsgesellschaften, deren Mandanten bei der SEC registriert sind, die Regelungen des PCAOB beachten.[522]

Daneben ist das PCAOB berechtigt, neue Prüfungs- und Ethikstandards für registrierte Prüfungsgesellschaften zu erlassen. Dies umfasst auch die Regelungen zur Unabhängigkeit des Abschlussprüfers. Die SEC hat einen Genehmigungsvorbehalt für die vom PCAOB erlassenen Standards.[523]

4.5 Das Independence Standards Board (ISB)

Das Independence Standards Board wurde im Mai 1997 gegründet, „to provide leadership not only in improving current auditor independence requirements, but also in establishing and maintaining a body of independence standards applicable to the auditors of all Commission registrants“[524]. Die SEC plante, mit dem ISB zur Entwicklung von Standards zur Unabhängigkeit des Abschlussprüfers einen ähnlichen Weg zu gehen wie mit dem FASB zur Entwicklung von Rechnungslegungsstandards. Hauptaufgabe des ISB war die Entwicklung eines Conceptual Framework, um die bis dato vereinzelten Standards der SEC in ein einheitliches Regelwerk zu überführen.[525] Mit der Verabschiedung der neuen Regelungen zur Unabhängigkeit durch die SEC im November 2000 erschien das ISB für die weitere Entwicklung von Unabhängigkeitsstandards als nicht länger notwendig und wurde daher im Juli 2001 aufgelöst.[526] Hauptgrund für die Auflösung war wohl die mangelnde Akzeptanz der Öffentlichkeit.[527] Die bis dato verabschiedeten Standards und Interpretations bleiben weiterhin in Kraft und gelten für Abschlussprüfungen SEC-registrierter Gesellschaften.[528] Seine Hauptaufgabe, die Entwicklung eines Conceptual Framework, konnte das ISB nicht mehr erfüllen, da es vorher aufgelöst wurde. Gleichwohl liegt ein Staff Report vor, der auf dem bereits veröffentlichten Entwurf basiert und die eingegangenen Kommentare zum Exposure Draft berücksichtigt. Mit seiner Definition des Begriffs „Auditor Independence“ in dem Staff Report lehnt sich das ISB an die international vorherrschenden Begriffe der Independence of Mind und Independence in Appearance an.[529] Im Anschluss daran wird das Ziel der Unabhängigkeit des Abschlussprüfers, „to support reliance on the financial reporting process by investors and other users and to ficilitate the optimal allocation of capital“[530] festgelegt, bevor im dritten Teil auf das mit dem

---

522 Vgl. PCAOB (2004b), Rule 4000-4002 (S. 43). Vgl. auch Emmerich/Schaum (2003), S. 678f.

523 Vgl. Sec. 101 SOA.

524 SEC (1998), Abschn. II.

525 Vgl. Jenkins (1999), S. 32; ISB (2001c), S. 2: „One of its objectives was to: Develop a conceptual framework for independence applicable to audits of public companies which will serve as the foundation for the development of principles-based independence standards.“ Vgl. auch Lenz (1999), S. 544.

526 Vgl. ISB (2001a).

527 Vgl. Glazer/Jaenicke (2002), S. 335-337.

528 Vgl. ISB (2001b); PCAOB (2004b), S. 40 (Rule 3600T). Vgl. zu den Standards ISB (2001d) und zu den Interpretations ISB (2001e).

529 Vgl. ISB (2001c), S. 4 und S. 7-9; McGrath et al. (2001), S. 41f. Zum Begriff der Independence in Fact und der Independence in Appearance vgl. Kapitel I.3.1 dieser Arbeit.

530 ISB (2001c), S. 10.

Conceptual Framework entwickelten Risk Model for Auditor Independence[531], das weitestgehend dem Threats and Safeguards-Approach der IFAC entspricht, eingegangen wird.[532]

Die Entwicklung eines Conceptual Framework bedeutete die Abkehr von einem Rule-Based zu einem Principle-Based Approach und war m.E. zu begrüßen. Der Aussage von Turner, damaliger Chief Accountant der SEC, die Verabschiedung eines Conceptual Framework führe zu einem „the ‚fox guarding the henhouse' approach because the accounting firm becomes the sole and final arbiter of whether the accounting firm's independence has been impaired"[533] kann nicht gefolgt werden. Es ist zu bedauern, dass die viel versprechende Arbeit des ISB nicht fortgeführt wurde.

4.6 Ausstrahlungswirkung der amerikanischen Regelungen auf den deutschen Abschlussprüfer

Die SEC hat u.a. das Recht, in die inhaltliche Gestaltung der Prüfungsstandards durch Erlasse einzugreifen. Dieses Recht nimmt sie insb. im Rahmen der Erfordernisse für die Börsenzulassung wahr.[534] Im Gegensatz zu den Regelungen der IFAC sind die des PCAOB und der SEC keine internationalen Prüfungsnormen und entfalten somit keine unmittelbare Bindungswirkung für den deutschen Berufsstand. Auch muss ein deutscher Abschlussprüfer nicht sicherstellen, dass sein berufliches Verhalten den Vorgaben der amerikanischen Prüfungsstandards (United States Generally Accepted Auditing Standards – US-GAAS) entspricht. Die US-GAAS sind jedoch dann auch von deutschen Berufsangehörigen zu beachten, wenn diese ein Unternehmen prüfen, das SEC-registriert ist oder eine SEC-Registrierung anstrebt. Ein solches Unternehmen ist den Regelungen der SEC unterworfen und muss seinen Abschluss in Einklang mit den US-GAAS prüfen lassen.[535] Die SEC erkennt den Abschluss eines solchen Unternehmens nur dann an, wenn der Abschlussprüfer besondere Kenntnisse im Bereich der US-GAAP, der US-GAAS sowie des SEC-Regelwerks nachweisen kann.[536] Häufig verlangt die SEC, dass der Abschluss zusätzlich von einem Partner durchgesehen wird, der besondere Erfahrung auf dem Gebiet der US-GAAP und US-GAAS hat. Zudem muss berücksichtigt werden, dass ein deutscher Wirtschaftsprüfer die Regelungen der SEC auch dann zu beachten hat, wenn er deutsche Tochterunternehmen eines US-amerikanischen, SEC-registrierten Mutterunternehmens, dessen Konzernabschluss von einer US-amerikanischen Prüfungsgesellschaft geprüft wird, prüft, da nach den Regelungen der SEC ihre Vorschriften durch den Audit Client und „any affiliates of the audit client"[537] zu erfüllen sind. Dies schließt auch auslän-

---

531 ISB (2001c), S. 4.
532 Vgl. auch Glazer/Jaenicke (2002), S. 332f.
533 Turner (2001), S. 5. Vgl. auch Glazer/Jaenicke (2002), S. 334.
534 Vgl. Baetge/Sell (1999), S. 518; Meyer/Spreiter (1999), S. 510f.
535 Vgl. Breker/Naumann/Tielmann (1999), S. 191; KPMG (2003), S. 299-300; Marten/Quick/ Ruhnke (2003), S. 96.
536 Vor allem in Bezug auf die Prüfungsstandards vertritt die SEC die Auffassung, dass lediglich die US-GAAS und keine Prüfungsstandards anderer Länder eine ausreichende Prüfungssicherheit gewährleisten. Vgl. Biener (1997b), S. 652f.; Langenbucher/Blaum (1997), S. 438; Turner/Godwin (1999), S. 283.
537 17 CFR § 210.2-01(f)(6).

dische Tochtergesellschaften und deren Abschlussprüfer ein. Mit Einrichtung des PCAOB sind deutsche Wirtschaftsprüfungsgesellschaften zudem gezwungen, sich beim PCAOB zu registrieren und damit dessen Regelungen zu unterwerfen, wenn sie SEC-registrierte Unternehmen oder deren Tochterunternehmen prüfen wollen.[538]

5 Zwischenergebnis

Ausgehend von den soeben diskutierten Grundsätzen der verschiedenen Regelungsinstitutionen ergeben sich für den Entwurf eines Unabhängigkeitsstandards in Kapitel V dieser Arbeit folgende Grundsätze:

- Der Unabhängigkeitsstandard sollte sowohl ein Rahmenkonzept enthalten, das die Grundprinzipien zur Gewährleistung der Unabhängigkeit des Abschlussprüfers festlegt. Daneben sollte anhand einer nicht abschließenden Aufzählung einzelner mit der Abschlussprüfung nicht vereinbarer Tatbestände sowohl dem Abschlussprüfer als auch der interessierten Öffentlichkeit ein Leitfaden zur Beurteilung der Unabhängigkeit des Abschlussprüfers an die Hand gegeben werden.
- Die Regelungen zur Unabhängigkeit des Abschlussprüfers gelten grundsätzlich für alle Prüfungsmandanten.
- Es ist nicht von der Hand zu weisen, dass kapitalmarktorientierte Unternehmen, d.h. Unternehmen, die einen organisierten Markt i.S.d. § 2 Abs. 5 WpHG in Anspruch nehmen, tendenziell einem größeren öffentlichen Interesse unterliegen als nicht kapitalmarktorientierte Unternehmen. Bei kapitalmarktorientierten Unternehmen gelten die strengeren Vorschriften nicht nur für das kapitalmarktorientierte Unternehmen selbst, sondern auch für dessen i.S.d. § 271 Abs. 2 HGB verbundene Gesellschaften.
- Die Regelungen zur Unabhängigkeit sind grundsätzlich vom Abschlussprüfer selbst und von seiner Wirtschaftsprüfungsgesellschaft zu beachten. Zur Wirtschaftsprüfungsgesellschaft zählen zum einen Gesellschaften, die mit dieser gesellschaftsrechtlich verbunden sind, und zum anderen Gesellschaften, die über ein gemeinsames Netzwerk oder über einen gemeinsamen Namen mit ihr verbunden sind.

[538] Vgl. PCAOB (2003b), S. 4f. und S. 13f. Die EU-Kommission ist bemüht, eine doppelte Berufsaufsicht für europäische Prüfer zu vermeiden. Ob dies Erfolg haben wird, ist gleichwohl noch offen. Vgl. Lanfermann/Maul (2003b), S. 1239. Vgl. auch Emmerich/Schaum (2003), S. 677f.

Kapitel III: Vorschriften zur Unabhängigkeit des Abschlussprüfers

1 Abgrenzungskriterien zur Unabhängigkeit des Abschlussprüfers

Die Wahrung der Unabhängigkeit und Unbefangenheit gehört zu den grundlegenden Berufspflichten für alle Abschlussprüfer.[539] Zur Sicherung der Unabhängigkeit und Unbefangenheit des Abschlussprüfers existieren in Deutschland neben dem Grundsatz, dass ein Wirtschaftsprüfer nicht Abschlussprüfer sein darf, wenn Beziehungen vorliegen, nach denen Besorgnis der Befangenheit besteht, weitere nebeneinander stehende Vorschriften und kein einheitliches Rahmenkonzept, wie dies bspw. bei den Vorschriften der IFAC und der EU-Kommission der Fall ist. Die US-amerikanischen Vorschriften verfolgen einen kasuistischen Ansatz. Im Folgenden werden die deutschen Vorschriften denen der IFAC, der EU-Kommission und den Vorschriften aus den USA anhand der vier Risikoarten, die sich international herausgebildet haben,[540] einander kritisch gegenüber gestellt und klassifiziert. Die Risikoarten sind:

a) Eigeninteresse und Einschüchterung (Self-Interest and Intimidation Threat),
b) Selbstprüfung (Self-Review Threat),
c) Parteilichkeit (Advocacy Threat) und
d) erhöhtes Vertrauens (Familiarity Threat).[541]

<u>ad a) Das Risiko des Eigeninteresses und der Einschüchterung</u>

Ein Abschlussprüfer kann ein Eigeninteresse an einem Mandanten vor allem in finanzieller Hinsicht haben: durch direkten oder indirekten finanziellen Anteilsbesitz an einem Mandanten, bei Darlehensverträgen mit dem Mandanten oder dadurch, dass er sein Honorar vom Mandanten erhält. Im zuletzt genannten Fall kann der Mandant so Druck auf den Abschlussprüfer ausüben, einerseits im Rahmen der Ausschreibung neuer Aufträge,[542] andererseits im Rahmen von Honorarnachverhandlungen aufgrund zusätzlicher Prüfungshandlungen.[543] Dies kann zur Folge haben, dass der Abschlussprüfer in Konfliktsituationen aus Sorge, das Mandat

---

539 Vgl. z.B. Kapitel I.1.1.1 dieser Arbeit.

540 Vgl. z.B. Kapitel II.2.2.2 für die EU-Kommission und Kapitel II.3.2.4 für die IFAC. Diese Vorschriften nennen fünf Risikoarten, da Self-Interest und Intimidation Threat getrennt aufgeführt werden. Intimidation Threat wird jedoch immer in Verbindung mit Self-Interest Threat genannt, so dass hier beide Risikoarten zusammen betrachtet werden.

541 Vgl. für die IFAC (2001c), Tz. 8.28: „Independence is potentially affected by self-interest, self-review, advocacy, familiarity and intimidation threats.". Die SEC führt hierzu in 17 CFR § 210.2-01, Preliminary Note aus: „The Commission looks in the first instance to whether a relationship or the provision of a service (a) creates a mutual or conflicting interest between the accountant and the audit client; (b) places the accountant in the position of auditing his or her own work; (c) results in the accountant acting as management or an employee for the audit client; or (d) places the accountant in a position of being advocate for the audit client. Vgl. auch EU-Kommission (2002e), S. 25: „Die Unabhängigkeit des Abschlussprüfers kann durch mehrere Faktoren gefährdet werden. Dazu zählen unter anderem Eigeninteresse, die Überprüfung eigener Leistungen, Interessenvertretung, Vertrautheit oder Vertrauen sowie Einschüchterung."

542 Vgl. hier z.B. EU-Kommission (1996b), Abschn. 4.10: „Darüber hinaus ist es zunehmend üblich, den Prüfungsauftrag im Ausschreibungsverfahren zu vergeben. Bei solchen Ausschreibungen geht es in erster Linie darum, die Dienste von Abschlussprüfern möglichst kostengünstig in Anspruch zu nehmen. Bisweilen heißt es, daß Unternehmensleitungen dieses Verfahren anwenden, um auf den bisherigen Abschlußprüfer Druck auszuüben."

543 Vgl. EU-Kommission (1996b), Abschn. 4.21.

zu verlieren, seinem gesetzlichen Auftrag nicht in vollem Umfang nachkommt.[544] Im Fall des Anteilsbesitzes hat der Abschlussprüfer ein Interesse an der positiven Entwicklung seiner Beteilung und setzt sich folglich der Gefahr aus, nicht mehr objektiv zu prüfen.[545]

ad b) Das Risiko der Selbstprüfung

Das Risiko der Selbstprüfung besteht, wenn der Abschlussprüfer vor der eigentlichen Prüfung Einfluss auf einen Sachverhalt nimmt, den er im Rahmen der Abschlussprüfung zu beurteilen hat. Dies kann auf zweierlei Arten erfolgen: Der Abschlussprüfer kann entweder in seiner Funktion als Berater oder als Organ der Gesellschaft das Prüfungsobjekt beeinflussen.[546] Gleichwohl ist der zweite Fall als nicht problematisch zu betrachten, da es offensichtlich ist, wenn ein (ehemaliges) Organmitglied der Gesellschaft zum Abschlussprüfer bestimmt würde. Weitaus größere Bedeutung hat die Diskussion um eine der Abschlussprüfung vorausgehenden wirtschaftlichen, steuerlichen oder rechtlichen Beratung durch den Abschlussprüfer. Gestaltet der Abschlussprüfer im Rahmen einer Beratung das Prüfungsobjekt wesentlich mit, besteht die Gefahr, dass er im Rahmen der Abschlussprüfung das Prüfungsobjekt nicht mehr objektiv beurteilen kann oder wird, da er befürchtet, dass seine Feststellungen im Rahmen der Abschlussprüfung im Widerspruch zu denen der Beratung stehen könnten[547] und er „eigene Fehler, die er in der Beratung begangen hat, aus mangelndem Mut bei der Prüfung nicht offen legen wird“[548]. Hinzu kommt, dass der Abschlussprüfer beim Erkennen seiner fehlerhaften Beratung verpflichtet ist, sowohl auf den Fehler als auch auf eventuelle Schadenersatzansprüche des Mandanten hinzuweisen.[549]

ad c) Das Risiko der persönlichen Abhängigkeit

Das Risiko der persönlichen Abhängigkeit (Parteilichkeit) besteht, wenn der Abschlussprüfer für oder gegen die Position des Mandanten Stellung bezieht, so dass seine Objektivität beeinträchtigt wird oder zu sein scheint.[550] Ein solcher Fall kann z.B. auftreten, wenn der Abschlussprüfer an einem Börsengang des Mandanten beteiligt ist oder diesen in einer gerichtlichen Auseinandersetzung berät, da er so zu einem Interessenvertreter des Mandanten wird und sich mit den Interessen seines Mandanten identifiziert.[551]

---

544 Vgl. Fleischer (1996), S. 760; IFAC (2001c), Tz. 8.33.

545 Vgl. z.B. ADS (2000), § 319 HGB, Tz. 70.

546 Vgl. IFAC (2001c), Tz. 8.30.

547 Vgl. z.B. EU-Kommission (2002e), S. 37: Dies „betrifft die Schwierigkeit, bei der Überprüfung eigener Leistungen objektiv zu bleiben“.

548 Jacobs (1975), S. 2238. Vgl. auch Richter (1976), S. 44f.; Wüstemann (1975), S. 30-36. Corless/Parker (1987), S. 25-27 zeigten hingegen in einer 1987 veröffentlichen Studie, dass ein Abschlussprüfer, der wusste, dass das interne Kontrollsystem seines Mandanten von seiner Prüfungsgesellschaft eingerichtet worden war, diesem eher kritisch gegenüberstand. In dieser empirischen Untersuchung handelte es sich gleichwohl um die Beurteilung von Fallbeispielen. Wie der Abschlussprüfer in einer solche Situation tatsächlich handeln würde, bleibt offen. Zudem ist zu beachten, dass nicht nur eine kritische Distanz zum Prüfungsobjekt notwendig ist, sondern eventuelle Ergebnisse – auch wenn sie die eigene Prüfungsgesellschaft in ein schlechtes Licht rücken – auch zu kommunizieren sind. Vgl. auch Kapitel I.3 dieser Arbeit.

549 Vgl. Hellwig (1999), S. 2118.

550 Vgl. IFAC (2001c), Tz. 8.31.

551 Vgl. EU-Kommission (2002e), S. 37.

<u>ad d) Das Risiko eines erhöhten Vertrauens</u>
Ein erhöhtes Vertrauen zwischen Mandant und Abschlussprüfer besteht z.B. bei verwandtschaftlichen oder freundschaftlichen Beziehungen des Abschlussprüfers zu Organmitgliedern des Mandanten. Sie kann auch aus einer früheren Organtätigkeit des Abschlussprüfers bei der Gesellschaft oder aus einer langjährigen Mandatsbeziehung resultieren, da so das Vertrauensverhältnis zwischen den Organmitgliedern des zu prüfenden Unternehmens und dem Abschlussprüfer wächst und die Urteilsfreiheit des Abschlussprüfers eingeschränkt sein kann.[552]

Die verschiedenen Rechtskreise verwenden unterschiedliche Bezeichnungen für den Prüfungsmandanten, die Prüfungsgesellschaft und die zu erbringenden Dienstleistungen. Diese Begriffe wurden in Kapitel II dieser Arbeit definiert und werden im Folgenden entsprechend der jeweiligen Nomenklatur der Regelungsinstitution verwendet.

2 Gegenüberstellung der nationalen und internationalen Regelungen

2.1 Das Risiko des Eigeninteresses und der Einschüchterung

2.1.1 Finanzielle Beteiligung

2.1.1.1 Anteilsbesitz

Zweck der Vorschrift
Ein Abschlussprüfer darf keine Anteile an dem zu prüfenden Unternehmen halten, da ihm in diesem Fall möglicherweise ein wirtschaftliches Eigeninteresse, z.B. an einem bestimmten Bilanzausweis, unterstellt werden kann. Zudem können mit Anteilen auch Stimmrechte in der Hauptversammlung des zu prüfenden Unternehmens verbunden sein, so dass der Abschlussprüfer an seiner eigenen Wahl mitwirken oder auf die Geschäftsführung Einfluss nehmen kann. Nicht zuletzt ist dem Abschlussprüfer aufgrund seiner Insiderinformationen der Erwerb bzw. Verkauf von Anteilen an dem zu prüfenden Unternehmen untersagt.[553]

Deutsche Vorschriften
In Deutschland ist eine Person nach § 319 Abs. 3 Satz 1 Nr. 1 HGB von der Abschlussprüfung ausgeschlossen, wenn sie „Anteile oder andere nicht nur unwesentliche finanzielle Interessen an der zu prüfenden Kapitalgesellschaft oder eine Beteiligung an einem Unternehmen besitzt, das mit der zu prüfenden Kapitalgesellschaft verbunden ist oder von dieser mehr als zwanzig vom Hundert der Anteile besitzt“.[554] Zudem darf der Abschlussprüfer gemäß § 319 Abs. 3 Satz 1 Nr. 4 HGB bei der Prüfung keine Personen beschäftigen, auf welche die Regelungen der Nr. 1 zutreffen. Erhält ein Abschlussprüfer Anteile an einem Prüfungsmandanten

[552] Vgl. Fleischer (1996), S. 760; Hellwig (1999), S. 2122.
[553] Vgl. z.B. Baetge/Thiele (2004), § 319 HGB, Tz. 44.
[554] Vgl. auch Kicherer (1972), S. 38f., der verschiedene Beispiele zu mittelbaren und unmittelbaren kapitalmäßigen Bindungen zwischen Abschlussprüfer und Mandant aufführt.

im Zuge einer Erbschaft, ist seine Unabhängigkeit nicht beeinträchtigt, solange er die Anteile zeitnah veräußert.[555]

Die Vorschriften für Wirtschaftsprüfungsgesellschaften sind in § 319 Abs. 4 Satz 1 HGB geregelt. Danach darf eine Wirtschaftsprüfungsgesellschaft nicht Abschlussprüfer sein, wenn „sie selbst, einer ihrer gesetzlichen Vertreter, ein Gesellschafter, der mehr als zwanzig vom Hundert der den Gesellschaftern zustehenden Stimmrechte besitzt, ein verbundenes Unternehmen, ein bei der Prüfung in verantwortlicher Position beschäftigter Gesellschafter oder eine andere von ihr beschäftigte Person, die das Ergebnis der Prüfung beeinflussen kann" nach § 319 Abs. 3 Satz 1 Nr. 1 HGB ausgeschlossen wäre.[556]

Ergänzend zum HGB begründet § 21 Abs. 2 der Berufssatzung WPK eine Besorgnis der Befangenheit „bei finanziellen oder kapitalmäßigen Bindungen gegenüber dem zu prüfenden, dem zu begutachtenden oder dem den Auftrag erteilenden Unternehmen". Dies beinhaltet spezielle vertragliche Beziehungen zwischen der zu prüfenden Gesellschaft und dem Prüfer, wie z.B. nicht marktübliche Konditionen bei Veräußerungen an die zu prüfende Gesellschaft sowie eventuell auch Rechtsverhältnisse, die zu einem speziellen Interesse am Ergebnis der Abschlussprüfung führen.[557] Daneben umfasst § 21 Abs. 2 Nr. 2 der Berufssatzung WPK auch finanzielle oder kapitalmäßige Beteiligungen an Konkurrenzunternehmen oder an widerstreitend Interessierten.[558] Durch das BilReG wird die Besorgnis der Befangenheit aufgrund finanzieller Beziehungen in das HGB aufgenommen.[559]

Als Anteilsbesitz i.S.d. § 319 Abs. 3 Satz 1 Nr. 1 HGB gilt jede Art von direkter Beteiligung am gezeichneten Kapital der zu prüfenden Gesellschaft. Der Begriff „Beteiligung" umfasst Aktien oder GmbH-Anteile, aber auch den Kapitalanteil des Komplementärs einer KGaA[560]. Nach h.M. ist es unerheblich, wie hoch der Anteilsbesitz ist – im Zweifel führt bereits der Besitz eines einzigen Anteils zum Ausschluss des Prüfers von der Abschlussprüfung. Auch die Dauer des Haltens ist unerheblich.[561] Ob indirekte Beteiligungen wie Bezugs- und Optionsrechte oder Schuldverschreibungen unter § 319 Abs. 2 Nr. 1 HGB a.F. fielen, war in der Literatur umstritten: Formalrechtlich wurde argumentiert, dass nur zum Zeitpunkt der Prüfung direkt gehaltene Anteile erfasst werden – Optionen auf Wertpapiere folglich nicht. Wird diesem Sachverhalt jedoch eine wirtschaftliche Betrachtungsweise zugrunde gelegt, ist zu folgern, dass das wirtschaftliche Interesse bei solchen Rechten analog zum Anteilsbesitz ist. Da

555 Vgl. ADS (2000), § 319 HGB, Tz. 77.

556 Vgl. auch BT-Drucks. 15/3419, S. 40. Vgl. zur Anwendbarkeit des § 319 Abs. 3 HGB auf Wirtschaftsprüfungsgesellschaften auch Kapitel II.1.2.3.

557 Vgl. ADS (2000), § 318 HGB, Tz. 359.

558 Vgl. ADS (2000), § 318 HGB, Tz. 362.

559 Vgl. § 319 Abs. 2 HGB; BT-Drucks. 15/3419, S. 38.

560 Vgl. ADS (2000), § 319 HGB, Tz. 71; hier stellt jedoch bereits die Personenidentität des Komplementärs und Abschlussprüfers ein Prüfungshindernis gem. § 319 Abs. 2 Satz 1 Nr. 2 HGB dar.

561 Vgl. ADS (2000), § 319 HGB, Tz. 77; Baetge/Thiele (2004), § 319 HGB, Tz. 51; Baumbach/ Hopt (2000), § 319 HGB, Tz. 3; Ebke (2001), § 319 HGB, Tz. 23; Marsch-Barner (1999), § 319 HGB, Tz. 5; Mattheus (2002), § 319 HGB, Tz. 67; Wiedmann (1999), § 319 HGB, Tz. 10; Zimmer (2002), § 319 HGB, Tz. 27. Z.T. a.A. Claussen/Korth (1991), § 319 HGB, Tz. 29.

somit zumindest eine Besorgnis der Befangenheit i.S.d. § 49 WPO besteht, ist der Besitz solcher Rechte durch den Abschlussprüfer zu vermeiden.[562] In der Begründung zu § 319 Abs. 3 Satz 1 Nr. 1 HGB schließt sich der Gesetzgeber dieser wirtschaftlichen Betrachtungsweise an.[563] Dagegen stellt das Halten von indirekten Beteiligungen über Wertpapier-Investmentfonds i.d.R. keinen gesetzlichen Ausschlussgrund dar, da neben dem Grundsatz der Wesentlichkeit[564] angeführt werden kann, dass die Inhaber der Anteile – zumindest bei Publikumsfonds – keinen Einfluss auf die Anlageentscheidungen des Fonds haben und über dessen Zusammensetzung i.d.R. erst nachträglich informiert werden.[565] Hält der Abschlussprüfer an seinem Prüfungsmandanten eine stille Beteiligung, so wird dies grundsätzlich als unschädlich angesehen, da es sich hier um eine schuldrechtliche und nicht um eine eigenkapitalartige Position handelt.[566] Liegt gleichwohl eine atypische stille Beteiligung vor, die dem Abschlussprüfer Vermögens- und Verwaltungsrechte einräumt wie bspw. Gewinnansprüche bezogen auf das Jahresergebnis des zu prüfenden Unternehmens, so ist eine solche Beteiligung als Anteilsbesitz i.S.d. § 319 Abs. 3 Nr. 1 HGB anzusehen und damit unzulässig.[567]

Durch das Bilanzrechtsreformgesetz wurden die Ehegatten und Lebensgefährten des Wirtschaftsprüfers und seiner Gehilfen durch § 319 Abs. 3 Satz 2 HGB ebenfalls den Regelungen des § 319 Abs. 3 Satz 1 Nr. 1 HGB unterworfen und dürfen folglich die dort beschriebenen Anteile nicht halten.[568] Fraglich ist jedoch, warum finanziell Abhängige, wie z.B. Kinder, nicht ebenfalls von dieser Regelung erfasst werden, da es ein leichtes ist, schädliche Anteile auf Kinder zu übertragen.

Auf den Abschlussprüfer des Konzernabschlusses ist diese Vorschrift entsprechend anzuwenden. Der Prüfer hat zwar keine Gewinnansprüche aufgrund seiner Beteiligung, da der Konzernabschluss formal lediglich eine Informations- und keine Gewinnermittlungsfunktion[569] hat, jedoch wollte der Gesetzgeber sichergehen, „ein Eigeninteresse des Abschlussprüfers an einer verzerrten Darstellung des Gesamtkonzerns bei der Konzernabschlussprüfung auszuschalten, um dadurch eine Wertsteigerung der eigenen Beteiligung am Mutterunternehmen zu

562 Vgl. zustimmend Baetge/Thiele (2004), § 319 HGB, Tz. 49; Ebke (2001), § 319 HGB, Tz. 23; Hense/Veltins (2003), § 319 HGB, Tz. 14; Mattheus (2002), § 319 HGB, Tz. 64; Zimmer (2002), § 319 HGB, Tz. 26; ablehnend ADS (2000), § 319 HGB, Tz. 72; Claussen/Korth (1991), § 319 HGB, Tz. 29.

563 Vgl. BT-Drucks. 15/3419, S. 38f.

564 Vgl. Claussen/Korth (1991), § 319 Tz. 29. Eine wesentliche Beteiligung, die über einen Dritten gehalten wird, ist als Ausschlussgrund zu werten.

565 Vgl. ADS (2000), § 319 HGB, Tz. 72, Hense/Veltins (2003), § 319 HGB, Tz. 14. Ist dem Abschlussprüfer bekannt, dass ein bestimmter Fonds hauptsächlich in Papiere eines Prüfungsmandanten investiert, sollte er keine Anteile an diesem Fonds erwerben.

566 Zu beachten ist in diesem Fall gleichwohl, dass der stille Gesellschafter mit der Kapitalgesellschaft eine Personeninnengesellschaft bildet, die ebenfalls zu einer Interessenbindung des Abschlussprüfers an das zu prüfende Unternehmen führt. Daher sollte der Abschlussprüfer solche Konstellationen vermeiden. Vgl. Zimmer (2002), § 319 HGB, Tz. 24 und 36 mit Verweis auf Simitis (1972), S. 338. A.A. ADS (2000), § 319 HGB, Tz. 100.

567 Vgl. ADS (2000), § 319 HGB, Tz. 74-75 sowie § 271 HGB, Tz. 7; Baetge/Thiele (2004), § 319 HGB, Tz. 46; Hense/Veltins (2003), § 319 HGB, Tz. 14; Mattheus (2002), § 319 HGB, Tz. 70.

568 Vgl. BT-Drucks. 15/4054, S. 76.

569 Vgl. z.B. Busse von Colbe (1993), S. 26-28; Klein (2003), S. 53-59.

erreichen"[570]. Wird ein Tochterunternehmen geprüft, das für die Vermögens-, Finanz- und Ertragslage des Mutterunternehmens eine wesentliche Bedeutung hat, so gilt der Abschlussprüfer als befangen, wenn er Anteile dieses Mutterunternehmens hält, da Feststellungen, die er im Rahmen der Prüfung des Abschlusses des Tochterunternehmens trifft, Auswirkungen auf dessen Jahresabschluss und damit auch auf die wirtschaftliche Entwicklung des Mutterunternehmens haben können. Der Abschlussprüfer darf daher an diesem Mutterunternehmen keine Anteile halten.[571] Dies gilt auch für den umgekehrten Fall, da in beiden Fällen „eine persönliche Beziehung des [Abschlussprüfers] zum geprüften [Unternehmen], ... der Anteilsbesitz, zum Ausschluss führt"[572].

Eine Beteiligung, die lediglich als Treuhänder gehalten wird, beeinträchtigt die Unabhängigkeit des Abschlussprüfers ebenfalls.[573] Ist der Prüfer Treugeber, so ist er auch dann von der Abschlussprüfung ausgeschlossen, wenn er keinerlei Einfluss auf die Dispositionsmöglichkeiten der Anteile (mehr) besitzt, da ihm das wirtschaftliche Eigentum der Anteile zusteht und ihn folglich auch die wirtschaftlichen Konsequenzen des Anteilsbesitzes treffen. Ein wirtschaftliches Eigeninteresse an diesen Anteilen ist dem Prüfer somit nicht mehr abzusprechen.[574]

Vorschriften der EU-Kommission

Nach den Vorschriften der EU-Kommission ist eine direkte oder für beide Seiten wesentliche indirekte finanzielle Beteiligung an einem Prüfungsmandanten oder einem verbundenen Unternehmen des Prüfungsmandanten für den verantwortlichen Abschlussprüfer, seine Prüfungsgesellschaft, Mitglieder des Auftragsteams, Mitglieder der Chain of Command oder Partner der Prüfungsgesellschaft, die in dem Büro tätig sind, das einen wesentlichen Teil des Prüfungsauftrags abwickelt, verboten. Unter eine direkte finanzielle Beteiligung fallen „Aktien, Schuldverschreibungen, Schuldscheine, Optionen oder andere Wertpapiere"[575]. Wird die Beteiligung von einem Mitglied des Auftragsteams gehalten, so ist dieses von dem Auftrag auszuschließen; hält die Prüfungsgesellschaft die Beteiligung, so darf sie den Auftrag nicht annehmen.[576] Auch nicht unbedeutende finanzielle Beteiligungen an einem Prüfungsmandanten, die von einem nahen Familienangehörigen des Abschlussprüfers gehalten werden, sind

---

570 Mattheus (2002), § 319 HGB, Tz. 144. Vgl. auch ADS (2000), § 319 HGB, Tz. 83-85.

571 Vgl. ADS (2000), § 319 HGB, Tz. 79f.

572 Baetge/Thiele (2004), § 319 HGB, Tz. 168. A.A. ADS (2000), § 319 HGB, Tz. 80 und 83-86; Hense/Veltins (2003), § 319 HGB, Tz. 45f.

573 Gl.A. BT-Drucks. 15/3419, S. 37; Baetge/Thiele (2004), § 319 HGB, Tz. 53; Hense/Veltins (2003), § 319 HGB, Tz. 14; Zimmer (2002), § 319 HGB, Tz. 28. Unzulässig ist gem. § 24 Abs. 3 Berufssatzung WPK auch, Treuhandtätigkeiten im Auftrag von Gesellschaftern in dem zu prüfenden Unternehmen wahrzunehmen.

574 Dies könnte z.B. der Fall sein, wenn der Abschlussprüfer seine Vermögensverwaltung an einen Dritten wie eine Bank übertragen hat: Die Bank darf in diesem Fall nicht in Aktien o.ä. investieren, die von Unternehmen herausgegeben werden, die der Prüfer im Rahmen einer Abschlussprüfung betreut. Gl.A. Baetge/Thiele (2004), § 319 HGB, Tz. 53; Mattheus (2002), § 319 HGB, Tz. 66; Zimmer (2002), § 319 HGB, Tz. 28.

575 EU-Kommission (2002e), S. 42.

576 Vgl. EU-Kommission (2002e), S. 27 und 42.

unzulässig.[577] Eine indirekte finanzielle Beteiligung an einem Prüfungsmandanten liegt vor, wenn bspw. der Abschlussprüfer oder eine andere der o.g. Personen Kapital in einem Unternehmen angelegt hat, das selbst kein Prüfungsmandant ist, aber in Prüfungsmandanten oder andere Unternehmen, bei denen der Prüfungsmandant Kapital angelegt hat, investiert hat. Sie gilt als wesentlich und führt folglich zur Inhabilität, wenn sie „deren Besitzer ... in die Lage versetzt oder zu versetzen scheint, Führungsentscheidungen des Prüfungsmandanten zu beeinflussen"[578]. Als unwesentlich wird eine indirekte finanzielle Beteiligung an einem Prüfungsmandanten angesehen, wenn sie von einem Investmentfonds o.ä. gehalten wird und wenn die Person, die die Anteile an dem Fonds hält, nicht unmittelbar an der Prüfung des Fonds beteiligt ist bzw. die einzelnen Anlageentscheidungen des Fondsmanagers nicht beeinflussen kann.[579] Ein wesentlicher (direkter oder indirekter) Anteilsbesitz an Prüfungsmandanten von anderen Personen, die das Ergebnis der Pflichtprüfung beeinflussen können, ist ebenfalls unzulässig.[580] Die treuhänderische Verwaltung oder die Verwaltung eines Nachlasses, der Anteile an Prüfungsmandanten hält, wird nur dann als problematisch angesehen, wenn keine Schutzmaßnahmen existieren. Eine Schutzmaßnahme ist bspw. die Beaufsichtigung und Kontrolle des Treuhänders bzw. Verwalters durch den Begünstigten, staatliche Stellen oder Gerichte.[581]

Gelangt eine der im ersten Abschnitt dieses Unterkapitels genannte Person in den Besitz einer finanziellen Beteiligung an Prüfungsmandanten durch äußere Umstände (z.B. durch Erbschaft, Schenkung oder Fusion von Unternehmen), so hat sich diese so schnell wie möglich, spätestens innerhalb eines Monats,[582] von diesen Anteilen zu trennen. Bis zum Zeitpunkt des Verkaufs unterliegt diese Person besonderen Restriktionen. Sie kann z.B. von wesentlichen Entscheidungen oder aus dem Auftragsteam ausgeschlossen werden. Die von ihr durchgeführte Arbeit ist zusätzlich einer internen Nachschau zu unterziehen.[583] Der finanzielle Anteilsbesitz durch eine der o.g. Personen im Falle der Annahme eines neuen Prüfungsmandanten durch die Prüfungsgesellschaft wird von der EU-Kommission nicht explizit geregelt, sollte aber m.E. analog behandelt werden, da es sich hier ebenfalls um einen äußeren Umstand handelt, der durch die einzelne Person grundsätzlich nicht beeinflusst werden kann.

Stellt der Abschlussprüfer fest, dass ein Mitarbeiter der Prüfungsgesellschaft unwissentlich eine (unzulässige) finanzielle Beteiligung an einem Prüfungsmandanten hält, so ist die Unabhängigkeit der Prüfungsgesellschaft dann nicht beeinträchtigt, wenn diese ein System eingerichtet hat, das alle Fachmitarbeiter dazu verpflichtet, einen Verstoß gegen die Unabhängig-

[577] Vgl. EU-Kommission (2002e), S. 29.
[578] EU-Kommission (2002e), S. 42.
[579] Vgl. EU-Kommission (2002e), S. 42.
[580] Vgl. EU-Kommission (2002e), S. 27. Dies sind z.B. diejenigen Personen, die den Prüfungsauftrag im Rahmen der internen Qualitätssicherung durchsehen.
[581] Vgl. EU-Kommission (2002e), S. 42.
[582] Gerechnet wird ab dem Tag, an dem die Person Kenntnis von diesem Anteilsbesitz erhalten hat und über die Anteile frei verfügen kann.
[583] Vgl. EU-Kommission (2002e), S. 42f.

keitsregelungen, der aus dem Kauf, dem Erbe oder durch sonstigen Erwerb einer finanziellen Beteiligung resultiert, sofort zu melden. Der Mitarbeiter ist unverzüglich nach Aufdecken des Verstoßes auf seine Verpflichtung, sich von dieser Beteiligung zum nächstmöglichen Zeitpunkt zu trennen, hinzuweisen. Zudem ist er von wichtigen Entscheidungen, welche die Pflichtprüfung des Prüfungsmandanten betreffen, auszuschließen und seine bisher in Bezug auf dieses Mandat geleistete Prüfungstätigkeit ist besonders sorgfältig zu überwachen.[584]

Ein scheinbar unbedeutender finanzieller Anteilsbesitz an einem Prüfungsmandanten oder an dessen verbundenen Unternehmen kann die Unabhängigkeit des Abschlussprüfers ebenfalls gefährden. Dies ist insb. dann der Fall, wenn der Anteilsbesitz nicht unter üblichen Handelsbedingungen erworben wurde bzw. gehalten wird oder nicht wie zwischen unabhängigen Dritten ausgehandelt wurde. In diesem Fall muss der Abschlussprüfer das aus dieser Transaktion resultierende Risiko für die Unabhängigkeit bewerten und entsprechende Sicherheitsmaßnahmen ergreifen.[585] Insbesondere bei Unternehmen des öffentlichen Interesses sollte der Abschlussprüfer seine geplanten Schutzmaßnahmen, wie den Ausschluss des Mitarbeiters aus dem Auftragsteam o.ä., mit dem Kontrollorgan des Prüfungsmandanten besprechen.[586]

Der Anteilsbesitz von Mandanten an der Prüfungsgesellschaft wird von der EU-Empfehlung nicht explizit geregelt. Die allgemeinen Schutzmaßnahmen des Abschlussprüfers müssen jedoch gewährleisten, dass die Mehrheit der Stimmrechte der Prüfungsgesellschaft in den Händen von Berufsträgern liegt.[587]

Vorschriften des IFAC Code of Ethics

Der IFAC Code of Ethics sieht in einer finanziellen Beteiligung an einem Assurance Client grundsätzlich eine Bedrohung für die Unabhängigkeit.[588] Gleichwohl sind die Stellung der Person, die die finanzielle Beteiligung hält, die Wesentlichkeit der Beteiligung und ob es sich um eine direkte oder indirekte Beteiligung handelt, zu berücksichtigen.[589] Eine direkte Beteiligung liegt dann vor, wenn die Person, die die Beteiligung hält, Kontrolle über die Beteiligung hat (z.B. als Treuhänder) oder in der Lage ist, Investitionsentscheidungen zu beeinflussen. Im umgekehrten Fall, d.h. wenn keine Möglichkeit besteht, Kontrolle über die Beteiligung auszuüben oder Investitionsentscheidungen zu beeinflussen, gilt die Beteiligung als indirekt.[590] Die IFAC trifft Regelungen, die grundsätzlich für alle Assurance Clients gelten und zusätzlich strengere Regelungen, die nur für Audit Clients gelten.[591]

---

584 Vgl. EU-Kommission (2002e), S. 43.
585 Vgl. EU-Kommission (2002e), S. 27.
586 Vgl. EU-Kommission (2002e), S. 27.
587 Vgl. EU-Kommission (2002e), S. 26.
588 Vgl. IFAC (2001c), Tz. 8.29.
589 Vgl. IFAC (2001c), Tz. 8.102.
590 Vgl. IFAC (2001c), S. iv und Tz. 8.103.
591 Zur Definition des Begriffs Assurance Engagement vgl. Kapitel II.3.2.3 dieser Arbeit.

(a) Regelungen für alle Assurance Clients

Die Bedrohung der Unabhängigkeit im Falle einer direkten oder wesentlichen indirekten finanziellen Beteiligung eines Mitglieds des Assurance Team, dessen Immediate Family[592] oder der Prüfungsgesellschaft[593] kann verringert werden, indem die direkte finanzielle Beteiligung ganz bzw. die indirekte finanzielle Beteiligung bis auf einen unwesentlichen Teil abgestoßen wird, bevor der Betreffende Mitglied des Assurance Team wird.[594] Ansonsten darf der Betreffende nicht in das Assurance Team aufgenommen bzw. muss vom Assurance Team ausgeschlossen werden.[595] Erhält ein Mitglied des Assurance Team oder dessen Immediate Family Anteile an einem Assurance Client als Geschenk, im Rahmen einer Erbschaft oder aufgrund einer Fusion eines Unternehmens mit einem Assurance Client, so muss sich derjenige schnellstmöglich von solchen Anteilen trennen oder aus dem Team ausgeschlossen werden. Bis zu diesem Zeitpunkt sind zusätzliche Maßnahmen, wie die Information des Prüfungsausschusses des Mandanten oder eine Durchsicht durch einen anderen Accountant, zu ergreifen.[596] Auch Mitglieder der Close Family eines Mitglieds des Assurance Team, die Anteile an einem Assurance Client halten, können zum Verkauf ihrer Anteile gezwungen sein, wenn das Mitglied des Assurance Team von diesen Anteilen weiß. Das Ausmaß der Bedrohung für die Unabhängigkeit des Mitglieds des Assurance Team und die daraus folgenden Konsequenzen für den Anteilsbesitz der Close Family hängt von dem Verhältnis zwischen diesen Personen und der Wesentlichkeit der Beteiligung ab.[597] Mögliche Sicherungsmaßnahmen sind das Abstoßen der Beteiligung bzw. eines wesentlichen Teils der Beteiligung, die Information des Prüfungsausschusses des Mandanten, die Durchsicht der Arbeit des Mitglieds des Assurance Team durch einen anderen Accountant, der an diesem Assurance Engagement nicht beteiligt war, sowie der Ausschluss des Mitglieds des Assurance Team aus diesem.[598]

Des Weiteren stellt die IFAC fest, dass die Unabhängigkeit der Prüfungsgesellschaft auch durch den Anteilsbesitz von Personen, die nicht Mitglied des Assurance Team sind, gefährdet sein kann. Dies ist z.B. der Fall bei den Partnern einer Prüfungsgesellschaft und deren Immediate Family und Close Family sowie bei Mitarbeitern auf Manager-Ebene, die Non-Assurance Services für den Assurance Client erbringen und weiteren Personen, die ein enges persönliches Verhältnis zu einem Mitglied des Assurance Team haben. Ob die Unabhängigkeit gefährdet ist, wenn diese Personen Anteile an Assurance Clients halten, hängt von der Art des Verhältnisses zwischen dieser Person und dem Mitglied des Assurance Team sowie vom Aufbau der Organisations- und Berichtsstruktur der Prüfungsgesellschaft ab. Je nach Wesent-

592 Die IFAC unterscheidet zwischen Immediate Family (Ehegatten, Lebensgefährten und Abhängige) und Close Family (Eltern, nicht abhängige Kinder und Geschwister). Vgl. IFAC (2001c), S. iiif.

593 Vgl. IFAC (2001c), Tz. 8.120.-8.121. Ausnahmen in Bezug auf bestimmte Non-Audit Assurance Engagements werden in Tz. 8.123 beschrieben.

594 Das gleiche gilt, wenn die Prüfungsgesellschaft einen wesentlichen Anteil an einer Gesellschaft hält, die ihrerseits eine Mehrheitsbeteiligung an einem Assurance Client hält. Vgl. IFAC (2001c), Tz. 8.122.

595 Vgl. IFAC (2001c), Tz. 8.104.

596 Vgl. IFAC (2001c), Tz. 8.105.

597 Vgl. IFAC (2001c), Tz. 8.106.

598 Vgl. IFAC (2001c), Tz. 8.106.

lichkeit des Anteils sind Schutzmaßnahmen, wie bspw. das Verbot des Haltens solcher Anteile, die Information des Prüfungsausschusses des Mandanten oder die kritische Durchsicht der durchgeführten Arbeiten durch einen anderen Accountant, der nicht Mitglied des Assurance Team ist, zu ergreifen, um das Risiko der Verletzung der Unabhängigkeit auf ein akzeptables Maß reduzieren.[599]

Halten die Prüfungsgesellschaft oder ein Mitglied des Assurance Team einen direkten oder wesentlichen indirekten Anteil an einem Assurance Client als Treuhänder, kann die Unabhängigkeit ebenfalls gefährdet sein.[600] Eine solche Beteiligung darf daher nur dann gehalten werden, wenn die Prüfungsgesellschaft, das Mitglied des Assurance Team sowie die Immediate Family nicht die Nutznießer der Beteiligung sind, die Beteiligung für das Treuhandvermögen nicht wesentlich ist, die Treuhandschaft keinen wesentlichen Einfluss auf den Assurance Client ausüben kann und die Prüfungsgesellschaft oder das Mitglied des Assurance Team keine Möglichkeit haben, Investitionsentscheidungen zu treffen.[601]

Die Prüfungsgesellschaft selbst und ihr Firmenverbund können sich von der Gefahr, dass finanzielle Anteile unzulässigerweise gehalten werden, exkulpieren, indem sie ein System einrichten, das alle Professionals zwingt, ihren Anteilsbesitz im Falle einer Verletzung der Vorschriften in Bezug auf den Anteilsbesitz gegenüber der Gesellschaft offen zu legen. Wird eine Verletzung der Vorschriften in Bezug auf den finanziellen Anteilsbesitz festgestellt, so ist der entsprechende Professional aufzufordern, sich von diesen Anteilen zu trennen; andernfalls ist er aus dem Assurance Team auszuschließen.[602] Zudem sollten bestimmte Sicherungsmaßnahmen, wie die zusätzliche Nachschau der von diesem Mitglied des Assurance Team durchgeführten Arbeiten oder der Ausschluss des Mitglieds von wesentlichen Entscheidungen in Bezug auf das Assurance Engagement, ergriffen werden.[603]

(b) Regelungen für Audit Clients

Für den Anteilsbesitz an Audit Clients gelten strengere Regelungen. Halten eine Prüfungsgesellschaft oder ihr Firmenverbund direkt Anteile an einem Audit Client, so sind diese unverzüglich zu veräußern, bevor der Auftrag durchgeführt bzw. angenommen werden darf. Im Falle eines wesentlichen indirekten Anteilsbesitzes müssen die Prüfungsgesellschaft oder ihr Firmenverbund diesen entweder vollständig oder zumindest bis zu einem als unwesentlich anzusehenden verbleibenden Teil veräußern. Analog ist vorzugehen, wenn die Prüfungsgesellschaft oder ihr Firmenverbund einen wesentlichen Anteil an einer Gesellschaft hält, die

599 Vgl. IFAC (2001c), Tz. 8.108.
600 Vgl. auch IFAC (2001c), Tz. 8.130, wonach eine Prüfungsgesellschaft oder ein Mitglied des Assurance Team keine wesentliche finanzielle Beteiligung an einem Gemeinschaftsunternehmen zusammen mit dem Assurance Client oder mit Eigentümern, Geschäftsführern oder Mitarbeitern in Führungsposition des Assurance Client halten darf, da dies die Unabhängigkeit gefährdet.
601 Vgl. IFAC (2001c), Tz. 8.107.
602 Vgl. IFAC (2001c), Tz. 8.109.
603 Vgl. IFAC (2001c), Tz. 8.110.

ihrerseits eine Mehrheitsbeteiligung[604] an einem Audit Client hält.[605] Hält ein Pensionsfonds[606] der Prüfungsgesellschaft oder ihres Firmenverbunds Anteile an einem Audit Client, ist die Wesentlichkeit des Anteilsbesitzes zu evaluieren und es sind entsprechende Schutzmaßnahmen zu treffen.[607]

Halten ein Partner, der selbst keine Assurance Engagements durchführt, aber in der Niederlassung arbeitet, in der der mandatsverantwortliche Partner für diesen Audit Client seinen Sitz[608] hat, oder dessen Immediate Family direkte oder wesentliche indirekte Anteile an dem Audit Client, so ist die Gefährdung der Unabhängigkeit als so hoch anzusehen, dass diese Personen ihre Anteile[609] veräußern müssen. Auch Partner oder Mitarbeiter auf Manager-Ebene, die Non-Assurance Services für einen Audit Client erbringen, sowie deren Immediate Family, dürfen keine Anteile an diesem Audit Client halten.[610]

Erhält ein Mitglied der Immediate Family eines Partners, der in der Niederlassung arbeitet, in der der mandatsverantwortliche Partner für diesen Audit Client seinen Sitz hat oder ein Mitglied der Immediate Family eines Partners oder Mitarbeiters auf Manager-Ebene, der Non-Assurance Services für den Audit Client erbringt, Anteile an diesem Audit Client aufgrund eines Belegschaftsaktienprogramms, führt dies grundsätzlich nicht zu einer Verletzung der Unabhängigkeitsregelungen.[611] Das Halten von Anteilen an Audit Clients aufgrund eines Belegschaftsaktienprogramms für die Immediate Family von Mitgliedern des Audit Team ist in diese Ausnahmeregelung nicht eingeschlossen und somit wohl unzulässig.

Das Halten eines Anteils an einer Gesellschaft durch die Prüfungsgesellschaft oder ihren Firmenverbund oder ein Mitglied des Audit Team, an der gleichzeitig ein Audit Client oder ein Mitglied der Unternehmensleitung bzw. ein Mehrheitsbeteiligter des Audit Client eine Beteiligung halten, ist grundsätzlich unzulässig, wenn der Audit Client einen wesentlichen Einfluss auf diese Gesellschaft ausüben kann. In diesem Fall muss die Prüfungsgesellschaft oder ihr Firmenverbund entweder die Anteile veräußern oder von der Abschlussprüfung zurücktreten. Das Mitglied des Audit Team muss zumindest einen so wesentlichen Teil der Aktien zu veräußern, dass der Restbestand als unwesentlich angesehen werden kann. Ansonsten wird das

604 Die IFAC (2001c), Tz. 8.113 spricht hier von Controlling Interest. Vgl. zum Begriff „Control" auch DRS 11, Tz. 6.

605 Vgl. IFAC (2001c), Tz. 8.111-8.113.

606 Hier ist die in den USA übliche Form des Auslagerns der Pensionsverpflichtungen auf einen externen Pensionsfonds gemeint. Diese Konstruktion ist in Deutschland bislang eher selten.

607 Vgl. IFAC (2001c), Tz. 8.114; die IFAC schreibt zwar Schutzmaßnahmen vor, gibt jedoch keinen Hinweis auf die Art der Schutzmaßnahmen.

608 Die IFAC weist zusätzlich darauf hin, dass die Niederlassung, in der der mandatsverantwortliche Partner im Zusammenhang mit der Abschlussprüfung dieses Audit Client arbeitet, nicht notwendigerweise identisch sein muss mit der Niederlassung, der der Partner organisatorisch zugeordnet ist. Hier ist einzelfallabhängig zu entscheiden. Vgl. IFAC (2001c), Tz. 8.116.

609 Gemeint ist hier wohl, dass sowohl die direkte Beteiligung, als auch die Beteiligung, die die wesentliche indirekte Beteiligung ermöglicht, zu veräußern sind.

610 Vgl. IFAC (2001c), Tz. 8.115-8.117. Ausgenommen von dieser Regelung sind solche Partner und Mitarbeiter auf Manager-Ebene, deren Beteiligung an diesem Auftrag deutlich unwesentlich ist.

611 Vgl. IFAC (2001c), Tz. 8.118.

Mitglied vom Audit Team ausgeschlossen.[612] Regelungen für Mitglieder der Immediate Family oder der Close Family werden hier nicht getroffen.

Die folgende Tabelle fasst die unterschiedlichen Regelungen für Assurance Clients, Audit Clients und Non-Audit Assurance Clients in Bezug auf direkten und wesentlichen indirekten Anteilsbesitz zusammen.

	Alle Assurance Clients	Audit Clients
Mitglieder des Assurance Team	unzulässig	unzulässig
Immediate Family	unzulässig	unzulässig
Close Family	einzelfallabhängig	einzelfallabhängig
Partner in der Niederlassung	-	unzulässig
Mitarbeiter auf Manager-Ebene, die Non-Assurance Services erbringen	einzelfallabhängig	unzulässig
Partner, die Non-Assurance Services erbringen	einzelfallabhängig	unzulässig
Prüfungsgesellschaft	unzulässig	unzulässig
Firmenverbund der Prüfungsgesellschaft	-	unzulässig

Tabelle 13: Regelungen zum finanziellen Anteilsbesitz an Assurance Clients

US-amerikanische Vorschriften

Vor Verabschiedung der Regelungen der SEC im November 2000 durfte kein Partner einer Prüfungsgesellschaft Anteile an Audit Clients[613] dieser Gesellschaft halten.[614] Die nun geltenden Regelungen verfolgen den sog. Covered Person Approach. Danach dürfen die Prüfungsgesellschaft selbst sowie folgende Mitarbeiter der Prüfungsgesellschaft und deren Immediate Family[615] während der Audit and Professional Engagement Period[616] keine direkte oder wesentliche indirekte Beteiligung an einem Audit Client oder einem seiner verbundenen Unternehmen halten:[617]

1. Das Audit Engagement Team, d.h. alle Partner oder andere Anteilseigner und fachliche Mitarbeiter, die an der Abschlussprüfung, der prüferischen Durchsicht oder sonstigen

612 Vgl. IFAC (2001c), Tz. 8.119.

613 Unter einem Audit Client versteht die SEC „the entity whose financial statements or other information is being audited, reviewed, or attested and any affiliates of the audit client". 17 CFR § 210.2-01(f)(6). Ausgenommen von der Regelung zum Anteilsbesitz sind lediglich solche verbundene Unternehmen, auf die der Audit Client nur einen wesentlichen Einfluss, aber keine Kontrolle hat bzw. die auf den Audit Client nur einen wesentlichen Einfluss aber keine Kontrolle haben. Vgl. 17 CFR § 210.2-01(f)(4).

614 Vgl. SEC (2000), Abschn. D.1. Vgl. zum sog. Member of the Firm-Ansatz auch Schindler/Rosin (2001), S. 121-124

615 Die SEC unterscheidet zwischen Close Family Members (Ehegatten, Lebensgefährten, Abhängige, Eltern, nicht abhängige Kinder und Geschwister) und Immediate Family Members (Ehegatten, Lebensgefährten und Abhängige). Vgl. 17 CFR § 210.2-01(f)(9) und (13).

616 Die Audit Period umfasst den zu prüfenden Zeitraum, während die Professional Engagement Period den Zeitraum umfasst, den der Abschlussprüfer benötigt, um den entsprechenden Auftrag durchzuführen. Dieser Zeitraum beginnt entweder mit der Unterzeichnung des Auftragsbestätigungsschreibens oder dem Beginn der Prüfungshandlungen (es gilt der jeweils frühere Zeitpunkt) und endet mit dem Tag, an dem der Audit Client oder die Prüfungsgesellschaft der SEC mitteilt, dass das Auftragsverhältnis beendet ist. Vgl. 17 CFR § 210.2-01(f)(5).

617 Vgl. 17 CFR § 210.2-01(c)(1)(i)(A); auch Turner (1999), Abschn. „Individual Professionalism".

Aufträgen, die in der Vergabe eines Testats für einen Audit Client münden, teilnehmen. Dies umfasst auch die Personen, die eine kritische Durchsicht der Arbeitspapiere bzw. des Berichts vornehmen sowie alle weiteren Personen, die das Audit Engagement Team in Bezug auf technische oder industriezweigspezifische Fragestellungen, Transaktionen oder Ereignisse beraten.

2. Alle Personen der Chain of Command, d.h. Personen, die
   - die Abschlussprüfung überwachen oder direkte Verantwortung hierfür haben, über alle Hierarchieebenen bis zum Vorstandsvorsitzenden der Prüfungsgesellschaft,
   - die Leistung des mandatsverantwortlichen Partners überwachen oder Einfluss auf dessen Vergütung haben, oder
   - die interne Nachschau bzw. andere Qualitätssicherungsmaßnahmen für diesen Auftrag durchführen.
3. Ein anderer Partner, Anteilseigner oder Professional ab Manager-Ebene, der zehn oder mehr Stunden an Beratungsleistungen für den Audit Client im Zeitraum bis zur Unterzeichnung des Testats erbracht hat oder wahrscheinlich auf wiederkehrender Basis erbringt.
4. Ein anderer Partner oder Anteilseigner, der in dem Büro beschäftigt ist, in dem der mandatsverantwortliche Partner für diesen Auftrag hauptsächlich tätig ist.[618]

Dies bedeutet, dass die Covered Persons bzw. deren Immediate Family keine Beteiligungen an Audit Clients halten dürfen. Darunter fallen Aktien, Anleihen, Schuldverschreibungen, Optionen oder andere Arten von Wertpapieren.[619] Anteile an Audit Clients, die über einen Vermittler, bspw. einen Investmentfonds, gehalten werden, gelten als direkte Beteiligung und sind nur unzulässig, wenn eines der folgenden Kriterien zutrifft:

- Die Prüfungsgesellschaft, die Covered Person bzw. deren Immediate Family überwacht den Fonds oder trifft dort Anlageentscheidungen – einzeln oder zusammen mit anderen Personen.
- Der Fonds ist nicht ausreichend diversifiziert, d.h. mehr als 20 % aller Wertpapiere des Fonds werden von einem Prüfungsmandanten herausgegeben.[620]

Darüber hinaus ist der Abschlussprüfer nicht unabhängig, wenn ein Partner bzw. anderer Anteilseigner der Prüfungsgesellschaft, ein fachlicher Mitarbeiter, die Immediate Family oder die Close Family einer Covered Person das wirtschaftliche Eigentum von mehr als 5 % am gezeichneten Kapital des Audit Client hält bzw. wenn eine dieser Personen Kontrolle über den Audit Client ausüben kann. Unzulässig ist auch die Möglichkeit des Ausübens von Kontrolle durch ein Mitglied der Close Family eines Partners, Principal oder Anteilseigners der Prüfungsgesellschaft.[621] Zulässig ist der Anteilsbesitz an einem Investmentfonds, der Anteile

618 Vgl. 17 CFR § 210.2-01(f)(11).
619 Vgl. 17 CFR § 210.2-01(c)(1)(i)(A).
620 Vgl. 17 CFR § 210.2-01(c)(1)(i)(A).
621 Vgl. 17 CFR § 210.2-01(c)(1)(i)(B); AICPA (2001), Interpretation 101-1(B).

an einem Audit Client hält, solange die Covered Person und deren Immediate Family zusammen weniger als 5 % der ausstehenden Anteile des Fonds halten, da es sich hier um einen unwesentlichen indirekten Anteilsbesitz handelt.[622] Auch treuhänderisch gehaltenes Vermögen ist für den genannten Personenkreis unzulässig.[623] Ausgenommen sind lediglich solche Konstruktionen, in denen diese Personen keine Entscheidungen über das treuhänderisch gehaltene Vermögen treffen können.

Ausnahmen von diesen Regelungen sieht die SEC in drei Bereichen vor:

1. Erhält ein Mitarbeiter schädliche Anteile an einem Audit Client als Geschenk oder im Rahmen einer Erbschaft, so stellt dies keine Verletzung der Unabhängigkeit dar, wenn er sich von diesen Anteilen schnellstmöglich, jedoch spätestens 30 Tage, nachdem er von diesen Anteilen erfahren und die Verfügungsgewalt über diese erhalten hat, trennt.
2. Handelt es sich bei dem Audit Client um eine Erstprüfung,[624] so muss die Unabhängigkeit des Abschlussprüfers gewährleistet sein, wenn das Auftragsbestätigungsschreiben unterschrieben wird oder die Prüfungshandlungen begonnen[625] werden. Hierbei gilt der jeweils frühere Zeitpunkt.
3. Hält ein Immediate Family Member einer Covered Person im Rahmen eines Belegschaftsaktienprogramms Anteile an einem Prüfungsmandanten aufgrund eines Beschäftigungsverhältnisses bei diesem Prüfungsmandanten, so ist der Abschlussprüfer nicht inhabil, wenn die Anteile spätestens 30 Tage, nachdem dies möglich ist (d.h. nach Ende der Sperrfrist), verkauft werden.[626]

Inhabilität des Abschlussprüfers liegt weiterhin dann vor, wenn die Prüfungsgesellschaft, eine Covered Person oder ein Mitglied der Immediate Family

1. eine direkte oder wesentliche indirekte Beteiligung an einer Gesellschaft hält,
   - an der der Audit Client ebenfalls eine Beteiligung hält, die für den Audit Client wesentlich ist und auf die der Audit Client einen wesentlichen Einfluss ausüben kann, oder
   - die an einem Audit Client eine wesentliche Beteiligung hält, und die auf den Audit Client einen wesentlichen Einfluss ausüben kann,
2. eine wesentliche Beteiligung an einer Gesellschaft hält, auf die der Audit Client einen wesentlichen Einfluss ausüben kann,

622 Vgl. 17 CFR § 210.2-01(c)(1)(i)(D).

623 Vgl. AICPA (2001), Interpretation 101-1(A)(2); 17 CFR § 210.2-01(c)(1)(i)(C).

624 Unter einem New Audit Engagement versteht die SEC hier, dass der Abschlussprüfer das direkt vorangegangene Geschäftsjahr nicht geprüft hat. Vgl. 17 CFR § 210.2-01(c)(1)(iii)(B)(1).

625 Als Beginn der Prüfungshandlungen gilt bereits der Tag, an dem die Planung der Abschlussprüfung begonnen wurde.

626 Hier ist insb. zu beachten, dass eine Bedingung für die Unabhängigkeit der Covered Person die zwingende Teilnahme (Unavoidable Consequence of Participation) der Angestellten an diesem Programm ist. Vgl. 17 CFR § 210.2-01(c)(1)(iii); AICPA (2001), S. 7.

3. einen wesentlichen Einfluss auf eine Gesellschaft ausüben kann, die die Möglichkeit hat, auf einen Audit Client einen wesentlichen Einfluss auszuüben.[627]

Halten ein Audit Client oder dessen Organmitglieder mehr als 5 % der Anteile am Eigenkapitel an einer Prüfungsgesellschaft, ist der Abschlussprüfer ebenfalls nicht mehr unabhängig.[628]

Die Unabhängigkeit einer Prüfungsgesellschaft ist dagegen nicht beeinträchtigt, wenn eine Covered Person unzulässigerweise Anteile an einem Audit Client hält, solange sie ein automatisiertes System eingerichtet hat, welches es ihr ermöglicht, solche finanziellen Beteiligungen von Partnern und Fachmitarbeitern auf Managerebene zu identifizieren, die die Unabhängigkeit beeinträchtigen (können).[629]

Kritische Würdigung
In Bezug auf den finanziellen Anteilsbesitz ähneln sich die dargestellten Vorschriften: In keinem Regelungskreis ist Personen, die direkt an der Auftragsdurchführung beteiligt sind, sowie der Prüfungsgesellschaft selbst das Halten einer direkten Beteiligung an einem Prüfungsmandanten erlaubt. Im Unterschied zu den deutschen Vorschriften, die gesetzlichen Vertretern immer und Gesellschaftern, die nicht an der Abschlussprüfung beteiligt sind, nur in bestimmten Fällen[630] den Anteilsbesitz an einem Prüfungsmandanten der Wirtschaftsprüfungsgesellschaft verbieten, gilt dies nach den Vorschriften der EU, der IFAC und der SEC auch für alle Partner, die in dem Büro beschäftigt sind, von dem aus der Prüfungsmandant betreut wird sowie für alle Partner, die den mandatsverantwortlichen Partner beurteilen und kontrollieren können. Meines Erachtens sollte der Anteilsbesitz für alle in die Prüfung involvierten Personen und für die Partner, die die in die Prüfung involvierten Personen kontrollieren können, unzulässig sein. Als Anteile werden international Aktien, Schuldverschreibungen, Optionen und andere Wertpapiere gesehen, während in Deutschland bislang formal nur der Besitz von Anteilen unzulässig war. Mittlerweile wird auch in Deutschland im BilReG auf die weitergehende Definition des Anteilsbesitzes zurückgegriffen. Der Besitz von Anteilen an einem Investmentfonds ist m.E. unproblematisch, solange dieser ausreichend diversifiziert ist und keiner Kontrolle durch die Prüfungsgesellschaft selbst oder durch bestimmte Mitarbeiter der Prüfungsgesellschaft unterliegt und von der Prüfungsgesellschaft nicht geprüft wird.

Treuhänderisch gehaltene Anteile werden von allen beschriebenen Regelungskreisen dem Mitglied des Prüfungsteams zu Recht als eigene zugerechnet. Damit ist grundsätzlich das

627 Vgl. 17 CFR § 210.2-01(c)(1)(i)(E); AICPA (2001), S. 6f.
628 Vgl. 17 CFR § 210.2-01 (c)(1)(iv)(A).
629 Die Einrichtung eines solchen Systems ist nur dann verpflichtend, wenn die Prüfungsgesellschaft mehr als 500 SEC-registrierte Gesellschaften prüft, einer prüferischen Durchsicht unterzieht oder diesen gegenüber sonstige Aufträge, die testiert werden, erbringt. Vgl. 17 CFR § 210.2-01(d)(4)(ii) sowie Kapitel IV.2.4 dieser Arbeit.
630 Handelt es sich bei der Wirtschaftsprüfungsgesellschaft um eine juristische Person, durften Gesellschafter, die mehr als 50 % der Anteile an der Wirtschaftsprüfungsgesellschaft halten, keine Anteile an dem Prüfungsmandanten halten. In allen anderen Fällen galt dies für alle Gesellschafter. Durch das BilReG wurde diese Unterscheidung aufgehoben. Alle Gesellschafter, die mehr als 20 % der Anteile an der Wirtschaftsprüfungsgesellschaft halten, sind nun vom Anteilsbesitz ausgeschlossen.

treuhänderische Halten von Anteilen an Prüfungsmandanten ausgeschlossen. Ausgenommen von dieser Regelung sind solche Treuhandschaften, in deren Rahmen die entsprechenden Mitglieder des Prüfungsteams keine Investitionsentscheidungen treffen bzw. beeinflussen können (SEC, IFAC) und der Treuhänder durch den Begünstigten, staatliche Stellen oder ein Gericht beaufsichtigt wird (EU). Die IFAC verlangt darüber hinaus, dass das Mitglied des Prüfungsteams nicht Nutznießer ist und die Treuhandschaft keinen wesentlichen Einfluss auf den Mandanten ausüben kann.

Erhält ein Mitglied des Prüfungsteams Anteile durch Erbschaft oder Schenkung, so ist seine Unabhängigkeit dann nicht beeinträchtigt, wenn er sich schnellstmöglich (IFAC) bzw. innerhalb eines Monats (SEC, EU: 30 Tage) von diesen Anteilen trennt.[631] In Deutschland ist eine zeitnahe Veräußerung zwar nicht gesetzlich geregelt, wird aber in der Literatur angeregt.[632] Dieser Ansicht ist m.E. zuzustimmen.

Alle Vorschriften unterwerfen zusätzlich die direkten Familienangehörigen, d.h. Ehegatten oder Lebensgefährten und Abhängige, den gleichen Vorschriften wie das Mitglied des Prüfungsteams selbst. In Deutschland gilt dies indes formal nur für Ehegatten und Lebensgefährten, nicht für finanzielle Abhängige, wie z.B. Kinder. Jedoch sollten Familienangehörige, die von der in die Prüfung involvierten Person finanziell abhängig sind, ebenfalls keine Anteile an dem Prüfungsmandanten halten. Aktien, die ein Familienangehöriger im Rahmen eines Belegschaftsaktienprogramms erhalten hat, beeinträchtigen die Unabhängigkeit des Mitglieds des Prüfungsteams dann nicht, wenn der Familienangehörige verpflichtet ist, diese Anteile zu erwerben und sie so bald wie möglich (m.E. nachdem er nicht mehr für den Mandanten tätig bzw. die Sperrfrist abgelaufen ist) verkauft.

Die Einrichtung eines Systems, das den Anteilsbesitz bestimmter Mitarbeiter überwacht, wird nur von der SEC gefordert; die EU und die IFAC verlangen lediglich die Einrichtung von Verfahren, die den Mitarbeiter zwingen, Verstöße zu melden. Es ist jedoch zu erwarten, dass sich das von der SEC geforderte System – zumindest bei den international tätigen Prüfungsgesellschaften – weltweit durchsetzen wird, da es auch dem einzelnen Mitarbeiter die Einhaltung der Regelungen zur Unabhängigkeit in Bezug auf den Anteilsbesitz erleichtert.

Der Anteilsbesitz an Nicht-Mandanten, die auf den Konzernabschluss des Prüfungsmandanten wesentliche Auswirkungen haben, ist in den betrachteten Rechtskreisen ebenfalls zu Recht unzulässig.

Der Anteilsbesitz von Mandanten an der Prüfungsgesellschaft wird explizit nur seitens der SEC geregelt; danach ist die Unabhängigkeit des Abschlussprüfers nicht mehr gegeben, wenn der Anteil 5 % übersteigt. Die EU legt lediglich fest, dass eine Person, die kein Abschlussprü-

631 Maßgeblich ist der Zeitpunkt, an dem diese Person Kenntnis über den Anteilsbesitz erlangt und über den Anteilsbesitz verfügen kann.

632 Vgl. z.B. ADS (2000), § 319 HGB, Tz. 77.

fer ist, keine Kontrolle, d.h. keinen Anteilsbesitz über 50 %, an der Prüfungsgesellschaft erhalten soll. In Deutschland und durch die IFAC ist dies nicht geregelt. Der deutsche Gesetzgeber sollte sich m.E. an der Regelung der EU orientieren.

Grundsatz	
Deutschland	Anteilsbesitz des Wirtschaftsprüfers und seiner Gehilfen am zu prüfenden Unternehmen ist unzulässig.
EU	Direkter oder wesentlicher indirekter Anteilsbesitz des Abschlussprüfers und der Mitglieder des Prüfungsteams ist unzulässig.
IFAC	Direkter oder wesentlicher indirekter Anteilsbesitz der Mitglieder des Assurance Team ist unzulässig.
USA	Direkter oder wesentlicher indirekter Anteilsbesitz von Covered Persons ist unzulässig.
Vorschlag	Direkter oder wesentlicher indirekter Anteilsbesitz der in die Prüfung involvierten Personen ist unzulässig.
Grundsatz: Anteilsbesitz der Prüfungsgesellschaft (PG) an Prüfungsmandanten	
Deutschland	Anteilsbesitz der WPG ist unzulässig.
EU	Direkter oder wesentlicher indirekter Anteilsbesitz der PG ist unzulässig.
IFAC	Direkter oder wesentlicher indirekter Anteilsbesitz an Assurance Clients der PG ist unzulässig.
USA	Direkter oder wesentlicher indirekter Anteilsbesitz der PG ist unzulässig.
Vorschlag	Direkter oder wesentlicher indirekter Anteilsbesitz der PG ist unzulässig.
Definition direkter Anteilsbesitz	
Deutschland	Aktien, Schuldverschreibungen, Schuldscheine, Optionen und sonstige Wertpapiere.
EU	Aktien, Schuldverschreibungen, Schuldscheine, Optionen oder andere Wertpapiere.
IFAC	Direkter Anteilsbesitz bedeutet die Möglichkeit, Kontrolle über die Beteiligung auszuüben oder Investitionsentscheidungen zu beeinflussen.
USA	Aktien, Anleihen, Schuldverschreibungen, Optionen und andere Arten von Wertpapieren.
Vorschlag	Aktien, Schuldverschreibungen, Schuldscheine, Optionen oder sonstige Wertpapiere.
Investmentfonds	
Deutschland	Das Halten von Investmentfonds ist zulässig.
EU	Das Halten von Investmentfonds ist zulässig.
IFAC	Nicht geregelt.
USA	Das Halten von Investmentfonds ist zulässig, solange der Fonds ausreichend diversifiziert ist und die Covered Persons bzw. die PG keine Anlageentscheidungen treffen können.
Vorschlag	Das Halten von Investmentfonds ist zulässig, solange dieser ausreichend diversifiziert ist und der Anteilsbesitz nicht dazu ermächtigt, Anlageentscheidungen zu treffen. Zudem darf der Investmentfonds kein Prüfungsmandant sein.
Direkte Familienangehörige	
Deutschland	Für Ehegatten und Lebensgefährten gelten die selben Regelungen wie für den Wirtschaftsprüfer und seinen Gehilfen.
EU	Das Halten einer nicht unbedeutenden finanziellen Beteiligung am Prüfungsmandanten ist unzulässig.
IFAC	Finanzieller Anteilsbesitz der direkten Familienangehörigen von Mitgliedern des Assurance Team ist unzulässig.
USA	Finanzieller Anteilsbesitz für Immediate Family Members einer Covered Person ist unzulässig.
Vorschlag	Finanzieller Anteilsbesitz der direkten Familienangehörigen der in die Prüfung involvierten Personen, die finanziell von dieser Person abhängig sind, ist unzulässig.
Partner	
Deutschland	Keine speziellen Regelungen für alle Partner; Anteilsbesitz ist nur für gesetzliche Vertreter der WPG und bestimmte Anteilseigner sowie für die den Bestätigungsvermerk unterzeichnenden WP und sonstige Mitglieder des Prüfungsteams verboten.
EU	Anteilsbesitz von Partnern, die im Büro des mandatsverantwortlichen Partners tätig sind, ist unzulässig. Gleiches gilt für Partner der Chain of Command.
IFAC	Einzelfallabhängige Beurteilung bei Assurance Clients; Unabhängigkeit kann gefährdet sein. Anteilsbesitz von Partnern, die im Büro des für den Audit Client mandatsverantwortlichen Partners sind, ist unzulässig.
USA	Anteilsbesitz von Partnern, die Covered Persons sind, und von Partnern, die im Büro des mandatsverantwortlichen Partners sind, ist unzulässig.

Vorschlag	Anteilsbesitz von Partnern, die in die Prüfung involviert sind oder in die Prüfung involvierte Personen kontrollieren können, ist unzulässig.
Treuhänderisch gehaltene Anteile	
Deutschland	Treuhänderisch gehaltene Anteile werden dem WP bzw. dem Gehilfen zugerechnet und sind somit unzulässig.
EU	Treuhänderisch gehaltene Anteile sind nur dann zulässig, wenn der Treuhänder durch den Begünstigten, staatliche Stellen oder ein Gericht beaufsichtigt wird.
IFAC	Treuhänderisch gehaltene Anteile von Mitgliedern des Assurance Team, deren Immediate Family und der PG sind nur zulässig, wenn diese nicht Nutznießer sind, die Treuhandschaft keinen wesentlichen Einfluss auf den Client ausüben kann und keine Möglichkeit besteht, Investitionsentscheidungen zu treffen.
USA	Treuhänderisch gehaltene Anteile werden der Covered Person zugerechnet, und sind somit unzulässig. Ausnahme: Die Covered Person kann keine Entscheidungen treffen.
Vorschlag	Treuhänderisch gehaltene Anteile sind wie direkter Anteilsbesitz zu behandeln.
Anteilsbesitz durch Erbe oder Schenkung	
Deutschland	Unzulässig. Zeitnahe Veräußerung verpflichtend.
EU	Unzulässig. Verkauf innerhalb eines Monats, nachdem Kenntnis und Verfügungsgewalt über die Anteile erlangt wurde.
IFAC	Unzulässig. Verkauf so schnell wie möglich, nachdem die Verfügungsgewalt über die Anteile erlangt wurde.
USA	Unzulässig. Verkauf innerhalb eines Monats, nachdem Kenntnis und Verfügungsgewalt über die Anteile erlangt wurde.
Vorschlag	Unzulässig. Zeitnahe Veräußerung verpflichtend.
Belegschaftsaktien	
Deutschland	Nicht geregelt.
EU	Nicht geregelt.
IFAC	Das Halten von Belegschaftsaktien durch die Immediate Family von Partnern im Büro des mandatsverantwortlichen Partners und von Partnern oder Managern, die Non-Assurance Services für den Audit Client erbringen, ist zulässig.
USA	Das Halten von Belegschaftsaktien durch Immediate Family Member einer Covered Person ist zulässig, solange die Anteile verkauft werden, sobald dies möglich ist.
Vorschlag	Das Halten von Belegschaftsaktien durch direkte Familienangehörige von in die Prüfung involvierter Personen ist zulässig, solange die Anteile verkauft werden, sobald diese nicht mehr bei dem Mandanten tätig sind und der Verkauf möglich ist.
Anteilsbesitz an wesentlichen Nicht-Mandanten, die mit dem Mandanten verbunden sind	
Deutschland	Grundsätzlich unzulässig.
EU	Unzulässig.
IFAC	Unzulässig.
USA	Unzulässig.
Vorschlag	Unzulässig.
Anteilsbesitz durch Mandanten an der PG	
Deutschland	Nicht geregelt.
EU	Mind. 50 % der Anteile an einer PG sind durch Berufsträger zu halten.
IFAC	Nicht geregelt.
USA	Unzulässig, sobald der Anteil 5 % übersteigt.
Vorschlag	Mandanten sollten keine Anteile an der PG halten.
System zur Überwachung des Anteilsbesitzes	
Deutschland	Nicht geregelt.
EU	Einrichtung von Verfahren, die alle Fachkräfte zur Meldung von Verstößen gegen die Unabhängigkeit durch finanziellen Anteilsbesitz verpflichten.
IFAC	Einrichtung eines Systems, das die Mitarbeiter zwingt, ihren Anteilsbesitz an einem Assurance Client im Falle einer Verletzung der Vorschriften in Bezug auf finanziellen Anteilsbesitz ggü. der Gesellschaft offen zu legen.
USA	Einrichtung eines Systems zur Überwachung des finanziellen Anteilsbesitzes von Partnern und Fachmitarbeitern auf Managerebene.
Vorschlag	Bei großen PG unverzichtbar, um den einzelnen Mitarbeiter bei der Einhaltung der Unabhängigkeitsregeln zu unterstützen.

Tabelle 14: Regelungen zum Anteilsbesitz

2.1.1.2 Bürgschaften und Garantien sowie nicht-eigenkapitalmäßige Bindungen

Zweck der Vorschrift

Die Unabhängigkeit des Abschlussprüfers kann nicht nur durch eine Beteiligung am Eigenkapital des Prüfungsmandanten, sondern auch durch die Übernahme von Bürgschaften und Garantien oder durch nicht-eigenkapitalmäßige Bindungen beeinträchtigt sein.

Deutsche Vorschriften

Dem Abschlussprüfer ist gem. § 2 Abs. 2 Nr. 3 der Berufssatzung WPK untersagt, Risiken des geprüften Unternehmens, z.B. in Form von Bürgschaften oder Garantieerklärungen, zu übernehmen, da er in diesem Fall ein besonderes Interesse an der Vermögenslage des Mandanten hat und somit in seinen Entscheidungen nicht mehr frei ist.[633] Nicht-eigenkapitalähnliche Bindungen des Abschlussprüfers an die zu prüfende Gesellschaft, wie z.B. das Annehmen von Darlehen zu nicht marktüblichen Konditionen oder langfristige Mietverträge begründen keinen Ausschlusstatbestand nach § 319 Abs. 3 Satz 1 Nr. 1 HGB; gleichwohl können sie zu einer Besorgnis der Befangenheit i.S.d. §§ 319 Abs. 2 HGB, 49 WPO führen[634] und sind somit zu vermeiden. Werden dem Abschlussprüfer von seinem Prüfungsmandanten gewinnabhängige Ansprüche, wie bspw. Genussrechte oder partiarische Darlehen, eingeräumt, so beeinträchtigt dies dessen Unabhängigkeit i.S.d. § 319 Abs. 3 Satz 1 Nr. 1 HGB solange nicht, wie diese keinen Eigenkapitalcharakter haben.[635] Gleichwohl kann eine solche Konstellation die Besorgnis der Befangenheit begründen. Unschädlich können diese Ansprüche in jedem Fall nur dann sein, „wenn es sich um eine allgemeine Emission handelt und die Höhe des Engagements und die sich daraus ergebenden vermögensmäßigen Auswirkungen für den Prüfer von untergeordneter Bedeutung sind“[636]. Mattheus ordnet Wandel- und Optionsanleihen sowie partiarische Darlehen zutreffend dann in den Anwendungsbereich des § 319 HGB ein, wenn sich deren „Ertrag unmittelbar am Gewinn oder Verlust des zu prüfenden Unternehmens orientiert“[637].

Vorschriften der EU-Kommission

Das Bürgen für Risiken des Prüfungsmandanten oder die Übernahme einer Kreditbürgschaft durch den Prüfungsmandanten für den Abschlussprüfer ist unzulässig.[638] Grundsätzlich darf der Abschlussprüfer einem Prüfungsmandanten keinen Kredit gewähren oder einen Kredit von diesem annehmen. Der Abschluss gewerblicher Kredite bei Prüfungsmandanten oder Un-

---

633 Vgl. ADS (2000), § 318 HGB, Tz. 363; hier jedoch mit Verweis auf § 21 Abs. 2 Nr. 2 der Berufssatzung WPK; Windmöller (1996), S. 1108, der sich indes noch auf die mittlerweile durch die Berufssatzung WPK ersetzten Berufsrichtlinien bezieht.

634 Vgl. Baetge/Thiele (2004), § 319 HGB, Tz. 46; Hense/Veltins (2003), § 319 HGB, Tz. 14. Die Gefährdung der Unabhängigkeit des Abschlussprüfers durch nichtübliche geschäftliche Beziehungen zwischen diesem und einem Prüfungsmandanten wurde bewusst nicht in § 319 Abs. 3 HGB aufgenommen, sondern wird über die Generalklausel des § 319 Abs. 2 HGB abgedeckt. Vgl. BT-Drucks. 15/3419, S. 40.

635 Gl.A. Baetge/Thiele (2004), § 319 HGB, Tz. 46; Zimmer (2002), § 319 HGB, Tz. 25. A.A. ADS (2000), § 319 HGB, Tz. 74 und 76; Baumbach/Hopt (2000), § 319 HGB, Tz. 3.

636 ADS (2000), § 318 HGB, Tz. 359.

637 Mattheus (2002), § 319 HGB, Tz. 64f.

638 Vgl. EU-Kommission (2002e), S. 43.

ternehmen, die mit diesem verbunden sind, sind im Rahmen des normalen Geschäftsverkehrs des Abschlussprüfers hingegen generell zulässig, wenn diese Geschäfte zu marktüblichen Konditionen, d.h. wie zwischen fremden Dritten, geschlossen werden. Der Abschlussprüfer hat jedoch zu überprüfen, ob dieser Kredit für ihn wesentlich ist und seine Unabhängigkeit somit faktisch oder nach außen hin scheinbar gefährdet.[639] Der umgekehrte Fall, d.h. die Kreditvergabe der Prüfungsgesellschaft an einen Prüfungsmandanten, wird von der EU-Kommission nicht geregelt.

Vorschriften des IFAC Code of Ethics

Nach dem IFAC Code of Ethics sind Loans and Guarantees von Assurance Clients an die Prüfungsgesellschaft zulässig, solange es sich bei dem Assurance Client um ein Kreditinstitut handelt, der Kredit unter marktüblichen Bedingungen zustande gekommen und weder für den Assurance Client noch für die Prüfungsgesellschaft wesentlich ist.[640] Gewährt ein Assurance Client Mitgliedern des Assurance Team und deren direkten Familienmitgliedern einen Kredit, muss es sich bei dem Assurance Client um ein Kreditinstitut handeln und der Kredit – bspw. eine Hypothek für ein Haus, ein Dispokredit, ein Kredit zur Finanzierung eines Automobils oder ein Kreditkartenlimit – zu marktüblichen Bedingungen zustande gekommen sein, damit die Unabhängigkeit nicht gefährdet ist. Ist der Kredit wesentlich für den Assurance Client, sollten weitere Maßnahmen, z.B. eine zusätzliche Durchsicht des Abschlusses durch einen unternehmensexternen Accountant, ergriffen werden. Diese Vorschriften gelten auch für Festgeldkonten oder Wertpapierdepots. Gewährt die Prüfungsgesellschaft oder ein Mitglied des Assurance Team einem Assurance Client, der kein Kreditinstitut ist, einen Kredit oder bürgen diese für den Assurance Client, so gefährdet dies die Unabhängigkeit in einem hohen Maße, wenn der Kredit oder die Bürgschaft nicht für alle Beteiligten unwesentlich ist.[641] Letztendlich ist entweder das Assurance Engagement niederzulegen oder die durch den Kredit bzw. die Bürgschaft begründete Geschäftsbeziehung zu beenden. Auf den umgekehrten Fall, d.h. auf die Kreditvergabe der Prüfungsgesellschaft an einen Assurance Client, sind diese Vorschriften analog anzuwenden.[642] Die IFAC betrachtet die Unabhängigkeit im Fall von nicht ausgeglichenen Kreditkartenkonten oder Wertpapierdepots bei Assurance Clients dann als nicht gefährdet, wenn dies unter marktüblichen Konditionen abgewickelt wird.[643] Handelt es sich um einen Audit Client, gelten die dargestellten Vorschriften für alle Gesellschaften im Firmenverbund der Prüfungsgesellschaft.[644]

---

639 Vgl. EU-Kommission (2002e), S. 43-44. Neben Krediten nennt die EU-Kommission noch den Erwerb von Büroeinrichtung, EDV-Software oder Firmenwagen.

640 Vgl. IFAC (2001c), Tz. 8.124.

641 Die IFAC regelt nur den Fall der Vergabe von Krediten durch die Prüfungsgesellschaft oder ein Mitglied des Assurance Team an einen Assurance Client, der kein Kreditinstitut ist. Regelungen für den Fall, dass es sich um ein Kreditinstitut handelt, werden nicht getroffen.

642 Vgl. IFAC (2001c), Tz. 8.124-8.128.

643 Vgl. IFAC (2001c), Tz. 8.125f.

644 Vgl. IFAC (2001c), Tz. 8.129.

US-amerikanische Vorschriften

Kredite durch Covered Persons oder deren Immediate Family von oder an Audit Clients bzw. von oder an Führungskräfte und Mitglieder der Unternehmensleitung des Audit Client oder an wirtschaftliche Eigentümer von mehr als 10 % des gezeichneten Kapitals eines Audit Client sind unzulässig. Ausgenommen von dieser Regelung sind Kredite für Automobile, Kredite, die durch den Rückkaufwert einer Versicherung oder ein Girokonto bei derselben Bank gesichert sind, sowie Hypotheken, die durch ein Haus bzw. Grundstück gesichert sind, das der Kreditnehmer bewohnt, unter der Voraussetzung, dass die Hypothek vereinbart wurde, als der Kreditnehmer noch keine Covered Person war.[645] Die SEC hält darüber hinaus folgende Einzelfälle eines finanziellen Interesses an einem Audit Client durch Covered Persons und deren Immediate Family für schädlich:[646]

- Spar- und Girokonten bei einem Kreditinstitut, welches ein Audit Client ist, wenn der Kontostand höher ist als der durch die Federal Deposit Insurance Corporation oder einem ähnlichen Versicherer versicherte Betrag. (Eine Ausnahme besteht für den Fall, wenn die Wahrscheinlichkeit, dass dieser Audit Client finanzielle Schwierigkeiten haben wird, gering ist.)
- Beziehungen zu Audit Clients, die Broker/Dealer sind, wenn das dort gehaltene Konto Vermögensgegenstände außer Bargeld oder Wertpapieren enthält, der Wert der Vermögensgegenstände höher ist als der Wert, der dem Vorschuss der Securities Investor Protection Corporation unterliegt oder bei Konten außerhalb der USA einem Programm unterliegt, das diesem ähnelt.
- (Waren-)Termingeschäfte, die durch einen Audit Client durchgeführt werden.
- Nicht ausgeglichene Kreditkartenkonten bei einem Audit Client von mehr als 10.000 USD.
- Ein finanzieller Anteilsbesitz an einer Gesellschaft, die Teil eines Investment Company Complex[647] ist, die einen Audit Client beinhaltet.

Versicherungsgeschäfte mit Audit Clients sind zulässig, wenn das Geschäft abgeschlossen wurde, als der Mitarbeiter der Prüfungsgesellschaft noch keine Covered Person war und wenn die Wahrscheinlichkeit, dass der Versicherer insolvent wird, gering ist.

Kritische Würdigung

In Deutschland ist die Übernahme von Bürgschaften oder Garantien für den Mandanten unzulässig. Nach den Vorschriften der EU und der IFAC sind Bürgschaften, die nicht für alle Parteien unwesentlich sind, unzulässig. Die SEC gibt keine speziellen Regelungen vor. Am zweckdienlichsten ist hier m.E. die Vorgehensweise der EU und der IFAC, die auch Wesentlichkeitsaspekte berücksichtigt.

---

645 Vgl. 17 CFR § 210.2-01(c)(1)(ii)(A); AICPA (2001), Interpretation 101-1(A)(4) und 101-5.

646 Vgl. 17 CFR § 210.2-01(c)(1)(ii)(B)-(G).

647 Zur Definition des Begriffs Investment Company Complex vgl. 17 CFR § 210.2-01(f)(14).

Kredite von Prüfungsmandanten sind grundsätzlich zulässig, solange sie zu marktüblichen Bedingungen abgeschlossen wurden. Die IFAC verlangt zusätzlich, dass ein Kredit, der nicht von einem Kreditinstitut gewährt wurde, für beide Parteien unwesentlich sein muss. Die SEC verbietet jeglichen Kredit, der höher ist als 10 % des gezeichneten Kapitals des Audit Client. Ausgenommen sind lediglich Kredite für Automobile, Kredite, die durch den Rückkaufwert einer Versicherung oder ein Girokonto bei derselben Bank gesichert sind sowie Hypotheken, die durch ein Haus oder ein Grundstück besichert sind, das der Kreditnehmer bewohnt, wenn die Hypothek, die vereinbart wurde, als der Kreditnehmer noch keine Covered Person war. Die EU regelt zusätzlich, dass Kredite des Abschlussprüfers an den Prüfungsmandanten grundsätzlich unzulässig sind; gleiches gilt nach den Regelungen der IFAC, solange der Kredit für eine der beiden Parteien wesentlich ist. Kredite sollten m.E. nur von Kreditinstituten gewährt werden und – solange sie nicht für beide Parteien unwesentlich sind – durch entsprechende Hypotheken o.ä. gesichert sein.

Bürgschaften und Garantien	
Deutschland	Bürgschaften und Garantien sind unzulässig.
EU	Bürgschaften sind unzulässig.
IFAC	Bürgschaften sind zulässig, solange es sich bei dem Assurance Client um ein Kreditinstitut handelt, die Bürgschaften nicht wesentlich und zu marktüblichen Konditionen zustande gekommen sind.
USA	Nicht geregelt.
Vorschlag	Bürgschaften und Garantien sind unzulässig, solange diese für eine der beiden Parteien wesentlich sind.
Kredite des Mandanten an den Abschlussprüfer	
Deutschland	Kredite sind grundsätzlich zulässig, solange sie zu marktüblichen Konditionen abgeschlossen wurden; ansonsten Besorgnis der Befangenheit. Gleiches gilt für partiarische Darlehen.
EU	Kredite sind grundsätzlich zulässig, solange sie zu marktüblichen Konditionen abgeschlossen wurden.
IFAC	Kredite von einem Assurance Client an den Abschlussprüfer sind grundsätzlich zulässig, solange es sich bei dem Assurance Client um ein Kreditinstitut handelt, der Kredit zu marktüblichen Konditionen abgeschlossen wurde und für beide Parteien unwesentlich ist.
USA	Kredite sind grundsätzlich unzulässig (Ausnahmen: Kredite für Automobile, Kredite, die durch den Rückkaufwert einer Versicherung oder ein Girokonto bei derselben Bank gesichert sind sowie Hypotheken, die durch ein Haus bzw. Grundstück besichert sind, das der Kreditnehmer bewohnt, unter der Voraussetzung, dass die Hypothek vereinbart wurde, als der Kreditnehmer noch keine Covered Person war).
Vorschlag	Kredite sind nur von Kreditinstituten zu gewähren, müssen zu marktüblichen Konditionen zustande kommen und sollten – solange sie nicht für beide Parteien unwesentlich sind – durch eine Hypothek o.ä, gesichert sein.
Kredite des Abschlussprüfers an den Mandanten	
Deutschland	Nicht geregelt.
EU	Grundsätzlich unzulässig.
IFAC	Unzulässig, wenn der Assurance Client kein Kreditinstitut ist und der Kredit für mindestens eine der beiden Parteien wesentlich ist.
USA	Nicht geregelt.
Vorschlag	Grundsätzlich unzulässig.

Tabelle 15: Bürgschaften und Garantien sowie nicht-eigenkapitalmäßige Bindungen

2.1.2 Erfolgsabhängige Vergütung

Deutsche Vorschriften

Die Vereinbarung einer Vergütung, deren Höhe vom Resultat der Arbeit des Abschlussprüfers abhängig ist, ist nicht zulässig.[648] Ebenso unzulässig ist die Vereinbarung eines Pauschalhonorars gem. § 27 der Berufssatzung WPK, es sei denn, der Abschlussprüfer beachtet die Qualitätssicherungsstandards und die Berufspflichten besonders sorgfältig, der Mandant wird über den Umfang der Dienstleistung und die Grundlagen der Honorarberechnung genau informiert, und die Berechnung des Honorars ist nicht von der Erbringung anderer Dienstleistungen für den Mandanten abhängig. Zudem muss sichergestellt sein, dass bei Eintritt nicht vorhersehbarer Umstände beim Mandanten, die zu einer Erhöhung des Aufwands des Abschlussprüfers führen, die Möglichkeit besteht, das Honorar entsprechend zu erhöhen (sog. Anpassungsklausel).[649] Diese Vorschrift wurde durch die Änderung der Berufssatzung WPK im November 2001 dahingehend ergänzt, dass der Abschlussprüfer dafür Sorge zu tragen hat, „dass durch eine angemessene Vergütung des jeweiligen Auftrages die Qualität der beruflichen Tätigkeit sichergestellt wird“[650].

Vorschriften der EU-Kommission

Die Vereinbarung eines erfolgsabhängigen Honorars bei Prüfungsaufträgen ist generell unzulässig.[651] Um zudem den Anschein einer Erfolgsabhängigkeit zu vermeiden, sollten die Grundlagen für die Berechnung des Honorars aus Prüfungsleistungen jährlich vorab vereinbart werden und einen gewissen Spielraum für Abweichungen enthalten. Legen ein Gericht oder eine staatliche Stelle ein erfolgsabhängiges Prüfungshonorar fest, so ist dieses nicht als Erfolgshonorar anzusehen.[652]

Auch für erbrachte Nichtprüfungsleistungen vereinbarte erfolgsabhängige Honorare können die Unabhängigkeit des Abschlussprüfers negativ beeinflussen. Daher sollte vorab das aus dieser Vereinbarung für die Unabhängigkeit resultierende Risiko evaluiert und durch geeignete Sicherheitsvorkehrungen auf ein akzeptables Maß gesenkt werden. Hierbei soll der Abschlussprüfer das Verhältnis zwischen dem Auftrag, für den das Erfolgshonorar vereinbart wurde, und dem Prüfungsauftrag sowie die Bandbreite möglicher Honorarbeträge und die Berechnungsgrundlagen für das Honorar einbeziehen. In diesem Zusammenhang ist insb. von Bedeutung, ob die Grundlage für die Bemessung des Erfolgshonorars einen direkten Bezug zu Vermögenswerten oder dem Eintritt einer finanziellen Bedingung (bspw. eine bestimmte Entwicklung des Aktienkurses der Gesellschaft) hat, die dann wiederum im Rahmen der Ab-

---

648 Vgl. § 55a Abs. 1 WPO und § 2 Abs. 2 Nr. 1 der Berufssatzung WPK.

649 Vgl. WPK (2002a), S. 48f.; laut einer Untersuchung von Strickmann (2000), S. 200f. über das Geschäftsjahr 1997 ist bei börsennotierten Unternehmen die Pauschalhonorarvereinbarung die am häufigsten auftretende Vergütungsvariante, gefolgt von einer Kombination aus Wert- und Zeitgebühr und schließlich einer reinen Zeitgebühr; keine der drei Formen hat jedoch eine so herausragende Stellung, dass sie als eine typische Honorarform beschrieben werden könnte.

650 § 27 Abs. 1 Berufssatzung WPK.

651 Vgl. EU-Kommission (2002e), S. 32; Artikel 25 (c) des Vorschlags zur Modernisierung der Prüferrichtlinie.

652 Vgl. EU-Kommission (2002e), S. 32 und 51.

schlussprüfung zu bewerten sind. Existieren keine geeigneten Sicherheitsvorkehrungen, so muss entweder der Auftrag zur Erbringung der Nichtprüfungsleistung abgelehnt, das Prüfungsmandat niedergelegt oder eine andere Honorarvereinbarung getroffen werden. Verfügt der Prüfungsmandant über ein Kontrollorgan, so sollte der Abschlussprüfer die getroffenen Vereinbarungen diesem ebenfalls offen legen.[653]

Vorschriften des IFAC Code of Ethics

Der IFAC Code of Ethics beurteilt eine erfolgsabhängige Vergütung bei Assurance Engagements, die nicht von einem Gericht oder einer anderen öffentlichen Stelle festgelegt wurde, als schwerwiegenden Verstoß gegen die Unabhängigkeit des Abschlussprüfers, der durch keine Maßnahme geheilt werden kann.[654] Ein Accountant darf daher keine Vereinbarung, bei der die Höhe seines Honorars vom Erfolg seiner Tätigkeit abhängt, eingehen. Handelt es sich bei dem Auftrag um einen Non-Assurance Service, der für einen Assurance Client erbracht wird, so wird bei Vorlie-gen bestimmter Faktoren[655] – und nur wenn das Honorar nicht vom Ergebnis des Assurance Engagement abhängt – eine erfolgsabhängige Vergütung als nicht schädlich angesehen. Der Accountant muss gleichwohl zusätzliche Maßnahmen ergreifen, um seine Unabhängigkeit zu sichern. Darunter fallen bspw. die Information des Audit Committee des Assurance Client über Ausmaß und Umfang der erfolgsabhängigen Vergütung, die Festlegung der Höhe der Vergütung durch einen unabhängigen Dritten sowie andere Maßnahmen zur Qualitätskontrolle.[656]

US-amerikanische Vorschriften

Erhält ein Accountant während der Audit and Professional Engagement Period eine erfolgsabhängige Vergütung von seinem Audit Client oder bietet er eine Dienstleistung an, die in eine erfolgsabhängige Vergütung mündet, ist er nicht mehr unabhängig.[657] Der Accountant muss in diesem Fall entweder sein Mandat zur Abschlussprüfung niederlegen oder die Vereinbarung zur erfolgsabhängigen Vergütung rückgängig machen. Eine erfolgsabhängige Vergütung, die von einem Gericht oder einer anderen staatlichen Stelle festgelegt wird, ist zulässig.[658]

Kritische Wurdigung

Eine Vergütung, deren Höhe vom Ergebnis der Arbeit des Accountant abhängig gemacht wird, ist generell unzulässig. Die einzige Ausnahme sehen EU, IFAC und SEC in einer erfolgsabhängigen Vergütung, die von einem Gericht oder einer anderen öffentlichen Stelle

---

653 Vgl. EU-Kommission (2002e), S. 32 und 52 sowie S. 25f.

654 Vgl. IFAC (2001c), Tz. 8.207f.

655 Der IFAC Code of Ethics zählt explizit folgende Faktoren auf: die Spanne, in der das Honorar liegt, den Grad der Variabilität, die Grundlage der Honorarberechnung, ob das Ergebnis der Transaktion von einem unabhängigen Dritten durchgesehen wird sowie potenzielle Einflüsse dieser Transaktion auf das Assurance Engagement. Vgl. IFAC (2001c), Tz. 8.209.

656 Vgl. IFAC (2001c), Tz. 8.207-8.209.

657 Vgl. 17 CFR § 210.2-01(c)(5). Dies gilt unabhängig davon, ob die erfolgsabhängige Vergütung für den Prüfungsauftrag oder einen anderen Auftrag vereinbart wird.

658 Vgl. 17 CFR § 210.2-01 (f)(10).

festgelegt wurde. Eine sinnvolle Regelung besteht folglich m.E. in der Kombination dieser Vorschriften.

Erfolgsabhängige Vergütung	
Deutschland	Unzulässig in Bezug auf alle Tätigkeiten, die der Wirtschaftsprüfer oder die WPG erbringt
EU	Unzulässig bei Prüfungsmandanten, solange die erfolgsabhängige Vergütung nicht von einem Gericht oder einer anderen öffentlichen Stelle festgelegt wurde
IFAC	Unzulässig bei Assurance Engagements, solange die erfolgsabhängige Vergütung nicht von einem Gericht oder einer anderen öffentlichen Stelle festgelegt wurde
USA	Unzulässig bei Audit Clients, solange die erfolgsabhängige Vergütung nicht von einem Gericht oder einer anderen öffentlichen Stelle festgelegt wurde
Vorschlag	Unzulässig in Bezug auf alle Tätigkeiten, die der Wirtschaftsprüfer oder die WPG erbringt, solange die erfolgsabhängige Vergütung nicht von einem Gericht oder einer anderen öffentlichen Stelle festgelegt wurde

Tabelle 16 Erfolgsabhängige Vergütung

2.1.3 Mandantenabhängigkeit durch Honorar

Zweck der Vorschrift

Die Unabhängigkeit des Abschlussprüfers ist grundsätzlich durch seine finanziellen Interessen im Rahmen seiner erwerbswirtschaftlichen Tätigkeit beim Mandanten, d.h. durch die Möglichkeit des Mandanten, ihm ein Honorar zukommen zu lassen oder nicht, gefährdet.[659] „Solche Drohungen werden in den seltensten Fällen offen ausgesprochen. In der Regel wird versucht, den Abschlußprüfer durch Andeutungen der verschiedensten Art zu verunsichern, z.B. durch Hinweise auf die guten Erfahrungen, die andere Gesellschaften mit bestimmten Prüfern gemacht hätten."[660] Dies ist von besonderer Tragweite, wenn der Abschlussprüfer einen Großteil seiner Einnahmen von einem einzigen Mandanten erhält und wenn die Möglichkeit, den Verlust dieses Auftrags durch die Annahme eines neuen Auftrags zu kompensieren, gering ist.[661] Der Grund hierfür liegt darin, dass es „dem Abschlussprüfer umso schwerer fallen [wird], bei Meinungsverschiedenheiten über die Richtigkeit des Jahresabschlusses seine Auffassung durchzusetzen und notfalls die Beendigung des Auftragsverhältnisses in Kauf zu nehmen, je höher die damit verbundene finanzielle Einbuße ist"[662]. Hinzu kommt, dass immer mehr Abschlussprüfer die eigentliche Abschlussprüfung unter ihren Selbstkosten anbieten und versuchen, dies durch entsprechende Beratungsaufträge zu kompensieren.[663] Diese Form der Abhängigkeit des Abschlussprüfers von seinem Mandanten wird in der Literatur als Kunden- bzw. Mandantenabhängigkeit bezeichnet.[664]

[659] Vgl. Bormann (2002), S. 192; Leffson (1988), S. 82; Schildbach (1996b), S. 642-644.
[660] Leffson (1988), S. 82, mit Verweis auf Forster (1976), S. 331.
[661] Vgl. Baetge/Thiele (2004), § 319 HGB, Tz. 99 m.w.N; Forster (1976), S. 332.
[662] Hense/Veltins (2003), § 319 HGB, Tz. 30. Ähnlich Baetge/Thiele (2004), § 319 HGB, Tz. 99.
[663] Vgl. Levitt (2000): „And the audit is sometimes priced lower to attract clients willing to pay for higher margin consulting services." Ähnlich EU-Kommission (1996b), Abschn. 4.11; Mattheus (2000), S. 11f. m.w.N. aus der Tagespresse; Stefani (2002a), S. 13 sowie S. 372-389 (Anhang B.2).
[664] Vgl. Richter (1975), S. 126-139. Mit dem Zusammenhang zwischen dem Honorarvolumen, das von einem Mandanten erzielt wird, und der erwarteten Unabhängigkeit haben sich zahlreiche, hauptsächlich amerikanische Autoren beschäftigt. Vgl. dazu Kapitel I.3.3 dieser Arbeit.

Deutsche Vorschriften

Nach § 319 Abs. 3 Satz 1 Nr. 5 HGB ist ein Wirtschaftsprüfer als Abschlussprüfer ausgeschlossen, wenn er „in den letzten fünf Jahren jeweils mehr als dreißig vom Hundert der Gesamteinnahmen[665] aus seiner beruflichen Tätigkeit aus der Prüfung und Beratung der zu prüfenden Kapitalgesellschaft und von Unternehmen, an denen die zu prüfende Kapitalgesellschaft mehr als zwanzig vom Hundert der Anteile besitzt, bezogen hat und dies auch im laufenden Geschäftsjahr[666] zu erwarten ist".[667] Bei Unternehmen, die einen organisierten Markt i.S.d. § 2 Abs. 5 WpHG in Anspruch nehmen, gilt eine Grenze von 15 %. Eingeführt wurde diese Vorschrift durch das BiRiLiG – damals noch mit einem Prozentsatz von fünfzig für alle Unternehmen – mit der Überlegung, dass sich der Abschlussprüfer aus finanziellen Gründen von der Meinung des geprüften Unternehmens abhängig macht und so seine Unabhängigkeit und Unbefangenheit gefährdet.[668] Durch das KonTraG wurde die Gesamteinnahmegrenze eines Mandats von 50 % auf 30 % gesenkt. Damit sollte „das Vertrauen in die Unabhängigkeit des Abschlußprüfers gestärkt und der Besorgnis der Befangenheit entgegengewirkt werden"[669]. Ob dieses Ziel mit der Absenkung der Gesamteinnahmegrenze erreicht werden kann, wurde im Schrifttum gleichwohl kontrovers diskutiert. Lenz/Ostrowski führten bspw. an, dass bei der Höhe des zulässigen Prozentsatzes zwischen kapitalmarktorientierten und nicht-kapitalmarktorientierten Unternehmen unterschieden werden sollte. Für kapitalmarktorientierte Unternehmen sollten dabei die Vorschriften weiter verschärft und der Prozentsatz auf 15 % abgesenkt werden; dies würde auch internationalen Gepflogenheiten entsprechen.[670] Ähnlich argumentieren auch Böcking/Orth, die allerdings die Grenze für börsennotierte Aktiengesellschaften bei 10 % und für sonstige prüfungspflichtige Gesellschaften bei 15 % ziehen.[671] Dörner/Schwegler halten sogar eine Verringerung dieser Grenze auf 5 % bei börsennotierten Ka-

---

665 Gesamteinnahmen sind alle Einnahmen, die der Abschlussprüfer im Rahmen seiner beruflichen Tätigkeiten i.S.d. § 2 WPO erzielt. Gl.A. ADS (2000), § 319 HGB, Tz. 153; Baetge/Thiele (2004), § 319 HGB, Tz. 107; Claussen/Korth (1991), § 319 HGB, Tz. 53; Ebke (2001), § 319 HGB, Tz. 40. A.A. nur Zimmer (2002), § 319 HGB, Tz. 48.

666 Relevant ist hier das Geschäftsjahr des Wirtschaftsprüfers. Die Umsatzabhängigkeit darf dabei während der gesamten Prüfungstätigkeit, d.h. vom Tag der Bestellung bis zum Tag der Erteilung des Prüfungsurteils, nicht gegeben sein. Vgl. Baetge/Thiele (2004), § 319 HGB, Tz. 100f.; Mattheus (2002), § 319 HGB, Tz. 102; Zimmer (2002), § 319 HGB, Tz. 51. A.A. ADS (2000), § 319 HGB, Tz. 157; Hense/Veltins (2003), § 319 HGB, Tz. 32.

667 Zur Gesetzesbegründung vgl. Ernst/Seibert/Stuckert (1998), S. 99. Vgl. auch ADS (2000), § 319 HGB, Tz. 152 und 158; Baetge/Thiele (2004), § 319 HGB, Tz. 104, Hense/Veltins (2003), § 319 HGB, Tz. 31; Mattheus (2002), § 319 HGB, Tz. 104f.

668 Vgl. BT-Drucks. 10/317, S. 97. Im Entwurf der 8. EG-Richtlinie war noch von 10 % die Rede; im Vorentwurf des BiRiLiG von 25 %. Vgl. Willemer (1981), S. 1477. Knief (1976), S. 138, forderte bereits 1976, den Honoraranteil eines Mandanten am Gesamtumsatz auf 5 bis 10 % zu senken.

669 Böcking/Orth (1998a), S. 357. Kritisch zur 50 %-Grenze Braun (1996), S. 1001.

670 Vgl. Lenz/Ostrowski (1997), S. 1525; die FEE (1998), S. 23 empfiehlt ebenfalls einen Prozentsatz zwischen 5 und 15 %; ähnlich Dörner/Oser (1995), S. 1093 „Diese Fünfzig-Prozent-Grenze ist international völlig indiskutabel. International werden Grenzen von 5 bis 25 % diskutiert" Vgl. auch Schmidt (1996), S. 56. Bemerkenswert ist, dass in der deutschen Literatur vermehrt darauf hingewiesen wird, dass der vom deutschen Gesetzgeber gewählte Prozentsatz von dreißig zu hoch und international nicht akzeptiert sei, jedoch weder die IFAC, noch die EU-Kommission noch die SEC in ihren Vorschriften überhaupt einen expliziten Prozentsatz nennen.

671 Vgl. Böcking/Orth (1998a), S. 357f.

pitalgesellschaften für denkbar.[672] Lediglich die WPK hält die Regelung von 30 % für ausreichend, da nach ihrem Dafürhalten „eine Honorarkonstellation von mehr als 30 % … nach den vorliegenden Erkenntnissen für die Normalpraxis atypisch“[673] sei. Das BilReG schließt sich der in der Literatur vorgeschlagenen Unterscheidung zwischen Unternehmen, die einen organisierten Markt i.S.d. § 2 Abs. 5 WpHG in Anspruch nehmen, und anderen Kapitalgesellschaften an. Danach gilt für alle Kapitalgesellschaften weiterhin die Gesamteinnahmegrenze von 30 %. Für Unternehmen, die einen organisierten Markt i.S.d. § 2 Abs. 5 WpHG in Anspruch nehmen, wird diese Grenze hingegen auf 15 % gesenkt.[674] Kritisch war in diesem Zusammenhang zu bemerken, dass eine Aushebelung dieser Vorschrift, etwa durch das Verlagern von Aufträgen auf Tochtergesellschaften der Wirtschaftsprüfungsgesellschaft, durch das HGB nicht ausgeschlossen wurde.[675] Mit Verabschiedung des BilReG wurde indes klargestellt, dass auch i.S.d. § 271 Abs. 2 HGB mit dem Abschlussprüfer verbundene Unternehmen die Regelungen der §§ 319 Abs. 3 Satz 1 Nr. 5, 319a Abs. 1 Satz 1 Nr. 1 HGB erfüllen müssen; eine Aushebelung dieser Vorschrift sollte folglich nicht mehr möglich sein und würde zudem über § 319 Abs. 2 HGB erfasst. In besonderen Härtefällen, wie bspw. während des Aufbaus oder der Schließung einer Praxis, kann die WPK eine befristete Ausnahmegenehmigung erteilen, jedoch nicht in Bezug auf die Abschlussprüfung von Unternehmen, die einen organisierten Markt i.S.d. § 2 Abs. 5 WpHG in Anspruch nehmen.[676]

Vorschriften der EU-Kommission

Eine finanzielle Abhängigkeit von einem Prüfungsmandanten darf auch dem Anschein nach nicht vorliegen.[677] Sie ist in jedem Fall gegeben, wenn die gesamten Honorare aus Prüfungs- und Nichtprüfungsleistungen, die eine Prüfungsgesellschaft von einem Mandanten erhält, über einen Zeitraum von fünf Jahren jeweils einen „übermäßig hohen Prozentsatz des Gesamtumsatzes“[678] annehmen. Dieser Prozentsatz kann variieren und ist z.B. abhängig von der Größe der Prüfungsgesellschaft und ihrem Tätigkeitsgebiet (lokal, national oder international). Eine Gefährdung für die Unabhängigkeit wird auch dann gesehen, wenn die Honorare für

672 Vgl. Dörner/Schwegler (1997), S. 288.

673 WPK (1997), S. 102. Auch das IDW (1995), S. 102d befürwortete eine Senkung der 50 %-Grenze, sagte jedoch seine Bereitschaft zur Mitarbeit nur für Vorschläge zu, die „nicht in Richtung einer wettbewerbsverzerrenden Kürzung gehen, sondern zu einer sachlich angemessenen, evtl. stufenweisen Reduzierung führen“.

674 Vgl. §§ 319 Abs. 3 Satz 1 Nr. 5; 319a Abs. 1 Nr. 1 HGB; BT-Drucks. 15/3419, S. 41.

675 Vgl. Lenz/Ostrowski (1997), S. 1525; ADS (2000), § 319 HGB, Tz. 161 und 184; Baetge/Thiele (2004), § 319 HGB, Tz. 105. Vgl. auch Theisen (1994), S. 820: „Derartige Beschränkungen sind theoretisch überzeugend, im Zeichen der zunehmenden Vernetzung der Abschlußprüfer und ihrer Gesellschaften aber technisch umgehbar.“

676 Vgl. ADS (2000), § 319 HGB, Tz. 163; Hense/Veltins (2003), § 319 HGB, Tz. 33.

677 Die EU-Kommission (2002e), S. 52, verlangt, dass nicht nur die Existenz einer solchen Abhängigkeit vermieden wird, sondern dass auch zu berücksichtigen ist „ob der Anschein einer derartigen Abhängigkeit zu einer bedeutenden Gefährdung der Unabhängigkeit führen würde“.

678 EU-Kommission (2002e), S. 32.

Nichtprüfungsleistungen die für Prüfungsleistungen (wesentlich) überschreiten.[679] In einem solchen Fall sollte ein Partner, der weder an den Prüfungs- noch an den Nichtprüfungsleistungen beteiligt ist, die durchgeführten Arbeiten einer Nachschau unterziehen.[680]

Der Abschlussprüfer hat zudem zu überprüfen, ob bestimmte Honorarvereinbarungen mit einem Prüfungsmandanten bzw. einem verbundenen Unternehmen des Prüfungsmandanten vorliegen, welche die Unabhängigkeit von Personen, die in der Lage sind, das Ergebnis der Pflichtprüfung zu beeinflussen, tatsächlich oder dem Anschein nach beeinträchtigen. Dies kann bspw. der Fall sein, wenn der größte Teil der Honorareinnahmen eines Büros von einem Prüfungsmandanten stammt.[681]

Werden Honorare durch den Mandanten nicht rechtzeitig beglichen, so kann der Anschein erweckt werden, als ob es sich hier um ein Darlehen des Abschlussprüfers an seinen Mandanten handele.[682] Damit wird zwischen dem Prüfer und dem Mandanten ein gemeinsames Finanzinteresse geschaffen, welches die Unabhängigkeit des Abschlussprüfers u.U. gefährdet. In einem solchen Fall muss zunächst ein nicht beteiligter Partner die Hintergründe des Sachverhalts untersuchen. Ist dies bspw. aufgrund der Größe der Praxis nicht möglich, sollte ein externer Abschlussprüfer diese Nachschau durchführen oder alternativ eine Regulierungsbehörde konsultiert werden. Handelt es sich bei der ausstehenden Summe um ein „bedeutendes Darlehen"[683], darf der Abschlussprüfer eine Neubestellung nicht akzeptieren bzw. muss sogar vom bereits erteilten Prüfungsauftrag zurücktreten.[684]

Ein Abschlussprüfer muss insb., wenn sein Honorar wesentlich unter dem Kostenvoranschlag seines Vorgängers oder seiner Konkurrenten liegt, begründen können, dass das von ihm in Rechnung gestellte Honorar seinem Arbeitsaufwand entspricht. Zudem darf der Abschlussprüfer die Höhe seines Prüfungshonorars nicht von der Höhe des erwarteten Honorars für die Nichtprüfungsleistungen abhängig machen. Handelt es sich bei dem Prüfungsauftrag um ein Unternehmen von öffentlichem Interesse, sollte der Abschlussprüfer die Basis der Berechnung seines Prüfungshonorars mit dem Kontrollorgan des Unternehmens besprechen.[685] Gegenüber wem die Begründung der Höhe des Honorars zu erfolgen hat, wird nicht ausgeführt.

---

679 Die EU-Kommission (2002e), S. 52, verlangt daher sowohl die sorgfältige Analyse sämtlicher Honorare eines Mandanten in Bezug auf den Gesamtumsatz als auch die sorgfältige Analyse der Honorare für Prüfungs- und Nichtprüfungsleistungen in Bezug auf den Gesamtumsatz der Prüfungsgesellschaft bzw. des Firmenverbunds.

680 Vgl. EU-Kommission (2002e), S. 32 und 52f. Bei weiteren Zweifeln oder wenn kein zweiter Partner zur Verfügung steht, empfiehlt die Kommission, bei der zuständigen Regulierungsbehörde Rat einzuholen oder eine Nachschau durch einen anderen Abschlussprüfer durchführen zu lassen.

681 Vgl. EU-Kommission (2002e), S. 32 und 53.

682 Zu Kreditbeziehungen zwischen dem Abschlussprüfer und seinem Mandanten vgl. Kapitel II.2.1.1.2 dieser Arbeit.

683 EU-Kommission (2002e), S. 32.

684 Vgl. EU-Kommission (2002e), S. 32 und 53.

685 Vgl. EU-Kommission (2002e), S. 33 und 53.

Vorschriften des IFAC Code of Ethics

Die IFAC unterscheidet zwischen dem Anteil des Honorars am Gesamtumsatz der Prüfungsgesellschaft und am Gesamtumsatz eines einzelnen Partners. Es wird jedoch keine explizite Zahl genannt, die Rede ist lediglich von einer „large proportion of a firm's total fees“[686] bzw. „large proportion of the revenue of an individual partner“[687] in Bezug auf einen Assurance Client, die zu einer Abhängigkeit des Accountant bzw. der Prüfungsgesellschaft führt. In Bezug auf die Unabhängigkeit der Prüfungsgesellschaft wird zusätzlich ihr Aufbau in Betracht gezogen und ob sie relativ neu am Markt agiert. Zudem kann eine mögliche Befangenheit durch folgende Schritte reduziert werden: Diskussion des Ausmaßes und der Art des Honorars mit dem Prüfungsausschuss des Assurance Client, Etablierung von Maßnahmen zur Reduzierung der Abhängigkeit von diesem Assurance Client sowie externe Qualitätskontrollmaßnahmen und Konsultation eines unabhängigen Dritten. Bezieht sich die Befangenheit lediglich auf einen einzelnen Partner, so kann diese durch Richtlinien zur Überwachung und Implementierung von Qualitätssicherungsmaßnahmen oder durch das Hinzuziehen eines weiteren Accountant, der nicht Mitglied des Audit Team war, und der die Arbeit des anderen Accountant durchsieht, auf ein akzeptables Maß reduziert werden.[688]

Die Unabhängigkeit des Accountant kann gefährdet sein, wenn Honorare durch den Assurance Client nicht rechtzeitig beglichen werden, insb. wenn ein wesentlicher Teil des Honorars bei Herausgabe des Berichts über das Assurance Engagements des folgenden Jahres noch offen ist. In einem solchen Fall sollte der Accountant das Gespräch mit dem Kontrollorgan suchen und einen Accountant, der nicht an diesem Assurance Engagement beteiligt war, um Rat oder Nachschau des Berichts bitten. Zudem ist festzustellen, ob die überfälligen Honorare bereits als Darlehen angesehen werden müssen, und ob – je nach Wesentlichkeit der überfälligen Honorare – eine Wiederbestellung der Prüfungsgesellschaft angemessen ist.[689]

Erhält eine Prüfungsgesellschaft ein Assurance Engagement aufgrund einer bedeutend niedrigeren Honorarforderung als die der vorhergehenden Prüfungsgesellschaft, muss sie nachweisen, dass ein angemessener Zeitaufwand und ausreichend ausgebildete Mitarbeiter eingeplant sind und alle anzuwendenden Prüfungsstandards sowie Qualitätssicherungsmaßnahmen eingehalten werden.[690] Die IFAC führt nicht aus, gegenüber wem dieser Nachweis zu erfolgen hat.

US-amerikanische Vorschriften

In den USA bestehen keine expliziten Vorschriften zur Höhe des Honoraranteils eines einzelnen Audit Client am Gesamthonorar der Prüfungsgesellschaft. Die SEC sieht jedoch die Unabhängigkeit einer Prüfungsgesellschaft, die einen wesentlichen Teil ihrer Gesamteinnahmen

---

686 IFAC (2001c), Tz. 8.203.
687 IFAC (2001c), Tz. 8.204.
688 Vgl. IFAC (2001c), Tz. 8.203f.
689 Vgl. IFAC (2001c), Tz. 8.205.
690 Vgl. IFAC (2001c), Tz. 8.206.

von einem Audit Client erhält, als gefährdet an. Dazu geht die SEC in einem Staff Report von „15 % of total revenues as a rule of thumb in considering whether a significant portion of the firm's revenues are derived form one client or a group of related clients“[691] aus.

Unzulässig ist nach den Vorschriften der SEC ebenfalls, wenn die Vergütung eines Partners der Prüfungsgesellschaft davon abhängig gemacht wird, dass der Audit Partner zusätzliche Aufträge bei einem Audit Client akquiriert.[692]

Kritische Würdigung

Die deutschen Vorschriften legen als einzige einen genauen Prozentsatz fest, nach dem ein Abschlussprüfer als nicht mehr unabhängig gilt. Dieser beläuft sich auf 30 % (bzw. 15 %) der Gesamteinnahmen in jedem der letzten fünf Jahre, wenn diese Einnahmen von demselben Mandanten stammen. Die IFAC spricht lediglich von einer Large Proportion, unterscheidet gleichwohl zwischen dem Anteil dieses Honorars am Gesamtumsatz der Prüfungsgesellschaft und am Gesamtumsatz eines einzelnen Partners. Die Vorschriften der EU-Kommission sind an die der IFAC angelehnt und verbieten einen „übermäßig hohen Prozentsatz des Gesamtumsatzes“[693], ohne jedoch zwischen dem Gesamtumsatz der Prüfungsgesellschaft und des einzelnen Partners zu unterscheiden. Lediglich die SEC hat bisher keine diesbezüglichen Vorschriften erlassen. Fraglich ist, ob das Festschreiben einer exakten Prozentzahl der Unabhängigkeit des Abschlussprüfers dienlich ist, da das Beurteilungskriterium die Besorgnis der Befangenheit ist, die auch bei einem niedrigeren Prozentsatz gegeben sein kann. Am zweckdienlichsten ist m.E. eine Kombination der deutschen Vorschriften mit dem Festlegen eines exakten Prozentsatzes und der Vorschrift der IFAC, da diese den Bezug sowohl zu den Einnahmen der Gesellschaft als auch zu den Umsätzen des einzelnen Partners herstellt. Hier ist jedoch zu beachten, dass gerade letzteres durch „Umsatzverschiebungen“ zwischen einzelnen Partnern innerhalb einer Gesellschaft umgangen werden kann. Die EU-Kommission äußert sich als einzige dazu, dass auch das Verhältnis der Honorare von Nichtprüfungsleistungen zu den Honoraren von Prüfungsleistungen die Unabhängigkeit des Abschlussprüfers beeinträchtigen kann.[694]

Die EU und die IFAC regeln zudem die Vorgehensweise bei überfälligen Honoraren. Danach soll zunächst ein nicht an dem Auftrag beteiligter Abschlussprüfer die Hintergründe untersuchen. Zudem hat der Abschlussprüfer den Sachverhalt mit dem Kontrollorgan des zu prüfenden Unternehmens (IFAC) bzw. der Regulierungsbehörde (EU) zu diskutieren und ggf. eine erneute Bestellung zum Abschlussprüfer abzulehnen. Meines Erachtens sollte der Abschlussprüfer zunächst das Gespräch mit dem Kontrollorgan (d.h. dem Auftraggeber) suchen, bevor er – falls keine Einigung erzielt werden kann – Kontakt zur Regulierungsbehörde aufnimmt.

---

691 SEC (1997), S. 2; vgl. auch Kaminski/Marks (1995), S. 276 mit Verweis auf SEC, Staff Report on Auditor Independence, März 1994, Appendix II, S. 20.

692 Vgl. 17 CFR § 210.2-01(c)(8). Vgl. auch Schmidt (2003), S. 786.

693 EU-Kommission (2002e), S. 32.

694 Vgl. ausführlich zur Wirkung der Offenlegung der Honorare Kapitel IV.3.3 dieser Arbeit.

Daneben verlangen die Vorschriften der EU und der IFAC eine Begründung, wenn ein Honorarvorschlag wesentlich unter dem Vorschlag des vorhergehenden Abschlussprüfers liegt, ohne darauf hinweisen, gegenüber wem diese Begründung abzugeben ist. Dies ist m.E. sinnvoll, da so zumindest auf eine potenzielle Abhängigkeit durch gegenseitiges Unterbieten, sog. Price Cutting, aufmerksam gemacht wird. Die Begründung sollte konsequenterweise zumindest gegenüber dem Kontrollorgan und der den Abschlussprüfer wählenden Institution, d.h. in Deutschland der Hauptversammlung, erfolgen.

Vorschriften zur Höhe des Honorars bei einer Erstprüfung liegen in Deutschland und in den USA nicht vor. Dies ist insofern unverständlich, als gerade die theoretische Auseinandersetzung mit der Unabhängigkeit des Abschlussprüfers gezeigt hat, dass Abschlussprüfer, um einen Auftrag zu erhalten, geringere Honorare für eine Erstprüfung verlangen und so ihre finanzielle Bindung an diesen Mandanten zusätzlich erhöhen.[695] Die EU und die IFAC verlangen folgerichtig eine Begründung für Honorarangebote, die wesentlich unter dem des vorherigen Abschlussprüfers liegen, ohne anzugeben, gegenüber wem diese Begründung zu erfolgen hat. Damit diese Vorschrift ihre Schutzwirkung entfalten kann, muss eine solche Begründung m.E. gegenüber dem Auftraggeber, d.h. in Deutschland bei Aktiengesellschaften gegenüber dem Aufsichtsrat, erfolgen.

Anteil des Honorarvolumens eines Mandanten am Gesamtumsatz	
Deutschland	Nicht unabhängig, wenn der WP in den letzten fünf Jahren jeweils mehr als 30 % der Gesamteinnahmen von einem Mandanten erhalten hat. Für Unternehmen, die einen organisierten Markt i.S.d. § 2 Abs. 5 WpHG in Anspruch nehmen, gilt eine Grenze von 15 %.
EU	Nicht unabhängig, wenn ein übermäßig hoher Prozentsatz des Gesamtumsatzes mit einem Mandanten erzielt wird. Daneben ist der Verhältnis von Honoraren für Prüfungs- und für Nichtprüfungsleistungen zu beachten.
IFAC	Nicht unabhängig, wenn eine Large Proportion der Gesamteinnahmen der Gesellschaft bzw. der Einnahmen eines einzelnen Partners durch einen Mandanten erzielt wird.
USA	Nicht geregelt.
Vorschlag	Nicht unabhängig, wenn der Abschlussprüfer mehr als 30 % (bzw. 15 % bei kapitalmarktorientierten Unternehmen) seiner Gesamteinnahmen von einem Mandanten erzielt. Erzielt ein einzelner Partner einer WPG einen großen Teil seiner Einnahmen mit einem Mandanten, ist seine Arbeit einer zusätzlichen Durchsicht zu unterziehen.
Ausstehende Honorare	
Deutschland	Nicht geregelt.
EU	Können zu einem gemeinsamen Interesse von Abschlussprüfer und Mandant führen und folglich die Unabhängigkeit gefährden. Ausstehende Honorare sind daher zu untersuchen und zu begründen.
IFAC	Können zu einem gemeinsamen Interesse von Abschlussprüfer und Mandant führen und folglich die Unabhängigkeit gefährden. Ausstehende Honorare sind daher zu untersuchen und zu begründen.
USA	Nicht geregelt.
Vorschlag	Untersuchung des Sachverhalts und Diskussion zunächst mit dem Kontrollorgan als Auftraggeber und – falls keine Einigung erzielt werden kann – mit der Enforcement-Instanz.
Höhe des Honorars bei einer Erstprüfung	
Deutschland	Nicht geregelt.
EU	Liegt das Honorar wesentlich unter dem des vorherigen Prüfers, ist dies zu begründen

695 Vgl. Kapitel I.3.2 dieser Arbeit.

IFAC	Liegt das Honorar wesentlich unter dem des vorherigen Prüfers, ist nachzuweisen, dass ein angemessener Zeitaufwand und ausreichend ausgebildete Mitarbeiter eingeplant sind und alle anzuwendenden Prüfungsstandards sowie Qualitätssicherungsmaßnahmen eingehalten werden.
USA	Nicht geregelt.
Vorschlag	Liegt das Honorar wesentlich unter dem des vorherigen Prüfers ist nachzuweisen, dass ein angemessener Zeitaufwand und ausreichend ausgebildete Mitarbeiter eingeplant sind und alle anzuwendenden Prüfungsstandards sowie Qualitätssicherungsmaßnahmen eingehalten werden. Dieser Nachweis ist gegenüber dem Aufsichtsrat abzugeben.

Tabelle 17: Mandantenabhängigkeit durch Honorar

2.1.4 Rechtsstreitigkeiten zwischen Mandant und Abschlussprüfer

Zweck der Vorschrift

Treten Rechtsstreitigkeiten zwischen dem Mandanten und der Prüfungsgesellschaft oder einem Mitarbeiter der Prüfungsgesellschaft auf, besteht das Risiko des Eigeninteresses.

Deutsche Vorschriften

Die Thematik der Rechtsstreitigkeiten zwischen Mandant und Abschlussprüfer wird durch die deutschen Vorschriften nicht explizit geregelt. Es ist daher einzelfallorientiert zu beurteilen, ob eine Besorgnis der Befangenheit vorliegt, z.B. aufgrund einer Interessenkollision.[696]

Vorschriften der EU-Kommission

Kommt es zwischen dem Abschlussprüfer, seiner Prüfungsgesellschaft oder einer Person, die in der Lage ist, das Ergebnis der Pflichtprüfung zu beeinflussen, und dem Prüfungsmandanten bzw. dessen verbundenen Unternehmen zu einer Rechtsstreitigkeit, sollte der Abschlussprüfer dies mit dem Kontrollorgan des Prüfungsmandanten oder der Regulierungsbehörde erörtern. Die Unabhängigkeit ist insb. dann gefährdet, wenn die Rechtsstreitigkeit für beide Parteien von großer Bedeutung ist oder im Rahmen der Rechtsstreitigkeit eine frühere Pflichtprüfung in Frage gestellt wird. Der Abschlussprüfer sollte – soweit gesetzlich möglich – von seinem Auftrag zurücktreten bzw. den Auftrag so schnell wie möglich beenden.[697] Stellt der Abschlussprüfer fest, dass das Management des Prüfungsmandanten ihn bewusst täuscht oder betrügt (sog. Management Fraud[698]), sollte er sofort – sofern vorhanden – das Kontrollorgan des Prüfungsmandanten informieren und diskutieren, ob der Auftrag niederzulegen ist.[699] Stehen die Rechtsstreitigkeiten in Zusammenhang mit einer Nichtprüfungsleistung, deren Honorar für beide Parteien unwesentlich ist, ist die Unabhängigkeit des Abschlussprüfers nicht gefährdet.[700]

---

696 Vgl. § 21 Abs. 2 Nr. 3 der Berufssatzung WPK zur Interessenkollision.

697 Vgl. EU-Kommission (2002e), S. 33 und 53.

698 Vgl. Schruff (2003), S. 901-911.

699 Vgl. EU-Kommission (2002e), S. 54.

700 Vgl. EU-Kommission (2002e), S. 54. Die EU-Kommission nennt hier z.B. Dispute über die Fakturierung von Leistungen und über Ergebnisse von Nichtprüfungsleistungen.

Vorschriften des IFAC Code of Ethics

Die IFAC sieht eine Gefährdung der Unabhängigkeit, wenn zwischen der Prüfungsgesellschaft oder einem Mitglied des Assurance Team und dem Assurance Client Rechtsstreitigkeiten auftreten. Die Art der Gefährdung ist festzustellen anhand der Wesentlichkeit der Rechtsstreitigkeit, der Art des Assurance Engagement und anhand der Frage, ob sich die Rechtsstreitigkeit auf ein früheres Assurance Engagement bezieht. Die Rechtsstreitigkeit ist gegenüber dem Kontrollorgan offen zu legen. Zudem ist ein zusätzlicher Accountant hinzuzuziehen, der nicht an dem Assurance Engagement beteiligt war, um die durchgeführten Arbeiten einer kritischen Durchsicht zu unterziehen bzw. auf andere Art zu beraten. Bezieht sich die Rechtsstreitigkeit auf ein Mitglied des Assurance Team, ist dieses aus dem Assurance Team auszuschließen. Kann die Gefährdung der Unabhängigkeit durch diese Sicherungsmaßnahmen nicht auf ein akzeptables Maß reduziert werden, ist das Assurance Engagement niederzulegen bzw. nicht anzunehmen.[701]

US-amerikanische Vorschriften

Die SEC regelt Rechtsstreitigkeiten zwischen Mandant und Abschlussprüfer nicht. Das AICPA stellt hingegen im Code of Professional Conduct fest, dass durch Rechtsstreitigkeiten die Objektivität des Covered Member gefährdet sein kann. Die Unabhängigkeit des Covered Member ist in jedem Fall gefährdet, wenn sich die Rechtsstreitigkeiten auf die Abschlussprüfung beziehen oder wenn der Abschlussprüfer gegen das Management aufgrund von Täuschungen Rechtsstreitigkeiten beginnt. Handelt es sich hingegen um Rechtsstreitigkeiten in Bezug auf andere erbrachte Dienstleistungen, z.B. im Bereich der Steuerberatung, und ist der Streitwert unwesentlich, ist die Unabhängigkeit i.d.R. nicht gefährdet. Hält der Covered Member seine Unabhängigkeit für beeinträchtigt, muss er entweder den Auftrag niederlegen bzw. darf er kein Prüfungsurteil aufgrund mangelnder Unabhängigkeit erteilen.[702]

Kritische Würdigung

Lediglich EU, IFAC und AICPA regeln die Problematik der Rechtsstreitigkeiten zwischen Mandant und Abschlussprüfer explizit. Danach ist die Unabhängigkeit des Abschlussprüfers insb. gefährdet, wenn im Rahmen der Rechtsstreitigkeit eine Pflichtprüfung bzw. ein Assurance Service in Frage gestellt wird und das Honorar für diesen Auftrag wesentlich ist. Die Rechtsstreitigkeit ist in jedem Fall mit dem Kontrollorgan des Mandanten zu diskutieren. Bei wesentlichen Rechtsstreitigkeiten sollte der Abschlussprüfer– sofern möglich – von diesem Auftrag zurücktreten.

---

[701] Vgl. IFAC (2001c), Tz. 8.211.

[702] Vgl. AICPA (2003a), § 101-6. Die Möglichkeit, kein Prüfungsurteil zu erteilen (sog. Disclaimer of Opinion) war nach deutschem Recht bisher nicht vorgesehen. Ein deutscher Wirtschaftsprüfer kann den Auftrag zur Jahresabschlussprüfung nur gem. § 318 Abs. 6 HGB kündigen. In diesem Fall hat er einen Bericht über das Ergebnis der bisherigen Prüfung zu erstatten. Vgl. IDW PS 400, Tz. 10. Die Modernisierungsrichtlinie der EU sieht – in Anlehnung an ISA 700 – vor, die Verweigerung des Prüfungsurteils zuzulassen. Vgl. AblEG. Nr. L 178, S. 18-19. Vgl. auch Böcking/ Herold/Wiederhold (2003), S. 405. Dies wurde durch das BilReG bereits umgesetzt. Formal handelt es sich hier um einen Versagungsvermerk. Vgl. § 322 Abs. 2 Nr. 4 HGB; BT-Drucks. 15/3419, S. 44.

Definition	
Deutschland	Nicht geregelt.
EU	Rechtsstreitigkeiten können die Unabhängigkeit insb. dann gefährden, wenn die Rechtsstreitigkeit für beide Parteien wesentlich ist oder wenn das Ergebnis einer Pflichtprüfung in Frage gestellt wird.
IFAC	Rechtsstreitigkeiten können die Unabhängigkeit insb. dann gefährden, wenn die Rechtsstreitigkeit für beide Parteien wesentlich ist oder wenn das Ergebnis eines Assurance Service in Frage gestellt wird.
USA	Rechtsstreitigkeiten können die Unabhängigkeit gefährden, wenn sie eine Abschlussprüfung betreffen oder der Abschlussprüfer beim Management Fraud feststellt.
Vorschlag	Rechtsstreitigkeiten können die Unabhängigkeit insb. dann gefährden, wenn die Rechtsstreitigkeit für beide Parteien wesentlich ist oder wenn das Ergebnis einer Pflichtprüfung in Frage gestellt wird.
Offenlegung der Rechtsstreitigkeit	
Deutschland	Nicht geregelt.
EU	Rechtstreitigkeiten sind dem Kontrollorgan des Mandanten bzw. der Regulierungsbehörde zur Kenntnis zu bringen. Management Fraud ist mit dem Kontrollorgan zu diskutieren.
IFAC	Offenlegung der Rechtsstreitigkeiten vor dem Prüfungsausschuss des Assurance Client.
USA	Nicht geregelt.
Vorschlag	Rechtstreitigkeiten und Management Fraud sind dem Prüfungssausschuss des Mandanten und der Enforcement-Instanz zur Kenntnis zu bringen.
Konsequenz	
Deutschland	Nicht geregelt.
EU	Rücktritt vom Prüfungsauftrag (sofern gesetzlich möglich) bzw. Beendigung des Auftrags so schnell wie möglich.
IFAC	Rücktritt vom Assurance Service bzw. Ausschluss des Mitglieds des Assurance Team, wenn sich die Rechtsstreitigkeit gegen dieses richtet.
USA	Rücktritt vom Prüfungsauftrag oder Disclaimer of Opinion.
Vorschlag	Rücktritt vom Prüfungsauftrag (sofern gesetzlich möglich) bzw. Beendigung des Auftrags so schnell wie möglich.
Ausnahmen	
Deutschland	Nicht geregelt.
EU	Betrifft die Rechtsstreitigkeit eine Nichtprüfungsleistung, deren Honorar für beide Parteien unwesentlich ist, ist die Unabhängigkeit nicht gefährdet.
IFAC	Nicht geregelt.
USA	Betrifft die Rechtsstreitigkeit eine Nichtprüfungsleistung, deren Honorar für beide Parteien unwesentlich ist, ist die Unabhängigkeit nicht gefährdet.
Vorschlag	Betrifft die Rechtsstreitigkeit eine Nichtprüfungsleistung, deren Honorar für beide Parteien unwesentlich ist, ist die Unabhängigkeit nicht gefährdet.

Tabelle 18: Rechtsstreitigkeiten zwischen Mandant und Abschlussprüfer

2.1.5 Geschäftliche Beziehungen zwischen Mandant und Abschlussprüfer

Zweck der Vorschrift

Geschäftliche Beziehungen, die nicht Teil des üblichen Geschäftsverkehrs sind, können die Unabhängigkeit des Abschlussprüfers beeinträchtigen. Ein Beispiel für solche Beziehungen sind besondere Konditionen, zu denen Waren oder Dienstleistungen erworben werden.

Deutsche Vorschriften

In Bezug auf geschäftliche Beziehungen zwischen Mandant und Abschlussprüfer bestehen keine expliziten gesetzlichen Vorschriften. Eine Beurteilung auftretender Sachverhalte muss anhand des Kriteriums der funktionalen Entscheidungszuständigkeit erfolgen. Nach § 319

Abs. 2 HGB ist ein Wirtschaftsprüfer als Abschlussprüfer ausgeschlossen, wenn geschäftliche Beziehungen vorliegen, bei denen die Besorgnis der Befangenheit besteht.[703]

Vorschriften der EU-Kommission

Bestehen zwischen dem Abschlussprüfer, der Prüfungsgesellschaft oder Personen, die das Ergebnis der Pflichtprüfung beeinflussen können, auf der einen und dem Prüfungsmandanten, dessen verbundenen Unternehmen oder dessen Unternehmensleitung auf der anderen Seite geschäftliche Beziehungen, die nicht Teil des normalen Geschäftsverkehrs sind, ist die Unabhängigkeit des Abschlussprüfers gefährdet. Insbesondere bei Unternehmen des öffentlichen Interesses sollte der Abschlussprüfer diese Geschäftsbeziehungen mit dem Kontrollorgan des Prüfungsmandanten diskutieren.[704] Werden Waren oder Dienstleistungen des Prüfungsmandanten zu bevorzugten Konditionen erworben, ist dies nur dann zulässig, d.h. dem normalen Geschäftsverkehr zuzurechnen, „wenn der Wert des erlangten Vorteils unbedeutend ist"[705].

Als unabhängigkeitsgefährdend wird ebenfalls die finanzielle Beteiligung an einem Gemeinschaftsunternehmen mit dem Prüfungsmandanten oder mit Eigentümern, Geschäftsführern oder Mitarbeitern in Führungspositionen des Prüfungsmandanten angesehen. Auch der finanzielle Anteilsbesitz an einem Mandanten, der kein Prüfungsmandant ist, der jedoch selbst Anteile an einem Prüfungsmandanten hält bzw. dessen Anteile auch von einem Prüfungsmandanten gehalten werden, kann zur Inhabilität des Abschlussprüfers führen.[706]

Vorschriften des IFAC Code of Ethics

Enge geschäftliche Beziehungen zwischen der Prüfungsgesellschaft, einem Mitglied des Assurance Team und dem Assurance Client oder dessen Unternehmensleitung können die Unabhängigkeit beeinflussen. Handelt es sich bei dem Assurance Client um einen Audit Client, wird dieser Kreis auf den Firmenverbund der Prüfungsgesellschaft ausgeweitet.[707]

Erwirbt die Prüfungsgesellschaft oder ein Mitglied des Assurance Team von einem Assurance Client Waren oder Dienstleistungen, ist die Unabhängigkeit i.d.R. nicht gefährdet, solange diese Transaktionen im normalen Geschäftsbetrieb stattfinden. Bestehen aufgrund der Art oder der Wesentlichkeit der Transaktion Zweifel an der Unabhängigkeit, sind zusätzliche Schutzmaßnahmen zu ergreifen, wie bspw. den Ausschluss des Mitglieds aus dem Assurance Team oder die Information des Kontrollorgans des Assurance Client.[708]

---

703 Da hier einzelfallabhängig zu entscheiden ist, ob eine Gefährdung der Unabhängigkeit vorliegt oder nicht, wurde diese Vorschrift nicht in die Ausschlussliste des § 319 Abs. 3 HGB aufgenommen. Vgl. BT-Drucks. 15/3419, S. 40.

704 Vgl. EU-Kommission (2002e), S. 28.

705 EU-Kommission (2002e), S. 44.

706 Vgl. EU-Kommission (2002e), S. 43. Diese Aspekte ordnet die EU-Kommission unter „Geschäftliche Beziehungen" ein. Der Sachverhalt der indirekten Beteiligung wird in Kapitel III.2.1.1.1 dieser Arbeit diskutiert.

707 Vgl. IFAC (2001c), Tz. 8.130.

708 Vgl. IFAC (2001c), Tz. 8.132.

US-amerikanische Vorschriften

Unterhält die Prüfungsgesellschaft oder eine Covered Person während der Audit and Professional Engagement Period eine direkte oder wesentliche indirekte Geschäftsbeziehung zu einem Audit Client oder zu Personen, die mit dem Audit Client verbunden sind, wie bspw. Anteilseigner oder Personen in Organfunktion, ist die Unabhängigkeit nicht mehr gewährleistet. Ausgenommen sind solche Tätigkeiten, die dem normalen Geschäftsverlauf zuzuordnen sind.[709]

Kritische Würdigung

Geschäftliche Beziehungen zwischen Mandant und Abschlussprüfer können die Unabhängigkeit des Abschlussprüfers negativ beeinflussen, solange diese Beziehungen nicht Teil des normalen Geschäftsverkehrs sind. Die EU, IFAC und SEC verlangen daher zu Recht, solche Beziehungen vorab mit dem Kontrollorgan des Prüfungsmandanten zu erörtern.

Grundsatz	
Deutschland	Es dürfen keine geschäftlichen Beziehungen eingegangen werden, die eine Besorgnis der Befangenheit hervorrufen.
EU	Gefährdung der Unabhängigkeit durch geschäftliche Beziehungen, die nicht Teil des normalen Geschäftsverkehrs sind.
IFAC	Gefährdung der Unabhängigkeit durch geschäftliche Beziehungen, die nicht Teil des normalen Geschäftsverkehrs sind.
USA	Gefährdung der Unabhängigkeit durch geschäftliche Beziehungen, die nicht Teil des normalen Geschäftsverkehrs sind.
Vorschlag	Gefährdung der Unabhängigkeit durch geschäftliche Beziehungen, die nicht zu marktüblichen Bedingungen wie unter fremden Dritten abgeschlossen werden.
Schutzmaßnahmen	
Deutschland	Nicht geregelt.
EU	Diskussion mit dem Kontrollorgan.
IFAC	Diskussion mit dem Kontrollorgan.
USA	Diskussion mit dem Audit Committee.
Vorschlag	Diskussion mit dem Kontrollorgan.

Tabelle 19: Geschäftliche Beziehungen

[709] Vgl. 17 CFR § 210.2-01(c)(3). Im Jahr 2002 hatte die SEC eine niederländische Prüfungsgesellschaft zu einer Strafe in Höhe von 400.000 USD verurteilt, da diese mit einem Audit Client (unzulässige) geschäftliche Beziehungen eingegangen waren. Vgl. SEC (2002b).

2.2 Das Risiko der Selbstprüfung

2.2.1 Organstellung beim Mandanten sowie sonstige Beschäftigung im Angestelltenverhältnis

Zweck der Vorschrift

Mitglieder der Geschäftsführung und des Kontrollorgans eines zu prüfenden Unternehmens sowie andere Angestellte haben die Interessen des Unternehmens zu wahren. Daneben sind Angestellte und insb. Mitglieder der Geschäftsführung gegenüber den Eignern des zu prüfenden Unternehmens weisungsgebunden und können an der Gestaltung von Sachverhalten, die Eingang in den zu prüfenden Jahres- bzw.- Konzernabschluss und (Konzern-)Lagebericht finden, mitwirken. Mitglieder des Kontrollorgans sind zur Unternehmensüberwachung verpflichtet und können auch im Rahmen der zustimmungspflichtigen Geschäfte Einfluss auf die Geschäftsführung nehmen. Diese Tätigkeiten sind mit der Funktion des Abschlussprüfers unvereinbar.

Deutsche Vorschriften

Nach § 319 Abs. 3 Satz 1 Nr. 2 HGB dürfen Wirtschaftsprüfer nicht Abschlussprüfer sein, wenn sie oder Personen, mit denen sie ihren Beruf gemeinsam ausüben, gesetzliche Vertreter, Mitglieder des Aufsichtsrats oder Arbeitnehmer der zu prüfenden Kapitalgesellschaft oder eines Unternehmens, das mit der zu prüfenden Kapitalgesellschaft nach § 271 Abs. 2 HGB verbunden ist, sind. Auch gesetzliche Vertreter und Gesellschafter, die über mindestens 20 % der Stimmrechte der Wirtschaftsprüfungsgesellschaft verfügen, sowie Mitglieder des Aufsichtsrats einer Wirtschaftsprüfungsgesellschaft und bei der Prüfung in verantwortlicher Position beschäftigte Gesellschafter sowie andere von der Wirtschaftsprüfungsgesellschaft beschäftige Personen, die das Ergebnis der Prüfung beeinflussen können, dürfen gem. § 319 Abs. 4 HGB eine der o.g. Positionen nicht bekleiden. Der umgekehrte Fall, der Wechsel des Abschlussprüfers zum Prüfungsmandanten, ist gesetzlich nicht geregelt.[710] Als gesetzliche Vertreter gelten bei der AG die Vorstandsmitglieder gem. § 76 AktG und bei der GmbH die Mitglieder der Geschäftsführung gem. § 35 GmbHG. Unter einem Aufsichtsrat i.S.d. § 319 Abs. 3 Satz 1 Nr. 2 HGB ist jedes funktional vergleichbare Überwachungsorgan, auch wenn es nicht als Aufsichtsrat bezeichnet wird (z.B. fakultative Aufsichtsräte, Beiräte oder Verwaltungsräte), zu subsumieren.[711] Das gleiche gilt gem. § 319 Abs. 3 Satz 1 Nr. 4 HGB für die Gehilfen des Abschlussprüfers. Geht ein Unternehmen, in dem ein Wirtschaftsprüfer eine der o.g. Positionen einnimmt, im Wege der Gesamtrechtsnachfolge z.B. durch Verschmelzung auf ein anderes Unternehmen über, kann der Wirtschaftsprüfer für dieses Unternehmen nicht

---

710 Auch im BilReG wird dieser Aspekt nicht geregelt. Stattdessen wird erwogen, in den DCGK eine entsprechende Empfehlung aufzunehmen. Vgl. BT-Drucks. 15/3419, S. 40.

711 Vgl. z.B. ADS (2000), § 319 HGB, Tz. 89; Hense/Veltins (2003), § 319 HGB, Tz. 16; Zimmer (2002), § 319 HGB, Tz. 31. Andererseits ist die Mitgliedschaft in einer aufsichtratsähnlichen Konstruktion, der durch Gesellschaftsvertrag oder Satzung keine Überwachungsaufgaben zugedacht sind, für die Tätigkeit als Abschlussprüfer unschädlich.

als Abschlussprüfer tätig werden.[712] Gegenüber der Regelung in § 319 Abs. 2 Satz 1 Nr. 2 HGB a.F. stellt diese Regelung eine Erleichterung dar, da die Dreijahresfrist, wonach der Abschlussprüfer und weitere Personen eine solche Funktion bereits in den drei Jahren vor Beginn der Tätigkeit als Abschlussprüfer nicht ausgeübt haben durften, abgeschafft worden ist.[713]

Vorschriften der EU-Kommission

Die Vorschriften der EU-Kommission unterscheiden zwischen der Beschäftigung und der Übernahme einer Führungs- oder Kontrollfunktion[714] beim Mandanten. Ist eine Person, die Einfluss auf das Ergebnis der Pflichtprüfung beim Mandanten nehmen kann, entgeltlich oder unentgeltlich beim Mandanten oder dessen verbundenen Unternehmen beschäftigt, muss diese entweder ihre Aufgaben im Auftragsteam oder beim Mandanten aufgeben.[715] Das Gleiche gilt, wenn eine solche Person einem Führungsgremium oder Kontrollorgan eines Prüfungsmandanten oder eines Unternehmens angehört, das mehr als 20 % der Anteile am Prüfungsmandanten hält oder an dem der Prüfungsmandant mehr als 20 % der Anteile hält.[716]

Nimmt ein Mitglied des Auftragsteams eine feste Anstellung bei einem Prüfungsmandanten an,[717] so ist zu eruieren, welche Position das Mitglied des Auftragsteams in der Prüfungsgesellschaft inne hatte, warum es das Unternehmen verlässt, welche Position es beim Prüfungsmandanten einnehmen wird, wie lang der Zeitraum zwischen dem Weggang bei der Prüfungsgesellschaft und der Aufnahme der Tätigkeit beim Mandanten ist und wie viel Zeit vergangen ist, seitdem es an dieser Prüfung beim Mandanten beteiligt war. Zusätzlich ist darauf zu achten, dass dieses Mitglied die Prüfungsgesellschaft umgehend von seinem (geplanten) Wechsel des Arbeitgebers informiert, unverzüglich vom Auftragsteam ausgeschlossen wird und die von ihm im Rahmen des Prüfungsauftrags durchgeführten Arbeiten einer internen Nachschau unterzogen werden. Handelt es sich bei dem wechselnden Mitglied des Auftragsteams um einen Partner, so sollte die Nachschau durch einen nicht an dem Prüfungsauftrag beteiligten Partner durchgeführt werden.[718] Besonders hervorgehoben wird der Umstand, wenn ein Partner, der bei der Prüfungsgesellschaft eine Schlüsselfunktion innehatte, zu einem Mandanten wechselt und auch dort in einer Schlüsselposition tätig wird. In einem solchen Fall

---

712 Vgl. Zimmer (2002), § 319 HGB, Tz. 33. A.A. in Bezug auf die Anwendung der Dreijahresfrist ADS (2000), § 319 HGB, Tz. 92.

713 Vgl. zur Dreijahresfrist z.B. Zimmer (2002), § 319 HGB, Tz. 33; Baetge/Thiele (2004), § 319 HGB, Tz. 62; Mattheus (2002), § 319 HGB, Tz. 33.

714 Tritt ein früheres Mitglied des Auftragsteams in den Ruhestand, und nimmt es dann ein Aufsichtsratsmandat bei einem Prüfungsmandanten an, ist dies nur zulässig, wenn die entsprechenden Bedingungen in Bezug auf die Tätigkeit beim Prüfungsmandanten und auf den Wechsel eines Partners in Schlüsselfunktion erfüllt sind. Vgl. EU-Kommission (2002e), S. 45.

715 Unter „Beschäftigung" fallen sowohl eine Doppelbeschäftigung beim Mandanten und bei der Prüfungsgesellschaft als auch Leiharbeitsverhältnisse. Leiharbeitsverhältnisse sind deshalb problematisch, da solche Personen der unmittelbaren Weisungsbefugnis des Mandanten unterliegen. Vgl. EU-Kommission (2002e), S. 28.

716 Vgl. EU-Kommission (2002e), S. 29.

717 Es ist unerheblich, ob die feste Anstellung die Übernahme einer Führungs- oder Kontrollfunktion beinhaltet oder nicht.

718 Vgl. EU-Kommission (2002e), S. 28 und 45.

wird das Risiko zur Verletzung der Unabhängigkeit als so hoch angesehen, dass mindestens ein Zeitraum von zwei Jahren (sog. Cooling-off-Periode) verstreichen muss, bevor ein solcher Wechsel vollzogen werden darf.[719] Fraglich ist indes, wie die Prüfungsgesellschaft einen Partner davon abhalten kann, eine solche Position bei einem Prüfungsmandanten anzunehmen. Nach Aufnahme der Tätigkeit des ehemaligen Mitglieds des Auftragsteams bzw. des Weisungsbefugten beim Prüfungsmandanten ist darauf zu achten, dass zwischen der Prüfungsgesellschaft und der betreffenden Person keine nennenswerten Verbindungen, wie bspw. finanzielle Verpflichtungen oder die Teilnahme an beruflichen bzw. geschäftlichen Tätigkeiten bei der Prüfungsgesellschaft, bestehen.[720]

Im umgekehrten Fall, d.h. wenn eine Führungskraft oder ein Geschäftsführer des Prüfungsmandanten zur Prüfungsgesellschaft wechselt, darf die Führungskraft für zwei Jahre nicht Mitglied des Auftragsteams werden und muss von allen wesentlichen Entscheidungen, die den Prüfungsmandanten betreffen, ausgeschlossen werden. Die Einsatzmöglichkeiten eines Mitarbeiters eines Prüfungsmandanten, der zur Prüfungsgesellschaft wechselt, sind differenziert zu betrachten: Hat dieser Mitarbeiter bspw. bei der Abschlusserstellung oder der Bewertung der Bilanzposten mitgearbeitet, so gelten dieselben Vorschriften wie im Falle der Führungskraft. War er hingegen lediglich in einer Niederlassung und dort nicht als Führungskraft beschäftigt, so kann er dann Mitglied des Auftragsteams werden, wenn sich seine Tätigkeit nicht auf die Prüfung dieser Niederlassung bezieht.[721]

Vorschriften des IFAC Code of Ethics

Nach dem IFAC Code of Ethics ist die Unabhängigkeit gefährdet, wenn ein Partner oder ein Mitglied des Assurance Team in einer leitenden Position beim Assurance Client tätig war oder ist oder in einer Position war oder ist, die es ihm ermöglicht, unmittelbar auf den Prüfungsgegenstand Einfluss zu nehmen.[722] Dasselbe gilt, wenn ein Partner oder ein Mitglied des Assurance Team nach seiner Tätigkeit bei der Prüfungsgesellschaft beim Assurance Client tätig wird. In diesem Fall ist zu untersuchen, welche Aufgabe der ehemalige Mitarbeiter bei dem Assurance Client übernehmen soll, inwiefern dieser mit dem Assurance Team zusammen arbeiten soll, wie viel Zeit vergangen ist, seitdem der ehemalige Mitarbeiter Mitglied des Assurance Team war und welche Position der ehemalige Mitarbeiter in der Prüfungsgesellschaft eingenommen hat. Je nachdem, wie wesentlich die Beeinträchtigung der Unabhängigkeit ist, können verschiedene Schritte unternommen werden, um die Unabhängigkeit wiederherzustellen. Dazu gehört z.B., die Prüfungsplanung zu überdenken oder einen weiteren Accountant

[719] Vgl. EU-Kommission (2002e), S. 29. Diese Vorschrift wurde nach der Enron-Affäre in die Vorschriften zur Unabhängigkeit der EU eingearbeitet; sie findet sich nicht im Entwurf vom Dezember 2000; vgl. EU-Kommission (2000a), S. 26. Ein erster Hinweis auf die Behandlung von Partnern in Schlüsselpositionen, die zu einem Mandanten in eine Schlüsselposition wechseln, findet sich im Vermerk für den informellen Ecofin-Rat, der sich mit den durch den Enron-Fall aufgetretenen politischen Fragen befasst; vgl. EU-Kommission (2002b), S. 4. Vgl. auch Artikel 40 des Vorschlags zur Modernisierung der Prüferrichtlinie.

[720] Vgl. EU-Kommission (2002e), S. 28.

[721] Vgl. EU-Kommission (2002e), S. 45 und 29.

[722] Vgl. IFAC (2001c), Tz. 8.30.

hinzuzuziehen, der nicht Mitglied des Assurance Team war und die Arbeit des ehemaligen Mitarbeiters in Bezug auf diesen Assurance Client kritisch durchsieht. Zudem darf der ehemalige Mitarbeiter keine Zahlungen mehr von der Prüfungsgesellschaft erhalten und für diese nicht mehr tätig werden (z.B. als freier Mitarbeiter). Ein Mitglied des Assurance Team, das weiß, dass es in näherer Zukunft zu dem Mandanten wechseln wird, sollte die Prüfungsgesellschaft davon unterrichten und aus dem Assurance Team ausscheiden.[723] Ist ein Partner oder ein Mitarbeiter der Prüfungsgesellschaft Mitglied des Board des Mandanten, so ist eines der beiden Ämter sofort niederzulegen. Handelt es sich bei dem Assurance Client um einen Audit Client gilt dasselbe, wenn ein Partner oder Mitarbeiter aus einem Firmenverbund Mitglied des Kontrollorgans des Mandanten ist.[724]

Wechselt ein Geschäftsführer, eine Führungskraft oder ein Mitarbeiter des Assurance Client zu der Prüfungsgesellschaft, kann deren Unabhängigkeit gefährdet sein, wenn diese Person Mitglied des Assurance Team wird. Daher dürfen solche Personen, insb. wenn sie vorher in einer Position mit Einfluss auf den Jahresabschluss oder als Geschäftsführer oder Führungskraft tätig waren, nicht in das Assurance Team aufgenommen werden.[725] Waren diese Personen bei dem Assurance Client zu einer Zeit tätig, die nicht durch das Assurance Engagement abgedeckt wird, ist die Gefährdung der Unabhängigkeit von der Position dieser Person bei dem Assurance Client, von der Zeit, die seit dem Wechsel dieser Person vergangen ist und von der Rolle dieser Person innerhalb des Assurance Team abhängig. Wird die Gefährdung als wesentlich angesehen, sollten Sicherungsmaßnahmen wie die zusätzliche Durchsicht durch einen weiteren Accountant oder die Information des Prüfungsausschusses des Assurance Client erwogen werden.[726]

Das Verleihen eines Mitarbeiters an einen Audit Client kann zu einer Beeinträchtigung der Unabhängigkeit führen, wenn der Mitarbeiter in der Lage ist, die Erstellung des Jahresabschlusses oder die Zusammensetzung einzelner Konten zu beeinflussen. Eine solche Unterstützung ist aber – vor allem in Krisensituationen – zulässig, solange der Mitarbeiter keine Entscheidungen für den Audit Client trifft, insb. keine Verträge für den Audit Client abschließt, und den Audit Client nicht dazu bringt, bestimmte Entscheidungen zu fällen. Es sollte darauf geachtet werden, dass der Mitarbeiter, der an den Audit Client ausgeliehen wurde, in der folgenden Abschlussprüfung keine Verantwortung für die Bereiche, für die er dort zuständig war, erhält. Der Audit Client sollte sich auch seiner Verantwortung, den ausgeliehenen Mitarbeiter zu führen und zu überwachen, bewusst sein.[727]

---

723 Vgl. IFAC (2001c), Tz. 8.140-142.
724 Vgl. IFAC (2001c), Tz. 8.146-149.
725 Vgl. IFAC (2001c), Tz. 8.143f.
726 Vgl. IFAC (2001c), Tz. 8.145.
727 Vgl. IFAC (2001c), Tz. 8.189.

US-amerikanische Vorschriften

Ein Accountant ist nicht unabhängig, wenn zu einem beliebigen Zeitpunkt der Audit and Professional Engagement Period ein Partner, Principal, Anteilseigner oder Accountant der Prüfungsgesellschaft bei einem Audit Client angestellt oder in Organfunktion tätig ist bzw. war.[728] Wechselt ein ehemaliger Angestellter einer Prüfungsgesellschaft zu einem Audit Client, ist zu unterscheiden, ob es sich bei dem Audit Client um einen Issuer[729], einen Investment Company Complex oder um einen regulären Audit Client handelt. Grundsätzlich gilt folgendes: Wechselt ein ehemaliger Partner, ein anderer Anteilseigner der Prüfungsgesellschaft oder ein Professional zu einem Audit Client, und wird diese Person dort in einer Position beschäftigt, die es ihr ermöglicht, auf das Rechnungswesen, die Buchhaltung oder die Inhalte des Jahresabschlusses Einfluss zu nehmen, ist der Accountant nicht mehr unabhängig. Ausgenommen sind solche ehemaligen Mitarbeiter der Prüfungsgesellschaft, die keinen Einfluss auf die Geschäfts- oder Finanzpolitik der Prüfungsgesellschaft (mehr) haben, keine Kapitaleinlagen bei der Prüfungsgesellschaft unterhalten und keine anderen finanziellen Vereinbarungen außer der Zahlung eines festgesetzten Betrags mit der Accounting Firm getroffen haben.[730]

Handelt es sich bei dem Audit Client um einen Issuer, ist der Accountant dann nicht unabhängig, wenn ein ehemaliger Partner, Principal, Anteilseigner oder Professional eine Position bei dem Issuer annimmt, die es ihm ermöglicht, auf den Inhalt des Jahresabschlusses oder auf die den Jahresabschluss erstellenden Personen Einfluss zu nehmen. Ausgenommen sind lediglich solche Personen, die innerhalb eines Jahres vor Beginn der Prüfungshandlungen[731] für das Geschäftsjahr, innerhalb dessen die Person ihre Tätigkeit bei dem Issuer aufgenommen hat, nicht Mitglied des Audit Engagement Team für diesen Issuer waren (sog. Cooling-off-Periode).[732]

Arbeitsverhältnisse, die im Rahmen einer Fusion zwischen einem Issuer und einem Audit Client begründet werden, gefährden die Unabhängigkeit des Accountant ebenfalls nicht, vorausgesetzt, das Audit Committee des Issuer wird über das vorherige Arbeitsverhältnis dieses Mitarbeiters informiert. Wird ein ehemaliger Partner, Principal, Anteilseigner oder Professional aufgrund einer Notfallsituation bei einem Issuer angestellt, ist die Unabhängigkeit des Accountant nicht gefährdet, wenn das Audit Committee feststellt, dass dieses Arbeitsverhältnis

728 Vgl. 17 CFR § 210.2-01 (c)(2)(i) und 17 CFR § 210.2-01 (c)(4)(vi).

729 Zur Definition des Begriffs Issuer vgl. Kapitel II.4.1.2.

730 Vgl. 17 CFR § 210.2-01 (c)(2)(iii)(A). Vgl. in Bezug auf die Beschäftigung ehemaliger Partner im Audit Committee des Audit Client Guy/Zeff (2002), S. 32f.

731 Als Beginn der Prüfungshandlungen gilt der Tag, nach dem der Jahresabschluss über das vorhergehende Geschäftsjahr bei der SEC eingereicht wurde. Vgl. 17 CFR § 210.2-01 (c)(2)(iii)(B)(3).

732 Vgl. 17 CFR § 210.2-01 (c)(2)(iii)(B)(1). Das Audit Engagement Team umfasst in diesem speziellen Fall keine Personen, die lediglich Beratungsleistungen während der beschriebenen Periode erbracht haben (auch wenn die Beratungsleistungen zehn Stunden überschreiten). Vgl. auch Emmerich/Schaum (2003), S. 685. Die New York Stock Exchange verlangt in ihrem Listed Company Manual eine Cooling-off-Periode von drei Jahren für einen Director oder dessen Immediate Family. Vgl. NYSE (2003), Abschn. 303A.02 (b)(iii).

im Interesse der Anteilseigner ist.[733] Die Regelungen für einen Investment Company Complex sind nahezu identisch.[734] Der Wechsel eines Organmitglieds oder eines Angestellten des Audit Client zu der Accounting Firm ist unschädlich in Bezug auf die Unabhängigkeit, solange diese Person nicht mit Aufgaben der Abschlussprüfung bei dem Audit Client betraut wird oder dessen Abschlussprüfung beeinflussen kann.[735]

Kritische Würdigung

Eine Organstellung beim Mandanten durch gesetzliche Vertreter, Mitglieder des Aufsichtsrats oder Arbeitnehmer der Prüfungsgesellschaft (Deutschland, SEC) bzw. die Übernahme von Führungs- oder Kontrollfunktionen oder die Beschäftigung von Mitarbeitern beim Mandanten (EU, IFAC) ist unzulässig. Die EU schreibt vor, ehemalige Angestellte eines Prüfungsmandanten erst nach einer Frist von zwei Jahren in das Prüfungsteam aufzunehmen. Die IFAC spezifiziert keinen exakten Zeitraum, und die SEC legt – ebenfalls exakt – fest, dass nicht Abschlussprüfer sein darf, wer in der Audit and Professional Engagement Period beim Mandanten beschäftigt war. Meines Erachtens dürfen Mitglieder des Prüfungsteams und Organmitglieder der Prüfungsgesellschaft während der Prüfung keine Führungs- oder Kontrollfunktionen innehaben.

Der Wechsel des Abschlussprüfers zum Mandanten, um dort eine Organstellung oder ein Angestelltenverhältnis aufzunehmen, wird durch das deutsche Recht nicht geregelt. Die EU hat ihre Regelungen – insb. nach den Erfahrungen um das US-amerikanische Unternehmen Enron – erneut überarbeitet und unterscheidet zwischen Mitgliedern des Prüfungsteams und Partnern, die in einer Schlüsselposition tätig sind: Plant ein Mitglied des Prüfungsteams zu einem Mandanten zu wechseln, ist dieses unverzüglich aus diesem Prüfungsteam auszuschließen und die von ihm durchgeführten Arbeiten in Bezug auf diesen Auftrag sind einer internen Nachschau zu unterziehen. Dies wird auch von der IFAC so gesehen. Handelt es sich um einen Partner in Schlüsselposition, der in eine ähnlich zentrale Position zum Mandanten wechseln will, ist dies nur zulässig, solange zwischen diesen beiden Tätigkeiten eine Frist von zwei Jahren verstrichen ist. Diese Regelung sollte in Deutschland übernommen werden. Die SEC erlaubt bei Audit Clients den Wechsel in eine Position mit Einfluss auf Rechnungswesen, Buchhaltung oder die Inhalte des Jahresabschlusses nur dann, wenn diese Person seit einem Jahr nach Abschluss der letzen Abschlussprüfung nicht mehr Mitglied des Prüfungsteams war. Durch die Corporate Governance Regeln der New York Stock Exchange wird dieser Zeitraum bei bestimmten Personen auf drei Jahre verlängert.

---

[733] Vgl. 17 CFR § 210.2-01 (c)(2)(iii)(B)(2).

[734] Vgl. 17 CFR § 210.2-01 (c)(2)(iii)(C).

[735] Dies gilt nur für die Abschlussprüfung der Geschäftsjahre, in denen diese Person bei dem Audit Client angestellt war. Vgl. 17 CFR § 210.2-01 (c)(2)(iv).

Organstellung beim Mandanten vor Beginn oder während der Prüfung	
Deutschland	Unzulässig bei Bestellung zum Abschlussprüfer für den Wirtschaftsprüfer, seine Gehilfen, Personen, mit denen er seinen Beruf gemeinsam ausübt sowie die gesetzlichen Vertreter der WPG, Gesellschafter, die mehr als 20 % der Stimmrechte halten, verbunden Unternehmen und Mitglieder des Aufsichtsrats der WPG.
EU	Übernahme von Führungs- oder Kontrollfunktionen beim Mandanten durch Personen, die Einfluss auf den Ausgang der Pflichtprüfung des Mandanten oder dessen verbundenen Unternehmen, haben, ist unzulässig.
IFAC	Tätigkeit in leitender Position oder im Rahmen einer Funktion, die ermöglicht, auf den Prüfungsgegenstand Einfluss zu nehmen (während oder vor Beginn des Assurance Service), ist unzulässig. Tätigkeit von Partnern oder Mitarbeitern der Prüfungsgesellschaft als Mitglied des Aufsichtsorgans ist ebenfalls unzulässig. Handelt es sich um einen Audit Client, wird dies auf Partner und Mitarbeiter des Firmenverbunds ausgeweitet.
USA	Unzulässig.
Vorschlag	Unzulässig für Mitglieder des Prüfungsteams sowie Personen in Organstellung innerhalb der WPG während der Prüfung.
Angestelltenverhältnis zum Mandanten vor Beginn oder während der Prüfung	
Deutschland	Unzulässig bei Bestellung zum Abschlussprüfer für den Wirtschaftsprüfer, seine Gehilfen, Personen, mit denen er seinen Beruf gemeinsam ausübt sowie die gesetzlichen Vertreter der WPG, Gesellschafter, die mehr als 20 % der Stimmrechte halten, verbundene Unternehmen und Mitglieder des Aufsichtsrats der WPG.
EU	Beschäftigung von Personen beim Mandanten, die Einfluss auf den Ausgang der Pflichtprüfung des Mandanten oder dessen verbundenen Unternehmen haben, ist unzulässig. Führungskräfte und Mitarbeiter des Rechnungswesen des Mandanten, die zur Prüfungsgesellschaft wechseln, dürfen zwei Jahre nicht Mitglied des Auftragsteams werden
IFAC	Wechselt ein Geschäftsführer, eine Führungskraft oder ein Mitarbeiter des Assurance Client zu der Prüfungsgesellschaft, kann deren Unabhängigkeit gefährdet sein, wenn diese Person Mitglied des Assurance Team wird. Daher dürfen solche Personen, insb. wenn sie vorher in einer Position mit Einfluss auf den Jahresabschluss oder als Geschäftsführer oder Führungskraft tätig waren, nicht in das Assurance Team aufgenommen werden.
USA	Unzulässig (unterschiedliche Regelungen für Audit Client, Issuers und Investment Company Complex). Wechselt ein Organmitglied oder ein Angestellter eines Audit Client zur Accounting Firm, ist dies zulässig, solange diese Person nicht mit der Abschlussprüfung des Audit Client beauftragt wird oder darauf Einfluss nehmen kann.
Vorschlag	Unzulässig für Mitglieder des Prüfungsteams sowie Personen in Organstellung innerhalb der WPG, wenn das Angestelltenverhältnis beim Mandanten die Übernahme von Führungs- oder Kontrollfunktionen beinhaltet, während der Prüfung.
Wechsel des Abschlussprüfers zum Mandanten und Aufnahme eines Angestelltenverhältnisses zum Mandanten während der Dauer der Prüfung	
Deutschland	Nicht geregelt.
EU	Bei Aufnahme eines festen Angestelltenverhältnisses bei einem Prüfungsmandanten durch ein Mitglied des Prüfungsteams ist dieses unverzüglich vom Prüfungsteam auszuschließen und die von ihm durchgeführten Tätigkeiten sind einer internen Nachschau zu unterziehen. Wechselt ein Partner, der in einer Schlüsselposition tätig war, in eine Schlüsselposition zu einem Prüfungsmandanten, hat zwischen diesen beiden Tätigkeiten eine Frist von mindestens zwei Jahren zu verstreichen.
IFAC	Der Wechsel eines Mitglieds des Assurance Team oder eines Partners zu einem Assurance Client kann die Unabhängigkeit gefährden. In diesem Fall sind sofort Sicherungsmaßnahmen, wie z.B. der Ausschluss des Mitarbeiters aus dem Assurance Team und/oder die Durchführung einer internen Nachschau, einzuleiten.
USA	Unzulässig, wenn es sich um eine Position mit Einfluss auf Rechnungswesen, Buchhaltung oder die Inhalte des Jahresabschlusses handelt. Ausnahme: Die Person war seit mindestens einem Jahr nicht Mitglied des Prüfungsteams.
Vorschlag	Zulässig, solange das Mitglied des Prüfungsteams sofort aus diesem ausgeschlossen wird. Handelt es sich bei der wechselnden Person um einen mandatsverantwortlichen Partner, der in eine Position mit Einfluss auf Rechnungswesen, Buchhaltung oder Inhalte des Jahresabschluss wechselt, muss eine Frist von zwei Jahren zwischen beiden Tätigkeiten verstreichen.

Tabelle 20: Organstellung sowie sonstige Beschäftigung im Angestelltenverhältnis

2.2.2 Vereinbarkeit von Abschlussprüfung und Beratung

2.2.2.1 Grundsätzliche Vorschriften zur Vereinbarkeit von Abschlussprüfung und Beratung in Deutschland

(a) Vom Bilanzrichtlinien-Gesetz zum Allweiler-Urteil des BGH

Die Frage der Vereinbarkeit von gleichzeitiger Abschlussprüfung und Beratung gehört zu einer der am häufigsten diskutierten Fragen im Rahmen der Unabhängigkeit des Abschlussprüfers. Der deutsche Gesetzgeber hat hierauf mit § 319 Abs. 2 Satz 1 Nr. 5 HGB a.F. durch das BiRiLiG 1985[736] reagiert. Danach darf nicht Abschlussprüfer sein, wer „bei der Führung der Bücher oder der Aufstellung des zu prüfenden Jahresabschlusses über die Prüfungstätigkeit hinaus mitgewirkt hat". Kritisch ist hier die Abgrenzung zwischen unzulässiger Mitwirkung (sog. Selbstprüfungsverbot) und gebotener Einwirkung (sog. Einwirkungsgebot) des Abschlussprüfers. Dass Abschlussprüfung und Beratung grundsätzlich vereinbar sind, wird bereits durch die Formulierung des § 319 Abs. 2 Satz 1 Nr. 8 HGB deutlich, denn hier wird auf die Gesamteinnahmen aus der beruflichen Tätigkeit des Abschlussprüfers aus Prüfung und Beratung abgestellt.[737] Auch die Berufssatzung WPK geht in den §§ 22 und 23 auf die Frage der Vereinbarkeit von Prüfung und Beratung ein. Nach § 22 Berufssatzung WPK sind Prüfungs- und Gutachtertätigkeiten grundsätzlich vereinbar, vorausgesetzt es besteht keine Besorgnis der Befangenheit. Hat ein Prüfer am Zustandekommen eines bestimmten Sachverhalts maßgeblich mitgewirkt, so darf er diesen Sachverhalt gem. § 23 Berufssatzung WPK nicht beurteilen.[738]

Die Beratungstätigkeiten[739] des Abschlussprüfers können sowohl während als auch vor der Abschlussprüfung anfallen: Der Abschlussprüfer kann bereits vor Beginn der Prüfungstätigkeit beim Mandanten beratend tätig werden, indem er z.B. dem Prüfungsmandanten Fragen beantwortet oder sachverständigen Rat in Bezug auf den noch zu erstellenden Jahresabschluss gibt. Dies gilt als „prüfungsvorbereitende Beratung" und unterliegt generell den gleichen Grundsätzen wie die während der Abschlussprüfung vorgenommene Beratung.[740] Unzulässig

---

736 Ursprünglich sollte die gleichzeitige Abschlussprüfung und Beratung gänzlich verboten werden. Ein diesbezüglich gestellter Antrag, BT-Drucks. 10/4428, S. 1, im Rahmen des Gesetzgebungsverfahrens zum BiRiLiG sah folgende Formulierung vor: „Bei ein und demselben Auftraggeber darf für ein und dasselbe Geschäftsjahr allein oder in Zusammenarbeit mit einem anderen Auftraggeber entweder nur geprüft oder nur beraten werden." Dieser Antrag fand jedoch keine Mehrheit und wurde mit der Begründung abgelehnt, dass dem prüfungspflichtigen Unternehmen durch ein Verbot gleichzeitiger Abschlussprüfung und Beratung Mehrkosten entstünden. Vgl. Dörner (1997), S. 84f. m.w.N.; Hommelhoff (1997a), S. 552; Moxter (1996a), S. 683; Schwandtner (2002), S. 326.

737 Vgl. z.B. Fleischer (1996), S. 761.

738 Vgl. auch Amtsgericht Hamburg, Beschluss v. 6.6.1991, S. 40f.

739 Zu unterscheiden ist zwischen Beratung ohne Einfluss auf das Prüfungsobjekt, die generell zulässig ist, und Beratung mit Einfluss auf das Prüfungsobjekt, die zu einer Befangenheit des Prüfers führen kann. Vgl. Böcking/Orth (2002), Sp. 258f.

740 Vgl. Röhricht (1998), S. 156-162; Vorstand der WPK (1996), S. 197. Als problematisch wird in diesem Zusammenhang die Beratung durch den Abschlussprüfer bei der Implementierung eines Buchführungssystems gesehen, denn der Prüfer wird durch die Erarbeitung konkreter Vorschläge zur Gestaltung dieses Systems im Hinblick auf eine Systemprüfung gem. IDW PS 300, Tz. 15-17 nicht mehr unbefangen ist.

ist indes jede Art von Einwirkung, die den Abschlussprüfer in eine Position bringt, für das zu prüfende Unternehmen zu handeln.

Mit dem Allweiler-Urteil des BGH[741] vom 21.4.1997 wurde die gleichzeitige Prüfung und (Steuer-) Beratung durch den Abschlussprüfer grundsätzlich für zulässig erklärt. Klagegrund war – zunächst vor dem LG Konstanz – die Ausübung des Steuerberatungsmandats bzw. die „Aufbereitung des buchhalterischen Zahlenwerkes"[742] durch den Abschlussprüfer der Gesellschaft mit der Begründung, dass die Anhäufung der Beratungs- und Prüfungsaufträge des Abschlussprüfers zwangsläufig in einen Widerstreit nicht vereinbarer Interessen münde und eine Prüfung der selbst erstellten Sachverhalte bedeute. Dies wurde jedoch vom LG Konstanz mit folgender Begründung abgelehnt:

„Hierbei ist jedoch streng zwischen grundsätzlich zulässiger Beratungstätigkeit und unzulässiger Mitwirkung zu unterscheiden … . Unter ersteres fällt die generelle Erarbeitung von Erfassungs-, Bearbeitungs- und Überwachungssystemen, Entwicklung von Kontenplänen, Inventur- und Bilanzierungsanweisungen, also theoretische Hinweise zur Arbeits- und Ablauforganisation … . Wird jedoch der Vorstand der AG aus seiner Verantwortung und in der Erfüllung seiner Aufgaben im konkreten Einsatzfeld freigestellt, so daß der Abschlußprüfer gestaltend, entscheidend und/oder konkret an einzelnen Bilanzierungsvorgängen tätig wird, hat er seine Unabhängigkeit verloren, und es liegt eine unzulässige Mitwirkung vor. "[743]

In der Folgeinstanz bejahte das OLG Karlsruhe[744] zwar die grundsätzliche Vereinbarkeit von Steuerberatung und Abschlussprüfung, gleichwohl bemängelte es, dass der Wirtschaftsprüfer als Steuerberater „über den Bereich allgemeiner, abstrakter Beratung hinaus[ging]"[745] und damit der Teil der Wirtschaftsprüfungsgesellschaft, der mit der Wirtschaftsprüfung betraut war, die Wertansätze des mit der Steuerberatung betrauten Teils beurteilen musste. Das OLG Karlsruhe sah hierin einen Verstoß gegen § 319 Abs. 2 Satz 1 Nr. 5 HGB. Offen bleibt jedoch, wie zwischen gebotener Einwirkung und unzulässiger Mitwirkung zu unterscheiden ist und vor allem, was unter einer allgemeinen und abstrakten Steuerberatung zu verstehen ist.[746]

Da das Urteil des OLG Karlsruhe im Berufsstand für beträchtliche Unruhe[747] gesorgt hatte, wurde die vom BGH zu fällende Entscheidung mit großer Spannung erwartet. In seinem Urteil bezeichnete der BGH die vom OLG Karlsruhe gezogenen zulässigen Grenzen einer Steuerberatungstätigkeit durch den Abschlussprüfer als zu eng.[748] In seiner Begründung geht der BGH insb. auf die Gesetzesbegründung zum BiRiLiG ein. Hier wird auf eine zwingende

---

741 Vgl. BGH-Urteil v. 21.4.1997, S. 1394-1396.

742 LG Konstanz, Urteil v. 13.1.1995, S. 102.

743 LG Konstanz, Urteil v. 13.1.1995, S. 103.

744 Vgl. OLG Karlsruhe, Urteil v. 23.11.1995, S. 2108f.

745 OLG Karlsruhe, Urteil v. 23.11.1995, S. 2515; hiervon betroffen war insb. die Bewertung von Rückstellungen in der Steuerbilanz, die auch in die Handelsbilanz einfließen.

746 Kritisch auch Benckendorff (1996), S. 122-124; Dörner (1997), S. 88-90; Harder (1996), S. 718-720; Moxter (1996a), S. 685; Schmidtmeier (1998), S. 1626.

747 Vgl. Vorstand der WPK (1996), S. 196f.; dem Urteil des OLG Karlsruhe zustimmend Fleischer (1996); ablehnend bzw. kritisch Moxter (1996a); Harder (1996); Weiland (1996).

748 Vgl. BGH-Urteil v. 21.4.1997, S. 1394.

Trennung von Prüfung und Beratung bewusst verzichtet.[749] Wie das OLG Karlsruhe geht damit auch der BGH von einer grundsätzlichen Kompatibilität von Abschlussprüfung und Beratung aus, wählt indes als Abgrenzungskriterium zwischen gebotener Einwirkung und verbotener Mitwirkung nicht die „Unterscheidung zwischen generell-abstraktem und konkretem Beratungsobjekt“[750], sondern:

„Eine hinreichend verallgemeinerungsfähige Abgrenzung zwischen erlaubter Beratung und untersagter Mitwirkung muß sich nach der Auffassung des Senats an Begriff und Funktion der Beratung sowie der Wahrung der Unabhängigkeit der Abschlußprüfung ausrichten. Beratung ist die Abgabe oder Erörterung von Empfehlungen durch sachverständige Personen im Hinblick auf künftige Entscheidungen des Ratsuchenden; sie ist dadurch gekennzeichnet, daß Handlungsmöglichkeiten und ihre Konsequenzen aufgezeigt werden, während die Entscheidung selbst dem Beratenen vorbehalten bleibt.“[751]

Mit diesem Kriterium der sog. „funktionalen Entscheidungszuständigkeit“ hat der BGH „das für die Betroffenen dringend notwendige Maß an Rechtssicherheit … geschaffen“[752]. Eine unzulässige Mitwirkung ist damit erst dann gegeben, wenn die Beratung keine Entscheidungsunterstützung mehr darstellt, sondern wenn der Berater selbst die Entscheidung trifft. Dies ist insb. dann der Fall, wenn der Berater alternativlose Empfehlungen gibt. Existiert jedoch nur eine (rechtlich) zulässige Lösung, so hat der Beratene keine echte Entscheidungsmöglichkeit; hier „kommt der Rat einer – zulässigen – Teilprüfungsentscheidung im Sinne einer prüfungsvorbereitenden Beratung gleich“[753]. Bezogen auf den Sachverhalt argumentiert der BGH, dass trotz der engen Verknüpfung von Handels- und Steuerbilanz durch den Grundsatz der Maßgeblichkeit gem. § 5 Abs. 1 Satz 1 EStG und der formellen Maßgeblichkeit gem. § 5 Abs. 1 Satz 2 EStG die Entscheidungszuständigkeit des Beratenen nicht beseitigt wird. Kritisch wird jedoch angemerkt, dass das Kriterium der funktionalen Entscheidungszuständigkeit umgangen werden kann, indem sich der Abschlussprüfer seine Vorschläge zur Bilanzierung und Berichterstattung vom Mandanten lediglich formal genehmigen lässt, da beim Mandanten die notwendigen Fachkenntnisse zur Beurteilung der Vorschläge eventuell gar nicht vorhanden sind bzw. abgebaut wurden.[754]

Mit diesem Urteil hat der BGH einer Entwicklung in Richtung Unvereinbarkeit von Abschlussprüfung und einzelfallbezogener Beratung eine Absage erteilt und sich damit der bereits zuvor herrschenden Meinung des Berufsstands und der Literatur angeschlossen.[755] Hellwig kritisiert gleichwohl, dass dieses Urteil aus Sicht des Berufsstands vorteilhaft zu bewerten ist, jedoch „hieraus … nicht geschlossen werden [kann], dass es den Bedürfnissen der Prüfungsadressaten gerecht wird. Letztere haben ein Interesse daran, dass die Prüfung im Rahmen eines Regelwerkes erstellt wird, das die Unabhängigkeit des Prüfers so weit wie möglich

[749] Vgl. Biener/Berneke (1986), S. 419f.; Hommelhoff (1997a), S. 552.
[750] BGH-Urteil v. 21.4.1997, S. 1395.
[751] BGH-Urteil v. 21.4.1997, S. 1395.
[752] Schmidtmeier (1998), S. 1626; vgl. auch Röhricht (1998), S. 155.
[753] BGH-Urteil v. 21.4.1997, S. 1395; ähnlich Vorstand der WPK (1996), S. 197.
[754] Vgl. Röhricht (1998), S. 155. Kritisch Schüppen (1997), S. 863.
[755] Vgl. Röhricht (1998), S. 154f. und Peemöller/Finsterer (1997), S. 886f.; Vorstand der WPK (1996), S. 196.

sicherstellt.“[756] Hommelhoff diskutiert in diesem Zusammenhang den „Distanz-Gedanken“: Gibt die Unternehmensleitung ihre Verantwortung für Rechnungslegung und Aufstellung des Jahresabschlusses an den Abschlussprüfer ab, kann dieser die notwendige Distanz zum Prüfungsobjekt nicht mehr aufrechterhalten. Daraus folgt, dass ein Abschlussprüfer, der die Steuerbilanz aufgestellt hat, den handelsrechtlichen Jahresabschluss nicht mehr unabhängig prüfen kann.[757] Eine Übersicht zur Rechtsprechung in Bezug auf § 319 HGB findet sich in der folgenden Tabelle.

BGH	Oberlandesgerichte	Landgerichte
BGH-Urteil vom 3.6.2004 (X ZR 104/03): Ob ein Unternehmen i.S.d. § 319 Abs. 2 Satz 1 Nr. 3 HGB mit der zu prüfenden Kapitalgesellschaft verbunden ist, beurteilt sich nach § 271 Abs. 2 HGB – allein ein Verstoß gegen § 49 2. Altern. WPO führt nicht gem. § 134 BGB zur Nichtigkeit des der Tätigkeit des Wirtschaftsprüfers zugrunde liegenden Vertrags.	**OLG Karlsruhe, Urteil vom 24.7.2003 (11 U 21/02):** Die Wahl eines Abschlussprüfers, der zwar nicht gem. § 319 Abs. 2 und 3 HGB ausgeschlossen, jedoch der Besorgnis des Befangenheit ausgesetzt ist, ist wirksam. Ein Verstoß gegen § 49 2. Altern. WPO führt nicht zur Nichtigkeit des Vertrags nach § 134 BGB.	**LG Karlsruhe** Nicht veröffentlicht.
	OLG Frankfurt am Main, Beschluss vom 4.12.2003 (20 W 232/03): Bestellung eines neuen Abschlussprüfers bei nichtiger Wahl wegen Vorliegens eines absoluten Ausschlussgrunds.	
	OLG Stuttgart, Beschluss vom 3.12.2003 (20 W 6/03): Squeeze-out: Anforderungen an den Übertragungsbericht – Fehlende Unabhängigkeit des gerichtlich bestellten Übertragungsprüfers?	
Revision eingelegt, Aktenzeichen IX CR 208/01	**OLG Brandenburg, Urteil vom 10.7.2001 (11 U 37/00):** Abschlussprüfer: Unzulässige Mitwirkung bei Prüfung eines nicht vollständig aufgestellten Jahresabschlusses.	**Landgericht Neuruppin, Urteil vom (1 a O 11/97):** Nicht veröffentlicht.
	OLG Düsseldorf, Beschluss vom 21.12.2000 (19 W 5/00 AktE): Befangenheit des Vertragsprüfers.	
BGH-Urteil vom 25.11.2002 (II ZR 49/01): Abschlussprüfer: Vorschlag zur Bestellung nur durch den Aufsichtsrat – Erstellung eines Verschmelzungswertgutachtens führt bei Nichthinweis auf Risiken im Gutachten zur Besorgnis der Befangenheit.	**OLG München, Urteil vom 8.11.2000 (7 U 5995/99):** Zulässige Wahl eines Abschlussprüfers trotz Erstellung des einer Fusion zugrunde liegenden Verschmelzungsgutachtens.	**LG München I, Urteil vom 21.10.1999 (5HK O 9527/99):** Wahl eines Abschlussprüfers: Keine Nichtigkeit wegen vorheriger Erstellung eines Unternehmenswertgutachtens für die an der Verschmelzung beteiligten Unternehmen.
		LG Köln, Urteil vom 1.4.1997 (3 O 504/96): Besorgnis der Befangenheit der Abschlussprüfer: § 243 AktG; §§ 318, 319 HGB.

756 Hellwig (1999), S. 2120. Kritisch in Bezug auf die öffentliche Funktion des Abschlussprüfers Hommelhoff (1997a), S. 558: „Sein [gemeint ist der BGH; Anm. d. Verf.] einseitiger und ausschließlich auf die Beratung bezogener Interpretationsansatz verlagert die Lösung vom Prüfer und seiner Handlung bedenklich nach hinten zur Gesellschaft und zur Entscheidungsfreiheit ihrer Geschäftsleitung, verliert den Kontakt zum gesetzlichen Mitwirkungverbot und läßt dies rechtspraktisch leer laufen. Der Bundesgerichtshof läuft Gefahr, die Selbstregulierungskraft des Berufsstandes der Wirtschaftsprüfer zu überschätzen und auch die öffentliche Funktion der Abschlußprüfung zu übergehen.“

757 Vgl. Hommelhoff (1997a), S. 560f.; Hommelhoff (1997b), S. 478. A.A. Neumann (1998), S. 1340f.

BGH	Oberlandesgerichte	Landgerichte
BGH-Urteil vom 21.4.1997 (II ZR 317/95): Abschlussprüfung und Steuerberatung durch denselben Wirtschaftsprüfer grundsätzlich zulässig.	**OLG Karlsruhe, Urteil vom 23.11.1995 (9 U 24/95):** Nichtige Bestellung einer StB/WP-Gesellschaft zum Abschlussprüfer wegen Mitwirkung bei der Führung der Bücher oder der Aufstellung des zu prüfenden Jahresabschlusses.	**LG Konstanz, Urteil vom 13.1.1995 (1 HO 87/93):** Vereinbarkeit von Beratung und Prüfung.
	OLG Köln, Urteil vom 1.7.1992 (11 U 11/92): Keine Prüfung des selbsterstellten Jahresabschlusses.	**LG Aachen, Urteil vom 28.11.1991 (8 O 33/90):** Nicht veröffentlicht
	OLG Hamburg, Beschluss vom 11.6.1992 (11 Wx 25/92): Prüfung und Begutachtung.	
BGH-Urteil vom 30.4.1992 (III ZR 151/91): Abschlussprüfung einer GmbH: Nichtigkeit des Prüfungsauftrags, wenn der Abschlussprüfer bei Aufstellung des Jahresabschlusses mitgewirkt hat.	**OLG Düsseldorf, Urteil vom 15.11.1990 (22 U 147/90):** Zur Unabhängigkeit der Abschlussprüfer, insb. zu dem Verbot, dass derjenige, der an der Führung der Bücher oder an der Aufstellung des Jahresabschlusses mitgewirkt hat, nicht Abschlussprüfer sein darf: § 319 Abs. 2 Nr. 5 HGB.	**LG Krefeld, Urteil vom 20.2.1990 (12 O 134/89):** Nicht veröffentlicht
	Bayerisches ObLG, Beschluss vom 17.9.1987 (3 Z 76/87): Befangenheit bei einer zum Abschlussprüfer bestellten Aktiengesellschaft.	

Tabelle 21: *Überblick über gerichtliche Entscheidungen zu § 319 HGB*

(b) Vereinbarkeit von Abschlussprüfung und Beratung nach dem KonTraG

Der durch das KonTraG veränderte § 317 HGB verlangt vom Abschlussprüfer, die Prüfung verstärkt problemorientiert auszurichten. Dies umfasst insb. die Ausrichtung der Prüfung des Jahresabschlusses auf das Erkennen von Unrichtigkeiten und Verstößen sowie im Rahmen der Prüfung des Lageberichts ob dieser „insgesamt eine zutreffende Vorstellung von der Lage des Unternehmens … vermittelt“[758]. Dazu benötigt der Abschlussprüfer besondere Kenntnisse über die Geschäftstätigkeit des Unternehmens, die er z.B. im Zuge einer der Prüfung vorgelagerten Beratung erlangen kann.[759] Nach § 317 Abs. 2 Satz 2 HGB ist die Prüfung des Lageberichts verstärkt auf die Chancen und Risiken der künftigen Entwicklung abzustellen. Dies zwingt den Abschlussprüfer dazu, eigene Prognosen und Risikoeinschätzungen vorzunehmen, um die Angaben im Lagebericht verifizieren zu können.[760] Zudem hat der Abschlussprüfer gem. § 317 Abs. 4 HGB bei einer börsennotierten[761] Aktiengesellschaft zu prüfen, ob der

---

758 § 317 Abs. 2 Satz 1 HGB; vgl. auch Ernst/Seibert/Stuckert (1998), S. 95f.

759 Vgl. Ring (2002), S. 1348f.; IDW PS 230.

760 Vgl. Böcking/Müßig (2002), § 289 HGB, Tz. 12-15; Böcking/Orth (1998a), S. 358f.; Hellwig (1999), S. 2120; Jacob (1998), S. 161-163.

761 Diese Vorschrift bezog sich nach In-Kraft-Treten des KonTraG nur auf solche Aktiengesellschaften, die Aktien mit amtlicher Notierung ausgegeben hatten. Folglich waren z.B. die Unternehmen des – damaligen – Neuen Markts nicht von dieser Vorschrift betroffen. Vgl. kritisch Böcking/ Orth (1998c), S. 1877-1879; Böcking/Orth (2000), S. 247. Mit Verabschiedung des TransPuG wurde der Kreis der zu prüfenden Unternehmen auf alle börsennotierten Aktiengesellschaften ausgeweitet. Vgl. BT-Drucks. 14/8769, S. 8 und 28; kritisch Pfitzer/Oser/Orth (2002), S. 163, die kritisieren, dass hier auf das Kriterium der Börsennotierung und nicht auf das der Kapitalmarktorientierung i.S.d. § 2 Abs. 5 WpHG abgestellt wurde.

Vorstand das in § 91 Abs. 2 AktG geforderte interne Überwachungssystem eingerichtet hat und ob dieses auch wirksam ist. Damit muss der Abschlussprüfer umfangreiche Prüfungen sämtlicher Unternehmensabläufe vornehmen, um die unternehmensspezifischen Geschäftsrisiken erfassen und bewerten zu können.[762] Er ist daneben gem. § 321 Abs. 4 Satz 2 HGB verpflichtet darauf einzugehen, „ob Maßnahmen erforderlich sind, um das interne Überwachungssystem zu verbessern".[763] Diese Maßnahmen kann der Abschlussprüfer ggf. nennen, obwohl konkrete Verbesserungsvorschläge nicht unter seine Berichterstattungspflicht fallen.[764] Daraus wird ersichtlich, dass der Gesetzgeber eine gewisse Einwirkung des Abschlussprüfers auf den Jahresabschluss fördert, jedoch eine zu starke Einflussnahme ablehnt. Hellwig führt hier zu Recht aus, dass „diese Änderungen im Hinblick auf den Prüfungsgegenstand verdeutlichen, dass die Unabhängigkeit des Abschlussprüfers aufgrund der ihm zusätzlich übertragenen Aufgaben nach den Änderungen durch das KonTraG wichtiger ist als je zuvor"[765]. Dies ist auch ein Grund für die Distanzvergrößerung zwischen Vorstand und Abschlussprüfer durch das KonTraG.[766]

(c) BGH-Entscheidungen zur Vereinbarkeit von Abschlussprüfung und Beratung nach dem Allweiler-Urteil des BGH

Nach der Verschmelzung zweier deutscher Großbanken (der Bayerische Vereinsbank AG und der Bayerische Hypotheken- und Wechselbank AG) zur HypoVereinsbank AG (HVB) im Jahr 1998 gab der Vorstand der neu entstandenen Bank einen hohen Wertberichtigungsbedarf für Bilanzpositionen einer der Altbanken bekannt.[767] Das Unternehmenswertgutachten, das die Umtauschverhältnisse der beiden an der Verschmelzung beteiligten Banken bestimmte, wurde von einem der Abschlussprüfer der neu gegründeten Gesellschaft zusammen mit einem anderen Wirtschaftsprüfer erstattet.[768] Aktionäre der Bank fochten aufgrund möglicher Verstöße gegen die § 319 Abs. 2 Satz 1 Nr. 5, Abs. 3 Nr. 4 HGB a.F. sowie § 318 Abs. 3 HGB a.F. die Prüferbestellung an. Das Landgericht München I und auch das OLG München, das über diesen Fall in zweiter Instanz im Jahr 2000 zu entscheiden hatte,[769] urteilten unter Bezugnahme auf das vom BGH entwickelte Kriterium der funktionalen Entscheidungszuständigkeit, dass „Eingriffe der K. in die Entscheidungszuständigkeit des Beklagten bezüglich des Jahresabschlusses, sei es durch das Verschmelzungs[wert]gutachten oder in sonstiger Weise,

---

762 Vgl. IDW PS 340, Tz. 19-31.
763 Vgl. Böcking/Orth (1998a), S. 359f.; Dörner (1998b), S. 304; Ring (2002), S. 1349.
764 Vgl. BR-Drucks. 872/97, S. 77; IDW PS 450 , Tz. 106.
765 Hellwig (1999), S. 2121.
766 Vgl. Hellwig (1999), S. 2121, der auf Hommelhoff und Mattheus verweist, die die durch das KonTraG eingeführten Regelungen als „Distanzierungsprogramm" bzw. „Distanz-schaffende Einzelregelungen" bezeichnen. Vgl. Hommelhoff (1998), S. 2627; Mattheus (1999), S. 710. Zur Stärkung der Unterstützungsfunktion des Abschlussprüfers durch das KonTraG vgl. Kapitel I.2.4.
767 Vgl. zu den Hintergründen Hoffmann (2000), S. 485. Im Folgenden wird lediglich der Teil der Urteile diskutiert, der sich mit dem Verschmelzungswertgutachten auseinandersetzt. Der andere Teil, die Fehler im Rahmen der Bestellung des Sonderprüfers, sind für diese Arbeit nicht relevant.
768 Vgl. LG München I, Urteil v. 21.10.1999, S. 35f. Die Verschmelzung der beiden Großbanken fand 1998, rückwirkend zum 1.1.1998 statt.
769 Vgl. OLG München, Urteil v. 8.11.2000, S. 258f.

nicht ersichtlich"[770] waren. Eine mögliche Selbstprüfung sei somit nicht gegeben. Dieser Ansicht ist zuzustimmen, da die K. zwar das Unternehmenswertgutachten zur Ermittlung der Umtauschverhältnisse mit erstellt hatte, dieses gleichwohl durch den Verschmelzungsprüfer nochmals geprüft wurde. Zudem wurde der Abschluss des Jahres 1998, in dem der Sonderwertberichtigungsbedarf bereits bilanziell berücksichtigt worden ist, von der K. gemeinsam mit einer anderen Wirtschaftsprüfungsgesellschaft geprüft und mit einem uneingeschränkten Bestätigungsvermerk versehen, so dass hier eine unabhängige Prüfung stattgefunden hatte.[771]

Auch im zweiten wesentlichen Klagepunkt, dass sich der Abschlussprüfer durch sein Verschmelzungswertgutachten gegenüber seinem Prüfungsmandanten schadenersatzpflichtig gemacht habe und somit im zu prüfenden Jahresabschluss Ansprüche gegen sich selbst prüfen musste, sahen beide Gerichte keine Besorgnis der Befangenheit, da sich der Abschlussprüfer bereit erklärt hatte, „ohne Anerkennung einer Rechtspflicht zum Ausgleich möglicher Schäden einen namhaften Betrag an die Beklagte"[772] zu zahlen. Damit seien „alle Bewertungskonflikte für die K. ... ausgeräumt ... [und] ein möglicher Befangenheitsgrund entfallen"[773]. Diese Begründung kann gleichwohl nicht überzeugen: Da der Abschlussprüfer seinem Prüfungsmandanten Schadenersatzleistungen „ohne Anerkennung einer Rechtspflicht" zukommen ließ, entsteht der Eindruck, als ob der Abschlussprüfer ein Interesse daran hat, weitergehende gerichtliche Verfahren gegen sich zu vermeiden. Eine Besorgnis der Befangenheit ist damit nicht mehr von der Hand zu weisen.[774]

Der BGH, der über diesen Fall in letzter Instanz zu entscheiden hatte, urteilte:
„Wird eine Wirtschaftsprüfungsgesellschaft im Rahmen einer Verschmelzung mit der Erstattung eines Verschmelzungswertgutachtens und der Ermittlung der Verschmelzungswertrelation beauftragt, folgt daraus nicht ohne weiteres, daß sie nicht zum Abschlußprüfer der aus der Verschmelzung hervorgegangenen Gesellschaft gewählt werden darf."[775] „Wie der Senat in der sog. Allweiler-Entscheidung ausgesprochen hat, begründet es keine Inhabilität des Abschlußprüfers, wenn dem – auch gutachterlich – Beratenen die Entscheidungskompetenz verbleibt, ob er dem Vorschlag folgt oder nicht."[776]

Die bloße Erstellung eines Verschmelzungswertgutachtens einschließlich der Berechnung des Umtauschverhältnisses führt dementsprechend nicht grundsätzlich zu einer Besorgnis der Befangenheit. In diesem Fall ist jedoch die Wahl der K. zum Abschlussprüfer nach § 243 Abs. 1 AktG anfechtbar, da „aus Sicht eines objektiv und sachgerecht urteilenden Dritten ... im Zeitpunkt der Beschlußfassung durch die Hauptversammlung der Beklagten die Besorgnis be-

---

770 OLG München, Urteil v. 8.11.2000, S. 259 (im Original teilweise Hervorhebungen). Mit „K." ist die Wirtschaftsprüfungsgesellschaft gemeint, die zum Abschlussprüfer bestellt wurde.
771 Zustimmend Lanfermann/Lanfermann (2003), S. 905.
772 OLG München, Urteil v. 8.11.2000, S. 259 (im Original teilweise Hervorhebungen).
773 OLG München, Urteil v. 8.11.2000, S. 259 (im Original teilweise Hervorhebungen).
774 Eine ausführliche Besprechung beider Urteile findet sich bei Marx (2002b), S. 232-235.
775 BGH-Urteil v. 25.11.2002, S. 462.
776 BGH-Urteil v. 25.11.2002, S. 464. Vgl. auch Gelhausen/Kuss (2003), S. 424-425; Lanfermann/ Lanfermann (2003), S. 901.

stand, daß die K. ihre Aufgabe als Abschlußprüfer nicht unbefangen und sachgemäß wahrnehmen werde."[777]

Hintergrund ist, dass die K. im Rahmen des Verschmelzungswertgutachtens wesentliche Risiken der H.-Bank im Immobilienbereich unberücksichtigt gelassen hat und daraus geschlossen werden kann, dass die K. über diese Risiken auch im Prüfungsbericht und im Bestätigungsvermerk nicht ausreichend berichten würde. Zudem sah sich die K. mit Schadenersatzansprüchen der ehemaligen Aktionäre der B.-Bank konfrontiert, da sich diese aufgrund der Überbewertung der H.-Bank und dem daraus resultierenden ungünstigeren Umtauschverhältnis ungerecht behandelt fühlten.[778] „Unter diesen Umständen konnte auch aus Sicht eines vernünftig und objektiv denkenden Dritten die begründete Besorgnis bestehen, daß die K. nicht in der Lage sein würde, ihre Aufgabe als Abschlußprüfer unbefangen, unparteiisch und unbeeinflußt von jeder Rücksichtnahme auf eigene Interessen wahrzunehmen."[779]

Die Bestellung der K. zum Abschlussprüfer für das Jahr 1999 ist somit aus diesen Gründen nichtig. Im Ergebnis überzeugt das sog. HVB-Urteil des BGH, in seiner Begründung gleichwohl m.E. nicht: Wird diese Begründung auf die Abschlussprüfung übertragen, könnte ein Wirtschaftsprüfer von der Abschlussprüfung ausgeschlossen sein, weil ihm im Rahmen der Prüfung des Vorjahresabschlusses Fehler unterlaufen sind.[780]

(d) Höhere Anforderungen an die Vereinbarkeit von Abschlussprüfung und Beratung nach In-Kraft-Treten des BilReG

Durch das Allweiler-Urteil und das HVB-Urteil wurde für die praktische Berufsausübung ein Handlungsrahmen geschaffen. Unklar war jedoch weiterhin, welche Tätigkeiten in welchem Ausmaß dem Abschlussprüfer gestattet sind, gerade auch im Hinblick auf seine erweiterten Pflichten nach der In-Kraft-Treten des KonTraG. Oberstes Ziel der Abschlussprüfung ist es, einen ordnungsmäßigen, d.h. den gesetzlichen Anforderungen des § 264 Abs. 2 HGB genügenden, Abschluss herbei zu führen. Daher ist es nach h.M. die Aufgabe des Abschlussprüfers, auf den Jahresabschluss korrigierend einzuwirken, um dieses Ziel zu erreichen.[781] Trotzdem sind auch Beanstandungen stets als Handlungsempfehlungen zu sehen, über die letztlich der Mandant entscheidet. Die Empfehlungen können auf Einzelfälle hinweisen oder auch in

777 BGH-Urteil v. 25.11.2002, S. 464. Mit diesem Urteil stellt der BGH zusätzlich klar, dass eine Anfechtung des Hauptversammlungsbeschlusses nicht durch das Ersetzungsverfahren des § 318 Abs. 3 Satz 1 HGB a.F. ausgeschlossen wird. Vgl. BGH-Urteil v. 25.11.2002, S. 465; Lanfermann/ Lanfermann (2003), S. 907; Marx (2003), S. 433f. A.A. noch LG Köln, Urteil v. 1.4.1997, S. 431; LG München, Urteil v. 21.10.1999, S. 35; Ebke/Jurisch (2000), S. 213-216.

778 Vgl. BGH-Urteil v. 25.11.2002, S. 464f. Vgl. auch Gelhausen/Kuss (2003), S. 425f.

779 BGH-Urteil v. 25.11.2002, S. 465.

780 Vgl. LG Köln, Urteil v. 1.4.1997, S. 432; OLG Düsseldorf, Beschluss v. 21.12.2000, S. 533. A.A. Lange (1994), S. 42. Vgl. in Bezug auf die Problematik des Aufdeckens von Fehlern im Rahmen der Abschlussprüfung, die durch Beratungstätigkeiten des Abschlussprüfers entstanden sind, Brillinger (1971), S. 53; Haegert (1985), S. 217f.; Lange (1994), S. 42; Steiner (1991), S. 479. Ähnlich Moxter (2003), S. 745f.

781 Vgl. zur Präventivfunktion der Abschlussprüfung Kapitel I.2.4 dieser Arbeit.

Form einer sog. Umbuchungsliste gegeben werden.[782] Grundsätzlich kann der Prüfer auch auf vorhandene Lücken in der Buchhaltung bzw. im Rechnungswesen hinweisen, ohne seine Unabhängigkeit zu gefährden, da hier das Kriterium der funktionalen Entscheidungszuständigkeit gilt.[783] Dem Abschlussprüfer ist es ebenfalls erlaubt, zukunftsgerichtete Vorschläge zur Verbesserung der Rechnungslegung auszuarbeiten.[784] Die öffentliche Diskussion um die Vereinbarkeit von Prüfung und Beratung hat indes gezeigt, „dass klare und eindeutige Regelungen erforderlich sind, um das Vertrauen in das Funktionieren der Kapitalmärkte und die Unabhängigkeit des Abschlussprüfers wiederherzustellen"[785]. Der Gesetzgeber hat daraufhin in §§ 319 und 319a HGB neben der Kodifizierung allgemeiner Grundsätze spezielle Regelungen getroffen.[786] Danach ist ein Wirtschaftsprüfer als der Abschlussprüfer nach § 319 Abs. 3 Satz 1 HGB ausgeschlossen, wenn er:

„über die Prüfungstätigkeit hinaus bei der zu prüfenden oder für die zu prüfende Kapitalgesellschaft in dem zu prüfenden Geschäftsjahr oder bis zur Erteilung des Bestätigungsvermerks
a) bei der Führung der Bücher oder der Aufstellung des zu prüfenden Jahresabschlusses mitgewirkt hat,
b) bei der Durchführung der internen Revision in verantwortlicher Position mitgewirkt hat,
c) Unternehmensleitungs- oder Finanzdienstleistungen erbracht hat oder
d) eigenständige versicherungsmathematische oder Bewertungsleistungen erbracht hat, die sich auf den zu prüfenden Jahresabschluss nicht nur unwesentlich auswirken,

sofern diese Tätigkeiten nicht von untergeordneter Bedeutung sind."[787]

Bei Unternehmen, die einen organisierten Markt i.S.d. § 2 Abs. 5 WpHG in Anspruch nehmen ist der Abschlussprüfer gem. § 319a Abs. 1 Satz 1 Nr. 2-4 HGB nicht mehr unabhängig, wenn er:

2. „in dem zu prüfenden Geschäftsjahr über die Prüfungstätigkeit hinaus Rechts- oder Steuerberatungsleistungen erbracht hat, die über das Aufzeigen von Gestaltungsalternativen hinausgehen und die sich auf die Darstellung der Vermögens-, Finanz- und Ertragslage in dem zu prüfenden Jahresabschluss unmittelbar und nicht nur unwesentlich auswirken,
3. über die Prüfungstätigkeit hinaus in dem zu prüfenden Geschäftsjahr an der Entwicklung, Einrichtung und Einführung von Rechnungslegungsinformationssystemen mitgewirkt hat, sofern diese Tätigkeit nicht von untergeordneter Bedeutung ist."

Unklar ist, wie sich diese Vorschrift auf den Abschlussprüfer eines Unternehmens auswirkt, das einen organisierten Markt i.S.d. § 2 Abs. 5 WpHG in Anspruch und in dessen Konzernabschluss Tochtergesellschaften einbezogen werden, die einen solchen Markt nicht in Anspruch nehmen. Meines Erachtens müssen für diese die gleichen Vorschriften gelten wie für das Mutterunternehmen, da die Jahresabschlüsse der in den Konzernabschluss einbezogenen Un-

---

782 Vgl. Röhricht (1998), S. 156. Ist der dem Abschlussprüfer vom zu prüfenden Unternehmen vorgelegte Jahresabschluss jedoch derart mangelbehaftet, dass der Prüfer diesen im Rahmen seiner Prüfung neu aufstellen muss, kann es ausnahmsweise zur Inhabilität des Abschlussprüfers kommen. Vgl. auch OLG Brandenburg, Urteil v. 10.7.2001, S. 866; Römermann (2001), S. 871f.

783 Vgl. Röhricht (1998), S. 156f. Vgl. auch Kapitel III.2.2.2.1(b) dieser Arbeit und OLG Frankfurt, Beschluss v. 4.12.2003, S. 371.

784 Vgl. Röhricht (1998), S. 157f.

785 BT-Drucks. 15/3419, S. 27.

786 Vgl. auch Kapitel II.1.2.2 dieser Arbeit.

787 § 319 Abs. 3 Satz 1 Nr. 3 HGB.

ternehmen vom Abschlussprüfer ebenfalls durchzusehen[788] sind. Nach dem reinen Wortlaut dieser Vorschrift wird indes nur das Unternehmen, das einen organisierten Markt i.S.d. § 2 Abs. 5 WpHG in Anspruch nimmt und nicht seine Tochterunternehmen erfasst.

2.2.2.2 Allgemeine Vorschriften zur Vereinbarkeit von Abschlussprüfung und Beratung nach der Empfehlung der EU-Kommission, der IFAC und der SEC bzw. dem AICPA

Vorschriften der EU-Kommission

Nach der Empfehlung der EU-Kommission hat der Abschlussprüfer im Rahmen der Erbringung von Nichtprüfungsleistungen darauf zu achten, dass „die von der Prüfungsgesellschaft oder der Gesellschaft des Verbunds beschäftigten Personen bei der Erbringung der Nichtprüfungsleistungen weder Entscheidungen für den Prüfungsmandanten oder eines seiner verbundenen Unternehmen oder deren Management treffen noch an deren Entscheidungen teilnehmen“[789]. Zulässig ist hingegen, Alternativen zur Auswahl zu stellen und diesbezüglich Empfehlungen abzugeben. Die EU-Kommission orientiert sich somit ebenfalls am Kriterium der funktionalen Entscheidungszuständigkeit und empfiehlt zusätzliche Sicherungsmaßnahmen, wie bspw. die Erörterung von Nichtprüfungsleistungen mit dem Kontrollorgan des Prüfungsmandanten.[790]

Vorschriften des IFAC Code of Ethics

Die IFAC stellt zunächst den zusätzlichen Nutzen einer gleichzeitigen Abschlussprüfung und Beratung heraus,[791] weist aber auch darauf hin, dass Nichtprüfungsleistungen immer die Gefahr der Selbstprüfung in sich tragen. Es ist insb. schädlich, wenn der Accountant für den Assurance Client Transaktionen veranlasst oder durchführt bzw. die Möglichkeit hat, dies zu tun, wenn er festlegt, welche Empfehlung der Prüfungsgesellschaft umgesetzt werden soll oder wenn er in Vertretung des Managements an das Kontrollorgan berichtet. In diesen Fällen liegt immer eine (schädliche) Abhängigkeit vor.[792]

Die Unabhängigkeit kann gefährdet sein, wenn der Accountant Vermögenswerte des Assurance Client verwahrt, Mitarbeiter des Assurance Client überwacht oder Buchungsunterlagen erstellt.[793] Auch hier muss der Accountant stets die funktionale Entscheidungszuständigkeit

---

788 Vgl. IDW PS 320, Tz. 5.
789 EU-Kommission (2002e), S. 29.
790 Vgl. EU-Kommission (2002e), S. 29f. und S. 46f. Zu den Qualitätssicherungsmaßnahmen vgl. Kapitel IV.2.
791 „Firms have traditionally provided to their assurance clients a range of non-assurance services that are consistent with their skills and expertise. Assurance clients value the benefits that derive from having these firms, who have a good understanding of the business, bring their knowledge and skill to bear in other areas. Furthermore, the provision of such non-assurance services will often result in the assurance team obtaining information regarding the assurance client's business and operations that is helpful in relation to the assurance engagement. The greater the knowledge of the assurance client's business, the better the assurance team will understand the assurance client's procedures and controls, and the business and financial risks that it faces.“ IFAC (2001c), Tz. 8.155.
792 Vgl. IFAC (2001c), Tz. 8.156.
793 Vgl. IFAC (2001c), Tz. 8.158.

des Assurance Client wahren.[794] Zusätzlich schlägt die IFAC einige Schutzmaßnahmen, wie bspw. die Erörterung von Nichtprüfungsleistungen mit dem Kontrollorgan des Assurance Client, vor.[795] Vor der Annahme eines Non-Assurance Service muss die Prüfungsgesellschaft hinterfragen, ob dieser Auftrag die Unabhängigkeit in Bezug auf den Assurance Client beeinträchtigt. Im Zweifel ist der Auftrag abzulehnen. Wird ein solcher Auftrag für ein verbundenes Unternehmen des Assurance Client erbracht, ist die Unabhängigkeit nicht gefährdet, wenn der Jahresabschluss dieses Unternehmens von einer anderen Prüfungsgesellschaft geprüft wird oder wenn eine andere Prüfungsgesellschaft den Non-Assurance Service nochmals durchführt.[796]

US-amerikanische Vorschriften

Nach den Vorschriften der SEC ist jegliche Beratung unzulässig, die den Accountant dazu bringt, seine eigene Arbeit zu prüfen oder die darin resultiert, dass der Accountant unternehmerische Entscheidungen anstelle des Managements trifft. Neben diesen allgemeinen Grundsätzen werden zusätzlich einige Nichtprüfungsleistungen genannt, die zu einer Beeinträchtigung der Unabhängigkeit führen können[797] und folglich unzulässig sind. An dieser Stelle ist kritisch anzumerken, dass die Vorschriften der SEC grundsätzlich einem regelbasierten und keinem prinzipienorientierten Ansatz folgen. Dies erschwert schnelle Reaktionen auf neue Sachverhalte. Fraglich ist weiterhin, ob das nach dem SOA verfolgte Modell einer Trennung von Prüfung und Beratung überhaupt einen Beitrag zur Überwindung der durch Enron ausgelösten Vertrauenskrise leistet, d.h. „ob von einem solchen Modell positive Impulse für die Qualität der Abschlussprüfung“[798] – die Voraussetzung für ein glaubwürdiges Prüfungsurteil ist – erwartet werden können.

2.2.2.3 Einzelne Nichtprüfungsleistungen und deren Vereinbarkeit mit gleichzeitiger Abschlussprüfung

(a) Mitwirkung an der Buchführung und der Erstellung des Jahresabschlusses

Deutsche Vorschriften

Die Übernahme der Buchführung eines Prüfungsmandanten ist gem. § 319 Abs. 3 Satz 1 Nr. 3a HGB unzulässig.[799] Dies umfasst grundlegende Tätigkeiten wie die Kontierung von Belegen und deren Buchung als Ganzes durch den Abschlussprüfer, die Erstellung des Abschlusses aus den Kontensalden durch den Abschlussprüfer[800] oder Mitwirkung an der Erstellung

794 So bereits im IFAC Code of Ethics von 1996. Vgl. IFAC (2000b), S. 55 (Tz. 8.5); Lanfermann (1998), S. 275.
795 Vgl. IFAC (2001c), Tz. 8.158-160. Zu den Qualitätssicherungsmaßnahmen vgl. Kapitel IV.2.
796 Vgl. IFAC (2001c), Tz. 8.161-162.
797 Vgl. 17 CFR § 210.2-01, Preliminary Note.
798 Ring (2002), S. 1348.
799 Diese Regelung wurde unverändert aus § 319 Abs. 2 Satz 1 Nr. 5 HGB a.F. übernommen.
800 Zur Erstellung des Jahresabschlusses durch einen Wirtschaftsprüfer, der nicht Abschlussprüfer ist, vgl. Granobs (1996), S. 280-282; auch Haegert (1985), S. 211-217.

des Lageberichts.[801] Zulässig sind hingegen Vorschläge hinsichtlich der Verbesserung und Rationalisierung des Rechnungswesens, die Beratung des Mandanten im Rahmen der Umstellung auf internationale Rechnungslegungsstandards[802] oder die Beantwortung von Fragen in Bezug auf die Richtigkeit der Buchung einzelner Sachverhalte.[803] Eine unzulässige Mitwirkung liegt vor, wenn der Abschlussprüfer „seine Prüfung auf der Grundlage eines nicht prüffähigen Jahresabschlusses durchführt. In diesem Fall fehlt es an einem tauglichen Prüfungsobjekt, sodass eine Prüfung schon begrifflich auszuscheiden hat."[804] Als Mindeststandard für die Prüffähigkeit eines Jahresabschlusses wird die Übereinstimmung des zu prüfenden Jahresabschlusses mit dem Konto- und Gliederungsschema des § 266 HGB gesehen.[805]

Hat nur der Abschlussprüfer, nicht aber der Mandant, Zugang zu einem EDV-System, das bspw. Summen- und Saldenlisten in eine Bilanz und Gewinn- und Verlustrechnung überführt, so ist es nicht als Verstoß gegen § 319 Abs. 3 Satz 1 Nr. 3a HGB zu sehen, wenn der Abschlussprüfer den Prüfungsmandanten in der Form unterstützt, dass er die entsprechenden Daten in dieses EDV-System eingibt. Voraussetzung ist gleichwohl, dass der Abschlussprüfer keinen inhaltlichen Einfluss auf das Datenmaterial nimmt und alle erforderlichen unternehmerischen Entscheidungen durch den Prüfungsmandanten selbst getroffen werden.[806] Bei dieser Regelung handelt es sich um eine Ausnahme, die sehr restriktiv anzuwenden ist. Auch gesetzliche Vertreter, Gesellschafter, die mehr als 20 % der Anteile halten, verbundene Unternehmen, ein bei der Prüfung in verantwortlicher Position beschäftigter Gesellschafter oder andere von der Wirtschaftsprüfungsgesellschaft beschäftigte Personen dürfen gem. § 319 Abs. 4

---

801 Vgl. auch OLG Köln, Urteil v. 1.7.1992, S. 2108f.; OLG Düsseldorf, Urteil v. 16.11.1990, S. 321-323. Zimmer (2002), § 319 HGB, Tz. 39 merkt an, dass sich § 319 Abs. 2 Satz 1 Nr. 5 HGB a.F. nur auf die Erstellung des Jahresabschlusses, der gem. § 242 Abs. 3 HGB aus Bilanz und GuV besteht, bezieht. M.E. fallen indes Anhang und Lagebericht im Sinne einer wirtschaftlichen Betrachtungsweise ebenfalls unter die berichtspflichtigen Objekte, an deren Erstellung der Abschlussprüfer nicht mitwirken darf. Gl.A. Baetge/Thiele (2004), § 319 HGB, Tz. 75.

802 Vgl. Röhricht (1998), S. 160; Zitzelsberger (1998), S. 16 zur Beratung in Bezug auf internationale Rechnungslegungsstandards durch den Abschlussprüfer.

803 Vgl. Löcke (1997), S. 1056 m.w.N. Danach sind folgende Tätigkeiten unzulässig i.S.d. § 319 Abs. 2 Satz 1 Nr. 5 HGB a.F.: „Übernahme von rechtlich abgesicherten Befugnissen zur (eigenständigen) Erstellung des Jahresabschlusses oder Lageberichts; … ; Vorkontieren oder Buchen in Grund-, Haupt- und Nebenbüchern; Fakturieren von Rechnungen bzw. Schreiben von Auftragsbestätigungen; Vornahme der Inventur; Eingabe in die Buchhaltungs-EDV; Aufarbeitung von Buchungsrückständen, Abschluß der Konten; Erstellung der Hauptabschlußübersicht des Mandanten, zulässig ist hingegen die Erstellung und Bereitstellung einer (zusätzlichen) Hauptabschlußübersicht zu Kontrollzwecken; Erstellung einer (handels- und steuerrechtlich zulässigen) Einheitsbilanz … ; komplettes „Außer-Haus-Geben" der Buchhaltung, unabhängig davon, ob die Buchhaltung im Hause des Abschlußprüfers oder im Hause des Mandanten von Mitarbeitern des Abschlussprüfers vorgenommen wird; unzulässige Mitwirkung … bei einem in die Konsolidierung (§§ 290 ff. HGB) einbezogenen Jahresabschluß, auch wenn am Konzernabschluß selbst keine unzulässige Mitwirkung erfolgt; zulässig ist eine solche … Mitwirkung des Konzernabschlußprüfers bei der Erstellung der einbezogenen Jahresabschlüsse hingegen, wenn ein anderer Prüfer die Jahresabschlüsse gemäß § 322 HGB uneingeschränkt bestätigt hat; (tatsächliche) Erstellung des Jahresabschlusses oder Lageberichts bzw. wesentlicher Bestandteile/Passagen; Nachholung wesentlicher Bewertungsmaßnahmen". Vgl. auch Baetge/Thiele (2004), § 319 HGB, Tz. 80f.; Münch (1993), S. 851; Röhricht (1998), S. 158-161; Schmidtmeier (1998), S. 1628.

804 OLG Brandenburg, Urteil v. 10.7.2001, S. 866.

805 Vgl. OLG Brandenburg, Urteil v. 10.7.2001, S. 867; Schmittmann (2001), S. 1145f.; Zimmer (2002), § 319 HGB, Tz. 42.

806 Vgl. Röhricht (1998), S. 158f. A.A. noch Claussen/Korth (1991), § 319 HGB, Tz. 43.

HGB für einen Prüfungsmandanten keine Buchführungs- oder Erstellungstätigkeiten erbringen.[807]

Vorschriften der EU-Kommission

Die Vorschriften der EU-Kommission verbieten jede Unterstützung im Rahmen der Erstellung von Buchungsunterlagen und Jahresabschlüssen, die nicht rein technischer oder mechanischer Natur ist bzw. lediglich Informationszwecken dient.[808] Der Abschlussprüfer darf insb. nicht an den Entscheidungen des Mandanten über Buchungen oder den diesen zugrunde liegenden Annahmen beteiligt sein. Unzulässig sind insb.:

- „die Festlegung oder Änderung von Journalbuchungen, die Zuordnung von Konten oder Geschäftsvorfällen, oder von anderen Buchungsunterlagen ohne dazu die Zustimmung des Mandanten einzuholen,
- die Autorisierung oder Genehmigung von Geschäftsvorfällen, oder
- die Erstellung von Ursprungsbelegen oder Aufbereitung von Erfassungsdaten (einschließlich Entscheidungen über Bewertungsmaßnahmen) oder die Änderungen solcher Dokumente oder Daten."[809]

Die Unabhängigkeit wird hingegen als nicht beeinträchtigt angesehen, wenn der Abschlussprüfer lediglich mechanische Buchhaltungstätigkeiten durchführt, vom Mandanten kontierte Geschäftsvorfälle bucht oder vom Mandanten genehmigte Geschäftsvorfälle erfasst. Zulässig ist außerdem die Beratung des Mandaten über Rechnungslegungsstandards oder Bewertungsmethoden, über deren Anwendung der Mandant selbst entscheidet.[810]

Handelt es sich bei dem Mandanten um ein Unternehmen, an dem das öffentliche Interesse[811] sehr hoch ist, so ist das Risiko, dass die Öffentlichkeit die Unabhängigkeit des Mandanten als beeinträchtigt ansieht, ebenfalls erhöht.[812] In einem solchen Fall sollte der Abschlussprüfer jede über die Pflichtprüfung hinausgehende Unterstützung unterlassen. Handelt es sich bei einem solchen Unternehmen um eine Konzernmuttergesellschaft, und unterstützt der Abschlussprüfer eine Tochtergesellschaft im Rahmen der Buchhaltung bzw. der Erstellung des Jahresabschlusses auf technische oder mechanische Art, so ist das damit verbundene Risiko der Gefährdung der Unabhängigkeit als unwesentlich einzustufen. Gleiches gilt, wenn der Abschluss des Tochterunternehmens (bzw. die Abschlüsse der Tochterunternehmen) für das Konzernunternehmen unwesentlich[813] ist (bzw. sind) und wenn die für diese Tätigkeiten er-

807 Vgl. Mattheus (2002) § 319 HGB, Tz. 132-133. Diese Vorschrift wurde – mit kleinen Änderungen – aus § 319 Abs. 3 Nr. 4 und 5 HGB a.F. übernommen.

808 Vgl. EU-Kommission (2002e), S. 30.

809 EU-Kommission (2002e), S. 47.

810 Vgl. EU-Kommission (2002e), S. 47f.

811 Das Ausmaß des öffentlichen Interesses hängt von Größe und Struktur des Mandanten sowie von dessen Geschäftsumfeld ab. Vgl. EU-Kommission (2002e), S. 48.

812 Zu Sinn und Zweck der Unterscheidung zwischen kapitalmarktorientierten und nicht kapitalmarktorientierten Unternehmen vgl. Kapitel II.1.2.2 dieser Arbeit.

813 Die Empfehlung der EU-Kommission geht nicht darauf ein, ob mit „unwesentlich" gemeint ist, dass das Tochterunternehmen aufgrund untergeordneter Bedeutung nicht in den Konzernabschluss einbezogen wird oder ob es sich hier um ein einbezogenes Tochterunternehmen handelt, das für den Konzernabschluss unwesentlich ist.

zielten Honorare insgesamt im Verhältnis zu dem Honorar für die Konzernabschlussprüfung unwesentlich sind.[814]

In Notfallsituationen[815] darf der Abschlussprüfer seine Unterstützung im Bereich der Buchführung und Erstellung des Jahresabschlusses ausweiten; er muss jedoch darauf achten, dass er an keiner Entscheidung endgültig beteiligt ist und sich der Zustimmung des Mandanten versichern. Zudem sollte er seine Aufgaben mit dem Kontrollorgan des Mandanten besprechen und sicherstellen, dass Art und Ausmaß seiner Tätigkeit mit einer Begründung im Jahresabschluss erläutert werden.[816]

Vorschriften des IFAC Code of Ethics

Auch der IFAC Code of Ethics verbietet eine Übernahme der Buchführungstätigkeiten bei Audit Clients, wenn durch den Accountant Entscheidungen für die Unternehmensleitung getroffen werden. Dies umfasst Tätigkeiten wie das Festlegen oder Ändern von Einträgen im Haupt- oder Nebenbuch oder die Zuordnung von bestimmten Beträgen zu bestimmten Konten, ohne vorher die Genehmigung des Audit Client eingeholt zu haben, die Genehmigung bestimmter Transaktionen oder die Vorbereitung bzw. Änderung von Quelldaten.[817] Eine rein technische Unterstützung ist hingegen grundsätzlich zulässig. Tätigkeiten wie Problemlösung bei der Abstimmung von Konten, das Analysieren und die Zusammenstellung offen zu legender Informationen, Unterstützung bei der Vorbereitung des Konzernabschlusses[818], Vorschläge für Nachbuchungen usw. gelten als Teil des normalen Prüfungsprozesses und beeinträchtigen daher im Regelfall die Unabhängigkeit des Accountant nicht.[819]

Die IFAC unterscheidet zudem zwischen kapitalmarktorientierten[820] und nicht kapitalmarktorientierten Gesellschaften. Bei nicht kapitalmarktorientierten Gesellschaften darf der Accountant Buchführungstätigkeiten, inklusive Gehaltsabrechnungen, durchführen, die „of a routine or technical nature“[821] sind. Dies beinhaltet bspw. das buchmäßige Erfassen von Geschäftsvorfällen, die der Audit Client festgelegt oder genehmigt hat, die Erstellung des Jahresabschlusses anhand der Hauptabschlussübersicht und das Buchen von vom Audit Client genehmigter Transaktionen. Gegebenenfalls können zur Sicherstellung der Unabhängigkeit folgende Sicherungsmechanismen eingerichtet werden:

---

814 Vgl. EU-Kommission (2002e), S. 48.

815 Eine Notfallsituation läge bspw. dann vor, wenn der Abschlussprüfer aufgrund unvorhersehbarer externer Ereignisse der Einzige ist, der über die notwendigen Kenntnisse verfügt, um den Jahresabschluss des Unternehmens rechtzeitig fertig zu stellen und seine Weigerung, dies zu tun, schwerwiegende Folgen für das Unternehmen hätte bzw. sogar dessen Fortbestand gefährden würde. Vgl. EU-Kommission (2002e), S. 48.

816 Vgl. EU-Kommission (2002e), S. 48.

817 Vgl. IFAC (2001c), Tz. 8.163-164.

818 Dies beinhaltet auch die Überleitung lokaler Jahresabschlüsse in die konzernweite Berichterstattung oder die Überleitung in ein anderes Rechnungslegungswerk wie z.B. IFRS.

819 Vgl. IFAC (2001c), Tz. 8.165.

820 Die IFAC verwendet den Begriff der Listed Entity: „An entity whose shares, stock or debt are quoted or listed on a recognized stock exchange, or are marketed under the regulations of a recognized stock exchange or other equivalent body.“ Dies entspricht dem Begriff „kapitalmarktorientiert“ i.S.d. § 2 Abs. 5 WpHG, der im Folgenden verwendet wird. Vgl. IFAC (2001c), S. v.

821 IFAC (2001c), Tz. 8.167.

- Durchführung der Buchführungs- und Erstellungstätigkeiten von Mitarbeitern, die nicht Mitglied des Audit Team sind.
- Implementierung von Richtlinien und Prüfungshandlungen, die sicherstellen, dass der Durchführende dieser Tätigkeiten keine Entscheidungen für die Unternehmensleitung trifft.
- Vereinbarung mit dem Audit Client, dass die Quelldaten in der Buchführung des Audit Client bereitgestellt werden bzw. die zugrunde liegenden Schätzungen vom Audit Client erstellt bzw. genehmigt werden.
- Zustimmung des Audit Client für alle vorgeschlagenen Nachbuchungen oder anderen Änderungen mit Einfluss auf den Jahresabschluss.[822]

Die Vorschriften für kapitalmarktorientierte Gesellschaften sind wesentlich strenger, da solche Abschlüsse einer höheren Öffentlichkeitswirkung unterliegen und somit eher der Eindruck entstehen kann, dass der Accountant nicht unabhängig ist. In diesem Fall muss sich der Accountant für einen Auftrag entscheiden und entweder die Abschlussprüfung oder die Buchführungstätigkeiten niederlegen. Eine Prüfungsgesellschaft darf daher Buchführungstätigkeiten für kapitalmarktorientierte Gesellschaften nicht durchführen. Für Tochtergesellschaften kapitalmarktorientierter Audit Clients können Buchführungs- und Erstellungsarbeiten unter folgenden Bedingungen erbracht werden: Die Nichtprüfungsleistungen umfassen keinerlei Bewertung, die Tochtergesellschaft, für die die Nichtprüfungsleistung erbracht wird, ist für den Audit Client unwesentlich bzw. die Nichtprüfungsleistung für das Tochterunternehmen und die erzielten Honorare aus den Buchführungs- oder Erstellungstätigkeiten sind für die Prüfungsgesellschaft unwesentlich. Zudem darf die Prüfungsgesellschaft keine Rolle einnehmen, die es ihr ermöglicht, Entscheidungen für die Unternehmensleitung zu treffen. Der kapitalmarktorientierte Audit Client muss die Verantwortung für die Ergebnisse der Arbeit tragen und die Personen, die die Buchführungs- oder Erstellungstätigkeiten durchführen, sollten nicht Mitglied des Audit Team sein.[823] In Notfallsituationen ist die Übernahme von Buchführungstätigkeiten die Prüfungsgesellschaft erlaubt, solange diese keine Management-Funktionen übernimmt, der Audit Client die Verantwortung für das Ergebnis der Tätigkeit trägt und die Buchführungstätigkeiten nicht durch Mitglieder des Assurance Team erbracht werden.[824]

US-amerikanische Vorschriften

Die Mitwirkung an der Buchführung oder Tätigkeiten in Bezug auf den Jahresabschluss eines Audit Client sind generell unzulässig. Dies umfasst insb. die Pflege oder Erstellung der Geschäftsbücher des Audit Client, die Erstellung der Jahresabschlüsse des Audit Client, die bei der SEC eingereicht werden sowie die Pflege oder Erstellung von Daten, die dem Jahresab-

---

822 Vgl. IFAC (2001c), Tz. 8.167.

823 Vgl. IFAC (2001c), Tz. 8.168f.

824 Vgl. IFAC (2001c), Tz. 8.170. Unter Notfallsituationen versteht die IFAC Situationen, in denen es für den Audit Client nicht praktikabel ist, andere Vorkehrungen zu treffen.

schluss des Audit Client zugrunde liegen. Zulässig sind hingegen solche Buchführungstätigkeiten, deren Ergebnis keinen Prüfungshandlungen im Rahmen der Abschlussprüfung unterliegt, solange diese Tätigkeiten vom Audit Committee des Audit Client vorab genehmigt wurden.[825] In Bezug auf ausländische Tochtergesellschaften sind Buchführungstätigkeiten dann erlaubt, wenn die Abschlüsse dieser Gesellschaften nicht bei der SEC eingereicht werden und auch nicht die Grundlage bei der SEC eingereichter (Konzern-)Abschlüsse bilden.[826]

Kritische Würdigung

Die Mitwirkung an der Buchführung oder der Erstellung des Jahresabschlusses ist in allen betrachteten Rechtskreisen zu Recht untersagt. Eine Durchbrechung dieses Verbots in Notfällen wurde von der SEC in ihren Regelungen aus dem Jahr 2000 als zulässig erachtet und von der IFAC sowie der EU-Kommission übernommen. Mittlerweile hat die SEC diese Ausnahme gleichwohl wieder aufgehoben, so dass m.E. eine Übernahme dieser Erleichterungsregelung in Deutschland nicht angebracht ist.[827] Handelt es sich um rein technische oder mechanische Unterstützungstätigkeiten im Rahmen der Buchführung und der Erstellung des Jahresabschlusses (EU, IFAC) oder unterliegt das Ergebnis dieser Tätigkeiten keinen Prüfungshandlungen im Rahmen der Abschlussprüfung (SEC), wird eine Mitwirkung als zulässig angesehen. Insbesondere die Regelung der EU und der IFAC stellt eine Erleichterung zu den deutschen Regeln dar. Die EU und die IFAC sehen gleichwohl für Unternehmen, an denen das öffentliche Interesse hoch ist (EU) bzw. für kapitalmarktorientierte Unternehmen (IFAC), zu Recht vor, jegliche Unterstützung im Rahmen der Erstellung von Buchungsunterlagen oder Jahresabschlüssen zu unterlassen.

Buchführung	
Deutschland	Unzulässig. Ausnahme: Rein mechanische Eingabe von Buchungen des Mandanten in ein Buchungssystem sowie Beratung in Bezug auf Einzelfragen.
EU	Erstellung von Buchungsunterlagen ist unzulässig, solange es sich nicht um rein technische oder mechanische Tätigkeiten handelt. Bei Unternehmen des öffentlichen Interesses ist auch dies unzulässig. Beratung des Mandanten in Buchführungsfragen ist zulässig.
IFAC	Unzulässig, solange es sich nicht um eine rein technische Unterstützung handelt. Bei kapitalmarktorientierten Unternehmen immer unzulässig.
USA	Unzulässig, solange es sich um Tätigkeiten handelt, deren Ergebnis Prüfungshandlungen im Rahmen der Abschlussprüfung unterliegt.
Vorschlag	Unzulässig, solange es sich nicht um eine rein technische Unterstützung oder um Beratung in Einzelfragen handelt. Bei kapitalmarktorientierten Unternehmen ist die technische Unterstützung unzulässig.
Mitwirkung an der Aufstellung des Jahresabschlusses	
Deutschland	Unzulässig. Ausnahme: Beratung in Einzelfragen.
EU	Mitwirkung an der Aufstellung des Jahresabschlusses ist unzulässig, solange es sich nicht um rein technische oder mechanische Tätigkeiten handelt. Bei Unternehmen des öffentlichen Interesses ist auch dies unzulässig. Beratung des Mandanten in Fragen zur Aufstellung des Jahresabschlusses ist zulässig.

825 Vgl. 17 CFR § 210.2-01 (c)(4)(i). Vor Verabschiedung des SOA waren Buchführungstätigkeiten u.a. zulässig, wenn es sich um eine Notfallsituation handelte oder die Buchführungstätigkeiten außerhalb der USA erbracht wurden. Diese Ausnahmen wurden mit der Umsetzung des SOA größtenteils eliminiert. Vgl. zu den bisher gültigen Regelungen SEC (2000) und 17 CFR § 210.2-01 (c)(4)(i)(B) i.d.F. 2000.

826 Vgl. SEC (2003a), Abschn. II.B.1.

827 A.A. Marx (2002b), S. 436.

IFAC	Unzulässig, solange es sich nicht um eine rein technische Unterstützung handelt. Bei kapitalmarktorientierten Unternehmen immer unzulässig.
USA	Unzulässig, solange es sich um Tätigkeiten handelt, deren Ergebnis Prüfungshandlungen im Rahmen der Abschlussprüfung unterliegt.
Vorschlag	Unzulässig, solange es sich nicht um eine rein technische Unterstützung oder um Beratung in Einzelfragen handelt. Bei kapitalmarktorientierten Unternehmen ist die technische Unterstützung unzulässig.
Notfallsituationen	
Deutschland	Nicht geregelt.
EU	Unter bestimmten Bedingungen zulässig; Hinweis auf die Unterstützung im Jahresabschluss vorgeschrieben.
IFAC	Unter bestimmten Bedingungen zulässig.
USA	Nicht geregelt.
Vorschlag	Keine Unterstützung.

Tabelle 22: *Mitwirkung an der Buchführung und der Erstellung des Jahresabschlusses*

(b) Entwicklung und Implementierung von Finanzinformationssystemen

Deutsche Vorschriften

Gemäß § 319a Abs. 1 Satz 1 Nr. 3 HGB ist dem Abschlussprüfer eines Unternehmens, das einen organisierten Markt i.S.d. § 2 Abs. 5 WpHG in Anspruch nimmt, untersagt, an der Entwicklung, Einrichtung und Einführung von Rechnungslegungsinformationssystemen mitzuwirken, solange diese Tätigkeit nicht von untergeordneter Bedeutung ist.[828] Bei allen anderen Unternehmen ist anhand des Kriteriums der funktionalen Entscheidungszuständigkeit festzulegen, ob die Unabhängigkeit des Abschlussprüfers durch diesen Auftrag beeinträchtigt ist.

Vorschriften der EU-Kommission

Entwickelt und implementiert der Abschlussprüfer, die Prüfungsgesellschaft oder eine Gesellschaft im Firmenverbund des Abschlussprüfers für einen Prüfungsmandanten ein Finanzinformationssystem, das eingesetzt werden soll, um Informationen zu generieren, die Bestandteil des Jahresabschlusses des Prüfungsmandanten sind, ist die Unabhängigkeit des Abschlussprüfers gefährdet, da im Rahmen der Pflichtprüfung Daten überprüft werden, die durch dieses System generiert worden sind.[829] Unzulässig ist immer die Übernahme der Verantwortung oder einer leitenden Funktion im Rahmen der Entwicklung und Implementierung eines Finanzinformationssystems oder für die laufende Funktionsfähigkeit dieses Systems.[830] Zulässig ist die Entwicklung und Implementierung von Finanzinformationssystemen hingegen, wenn folgende Bedingungen kumulativ erfüllt sind:

„a) Die Geschäftsleitung des Mandanten bestätigt schriftlich, die Verantwortung für das gesamte interne Kontrollsystem zu übernehmen,

b) der Abschlussprüfer hat sich vergewissert, dass sich die Geschäftsleitung des Prüfungsmandanten nicht in erster Linie auf das Finanzinformationssystem stützt, um die Angemessenheit ihres internen Kontroll- und Rechnungslegungssystems zu bestimmen,

c) das Finanzinformationssystem wird im Falle einer Systementwicklung anhand von solchen Spezifikationen entwickelt, die die Geschäftsleitung des Mandanten festgelegt hat, und

828 Vgl. BT-Drucks. 15/3419, S. 42.
829 Vgl. EU-Kommission (2002e), S. 30 und S. 48.
830 Vgl. EU-Kommission (2002e), S. 49.

d) es handelt sich nicht um ein in sich vollständig abgeschlossenes Projekt (sogenanntes „turn key"-Projekt, das sowohl die Software-Entwicklung, die Hardware-Konfigurierung als auch die Implementierung von Beidem einschließt). Ein solches Projekt ist nur zulässig, wenn der Prüfungsmandant oder seine Geschäftsleitung in der unter Buchstabe a) geforderten schriftlichen Erklärung ausdrücklich bestätigt die Verantwortung zu übernehmen für i) die Entwicklung, Implementierung und Beurteilung, einschließlich aller diesbezüglichen Entscheidungen, und ii) den Betrieb des Systems, einschließlich der von diesem genutzten oder gewonnenen Daten."[831]

Zulässig erscheint die Beratung eines vom Prüfungsmandanten eingesetzten Konsortiums, das zur Abwicklung des Projekts eingesetzt wurde sowie die Anpassung einer Standardsoftware an die Bedürfnisse eines kleineren[832] Unternehmens. Zulässig ist es außerdem, dem Prüfungsmandanten Vorschläge über alternative Systeme zu unterbreiten, solange der Abschlussprüfer an keinem der Systemanbieter eine wesentliche finanzielle Beteiligung hält oder umfangreiche geschäftliche Beziehungen hat. Unzulässig kann hingegen die Systementwicklung für ein Großunternehmen oder ein Unternehmen des öffentlichen Interesses auch dann sein, wenn die o.g. Kriterien erfüllt sind.[833] In jedem Fall hat der Abschlussprüfer bei der Annahme eines solchen Auftrags entsprechende Schutzmaßnahmen, wie bspw. die personelle Trennung der Auftragsteams, in Betracht zu ziehen.[834]

Vorschriften der IFAC

Entwirft und implementiert eine Prüfungsgesellschaft oder eine Gesellschaft in deren Firmenverbund für einen Audit Client ein Finanzinformationssystem, das benutzt wird, um Informationen zu generieren, die Teil des Jahresabschlusses sind, so kann ihre Unabhängigkeit beeinträchtigt sein.[835] Daher sollten folgende Maßnahmen ihre Unabhängigkeit sicherstellen: Der Audit Client ist sich bewusst, dass er die alleinige Verantwortung für die Einrichtung und Pflege des internen Kontrollsystems trägt und ernennt folglich dafür einen Verantwortlichen im Unternehmen. Alle unternehmerischen Entscheidungen in Bezug auf den Aufbau und die Implementierung des Systems werden vom Audit Client getroffen; zudem bewertet der Audit Client die Angemessenheit und die Ergebnisse des Aufbaus und der Implementierung des Systems. Der Audit Client ist verantwortlich für das Funktionieren des Systems und für die daraus gewonnenen Daten.[836] Zudem ist zu berücksichtigen, dass solche Nichtprüfungsleistungen vorzugsweise von Mitarbeitern durchgeführt werden sollten, die nicht Mitglied des Audit Team sind und einer anderen Sparte innerhalb der Prüfungsgesellschaft angehören.[837] Werden Dienstleistungen erbracht, die lediglich im Zusammenhang mit dem Aufbau und der

---

831 EU-Kommission (2002e), S. 30.

832 Dieser Begriff wird von der EU-Kommission nicht definiert.

833 Vgl. EU-Kommission (2002e), S. 49.

834 Vgl. EU-Kommission (2002e), S. 31.

835 Vgl. IFAC (2001c), Tz. 8.184. Auch eine Dienstleistung, die lediglich eine der beiden Tätigkeiten, d.h. den Entwurf oder die Implementierung eines Finanzinformationssystems zur Generierung des Jahresabschlusses, umfasst, kann die Unabhängigkeit des Accountant gefährden. In diesem Fall ist ebenfalls wie oben beschrieben vorzugehen. Vgl. IFAC (2001c), Tz. 8.187.

836 Vgl. IFAC (2001c), Tz. 8.184f.

837 Vgl. IFAC (2001c), Tz. 8.186.

Implementierung eines rechnungslegungsbezogenen internen Kontrollsystems stehen, so ist die Unabhängigkeit in der Regel nicht gefährdet, solange die Mitarbeiter der Prüfungsgesellschaft keine Entscheidungen für die Unternehmensleitung treffen.[838]

US-amerikanische Vorschriften

Grundsätzlich sind Tätigkeiten im Rahmen der Entwicklung und Implementierung von Finanzinformationssystemen unzulässig. Dies umfasst insb. das Betreiben oder die Überwachung von EDV-Systemen des Audit Client, die Verwaltung des lokalen Netzwerks des Audit Client oder das Entwerfen bzw. Implementieren eines Hardware- oder Software-Systems, das Daten bzw. Informationen generiert, die dem Jahresabschluss des Audit Client zugrunde liegen bzw. für den Jahresabschluss des Audit Client wesentlich[839] sind. Zulässig sind hingegen – nach Vorabgenehmigung durch das Audit Committee des Audit Client – solche Tätigkeiten im Rahmen der Entwicklung und Implementierung von Finanzinformationssystemen, deren Ergebnis keinen Prüfungshandlungen im Rahmen der Abschlussprüfung unterliegt.[840] Der Accountant darf zudem das interne Kontrollsystem und dessen Aufbau, Implementierung und laufenden Betrieb im Rahmen der Abschlussprüfung oder eines anderen Attest Service beurteilen sowie Verbesserungsvorschläge unterbreiten.[841]

Kritische Würdigung

In Deutschland existierten vor Verabschiedung des BilReG keine expliziten Vorschriften. Nach den neuen Vorschriften ist ein Abschlussprüfer, der er an der Entwicklung, Einrichtung und Einführung eines Rechnungslegungsinformationssystem bei einem Unternehmen, das einen organisierten Markt i.S.d. § 2 Abs. 5 WpHG in Anspruch nimmt, mitgewirkt hat, nicht unabhängig. Die internationalen Vorschriften sehen die Entwicklung und Implementierung von Finanzinformationssystemen ebenfalls zu Recht grundsätzlich als unabhängigkeitsgefährdend an. Auch bei nicht kapitalmarktorientierten Unternehmen sollte m.E. genau beurteilt werden, ob dieser Auftrag erbracht werden kann, ohne die Unabhängigkeit zu gefährden.

Eine Unterstützung des Mandanten ist zu Recht unter bestimmten Voraussetzungen zulässig (EU, IFAC). Die SEC sieht insb. solche Tätigkeiten als zulässig an, die keinen Prüfungshandlungen im Rahmen der Abschlussprüfung unterliegen. Zulässig sind auch das Unterbreiten von Verbesserungsvorschlägen und die Beurteilung von Finanzinformationssystemen. Hier ist indes auf eine personelle Trennung zwischen beiden Auftragsteams zu achten.

Grundsatz	
Deutschland	Verbot der Entwicklung, Einrichtung und Einführung von Rechnungslegungsinformationssystemen bei Unternehmen, die einen organisierten Markt i.S.d. § 2 Abs. 5 WpHG in Anspruch nehmen.

838 Vgl. IFAC (2001c), Tz. 8.188.

839 Den Begriff „wesentlich“ (significant) definiert die SEC als „reasonably likely to be material to the financial statements of the audit client“. Vgl. SEC (2003a), Abschn. B.2.

840 Vgl. 17 CFR § 210.2-01 (c)(4)(ii).

841 Vgl. SEC (2003a), Abschn. B.2.

EU	Übernahme der Verantwortung für die oder einer leitenden Position bei der Entwicklung oder Implementierung eines Finanzinformationssystems oder für die laufende Funktionsfähigkeit des Systems ist grundsätzlich unzulässig.
IFAC	Entwicklung und Implementierung von Finanzinformationssystemen kann die Unabhängigkeit grundsätzlich gefährden, wenn bestimmte Bedingungen nicht eingehalten werden.
USA	Entwicklung und Implementierung von Finanzinformationssystemen kann die Unabhängigkeit grundsätzlich gefährden, und ist folglich unzulässig.
Vorschlag	Verbot der Entwicklung, Einrichtung und Einführung von Finanzinformationssystemen bei kapitalmarktorientierten Unternehmen. Bei allen anderen Unternehmen ist zu untersuchen, ob eine Besorgnis der Befangenheit aufgrund dieses Auftrags besteht.
Ausnahmen	
Deutschland	Nicht geregelt.
EU	Unterstützung bei der Entwicklung und Implementierung unter bestimmten Voraussetzungen zulässig.
IFAC	Unterstützung bei der Entwicklung und Implementierung unter bestimmten Voraussetzungen zulässig.
USA	Zulässig sind solche Tätigkeiten, die keinen Prüfungshandlungen im Rahmen der Abschlussprüfung unterliegen sowie die Beurteilung von Finanzinformationssystemen und das Unterbreiten von Verbesserungsvorschlägen.
Vorschlag	Unterstützung und Beratung in Bezug auf die Entwicklung, Einrichtung und Einführung von Finanzinformationssystemen ist zulässig.

Tabelle 23: Entwicklung und Implementierung von Finanzinformationssystemen

(c) Bewertungsleistungen und andere gutachterliche Tätigkeiten

Deutsche Vorschriften

Gutachterliche Tätigkeiten des Abschlussprüfers wurden vor Verabschiedung des BilReG grundsätzlich als zulässig angesehen und stellten keinen Verstoß gegen das Selbstprüfungsverbot gem. § 319 Abs. 2 Satz 1 Nr. 5 HGB a.F. dar, da argumentiert wurde, dass das Ergebnis der gutachterlichen Tätigkeit inhaltlich vom Mandanten zu verantworten ist. Zu beachten ist jedoch, dass sich die Gutachtertätigkeit nicht unmittelbar auf den zu prüfenden Jahresabschluss auswirken darf.[842] So wurde nach h.M. argumentiert, dass bspw. Gutachten über den Wert von Sacheinlagen im Rahmen einer Gründungs- oder Kapitalerhöhungsprüfung auch dann unschädlich seien, wenn der Vermögensgegenstand später in der zu prüfenden Bilanz mit dem durch das Gutachten bestimmten Wert angesetzt wird, weil hier „nicht festgestellt werden [kann], daß der Gutachter/Prüfer die Bewertungsentscheidung getroffen und daher an der Aufstellung iSd. Nr. 5 mitgewirkt hätte“[843]. Gleichwohl wurde auch hier bereits im Fall einer auf die gutachterliche Tätigkeit folgenden Jahresabschlussprüfung eine mögliche Besorgnis der Befangenheit gem. § 318 Abs. 3 HGB a.F. bzw. § 49 WPO festgestellt.[844] Dies wurde in der Literatur zu Recht bspw. dann gesehen, wenn der Abschlussprüfer den Wertansatz einer Beteiligung in der Bilanz des Prüfungsmandanten zu prüfen hat, die der Prüfungsmandant aufgrund eines durch den Abschlussprüfer erstellten Wertgutachtens erworben hat-

---

842 Vgl. ADS (2000), § 319 HGB, Tz. 130; Hense/Veltins (2003), § 319 HGB, Tz. 26; Mattheus (2002), § 319 HGB, Tz. 93; Röhricht (1998), S. 160.

843 ADS (2000), § 319 HGB, Tz. 130.

844 Vgl. Thiele (1997), S. 1397. Durch das OLG Hamburg wurde 1992 eine Besorgnis der Befangenheit in einem Fall festgestellt, in dem das Gutachten des Abschlussprüfers zu wesentlichen Änderungen der Eröffnungsbilanz geführt hatte. Begründung war hier, dass die Situation sich für die Gesellschafter so darstellte, als ob der Abschlussprüfer an der Erstellung des Jahresabschlusses mitgewirkt und somit gegen § 319 Abs. 2 Satz 1 Nr. 5 HGB a.F. verstoßen habe. Vgl. OLG Hamburg, Beschluss v. 11.6.1992, S. 1533; Baetge/Thiele (2004), § 319 HGB, Tz. 84.

te.[845] Diese Besorgnis der Befangenheit kann gleichwohl durch die Einholung eines unabhängigen Drittgutachtens über die vom Abschlussprüfer maßgeblich beeinflussten bzw. herbeigeführten Sachverhaltsgestaltungen beseitigt werden.[846] Indes ist bereits vor Auftragsannahme zu erörtern, ob ein solcher Auftrag neben der Abschlussprüfung angenommen werden kann und soll. Nicht zu unterschätzen ist das öffentliche Interesse, so dass in diesem Fall auch politische Erwägungen von Bedeutung sind.

Das LG München I sowie die Folgeinstanz, das OLG München, sahen in der Erstellung des Verschmelzungswertgutachtens durch den Abschlussprüfer der neuen Gesellschaft, mit dem auch die Umtauschverhältnisse der zu verschmelzenden Gesellschaften bestimmt wurden, keine Besorgnis der Befangenheit aufgrund einer Selbstprüfung. Der BGH urteilte hingegen in letzter Instanz, dass in diesem Fall eine Besorgnis der Befangenheit vorlag, da die Wirtschaftsprüfungsgesellschaft in ihrem Verschmelzungswertgutachten wesentliche Risiken unberücksichtigt gelassen hatte und somit die Gefahr bestand, dass sie auch im Rahmen der Abschlussprüfung über diese Risiken nicht in angemessener Weise Bericht erstatten würde.[847] Die Befangenheit des Abschlussprüfers resultierte folglich nicht aus der Erstattung des Gutachtens, sondern aus (wesentlichen) Fehlern, die dem späteren Abschlussprüfer in diesem Gutachten eventuell unterlaufen waren.

Mit § 319 Abs. 3 Satz 1 Nr. 3d HGB werden Bewertungsleistungen des Abschlussprüfers über die Prüfungstätigkeit hinaus bei der oder für die zu prüfende Kapitalgesellschaft, die sich auf den zu prüfenden Jahresabschluss nicht nur unwesentlich auswirken und nicht von untergeordneter Bedeutung sind, für unzulässig erklärt. Grund hierfür ist, dass aus Sicht eines informierten Dritten eine Besorgnis der Befangenheit vorliegen kann, „wenn der Abschlussprüfer bei vorangehenden Beratungs- oder Bewertungsleistungen dem Mandanten Ergebnisse geliefert hat, die sich in solcher Form entsprechend auch im Jahresabschluss wiederfinden". Damit wird den kritischen Stimmen in der Literatur gefolgt. Unter diese Bewertungsleistungen fallen gleichwohl nur solche, „bei denen die Bewertungsleistung vom Abschlussprüfer eigenständig erbracht und die für die Bewertung erforderlichen Annahmen vom Bewertenden selbst festgelegt werden"[848]. Folglich scheinen Bewertungsleistungen, bei denen der Prüfungsmandant die erforderlichen Daten selbst liefert und der Abschlussprüfer lediglich die „technische" Berechnung erbringt, weiterhin zulässig zu sein. Die Unabhängigkeit ist in jedem Fall gewahrt, wenn der Abschlussprüfer ein vom Prüfungsmandanten oder einem frem-

[845] Vgl. Baetge/Thiele (2004), § 319 HGB, Tz. 84; Rückle (1995), S. 511; Schindler/Rosin (2001), S. 131; Schulze-Osterloh (1977), S. 105f. Die Unabhängigkeit des Abschlussprüfers ist hingegen nicht beeinträchtigt, wenn der von den Gründern bestellte erste Abschlussprüfer mit dem vom Gericht bestellten Gründungsprüfer identisch ist, da die Bestellung zum Abschlussprüfer keine Befangenheit i.S.d. § 33 Abs. 5 AktG begründet. Vgl. IDW (2002c), Abschn. C, Tz. 11.

[846] Vgl. Rückle (1995), S. 511.

[847] Vgl. LG München I, Urteil v. 21.10.1999, S. 35-36; OLG München, Urteil v. 8.11.2000, S. 258f.; BGH-Urteil v. 25.11.2002, S. 462-467; eine Besprechung der drei Urteile findet sich in Kapitel III.2.2.2.1 (c) dieser Arbeit.

[848] BT-Drucks. 15/3419, S. 39 (beide Zitate).

den Dritten erstelltes Unternehmensbewertungsgutachten durchsieht und die Ergebnisse plausibilisiert.

Vorschriften der EU-Kommission

Erbringt der Abschlussprüfer Bewertungsleistungen[849] für seinen Prüfungsmandanten, die in dessen Jahresabschluss einfließen, so kann seine Unabhängigkeit gefährdet sein, wenn die Bewertungsleistungen Beträge betreffen, die einzeln oder in ihrer Gesamtheit für den Jahresabschluss wesentlich sind und deren Ermittlung ein hohes Maß an Subjektivität beinhaltet. Das Maß an Subjektivität wird als gering angesehen, wenn die zugrunde liegenden Annahmen per Gesetz (z.B. Steuersätze) bzw. durch andere Bestimmungen geregelt oder in der Branche allgemein akzeptiert sind.[850] Die Übernahme solcher Routinebewertungen wird daher auch dann als unproblematisch angesehen, wenn der ermittelte Wert für den Jahresabschluss wesentlich ist. Voraussetzung ist allerdings, dass der Mandant alle wesentlichen Ermessensentscheidungen selbst trifft, d.h. die der Bewertung zugrunde liegenden Annahmen festlegt und über die zur Wertbestimmung zu verwendende Methode entscheidet. In jedem Fall sollte sich der Abschlussprüfer darüber Gedanken machen, ob ggf. Sicherheitsvorkehrungen nötig sind, um ein verbleibendes Selbstprüfungsrisiko zu mindern, z.B. indem die Auftragsteams zur Erbringung der Bewertungsleistungen und der Abschlussprüfungsleistungen nicht mit denselben Mitarbeitern besetzt werden.[851] Ausgenommen von dieser Regelung sind Stellungnahmen, die der Abschlussprüfer über von Dritten durchgeführte Bewertungsleistungen abgibt, wie bspw. die Tätigkeit als Verschmelzungsprüfer, Gründungsprüfer und Spaltungsprüfer und die Arbeiten, die typischerweise im Rahmen einer Due Diligence durchgeführt werden.[852]

Vorschriften des IFAC Code of Ethics

Eine Bewertung bedeutet, Annahmen über zukünftige Entwicklungen zu treffen und bestimmte Methoden und Techniken anzuwenden, um einen Wert oder eine Wertbandbreite für einen Vermögensgegenstand, eine Schuld oder ein Unternehmen als Ganzes festzustellen. Dies kann zu einer Selbstprüfung führen, wenn die Ergebnisse der Bewertung in den Jahresabschluss des Audit Client einfließen. Ist die durchgeführte Bewertung für den Jahresabschluss wesentlich und beinhaltet sie zudem ein hohes Maß an Subjektivität, so existieren keine Maßnahmen, um die Unabhängigkeit wiederherzustellen. Auf solche Aufträge ist daher zu verzichten.[853] Handelt es sich jedoch um Bewertungsaufträge, die weder für sich noch in der Summe für den Jahresabschluss wesentlich sind oder beinhaltet die Bewertung kein hohes

849 Unter Bewertung versteht die EU-Kommission „das Treffen von Annahmen im Hinblick auf künftige Entwicklungen, die Anwendung bestimmter Methoden und Techniken sowie die Kombination beider Faktoren, um einen bestimmten Wert oder eine Bandbreite von Werten für einen Vermögenswert, für eine Verbindlichkeit oder für ein Unternehmen als Ganzes zu berechnen". Vgl. EU-Kommission (2002e), S. 49.

850 Dies könnte z.B. die Ermittlung eines Unternehmenswerts nach IDW ES 1 n.F. „Grundsätze zur Durchführung von Unternehmensbewertungen" sein.

851 Vgl. EU-Kommission (2002e), S. 31 und 49f.

852 Vgl. EU-Kommission (2002e), S. 49; Lanfermann/Lanfermann (2003), S. 902; Niehues (2002), S. 190.

853 Vgl. IFAC (2001c), Tz. 8.171-173.

Maß an Subjektivität, können ggf. geeignete Maßnahmen ergriffen werden, um die Unabhängigkeit wiederherzustellen. Diese Maßnahmen könnten z.B. beinhalten,

- einen weiteren Prüfer hinzuzuziehen, der kein Mitglied des Audit Team ist und die Arbeit des Audit Team kritisch durchsieht,
- sich die zugrunde liegenden Annahmen vom Audit Client bestätigen zu lassen,
- den Audit Client die Verantwortung für die durchgeführte Bewertung übernehmen zu lassen und
- solche Vorkehrungen zu treffen, dass die Mitarbeiter, die die Bewertung durchführen, nicht Mitglieder des Audit Team sind.

Zudem ist folgendes zu beachten:

- der Kenntnisstand und die Fähigkeit des Audit Client, Bewertungen durchzuführen sowie dessen Einbindung in den Bewertungsprozess,
- das Ausmaß, in dem anerkannte Bewertungsmethoden verwendet werden,
- das Ausmaß der Subjektivität,
- die Verlässlichkeit des zugrunde liegenden Datenmaterials,
- der Grad der Abhängigkeit von zukünftigen Ereignissen, die erhebliche Schwankungen im Ergebnis hervorrufen könnten, sowie
- das Ausmaß und die Klarheit der im Jahresabschluss offen gelegten Angaben.[854]

Bewertungen aus steuerlichem Anlass sind grundsätzlich zulässig, da solche Bewertungen in der Regel der Durchsicht durch einen externen Dritten, z.B. eine Behörde, unterliegen.[855] Führt eine Prüfungsgesellschaft eine Bewertung bei einem Assurance Client durch, der kein Audit Client ist, kann ihre Unabhängigkeit ebenfalls gefährdet sein. Das Ausmaß der Gefährdung ist zu beurteilen und ggf. durch geeignete Maßnahmen zu reduzieren.[856]

US-amerikanische Vorschriften

Bewertungsleistungen und andere gutachterliche Tätigkeiten für Audit Clients, wie bspw. Fairness Opinions und Wertgutachten über Sacheinlagen, sind grundsätzlich unzulässig, solange das Ergebnis dieser Tätigkeiten Prüfungshandlungen im Rahmen der Abschlussprüfung unterliegt.[857] Zulässig sind solche Tätigkeiten hingegen – nach Vorabgenehmigung durch das Audit Committee – für nicht-finanzielle Berichterstattungszwecke wie bspw. Studien zu Verrechnungspreisen, Kostenabgrenzung und andere steuerlich motivierte Gutachten. Zudem darf

---

854 Vgl. IFAC (2001c), Tz. 8.174.

855 Vgl. IFAC (2001c), Tz. 8.175.

856 Vgl. IFAC (2001c), Tz. 8.176.

857 Vgl. 17 CFR § 210.2-01 (c) (4) (iii). Vgl. auch das Beispiel von Schindler/Rosin (2001), S. 131-133: Ein deutsches börsennotiertes Unternehmen wird von einem SEC-registrierten Unternehmen erworben. Folglich sind die letzten beiden Jahresabschlüsse des deutschen Unternehmens bei der SEC vorzulegen. Der Abschlussprüfer des deutschen Unternehmens hatte für dieses im Rahmen von Sach- und Nachgründungsprüfungen Werthaltigkeitsbescheinigungen, die nach deutschen Vorschriften neben der Abschlussprüfung zulässig sind, erstellt. Nach den Vorschriften der SEC müssen jedoch die Jahresabschlüsse des deutschen Unternehmens einer erneuten Abschlussprüfung unterzogen werden, da der Abschlussprüfer unzulässige Tätigkeiten erbracht hatte.

der Accountant die vom Audit Client erstellten Bewertungsgutachten durch einen Spezialisten aus dem eigenen Haus kritisch durchsehen oder eine solche Durchsicht durch einen vom Audit Client beauftragten externen Spezialisten durchführen lassen, solange die technische Expertise zur Durchführung der Bewertung vom Audit Client zur Verfügung gestellt wird. Dies kann zu einer Verbesserung der Qualität der Abschlussprüfung führen.[858]

Kritische Würdigung

Nach den neuen Vorschriften in Deutschland sind Bewertungsleistungen für Prüfungsmandanten unzulässig, solange sich diese Tätigkeiten auf den zu prüfenden Jahresabschluss nicht nur unwesentlich auswirken und nicht von untergeordneter Bedeutung sind. Die SEC sieht Bewertungsleistungen grundsätzlich als unzulässig an, solange das Ergebnis dieser Leistungen Prüfungshandlungen im Rahmen der Abschlussprüfung unterliegt. EU und IFAC beurteilen diesen Sachverhalt differenzierter: Danach sind solche Tätigkeiten unzulässig, deren Ergebnisse in den Jahresabschluss einfließen und einzeln oder in ihrer Gesamtheit für den Jahresabschluss wesentlich sind und deren Ermittlung ein hohes Maß an Subjektivität beinhaltet. Der Bewertungsanlass spielt dabei m.E. grundsätzlich keine Rolle. Auch Bewertungen, die bspw. zur Durchführung eines Impairment Test nach IFRS 3 oder SFAS 142 in Auftrag gegeben werden, unterliegen den gleichen Kriterien wir andere Bewertungsgutachten. Am zweckdienlichsten sind m.E. die deutschen Vorschriften und die Vorschriften der EU und der IFAC, die Bewertungsleistungen in einem engen, aber sinnvollen Rahmen zulassen.

Ausnahmen bestehen lediglich für Routinebewertungen, solange der Mandant die zugrunde liegenden Annahmen selbst festlegt und über die zu verwendende Methode entscheidet (EU) bzw. die Verantwortung für die durchgeführte Bewertung übernimmt (IFAC). Steuerlich motivierte Gutachten sehen SEC und IFAC ebenfalls als zulässig an. Daneben sollte m.E. die Beratung des Mandanten in Bezug auf die anzuwendenden Bewertungsmethoden und die kritische Durchsicht seiner durchgeführten Bewertung zulässig sein, da dies der Steigerung der Qualität des Jahresabschlusses dient. Als Schutzmaßnahmen schlagen EU und IFAC sinnvollerweise eine Trennung der Auftragsteams und die Durchsicht der Bewertungen durch einen anderen Abschlussprüfer (nur IFAC) vor.

Grundsatz	
Deutschland	Eigenständige Bewertungsleistungen, die sich auf den zu prüfenden Jahresabschluss nicht nur unwesentlich auswirken und die von nicht untergeordneter Bedeutung sind, sind unzulässig.)
EU	Gefährdung der Unabhängigkeit durch Bewertungsleistungen, die in den Jahresabschluss einfließen und Beträge betreffen, die einzeln oder in ihrer Gesamtheit für den Jahresabschluss wesentlich sind und deren Ermittlung eines hohes Maß an Subjektivität beinhaltet.
IFAC	Gefährdung der Unabhängigkeit durch Bewertungsleistungen, die in den Jahresabschluss einfließen und Beträge betreffen, die einzeln oder in ihrer Gesamtheit für den Jahresabschluss wesentlich sind und deren Ermittlung eines hohes Maß an Subjektivität beinhaltet.
USA	Grundsätzlich unzulässig, solange das Ergebnis dieser Bewertungsleistungen Prüfungshandlungen im Rahmen der Abschlussprüfung unterliegt.

[858] Vgl. SEC (2003a), Abschn. B.3.

Vorschlag	Gefährdung der Unabhängigkeit durch Bewertungsleistungen, die in den Jahresabschluss einfließen und Beträge betreffen, die einzeln oder in ihrer Gesamtheit für den Jahresabschluss wesentlich sind und deren Ermittlung eines hohes Maß an Subjektivität beinhaltet.
Ausnahmen	
Deutschland	Nicht geregelt.
EU	Routinebewertungen sind zulässig, wenn der Mandant die der Bewertung zugrunde liegenden Annahmen festlegt und über die zur Wertbestimmung zu verwendende Methode entscheidet.
IFAC	Bewertungen sind zulässig, solange der Mandant die zugrunde liegenden Annahmen bestätigt und die Verantwortung für die durchgeführte Bewertung übernimmt. Steuerlich motivierte Gutachten sind ebenfalls zulässig.
USA	Bewertungen für nicht-finanzielle Berichterstattungszwecke wie bspw. Studien zu Verrechnungspreisen, Kostenabgrenzung und andere steuerlich motivierte Gutachten, sind zulässig.
Vorschlag	Bewertungen sind zulässig, solange der Mandant die zugrunde liegenden Annahmen bestätigt und die Verantwortung für die durchgeführte Bewertung übernimmt. Steuerlich motivierte Gutachten, Beratung des Mandanten in Bezug auf die von ihm durchgeführte Bewertung und die Durchsicht und Plausibilisierung seiner Bewertungen sind ebenfalls zulässig.
Schutzmaßnahmen	
Deutschland	Nicht geregelt.
EU	Trennung der Auftragsteams.
IFAC	Trennung der Auftragsteams, Durchsicht der Bewertungen durch einen anderen Accountant.
USA	Keine.
Vorschlag	Trennung der Auftragsteams, ggf. Durchsicht der Bewertungen durch einen Dritten.

Tabelle 24: Bewertungsleistungen und andere gutachterliche Tätigkeiten

(d) Übernahme von Funktionen der Internen Revision

Deutsche Vorschriften

Der Abschlussprüfer hat im Rahmen der Abschlussprüfung sowohl das rechnungslegungsbezogene interne Kontrollsystem als auch – bei börsennotierten[859] Aktiengesellschaften – das nach § 91 Abs. 2 AktG einzurichtende Überwachungssystem zur frühzeitigen Erkennung von Entwicklungen, die den Fortbestand der Gesellschaft gefährden, zu prüfen.[860] Wie aus der folgenden Abbildung ersichtlich wird, ist die Interne Revision Teil dieses Überwachungssystems, das wiederum Teil des internen Kontrollsystems ist. Folglich ist die Interne Revision als Teil des internen Kontrollsystems Prüfungsobjekt im Rahmen der Abschlussprüfung.[861]

859 Das KonTraG sah zunächst nur eine Prüfungspflicht für Aktiengesellschaften, die im amtlichen Handel notiert waren, vor. Durch das TransPuG wurde diese Vorschrift 2002 auf alle börsennotierten Aktiengesellschaften erweitert. Vgl. auch Kapitel 2.2.2.1(b). Bereits kritisch zur begrenzten Prüfungspflicht Böcking/Orth (1999), S. 420-421.

860 Zur Ausstrahlungswirkung dieser Vorschrift auf die GmbH vgl. bspw. Scharpf (1997), S. 737-739. Eine empirische Untersuchung zum Stand der Umsetzung von Risikomanagementsystemen liefert Wolz (2001), S. 789-801.

861 Zur Prüfung der vom Vorstand gem. § 91 Abs. 2 AktG einzurichtenden Maßnahmen vgl. IDW PS 340; zum internen Kontrollsystem i.R.d. Abschlussprüfung vgl. IDW PS 260; vgl. auch Orth (2000), S. 312-326; Lück (2003), S. 332 und S. 347-352.

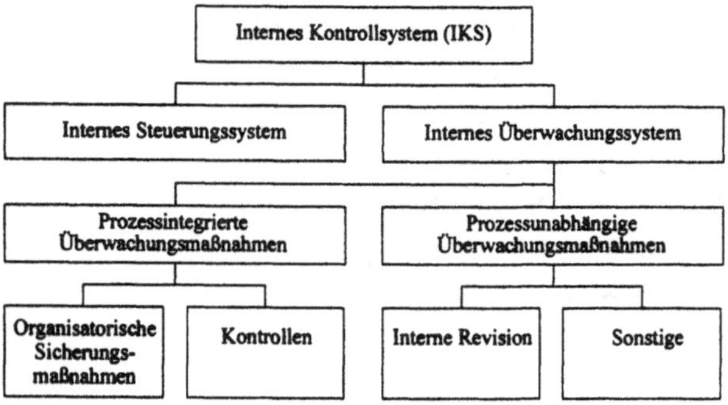

Abbildung 6: *Regelungsbereiche des internen Kontrollsystems*[862]

Der Berufsstand geht folglich richtigerweise davon aus, dass „eine vollständige Übernahme der Aufgaben der Internen Revision durch den Abschlussprüfer nicht zulässig" ist. Gleichwohl darf der Abschlussprüfer „fallweise Leistungen aus dem Aufgabenbereich der Internen Revision erbringen"[863]. Gemäß § 319 Abs. 3 Satz 1 Nr. 3b HGB soll dem Abschlussprüfer zu Recht jegliche Mitwirkung an der Durchführung der internen Revision in verantwortlicher Position untersagt werden, die nicht von untergeordneter Bedeutung ist.[864] Der Gesetzgeber folgt damit den Regelungen des IDW. Meines Erachtens sollte der Abschlussprüfer jedoch jegliche Tätigkeit im Rahmen der Internen Revision bei solchen Unternehmen unterlassen, bei denen er das nach § 91 Abs. 2 AktG einzurichtende Überwachungssystem zu beurteilen hat, um eine mögliche Besorgnis der Befangenheit zu vermeiden. Bei kleineren Unternehmen, deren Überwachungssystem keiner gesetzlichen Prüfungspflicht unterliegt, können hingegen durch die Erbringung fallweiser Leistungen durch den Abschlussprüfer Kosten eingespart werden. Eine solche Unterstützung ist folglich zu befürworten, solange die funktionale Entscheidungszuständigkeit des Mandanten gewahrt ist. Die Beratung des Mandanten hinsichtlich des Überwachungssystems ist hingegen auch bei börsennotierten Unternehmen nicht ausgeschlossen, solange gewährleistet ist, dass „der Prüfer tatsächlich und nicht nur formal Sorge dafür trägt, dass die Entscheidung und Verantwortung für Einrichtung und Funktionsfähigkeit bei dem Management bleiben"[865].

Vorschriften der EU-Kommission

Erbringt der Abschlussprüfer Leistungen aus dem Bereich der Internen Revision[866] für einen Prüfungsmandanten, so besteht grundsätzlich die Gefahr der Selbstprüfung im Rahmen der

862 Quelle der Abbildung: IDW PS 260, Tz. 6.

863 IDW PS 321, Tz. 28 (beide Zitate). Gl.A. Mattheus, die argumentiert, dass das Risikomanagementsystem zwar Prüfungsgegenstand, jedoch nicht Teil der vom Vorstand zu verantwortenden Rechnungslegung ist. Zudem nimmt nicht der Bestätigungsvermerk, sondern nur der Prüfungsbericht des Abschlussprüfers Bezug auf die Funktionsfähigkeit des Risikomanagementsystems. Vgl. Mattheus (2002), § 319 HGB, Tz. 89.

864 Vgl. auch BT-Drucks. 15/3419, S. 39.

865 Röhricht (2001), S. S 87. Vgl. ausführlich Marx (2002a), S. 457-460 sowie Kapitel III.2.2.2.1(b) dieser Arbeit.

866 Die EU-Kommission übersetzt „Internal Audit" mit Innenrevision. Im Folgenden soll jedoch der vom IDW verwendete Ausdruck „Interne Revision" verwendet werden.

Abschlussprüfung. Dies ist insb. der Fall, wenn der Abschlussprüfer seinen Prüfungsumfang in Abhängigkeit seiner Prüfungsergebnisse über Art und Umfang der Tätigkeiten der Internen Revision bestimmt. Ein Abschlussprüfer darf daher einen Auftrag zur Einrichtung der Internen Revision nur dann annehmen, wenn er sich davon überzeugt hat, dass die Verantwortung für die Interne Revision und für die Berücksichtigung ihrer Feststellungen jederzeit beim Mandanten liegt.[867] Zudem darf der Abschlussprüfer, wenn er an der Internen Revision mitgewirkt hat, die Ergebnisse der Internen Revision im Rahmen der Abschlussprüfung nur nach einer angemessenen Nachschau der in Bezug auf die Interne Revision durchgeführten Prüfungshandlungen verwenden. Diese Nachschau hat durch einen Partner zu erfolgen, der weder an der Abschlussprüfung noch an dem Auftrag zur Internen Revision beteiligt war.[868]

Vorschriften des IFAC Code of Ethics

Als unproblematisch wird die Übernahme solcher Tätigkeiten der Internen Revision gesehen, die keinen Einfluss auf das Rechnungs- und Finanzwesen und auf den Jahresabschluss haben. Auch die Erweiterung der Abschlussprüfung über die durch die ISA verlangten Anforderungen hinaus ist keine Verletzung der Unabhängigkeit, wenn kein Mitarbeiter der Prüfungsgesellschaft oder dem Firmenverbund Aufgaben der Internen Revision übernimmt, die durch Mitarbeiter des Audit Client durchzuführen sind. Wird ein Teil der Aufgaben der Internen Revision durch Mitarbeiter der Prüfungsgesellschaft bzw. des Firmenverbunds übernommen, so ist auf eine strenge Trennung zwischen den Überwachungstätigkeiten des Audit Client und den Aufgaben der Internen Revision zu achten. Wird ein wesentlicher Teil der Internen Revision durch die Prüfungsgesellschaft durchgeführt, so sind folgende Maßnahmen zu ergreifen, um die Unabhängigkeit des Abschlussprüfers zu gewährleisten: Der Audit Client ist selbst für die Interne Revision verantwortlich und erkennt seine Verantwortung für die Einrichtung, Pflege und Überwachung des internen Kontrollsystems an. Im Unternehmen ist ein Mitarbeiter hauptverantwortlich für die Interne Revision. Der Audit Client oder dessen Aufsichtsorgan stellt eigenständig Umfang und Häufigkeit der Arbeit der Internen Revision fest. Der Audit Client bewertet die Empfehlungen der Prüfungsgesellschaft und legt fest, welche Empfehlungen umgesetzt werden. Daneben bewertet er die Angemessenheit der durchgeführten Prüfungshandlungen der Internen Revision und deren Ergebnisse. Diese Ergebnisse und Empfehlungen werden auch an das Aufsichtsorgan des Audit Client weitergeleitet.[869] Zudem ist zu berücksichtigen, dass solche Nichtprüfungsleistungen vorzugsweise von Mitarbeitern durchgeführt werden, die nicht Mitglied des Audit Team sind und einer anderen Sparte in der Prüfungsgesellschaft angehören.[870]

---

867 Vgl. EU-Kommission (2002e), S. 31 und 50.
868 Vgl. EU-Kommission (2002e), S. 31 und 50.
869 Vgl. IFAC (2001c), Tz. 8.178-182.
870 Vgl. IFAC (2001c), Tz. 8.183.

US-amerikanische Vorschriften

Der Accountant ist nicht unabhängig, wenn der Audit Client die Teile der Internen Revision an den Accountant auslagert, die mit dem rechnungslegungsbezogenen internen Kontrollsystem, den Finanzsystemen oder dem Jahresabschluss des Audit Client zusammenhängen. Ausgenommen sind lediglich solche Tätigkeiten im Rahmen der Internen Revision, die keinen Prüfungshandlungen während der Abschlussprüfung unterliegen.[871] Zulässig sind hingegen unregelmäßige Beurteilungen bestimmter Teile oder Programme der Internen Revision. So darf der Accountant bspw. – nach Vorabgenehmigung durch das Audit Committee – vereinbarte Prüfungshandlungen in Bezug auf die Interne Revision erbringen, da hier das Management die Verantwortung für den Umfang und die zugrunde liegenden Annahmen dieser Prüfungshandlungen trägt. Zulässig sind ebenfalls Tätigkeiten im Rahmen der Internen Revision, die keinen Bezug zum rechnungslegungsbezogenen internen Kontrollsystem, den Finanzsystemen oder dem Jahresabschluss des Audit Client haben. Daneben darf der Abschlussprüfer das Management im Rahmen der Dokumentation der internen Kontrollen für den sog. Internal Control Report[872] unterstützen, solange das Management in diesen Prozess aktiv eingebunden ist.[873]

Kritische Würdigung

In Deutschland ist die vollständige Übernahme der Internen Revision unzulässig, Leistungen dürfen hier nur fallweise erbracht werden und können zu einer Besorgnis der Befangenheit führen. Eine Mitwirkung des Abschlussprüfers an der Durchführung Internen Revision in verantwortlicher Position unzulässig, solange diese Tätigkeiten nicht von untergeordneter Bedeutung sind. Die EU erlaubt die Interne Revision solange, wie die Verantwortung für die Interne Revision und der Umgang mit den Feststellungen aus der Internen Revision beim Mandanten verbleibt. Dies wird auch von der IFAC so gesehen; diese gestattet gleichwohl – ähnlich wie die SEC – die Übernahme der Internen Revision in den Bereichen, die keinen Einfluss auf das Rechnungs- und Finanzwesen sowie den Jahresabschluss haben und somit keinen Prüfungshandlungen im Rahmen der Abschlussprüfung unterliegen. Zudem ist nach den Vorschriften der SEC die Beurteilung bestimmter Teile oder Programme der Internen Revision zulässig. Der Abschlussprüfer sollte m.E. in die Durchführung der Internen Revision, soweit sie Teile der Rechnungslegung oder des Jahresabschlusses betrifft, nur beratend eingebunden sein. Als Schutzmaßnahmen sieht die EU die Nachschau durch einen anderen Partner, der an keinem der beiden Aufträge beteiligt war, vor. IFAC und SEC verlangen die Trennung der Auftragsteams.

Grundsatz	
Deutschland	Eine Mitwirkung an der internen Revision ist unzulässig, solange diese Tätigkeiten nicht von untergeordneter Bedeutung sind.

871 Vgl. 17 CFR § 210.2-01 (c)(4)(v).
872 Vgl. hierzu Gruson/Kubicek (2003), S. 396-398.
873 Vgl. SEC (2003a), Abschn. B.3.b.

EU	Die Übernahme der Internen Revision ist nur zulässig, solange die Verantwortung für die Interne Revision und die Berücksichtigung ihrer Feststellungen beim Mandanten verbleibt.
IFAC	Übernahme der Internen Revision in Fällen, die keinen Einfluss auf das Rechnungs- und Finanzwesen sowie den Jahresabschluss haben, ist zulässig. In allen anderen Fällen muss die Verantwortung für die Interne Revision beim Mandanten verbleiben.
USA	Übernahme von Funktionen der Internen Revision, die Prüfungshandlungen im Rahmen der Abschlussprüfung unterliegen, ist unzulässig.
Vorschlag	Beratende Teilnahme an der Internen Revision in den Fällen, die keinen Einfluss auf das Rechnungs- und Finanzwesen sowie den Jahresabschluss haben, ist zulässig.
Ausnahmen	
Deutschland	Das Erbringen fallweiser Leistungen ist grundsätzlich zulässig, jedoch besteht die Gefahr der Besorgnis der Befangenheit.
EU	Nicht geregelt.
IFAC	Nicht geregelt.
USA	Die Beurteilung bestimmter Teile oder Programme der Internen Revision ist zulässig.
Vorschlag	Die Beurteilung bestimmter Teile oder Programme der Internen Revision ist zulässig.
Schutzmaßnahmen	
Deutschland	Nicht geregelt.
EU	Nachschau durch einen Partner, der weder an der Abschlussprüfung noch an dem Auftrag in Bezug auf die interne Revision beteiligt war.
IFAC	Trennung der Auftragsteams.
USA	Nicht geregelt.
Vorschlag	Trennung der Auftragsteams.

Tabelle 25: Übernahme von Funktionen der Internen Revision

(e) Unterstützung bei der Beilegung von Rechtsstreitigkeiten und Rechtsberatung

Deutsche Vorschriften

Der deutsche Wirtschaftsprüfer ist nach Maßgabe des Art. 1 § 5 Nr. 2 RBerG zur Rechtsberatung befugt, soweit es Angelegenheiten betrifft, mit denen er auch beruflich befasst ist.[874] Grundsätzlich sind solche Tätigkeiten durch den Abschlussprüfer somit zulässig.[875] Die Unterstützung bei der Beilegung von Rechtsstreitigkeiten ist ebenfalls anhand des Kriteriums der funktionalen Entscheidungszuständigkeit zu beurteilen. So hat der Mandant z.B. die Höhe einer Prozesskostenrückstellung nach seinem Ermessen anzusetzen, auch wenn der Abschlussprüfer als Rechtsberater die noch zu erwartenden Kosten aus diesem Prozess einzuschätzen hat.[876] Gleichwohl ist hier zu berücksichtigen, dass sich der Abschlussprüfer im Rahmen der Rechtsvertretung möglicherweise mit den Interessen des Mandanten zu sehr identifiziert, als dass er noch eine objektive Abschlussprüfung durchführen kann. Folglich ist die Zulässigkeit der Unterstützung bei der Beilegung von Rechtsstreitigkeiten einzelfallabhängig zu entscheiden.[877] Dies gilt nicht nur, wenn der die Abschlussprüfung durchführende Wirtschaftsprüfer

[874] Zu den Aufgaben des Wirtschaftsprüfers vgl. Kapitel I.2.5. Der BGH weist darauf hin, dass hier auf den „Kern und Schwerpunkt der Tätigkeit [abgestellt wird], d.h. darauf, ob sie [gemeint ist die Beratung] auf wirtschaftlichem Gebiet liegt und die Wahrnehmung wirtschaftlicher Belange bezweckt oder ob die rechtliche Seite der Angelegenheit im Vordergrund steht und es wesentlich um die Klärung rechtlicher Verhältnisse geht“. BGH-Urteil v. 18.5.1995, S. 1558.

[875] Vgl. auch OLG Frankfurt a.M., Urteil v. 19.2.1999, S. 266f.; OLG Koblenz, Urteil v. 18.6.1998, S. 267. Zu beachten ist indes, dass es sich bei diesen Entscheidungen um Spezialfälle handelt, die nur von begrenzter Allgemeingültigkeit sind.

[876] Vgl. Hagemeister (2002), S. 338.

[877] Die Vertretung des Mandanten vor dem Finanzgericht oder die Unterstützung des Mandanten im Einspruchsverfahren werden in der deutschen Literatur nicht als unabhängigkeitsgefährdend angesehen. Vgl. Hommelhoff (1997b), S. 481; Röhricht (1998), S. 158.

tätig wird, sondern auch, wenn Rechtsanwälte innerhalb der Wirtschaftsprüfungsgesellschaft oder eine mit der Wirtschaftsprüfungsgesellschaft verbundene Rechtsanwaltssozietät für den Mandanten tätig werden.

Nach § 319a Abs. 1 Satz 1 Nr. 2 HGB werden über die Prüfungstätigkeit hinausgehende Rechtsberatungsleistungen, „die über das Aufzeigen von Gestaltungsalternativen hinausgehen und die sich auf die Darstellung der Vermögens-, Finanz- und Ertragslage in dem zu prüfenden Jahresabschluss unmittelbar und nicht nur unwesentlich auswirken" bei Unternehmen, die einen organisierten Markt i.S.d. § 2 Abs. 5 WpHG in Anspruch nehmen, verboten.[878] Damit ist auch bei solchen Unternehmen der überwiegende Teil der Rechtsberatungsleistungen durch den Abschlussprüfer zu Recht weiterhin zulässig, während die rein gestalterische Beratung zu Recht unzulässig ist. Das ursprünglich vorgesehene Verbot der gerichtlichen Vertretung wurde nicht umgesetzt.[879]

Vorschriften der EU-Kommission

Grundsätzlich ist die Vertretung des Mandanten bei Rechtsstreitigkeiten mit der gleichzeitigen Abschlussprüfung unvereinbar, da der Abschlussprüfer in diesem Fall die Interessen des Prüfungsmandanten vertritt und somit nicht mehr in der Lage ist, ein objektives Urteil über den Jahresabschluss des Prüfungsmandanten abzugeben. Hinzu kommt, dass der Abschlussprüfer eventuell abschätzt, wie hoch die Erfolgschancen seines Mandanten sind, und dies Auswirkungen auf einzelne Positionen des Jahresabschlusses haben kann. Unzulässig ist somit die Vertretung des Prüfungsmandanten in Streitfällen, die wesentliche Auswirkungen auf den Jahresabschluss des Prüfungsmandanten haben und bei deren Abbildung im Jahresabschluss ein hohes Maß an Subjektivität gegeben ist.[880] Unproblematisch erscheint hingegen die Vertretung des Mandanten vor der Steuerbehörde bei Steuerstreitigkeiten oder wenn eine Behörde den Jahresabschluss des Mandanten untersucht. Zulässig sind auch Zeugenaussagen oder Stellungnahmen zu einer bestimmten Bilanzierungsweise. In jedem Fall hat der Abschlussprüfer kritisch zu untersuchen, ob seine Unabhängigkeit gefährdet ist.[881] Zudem muss er erwägen, entsprechende Schutzmaßnahmen, wie die Einrichtung von zwei Auftragsteams mit unterschiedlichen Mitarbeitern für die beiden Aufträge, einzuführen.[882] Die Problematik der Rechtsberatung wird von der EU-Kommission nicht thematisiert.

Vorschriften der IFAC

Die IFAC differenziert im Code of Ethics zwischen Litigation Support Services, d.h. der Unterstützung des Audit Client bei der Beilegung von Rechtsstreitigkeiten, und Legal Services, d.h. sonstige Rechtsberatung. Im Rahmen von Rechtsstreitigkeiten kann der Audit Client dazu aufgefordert werden, als Sachverständiger aufzutreten oder einen Schaden zu schätzen, der

---

878 Vgl. BT-Drucks. 15/3419, S. 41f.
879 Vgl. BT-Drucks. 15/3419, S. 42.
880 Vgl. EU-Kommission (2002e), S. 31.
881 Vgl. EU-Kommission (2002e), S. 31 und 50f.
882 Vgl. EU-Kommission (2002e), S. 51.

beim Audit Client zu einer Forderung oder einer Verbindlichkeit führen kann. Diese sog. Litigation Support Services können zu einer Beeinträchtigung der Unabhängigkeit führen, wenn sie die Schätzung eines Werts beinhalten, der im Jahresabschluss abgebildet wird. Die Tragweite dieser Beeinträchtigung hängt ab von der Wesentlichkeit der betroffenen Beträge, dem Grad der Subjektivität und der Art des Auftrags. Maßnahmen zur Sicherung der Unabhängigkeit können z.B. sein:

- Erstellung von Richtlinien und Prüfungshandlungen, die den Einzelnen davon abhalten, Entscheidungen für die Unternehmensleitung zu treffen,
- der Einsatz von Mitarbeitern i.R.d. Rechtsberatung, die nicht Mitglied des Audit Team sind, und
- die Einschaltung weiterer unabhängiger Sachverständiger.

Beinhaltet der Auftrag, Entscheidungen im Auftrag der Unternehmensleitung zu treffen, so ist die Unabhängigkeit in einem so hohen Maße beeinträchtigt, dass die oben erwähnten Schutzmaßnahmen zur Sicherung der Unabhängigkeit nicht ausreichend sind. Einer der beiden Aufträge ist folglich niederzulegen.[883]

Unter Legal Services fallen alle Tätigkeiten, für deren Ausübung eine Zulassung zum Auftreten vor Gericht des zuständigen Gerichtsbezirks oder die erforderliche juristische Ausbildung zur Rechtsvertretung nötig ist. Dies umfasst bspw. die Unterstützung bei der Gestaltung von Verträgen, Rechtsstreitigkeiten sowie die Unterstützung der Rechtsabteilung des Audit Client.[884] Im Zuge der Bewertung der Gefährdung der Unabhängigkeit sind die Art des Auftrags, die Tatsache, ob der Auftragsdurchführende ein Mitglied des Assurance Team ist und die Wesentlichkeit in Bezug auf den Jahresabschluss zu berücksichtigen. Unschädlich für die Unabhängigkeit sind solche Tätigkeiten im Rahmen der Rechtsberatung, die keine wesentlichen Auswirkungen auf den Jahresabschluss des Audit Client haben.[885] Berät der Accountant gleichwohl einen Audit Client im Rahmen einer Rechtsstreitigkeit, deren Ausgang wesentliche Auswirkungen auf den Jahresabschluss des Audit Client hat, ist der Accountant nicht mehr unabhängig.[886] Sind die Auswirkungen der Rechtsstreitigkeit auf den Jahresabschluss unwesentlich, kann der Accountant den Auftrag annehmen, wenn er zusätzliche Schutzmaßnahmen wie z.B. Richtlinien, die den einzelnen Mitarbeiter davon abhalten, Entscheidungen für den Audit Client zu treffen sowie die personelle Trennung beider Auftragsteams, einführt.[887] Rechtsberatende Tätigkeiten im Rahmen einer Transaktion können zu einer Beeinträchtigung der Unabhängigkeit des Accountant führen. Zulässig sind allgemein beratende Tätigkeiten, in deren Rahmen der Audit Client letztendlich die Entscheidung trifft. Die Unabhängigkeit beeinträchtigen kann hingegen die Transaktionsberatung, in deren Rahmen der Accountant die Transaktionen durchführt, die vom Audit Client bereits entschieden wurden.

883 Vgl. IFAC (2001c), Tz. 8.190-192.
884 Vgl. IFAC (2001c), Tz. 8.193.
885 Vgl. IFAC (2001c), Tz. 8.194f.
886 Vgl. IFAC (2001c), Tz. 8.197.
887 Vgl. IFAC (2001c), Tz. 8.198.

Diese Beeinträchtigung kann jedoch auf ein vertretbares Maß reduziert werden, wenn Mitglieder des Assurance Team nicht im Rahmen der Transaktionsberatung eingesetzt werden und der Audit Client letztendlich die funktionale Entschei-dungszuständigkeit übernimmt.[888] Unzulässig ist ebenfalls die Tätigkeit als Syndikus für die rechtlichen Angelegenheiten des Audit Client durch Partner oder Mitarbeiter der Prüfungsgesellschaft bzw. des Firmenverbunds.[889]

US-amerikanische Vorschriften

Die SEC unterscheidet zwischen Legal Services und Expert Services unrelated to the Audit. Danach ist jegliche rechtliche Vertretung eines Audit Client, die nur durch eine zum Rechtsanwalt bestellte Person durchgeführt werden darf, unabhängigkeitsschädlich und darf somit nicht vom Accountant erbracht werden, denn nach Auffassung der SEC ist „a lawyer's core professional obligation ... to advance clients' interests"[890]. Damit fehlt einer solchen Person jedoch die nötige Distanz zum zu prüfenden Unternehmen, die Grundlage einer objektiven und unabhängigen Prüfung ist.[891] Ausnahmen können für solche Accountants getroffen werden, die außerhalb der USA tätig sind und in deren Ländern bspw. steuerliche Angelegenheiten nur durch Rechtsanwälte behandelt werden dürfen. In diesem Fall ist mit der SEC Kontakt aufzunehmen und um eine Ausnahmegenehmigung zu ersuchen.[892]

Die Erstattung eines Sachverständigengutachtens für einen Audit Client oder einen gesetzlichen Vertreter eines Audit Client im Rahmen der Vertretung des Audit Client in einer Rechtsstreitigkeit oder einem (Ermittlungs-)Verfahren einer Aufsichtsbehörde führt ebenfalls zur Inhabilität des Accountant.[893] So ist es bspw. unzulässig, wenn der gesetzliche Vertreter des Audit Client dem Accountant den Auftrag erteilt, Leistungen aus dem Bereich der Forensic Services[894] zur Verteidigung des gesetzlichen Vertreters im Rahmen einer Überprüfung der Division of Enforcement[895] der SEC zu erbringen. Gleiches gilt, wenn der Rechtsberater des Audit Client dem Accountant einen solchen Auftrag erteilt.[896]

Unschädlich für die Unabhängigkeit ist hingegen in einer Rechtsstreitigkeit oder einem (Ermittlungs-)Verfahren Zeugnis abzulegen über den Jahresabschluss des Audit Client oder anderer Leistungen, die für den Audit Client erbracht wurden.[897] Zudem darf der Accountant im Auftrag des Audit Committee interne Untersuchungen oder Sachaufklärungen durchführen.

---

888 Vgl. IFAC (2001c), Tz. 8.196.
889 Vgl. IFAC (2001c), Tz. 8.199.
890 SEC (2003a), Abschn. B.9.
891 Dieser Auffassung hat sich auch der Supreme Court der USA angeschlossen: „If investors were to view the accountant as an advocate for the corporate client, the value of the audit function itself might well be lost." Zitiert aus SEC (2003a), Abschn. B.9.
892 Vgl. SEC (2003a), Abschn. B.9.
893 Vgl. 17 CFR § 210.2-01 (c)(4)(x).
894 Unter Forensic Services fallen insb. Dienstleistungen zur Überprüfung von festgestellten Unregelmäßigkeiten im Sinne von Täuschungen i.R.d. Rechnungslegung.
895 Vgl. zur Division of Enforcement Kapitel II.4.3.1 dieser Arbeit.
896 Vgl. SEC (2003a), Abschn. B.10.
897 Vgl. 17 CFR § 210.2-01 (c)(4)(x).

Solche Aufträge können auch Forensic Services umfassen und in einem Bericht an den Audit Client münden. Die hier durch den Accountant durchgeführten Prüfungshandlungen ähneln den Prüfungshandlungen, die der Abschlussprüfer zur Aufdeckung von Unregelmäßigkeiten im Rahmen der Abschlussprüfung[898] durchzuführen hat, sind jedoch detaillierter und umfassender. Solche Aufträge gefährden die Unabhängigkeit des Abschlussprüfers nicht, sondern tragen zu einer Verbesserung der Qualität der Abschlussprüfung und der Überwachung der Unternehmensleitung durch das Audit Committee bei.[899] Wenn das Audit Committee – wie hier häufig der Fall – der Auftraggeber ist, entfällt m.E. eine separate Genehmigung durch dieses.

Kritische Würdigung

Die Vertretung eines Mandanten im Rahmen von Rechtsstreitigkeiten ist in Deutschland auch nach Verabschiedung des BilReG weiterhin nicht geregelt. Folglich hat die Beurteilung, ob ein solcher Auftrag angenommen werden darf, nach der Generalklausel des § 319 Abs. 2 HGB zu erfolgen. Nach den Vorschriften der IFAC sind solche Tätigkeiten unzulässig, solange sie die Schätzung eines Werts beinhalten, der im Jahresabschluss abgebildet wird, oder wenn Entscheidungen für den Mandanten getroffen werden. Dieser Auffassung hat sich auch die EU zu Recht angeschlossen. Die EU erlaubt gleichwohl die Vertretung des Mandanten im Rahmen von Steuerstreitigkeiten, Zeugenaussagen oder Stellungnahmen zu einer bestimmten Bilanzierungsweise. Diese Ausnahmen treffen auch auf die SEC zu, die ansonsten jegliche Vertretung in rechtlichen Angelegenheiten verbietet.

Die Rechtsberatung durch den Abschlussprüfer ist in Deutschland zulässig, solange sie Angelegenheiten betrifft, mit denen der Abschlussprüfer auch im Rahmen seiner Tätigkeit als Wirtschaftsprüfer beschäftigt ist. Unzulässig ist hingegen bei Unternehmen, die einen organisierten Markt i.S.d. § 2 Abs. 5 WpHG in Anspruch nehmen das Erbringen von Rechtsberatungsleistungen, die sich auf die Darstellung der Vermögens-, Finanz- und Ertragslage im zu prüfenden Jahresabschluss gestaltend und nicht unwesentlich auswirken. Während die EU die Zulässigkeit der Rechtsberatung nicht regelt, ist diese nach den Vorschriften der IFAC zulässig, solange diese keine wesentlichen Auswirkungen auf den Jahresabschluss des Audit Client hat. Die Tätigkeit als Rechtsberater des Unternehmens (sog. General Counsel) ist hingegen zu Recht unzulässig. Die SEC verbietet jegliche Tätigkeiten im Rahmen der Rechtsberatung, für die eine Zulassung zum Rechtsanwalt benötigt wird.

Vertretung des Mandanten	
Deutschland	Nicht geregelt
EU	Vertretung des Mandanten unzulässig. (Ausnahmen: Vertretung bei Steuerstreitigkeiten, Zeugenaussagen oder Stellungnahmen zu einer bestimmten Bilanzierungsweise).
IFAC	Unzulässig, solange der Auftrag die Schätzung eines Werts beinhaltet, der im Jahresabschluss abgebildet wird, oder wenn Entscheidungen für den Mandanten getroffen werden.

898 Vgl. AICPA (2003c).
899 Vgl. SEC (2003a), Abschn. B.10.

USA	Unzulässig. (Ausnahmen: Zeugenaussagen und interne Untersuchungen, die vom Audit Committee veranlasst wurden)
Vorschlag	Vertretung des Mandanten vor Gericht unzulässig. (Ausnahmen: Vertretung bei Steuerstreitigkeiten, Zeugenaussagen oder Stellungnahmen zu einer bestimmten Bilanzierungsweise).
Rechtsberatung	
Deutschland	Grundsätzlich zulässig, solange die Beratung Angelegenheiten betrifft, mit denen der Abschlussprüfer auch im Rahmen seiner Tätigkeit als Wirtschaftsprüfer befasst ist. Rechtsberatung, die über das Aufzeigen von Gestaltungsalternativen hinausgeht und die sich auf die Vermögens-, Finanz- und Ertragslage in dem zu prüfenden Jahresabschluss unmittelbar und nicht unwesentlich auswirkt, ist bei Unternehmen, die einen organisierten Markt i.S.d. § 2 Abs. 5 WpHG in Anspruch nehmen, unzulässig.
EU	Nicht geregelt.
IFAC	Grundsätzlich zulässig, solange die Tätigkeit keine wesentlichen Auswirkungen auf den Jahresabschluss des Audit Client hat. Die Tätigkeit als Rechtsberater des Unternehmens ist ebenfalls zulässig.
USA	Unzulässig, solange mit Vertretung vor Gericht verbunden oder die Tätigkeit eine Zulassung als Rechtsanwalt erfordert.
Vorschlag	Zulässig, solange die Tätigkeit keine wesentlichen Auswirkungen auf den Jahresabschluss des Mandanten hat.

Tabelle 26: *Unterstützung bei der Beilegung von Rechtsstreitigkeiten und Rechtsberatung*

(f) Personalberatung

Deutsche Vorschriften

In Deutschland existieren keine expliziten Vorschriften zur Personalberatung des Mandanten durch den Abschlussprüfer. Daher ist hier einzelfallorientiert anhand des Kriteriums der funktionalen Entscheidungszuständigkeit zu entscheiden.[900]

Vorschriften der EU-Kommission

Unterstützt der Abschlussprüfer seinen Prüfungsmandanten bei der Einstellung von Führungskräften, kann seine Unabhängigkeit gefährdet sein. Dies ist insb. der Fall, wenn die einzustellende Person hauptsächlich im Bereich Finanzen oder Rechnungswesen tätig werden soll, da sie hier Kontakt zum Abschlussprüfer haben wird. Zulässig ist grundsätzlich, die berufliche Befähigung der Kandidaten zu überprüfen und dazu objektiv Stellung zu nehmen, oder eine Auswahlliste von Kandidaten für Vorstellungsgespräche zu erstellen. Es muss jedoch sichergestellt sein, dass dies nicht zu einem Vorgreifen der Entscheidung des Prüfungsmandanten führt. Bei Unternehmen des öffentlichen Interesses ist auch die Erstellung einer Auswahlliste von Kandidaten für Schlüsselpositionen im Finanz- und Verwaltungsbereich nicht zulässig.[901] Die Entscheidung über die einzustellende Person ist immer durch den Prüfungsmandanten zu treffen. Letzten Endes muss der Abschlussprüfer entscheiden, ob eine solche – direkte oder indirekte – Mitwirkung an der Entscheidung des Mandanten zu einer

900 Vgl. Hagemeister (2002), S. 339; Marx (2002a), S. 467f.
901 Vgl. EU-Kommission (2002e), S. 32.

Beeinträchtigung seiner Unabhängigkeit führt. Ist dies der Fall, so ist der Auftrag abzulehnen.[902]

Vorschriften der IFAC

Unterstützt ein Accountant einen Assurance Client[903] bei der Besetzung einer Stelle, kann seine Unabhängigkeit grundsätzlich beeinträchtigt sein. Das Ausmaß der Beeinträchtigung hängt von der Stellung des neuen Mitarbeiters im Unternehmen und der Art der gewährten Unterstützung ab. So ist es bspw. zulässig, Bewerbungsunterlagen kritisch durchzusehen und entsprechende Ratschläge hinsichtlich der Eignung der Kandidaten zu geben. Der Accountant darf auch Listen der Bewerber erstellen, die zu einem Bewerbungsgespräch eingeladen werden, solange er dabei auf genau spezifizierte Kriterien des Assurance Client zurückgreifen kann. Grundsätzlich darf der Accountant keine Entscheidungen für den Assurance Client treffen. Die Entscheidung, wer eingestellt wird, muss vom Assurance Client getroffen werden.[904]

US-amerikanische Vorschriften

Die SEC verbietet folgende Tätigkeiten im Bereich der Personalberatung:

- Suche und Auswahl potenzieller Kandidaten für Positionen im Management, leitende Positionen oder Positionen im Überwachungsorgan des Audit Client,
- Durchführung von psychologischen Tests oder anderen Test- und Bewertungsprogrammen,
- Überprüfung von Referenzen voraussichtlicher Kandidaten für leitende Positionen oder Positionen im Überwachungsorgan des Audit Client,
- Durchführung von Verhandlungen für den Audit Client in Bezug auf Position, Status bzw. Titel, Gehalt und freiwilliger Zusatzleistungen oder anderer Einstellungsbedingungen sowie
- Vorschläge oder Beratung des Audit Client in Bezug auf die Einstellung eines bestimmten Kandidaten.[905]

Zulässig ist hingegen, Kandidaten auf ihre Fähigkeit, eine Position im Rechnungswesen, in der Verwaltung oder in der Überwachung zu übernehmen, zu prüfen.[906] Diese Tätigkeiten bedürfen vorab der Genehmigung des Audit Committee.

---

[902] Vgl. EU-Kommission (2002e), S. 32 und 51.

[903] Die Vorschriften zu Nichtprüfungsleistungen beziehen sich nahezu ausschließlich auf Audit Clients. Die einzige Ausnahme bilden die Vorschriften zur Personalberatung (Recruiting Senior Management) und zu Corporate Finance Sevices (Corporate Finance and Similar Activities).

[904] Vgl. IFAC (2001c), Tz. 8.200.

[905] Vgl. 17 CFR § 210.2-01(c)(4)(vii). Die SEC befürchtet hier hauptsächlich, dass ein Accountant, der einen Mitarbeiter für den Audit Client aussucht, ein Interesse am beruflichen Erfolg dieses Mitarbeiters hat und infolge dessen über eventuelle Fehlleistungen dieses Mitarbeiters nicht in der gebotenen Form berichtet. Vgl. SEC (2003a), Abschn. B.7.

[906] Vgl. 17 CFR § 210.2-01(c)(4)(vii).

Kritische Würdigung

In Deutschland existieren keine expliziten gesetzlichen Regelungen zur Personalberatung durch den Abschlussprüfer. Die Personalberatung wird von der EU, der IFAC und der SEC grundsätzlich zu Recht kritisch gesehen und kann zu einer Gefährdung der Unabhängigkeit führen. Dies betrifft insb. die Personalberatung zur Besetzung von Stellen im Bereich Rechnungswesen bzw. Finanzen. Zulässig ist in den genannten Rechtskreisen immer die Überprüfung der Kandidaten auf ihre Eignung, eine Position im Rechnungswesen, in der Verwaltung oder eine überwachende Tätigkeit zu übernehmen. Die EU erlaubt auch das Erstellen einer Auswahlliste für Schlüsselpositionen im Bereich Rechnungswesen/Finanzen, solange es sich nicht um ein Unternehmen des öffentlichen Interesses handelt. Diese Auffassung erscheint sachgerecht.

Grundsatz	
Deutschland	Nicht geregelt.
EU	Unabhängigkeitsgefährdend ist die Einstellung von Personen, die hauptsächlich im Bereich Rechnungswesen bzw. Finanzen tätig sein sollen. Die Entscheidung zur Einstellung muss in jedem Fall vom Mandanten getroffen werden.
IFAC	Grundsätzlich unabhängigkeitsgefährdend. Die Entscheidung zur Einstellung muss in jedem Fall vom Assurance Client getroffen werden.
USA	Grundsätzlich unzulässig.
Vorschlag	Unabhängigkeitsgefährdend ist die Einstellung von Personen, die hauptsächlich im Bereich Rechnungswesen bzw. Finanzen tätig sein sollen. Die Entscheidung zur Einstellung muss in jedem Fall vom Mandanten getroffen werden.
Ausnahmen	
Deutschland	Nicht geregelt.
EU	Zulässig ist die Überprüfung der beruflichen Befähigung des Kandidaten oder die Erstellung einer Auswahlliste geeigneter Kandidaten. Bei Unternehmen des öffentlichen Interesses ist auch die Erstellung einer Auswahlliste von Kandidaten für Schlüsselpositionen im Finanz- und Verwaltungsbereich unzulässig.
IFAC	Zulässig sind die Durchsicht von Bewerbungsunterlagen und Ratschläge in Bezug auf die Eignung der Kandidaten.
USA	Zulässig ist die Überprüfung der Kandidaten auf ihre Fähigkeit, eine Position im Rechnungswesen, in der Verwaltung oder in der Unternehmensüberwachung zu übernehmen.
Vorschlag	Zulässig ist die Überprüfung der beruflichen Befähigung des Kandidaten oder die Erstellung einer Auswahlliste geeigneter Kandidaten. Bei kapitalmarktorientierten Unternehmen ist auch die Erstellung einer Auswahlliste von Kandidaten für Schlüsselpositionen im Finanz- und Verwaltungsbereich unzulässig.

Tabelle 27: Personalberatung

(g) Steuerberatung

Deutsche Vorschriften

In Deutschland gehört die Steuerberatung zum traditionellen Berufsbild des Wirtschaftsprüfers.[907] Konflikte in Bezug auf die Unabhängigkeit des Abschlussprüfers sind indes – insb. in Bezug auf die (umgekehrte) Maßgeblichkeit gem. § 5 Abs. 1 EStG – nicht von der Hand zu weisen.[908] Mit dem BGH-Urteil vom April 1997 wurde die gleichzeitige Abschlussprüfung und Steuerberatung für zulässig erklärt, solange die funktionale Entscheidungszuständigkeit

907 Vgl. Kapitel I.2.5; Marx (2002a), S. 442; Schmidtmeier (1998), S. 1625.

908 Fleischer hält eine umfassende Steuerberatung sogar für gänzlich unvereinbar mit der Abschlussprüfung. Vgl. Fleischer (1996), S. 764; gl.A. Löcke (1997), S. 1054f.; Zimmer (2002), § 319 HGB, Tz. 41.

beim Mandanten verbleibt, d.h. der Abschlussprüfer keine Entscheidungen für den Mandanten trifft.[909] Dies hat in der Praxis zahlreiche Fragen hauptsächlich hinsichtlich der Zulässigkeit der Aufstellung der Steuerbilanz durch den Abschlussprüfer und der Übernahme steuerlicher Wertansätze in die Handelsbilanz aufgrund der umgekehrten Maßgeblichkeit und der Zulässigkeit der Berechnung von Rückstellungen aufgeworfen.[910]

- Zulässigkeit der Aufstellung der Steuerbilanz durch den Abschlussprüfer und der Übernahme steuerlicher Wertansätze in die Handelsbilanz aufgrund der umgekehrten Maßgeblichkeit: Grundsätzlich zulässig sind Ratschläge des Abschlussprüfers zur Gestaltung der Steuerbilanz und der Minimierung der Steuerlast des Mandanten sowie die Ermittlung von Wertansätzen in der Steuerbilanz, solange es sich lediglich um Empfehlungen handelt, über deren Befolgung der Mandant entscheidet.[911] Der BGH hält auch die Aufstellung einer Steuerbilanz durch den Abschlussprüfer für zulässig, da „bei getrennten Bilanzen ... rechtlich nach § 5 EStG stets die Handelsbilanz maßgeblich [ist], aus der die Steuerbilanz lediglich abzuleiten ist“[912]. Über die Unzulässigkeit der Aufstellung einer Einheitsbilanz durch den Abschlussprüfer in seiner Funktion als Steuerberater besteht hingegen in Literatur und Rechtsprechung Einigkeit.[913]
- Berechnung von Rückstellungen: Die Berechnung von Steuerrückstellungen durch den Abschlussprüfer in seiner Funktion als Steuerberater ist zulässig, solange es sich hierbei lediglich um Empfehlungen handelt, an die der Mandant nicht gebunden ist.[914] Diese Begründung überzeugt nicht. Röhricht und Heni betonen folgerichtig, dass sich der Abschlussprüfer hier auf die Erstellung der komplizierten steuerlichen Nebenrechnungen beschränken soll.[915] Zudem muss m.E. gewährleistet sein, dass der Prüfungsmandant die erforderlichen Daten selbst zur Verfügung stellt, so dass es sich hier um eine rein technische Umsetzung handelt. Die Beratung des Abschlussprüfers hinsichtlich der steuerlichen Anerkennung bestimmter Rückstellungen führt hingegen nicht zur Inhabilität.[916]

Nach § 319a Abs. 1 Satz 1 Nr. 2 HGB sind über die Prüfungstätigkeit hinaus erbrachte Steuerberatungsleistungen, „die über das Aufzeigen von Gestaltungsalternativen hinausgehen und die sich auf die Darstellung der Vermögens-, Finanz- und Ertragslage im Jahresabschluss unmittelbar und nicht nur unwesentlich auswirken“ bei Unternehmen, die einen organisierten

---

909 Vgl. BGH-Urteil v. 21.4.1997, S. 1395; vgl. auch Kapitel III.2.2.2.1(a) und (d).
910 Vgl. Schmidtmeier (1998), S. 1629. Ähnlich Marx (2002a), S. 443-445.
911 Vgl. Heni (1997), S. 1213, der zu Recht kritisiert, dass der Mandant nicht nur über die funktionale Entscheidungszuständigkeit, sondern auch über die notwendige Entscheidungsfähigkeit verfügen muss, um die vom Abschlussprüfer vorgeschlagenen Alternativen zu bewerten und zu einer eigenständigen Entscheidung kommen zu können.
912 BGH-Urteil v. 21.4.1997, S. 1395.
913 Vgl. BGH-Urteil v. 21.4.1997, S. 1395; Heni (1997), S. 1213f.; Röhricht (1998), S. 161f.; Thiele (1997), S. 1397; a.A. Ebke (1998b), S. 80. Zur Problematik der Einheitsbilanz vgl. auch Neumann (1998), S. 1344-1348.
914 Vgl. BGH-Urteil v. 21.4.1997, S. 1396.
915 Vgl. Heni (1997), S. 1213 mit einer beispielhaften Aufzählung der Nebenrechnungen i.R.d. Berechnung der Körperschaftsteuerrückstellung; vgl. auch Röhricht (1998), S. 161.
916 Gl.A. Hommelhoff (1997a), S. 560f.; Wöhe (1987), S. 11. Kritisch Zimmer (2002), § 319 HGB, Tz. 41.

Markt i.S.d. § 2 Abs. 5 WpHG in Anspruch nehmen, verboten.[917] Damit ist nach Aussage des Gesetzgebers „das Erbringen von … Steuerberatungsleistungen im weitaus überwiegenden Umfang nach wie vor zulässig" und lediglich eine solche Beratung verboten, mit der „der Prüfer selbst gestaltend tätig"[918] wird. Zulässig sind folglich weiterhin insb. auch die Erstellung von Steuererklärungen, Beratungen und Stellungnahmen zu bereits umgesetzten Sachverhalten oder zu Vorschlägen Dritter sowie die Information über gesetzliche Änderungen.[919] Fraglich ist jedoch, ob dies auch in der Wahrnehmung der Öffentlichkeit so gesehen wird, oder ob es nicht de facto zu einer vollständigen Trennung von Prüfung und Steuerberatung kommen wird.

Vorschriften der EU-Kommission

Die EU-Kommission regelt die Steuerberatung durch den Abschlussprüfer nicht explizit. Es wird lediglich darauf hingewiesen, dass die Vertretung eines Prüfungsmandanten vor Finanzgerichten oder Steuerbehörden die Unabhängigkeit des Abschlussprüfers generell nicht gefährdet.[920]

Vorschriften des IFAC Code of Ethics

Dienstleistungen aus dem Bereich der Steuerberatung werden grundsätzlich als zulässig angesehen, da die für steuerliche Zwecke durch den Accountant erstellten Gutachten noch einer externen Kontrolle durch die Finanzbehörden unterliegen.[921]

US-amerikanische Vorschriften

Die steuerliche Beratung eines Audit Client ist grundsätzlich zulässig, unterliegt jedoch – wie alle zulässigen Nichtprüfungsleistungen – der Vorabgenehmigung durch das Audit Committee.[922] Unzulässig ist hingegen die Vertretung eines Audit Client vor Gericht.[923] Das PCAOB hat im Dezember 2004 einen Entwurf vorgelegt, wonach die Erstellung routinemäßiger Steuererklärungen und allgemeine Steuerberatung weiterhin zulässig sind, solange es sich hier nicht um eine aggressive Steuerberatung mit dem Ziel der Steuervermeidung handelt. Ebenso zulässig ist die steuerliche Beratung von Mitarbeitern des Audit Client, die ins Ausland entsendet wurden. Unzulässig ist hingegen nach dem Entwurf die Steuerberatung solcher Boardmitglieder, die Einfluss auf den Jahres- bzw. Konzernabschluss haben.[924]

---

917 Vgl. BT-Drucks. 15/3419, S. 41f.

918 BT-Drucks. 15/3419, S. 41 (beide Zitate). Die zulässige Beratung umfasst insb. Hinweise auf die bestehende Rechtslage und Hinweise und Vorschläge zur Beseitigung von Fehlern.

919 Vgl. ausführlich Müller/Müller (2005), S. 173-176.

920 Vgl. EU-Kommission (2002e), S. 50.

921 Vgl. IFAC (2001c), Tz. 8.175 und 8.177.

922 Vgl. SEC (2003a), Abschn. B.11. Kritisch – allerdings noch zu den im November 2000 verabschiedeten Regelungen – Purcell/Lifson (2001), S. 73.

923 Vgl. Schmidt (2003), S. 783f.

924 Vgl. PCAOB (2004c), S. 14-17.

Kritische Würdigung

Nach deutschen Vorschriften und den Vorschriften der IFAC und der SEC ist die Beratung des Mandanten in Steuerfragen zu Recht grundsätzlich zulässig, solange die funktionale Entscheidungszuständigkeit des Mandanten gewahrt bleibt. Die IFAC begründet dies damit, dass solche Gutachten stets noch einer externen Kontrolle durch die Finanzbehörden unterliegen. Die EU regelt diesen Bereich nicht explizit; die Vertretung eines Mandanten vor Finanzgerichten oder Steuerbehörden gefährdet die Unabhängigkeit gleichwohl nicht. Unzulässig sind hingegen in Deutschland bei Unternehmen, die einen organisierten Markt i.S.d. § 2 Abs. 5 WpHG in Anspruch nehmen, Steuerberatungsleistungen, die über das Aufzeigen von Gestaltungsalternativen hinausgehen und sich auf die Darstellung der Vermögens-, Finanz- und Ertragslage im zu prüfenden Jahresabschluss unmittelbar und nicht unwesentlich auswirken. Bei kapitalmarktorientierten Unternehmen sollte der Abschlussprüfer m.E. seine Aufträge im Bereich der Steuerberatung analysieren um festzustellen, ob es sich hier um eine – zulässige – prüfungsnahe Beratung handelt, oder ob er tatsächlich – unzulässigerweise – gestaltenden Einfluss auf einzelne Bilanzpositionen nimmt.

Grundsatz	
Deutschland	Zulässig, solange die funktionale Entscheidungszuständigkeit des Mandanten gewahrt bleibt. Bei Unternehmen, die einen organisierten Markt i.S.d. § 2 Abs. 5 WpHG in Anspruch nehmen gilt darüber hinaus: Steuerberatungsleistungen, die über das Aufzeigen von Gestaltungsalternativen hinausgehen und sich auf die Vermögens-, Finanz- und Ertragslage unmittelbar und nicht unwesentlich auswirken, sind unzulässig.
EU	Nicht explizit geregelt. (Vertretung eines Mandanten vor Finanzgerichten oder Steuerbehörden gefährdet die Unabhängigkeit generell nicht.)
IFAC	Grundsätzlich zulässig, da die für steuerliche Zwecke durch den Abschlussprüfer erstellten Gutachten noch einer externen Kontrolle durch die Finanzbehörden unterliegen.
USA	Grundsätzlich zulässig (Ausnahme: Vertretung vor Gericht). (Entwurf des PCAOB: Verbot der aggressiven Steuerberatung und der Steuerberatung von Boardmitgliedern, die Einfluss auf den Jahres- bzw. Konzernabschluss haben.)
Vorschlag	Grundsätzlich zulässig, solange die funktionale Entscheidungszuständigkeit des Mandanten gewahrt bleibt. Bei kapitalmarktorientierten Unternehmen sollten zudem keine Steuerberatungsleistungen erbracht werden, die unmittelbare gestalterische Auswirkungen auf den Jahresabschluss haben.

Tabelle 28: Steuerberatung

(h) Corporate Finance Services

Zweck der Vorschrift

Wird der Abschlussprüfer als Wertpapierhändler oder Investmentbank tätig, sind grundsätzlich zwei Auftragstypen zu unterscheiden: Empfehlungen an den Mandanten über den Erwerb bestimmter Wertpapiere bzw. Erwerb von Wertpapieren für den Mandanten einerseits sowie Empfehlungen an Dritte über den Erwerb von Wertpapieren, die der Mandant ausgegeben hat bzw. der Erwerb solcher Wertpapiere für Dritte andererseits.

Deutsche Vorschriften

Empfiehlt der Abschlussprüfer seinem Mandanten den Erwerb von Wertpapieren bzw. erwirbt er solche für den Mandanten, kann eine Besorgnis der Befangenheit auftreten, da der Abschlussprüfer bei einer ungünstigen Entwicklung der Wertpapiere geneigt sein kann, diese

Fehlentwicklung in der Bilanz zu kaschieren.[925] Der Erwerb von Wertpapieren des Mandanten für Dritte ist insoweit ausgeschlossen, als ein Abschlussprüfer gem. § 319 Abs. 3 Satz 1 Nr. 1 HGB keine Anteile, auch nicht für Dritte, an Mandanten halten darf.[926] Die Tätigkeit als Finanzdienstleister für Prüfungsmandanten ist gem. § 319 Abs. 3 Satz 1 Nr. 3c HGB unzulässig, solange diese Tätigkeit nicht von untergeordneter Bedeutung ist.[927]

Vorschriften der EU-Kommission

Die Empfehlung der EU-Kommission enthält keine speziellen Regelungen für Corporate Finance Services. Daher hat die Beurteilung solcher Sachverhalte einzelfallorientiert anhand der allgemeinen Kriterien zu erfolgen. Die EU-Kommission regelt gleichwohl den umgekehrten Fall, d.h. wenn der Abschlussprüfer bzw. die Prüfungsgesellschaft oder eine Person, die das Ergebnis der Pflichtprüfung beeinflussen kann, Leistungen des Prüfungsmandanten in Bezug auf die Zeichnung, das Angebot, die Vermarktung oder den Verkauf von Wertpapieren, die der Prüfungsmandant selbst oder ein mit diesem verbundenes Unternehmen emittiert hat, in Anspruch nimmt. Dies fällt unter die unzulässigen geschäftlichen Beziehungen des Abschlussprüfers zu einem Prüfungsmandanten.[928]

Vorschriften der IFAC

Nach den Vorschriften der IFAC ist die Tätigkeit als Wertpapierhändler oder Emissionsbank nicht mit den sog. Assurance Services vereinbar. So ist es als unzulässig anzusehen, wenn der Accountant Transaktionen durchführt, um Wertpapiere des Assurance Client zu kaufen oder zu verkaufen.[929] Hingegen darf der Accountant den Assurance Client in Bezug auf die Entwicklung von Unternehmensstrategien, auf die Identifizierung von Kapitalquellen und auf die Analyse der Auswirkungen bestimmter Transaktionen auf die Rechnungslegung beraten. Wird ein solcher Auftrag angenommen, müssen jedoch bestimmte Schutzmaßnahmen getroffen werden. Darunter fallen z.B. die Entwicklung von Richtlinien und Vorgehensweisen, die den einzelnen Mitarbeiter davon abhalten, Entscheidungen für den Assurance Client zu treffen und die personelle Trennung zwischen Mitarbeitern des Assurance Team und den Mitarbeitern, die diesen Auftrag ausführen (sog. Chinese Walls). Zudem ist sicher zu stellen, dass die Prüfungsgesellschaft den Assurance Client nicht zum Abschluss einer bestimmten Transaktion „überredet" oder eine Transaktion im Namen des Assurance Client durchführt.[930]

US-amerikanische Vorschriften

Nach den Vorschriften der SEC darf ein Accountant nicht als (registrierter oder unregistrierter) Wertpapierhändler oder als Emissionsbank für einen Audit Client tätig werden. Es ist

---

925 Das Verdecken früherer Fehler wurde in der Rechtsprechung bisher nicht als unabhängigkeitsschädlich angesehen. Vgl. bspw. LG Köln, Urteil v. 1.4.1997, S. 432. Vgl. auch Marx (2002a), S. 472f. Mit dem BGH-Urteil v. 25.11.2002, S. 465 wird dieser Grundsatz jedoch durchbrochen.

926 Vgl. Kapitel III.2.1.1.1; Hagemeister (2002), S. 339; Marx (2002a), S. 473

927 Vgl. BT-Drucks. 15/3419, S. 39.

928 Vgl. EU-Kommission (2002e), S. 43.

929 Vgl. IFAC (2001c), Tz. 8.201; vgl. auch IFAC (2001c), Tz. 8.104 Kapitel II.2.1.1.1 dieser Arbeit.

930 Vgl. IFAC (2001c), Tz. 8.202.

weiterhin unzulässig, Investitionsentscheidungen für den Audit Client zu treffen oder Vollmacht über die Investitionen des Audit Client zu haben. Der Accountant ist zudem nicht unabhängig, wenn er Transaktionen durchführt, um Wertpapiere des Audit Client zu kaufen oder zu verkaufen oder Vermögenswerte des Audit Client verwahrt, wie bspw. der zeitweise Besitz von Wertpapieren, die der Audit Client erworben hat.[931] Gerade Empfehlungen zum Kauf oder Verkauf von Wertpapieren des Audit Client bringen den Accountant in einen Konflikt zwischen dem Audit Client und den Personen, denen er den Kauf bzw. Verkauf der Wertpapiere empfohlen hatte, denn der Accountant hat ein Interesse daran, dass sich seine Kauf-/Verkaufempfehlung als zutreffend herausstellt. Daher ist er eventuell im Rahmen der Abschlussprüfung bzw. der Berichterstattung über die Abschlussprüfung beeinflusst.[932]

Kritische Würdigung

Empfehlungen über den Erwerb bestimmter Wertpapiere an Dritte oder an den Mandanten werden von der EU nicht explizit geregelt; nach den Vorschriften der IFAC und SEC sind solche Tätigkeiten grundsätzlich zu Recht unzulässig. Seit Verabschiedung des BilReG ist die Tätigkeit als Finanzdienstleister in Deutschland ebenfalls unzulässig. Der Erwerb von Wertpapieren des Mandanten für Dritte ist in allen betrachteten Rechtskreisen unzulässig, da das (treuhänderische) Halten von Wertpapieren, die ein Mandant emittiert hat, grundsätzlich zur Inhabilität des Abschlussprüfers führt. Die Inanspruchnahme von Leistungen des Mandanten in Bezug auf die Zeichnung, das Angebot, die Vermarktung oder den Verkauf von Wertpapieren, die der Prüfungsmandant emittiert hat, ist nach den Vorschriften der EU unzulässig. Von den anderen Rechtskreisen wird dieser Sachverhalt nicht geregelt. Die IFAC erachtet die Beratung des Mandanten in Bezug auf die Entwicklung von Unternehmensstrategien, die Identifizierung von Kapitalquellen und die Analyse der Auswirkungen bestimmter Transaktionen auf die Rechnungslegung als zulässig. Die anderen Rechtskreise regeln diesen Sachverhalt nicht. Hier ist m.E. bei der Beurteilung der Zulässigkeit auf das Kriterium der funktionalen Entscheidungszuständigkeit abzustellen und insb. zu beachten, dass der Abschlussprüfer keine Entscheidungen für den Mandanten trifft.

Empfehlungen über den Erwerb bestimmter Wertpapiere an Dritte oder an den Mandanten	
Deutschland	Die Tätigkeit als Finanzdienstleister ist unzulässig.
EU	Nicht geregelt.
IFAC	Unzulässig.
USA	Unzulässig.
Vorschlag	Unzulässig.
Erwerb von Wertpapieren des Mandanten für Dritte	
Deutschland	Unzulässig.
EU	Unzulässig.
IFAC	Unzulässig.
USA	Unzulässig.
Vorschlag	Unzulässig.

931 Vgl. 17 CFR § 210.2-01(c)(4)(viii) und 17 CFR § 210.2-01(c)(1)(iv) (B) CFR.
932 Vgl. SEC (2003a), Abschn. B.8.

Inanspruchnahme von Leistungen des Mandanten in Bezug auf die Zeichnung, das Angebot, die Vermarktung oder den Verkauf von Wertpapieren, die der Mandant emittiert hat.	
Deutschland	Nicht geregelt.
EU	Unzulässig.
IFAC	Nicht geregelt.
USA	Nicht geregelt.
Vorschlag	Unzulässig.
Beratung des Mandanten in Bezug auf die Entwicklung von Unternehmensstrategien, die Identifizierung von Kapitalquellen und die Analyse der Auswirkungen bestimmter Transaktionen auf die Rechnungslegung.	
Deutschland	Nicht geregelt.
EU	Nicht geregelt.
IFAC	Zulässig.
USA	Nicht geregelt.
Vorschlag	Zulässig, solange die funktionale Entscheidungszuständigkeit des Mandanten gewahrt ist.

Tabelle 29: *Corporate Finance Services*

(i) Versicherungsmathematische Leistungen

Deutsche Vorschriften

Versicherungsmathematische Gutachten werden in der Regel erstellt, um den Teilwert der Pensionsrückstellungen zu ermitteln. Wird das Gutachten für die Steuerbilanz erstellt, gelten die in Kapitel III.2.2.2.3(g) diskutierten Grundsätze. Eine Inhabilität des Abschlussprüfers wird hier folglich grundsätzlich nicht gesehen.[933] Wird das Gutachten für handelsbilanzielle Zwecke erstellt, sind die gleichen Grundsätze wie im Rahmen der Erstattung eines Bewertungsgutachtens zu berücksichtigen. In der Literatur wurde die Erstattung eines Gutachtens über den Teilwert der Pensionsrückstellungen dann als nicht unabhängigkeitsschädigend angesehen, wenn der Mandant die Pensionsordnung und die hierfür erforderlichen Daten selbst erstellt, die Bewertungsmethode, den Rechnungszinsfuß und die Sterbetafeln selbst auswählt und handelsrechtlich zulässige Wahlrechte selbstständig ausübt, da in diesem Fall „die Rückstellungsberechnung mittels Computer anhand allgemein anerkannter mathematischer Formeln lediglich eine Zurverfügungstellung von Rechnerkapazitäten“[934] darstellt. Hense/Veltins gehen gleichwohl zu Recht davon aus, dass ein Gutachten zur Bewertung des Teilwerts der Pensionsverpflichtungen nicht mit der Tätigkeit als Abschlussprüfer vereinbar sei, „weil hiermit ein Bilanzposten vom AP [Abschlussprüfer] erstellt wird“[935]. Auch der deutsche Gesetzgeber hat sich dieser Auffassung angeschlossen und verbietet in § 319 Abs. 3 Satz 1 Nr. 3d HGB das Erbringen eigenständiger versicherungsmathematischer Leistungen, die sich auf den zu prüfenden Jahresabschluss nicht nur unwesentlich auswirken, solange diese Tätigkeiten nicht von untergeordneter Bedeutung sind.[936]

---

933 Vgl. auch Marx (2002a), S. 470f.

934 Dörner (1997), S. 96; vgl. auch ADS (2000), § 319 HGB, Tz. 132; Ebke (2001), § 319 HGB, Tz. 32; Heni (1997), S. 1213; Lanfermann (1998), S. 274; Löcke (1997), S. 1056; Röhricht (1998), S. 161.

935 Hense/Veltins (2003), § 319 HGB, Tz. 26.

936 Vgl. BT-Drucks. 15/3419, S. 39.

Vorschriften der EU-Kommission

Die Vorschriften der EU-Kommission regeln die Erbringung versicherungsmathematischer Leistungen nicht explizit. Daher ist auf die allgemeinen Grundsätze im Rahmen der Erbringung von Bewertungsleistungen, die in Kapitel III.2.2.2.3(c) dargestellt werden, zurückzugreifen.

Vorschriften der IFAC

Die Vorschriften der IFAC regeln die Erbringung versicherungsmathematischer Leistungen nicht explizit. Daher ist auf die allgemeinen Grundsätze im Rahmen der Erbringung von Bewertungsleistungen, die in Kapitel III.2.2.2.3(c) dargestellt werden, zurückzugreifen.

US-amerikanische Vorschriften

Nach den Vorschriften der SEC sind alle versicherungsmathematisch orientierten Beratungsleistungen verboten, die die Ermittlung von im Jahresabschluss verwendeten Werten beinhalten, solange davon ausgegangen werden kann, dass diese Werte Prüfungshandlungen im Rahmen der Abschlussprüfung unterliegen. Zulässig ist hingegen die Unterstützung des Audit Client im Rahmen des Verstehens von Methoden, Modellen, Annahmen und Dateneingaben, die verwendet werden, um einen Wert zu berechnen.[937]

Kritische Würdigung

Die Vereinbarkeit der Erstellung versicherungsmathematischer Gutachten zur Berechnung des Teilwerts einer Pensionsrückstellung durch den Abschlussprüfer waren in Deutschland bislang nicht explizit gesetzlich geregelt. Mit Verabschiedung des BilReG wird indes klargestellt, dass die Erstellung eines eigenständigen versicherungsmathematischen Gutachtens unzulässig ist, solange dieses für den Jahresabschluss nicht von untergeordneter Bedeutung ist. Die EU und die IFAC regeln diesen Sachverhalt nicht. Daher muss zur Beurteilung auf die Grundsätze zur Erstellung von Gutachten zurückgegriffen werden. Die SEC verbietet versicherungsmathematische Gutachten, solange deren Ergebnisse Prüfungshandlungen i.R.d. Abschlussprüfung unterliegen.

Erstellung von Gutachten über die Höhe der Pensionsrückstellung	
Deutschland	Unzulässig, solange nicht von untergeordneter Bedeutung.
EU	Nicht geregelt.
IFAC	Nicht geregelt.
USA	Unzulässig, solange die dort ermittelten Werte Prüfungshandlungen i.R.d. Abschlussprüfung unterliegen.
Vorschlag	Unzulässig, solange die dort ermittelten Werte Prüfungshandlungen i.R.d. Abschlussprüfung unterliegen.

Tabelle 30: Versicherungsmathematische Leistungen

937 Vgl. 17 CFR § 210.2-01 (c)(4)(iv).

2.3 Das Risiko der Parteilichkeit aufgrund besonderer Aufträge

Deutsche Vorschriften

Die VO 1/1995 führt aus, dass ein Wirtschaftsprüfer nicht tätig werden darf, wenn die Gefahr einer Interessenkollision besteht. Dies ist z.B. der Fall, wenn er gleichzeitig die Interessen des Unternehmens und die der Vertragspartner desselben wahrnimmt. Diese Regelung wurde in die VO 1/2005 in ähnlicher Form übernommen.[938] Als Interessenkollision gilt auch der Fall des § 53 WPO bzw. des § 3 Berufssatzung WPK; danach darf ein Wirtschaftsprüfer bzw. eine Person oder Personengesellschaft, mit der er seinen Beruf gemeinsam ausübt, nur dann für einen neuen Auftraggeber in der gleichen Sache tätig werden, wenn sowohl der neue als auch der alte Auftraggeber damit einverstanden sind.[939] Nicht geregelt ist der Fall der gleichzeitigen Tätigkeit in derselben Sache für mehrere Auftraggeber. Dieser Fall ist indes analog zu beurteilen und erfordert folglich ebenfalls die Zustimmung aller Beteiligten.[940] Eine „vermittelnde Tätigkeit im Auftrag aller Beteiligten" ist hingegen gemäß § 3 Abs. 1 Satz 3 Berufssatzung WPK zulässig. Unschädlich für die Unabhängigkeit eines Abschlussprüfers ist das Handeln als Sachverständiger, Gutachter oder Zeuge für das zu prüfende Unternehmen oder die Prüfung von konkurrierenden Unternehmen. Gerade Letzteres ist in der Praxis im Hinblick auf bestimmte Branchenexpertisen häufig anzutreffen. Im Einzelfall sollten hier getrennte Auftragsteams eingerichtet werden.[941]

Vorschriften der EU-Kommission

Die Gefahr der Parteilichkeit besteht, „wenn der Abschlussprüfer im Rahmen einer Auseinandersetzung oder einer umstrittenen Situation als Vertreter für oder gegen die Interessen seines Mandanten tätig wird"[942]. Dies ist insb. der Fall, wenn der Abschlussprüfer als Rechtsberater für den Prüfungsmandanten tätig wird,[943] von seinem Mandanten eine erfolgsabhängige Vergütung erhält[944] oder Leistungen für einen Geschäftsführer oder andere Personen, die in leitender Funktion bei einem Prüfungsmandanten tätig sind, erbringt, die in deren persönlichem Interesse liegen.[945]

Vorschriften des IFAC Code of Ethics

Die Gefahr der Parteilichkeit besteht, wenn die Prüfungsgesellschaft oder ein Mitglied des Assurance Team für die Position oder Meinung des Assurance Client in einer Form Stellung bezieht, die seine Objektivität beeinflusst bzw. beeinflussen kann.[946] Dies umfasst insb. die

---

938 Vgl. WPK/IDW (1996), Abschn. B.I.; WPK/IDW (2005), Tz.81; § 21 Abs. 2 Nr. 3 der Berufssatzung WPK sowie ADS (2000), § 318 HGB, Tz. 360.

939 Vgl. Deckenbrock (2002), S. 2455-2457; Thümmel (1986), S. 648.

940 Vgl. Schramm (2003), S. 1366f.

941 Vgl. ADS (2000), § 318 HGB, Tz. 369-370.

942 EU-Kommission (2002e), S. 37.

943 Vgl. Kapitel III.2.2.2.3(e).

944 Vgl. Kapitel III.2.1.2.

945 Vgl. EU-Kommission (2002e), S. 43.

946 Vgl. IFAC (2001c), Tz. 8.31.

Tätigkeit als Rechtsberater[947], Wertpapierhändler oder Emissionsbank[948] sowie die Vereinbarung einer erfolgsabhängigen Vergütung[949].

US-amerikanische Vorschriften

Ein Accountant ist nicht unabhängig, wenn er in die Lage gerät, die Interessen eines Audit Client zu vertreten.[950] Dies ist insb. der Fall, wenn der Accountant als Rechtsberater[951], Wertpapierhändler oder Emissionsbank[952] tätig wird oder eine erfolgsabhängige Vergütung[953] vereinbart.

Kritische Würdigung

Die Vertretung widerstreitender Interessen wird nur durch das deutsche Berufsrecht explizit geregelt und ist unzulässig, solange nicht beide Auftraggeber einverstanden sind. Die gleichzeitige Abschlussprüfung konkurrierender Unternehmen ist zulässig. Diese Regelungen sollten m.E. beibehalten werden.

Vertretung widerstreitender Interessen	
Deutschland	Unzulässig, solange nicht beide Parteien zustimmen.
EU	Nicht geregelt.
IFAC	Nicht geregelt.
USA	Nicht geregelt.
Vorschlag	Unzulässig, solange nicht beide Parteien zustimmen.
Gleichzeitige Abschlussprüfung bei Konkurrenzunternehmen	
Deutschland	Zulässig.
EU	Nicht geregelt.
IFAC	Nicht geregelt.
USA	Nicht geregelt.
Vorschlag	Zulässig.

Tabelle 31: Parteilichkeit

2.4 Das Risiko eines erhöhten Vertrauens

2.4.1 Erhöhtes Vertrauen aufgrund eines langjährigen Prüfer-Mandantenverhältnisses

Zweck der Vorschrift

Ist derselbe Abschlussprüfer über viele Jahre für einen Prüfungsmandanten tätig, besteht in der Regel ein großes Vertrauensverhältnis zwischen beiden. Dem Prüfer kann dann eine Beeinträchtigung der Objektivität sowie eine gewisse „Betriebsblindheit" unterstellt werden.[954]

---

947 Vgl. Kapitel III.2.2.2.3(e).
948 Vgl. Kapitel III.2.2.2.3(h).
949 Vgl. Kapitel III.2.1.2.
950 Vgl. 17 CFR § 210.2-01, Preliminary Note „an auditor cannot serve in an advocacy role for his (...) client".
951 Vgl. Kapitel III.2.2.2.3(e).
952 Vgl. Kapitel III.2.2.2.3(h).
953 Vgl. Kapitel III.2.1.2.
954 Vgl. Herzig/Watrin (1995), S. 781; Marten (1994), S. 48f.; Orth (2000), S. 175-179. Vgl. auch Weißenberger (2003), S. 930-934 zur Diskussion um die Rotation des Prüfers und die Reformvorschläge. Ökonomi-

Andererseits ist auch zu berücksichtigen, dass ein Abschlussprüfer aufgrund seiner fundierten Kenntnisse über das zu prüfende Unternehmen und dessen Geschäftstätigkeit eine qualitativ hochwertigere und effektivere Prüfung durchführen kann. Zudem wird angeführt, dass „die Effizienz einer Erstprüfung ... geringer [sei] als die von Folgeprüfungen und für das zu prüfende Unternehmen mit höheren Kosten verbunden“[955] ist. Die Verpflichtung zu einer (internen oder externen) Rotation wurde im Schrifttum folglich kontrovers diskutiert,[956] da auch die Ergebnisse der empirischen Studien zur externen Rotation nicht den Schluss zulassen, dass ohne die Einführung einer (externen) Rotation die Unabhängigkeit des Abschlussprüfers gefährdet ist.[957]

Deutsche Vorschriften

Der deutsche Gesetzgeber hat sich im Rahmen des KonTraG[958] zu einer internen Rotation bei Aktiengesellschaften, deren Aktien im Handel zum amtlichen Markt zugelassen sind, entschlossen.[959] Durch das BilReG wurde diese Vorschrift auf Unternehmen, die einen organisierten Markt i.S.d. § 2 Abs. 5 WpHG in Anspruch nehmen, ausgeweitet. Danach darf gem. § 319a Abs. 1 Satz 1 Nr. 4 HGB i.V.m. § 319a Abs. 1 Satz 4 HGB eine Wirtschaftsprüfungsgesellschaft nicht Abschlussprüfer sein, wenn sie einen Wirtschaftsprüfer beschäftigt, der den Bestätigungsvermerk über die Prüfung des Jahresabschlusses des Unternehmens in sieben oder mehr Fällen gezeichnet hat.[960] Der Wirtschaftsprüfer ist danach für die nächsten drei Jahre gesperrt. Hierbei ist zu beachten, dass es nicht im Sinne des Gesetzgebers ist, wenn innerhalb der Wirtschaftsprüfungsgesellschaft lediglich der Wirtschaftsprüfer ausgetauscht wird,

---

sche Argumente für eine externe Zwangsrotation finden Gietzmann/Sen (2002), allerdings ausschließlich auf Märkten mit wenigen großen Mandanten.

955 Herzig/Watrin (1995), S. 781; vgl. auch Marten (1994), S. 49f. Das IDW (1997b), S. 3 nimmt Bezug auf eine Studie des AICPA, die empirisch nachweist, dass zum einen bei Erst- und Zweitprüfungen signifikant mehr Haftungsfälle aufgrund von Prüfungsfehlern auftraten und zum anderen bei einer großen Anzahl der Unternehmen, bei denen Betrugsfälle vorkamen, der Prüfer erst vor kurzem gewechselt wurde.

956 Vgl. bereits Hoyle (1978), S. 69-75; Luik (1976), S. 237-239. Vgl. auch u.a. Böcking/Orth (1998a), S. 357f.; IDW (1997a), S. 8; Langenbucher (1997), S. 89-92; Marten (1994), S. 46-51 und S. 209-286 zur empirischen Analyse; Moxter (1995), S. 134f.; Niehus (2003), S. 1638-1642; Weißenberger (1997), S. 2321; WPK (1997), S. 102f. Schildbach (1996b), S. 639-642 analysiert die externe Rotation modelltheoretisch.

957 Vgl. Kapitel I.3.3 dieser Arbeit.

958 Zur gewandelten Rolle des Abschlussprüfers durch das KonTraG vgl. Böcking/Orth (1998b), S. 1245. Schwegler bezeichnet „die Versorgung des Aufsichtsrats mit den für seine Aufgabenerledigung erforderlichen Informationen“ als eine „der wichtigsten Aufgaben des Wirtschaftsprüfers in seiner Funktion als Abschlußprüfer“. Schwegler (1995), S. 1683; vgl. auch S. 1684f. zu Vorschlägen zur Verbesserung der Stellung des Wirtschaftsprüfers, die größtenteils durch das KonTraG umgesetzt wurden.

959 Vgl. Ernst/Seibert/Stuckert (1998), S. 100. Der Gesetzgeber hat sich aufgrund der Gefahr, dass die Qualität der Prüfung nach dem Prüferwechsel sinkt, da sich der neue Prüfer mit dem zu prüfenden Unternehmen erst vertraut machen muss, gegen eine externe Rotation entschieden. Die Regierungskommission Corporate Governance lehnt in ihrem Abschlussbericht eine externe Rotation ebenso ab wie der Gesetzgeber im BilReG. Vgl. Baums (2001), Tz. 281; BT-Drucks. 15/3419, S. 42 f. Im Gegensatz dazu hat Österreich 2001 eine externe Rotation für Abschlussprüfer eingeführt. Diese Vorschrift ist auf alle Pflichtprüfungen anzuwenden und trat am 31.12.2003 in Kraft. Vgl. Haller/Reitbauer (2002), S. 2229-2232. Kritisch zur Kontinuität in der Besetzung des Prüfungsteams Braun (1996), S. 1001. Vgl. zu den internationalen Regelungen zur Rotationspflicht Kleekämper/Goth/Schmitz (2003), S. 904-906.

960 Vgl. Ebke (2001), § 319 HGB, Tz. 42. Dies gilt für einen Einzel-WP entsprechend.

der die Unterschrift leistet.[961] Die Verantwortung für die Durchführung der Abschlussprüfung muss an einen anderen Wirtschaftsprüfer übergehen.[962] Durch die interne Rotation kann der Wirtschaftsprüfer vor zahlreiche Probleme gestellt werden, z.B., wenn die Prüfung branchenspezifische Spezialkenntnisse erfordert oder wenn der Mandant verlangt, dass der bei der Prüfung beschäftigte Wirtschaftsprüfer nicht gleichzeitig Abschlussprüfer eines Konkurrenzunternehmens ist. Der Wirtschaftsprüfer ist folglich gut beraten, Zeitpläne zur internen Rotation aufzustellen, um die Mitarbeitereinsatzplanung langfristig und aktiv gestalten zu können.[963].

Durch das KonTraG wurde zudem die Zuständigkeit für die Erteilung des Prüfungsauftrags – wieder[964] – vom Vorstand an den Aufsichtsrat übertragen.[965] Dieser verhandelt somit auch über das Honorar mit dem Abschlussprüfer und kann Prüfungsschwerpunkte mit dem Abschlussprüfer vereinbaren.[966] Gleichzeitig wurde der Abschlussprüfer mit § 321 Abs. 5 Satz 2 HGB verpflichtet, dem Aufsichtsrat einer Aktiengesellschaft den Prüfungsbericht direkt zuzuleiten; der Vorstand hat aber das Recht, vorab zum Prüfungsbericht Stellung zu nehmen. Ziel war, die Unterstützungsfunktion des Abschlussprüfers gegenüber dem Aufsichtsrat zu stärken und „die Unabhängigkeit des Prüfers vom Management"[967] hervorzuheben.[968] Folglich sollte dem Vorstand nicht ein Entwurf, sondern der bereits unterzeichnete Prüfungsbericht vorgelegt und die Stellungnahme des Vorstands im Anschluss zusammen mit dem Prüfungsbericht dem Aufsichtsrat zugeleitet werden, um dem Vorstand die Möglichkeit einer Beeinflussung der Arbeit des Abschlussprüfers zu nehmen. Zudem kann der Aufsichtrat seiner Überwachungsaufgabe besser nachkommen, wenn er neben dem Prüfungsbericht die Ausführungen des Vor-

---

961 Dies würde auch dem Grundsatz der Eigenverantwortlichkeit des Wirtschaftsprüfers gem. § 43 Abs. 1 Satz 1 WPO und § 11 Abs. 1 der Berufssatzung WPK widersprechen.

962 Der Gesetzgeber verdeutlicht dies mit der Formulierung im Gesetz „einen Wirtschaftsprüfer beschäftigt". Vgl. ADS (2000), § 319 HGB, Tz. 228-233. Kritisch Gelhausen (1997), S. 77.

963 Vgl. Kleekämper/Goth/Schmitz (2003), S. 910f. Vgl. auch WPK/IDW (2005), S. 379.

964 Vor Verabschiedung der Aktienrechtsnovellen 1937 und 1965 konnte der Aufsichtsrat dem Abschlussprüfer den Prüfungsauftrag erteilen. Einen Überblick über die geschichtliche Entwicklung der Zusammenarbeit zwischen Aufsichtsrat und Abschlussprüfer gibt Bezzenberger (1995), S. 503-516. Vgl. auch Böcking (2001), S. 55; Theisen (1994), S. 810-813.

965 Der Prozess der Beauftragung des Abschlussprüfers ist in folgende Schritte aufgeteilt: 1. Wahlvorschlag des Aufsichtsrats (§ 124 Abs. 3 AktG), 2. Wahl und Bestellung des Abschlussprüfers durch die Hauptversammlung (§ 119 Abs. 1 Nr. 4 AktG), wobei die Aktionäre gem. § 127 AktG nicht an den Wahlvorschlag des Aufsichtsrats gebunden sind (Ausnahme: Bei Versicherungen bestimmt der Aufsichtsrat den Abschlussprüfer (§ 341k Abs. 2 HGB)), 3. Auftragserteilung bei Gesellschaften die keine Aktiengesellschaften sind, durch die gesetzlichen Vertreter (§ 318 Abs. 1 Satz 4 HGB) und bei Aktiengesellschaften oder KGaA durch den Aufsichtsrat (§ 111 Abs. 2 Satz 3 AktG). Vgl. Marten/Quick/Ruhnke (2003), S. 224. Vgl. auch kritisch Theisen (1999), S. 342f.

966 Vgl. IDW PS 220, Tz. 4-5 und 20. Vgl. auch Böcking/Orth (1998a), S. 360f.; Dörner (2000), S. 101; Forster (1999), S. 194; Hommelhoff (1998), S. 2568f.

967 Ernst/Seibert/Stuckert (1998), S. 57.

968 Vgl. Böcking/Orth (1999), S. 431; Böcking/Orth (1998a), S. 360, die sich allerdings noch auf den Regierungsentwurf des KonTraG beziehen. Zur Unterstützungsfunktion vgl. auch Kapitel I.2.4. Vgl. auch Hachmeister (1999), S. 1455-1459; Jacob (1998), S. 163. Seibert (1997), S. 6 bezeichnet den Übergang der Beauftragungskompetenz vom Vorstand auf den Aufsichtsrat als „Emanzipation des Abschlußprüfers vom Vorstand". Vgl. auch bereits Rürup (1995), S. 219-223 zu den Möglichkeiten einer verbesserten Kontrolle und Beratung der gesetzlichen Vertreter durch den Aufsichtsrat mit Unterstützung des Abschlussprüfers. Ähnlich Schwegler (1995), S. 1684f.

stands vor Augen hat.[969] Böcking merkt folgerichtig an, dass „mit dem Verzicht der Vorlage eines Berichtsentwurfs ... an den Vorstand ... die Unabhängigkeit des Abschlussprüfers gegenüber dem Vorstand gestärkt“[970] wird. Baetge/Lutter kritisieren, dass es noch nicht in ausreichendem Maße gelungen sei, „die Beauftragung des Abschlussprüfers vom Einflussbereich des Vorstands freizuhalten“[971] und schlagen deshalb vor, im DCGK konkretisierend darauf hinzuweisen, dass der Aufsichtsrat die Bestellung des Abschlussprüfers selbst vorbereitet.[972]

Vorschriften der EU-Kommission

Die Europäische Union verlangt, dass Partner, die im Rahmen der Abschlussprüfung bei einem Unternehmen des öffentlichen Interesses in einer Schlüsselposition prüfend tätig sind, nach sieben Jahren durch einen anderen Partner ersetzt werden. Zudem soll ersterer erst nach Ablauf von zwei Jahren wieder mit einem Prüfungsauftrag für dieses Unternehmen betraut werden dürfen. Bei anderen Mitgliedern des Prüfungsteams sollte regelmäßig überprüft werden, ob die Unabhängigkeit noch gegeben ist, oder ob auch hier Schutzmaßnahmen wie eine interne Rotation zu treffen sind. Auch solche Mitarbeiter sollten erst nach zwei Jahren wieder bei der Prüfung dieses Unternehmens eingesetzt werden. Handelt es sich um einen Prüfungsmandanten, an dem das öffentliche Interesse als gering einzustufen ist, so sollte ein Abschlussprüfer ebenfalls die beschriebene Vorgehensweise einhalten. Ist dies nicht möglich, weil z.B. die Prüfungsgesellschaft zu klein ist, sollte der Abschlussprüfer andere Schutzmaßnahmen treffen, wie bspw. die Überprüfung dieses Mandats im Rahmen der externen Qualitätskontrolle.[973] Der Vorschlag zur Modernisierung der Prüferrichtlinie sieht in Artikel 40 vor, dass der Abschlussprüfer bzw. der mandatsverantwortliche Partner nach fünf Jahren durch eine andere Person zu ersetzen ist. Alternativ dazu kann auch die Prüfungsgesellschaft nach maximal sieben Jahren ausgewechselt werden. Damit werden die Regelungen der Empfehlung der EU-Kommission zur Unabhängigkeit des Abschlussprüfers vom Mai 2002 verschärft.[974]

Die Bestellung des Abschlussprüfers regelt die Empfehlung der EU-Kommission nicht. Jedoch wurde diese Frage im Grünbuch bereits kritisch behandelt und festgestellt, dass zwar faktisch in allen EU-Mitgliedstaaten die Hauptversammlung das Recht zur Bestellung und Abberufung hat, realiter gleichwohl der Vorstand die Entscheidung über die Bestellung oder Abberufung des Abschlussprüfers trifft und sich diese von der Hauptversammlung lediglich formal bestätigen lässt.[975] Im Vorschlag zur Modernisierung der Prüferrichtlinie wird folglich festgelegt, dass sich bei Unternehmen von öffentlichem Interesse der Vorschlag des Verwal-

969 Vgl. Hommelhoff (1998), S. 2568 und S. 2628; auch Baums (1997), S. 32; Böcking/Orth (1998a), S. 360f.; Dörner (2000), S. 104f.; Schindler/Rabenhorst (1998), S. 1888.

970 Böcking (2003b), S. 687.

971 Baetge/Lutter (2003), S. 3.

972 Vgl. Baetge/Lutter (2003), S. 3-5.

973 Vgl. EU-Kommission (2002e), S. 33 und 54.

974 In der Regierungsbegründung zum BilReG wird darauf hingewiesen, dass in Deutschland von einer externen Rotation abgesehen wird, „da die Nachteile einer solchen Regelung die Vorteile überwiegen und die externe Rotation auch im internationalen Vergleich eher unüblich ist“. BT-Drucks. 15/3419, S. 42.

975 Vgl. EU-Kommission (1996b), S. 289; vgl. auch Buijink et al. (1996), S. 43; Klaas (1996), S. 454-456.

tungs- oder Aufsichtsorgans über die Bestellung des Abschlussprüfers bzw. der Prüfungsgesellschaft an die Hauptversammlung „auf eine Vorauswahl des Prüfungsausschusses“[976] zu stützen hat.

Vorschriften des IFAC Code of Ethics

Werden leitende Positionen im Assurance Team über einen längeren Zeitraum von den gleichen Personen ausgeübt, kann dies unabhängigkeitsschädigend sein. Die Wesentlichkeit der Beeinträchtigung der Unabhängigkeit hängt ab von der Zeitdauer, die die Person in leitender Position im Assurance Team tätig war, ihrer Rolle im Assurance Team, dem Aufbau der Prüfungsgesellschaft und der Art des Auftrags. Zur Sicherung der Unabhängigkeit kommen folgende Faktoren in Betracht:

- Rotation der Mitarbeiter in leitender Position,
- kritische Durchsicht durch einen weiteren Accountant, der kein Mitglied des Assurance Team ist oder
- eine unabhängige interne Nachschau zur Sicherung der Qualität.[977]

Handelt es sich bei dem Assurance Client um einen kapitalmarktorientierten Audit Client, gelten zusätzliche Regelungen. Der Lead Engagement Partner[978] muss regelmäßig, jedoch mindestens alle sieben Jahre, ausgetauscht werden und darf erst nach einer gewissen Zeit, im Rahmen der zwei Jahre, wieder an dieser Prüfung teilnehmen.[979] Beantragt ein Audit Client erstmals die Zulassung zum Handel, werden die Jahre, die ein Partner als Lead Engagement Partner vor der Börsennotierung tätig war, mit in den Siebenjahreszeitraum eingerechnet. In diesem Fall wird jedoch eine Übergangsfrist von maximal zwei Jahren gewährt, bevor der Lead Engagement Partner endgültig die Verantwortung für diesen Audit Client auf einen anderen Partner übertragen muss.[980] In bestimmten Situationen kann die Rotation des Lead Engagement Partner ausgesetzt werden. Dazu zählen bspw. wesentliche Umstrukturierungen beim Audit Client oder wenn die Größe der Prüfungsgesellschaft keine sinnvolle Rotation zulässt. In einem solchen Fall sollten zusätzliche Qualitätssicherungsmaßnahmen, wie die zusätzliche Durchsicht der durchgeführten Arbeiten durch einen Accountant, der nicht Mitglied des Assurance Team ist, ergriffen werden.[981]

---

976 Artikel 43 des Vorschlags zur Modernisierung der Prüferrichtlinie.

977 Vgl. IFAC (2001c), Tz. 8.150.

978 Unter dem Lead Engagement Partner versteht die IFAC im Rahmen einer Abschlussprüfung den Partner, der den Bestätigungsvermerk zum Konzernabschluss des Audit Client unterzeichnet und den Partner, der den Bestätigungsvermerk einer Gesellschaft unterzeichnet, die in den Konzernabschluss des Audit Client einbezogen und deren Abschluss separat geprüft wird. Erstellt ein Audit Client keinen Konzernabschluss, so ist der Lead Engagement Partner der Partner, der den Bestätigungsvermerk zum Jahresabschluss des Audit Client unterzeichnet. Vgl. IFAC (2001c), S. v.

979 Zur Klarstellung, dass der Lead Engagement Partner auch keine anderen Aufgaben innerhalb des Audit Team wahrnehmen darf, wurde dieser Abschnitt des Code of Ethics 2004 überarbeitet und sprachlich angepasst. Vgl. IFAC (2004a), S. 3.

980 Vgl. IFAC (2001c), Tz. 8.151f.

981 Vgl. IFAC (2001c), Tz. 8.153f.

US-amerikanische Vorschriften

Die Vorschriften der SEC sahen bereits vor Verabschiedung des SOA und den daraus resultierenden Umsetzungsbestimmungen der SEC eine interne Rotation des für die Abschlussprüfung verantwortlichen Partners vor.[982] Die nun gültigen Regeln unterscheiden zunächst vier verschiedene Typen eines Audit Partner[983]:

1. Der Lead Partner, der die Hauptverantwortung für die Abschlussprüfung oder die prüferische Durchsicht trägt.
2. Der Concurring Partner, der eine kritische Durchsicht der Arbeitspapiere und des Abschlusses durchführt.
3. Andere Engagement Team Partner, die zehn oder mehr Stunden an Abschlussprüfungsleistungen, prüferischer Durchsicht oder anderen Attest Services für einen Issuer oder einen Investment Company Complex erbringen.[984]
4. Andere Engagement Team Partner, die als Lead Partner für die Abschlussprüfung oder prüferische Durchsicht einer Tochtergesellschaft, deren Bilanzsumme oder Einnahmen mind. 20 % des Konzernabschlusses ausmachen, eingesetzt sind.

Ein Accountant ist danach nicht unabhängig, wenn der Lead Partner oder der Concurring Partner mehr als fünf aufeinander folgende Jahre oder ein Partner gem. Nr. 3 und 4 mehr als sieben Jahre in dieser Position tätig ist.[985] Der Lead Partner und der Concurring Partner dürfen im Anschluss für fünf Jahre bei diesem Audit Client nicht tätig werden; für alle anderen Partner gilt eine Frist von zwei Jahren.[986] Das PCAOB kann für Prüfungsgesellschaften, die weniger als fünf bei der SEC registrierte Audit Clients und weniger als zehn Partner haben, eine Ausnahmegenehmigung erteilen.[987] Partner, die im National Office, d.h. der Grundsatzabteilung, tätig sind und somit bei speziellen Fragen beraten, fallen nicht unter die Rotationsbestimmungen.[988]

Mit Verabschiedung des SOA wurde die Zuständigkeit für die Erteilung des Prüfungsauftrags vom Management an das Audit Committee übertragen. Daneben wurde das Audit Committee

---

982 Vgl. SEC (2003a), Abschn. II.C.

983 Ein Audit Partner ist „a partner or persons in an equivalent position, other than a partner who consults with others on the audit engagement team during the audit, review, or attestation engagement regarding technical or industry-specific issues, transactions, or events, who is a member of the audit engagement team who has the responsibility for decision-making on significant auditing, accounting, and reporting matters that effect the financial statements, or who maintains regular contact with management and the audit committee". 17 CFR § 210.2-01 (f)(7)(ii).

984 Diese Partner sind nur dann der Rotation unterworfen, wenn sie Leistungen für einen Audit Client erbringen, der selbst SEC-registriert, d.h. ein Issuer oder ein Investment Company Complex, ist. Handelt es sich bei dem Audit Client bspw. um die nicht SEC-registrierte Muttergesellschaft eines SEC-registrierten Unternehmens, gelten für den Engagement Team Partner nach Nr. 3 diese Regelungen zur Rotation nicht, solange er nur für das Mutterunternehmen tätig ist. Vgl. 17 CFR § 210.2-01 (c)(6)(iii).

985 Vgl. 17 CFR § 210.2-01(c)(6).

986 Vgl. SEC (2003a), Abschn. C.1f.

987 Vgl. 17 CFR § 210.2-01 (6)(B)(ii). Das PCAOB ist in diesem Fall verpflichtet, mindestens alle drei Jahre eine kritische Durchsicht bei den Audit Engagements durchzuführen, die unter die Rotationsbestimmungen fallen würden. Vgl. auch Schmidt (2003), S. 785.

988 Vgl. SEC (2003a), Abschn. C.2. Zu den speziellen Vorschriften für einen Investment Company Complex, vgl. 17 CFR § 210.2-01 (6)(B)(iii).

verpflichtet, alle zulässigen Nichtprüfungsleistungen, Aufträge zur prüferischen Durchsicht sowie sonstige Attest Engagements, die durch den Abschlussprüfer erbracht werden sollen, vorab zu genehmigen.[989]

Kritische Würdigung

Alle vier Regelungsinstitutionen verlangen eine interne Rotation des Abschlussprüfers zumindest bei börsennotierten Gesellschaften. Am strengsten sind hier die Vorschriften der SEC, die eine Rotation des Lead Partner und des Concurring Partner nach fünf Jahren verlangen. Diese sind dann für fünf Jahre bei diesem Mandanten gesperrt. Die Vorschriften der EU und der IFAC sehen bei Unternehmen des öffentlichen Interesses bzw. bei kapitalmarktorientierten Unternehmen eine Rotation des hauptverantwortlichen Partners nach sieben Jahren vor. Dieser ist dann für zwei Jahre gesperrt. In Deutschland darf der Wirtschaftsprüfer den Bestätigungsvermerk eines Unternehmens, das einen organisierten Markt i.S.d. § 2 Abs. 5 WpHG in Anspruch nimmt, nicht mehr als sieben Mal zeichnen und ist danach für drei Jahre gesperrt. Nach den im Entwurf vorliegenden Vorschriften der EU soll der Abschlussprüfer bzw. der mandatsverantwortliche Partner (EU) nach fünf Jahren nicht mehr für diesen Prüfungsmandanten tätig sein. Auch eine externe Rotation nach sieben Jahren ist nach den (geplanten) Vorschriften der EU möglich. Diese Vorschriften nähern sich hier folglich den Vorschriften der SEC an. Die EU schlägt zusätzlich vor, die Rotationsregel auch auf andere Mitglieder des Prüfungsteams auszudehnen, wenn dies nötig erscheint. Die interne Rotation nach sieben Jahren mit anschließender Sperrfrist von zwei Jahren erscheint sachgerecht. Warum der deutsche Gesetzgeber mit einer Abkühlphase von drei Jahren über die Regelungen der EU und der IFAC hinausgeht, ist unklar.

Die Zuständigkeit für die Erteilung des Prüfungsauftrags liegt in Deutschland bei Aktiengesellschaften beim Aufsichtsrat. Die SEC verpflichtet das Audit Committee zur Erteilung des Prüfungsauftrags. Die EU plant, dem Prüfungsausschuss die Vorauswahl für die Bestellung des Abschlussprüfers zu übertragen. Die IFAC regelt diesen Sachverhalt nicht. Am zweckdienlichsten ist m.E., dem Aufsichtsrat die Zuständigkeit für die Erteilung des Prüfungsauftrags zu übergeben. Er kann dabei durch den Prüfungsausschuss unterstützt werden.[990]

Rotation	
Deutschland	Interne Rotation bei Unternehmen, die einen organisierten Markt i.S.d. § 2 Abs. 5 WpHG in Anspruch nehmen, wenn der Wirtschaftsprüfer den Bestätigungsvermerk in sieben oder mehr Fällen gezeichnet hat. Im Anschluss ist eine Abkühlphase on drei Jahren vorgesehen.
EU	Interne Rotation bei Unternehmen des öffentlichen Interesses für Partner in Schlüsselpositionen nach sieben Jahren, danach Sperrfrist von zwei Jahren. Bei anderen Mitgliedern des Prüfungsteams ist deren Unabhängigkeit regelmäßig zu überprüfen; die Sperrfrist von zwei Jahren gilt ebenfalls. Bei anderen Unternehmen sollten diese Regelungen – wenn möglich – ebenfalls eingehalten werden. (Vorschlag zur Modernisierung der Prüferrichtlinie: Interne Rotation des Abschlussprüfers bzw. des mandatsverantwortlichen Partners nach fünf Jahren oder externe Rotation des Prüfungsgesellschaft nach sieben Jahren.)

989 Vgl. 17 CFR § 210.2-01 (7). Vgl. auch Kapitel IV.4.2 zur Vorabgenehmigung von Nichtprüfungsleistungen.

990 Vgl. auch Kapitel I.3.2.2 dieser Arbeit mit einer Diskussion der ökonomischen Begründung von Lee/Gu (1998).

IFAC	Interne Rotation bei börsennotierten Audit Clients für den Lead Engagement Partner mindestens alle sieben Jahre, danach Sperrfrist von zwei Jahren. Ein Aussetzen der Rotation ist unter bestimmten Bedingungen möglich.
USA	Interne Rotation des Lead Partner und des Concurring Partner alle fünf Jahre, anderer Partner alle sieben Jahre, danach Sperrfrist von fünf bzw. zwei Jahren.
Vorschlag	Interne Rotation des den Bestätigungsvermerk unterzeichnenden Wirtschaftsprüfers bzw. des mandatsverantwortlichen Partners bei kapitalmarktorientierten Unternehmen nach sieben Jahren mit einer Sperrfrist von zwei Jahren.
Zuständigkeit für die Erteilung des Prüfungsauftrags	
Deutschland	Bei Aktiengesellschaften: Aufsichtsrat.
EU	Vorauswahl für die Bestellung des Abschlussprüfers bzw. der Prüfungsgesellschaft durch den Prüfungsausschuss.
IFAC	Nicht geregelt.
USA	Audit Committee.
Vorschlag	Aufsichtsrat mit Unterstützung des Prüfungsausschusses.

Tabelle 32: Vorschriften in Bezug auf ein enges Prüfer-Mandantenverhältnis

2.4.2 Persönliche Beziehungen

Deutsche Vorschriften

Das Risiko des erhöhten Vertrauens aufgrund persönlicher Beziehungen war bislang nicht im HGB als Ausschlusstatbestand, sondern in § 21 Abs. 3 der Berufssatzung WPK mittels der Besorgnis der Befangenheit erfasst. Insbesondere soll eine Besorgnis der Befangenheit vorliegen, wenn der Prüfer ein „naher Angehöriger" i.S.d. § 15 AO[991] eines Organmitglieds des zu prüfenden Unternehmens ist oder nahe Beziehungen zu einem solchen Organmitglied unterhält.[992] Ob die Beziehung zwischen dem Prüfer und dem Organmitglied wirklich geeignet sein könnte, die Urteilsbildung des Prüfers zu beeinflussen, ist anhand des jeweiligen Einzelfalls zu überprüfen.[993] Hat der Prüfer nahe Beziehungen zu Aufsichtsratsmitgliedern, einzelnen Aktionären oder zu Arbeitnehmern der Gesellschaft, die keinen Einfluss auf die Gestaltung des Jahresabschlusses nehmen können, so folgt daraus grundsätzlich keine Besorgnis der Befangenheit, da derartige Beziehungen die unabhängige und unparteiische Abschlussprüfung nicht behindern.[994]

Der Grund für die Differenzierung zwischen Ausschlusstatbeständen, die im HGB und solchen, die in der Berufssatzung WPK geregelt sind, lag wohl in den „Schwierigkeiten einer normativen Abgrenzung"[995] derartiger Tatbestände. Mit § 319 Abs. 2 HGB werden persönliche Beziehungen, nach denen Besorgnis der Befangenheit besteht, jetzt ebenfalls generell als unzulässig im Gesetz geregelt. Davon betroffen sind jedoch nur „Fälle ... von leitenden Ar-

---

991 Nach § 15 AO sind Angehörige der Verlobte, der Ehegatte, Verwandte und Verschwägerte in gerader Linie, Geschwister, Kinder der Geschwister, Ehegatten der Geschwister und Geschwister der Ehegatten, Geschwister der Eltern sowie Pflegeeltern und Pflegekinder. Auch wenn eine Ehe nicht mehr besteht, ein Kind durch Adoption in eine andere Familie kommt oder die häusliche Gemeinschaft bei Pflegeeltern und Pflegekindern nicht mehr besteht, diese aber weiterhin wie Eltern und Kind miteinander verbunden sind, fallen diese Personen unter den Begriff Angehörige.

992 Vgl. zum Begriff der nahe stehenden Personen DRS 11 und IDW PS 255.

993 Vgl. WPK (2002a), S. 43; ADS (2000), § 318 HGB, Tz. 358.

994 Vgl. ADS (2000), § 318 HGB, Tz. 358.

995 Biener/Bernecke (1986), S. 418. Vgl. auch ADS (2000), § 319 HGB, Tz. 45.

beitnehmerpositionen"[996]. Handelt es sich bei der betreffenden Person um einen Ehegatten oder Lebensgefährten des Abschlussprüfers, so ist seine Unabhängigkeit nicht mehr gewährleistet.[997] Bei anderen verwandtschaftlichen Beziehungen, ist einzelfallabhängig zu entscheiden.

Vorschriften der EU-Kommission

Der Abschlussprüfer sollte einen Prüfungsauftrag dann nicht annehmen bzw. einen Mitarbeiter nicht in das Auftragsteam aufnehmen, wenn ein naher Familienangehöriger[998] beim Prüfungsmandaten eine gehobene Führungsposition einnimmt, auf die Buchführung oder Abschlusserstellung unmittelbar Einfluss nehmen kann, eine nicht unwesentliche finanzielle Beteiligung am Prüfungsmandanten hält[999] oder eine geschäftliche Beziehung zum Prüfungsmandanten unterhält, die nicht zum üblichen Geschäftsverkehr gehört[1000] und die für die Unabhängigkeit des Abschlussprüfers ein Risiko darstellt. Der Abschlussprüfer sollte zudem überprüfen, ob andere enge persönliche Beziehungen[1001] bestehen, die ähnliche Schutzmaßnahmen erfordern wie verwandtschaftliche Beziehungen. Dies ist jedoch in der Praxis kaum nachprüfbar. Die EU-Kommission verlangt daher, dass sowohl familiäre als auch außerfamiliäre enge Beziehungen umgehend dem mandatsverantwortlichen Partner mitzuteilen sind.[1002] Wird gegen diese Regelung versehentlich verstoßen, so ist die Unabhängigkeit dann nicht beeinträchtigt, wenn der Abschlussprüfer Richtlinien und Verfahren eingerichtet hat, die alle Mitarbeiter verpflichten, solche Verstöße umgehend zu melden, und wenn er Mitarbeiter, die gegen diese Vorschriften verstoßen,[1003] vom Prüfungsteam und allen wesentlichen Entscheidungen, die den Prüfungsmandanten betreffen ausschließt bzw. deren Prüfungstätigkeit in Bezug auf dieses Prüfungsmandat besonders sorgfältig kontrolliert.

Vorschriften des IFAC Code of Ethics

Ist ein Mitglied der Immediate Family eines Mitglieds des Assurance Team bei einem Assurance Client in einer leitenden bzw. einer Kontrollfunktion oder als Angestellter, der Einfluss auf das Prüfungsobjekt nehmen kann, tätig, kann die Unabhängigkeit nur wieder hergestellt werden, wenn das Mitglied des Assurance Team vom Assurance Team ausgeschlossen oder

---

996 BT-Drucks. 15/3419, S. 40.

997 Vgl. § 319 Abs. 3 Satz 2 HGB i.V.m. § 319 Abs. 3 Satz 1 Nr. 2 HGB.

998 „Nahe Familienangehörige" sind nach der Definition der EU-Kommission „Eltern, Geschwister, Ehegatten oder Lebenspartner, Kinder und andere Abhängige", EU-Kommission (2002e), S. 46. Auch ehemalige Ehegatten oder Lebenspartner und Ehegatten oder Lebenspartner von Kindern können unter diese Definition fallen, wenn zu diesen enge Beziehungen gepflegt werden.

999 Vgl. Kapitel III.2.1.1.1.

1000 Vgl. Kapitel III.2.1.5.

1001 Die Begriffe enge persönliche bzw. enge außerfamiliäre Beziehungen werden von der EU-Kommission nicht näher definiert, „könnten jedoch eine außerfamiliäre Beziehung mit häufigen oder regelmäßigen sozialen Kontakten umfassen". EU-Kommission (2002e), S. 44.

1002 Vgl. EU-Kommission (2002e), S. 29 und 46.

1003 Ein solcher Verstoß kann z.B. auch dadurch resultieren, dass ein naher Familienangehöriger befördert wird oder eine finanzielle Beteiligung durch Erbe oder Fusion von Unternehmen erhält. In einem solchen Fall ist der Mitarbeiter nicht zu belangen, sondern lediglich so schnell wie möglich – wie oben beschrieben – aus dem Prüfungsteam auszuschließen. Vgl. EU-Kommission (2002e), S. 44.

der Auftrag niedergelegt wird.[1004] Wird eine oben beschriebene Position von einem Mitglied der Close Family gehalten, sind zunächst die Position des Mitglieds der Close Family beim Assurance Client und die Position des Mitglieds im Assurance Team innerhalb des Teams zu beurteilen. Das Risiko der Beeinträchtigung der Unabhängigkeit wird dann bewertet, und wenn es nicht deutlich unwesentlich ist, durch Sicherungsmaßnahmen verringert. Dazu zählen der Ausschluss des Professional aus dem Assurance Team, die Aufgabenverteilung innerhalb des Assurance Team in der Art, dass der Professional keine Prüfungsobjekte erhält, die in der Verantwortung des Mitglieds der Close Family stehen oder Richtlinien innerhalb der Prüfungsgesellschaft, die die Mitarbeiter dazu verpflichten, unabhängigkeitsschädliche Tatsachen, die sie betreffen, zu melden.[1005] Auch nicht verwandtschaftliche Beziehungen zwischen Mitgliedern des Assurance Team und Personen in Leitungs- oder Kontrollfunktionen oder Angestellten des Assurance Client können zu einer Beeinträchtigung der Unabhängigkeit führen. In diesem Fall ist v.a. die Art des Verhältnisses zwischen diesen Personen zu bewerten.[1006] Zu berücksichtigen ist auch, ob durch verwandtschaftliche oder andere persönliche Beziehungen zwischen einem Partner oder Mitarbeiter der Prüfungsgesellschaft, der nicht Mitglied des Assurance Team ist, und Personen in leitender oder Kontrollfunktion oder anderen Angestellten des Assurance Client, die Einfluss auf das Prüfungsobjekt nehmen können, die Unabhängigkeit gefährdet werden kann. Hier ist wie bei den nicht verwandtschaftlichen Beziehungen vorzugehen.[1007] Wird unbeabsichtigt gegen diese Vorschriften verstoßen, ist die Unabhängigkeit der Prüfungsgesellschaft bzw. des Mitglieds des Assurance Team dann nicht gefährdet, wenn die Prüfungsgesellschaft Richtlinien eingeführt hat, die die Mitarbeiter verpflichten, mögliche Verstöße gegen die Vorschriften zur Unabhängigkeit durch Änderungen im Angestelltenverhältnis der Mitglieder ihrer Immediate oder Close Family oder durch andere persönliche Beziehungen zu melden. Zudem ist nach Feststellung des Verstoßes die Arbeit innerhalb des Assurance Team so zu verteilen, dass der Mitarbeiter mit den kritischen Bereichen nicht in Berührung kommt bzw. sofort aus dem Assurance Team ausgeschlossen wird. Die von diesem Mitarbeiter durchgeführten Arbeiten müssen sorgfältig durchgesehen werden.[1008]

US-amerikanische Vorschriften

Der Accountant ist nicht unabhängig, wenn ein Close Family Member einer Covered Person bei einem Audit Client in einer Position beschäftigt ist, die es ersterem ermöglicht, auf das Rechnungswesen, die Buchhaltung oder die Inhalte des Jahresabschlusses Einfluss zu nehmen.[1009]

1004 Vgl. IFAC (2001c), Tz. 8.133-8.134. Das Gleiche gilt, wenn diese Person während der zu prüfenden Periode bei dem Assurance Client in einer der o.g. Positionen tätig war.

1005 Vgl. IFAC (2001c), Tz. 8.135.

1006 Vgl. IFAC (2001c), Tz. 8.136.

1007 Vgl. IFAC (2001c), Tz. 8.137.

1008 Vgl. IFAC (2001c), Tz. 8.138f.

1009 Die SEC bezeichnet dies als Accounting Role („role in which a person is in a position to or does exercise more than a minimal influence over the contents of the accounting records or anyone who prepares them")

Kritische Würdigung

Die Tätigkeit von nahen Angehörigen eines Mitglieds des Prüfungsteams beim Mandanten ist bei allen Regelungsinstitutionen zu Recht zulässig, solange der Angehörige keinen Einfluss auf die Gestaltung des Jahresabschlusses nehmen kann. Kann ein naher Angehöriger eines Mitglieds des Prüfungsteams Einfluss auf die Gestaltung des Jahresabschlusses nehmen, muss das Mitglied des Prüfungsteams aus dem Prüfungsteam ausgeschlossen werden. Diese Auffassung ist sachgerecht.

Tätigkeit von nahen Angehörigen bei einem Mandanten	
Deutschland	Grundsatz: Generell kann die Unabhängigkeit durch die Tätigkeit naher Angehöriger in leitenden Positionen bei einem Prüfungsmandanten gefährdet sein. Handelt es sich bei den nahen Angehörigen um Ehegatten oder Lebensgefährten, kann dieser Wirtschaftsprüfer nicht als Abschlussprüfer tätig werden.
EU	Unzulässig, wenn diese Personen gehobene Führungspositionen einnehmen oder auf die Buchhaltung bzw. die Abschlusserstellung Einfluss nehmen können.
IFAC	Mitglieder des Assurance Teams dürfen keine Mitglieder in der Immediate Family haben, die in leitender Funktion oder Kontrollfunktion oder mit Einfluss auf das Prüfungsobjekt bei einem Assurance Client tätig sind.
USA	Unzulässig, wenn ein Close Family Member einer Covered Person bei einem Audit Client in einer Position beschäftigt ist, die es ihm ermöglicht, auf das Rechnungswesen, die Buchhaltung oder die Inhalte des Jahresabschlusses Einfluss zu nehmen.
Vorschlag	Unzulässig, wenn diese Personen gehobene Führungspositionen einnehmen oder auf die Buchhaltung bzw. die Abschlusserstellung Einfluss nehmen können.

Tabelle 33: *Persönliche Beziehungen*

2.4.3 Die Annahme von Geschenken

Vorschriften des IFAC Code of Ethics

Die Annahme von Geschenken oder die Inanspruchnahme von Gastfreundschaft des Assurance Client durch die Prüfungsgesellschaft oder ein Mitglied des Assurance Team kann die Unabhängigkeit gefährden, solange der Wert wesentlich ist. Folglich ist dies zu vermeiden.[1010]

Kritische Würdigung

Die Annahme von Geschenken oder Gastfreundschaft wird nur durch die IFAC geregelt und ist zu Recht unzulässig, wenn es sich hier um wesentliche Werte handelt.

Deutschland	Nicht geregelt.
EU	Nicht geregelt.
IFAC	Akzeptieren von Geschenken oder Gastfreundschaft ist unzulässig, solange der Wert wesentlich ist.
USA	Nicht geregelt.
Vorschlag	Akzeptieren von Geschenken oder Gastfreundschaft ist unzulässig, solange der Wert wesentlich ist.

Tabelle 34: *Die Annahme von Geschenken*

und als Financial Reporting Oversight Role („role in which a person is in a position to or does exercise influence over the contents of the financial statements or anyone who prepares them"). 17 CFR § 210.1-02 (f)(3)(i)-(ii).

1010 Vgl. IFAC (2001c), Tz. 8.210.

Kapitel IV: Maßnahmen zur Stärkung der Unabhängigkeit des Abschlussprüfers

1 Überblick über die diskutierten Maßnahmen

Im Zusammenhang mit der Fragestellung, welche Tätigkeiten bzw. Sachverhaltskonstellationen mit der Unabhängigkeit vereinbar sind, tritt auch immer die Frage auf, wie die Unabhängigkeit des Abschlussprüfers wirkungsvoll geschützt werden kann. Die am häufigsten diskutierten Vorschläge lassen sich in drei Gruppen unterteilen:

- Berufsständische Maßnahmen, die die Prüfungsgesellschaft zu einer internen Qualitätssicherung verpflichten.
- Präventive Maßnahmen des Gesetzgebers und der Standard Setter, die von Verstößen gegen die Unabhängigkeit abhalten sollen, wie bspw. die Androhung von Strafen, der Verlust der Haftungsbeschränkung oder die Einrichtung einer Enforcement-Instanz.[1011]
- Erhöhte Transparenz gegenüber Aufsichtsrat und Öffentlichkeit über die Verbindungen zwischen Abschlussprüfer und dem zu prüfenden Unternehmen. Zu diskutieren sind hier die Veröffentlichung der erhaltenen Honorare und die verstärkte Kommunikation zwischen Abschlussprüfer und Aufsichtsrat.

2 Qualitätssicherungsmaßnahmen in der Prüfungsgesellschaft zur Gewährleistung der Unabhängigkeit

Zweck der Vorschrift

Jede Prüfungsgesellschaft hat interne Maßnahmen zu ergreifen, um die Qualität ihrer Berufsausübung zu sichern. Diese Pflicht ergibt sich aus den Berufsgrundsätzen der Eigenverantwortlichkeit und der Gewissenhaftigkeit und umfasst sowohl die Praxisorganisation als auch die Durchführung einzelner Aufträge.

Deutsche Vorschriften

Die deutschen Grundsätze zur internen Qualitätssicherung sind nicht gesetzlich normiert, sondern werden durch die gemeinsame Stellungnahme von IDW und WPK „Zur Qualitätssicherung in der Wirtschaftsprüferpraxis" (VO 1/1995)[1012] und die §§ 37 bis 39 der Berufssatzung WPK geregelt. Damit erfolgte erstmalig eine Zusammenstellung der Anforderungen an den Wirtschaftsprüfer hinsichtlich der Qualität seiner Berufsausübung. Bis dato waren diese Anforderungen eher implizit in der WPO, den §§ 316-324 HGB und den Verlautbarungen des

[1011] Vgl. Marten/Quick/Ruhnke (2003), S. 180, die diese Maßnahmen in die zivilrechtliche Haftung des Wirtschaftsprüfers (Schutz des Mandanten und Dritten), die berufsrechtliche Ahndung von Fehlverhalten (Schutz des Berufsstands) sowie straf- und ordnungsrechtliche Konsequenzen (Schutz der Allgemeinheit) unterteilen. Shafer/Morris/Ketchand (1999), S. 97-99 veröffentlichten 1999 die Ergebnisse einer Umfrage zu den Auswirkungen von Sanktionen auf die Unabhängigkeit des Abschlussprüfers und kamen zu dem Ergebnis, dass die Angst vor einer möglichen strafrechtlichen Verfolgung sowie vor negativen Ergebnissen im Rahmen eines Peer Review signifikante Auswirkungen hat, Disziplinarmaßnahmen hingegen nicht.

[1012] Vgl. WPK/IDW (1996). Durch die VO 1/1995 wird der ISA 220 Quality Control for Audit Work in deutsche Grundsätze transformiert.

IDW enthalten. Die Stellungnahme VO 1/1995 regelt zunächst die Qualitätssicherung bei der Organisation der Wirtschaftsprüferpraxis, d.h. Grundsätze in Bezug auf

- die Unabhängigkeit, Unparteilichkeit und Besorgnis der Befangenheit,
- die Auftragsannahme und -fortführung,
- die Qualifikation und Information der Mitarbeiter,
- die Gesamtplanung aller Aufträge sowie
- fachliche und organisatorische Anweisungen und Hilfsmittel.[1013]

Im Anschluss wird die Qualitätssicherung bei der Abwicklung einzelner Prüfungsaufträge, d.h. Prüfungsplanung, Prüfungsanweisungen, Überwachung des Prüfungsablaufs sowie Durchsicht der Prüfungsergebnisse erläutert, bevor auf die interne Nachschau eingegangen wird. Die VO 1/1995 umfasst alle beruflichen Tätigkeiten des Wirtschaftsprüfers, d.h. Abschlussprüfung, Steuerberatung, betriebswirtschaftliche Beratung, Gutachtertätigkeiten usw.[1014] In Bezug auf die Unabhängigkeit unterscheidet die VO 1/1995 zwischen Maßnahmen hinsichtlich der Praxisorganisation, der einzelnen Mitarbeiter und des einzelnen Auftrags.[1015] Diese sind in der folgenden Abbildung dargestellt.

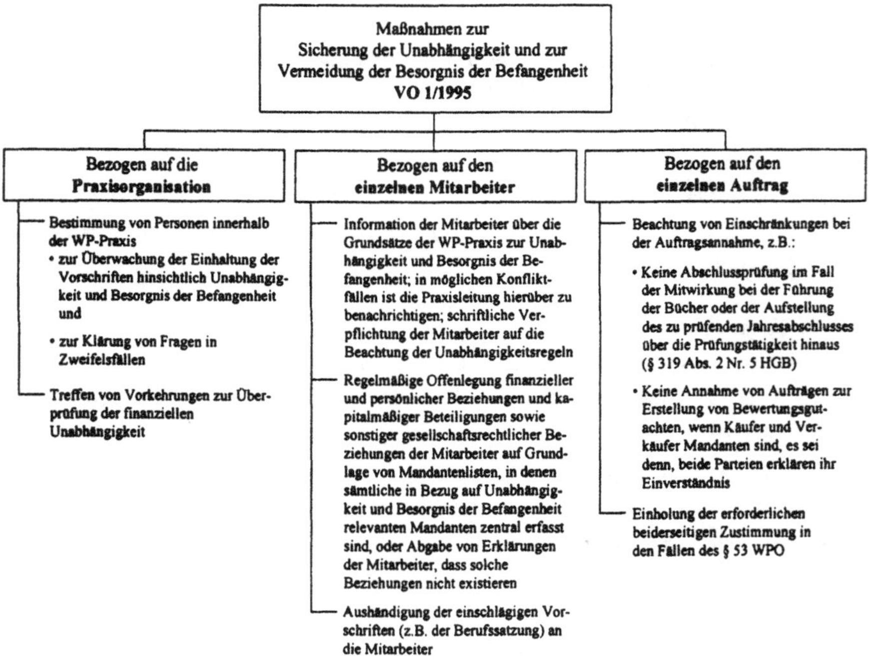

Abbildung 7: *Maßnahmen zur Sicherung der Unabhängigkeit und zur Vermeidung der Besorgnis der Befangenheit nach VO 1/1995, Abschnitt B.I.*

[1013] Vgl. WPK/IDW (1996), Abschn. B.
[1014] Vgl. WPK/IDW (1996), S. 3; Lindgens-Strache (1997), S. 277-279.
[1015] Vgl. auch IDW PH 9.140, Anhang 3.A.

Aufgrund der Verabschiedung des Abschlussprüferaufsichtsgesetzes und des ISQC 1 der I-FAC war eine Überarbeitung der VO 1/1995 erforderlich geworden. Diese Überarbeitung liegt mittlerweile als VO 1/2005 im Entwurf vor. Die VO 1/2005 übernimmt grundsätzlich die Regelungen der VO 1/1995. Neu ist jedoch die Verpflichtung der Wirtschaftsprüfungsgesellschaft zur Einführung von Disziplinarmaßnahmen bei Verstößen.[1016]

Vorschriften der EU-Kommission

Die Vorschriften der EU-Kommission verlangen zur Gewährleistung der Unabhängigkeit die Einrichtung von Schutzmaßnahmen.[1017] Dazu gehört auch das interne Sicherungssystem der Prüfungsgesellschaft, das verpflichtend einzurichten und ein „integraler Bestandteil der Verwaltungs- und internen Kontrollstruktur"[1018] der Prüfungsgesellschaft ist. Die Funktionsweise des Systems ist entsprechend zu dokumentieren, damit es im Rahmen der externen Qualitätskontrolle,[1019] der sich die Prüfungsgesellschaft in regelmäßigen Abständen unterziehen muss, geprüft werden kann. Das Sicherungssystem der Prüfungsgesellschaft muss über folgende Merkmale verfügen:

1. Schriftlich formulierte Vorschriften zur Unabhängigkeit.
2. Rechtzeitige Unterrichtung aller Partner, Führungskräfte und Mitarbeiter über diese Vorschriften sowie etwaige Änderungen. Dies umfasst auch eine regelmäßige Aus- und Fortbildung der betreffenden Personen.
3. Adäquate Verfahrensanweisungen für alle Partner, Führungskräfte und Mitarbeiter zur Gewährleistung der Einhaltungen der Vorschriften zur Unabhängigkeit.
4. Benennung mindestens eines Verantwortlichen (in der Regel eines Partners), der die Verantwortung für die Aktualisierung der Vorschriften zur Unabhängigkeit, die rechtzeitige Unterrichtung über diese und die Funktionsweise des Sicherheitssystems trägt.
5. Dokumentation für jeden Prüfungsmandanten, welche Schlussfolgerungen aus der Bewertung der Risikofaktoren und dem daraus folgenden Risiko für die Unabhängigkeit gezogen wurden, die Begründung für die Schlussfolgerung und ggf. welche Maßnahmen ergriffen wurden, um das Risiko auszuschließen bzw. zumindest zu verringern.[1020]

Vorschriften des IFAC Code of Ethics

Im Mai 2003 hat das IAASB ISQC 1 Quality Control for Audit, Assurance and Related Services Practices verabschiedet. Dieser regelt die internen Qualitätssicherungsmaßnahmen einer Prüfungsgesellschaft.[1021] In Bezug auf die Unabhängigkeit des Abschlussprüfers schreibt ISQC 1 Richtlinien vor, die die Prüfungsgesellschaft in die Lage versetzen sollen, mögliche Risiken für ihre Unabhängigkeit festzustellen und zu bewerten sowie entsprechende Schutz-

[1016] Vgl. WPK/IDW (2005), S. 378f.; auch Schmidt/Pfitzer/Lindgens (2005), S. 327-330.
[1017] Vgl. Kapitel II.2.2.2.
[1018] EU-Kommission (2002e), S. 26.
[1019] Vgl. zur externen Qualitätskontrolle Kapitel IV.3.3.2.1(c) dieser Arbeit.
[1020] Vgl. EU-Kommission (2002e), S. 26.
[1021] Vgl. IFAC (2004f), S. 2.

maßnahmen zu ergreifen, um diese Risiken auszuschließen bzw. auf ein akzeptables Maß zu verringern.[1022] Solche Richtlinien sollen Anforderungen vorsehen für:[1023]

- Engagement Teams müssen entsprechende Informationen über Mandanten und die Art des Auftrags zur Verfügung stellen, damit die Auswirkungen dieses Auftrags auf die Unabhängigkeit der Prüfungsgesellschaft bewertet werden können.
- Mitarbeiter sind verpflichtet, Sachverhalte, die die Unabhängigkeit gefährden können, zeitnah zu melden.
- Die Prüfungsgesellschaft muss die relevanten Informationen sammeln und an bestimmte Mitarbeiter weitergeben, damit festgestellt werden kann, ob die entsprechenden Anforderungen an die Unabhängigkeit erfüllt werden, die Prüfungsgesellschaft ihre Daten hinsichtlich ihrer Unabhängigkeit auf einem aktuellen Stand halten kann und geeignete Maßnahmen im Falle der Gefährdung der Unabhängigkeit ergriffen werden können.

Die Prüfungsgesellschaft soll Regelungen implementieren, damit sie über Verstöße gegen die Vorschriften zur Unabhängigkeit unterrichtet wird und angemessen darauf reagieren kann[1024], sowie mindestens einmal jährlich eine Unabhängigkeitserklärung von den Mitarbeitern einholen, die verpflichtet sind, den IFAC Code of Ethics zu beachten.[1025] Ergänzend zu ISCQ 1 schreibt der IFAC Code of Ethics die Einrichtung weiterer Schutzmaßnahmen innerhalb der Prüfungsgesellschaft vor.[1026] Diese umfassen in Bezug auf die Unabhängigkeit des Abschlussprüfers:[1027]

- Dokumentierte Vorschriften zur Unabhängigkeit, die mögliche Risiken und deren Bewertung beschreiben sowie Hinweise geben, wie solche Risiken gemindert werden können.
- Interne Richtlinien, die die Einhaltung der Vorschriften zur Unabhängigkeit überwachen.
- Richtlinien, die die Identifizierung von Beziehungen oder anderen Interessen zwischen der Prüfungsgesellschaft bzw. den Mitgliedern des Assurance Team und dem Assurance Client ermöglichen.
- Richtlinien, die die Wesentlichkeit eines Assurance Client für die Prüfungsgesellschaft beurteilen.
- Einsatz unterschiedlicher Partner und Assurance Teams aus unterschiedlichen Berichtslinien für die Durchführung von Nichtprüfungsleistungen.
- Richtlinien, die Nicht-Mitglieder des Assurance Team davon abhalten, auf das Assurance Team Einfluss zu nehmen.
- Rechtzeitige Unterrichtung – einschließlich Schulungsmaßnahmen – aller Partner und Professionals über die firmeninternen Richtlinien hinsichtlich der Unabhängigkeit.
- Geeignete Sanktionsmaßnahmen bei Verstößen.

1022 Vgl. IFAC (2004f), S. 14.
1023 Vgl. IFAC (2004f), S. 14.
1024 Vgl. IFAC (2004f), S. 6f.
1025 Vgl. IFAC (2004f), S. 8.
1026 Die Qualitätssicherung in Bezug auf einzelne Prüfungsaufträge ist in ISA 220 Quality Control for Audit Work geregelt.
1027 Vgl. IFAC (2001c), Tz. 8.41.

US-amerikanische Vorschriften

Verstößt eine einzelne Covered Person gegen die Unabhängigkeitsregelungen der SEC, ist die Unabhängigkeit der Prüfungsgesellschaft dann nicht beeinträchtigt, wenn folgendes erfüllt ist:

1. Die betreffende Covered Person war sich der Umstände, die zur Verletzung der Unabhängigkeit geführt haben, nicht bewusst.
2. Die Verletzung der Unabhängigkeitsvorschriften wird behoben, sobald die Covered Person oder die Prüfungsgesellschaft davon erfahren.
3. Die Prüfungsgesellschaft hat ein Qualitätssicherungssystem eingerichtet, das die Größe und die Art der Aufträge der Gesellschaft berücksichtigt und für hinreichende Sicherheit in Bezug auf die Einhaltung der Unabhängigkeitsregelungen durch die Prüfungsgesellschaft und seine Mitarbeiter sorgt. Dieses System muss mindestens die Mitarbeiter, die direkt für Mandanten (auch außerhalb der USA) arbeiten, umfassen.
4. Das Qualitätssicherungssystem einer Prüfungsgesellschaft, die jährlich mehr als 500 SEC-registrierte Unternehmen prüft, eine prüferische Durchsicht oder sonstige Aufträge, die testiert werden, durchführt, muss mindestens folgende Eigenschaften besitzen:[1028]
   - Schriftlich formulierte Vorschriften zur Unabhängigkeit.
   - Ein automatisiertes System für Partner und Fachmitarbeiter auf Managerebene, in das diese ihren Anteilsbesitz eingeben, um festzustellen, ob die gehaltenen Anteile, die die Unabhängigkeit beeinträchtigen.[1029]
   - Zugriff aller Fachmitarbeiter auf ein System, das aktuelle Informationen über die Unternehmen enthält, deren Anteile nicht gehalten werden dürfen.[1030]
   - Ein jährliches oder laufendes Schulungsprogramm zur Unabhängigkeit des Abschlussprüfers.
   - Eine jährliche interne Kontrolle zur Überwachung der Einhaltung der Unabhängigkeitsregelungen.
   - Eine Mitteilung an alle Mitglieder der Prüfungsgesellschaft, ihre Unternehmensleitung und an alle Mitarbeiter, wer der Verantwortliche für die Einhaltung der Unabhängigkeitsregelungen ist.
   - Schriftlich niedergelegte Vorschriften, die alle Partner und Covered Persons verpflichten, der Prüfungsgesellschaft sofort mitzuteilen, wenn sie mit einem Audit Client über ein Stellenangebot verhandeln. Der entsprechende Mitarbeiter ist in diesem Fall sofort aus dem Audit Engagement Team auszuschließen. Die von ihm für diesen Auftrag durchgeführte Arbeit ist einer zusätzlichen Nachschau zu unterziehen.

[1028] Im Jahr 2002 hatte die SEC eine der Big Four-Gesellschaften gerügt, da diese über kein System verfügte, das es den Mitarbeitern ermöglichte, vor Auftragsannahme überprüfen zu lassen, ob die Gesellschaft Anteile an dem potenziellen Mandanten hält. Es hatte sich herausgestellt, dass die Prüfungsgesellschaft über mehrere Monate eine wesentliche Beteiligung an einem Fond gehalten hatte, der von einem Mandanten aufgelegt worden war. Vgl. SEC (2002a).

[1029] Vgl. Turner (1999), Abschn. „Importance of Independence to a Firm".

[1030] Vgl. Turner (1999), Abschn. „Importance of Independence to a Firm".

- Die Einrichtung disziplinarischer Maßnahmen, die die Einhaltung der Unabhängigkeitsregeln sicherstellt.[1031]

Kritische Würdigung

Alle betrachteten Rechtskreise verlangen zu Recht die Einrichtung eines Qualitätssicherungssystems, das auch Maßnahmen zur Sicherung der Unabhängigkeit des Abschlussprüfers umfasst. Diese Maßnahmen müssen sich sowohl auf die Praxisorganisation als auch auf den einzelnen Mitarbeiter und den einzelnen Auftrag beziehen. Zu den Maßnahmen der Praxisorganisation gehören zu Recht bei allen Rechtskreisen die Festlegung von internen Richtlinien zur Unabhängigkeit und die Benennung von Verantwortlichen für diesen Bereich. In Bezug auf den einzelnen Mitarbeiter sind die Regelungen der SEC am strengsten, die eine Offenlegung des Anteilsbesitzes bestimmter Mitarbeiter gegenüber der Gesellschaft verlangen. Die Einrichtung eines solchen Systems ist indes sinnvoll und sollte auch in Deutschland verpflichtend eingeführt werden, da dieses den einzelnen Mitarbeiter dabei unterstützt, die Regelungen zur Unabhängigkeit einzuhalten.

3 Präventive Maßnahmen des Gesetzgebers

3.1 Rechtsfolgen eines Verstoßes gegen die Vorschriften zur Unabhängigkeit

Deutsche Vorschriften

Wird ein Wirtschaftsprüfer zum Abschlussprüfer bestellt, obwohl ein Ausschlusstatbestand nach § 319 Abs. 1 HGB vorliegt, so sind die Bestellung und der festgestellte Jahresabschluss gem. § 256 Abs. 1 Nr. 3 AktG nichtig.[1032] Im Gegensatz dazu führt ein Verstoß gegen § 319 Abs. 2-4 HGB bei Erteilung des Bestätigungsvermerks nicht zur Nichtigkeit des Jahresabschlusses, sondern gem. § 241 Nr. 3 AktG lediglich zur Nichtigkeit des Bestellungsakts, da der Wahlbeschluss gegen eine Vorschrift verstößt, die im Interesse der Öffentlichkeit erlassen wurde.[1033] Der BGH klassifiziert die Vorschrift des § 319 Abs. 2-4 HGB als Verbotsgesetz i.S.d. § 134 BGB. Ein Rechtsgeschäft, das gegen dieses Gesetz verstößt, ist folglich nichtig.[1034] Der durch den befangenen Abschlussprüfer geprüfte Abschluss bleibt dennoch rechtsbeständig, da die Ausschlussgründe des § 319 Abs. 2 und 3 HGB für die zu prüfende Kapitalgesellschaft nur schwer erkennbar und beeinflussbar sind. Die Nichtigkeit des Jahresabschlusses wäre folglich nicht angemessen und unverhältnismäßig.[1035] Durch das BilReG werden

---

1031 Vgl. 17 CFR § 210.2-01(d).

1032 Nach h.M. gilt dies analog für die GmbH. Vgl. ADS (2000), § 319 HGB, Tz. 243-249; Vgl. Baetge/Thiele (2004), § 319 HGB, Tz. 181; IDW (2000), Abschn. U, Tz. 173.

1033 Vgl. ADS (2000), § 319 HGB, Tz. 251; Baetge/Thiele (2004), § 319 HGB, Tz. 182; Forster (1993), S. 830-832; IDW (2000), Abschn. U, Tz. 174f.; Marx (2002a), S. 137f. Kritisch Claussen (1992), S. 439; Hense/Veltins (2003), § 319 HGB, Tz. 61. Das AktG 1937 sah als Rechtsfolge der Nichtbeachtung des § 137 Abs. 2 AktG noch die Nichtigkeit des Jahresabschlusses vor. Vgl. ADS (1967), § 137 AktG, Tz. 42; Flume (1952), S. 484-486; Heine (1994), S. 811f.

1034 Vgl. BGH-Urteil v. 30.4.1992, S. 1466. Die Vorinstanz, das OLG Düsseldorf, Urteil v. 16.11.1990, S. 322, hatte ebenfalls (erstmalig seit Inkrafttreten des § 319 HGB) so entschieden. Vgl. auch Claussen (1992), S. 440; Heine (1994), S. 810-812; Münch (1993), S. 851.

1035 Vgl. ADS (2000), § 319 HGB, Tz. 250; Ebke (2001), § 319 HGB, Tz. 18 m.w.N.

diese Regelungen nicht geändert. Für den Abschlussprüfer ergibt sich aus der Nichtigkeit des Bestellungsaktes:

- Der nach § 611 i.V.m. § 675 BGB geschlossene Prüfungsvertrags zwischen Abschlussprüfer und dem zu prüfenden Unternehmen und daraus resultierend der Verlust des Vergütungsanspruchs sind nichtig. Auch ein Anspruch aus Bereicherung ist gem. § 817 Satz 2 BGB ausgeschlossen.[1036]
- Die gesetzliche Haftungsbeschränkung entfällt, d.h. der Abschlussprüfer haftet unbegrenzt und auch gegenüber Dritten aufgrund der schuldhaften Begehung aus Delikt.
- Der Mandanten kann Schadenersatzansprüche aufgrund der Nichtigkeit der vertraglichen Beziehung aus Delikt (§ 823 Abs. 2 BGB i.V.m. § 319 Abs. 2 oder 3 HGB) und aus dem Gesichtspunkt anfänglicher Unmöglichkeit (§§ 275, 280 BGB) geltend machen.
- Es liegt ein berufswidrigen Verhaltens vor, welches berufsrechtlich und berufsgerichtlich geahndet wird.[1037]

Zudem wird ein solcher Verstoß als Ordnungswidrigkeit gem. § 334 Abs. 2 HGB gewertet und mit einem Bußgeld von maximal 25.000 € geahndet.[1038]

Im Unterschied zu Deutschland regeln die EU-Kommission und die IFAC die Rechtsfolgen eines Verstoßes gegen die Vorschriften zur Unabhängigkeit nicht explizit.

US-amerikanische Vorschriften

Verletzt ein Abschlussprüfer die Vorschriften zur Unabhängigkeit (oder andere in den Wertpapiergesetzen der SEC geregelten Vorschriften) kann die SEC diesem für eine bestimmte Zeit oder auf Dauer das Recht absprechen, vor der SEC aufzutreten oder als Abschlussprüfer tätig zu werden. Die SEC kann dem Abschlussprüfer zudem für eine bestimmte Zeit verbieten, neue Mandanten anzunehmen.[1039] Aus einer Verletzung der Vorschriften zur Unabhängigkeit folgt hingegen nicht der Verlust des Honoraranspruchs. Eine solche Verletzung hat zudem Auswirkungen auf das geprüfte Unternehmen, da es in deren Verantwortung liegt, bei der SEC einen von einem unabhängigen Prüfer geprüften Jahresabschluss einzureichen.[1040] Stellt sich heraus, dass der Jahresabschluss von einem inhabilen Prüfer geprüft wurde, wird der Abschluss von der SEC als fehlerhaft angesehen und mit allen kapitalmarktrechtlichen Konsequenzen, wie z.B. der Unmöglichkeit einer Wertpapieremission, nicht anerkannt. Der Prüfer kann dementsprechend von der geprüften Gesellschaft schadenersatzpflichtig gemacht

---

1036 Vgl. ADS (2000), § 319 HGB, Tz. 256; BGH-Urteil v. 30.4.1992, S. 1466.

1037 Vgl. Hense/Veltins (2003), § 319 HGB, Tz. 61f.

1038 Vgl. § 334 Abs. 2 HGB: „Ordnungswidrig handelt auch, wer zu einem Jahresabschluss oder einem Konzernabschluss, der aufgrund gesetzlicher Vorschriften zu prüfen ist, einen Vermerk nach § 322 [HGB] erteilt, obwohl nach § 319 Abs. 2 er oder nach § 319 Abs. 3 die Wirtschaftsprüfungsgesellschaft oder Buchprüfungsgesellschaft, für die er tätig wird, nicht Abschlussprüfer sein darf." Vgl. auch BT-Drucks. 10/317, S. 101; Heine (1994), S. 810; Hense (2003), § 334 HGB, Tz. 27-30; Pfennig (2002), § 334 HGB, Tz. 18 und 24.

1039 Vgl. 17 CFR § 291.102 (e)(iv). Vgl. auch Biener (1997b), S. 652; Ebke (1983), S. 136-138; Marx (2002a), S. 297f.

1040 Vgl. Eisolt (1993), S. 213.

werden.[1041] Daraus folgt, dass in den USA auch das prüfungspflichtige Unternehmen ein Interesse an der Unabhängigkeit des Abschlussprüfers hat, da bei mangelnder Unabhängigkeit unmittelbar Konsequenzen für das zu prüfende Unternehmen drohen.

3.2 Haftung des Abschlussprüfers

3.2.1 Unterschiedliche Formen der Haftung des Abschlussprüfers

Deutsche Vorschriften

Die Einführung von Haftungsregeln für Abschlussprüfer sollte dazu führen, dass „ein Abkehren von den Berufsgrundsätzen schlicht finanziell unvorteilhaft"[1042] und der Abschlussprüfer so gezwungen wird, sich gesetzeskonform zu verhalten. Er ist verpflichtet, für einen Schaden einzustehen, der sich entweder aus einem Vertragsverhältnis (z.B. einem Dienst- oder Werkvertrag) oder aus den Vorschriften bezüglich unerlaubter Handlungen (Schadenersatzpflicht gem. § 823 BGB) ergibt. Der Anspruch auf Schadenersatz steht zunächst dem Auftraggeber zu, kann aber auch auf Dritte ausgeweitet werden.[1043] Grundsätzlich haftet der Abschlussprüfer unbegrenzt; eine Beschränkung der Haftung ist jedoch hinsichtlich der gesetzlichen Abschlussprüfung für fahrlässiges Handeln durch § 323 HGB bzw. dessen entsprechende Anwendung auf andere Aufträge[1044] gesetzlich vorgesehen. Zudem kann die Haftung durch eine Individualabrede gem. § 54a WPO oder durch allgemeine Auftragsbedingungen begrenzt werden.[1045]

Vorschriften der EU-Kommission

In der EU ist die Haftung des Abschlussprüfers nicht einheitlich geregelt.[1046] Gleichwohl betrachtet die EU-Kommission „die Haftung von Abschlussprüfern in erster Linie als Mittel zur Sicherung der Qualität der Abschlussprüfung"[1047] und geht davon aus, dass eine Harmonisierung oder Begrenzung der Haftung des Abschlussprüfers notwendig ist.

1041 Vgl. Turner (1999), Abschn. „Individual Professionalism"; Wüstemann (1975), S. 68.

1042 Ewert (1999b), S. 543. Ähnlich Ebke (2002), Sp. 1085f.: „Ohne gesetzliche oder sonstige Regelungen für die Verantwortlichkeit ... der gesetzlichen Abschlussprüfer [besteht] die Gefahr ..., dass die Finanz- und Kapitalmärkte durch unwahre oder unvollständige Informationen zum Nachteil der Marktteilnehmer und der Wirtschaft insgesamt manipuliert werden".

1043 Vgl. IDW (2000), Abschn. A, Tz. 432.

1044 § 323 HGB bezieht sich lediglich auf die gesetzliche Abschlussprüfung. Gleichwohl nehmen zahlreiche andere Vorschriften darauf Bezug, wie bspw. die Vorschriften zur Gründungsprüfung (§ 49 AktG), Sonderprüfung (§§ 144, 258 Abs. 5 Satz 1 AktG) und zur Verschmelzungsprüfung (§ 11 Abs. 2 UmwG; hier gilt § 323 HGB gegenüber den an der Verschmelzung beteiligten Rechtsträgern und deren Anteilseignern). Vgl. Kapitel II.1.2.5 dieser Arbeit und z.B. Fliess (1992), S. 51.

1045 Vgl. IDW (2000), Abschn. A, Tz. 432f.

1046 Vgl. EU-Kommission (1996b), S. 291; EU-Kommission (2003b), S. 7f. Vgl. zur zivilrechtlichen Haftung in Europa auch Kaminski/Marks (1995), S. 280; Kleekämper/König (2003), S. 959f.; Quick (2000b), S. 528-538.

1047 EU-Kommission (2003c), S. 9.

Vorschriften der IFAC

Die IFAC trifft keine expliziten Regelungen zur Haftung des Abschlussprüfers sondern empfiehlt lediglich in ISA 210, die Haftung im Rahmen des Auftragsbestätigungsschreibens wenn möglich zu begrenzen.[1048]

US-amerikanische Vorschriften

In den USA wird zwischen dem Haftungsanspruch des Auftraggebers, gestützt auf das bundesstaatlich geregelte Common Law, dem Haftungsanspruch von Dritten, gestützt auf das bundesstaatlich geregelte Common Law sowie dem Haftungsanspruch von Dritten, gestützt auf das von der SEC geregelte Statutory Law, unterschieden.[1049] Der Abschlussprüfer haftet folglich immer dem Auftraggeber, den Aktionären und den Gesellschaftsgläubigern, wobei eine einfache Fahrlässigkeit ausreicht und die Haftung unbegrenzt ist.[1050] Außerdem kann der Abschlussprüfer zu Strafschadenersatz verurteilt werden.[1051]

3.2.2 Die Auftraggeberhaftung

Deutsche Vorschriften

Im Rahmen der Auftraggeberhaftung haften der gesetzliche Abschlussprüfer und seine Gehilfen[1052] sowie die bei der Prüfung mitwirkenden gesetzlichen Vertreter einer Wirtschaftsprüfungsgesellschaft gem. § 323 Abs. 1 Satz 3 HGB für jede vorsätzliche oder fahrlässige Pflichtverletzung[1053] gegenüber dem zu prüfenden Unternehmen und bei Schädigung eines verbundenen Unternehmens auch gegenüber diesem.[1054] Weitere Anspruchsberechtigte werden nicht genannt. Handelt es sich um eine vorsätzliche Pflichtverletzung, so haftet der Abschlussprüfer unbegrenzt. Bei einer fahrlässigen Pflichtverletzung im Rahmen einer Abschlussprüfung ist die Haftung gem. § 323 Abs. 2 HGB auf eine bzw. vier Mio. € bei der Prüfung von Gesellschaften, deren Aktien zum Handel im amtlichen Markt zugelassen sind, beschränkt.[1055] Die Haftung ist gesamtschuldnerisch und umfasst alle durch die Pflichtverlet-

---

[1048] Vgl. IFAC (2004c), S. 191 (ISA 210, Tz. 8).

[1049] Vgl. KPMG (2003), S. 301.

[1050] Vgl. Hopt (2002), Sp. 1079f.; bereits Ebke (1983), S. 91-244; Hopt (1986), S. 464f.

[1051] Vgl. Quick/Baker (1995), S. 475f. Hinzu kommt, dass die meisten amerikanischen Prüfungsgesellschaften als Partnerships organisiert sind. Hier haften die Partner gesamtschuldnerisch mit ihrem Privatvermögen. Vgl. Quick (2000a), S. 67.

[1052] Zur Haftung der Prüfungsgehilfen vgl. Bärenz (2003), S. 1783; Fliess (1992), S. 55f.

[1053] Unter einer Pflichtverletzung wird zum einen der Verstoß gegen die Berufspflichten gesehen. Zum anderen umfasst der Begriff auch Verstöße gegen die Grundsätze ordnungsmäßiger Abschlussprüfung, die in den §§ 316 bis 324 HGB konkretisierten Pflichten des Abschlussprüfers und hier insb. der Verstoß gegen die in § 321 HGB geregelte Redepflicht. Vgl. IDW (2000), Abschn. A, Tz. 438; Quick (1992), S. 1676f.; Stefani (2002a), S. 47f. Neben zivilrechtlichen Folgen kann eine pflichtwidrige Handlung des Abschlussprüfers auch berufs- oder strafrechtliche Folgen haben. Vgl. Leffson (1988), S. 95; Marten/Quick/Ruhnke (2003), S. 180.

[1054] Grundsätzlich handelt es sich bei einem Prüfungsauftrag um einen Geschäftsbesorgungsvertrag mit Werkvertragscharakter. Daraus resultiert gem. §§ 276 und 278 BGB zunächst eine unbegrenzte Haftung des Abschlussprüfers für vorsätzliche oder fahrlässige Pflichtverletzungen durch ihn selbst, seine Erfüllungsgehilfen oder die gesetzlichen Vertreter seiner Wirtschaftsprüfungsgesellschaft. Diese Vorschrift wird gleichwohl durch die in § 323 HGB geregelte Haftung bei Abschlussprüfungen überlagert. Vgl. Stefani (2002a), S. 47.

[1055] Vgl. Marten/Quick/Ruhnke (2003), S. 180-183.

zung des Wirtschaftsprüfers verursachten Schäden (auch Folgeschäden).[1056] Die Schadenersatzpflicht des Abschlussprüfers kann gem. § 254 BGB dann entfallen, wenn der zu prüfenden Gesellschaft ein Mitverschulden nachgewiesen werden kann. Diese Ausnahme dürfte indes nur selten zur Anwendung kommen, „denn es ist gerade die Aufgabe des Prüfers, Mängel in der Rechnungslegung aufzudecken“[1057]. Die Haftung darf gem. § 323 Abs. 4 HGB durch Vertrag weder ausgeschlossen noch weiter beschränkt werden. Eine Erhöhung dieser Haftsumme ist zwar gesetzlich nicht ausgeschlossen, berufsrechtlich indes unzulässig, da „ein derartiger Wettbewerb um Pflichtprüfungsaufträge als unlauter und daher berufswidrig anzusehen ist“[1058]. Die WPO verpflichtet mit § 54a jeden Wirtschaftsprüfer zum Abschluss einer Berufshaftpflichtversicherung. Durch diese und die gesetzlich vorgeschriebene Haftungsbegrenzung wird eine nachlässige, nicht normentsprechende Prüfung erheblich begünstigt und die präventive Funktion der Haftung – zumindest teilweise – untergraben.[1059]

US-amerikanische Vorschriften

Ein Abschlussprüfer haftet gegenüber einem Mandanten unbegrenzt, wenn sich dieser auf den geprüften Jahresabschluss verlässt und einen Schaden, z.B. in Form einer zu hoch ausgeschütteten Dividende, erleidet oder wenn der Abschlussprüfer eine wesentliche Unterschlagung innerhalb des geprüften Unternehmens nicht aufdeckt. Der Anspruch auf Schadenersatz basiert entweder auf Vertragsbruch oder auf unerlaubter Handlung.[1060]

3.2.3 Die Dritthaftung

Deutsche Vorschriften

Die Haftung des Abschlussprüfers gegenüber Dritten ist in Deutschland gesetzlich nicht geregelt.[1061] Folglich kann davon ausgegangen werden, dass ein Abschlussprüfer für Pflichtverletzungen gegenüber Dritten nicht haftbar gemacht werden kann.[1062] Dies ist v.a. deshalb als kritisch anzusehen, als der Abschlussprüfer gerade über seine Bestätigungsfunktion gegenüber

---

1056 Vgl. z.B. Baumbach/Hopt (2000), § 323 HGB, Tz. 7.

1057 Quick (1992), S. 1676. Vgl. auch ADS (2000), § 323 HGB, Tz. 134-139; Bärenz (2003), S. 1783f.; Hopt (1986), S. 465f.; Stefani (2002a), S. 48f.; Hense (2003), § 323 HGB, Tz. 122f. unterscheidet grundlegend folgende Fälle: (1) Vorsätzliche Verfälschung des Jahresabschlusses durch gesetzliche Vertreter oder Angestellte der Gesellschaft, die vom Abschlussprüfer fahrlässig nicht bemerkt wird: § 254 BGB ist anwendbar, Schadenersatzpflicht des Abschlussprüfers entfällt bzw. wird stark gemindert. (2) Fahrlässiges Handeln der gesetzlichen Vertreter oder der Angestellten, das vom Abschlussprüfer erkannt wird, ohne daraus Konsequenzen zu ziehen: § 254 BGB ist nicht anwendbar, das Verschulden des Abschlussprüfers überwiegt. (3) Vorsätzliches Handeln der gesetzlichen Vertreter, der Angestellten und des Abschlussprüfers: Schadensteilung. (4) Fahrlässiges Handeln der gesetzlichen Vertreter, der Angestellten und des Abschlussprüfers: Berufung auf das Mitverschulden gem. § 254 BGB wird grundsätzlich versagt.

1058 IDW (2000), Abschn. A, Tz. 451. Vgl. auch § 16 der Berufssatzung WPK: „Eine gesetzliche Haftungsbegrenzung darf nicht abbedungen werden.“

1059 Vgl. Heukamp (2000), S. 17; Schildbach (1996a), S. 25.

1060 Vgl. KPMG (2003), S. 302.

1061 Zwar wurde im Rahmen der Schuldrechtsreform in § 311 Abs. 3 BGB eingefügt, dass „ein Schuldverhältnis mit Pflichten nach § 241 Abs. 2 … auch zu Personen entstehen [kann], die nicht selbst Vertragspartei werden sollen“, jedoch gründet sich die Haftung Sachverständiger gegenüber Dritten nicht auf § 311 Abs. 3 BGB, sondern weiterhin auf den Vertrag mit Schutzwirkung zugunsten Dritter. Vg. BT-Drucks. 14/6040, S. 163; Palandt (2003), § 311 BGB, Tz. 60.

1062 Vgl. LG Frankfurt, Urteil v. 8.4.1997, S. 1682f.; LG Hamburg, Urteil v. 22.6.1998, S. 140-143; Kleekämper/König (2003), S. 966; Stefani (2002a), S. 54.

Dritten eine gesetzlich gewollte Vertrauensstellung einnimmt und diese Personen, z.B. die Aktionäre, „sogar die eigentlichen Opfer einer fehlerhaften Berufsausübung durch den Prüfer sind“[1063]. Ursprünglich war im Rahmen des KonTraG eine Erweiterung des § 323 HGB um eine Vorschrift zur Dritthaftung geplant. Dies wurde gleichwohl nicht umgesetzt.[1064] Folglich kommen als Anspruchsgrundlage für einen Dritten lediglich die Anspruchsgrundlage aus dem Recht der unerlaubten Handlungen (deliktische Haftung) und vertragliche oder vertragsähnliche Anspruchsgrundlagen in Betracht.[1065] Der BGH hat in einem viel beachteten Urteil zur Frage der Dritthaftung Stellung genommen und führt aus, dass solange das Ergebnis der Prüfung auch im Interesse bestimmter Dritter als Entscheidungsgrundlage dienen soll, der Prüfer auch in deren Interesse gewissenhaft zu prüfen habe und folglich auch haftbar gemacht werden könne. Gleichwohl sieht der BGH hier auch eine Begrenzung der Haftung vor, da „die in § 323 HGB zum Ausdruck kommende gesetzgeberische Intention, das Haftungsrisiko des Abschlussprüfers angemessen zu begrenzen, auch i.R.d. vertraglichen Dritthaftung des Abschlussprüfers Beachtung“[1066] erfordert. Folglich wird eine unbegrenzte Haftung im Falle der Dritthaftung ausgeschlossen, wenn diese bereits i.R.d. Auftraggeberhaftung ausgeschlossen ist.

Im Rahmen der deliktischen Haftung sind in erster Linie die Vorschriften zur Schadenersatzpflicht und zur sittenwidrigen vorsätzlichen Schädigung zu betrachten (§§ 823, 826 BGB). Nach § 823 Abs. 2 BGB haftet ein Abschlussprüfer gegenüber Dritten, wenn dieser „gegen ein den Schutz eines anderen bezweckendes Gesetz verstößt“.[1067] Als Schutzgesetze gelten v.a. strafrechtliche, aber auch handelsrechtliche Vorschriften zur Verletzung der Berichts- oder Geheimhaltungspflicht gem. §§ 332 und 333 HGB: Danach ist ein Abschlussprüfer (oder dessen Gehilfe) zu bestrafen, wenn dieser über das Ergebnis einer Jahres-, Konzern- oder Zwischenabschlussprüfung unrichtig berichtet, im Prüfungsbericht gem. § 321 HGB wesentliche Umstände verschweigt oder einen inhaltlich unrichtigen Bestätigungsvermerk gem.

1063 Heukamp (2000), S. 285. Vgl. auch bereits Emmerich (1977), S. 224.

1064 Die Einführung einer Vorschrift zur Dritthaftung wurde für nicht erforderlich gehalten, da „schon der bisherige Gesetzeswortlaut … nur der geprüften Kapitalgesellschaft oder einem verbundenen Unternehmen einen Schadensersatzanspruch [gewährt] und … den Anspruch eines Dritten schon vom Wortlaut her aus[schließt]. Dieses Verständnis wird auch von der Rechtsprechung … bestätigt.“ BT-Drucks. 13/10038, S. 25. Zudem könne eine unbegrenzte Haftung den Berufsstand in seiner Existenz gefährden, weil dieses Risiko nicht mehr versicherbar sei. Vgl. BT-Drucks. 13/9712, S. 29. Vgl. auch Böcking/Orth (1998a), S. 357; Dörner (1998a), S. 7; Feddersen (1999), S. 114f.; Forster (1998), S. 55; Schüppen (1998), S. 1317f.; Straßer (2003), S. 68-70.

1065 Vgl. z.B. Marten/Quick/Ruhnke (2003), S. 183-187. Vgl. insb. BGH-Urteil v. 2.4.1998, S. 1074; Schüppen (1998), S. 1318f.

1066 BGH-Urteil v. 2.4.1998, S. 1074. Gl.A. OLG Düsseldorf, Urteil v. 19.11.1998, S. 901: „Eine Haftung des Abschlußprüfers aus Verletzung eines Vertrages mit Schutzwirkung zugunsten Dritter wird von § 323 HGB nicht von vornherein ausgeschlossen, setzt aber voraus, dass die Vertragsparteien … bei Erteilung des Prüfungsauftrages … übereinstimmend davon ausgehen, dass die Prüfung auch im Interesse eines bestimmten Dritten durchgeführt werden und das Ergebnis diesem Dritten als Entscheidungsgrundlage dienen soll“. Vgl. auch Ewert/Feess/Nell (2000), S. 574-576; Kleekämper/König (2003), S. 966f. A.A. LG Passau, Grundurteil v. 28.5.1998, S. 2052f. Vgl. zu der dieser Entscheidung vorausgehenden Rechtsprechung Ebke (1998a), S. 259.

1067 Das Vermögen ist nicht in die durch § 823 Abs. 1 BGB geschützten Rechtsgüter einbezogen und kann somit hier nicht eingeklagt werden. Vgl. Ebke/Paal (1999), S. 263f.; Joecks (2004), S. 242.

§ 322 HGB erteilt. Gleiches gilt für die unbefugte Offenbarung eines Betriebs- oder Geschäftsgeheimnisses.[1068] Die Sanktionierung dieser Tatbestände setzt vorsätzliches Handeln voraus; fahrlässiges Handeln ist gem. § 15 StGB hingegen nicht strafbar.[1069] Der Anwendungsbereich dieser Vorschrift dürfte folglich auf Einzelfälle begrenzt sein.[1070]

Im Gegensatz zur deliktischen Haftung ist im Rahmen der Haftung aufgrund vertraglicher und vertragsähnlicher Anspruchsgrundlagen auch eine Inanspruchnahme bei fahrlässigem Handeln möglich. Vertragsrechtliche Ansprüche stehen den Dritten indes auch hier nicht zu. Daher wurden durch die Rechtsprechung mit dem Vertrag mit Schutzwirkung zugunsten Dritter und dem konkludenten Auskunftsvertrag zwei Konstrukte geschaffen, die hier zur Anwendung kommen können.[1071] Ein Vertrag mit Schutzwirkung zugunsten Dritter liegt vor, wenn ein Dritter in den Schutzbereich des Vertrags zwischen dem Wirtschaftsprüfer und dessen Auftraggeber mit einbezogen wurde. Dies ist bei jedem Vertrag möglich, wenn ein entsprechender Wille durch die Vertragsparteien geäußert wird und die Gruppe der zu schützenden Dritten objektiv abgegrenzt[1072] werden kann. Das ist bspw. der Fall, wenn ein Wirtschaftsprüfer ein Gutachten über die Kreditwürdigkeit eines Auftraggebers erstellt hat, welches Basis für die Entscheidung zur Kreditvergabe des Kreditgebers sein soll.[1073] Ein konkludenter Auskunftsvertrag kommt durch schlüssiges Verhalten des Abschlussprüfers zustande, wenn dieser z.B. gegenüber Dritten Auskünfte über den Mandanten erteilt oder Erklärungen abgibt, ohne als Bevollmächtigter des Mandanten zu handeln. Überlässt hingegen der Mandant den Prüfungsbericht einem Dritten ohne vorherige Zustimmung des Abschlussprüfers, fällt dies nicht unter die Regeln zur Annahme eines Auskunftsvertrags.[1074]

US-amerikanische Vorschriften

In den USA kann ein Dritter seinen Haftungsanspruch nach Common Law nicht auf Vertragsbruch, sondern nur auf unerlaubte Handlung stützen.[1075] Handelt es sich hingegen um ein SEC-registriertes Unternehmen, sind die Klagemöglichkeiten von Dritten erheblich weiter. In diesem Fall kann ein Abschlussprüfer auf Schadenersatz verklagt werden, wenn z.B. das von einem Dritten gekaufte Wertpapier des Emittenten durch die zugrunde liegende Neuemission mit erfasst wurde und der beigefügte Abschluss wesentliche Tatsachen verschweigt oder eine falsche Aussage enthält. Dabei muss der Abschlussprüfer beweisen, dass der Schaden des Dritten nicht auf einer fehlerhaften Registrierung im Rahmen der Neuemission beruht und er nicht fahrlässig gehandelt hat (sog. umgekehrte Beweislast). Zudem kann das Gericht den Ab-

---

1068 Vgl. Hense (2003), § 332 HGB, Tz. 5-28.

1069 Unter vorsätzliches Handeln fällt auch das Unterlassen weiterer Prüfungshandlungen, obwohl dabei mit der Aufdeckung berichtspflichtiger Sachverhalte zu rechnen ist. Strafbar ist hier nicht die Verletzung der Prüfungspflicht gem. §§ 316, 317 HGB, sondern die daraus resultierende Unmöglichkeit der wahrheitsgetreuen Berichterstattung. Vgl. Hense (2003), § 332 HGB, Tz. 41.

1070 Vgl. u.a. Ebke (1997a), S. 109.

1071 Vgl. Marten/Quick/Ruhnke (2003), S. 184f.; Stefani (2002a), S. 56.

1072 Vgl. OLG Düsseldorf, Urteil v. 15.12.1998, S. 258-260.

1073 Vgl. IDW (2000), Abschn. A, Tz. 463f.

1074 Vgl. Heppe (2003), S. 759-761; IDW (2000), Abschn. A, Tz. 469.

1075 Vgl. KPMG (2003), S. 302.

schlussprüfer zur Zahlung von Strafschadenersatz (Punitive Damage) verurteilen. Hinzu kommt weiter, dass die Klage an sich für den Anteilseigner nicht risikobehaftet ist, weil der Anwalt auf Erfolgsbasis arbeitet. Im Falle eines Misserfolgs kommen auf den Kläger folglich keine Kosten zu. Handelt es sich nicht um eine Neuemission, dreht sich die Beweislast um: jetzt muss der Kläger dem Abschlussprüfer wissentliche Manipulation nachweisen. Dies ist fast unmöglich, so dass das Haftungspotenzial bei einer Neuemission wesentlich höher ist als bei laufenden Berichtspflichten.[1076]

3.2.4 Die Prospekthaftung

Will ein Unternehmen Wertpapiere emittieren, hat dieses gem. § 30 Abs. 3 Nr. 2 BörsG einen Börsenprospekt zu erstellen, um „den potenziellen Investoren eine zutreffende Einschätzung der angebotenen Wertpapiere zu ermöglichen"[1077]. Sind die Angaben in dem Prospekt unrichtig oder unvollständig, unterliegen gem. § 44 Abs. 1 Satz 1 BörsG diejenigen, die „für den Prospekt Verantwortung übernommen haben und … [diejenigen], von denen der Erlass des Prospekts ausgeht", der Prospekthaftung. Im Rahmen der Prospekthaftung[1078] wird unterstellt, dass Dritte auf die Sachkunde des Prüfers vertrauen und so „die unrichtige Auskunft des Prüfers zur Grundlage ihrer Vermögensdisposition gemacht und dadurch einen finanziellen Schaden erlitten haben"[1079]. Die Prospekthaftung kann nur vermieden werden, wenn die Mitwirkung des Abschlussprüfers im Prospekt nicht erwähnt wird.[1080] Die Gehilfen fallen grundsätzlich nicht unter die Prospekthaftung.[1081] In den USA muss der Abschlussprüfer die im Prospekt enthaltende Bilanz bestätigen und kommt somit in jedem Fall als Haftungsadressat in Betracht.[1082] Baums/Fischer schlagen in Anlehnung an die US-amerikanischen Vorschriften vor, das Börsengesetz um einen § 44a zu ergänzen, der regelt, dass der Abschlussprüfer des Emittenten, dessen letzter Bestätigungsvermerk in den Prospekt des Emittenten aufgenommen wurde, gesamtschuldnerisch haftet, wenn dieser Bestätigungsvermerk fälschlicherweise nicht eingeschränkt oder versagt wurde.[1083] Dies erscheint vor dem Hintergrund der Außenwirkung des Bestätigungsvermerks des Abschlussprüfers als folgerichtig.[1084] Der Abschlussprüfer kann Prospekthaftungsrisiken durch Dritte ausschließen und durch eine Vertragshaftung ersetzen, wenn er in dem mit dem Auftraggeber geschlossenen Vertrag vereinbart, dass dieser das erstellte Gutachten nur dann an Dritte weitergibt, wenn diese zuvor mit

---

[1076] Vgl. KPMG (2003), S. 302f.

[1077] Marten/Quick/Ruhnke (2003), S. 622.

[1078] Grundsätzlich wird zwischen der gesetzlichen und der bürgerlich-rechtlichen Prospekthaftung unterschieden. Die gesetzliche Prospekthaftung „betrifft jene Bereiche des Kapitalmarkts, in denen eine gesetzliche Prospektpflicht besteht", z.B. ein Börsenzulassungsprospekt gem. § 32 BörsG. Die bürgerlich-rechtliche Prospekthaftung bezieht sich auf Prospekte, die „ohne eine gesetzliche Pflicht zur Prospekterstellung veröffentlicht werden", z.B. die freiwillige Erstellung eines Prospekts bei Umplatzierung bereits börsenzugelassener Aktien aus Altaktionärsbestand. Meyer (2003), S. 1302 (beide Zitate).

[1079] Stefani (2002a), S. 56. Vgl. auch BGH-Urteil v. 26.9.2000, S. 363; Lang (1989), S. 59; Straßer (2003), S. 41-48; Wagner (2000), S. 594-598.

[1080] Vgl. IDW (2000), Abschn. A, Tz. 470-472.

[1081] Vgl. Hopt (2002), Sp. 1076f.

[1082] Vgl. Baums/Fischer (2003), S. 42f.

[1083] Vgl. Baums/Fischer (2003), S. 42-44.

[1084] Vgl. auch Meyer (2003), S. 1306.

dem Wirtschaftsprüfer ebenfalls einen entsprechenden Vertrag (mit Haftungsbeitritt) abgeschlossen haben.[1085]

3.2.5 Stärkung der Unabhängigkeit durch Ausweitung der Haftung des Abschlussprüfers?

In der deutschen Literatur ist die Frage nach einer Erhöhung der Haftung bzw. der Einführung einer unbegrenzten Haftung und der Einführung einer Dritthaftung insb. im Hinblick auf die unbegrenzte Haftung gegenüber Auftraggeber und Dritten in den USA kontrovers diskutiert worden.[1086] Im Zuge des KonTraG wurde daraufhin die sogar vom Berufsstand als unzureichend empfundene Haftungsbegrenzung des Abschlussprüfers bei fahrlässigem Handeln von 500.000 DM auf zwei bzw. acht Mio. DM (eine bzw. vier Mio. €) angehoben.[1087] Eine weitere Erhöhung der Haftung, insb. im Rahmen der Abschlussprüfung von einen organisierten Kapitalmarkt in Anspruch nehmenden Unternehmen sowie eine weitere Diskussion der bis heute offenen Frage der Dritthaftung hat die Bundesregierung bereits im Rahmen des Maßnahmenkatalogs angekündigt.[1088]

Zwar lässt sich der Einfluss einer erhöhten zivilrechtlichen Haftung auf den Wirtschaftsprüfer nicht verneinen, jedoch konnte bis heute empirisch nicht nachgewiesen werden, „ob eine zivilrechtliche Haftung zu erhöhter Sorgfalt ihr möglicherweise unterliegender Personen führt“[1089]. Indes kann eine umfassende Dritthaftung dazu beitragen, die Genauigkeit von Informationen am Kapitalmarkt zu fördern, da eine (persönliche) Haftung[1090] i.d.R. eine höhere Abschreckungswirkung aufweist als bspw. strafrechtliche Konsequenzen und somit im Ergebnis das Vertrauen in den deutschen Kapitalmarkt fördern kann.[1091] Insbesondere in Bezug auf die Rechtssicherheit der Wirtschaftsprüfer ist eine gesetzliche Regelung der Dritthaftung

---

1085 Vgl. IDW S 4, Tz. 31; Wagner (2000), S. 602-605.

1086 Vgl. z.B. Quick (2000a), S. 63: „Eine unbegrenzte Haftung wäre Anreiz für eine höhere Prüfungsqualität, würde unqualifizierte Prüfer von Jahresabschlußprüfungen abhalten und könnte das öffentliche Vertrauen in Abschlußprüfungen steigern.“ Vgl. vor Verabschiedung des KonTraG Biener (1995), S. 62; Götz (1995), S. 341; Schmidt (1996), S. 55f. Vgl. auch Baums/Fischer (2003), S. 40-47; Meyer (2003), S. 1301f.; Nonnenmacher (2003), S. 478f.

1087 Vgl. BT-Drucks. 13/9712, S. 29. Hintergrund dieser Differenzierung sind die „besondere[n] Belange des Kapitalanlegerschutzes“. BT-Drucks. 13/9712, S. 28 und S. 19. Die Umstellung der DM-Beträge auf €-Beträge erfolgte durch das EuroBilG v. 10.12.2001.

1088 Vgl. BMJ (2003b), Abschn. 5; Seibert (2003), S. 697.

1089 Heppe (2003), S. 718. Einen Überblick über ökonomische Modelle zur Prüferhaftung gibt Ewert (1999a), S. 62-94.

1090 Gl.A. bereits Hönle (1981), S. 473. Zu einer Haftung mit dem Privatvermögen des einzelnen den Bestätigungsvermerk unterzeichnenden Wirtschaftsprüfers wird es gleichwohl in Deutschland i.d.R. nicht kommen, da die deutschen Wirtschaftsprüfungsgesellschaften meist als Kapitalgesellschaft organisiert sind. Ein Rückgriff auf das persönliche Vermögen Einzelner ist somit erschwert. Die Organisation einer Prüfungsgesellschaft als Kapitalgesellschaft ist in allen Staaten der EU (bis auf Irland) zulässig. Vgl. EU-Kommission (2003b), S. 75-78.

1091 Vgl. Heppe (2003), S. 762; Liggio (1997), S. 144; Schildbach (1997), S. 873. Vgl. auch bereits Emmerich (1997), S. 226: „Unabhängigkeit und Eigenverantwortlichkeit der Wirtschaftsprüfer könnten in der Tat durch nichts so sehr wie durch eine weitgehende Haftung gegenüber Dritten … gestärkt werden. Zugleich wäre eine solche Haftung hervorragend geeignet, das Vertrauen der Allgemeinheit in die Wirtschaftsprüfer zu festigen und zu verstärken.“

dringend vonnöten.[1092] Eine Begrenzung der Haftung – insb. im Hinblick auf die Versicherbarkeit der Risiken – ist jedoch zu befürworten.

3.3 Enforcement

3.3.1 Notwendigkeit zur Einrichtung eines Enforcement-Systems

Nach h.M. kann „ein funktionierender liquider Kapitalmarkt die Unternehmensüberwachung am objektivsten und effizientesten vollziehen"[1093]. Ein liquider Kapitalmarkt setzt wiederum u.a. die Implementierung einer leistungsfähigen Börsenaufsicht voraus. Die Börsenaufsicht soll auch dazu beitragen, die zwischen Abschlussprüfer und Anlegern auftretenden Agency-Probleme zu lösen, denn ein Prüfungsergebnis, dem die Aktionäre nicht vertrauen können, ist wertlos, solange diese keine weiteren Kontrollmöglichkeiten besitzen.[1094]

Im Zuge der Diskussion um die Funktionsfähigkeit und Vertrauenswürdigkeit des Berufsstands der Wirtschaftsprüfer wurde in Deutschland, in Anlehnung an angloamerikanische Systeme, wie z.B. die US-amerikanische Securities and Exchange Commission (SEC)[1095] oder das britische Financial Reporting Review Panel (FRRP)[1096], immer wieder die Einrichtung eines Enforcement-Systems empfohlen. Ein solches System soll nicht nur die ordnungsgemäße Abschlusserstellung durch die gesetzlichen Vertreter sicherstellen, sondern auch den Abschlussprüfer dahingehend beeinflussen, gewissenhaft und sorgfältig zu prüfen,[1097] und so die Agency-Probleme zwischen Management und Anlegern bzw. zwischen Abschlussprüfer und Aktionären entschärfen. Folglich muss ein Enforcement-System über eine Präventivfunktion zur Aufdeckung von Unregelmäßigkeiten in der Rechnungslegung und deren Sanktionierung, eine Beschwerdefunktion der Rechnungslegungsadressaten und eine Korrektivfunktion zur Berichtigung festgestellter Unregelmäßigkeiten verfügen.[1098] Zudem sollen die Enforcement-Instanz und die dort tätigen Personen persönlich, fachlich und finanziell sowohl von den zu

---

1092 Vgl. auch die Vorschläge von Baums/Fischer (2003).

1093 Böcking (2003a), S. 252.

1094 Vgl. Ewert (1990), S. 151. Vgl. auch Kapitel I.2 dieser Arbeit.

1095 Vgl. Kapitel II.4.3 dieser Arbeit.

1096 Zur historischen Entwicklung, Arbeit und Funktionsweise des FRRP vgl. Böckem (2000), S. 63-85; Jupe (1999), S. 323-330; Page (2001), S. S 34-S 38; Schildbach/Straßer (2003), S. 1720-1724; Tielmann (2001c), S. 199-214. Eine tabellarische Gegenüberstellung der Ausgestaltungsmerkmale der SEC und des FRRP findet sich bei Kiefer (2003), S. 151-158.

1097 Vgl. Tielmann (2001b), S. 1629. Vgl. auch die Definition des Begriffs Enforcement durch den Arbeitskreis „Externe Unternehmensrechnung" der Schmalenbach-Gesellschaft (2002), S. 2173: „eine über die Abschlussprüfung hinausgehende ... Institution, um eine hohe Qualität der Rechnungslegung zu gewährleisten" und die Definition des CESR (2003), S. 4: „For the purpose of this standard enforcement may be defined as: monitoring compliance of the financial information with the applicable reporting framework; taking approriate measures in case of infringements discovered in the course of enforcement". Der deutsche Gesetzgeber bezeichnet Enforcement als „die Überwachung von Unternehmensberichten kapitalmarktorientierter Unternehmen". BT-Drucks. 15/3421, S. 11. Zudem kann eine Enforcement-Instanz „dem Abschlussprüfer den Rücken gegenüber allzu drängend auftretenden Unternehmensvorständen" stärken, da diese ebenfalls die Überprüfung durch die Enforcement-Instanz fürchten. Hommelhoff (2001), S. 152.

1098 Vgl. Tielmann (2001c), S. 175-185. Zum Begriff der Unregelmäßigkeiten im Rahmen der Abschlussprüfung vgl. IDW PS 210.

prüfenden Unternehmen als auch von den Abschlussprüfern unabhängig sein.[1099] Richter spricht einer Enforcement-Instanz die Kontrolle der Publizität, die Interpretation und Fortentwicklung der Rechnungslegungsnormen, die Überwachung der Wirtschaftsprüfer in ihrer öffentlich-rechtlichen Aufgabe und die Führung eines Zentralhandelsregisters für Aktiengesellschaften zu.[1100] Diesen Vorschlägen schließt sich z.B. in jüngerer Zeit auch die EU-Kommission an, die folgende Elemente als notwendig ansieht:

- Klar abgefasste Rechnungslegungsstandards,
- zeitnahe Auslegung und Anleitung zur Umsetzung der IAS/IFRS,
- gesetzliche Abschlussprüfung,
- Kontrollen durch Aufsichtsinstanzen sowie
- wirksame Sanktionen.[1101]

Während die Enforcement-Instanz in Bezug auf die Abschlussprüfer national organisiert werden kann, müssen internationale Rechnungslegungsnormen, d.h. IFRS, in den EU-Mitgliedstaaten einheitlich interpretiert und angewendet werden, damit sie international und insb. von der SEC anerkannt werden. Daher ist für diese eine international organisierte Enforcement-Instanz vonnöten.[1102] Das deutsche Enforcement-System sieht momentan im Rahmen der Präventivfunktion eine Prüfung der Rechnungslegung durch den Abschlussprüfer und – gestützt auf dessen Ergebnisse – durch den Aufsichtsrat vor. Daraus wird die herausragende Stellung des Abschlussprüfers im Rahmen der Sicherstellung einer ordnungsmäßigen Rechnungslegung deutlich. Fraglich ist jedoch, wie der Abschlussprüfer selbst überwacht wird.[1103] Zudem legt „die große Anzahl von Bilanzverstößen ... den Verdacht nahe, dass das Aufsichtsorgan ebenso wie die externen Garanten der öffentlichen Rechnungslegung“ mit der Überwachung der Rechts- und Ordnungsmäßigkeit von Jahres- und Konzernabschluss sowie (Konzern-)Lagebericht „rechtspraktisch überfordert sind“[1104]. Folglich ist zu klären, ob und wie die Rechtmäßigkeit der Rechnungslegung kapitalmarktorientierter Unternehmen durch eine weitere Instanz, wie z.B. die nach § 342b HGB eingerichtete Prüfstelle für Rechnungslegung, neben Abschlussprüfer und Aufsichtsrat überwacht werden soll.

1099 Vgl. CESR (2003), S. 4f.; auch Baetge/Thiele/Matena (2004), S. 208.

1100 Vgl. Richter (1975), S. 257f. sowie ausführlich S. 259-278. Richter spricht hier von Publizitätsnormen, aus dem Text wird jedoch deutlich, dass auch Rechnungslegungsnormen gemeint sind. Vgl. auch Orth (2000), S. 190-194.

1101 Vgl. EU-Kommission (2000b), S. 10; dies konkretisierend CESR (2003), S. 3-11; auch Küting/Wohlgemuth (2002), S. 265.

1102 Vgl. Böcking/Kiefer (2002), S. 28; CESR (2003), S. 3; Küting/Wohlgemuth (2002), S. 265-257.

1103 Vgl. bereits Emmerich (1977), S. 218-223. Vgl. auch Müßig (2004), S. 796-801.

1104 Hommelhoff/Mattheus (2004), S. 93.

3.3.2 Ausgestaltung des Enforcement-Systems

3.3.2.1 Enforcement im Sinne eines Public Oversight

(a) Prüfung durch den Aufsichtsrat (in Deutschland)

Zunächst unterliegt der Abschlussprüfer mit seinem Prüfungsergebnis der Kontrolle des Aufsichtsrats. Der Aufsichtsrat hat in seinem Bericht an die Hauptversammlung ebenfalls Stellung zum Ergebnis der Prüfung des Jahresabschlusses (und des Konzernabschlusses) zu nehmen. Eine ausführliche Stellungnahme des Aufsichtsrats zum Ergebnis der Jahresabschlussprüfung des Abschlussprüfers ist insb. dann erforderlich, wenn der Bestätigungsvermerk eingeschränkt oder versagt wurde, oder wenn die Stellungnahme des Aufsichtsrats von der des Abschlussprüfers in wesentlichen Punkten abweicht. Dies ist notwendig, da die Hauptversammlung kein Recht auf Vorlage des Prüfungsberichts hat und somit auf die Stellungnahme des Aufsichtsrats angewiesen ist. [1105]

(b) Berufsaufsicht

Deutsche Vorschriften

Der deutsche Wirtschaftsprüfer unterliegt der Berufsaufsicht der WPK.[1106] Diese lässt sich in zwei Teile teilen: die Berufsaufsicht i.e.S. und die Berufsgerichtsbarkeit. Im Rahmen ihrer Berufsaufsicht hat die WPK das Recht und die Pflicht, Pflichtverletzungen der Wirtschaftsprüfer zu ahnden. Dazu stehen ihr die Mittel der Belehrung gem. § 57 Abs. 2 Nr. 1 WPO und der Rüge gem. § 57 Abs. 2 Nr. 4 i.V.m. § 63 WPO zu Verfügung. Eine Belehrung spricht die WPK dann aus, wenn ihr eine schuldhafte Berufspflichtverletzung eines Wirtschaftsprüfers bekannt wird, deren Bedeutung zwar gering ist und die folglich nicht gerügt wird, aber dennoch das Missfallen der WPK hervorruft. Im Gegensatz zur Belehrung stellt die Rüge eine tatsächliche Sanktion im berufsrechtlichen Sinne dar; hier ist folglich auch ein förmliches Verfahren vorgesehen. Zur besseren Differenzierung über die der Rüge vorausgehenden Pflichtverletzung des Wirtschaftsprüfers sieht die WPK eine Abstufung nach einfacher, scharfer und schärfster Missbilligung vor. Wird auch die Rüge als nicht mehr ausreichend erachtet, leitet die WPK den Fall gem. § 84 WPO an die Generalstaatsanwaltschaft Berlin weiter, welche prüft, ob ein berufsgerichtliches Verfahren eingeleitet werden muss. Stellt sich im Zuge des berufsgerichtlichen Verfahrens heraus, dass der Wirtschaftsprüfer seine Pflichten schuldhaft verletzt hat, wird gem. § 67 Abs. 1 WPO eine berufsgerichtliche Maßnahme verhängt. Die berufsgerichtlichen Maßnahmen umfassen nach § 68 WPO die Warnung, den Verweis, die Geldbuße bis 50.000 € und – als schärfste Maßnahme – den Berufsausschluss. Zudem kann ein vorläufiges Berufsverbot gem. § 111 WPO verhängt werden. Warnung und Verweis

---

[1105] Vgl. ADS (2000), § 171 AktG, Tz. 70-77; Poll (2002), § 171 AktG, Tz. 27f.; Westhoff (2003), S. 2089f.

[1106] Vgl. Kapitel II.1.1.1.

haben keine unmittelbaren materiellen Folgen für den Wirtschaftsprüfer, sondern beeinträchtigen lediglich seine Berufsehre.[1107]

Die Sanktionsgrundlage für Maßnahmen der WPK ist immer eine rechtswidrige oder schuldhafte Pflichtverletzung des Wirtschaftsprüfers. Die WPK kann erst dann tätig werden, wenn ein ausreichender Anfangsverdacht vorliegt. Kritisiert wird an der bestehenden Berufsaufsicht zu Recht, dass die Berufsgerichtsbarkeit gegenüber anderen Gerichtsverfahren in derselben Sache, insb. Strafverfahren, nachrangig ist, so dass die Wirksamkeit der Sanktionsinstrumente der WPK eingeschränkt ist.[1108]

Mit der 5. WPO-Novelle[1109] verfolgte der Gesetzgeber das Ziel, das Enforcement-System in Bezug auf eine verbesserte Berufsaufsicht in Deutschland durch folgende Maßnahmen zu stärken:

- Aufhebung des Vorrangs strafgerichtlicher gegenüber berufsgerichtlicher Verfahren, um ein zeitnahes Handeln bei schweren Pflichtverstößen von Berufsangehörigen zu gewährleisten.[1110]
- Verschärfung der Sanktionsmaßnahmen der WPK (Geldbuße bis 10.000 € bzw. Verhängung eines Zwangsgelds) und der Berufsgerichte (Geldbuße bis 100.000 € bzw. Verhängung eines sachlich und/oder zeitlich begrenzten Berufsverbots): Die Erhöhung der Geldbuße soll die Berufsaufsicht in der Form stärken, als von ihr „eine empfindlichere Wirkung nach innen ... sowie damit zugleich eine überzeugendere Wirkung nach außen"[1111] erwartet wird.
- Personelle Erweiterung des Beirats der WPK um fachlich beratende Dritte: Der Beirat soll zu einer Art „Aufsichtsrat der Wirtschaftsprüferkammer" werden und dazu führen, dass die WPK „nicht mehr zur allein von Vertretern des Berufsstands dominiert"[1112] wird.
- Verstärkte Zulassung der Öffentlichkeit zu berufsgerichtlichen Verfahren.[1113]

Im Rahmen der 6. WPO-Novelle soll mit Verabschiedung des Abschlussprüferaufsichtsgesetzes (APAG) die Berufsaufsicht durch die Einführung einer „berufsstandsunabhängige[n] Aufsichtsstelle"[1114] gestärkt werden. Damit wird erstmalig in Deutschland die Berufsaufsicht über die Wirtschaftprüfer durch Berufsfremde ausgeübt. Die in diesem Zusammenhang gegründete Abschlussprüferaufsichtskommission, ein Gremium zwischen dem Bundesministerium für Wirtschaft und Arbeit und der WPK, wird die öffentliche fachbezogene Aufsicht über bestimmte Aufgabengebiete wahrnehmen und für die Überwachung der Qualitätskontrolle zu-

---

[1107] Vgl. Marten/Quick/Ruhnke (2003), S. 187f; Kilian (2004), S. 209-215; Sommerschuh (2003), S. 1166. Aus dem Reputationsverlust können auch materielle Folgen resultieren, die jedoch nicht unmittelbar messbar sind.
[1108] Vgl. Sommerschuh (2003), S. 1166f.
[1109] BGBl. I 2003, S. 2446-2464.
[1110] Vgl. BT-Drucks. 15/1241, S. 40f.
[1111] BT-Drucks. 15/1241, S. 40.
[1112] BT-Drucks. 15/1241, S. 38 (beide Zitate).
[1113] Vgl. BR-Drucks. 302/03, S. 46f. Vgl. auch Schmidt/Kaiser (2003), S. 160-163.
[1114] BR-Drucks. 665/04, S. 15.

ständig sein.[1115] Mit Umsetzung der 5. und 6. WPO-Novelle hat der deutsche Gesetzgeber einen ersten wichtigen Schritt in Richtung einer öffentlichen, berufsstandsunabhängigen Aufsicht über die Wirtschaftsprüfer unternommen, der im Rahmen eines funktionierenden Enforcement-Systems für Abschlussprüfer und Unternehmen unverzichtbar war.[1116]

Vorschriften der EU-Kommission

Als Reaktion auf den Finanzskandal um Parmalat hat die EU-Kommission Eckpunkte für eine wirksame Berufsaufsicht in der EU aufgestellt. Alle Abschlussprüfer und Prüfungsgesellschaften unterliegen dieser öffentlichen Aufsicht, die nicht von Berufsträgern ausgeführt wird. Die öffentliche Aufsicht ist insb. zuständig für die Überwachung

- der Zulassung und Registrierung von (einzelnen) Abschlussprüfern und Prüfungsgesellschaften,
- der Annahme von Berufs- und Prüfungsgrundsätzen sowie Standards zur internen Qualitätssicherung und
- der kontinuierlichen Fortbildung sowie der Qualitätssicherungs-, Sonderuntersuchungs- und Disziplinarsysteme.[1117]

Die einzelnen Systeme der öffentlichen Aufsicht in den Mitgliedstaaten müssen diese Eckpunkte erfüllen. Im Fall von Sonderuntersuchungen haben die Mitgliedstaaten zusammen zu arbeiten. Auch eine Kooperation mit Drittstaaten ist möglich. Diese ist jedoch an Bedingungen geknüpft. So muss die Aufsichtsbehörde eines Drittstaats daraufhin beurteilt werden, ob sie den EU-Anforderungen gleichwertig ist. Zudem muss die Aufsichtsbehörde des Drittstaats die Aufsichtsbehörde des EU-Mitgliedstaats anerkennen. Ist dies nicht der Fall, müssen sich die Abschlussprüfer aus dem Drittstaat bei der Aufsichtsbehörde des EU-Mitgliedstaats registrieren.[1118]

US-amerikanische Vorschriften

In den USA wurde nach Verabschiedung des SOA als Element zur Lückenschließung im bestehenden Enforcement-System ein weiteres Gremium unterhalb der SEC[1119] eingerichtet, das sog. PCAOB.[1120] Zu seinen Hauptaufgaben gehören

- die Registrierung von Prüfungsgesellschaften und deren Kontrolle[1121],

[1115] Vgl. BR-Drucks. 665/04, S. 17-19; auch Heininger/Bertram (2004), S. 1738f.; Marten/Köhler (2005), S. 149-152 zu Ausgestaltung und Aufgaben der Abschlussprüferaufsichtskommission.
[1116] Vgl. auch kritisch zum Referentenentwurf des APAG Lenz (2004b), S. 1955f.
[1117] Vgl. Artikel 39 des Vorschlags zur Modernisierung der Prüferrichtlinie.
[1118] Vgl. Artikel 32-34 und Artikel 47 des Vorschlags zur Modernisierung der Prüferrichtlinie; Klein/Tielmann (2004), S. 507; Lanfermann (2004), S. 613. Hintergrund dieser Regelung ist die Registrierungspflicht europäischer Abschlussprüfer beim PCAOB.
[1119] Zu den Aufgaben und Sanktionsmöglichkeiten der SEC vgl. Kapitel II.4.3.
[1120] Vgl. zur Aufgaben und Arbeitsweise des PCAOB Kapitel II.4.4 dieser Arbeit.
[1121] Mit dem SOA geht das US-amerikanische System der externen Qualitätskontrolle in Richtung eines Monitoring-Verfahrens. Vgl. Marten/Köhler/Meyer (2003), S. 15f. Vgl. auch Kapitel IV.3.3.2.1(c).

- die Festlegung bzw. Übernahme von Regelungen zur Prüfung,[1122] Qualitätskontrolle, Berufsethik und Unabhängigkeit sowie
- die Durchführung von Untersuchungen und Disziplinarverfahren[1123] bei und das Verhängen von Sanktionen gegenüber Prüfungsgesellschaften.

Die SEC hat gegenüber den Verfahrensrichtlinien und bestimmten Regelungen sowie den vom PCAOB erlassenen Sanktionen ein Vetorecht. Mit Einrichtung des PCAOB ist das AICPA nicht mehr befugt, Prüfungsstandards für die Prüfung SEC-registrierter Unternehmen zu erlassen.[1124] Eine Prüfungsgesellschaft darf nur dann einen Issuer prüfen, wenn sie beim PCAOB registriert ist. Dies gilt auch für nicht amerikanische Prüfungsgesellschaften. Dem PCAOB kommt somit eine hohe faktische Macht zu.[1125]

(c) Externe Qualitätskontrolle

Zweck der Vorschrift

Die interne Qualitätssicherung,[1126] die durch die Prüfungsgesellschaft selbst zu gewährleisten ist, muss durch eine externe Qualitätskontrolle ergänzt werden. Dies soll zum einen gewährleisten, dass der Abschlussprüfer die an ihn gestellten gesetzlichen Anforderungen erfüllt und die Qualität seiner Berufsausübung den berufsständischen Standards genügt. Zum anderen soll das öffentliche Vertrauen in die Arbeit der Abschlussprüfer gestärkt und die Abschlussprüfer im Rahmen der Entwicklung und Umsetzung wirksamer interner Qualitätsanforderungen unterstützt werden.[1127] Mittelbar dient die Durchführung einer externen Qualitätskontrolle auch „der Durchsetzung der materiellen Unabhängigkeit des Abschlussprüfers"[1128], da die Qualitätskontrolle auch „die Einhaltung der Berufsgrundsätze und Standesregeln, einschließlich der Regelungen in Bezug auf die Unabhängigkeit des Abschlussprüfers"[1129] umfasst. Grundsätzlich können zwei unterschiedliche Verfahren der externen Qualitätskontrolle unterschieden werden: Im Rahmen des Monitoring-Verfahrens begutachten Mitarbeiter einer Berufsorganisation die Prüferpraxis, während im Rahmen des Peer Review ein anderer Berufsträger die Überprüfung vornimmt.[1130]

1122 Das PCAOB hat mittlerweile eine Stellungnahme zur Entwicklung von Prüfungsstandards verfasst. Danach behalten die bislang vom AICPA veröffentlichten Verlautbarungen Gültigkeit. In Zukunft müssen solche Verlautbarungen vom PCAOB entwickelt und verabschiedet werden, um die Anerkennung der SEC zu erhalten. Vgl. PCAOB (2003a), S. 4-11.

1123 In Bezug auf die deutsche Rechtslage bereitet diese Regel insb. hinsichtlich der Verschwiegenheitspflicht der Wirtschaftsprüfer (z.B. Einsicht in Arbeitspapiere durch Mitarbeiter des PCAOB) sowie der Datenschutzregelungen (z.B. keine Weitergabe personenbezogener Daten ohne Einwilligung dieser Personen) Probleme. Vgl. Hilber/Hartung (2003), S. 1056-1060.

1124 Vgl. PCAOB (2003a), S. 4-11.

1125 Vgl. Emmerich/Schaum (2003), S. 678f.; IDW (2002b), S. 453f.; Lanfermann/Maul (2002), S. 1725f.; Lenz (2002), S. 2271-2273.

1126 Vgl. Kapitel VI.2.

1127 Vgl. Lindgens-Strache (1997), S. 268; Marks/Schmidt (2000), S. 409f.; Orth (2000), S. 188.

1128 Mattheus (2002), § 318 HGB, Tz. 113.

1129 EU-Kommission (2001), S. 94.

1130 Vgl. Marks/Schmidt (2000), S. 410; Niehus (1998), S. 17-27; Sahner/Schulte-Groß/Clauß (2001), S. 7.

Deutsche Vorschriften

Der Forderung nach einer externen Qualitätskontrolle ist der deutsche Gesetzgeber mit dem Wirtschaftsprüferordnungs-Änderungsgesetz[1131] 2000 nachgekommen und hat sich für die Einführung des Peer Review-Systems entschieden, da „die Berufsangehörigen, die die Qualitätskontrolle durchführen, über aktuelle und in der Praxis erprobte Kenntnisse der Prüfungsmethoden verfügen“[1132]. Gemäß § 57a Abs. 1 Satz 1 WPO müssen sich Wirtschaftsprüfer und Wirtschaftsprüfungsgesellschaften alle drei Jahre einer Qualitätskontrolle unterziehen, wenn sie gesetzlich vorgeschriebene Abschlussprüfungen durchführen.[1133] Nach § 57a Abs. 2 Satz 1 WPO dient die Qualitätskontrolle „der Überwachung, ob die Grundsätze und Maßnahmen zur Qualitätssicherung nach Maßgabe der gesetzlichen Vorschriften und der Berufssatzung WPK insgesamt und bei der Durchführung einzelner Aufträge eingehalten werden“ und erstreckt sich auf alle Aufträge, bei denen das Siegel geführt wurde. Gegenstand der Qualitätskontrolle ist somit das entsprechend der VO 1/1995 eingeführte Qualitätssicherungssystem.[1134] Die Qualitätskontrolle endet gem. § 57a Abs. 5 WPO mit einem schriftlichen Bericht des Prüfers für Qualitätskontrolle (sog. Qualitätskontrollbericht) sowie einem Prüfungsurteil. Dieser Bericht ist bei der WPK einzureichen, die dann unverzüglich eine Teilnahmebescheinigung nach § 57a Abs. 6 Satz 3 WPO erteilt – unabhängig davon, ob das Prüfungsurteil eingeschränkt oder uneingeschränkt erteilt wurde.[1135] Das Fehlen der Teilnahmebescheinigung führt nach § 319 Abs. 1 Satz 3 HGB dazu, dass eine Qualifikation des Wirtschaftsprüfers zur Vornahme von Abschlussprüfungen nicht vorliegt. Die WPK kann gleichwohl unter bestimmten Voraussetzungen, z.B. bei erstmaliger Durchführung einer gesetzlichen Abschlussprüfung oder bei Existenzgründungen, Ausnahmegenehmigungen erteilen.[1136] Die Pflicht zur Teilnahme an der externen Qualitätskontrolle wurde mit Verabschiedung des BilReG von § 319 Abs. 2 HGB a.F. in § 319 Abs. 1 HGB mit der Folge verschoben, dass ein Verstoß die Nichtigkeit des Jahresabschluss bewirkt.[1137] Damit haben auch die zu prüfenden Unternehmen ein Interesse an der Teilnahme des Wirtschaftsprüfers am Peer Review. Durch das APAG wurden einige Vor-

---

[1131] Vgl. BGBl. I 2000, S. 1769-1781. Die Einführung einer externen Qualitätskontrolle war bereits im Zuge der Beratungen des KonTraG diskutiert, jedoch nicht umgesetzt worden, da der Berufsstand eine aktive Einflussnahme des Gesetzgebers mit dem Hinweis auf die Selbstverwaltung des Berufsstands vermeiden wollte. Vgl. Orth (2000), S. 218.

[1132] BT-Drucks. 14/3649, S. 18. Hintergrund für die Einführung des Peer Review-Verfahrens war auch, dass die US-amerikanische Börse in Bezug auf Abschlussprüfer bei ihr registrierter Unternehmen eine externe Qualitätskontrolle in Form des Peer Review verlangte. Vgl. Dörner (1999), S. 127; Niehus (2000), S. 1134.

[1133] Wirtschaftsprüfer bzw. Wirtschaftsprüfungsgesellschaften, die amtlich notierte Aktiengesellschaften prüfen, mussten sich gem. § 136 Abs. 1 WPO bis zum 31.12.2002 einem Peer Review unterziehen; für alle anderen verlängert sich diese Frist bis zum 31.12.2005. Wirtschaftsprüfer bzw. Wirtschaftsprüfungsgesellschaften, die keine gesetzlich vorgeschriebenen Abschlussprüfungen durchführen, können sich ebenfalls einer Qualitätskontrolle unterziehen. Vgl. Sahner/Schulte-Groß/Clauß (2001), S. 8.

[1134] Zur VO 1/1995 vgl. Lindgens-Strache (1997), S. 277-279; Orth (2000), S. 184-186.

[1135] Wurde das Prüfungsurteil versagt, entscheidet die WPK gem. § 11 der Satzung für Qualitätskontrolle über die Erteilung einer Teilnahmebescheinigung nach Auswertung des Qualitätskontrollberichts und der Entscheidung der Kommission für Qualitätskontrolle. Vgl. auch Sahner/Schulte-Groß/Clauß (2001), S. 14f.

[1136] Damit sollte eine Signalwirkung gegenüber den Unternehmen erfolgen und zudem gewährleistet werden, dass sich die Wirtschaftsprüfer und Wirtschaftsprüfungsgesellschaften auch tatsächlich einer Qualitätskontrolle unterziehen. Vgl. BT-Drucks. 14/3649, S. 33; Hense/Veltins (2003), § 319 HGB, Tz. 35; Mattheus (2002), § 319 HGB, Tz. 114f.

[1137] Vgl. BT-Drucks. 15/3419, S. 38.

schriften der WPO in Bezug auf die externe Qualitätskontrolle geändert. Die wesentlichste Änderung ist, dass die zu prüfende Praxis ihren Prüfer für Qualitätskontrolle grundsätzlich nicht mehr selbst aussuchen kann, sondern der Kommission für Qualitätskontrolle gem. § 57a Abs. 6 WPO drei Prüfer vorzuschlagen hat. Lehnt die Kommission alle drei vorgeschlagenen Prüfer ab, hat die zu prüfende Praxis drei neue Vorschläge zu unterbreiten. Akzeptiert die Kommission die Vorschläge, kann die zu prüfende Praxis aus den akzeptierten Vorschlägen ihren Prüfer für Qualitätskontrolle auswählen. Daneben ist nach § 57f WPO nicht mehr der Qualitätskontrollbeirat, sondern die Abschlussprüferaufsichtskommission für die Überwachung der Qualitätskontrolle und ihres Systems zuständig.[1138]

Vorschriften der EU-Kommission

Die EU-Kommission verlangt von den EU-Mitgliedstaaten die Einrichtung eines externen Qualitätssicherungssystems, das entweder nach dem Monitoring- oder dem Peer Review-Verfahren aufgebaut ist.[1139] Die Qualitätskontrolle umfasst die Durchführung der Pflichtprüfungen von Jahresabschlüssen durch eine Prüfungsgesellschaft. Außerdem sollte sie sich „auch auf das interne Qualitätskontrollsystem einer Prüfungsgesellschaft erstrecken. Um sich von dessen ausreichender Funktionsfähigkeit zu überzeugen, sind die Einhaltung der Verfahren und der Inhalt von Arbeitspapieren durch Stichproben zu überprüfen."[1140] Mit dem Vorschlag zur Modernisierung der Prüferrichtlinie wurden die Merkmale für Qualitätskontrollsysteme in der EU aus der EU-Empfehlung zur externen Qualitätskontrolle grundsätzlich übernommen. Strengere Anforderungen werden indes an die notwendige öffentliche Aufsicht, die Unabhängigkeit der Personen, die die externe Qualitätskontrolle durchführen und die Finanzierung des Systems gestellt.[1141]

Vorschriften der IFAC

Die IFAC verlangt von ihren Mitgliedern die Einrichtung einer externen Qualitätskontrolle zur Überprüfung der internen Qualitätssicherungsmaßnahmen. Die weiteren Ausführungen beschreiben indes lediglich die mögliche Durchführung der Kontrolle und nicht das ihr zugrunde liegende System.[1142]

US-amerikanische Vorschriften

In den USA ist eine externe Qualitätskontrolle bereits seit geraumer Zeit verpflichtend vorgeschrieben. Unterschieden wurde hier zwischen Abschlussprüfern SEC-registrierter Unternehmen, die die Anforderungen der AICPA SEC Practice Section (AICPA SECPS) erfüllen müssen und Abschlussprüfern, die lediglich die Anforderungen der Private Company Practice

1138 Vgl. BR-Drucks. 665/04, S. 17f.; Heininger/Bertram (2004), S. 1739.

1139 Vgl. EU-Kommission (2001), S. 92. Hier wird zwar zunächst der Begriff Qualitätssicherung verwendet, der in Deutschland lediglich die interne Qualitätssicherung umfasst. Ab Abschn. 3 wird indes zum Begriff Qualitätskontrolle gewechselt.

1140 EU-Kommission (2001), S. 94.

1141 Vgl. Artikel 29 des Vorschlags zur Modernisierung der Prüferrichtlinie; auch Klein/Tielmann (2004), S. 507; Lanfermann (2004), S. 611.

1142 Vgl. IFAC (2004c), S. 973-987. Es handelt sich hier um den IPPS 1 Assuring the Quality of Professional Services.

Section zu erfüllen haben.[1143] Für den deutschen Abschlussprüfer waren lediglich die Anforderungen der AICPA SECPS relevant. Hier unterlagen die Prüfungsgesellschaften der Kontrolle des AICPA SECPS-Peer Review Committee und der Überwachung durch das Public Oversight Board. Ziel des Peer Review war zu beurteilen, „ob das Qualitätssicherungssystem der geprüften WP-Praxis den Anforderungen der AICPA Quality Control Standards genügte, ob die implementierten Qualitätskontrollrichtlinien in einer Weise beachtet wurden, die der WP-Praxis eine hinreichende Sicherheit gewährleistete, dass die Berufsgrundsätze bei der Mandatsausübung eingehalten wurden, sowie ob die geprüfte WP-Praxis die Mitgliedschaftsanforderungen der SECPS in jeglicher materieller Hinsicht erfüllt hat"[1144]. Der Peer Review musste alle drei Jahre durchgeführt werden.

Durch In-Kraft-Treten des SOA wurde die externe Qualitätskontrolle von der AICPA SECPS an das PCAOB übertragen.[1145] Das PCAOB hat das Recht, den Qualitätsprüfer zu bestimmen. Somit kann die zu prüfende Prüfungsgesellschaft diesen nicht mehr frei auswählen.[1146] Der regelmäßigen jährlichen Kontrolle des PCAOB sind alle Prüfungsgesellschaften unterworfen, die mehr als 100 SEC-registrierte Unternehmen prüfen. Prüfungsgesellschaften, die weniger als 100 SEC-registrierte Unternehmen prüfen, werden alle drei Jahre kontrolliert.[1147] Gegenstand der Kontrolle ist die Einhaltung der Prüfungs- und Ethikstandards durch den Abschlussprüfer im Rahmen von Abschlussprüfungen. Dazu sieht das PCAOB ausgewählte Prüfungs- und Reviewaufträge des Abschlussprüfers durch, beurteilt die Angemessenheit des internen Qualitätssicherungssystems und führt sonstige Überprüfungen durch, um die Prüfungsabwicklung sowie die Überwachungs- und Qualitätssicherungsprozesse beurteilen zu können.[1148] Das Ergebnis der Kontrolle ist an die SEC und die entsprechenden staatlichen Behörden zu berichten. Auch die Öffentlichkeit ist in angemessenem Umfang zu informieren.[1149] Daneben kann das PCAOB auch weitere Untersuchungen durchführen, wenn Verstöße der registrierten Abschlussprüfer gegen Prüfungs- oder Ethikstandards bekannt werden.[1150] Im Rahmen der Kontrollen und Untersuchungen werden dem PCAOB gegenüber der betroffenen Prüfungsgesellschaft umfangreiche Auskunfts-, Mitwirkungs- und Einsichtsrechte in Dokumente und Arbeitspapiere zugestanden. Stellt das PCAOB Verstöße gegen Prüfungs- oder Ethikstandards fest, kann es u.a. die Registrierung des Abschlussprüfers vorläufig oder endgültig aufheben sowie Geldstrafen oder andere für erforderlich gehaltene Sanktionsmaßnahmen verhängen.

Dieser Richtungswechsel der SEC trägt m.E. nicht dazu bei, das Vertrauen der Öffentlichkeit in die Funktionsweise und die Wirksamkeit des (erst 2000 eingeführten) deutschen Peer Re-

---

1143 Vgl. Lindgens-Strache (1997), S. 269.
1144 Marten/Köhler (2002), S. 243.
1145 Prüfungsgesellschaften, die keine SEC-registrierten Unternehmen prüfen, unterliegen weiterhin dem Peer Review des AICPA. Vgl. Marten/Köhler/Meyer (2003), S. 13-16. Vgl. auch Emmerich/Schaum (2003), S. 683.
1146 Vgl. Marten/Köhler/Meyer (2003), S. 15-17.
1147 Vgl. PCAOB (2004b), Rule 4003 (S. 43f.).
1148 Vgl. PCAOB (2004b), Rule 4000 (S. 43).
1149 Vgl. PCAOB (2004b), Rule 4010 (S. 47).
1150 Vgl. PCAOB (2004b), Rule 4002 (S. 43).

view zu fördern. Hinzu kommt, dass deutsche Wirtschaftsprüfungsgesellschaften einer doppelten Berufsaufsicht unterliegen, da zumindest die international agierenden Wirtschaftsprüfungsgesellschaften neben dem Peer Review in Deutschland gleichzeitig beim PCAOB registrieren müssen und folglich dem Monitoring-Verfahren des PCAOB unterliegen.

3.3.2.2 Enforcement der Rechnungslegung zur Stärkung der Abschlussprüfung

(a) Gegenüberstellung bereits bestehender Enforcement-Systeme

In den USA und in Großbritannien existieren mit der staatlich organisierten SEC bzw. dem privatwirtschaftlich organisierten FRRP bereits Enforcement-Instanzen. Den beiden Instanzen ist das Regulierungsobjekt, die Rechnungslegung kapitalmarktorientierter Unternehmen, gemein. Unterschiede ergeben sich hauptsächlich aus ihrer Durchsetzungspolitik, da das FRRP nur reaktiv, z.B. aufgrund von Beschwerden Dritter, prüft, während die SEC aktiv z.B. die Berichte von neuen Emittenten prüft. Ein weiterer wesentlicher Unterschied liegt in den Sanktionsmitteln. Das FRRP kennt lediglich das Instrument der adversen Publizität. Demgegenüber verfügt die SEC über eigenständige verwaltungsrechtliche Sanktionsbefugnisse sowie zivilrechtliche Kompetenzen. Daneben obliegen der SEC auch legislative Kompetenzen, da ihr trotz Delegation der legislativen Zuständigkeit in Bezug auf die Rechnungslegungsstandards an das FASB bzw. hinsichtlich der Prüfungsstandards an das PCAOB jederzeit die Möglichkeit der Einflussnahme und das Recht zum Erlass eigener Vorschriften offen liegt. SEC-registrierte Unternehmen können sich in Zweifelsfragen in Bezug auf die Bilanzierung auch zur Vorabklärung (sog. Pre Clearance) an die SEC wenden. Diese Möglichkeit steht den Unternehmen, die der Aufsicht des FRRP unterliegen, nicht offen.[1151]

(b) Beurteilung des deutschen Enforcement-Systems

Unter dem Begriff Enforcement versteht der deutsche Gesetzgeber „die Überwachung von Unternehmensberichten kapitalmarktorientierter Unternehmen“ mit dem Ziel „Unregelmäßigkeiten bei der Erstellung von Unternehmensabschlüssen und -berichten präventiv entgegen zu wirken und, sofern Unregelmäßigkeiten dennoch auftreten, diese aufzudecken und den Kapitalmarkt darüber zu informieren“[1152]. Um die Vorteile der beiden bestehenden Enforcement-Instanzen, der SEC und dem FRRP, zu kombinieren, wurde mit dem Gesetz zur Kontrolle von Unternehmensabschlüssen (Bilanzkontrollgesetz – BilKoG)[1153] ein zweistufiges System implementiert. Auf der ersten Stufe steht ein privatrechtlich getragenes und organisiertes Gremium, die sog. Prüfstelle, die nach § 342b Abs. 2 HGB die Rechnungslegung kapitalmarktorientierter Unternehmen, d.h. den zuletzt festgestellten Jahresabschluss bzw. den zuletzt gebilligten Konzernabschluss und den dazugehörigen Lagebericht, sowohl reaktiv als auch proaktiv

---

[1151] Eine ausführliche tabellarische Gegenüberstellung der Unterschiede und Gemeinsamkeiten von SEC und FRRP findet sich bei Böcking (2003b), S. 697-700 und Kiefer (2003), S. 151-158. Vgl. auch Kapitel IV.3.3.1 und die dort angegebene Literatur zur Funktion und Arbeitsweise des FRRP und der SEC.

[1152] BT-Drucks. 15/3421, S. 11 (beide Zitate).

[1153] BGBl. I 2004, S. 3408ff.

überprüfen soll. Die Überprüfung erfolgt bei Vorliegen konkreter Anhaltspunkte für einen Verstoß gegen Rechnungslegungsvorschriften, auf Verlangen der Bundesanstalt für Finanzdienstleistungsaufsicht (BaFin), oder ohne besonderen Anlass (stichprobenartig).[1154] Stichproben können z.B. themenbezogen oder nach Umsatzgröße bzw. Zugehörigkeit zu einer DAX-Gruppe gezogen werden und sollen gewährleisten, dass jährlich eine sinnvoll ausgesuchte, kleine Gruppe geprüft wird.[1155] Die Prüfstelle ist dabei auf die Mitarbeit der betroffenen Unternehmen angewiesen. Nach Abschluss der Prüfung wird dem betroffenen Unternehmen und der BaFin das Ergebnis mitgeteilt.[1156] Treten Unregelmäßigkeiten auf, verweigert das betroffene Unternehmen die Mitarbeit oder ist es mit dem Ergebnis der Prüfung nicht einverstanden, unterrichtet die Prüfstelle die BaFin, die auf der zweiten Stufe „eingreifen und gegebenenfalls die Prüfung und Veröffentlichung von Bilanzfehlern mit hoheitlichen Mitteln durchsetzen“[1157] kann. Bei Auskunftsverweigerung verhängt die BaFin zusätzlich ein Bußgeld. Die BaFin kann zudem tätig werden, wenn sie Zweifel an der Prüfungsdurchführung oder dem Prüfungsergebnis der Prüfstelle hat. Auf der zweiten Stufe wird sowohl die Verschwiegenheitspflicht der Mitarbeiter der Prüfstelle als auch des Abschlussprüfers aufgehoben. Es liegt nicht im Hoheitsbereich der BaFin festzulegen, ob und wie das betroffene Unternehmen die aufgedeckte Unregelmäßigkeit zu korrigieren hat.[1158] Die BaFin hat gegenüber dem Abschlussprüfer und den Unternehmen umfangreiche Einsichts- und Auskunftsrechte. Fraglich ist, ob diese Rechte in Bezug auf den Abschlussprüfer statt zu einer Erhöhung der Qualität der Abschlussprüfung nicht eher dazu führen, dass Unternehmen „künftig ein weniger offenes Informationsverhalten gegenüber dem Prüfer an den Tag legen“[1159]. Statt einer unmittelbaren Einsichtnahme der BaFin in die Arbeitspapiere des Abschlussprüfers sollten eine unternehmensinterne Instanz verpflichtet werden, die von der BaFin gewünschten Informationen beim Abschlussprüfer einzuholen, um zu vermeiden, dass das Vertrauensverhältnis zwischen dieser und dem Abschlussprüfer beeinträchtigt wird. Diese Aufgabe sollte m.E. der Aufsichtsrat als Überwachungsorgan innerhalb des Unternehmens übernehmen. Sowohl die Prüfstelle als auch die BaFin sind verpflichtet, bei Verdacht auf eine Straftat oder eine Ordnungswidrigkeit in Bezug auf die Rechnungslegungsvorschriften, bei Vorliegen einer Berufspflichtverletzung des Abschlussprüfers oder bei einem Verstoß gegen börsenrechtliche Vorschriften Tatsachen an die Staatsanwaltschaft, das Registergericht, die WPK oder die Börsenaufsicht zu übermitteln. Diese Institutionen werden dann ihrerseits tätig.[1160]

[1154] Vgl. § 342b Abs. 2 Satz 3 HGB. Zu beachten ist, dass zur Durchführung einer Anlassprüfung konkrete Anhaltspunkte vorliegen müssen. Vermutungen, Spekulationen oder Hypothesen über eine fehlerhafte Anwendung der Rechnungslegungsvorschriften sind nicht ausreichend. Vgl. BT-Drucks. 15/3421, S. 14.

[1155] Vgl. BT-Drucks. 15/3421, S. 14.

[1156] Vgl. § 342b Abs. 5 Satz 1 und Abs. 6 HGB.

[1157] BT-Drucks. 15/3421, S. 11.

[1158] Vgl. Mattheus/Schwab (2004); S. 1099, die sich kritisch zur Vorschrift zur Fehlerkorrektur durch das Unternehmen äußern.

[1159] Klein/Tielmann (2004), S. 504.

[1160] Vgl. § 342b Abs. 8 HGB, § 37r Abs. 1 und 2 WpHG, BT-Drucks. 15/3421, S. 16 und S. 19.

Fraglich ist, ob das neue deutsche Enforcement-System die Anforderungen an ein effektives Enforcement erfüllen kann. So ist die Präventivfunktion zu bejahen, da das Enforcement-System neben einer reaktiven Überprüfung auch mit aktiven Elementen ausgestattet ist. Unklar ist indes, mit welcher Intensität die Prüfstelle in der Lage ist, proaktiv zu prüfen. Die Sanktionen des neuen Enforcement-Systems richten sich nicht nur gegen das betroffene Unternehmen, sondern auch gegen dessen Abschlussprüfer und implizieren folglich, dass das System mit ausreichenden Sanktionsmechanismen ausgestattet ist. Über die Unabhängigkeit der bei der Prüfstelle beschäftigten Personen lässt die Gesetzesbegründung keine Rückschlüsse zu. Hier sind m.E. zwingend entsprechende Regelungen in Anlehnung an die handelsrechtlichen Regelungen zur Unabhängigkeit des Abschlussprüfers zu schaffen, da die Öffentlichkeit m.E. zwischen einem abhängigen Mitglied der Prüfstelle und einem abhängigen Abschlussprüfer keinen Unterschied ziehen wird. Die Mitarbeiter der BaFin werden in der Öffentlichkeit aufgrund ihres Beamtenstatus als von den Abschlussprüfern und den zu prüfenden Unternehmen grundsätzlich als unabhängig angesehen. Jedoch sollten auf diese dieselben Regelungen wie auf die Mitarbeiter der Prüfstelle Anwendung finden. Die Prüfstelle selbst ist aufgrund der finanziellen Zwangsabgabe, die den dem Enforcement unterworfenen Unternehmen auferlegt wird, finanziell unabhängig.[1161]

Das zweistufige deutsche Enforcement-System erfüllt zwar grundsätzlich die Anforderungen an ein Enforcement-System, jedoch stellt sich die Frage, ob ein solches zweistufiges System auch effizient ist: Die zu prüfenden Unternehmen sind nicht verpflichtet, mit der Prüfstelle zusammen zu arbeiten. Somit besteht die Möglichkeit, dass viele Überprüfungen der Prüfstelle mangels Durchsetzbarkeit ohnehin von der BaFin geklärt werden müssen. Damit entstehen erhöhte Transaktionskosten, so dass auf die Prüfstelle auch verzichtet werden könnte. Zudem verlangt bspw. die EU-Kommission bei Zweifelsfragen zur Unabhängigkeit häufig die Kommunikation mit der Regulierungsbehörde,[1162] so dass auch hier deutlich wird, dass eine Enforcement-Instanz grundsätzlich staatlich ausgestaltet werden sollte,[1163] zumal auch eine Studie der FEE aus dem Jahr 2001 zeigt, dass in Europa Wertpapieraufsichtsbehörden dominieren.[1164]

1161 Vgl. Baetge/Thiele/Matena (2004), S. 212-215.

1162 Z.B. bei Rechtsstreitigkeiten, vgl. Kapitel III.2.1.4 oder bei nicht rechtzeitig beglichenen Honoraren, vgl. Kapitel III.2.1.3.

1163 Gl.A. Böcking (2004), S. 269; Müßig (2004), S. 800f. Auch der Arbeitskreis Externe Unternehmensrechnung der Schmalenbach-Gesellschaft hatte sich bereits 2002 für ein staatliches Enforcement ausgesprochen. Vgl. Schmalenbach-Gesellschaft (2002), S. 2173. Trotzdem wird das jetzt vorgesehene zweistufige System nicht abgelehnt, da „die Argumente, mit denen in der Stellungnahme vom Oktober 2002 die Entscheidung für ein staatliches Enforcement begründet wurde, im BilKoG-E Berücksichtigung gefunden haben". Schmalenbach-Gesellschaft (2004), S. 329. Für ein zweistufiges Enforcement sprechen sich bspw. Hommelhoff/Mattheus (2004), S. 94 und das IDW (2004), S. 138 aus.

1164 Vgl. FEE (2001), S. 10f.

4 Erhöhte Transparenz durch gesteigerte Publizität gegenüber Aufsichtsrat und Öffentlichkeit

4.1 Zwei-Säulen-Modell zur Selbstregulierung des Prüfungsmarkts

Neben der Verschärfung der Regelungen zur Vereinbarkeit von Prüfung und Beratung an sich besteht die Möglichkeit, potenzielle Konflikte aus einer gleichzeitigen Prüfung und Beratung durch eine gesteigerte Berichterstattung über die erbrachten Nichtprüfungsleistungen zu entschärfen und so auch dem zu prüfenden Unternehmen selbst die Möglichkeit zu geben, die Unabhängigkeit des Abschlussprüfers aktiv zu überwachen, denn „corporate governance in the client, when it is poor, can be an additional threat [to independence] rather than a safeguard“[1165]. In diesem Zusammenhang entwickelte Hellwig in Anbetracht des mangelhaften Informationsflusses über die Art der Zusammenarbeit zwischen den Organen des zu prüfenden Unternehmens und dem Abschlussprüfer ein auf die Selbstregulierung des Prüfungsmarkts bauendes Zwei-Säulen-Modell. Dieses Modell baut zum einen auf eine verbesserte Überwachung durch das unternehmenseigene Kontrollorgan, den Aufsichtsrat, und zum anderen auf eine Ausweitung der Offenlegungspflichten bezüglich potenziell unabhängigkeitsgefährdender Sachverhalte.[1166]

4.2 Verbesserte Kontrolle des Abschlussprüfers durch den Aufsichtsrat durch die Pflicht zur Vorabgenehmigung von Nichtprüfungsleistungen

Als Auftraggeber des Abschlussprüfers sollte der Aufsichtsrat dessen Tätigkeit kontrollieren, um so auch seine eigene Überwachungsaufgabe sinnvoll erfüllen zu können. Dazu gehört insb., dass der Aufsichtsrat von weiteren Aufträgen des Abschlussprüfers und dessen Vergütung im Unternehmen zumindest Kenntnis hat. Durch das KonTraG wurde explizit die Vorschrift eingefügt, dass der Aufsichtsrat dem Abschlussprüfer den Prüfungsauftrag erteilt, um die Distanz zwischen Vorstand und Abschlussprüfer zu erhöhen. Dies soll nicht durch die Vergabe lukrativer Beratungsaufträge des Vorstands an den Abschlussprüfer umgangen werden können.[1167] Daher wird sowohl national als auch international eine Genehmigungspflicht für Beratungsaufträge diskutiert.

In Deutschland wurde eine gesetzliche Zustimmungspflicht des Aufsichtsrats zu Nichtprüfungsleistungen des Abschlussprüfers von der Regierungskommission Corporate Governance ausdrücklich mit der Begründung abgelehnt, dass der Aufsichtsrat gem. § 111 Abs. 4 Satz 2 AktG einen entsprechenden Zustimmungsvorbehalt selbst festlegen kann.[1168] Im Rahmen des TransPuG wurde diese „kann“-Vorschrift jedoch in eine „muss“-Vorschrift für „Entscheidungen oder Maßnahmen, die nach den Planungen oder Erwartungen die Ertragsaussichten der

[1165] Fearnley/Beattie/Brandt (2005), S. 67.
[1166] Vgl. Hellwig (1999), S. 2125-2129; Marx (2002a), S. 491-518.
[1167] Vgl. Hellwig (1999), S. 2125; Marx (2002a), S. 509.
[1168] Vgl. Baums (2001), Tz. 305; Hellwig (1999), S. 2127-2129; kritisch Röhricht (2001), S. S 83.

Gesellschaft oder ihre Risikoexposition grundlegend verändern"[1169] umgewandelt, ohne einen „Pflichtkatalog" zustimmungspflichtiger Geschäfte festzuschreiben.[1170] Jedoch weist der Gesetzgeber im BilReG darauf hin, dass sich gerade „die Erteilung von Beratungsaufträgen durch den Vorstand an den Abschlussprüfer ... in besonderer Weise für einen Zustimmungsvorbehalt"[1171] eignet.

Auch die EU-Kommission legt keine Zustimmungspflicht fest, sondern empfiehlt insb. bei Unternehmen des öffentlichen Interesses, „die Erbringung von Nichtprüfungsleistungen für einen Prüfungsmandanten oder eines seiner verbundenen Unternehmen mit dem Kontrollorgan des Mandanten zu erörtern"[1172]. Mit dem Vorschlag zur Modernisierung der Prüferrichtlinie wird diese Vorschrift in Artikel 39 Abs. 2d dahingehend ausgeweitet, dass der Prüfungsausschuss die vom Abschlussprüfer für das zu prüfende Unternehmen erbrachten Nichtprüfungsleistungen zu überprüfen und zu überwachen hat. Eine Vorabinformation des Prüfungsausschusses ist folglich unumgänglich. Die EU-Kommission empfiehlt folgerichtig, dass der Prüfungsausschuss verbindlich festlegen soll „welche Nichtprüfungsleistungen a) ausgeschlossen, b) nach Überprüfung durch den Ausschuss zulässig und c) ohne Einschaltung des Ausschusses zulässig sind". [1173]

Die IFAC empfiehlt lediglich, unabhängigkeitsrelevante Punkte in Bezug auf Nichtprüfungsleistungen mit dem Audit Committee zu diskutieren.[1174]

Lediglich die SEC schreibt seit Umsetzung des SOA vor, dass Nichtprüfungsleistungen zwingend vom Audit Committee vorab zu genehmigen sind (sog. Pre-Approval-Pflicht).[1175] Es stellt keinen Verstoß gegen die Vorschriften zur Unabhängigkeit dar, wenn eine Vorabgenehmigung für Nichtprüfungsleistungen nicht erfolgt ist, die in Summe weniger als 5 % der Gesamthonorare für Aufträge, die in diesem Wirtschaftsjahr erbracht wurden, ausmachen, zum Zeitpunkt der Auftragsvergabe nicht als Nichtprüfungsleistung identifiziert wurden und dies dem Prüfungsausschuss unverzüglich zur Kenntnis gebracht und nachträglich durch den Prüfungsausschuss genehmigt wird.[1176]

Meines Erachtens ist die Vorschrift in der o.g. EU-Empfehlung am zielführendsten, da so sichergestellt wird, dass der Prüfungsausschuss einerseits über alle relevanten Sachverhalte in-

---

1169 BR-Drucks. 109/02, S. 38. Dies wird auch im DCGK betont: „Für Geschäfte von grundlegender Bedeutung legen die Satzung oder der Aufsichtsrat Zustimmungsvorbehalte zugunsten des Aufsichtsrats fest. Hierzu gehören Entscheidungen oder Maßnahmen, die die Vermögens-, Finanz- oder Ertragslage des Unternehmens grundlegend verändern." DCGK (2005), Abschn. 3.3. Vgl. auch Scheffler (1995), S. 656-658.

1170 Der Maßnahmenkatalog der Bundesregierung sah eine Genehmigungspflicht des Aufsichtsrats für prüfungsfremde Leistungen vor. Vgl. BMJ (2003b), Abschn. 5.

1171 BT-Drucks. 15/3419, S. 27.

1172 EU-Kommission (2002e), S. 30. Vgl. auch Schildbach (2004), S. 261-264.

1173 EU-Kommission (2005), S. 61.

1174 Vgl. IFAC (2001c), Tz. 8.160.

1175 Vgl. 17 CFR § 210.2-01(c)(7). ASR 250 hatte Ende der siebziger Jahre bereits eine solche Genehmigungspflicht vorgesehen; diese Regelung wurde jedoch 1982 aufgehoben. Vgl. auch Marx (2002a), S. 509 zu den Regelungen der SEC vom November 2000.

1176 Vgl. 17 CFR § 210.2-01(c)(7).

formiert, andererseits jedoch nicht mit einer großen Anzahl kleiner Anfragen belastet wird und so entscheiden kann, ob aus seiner Sicht bestimmte Nichtprüfungsleistungen die Unabhängigkeit des Abschlussprüfers negativ beeinflussen. So wird auch einer zu engen Zusammenarbeit und einem zu starken Vertrauen zwischen dem Abschlussprüfer und der Geschäftsleitung des Unternehmens entgegen gewirkt.

4.3 Die Unabhängigkeitserklärung des Abschlussprüfers an den Aufsichtsrat und Offenlegung der Honorare

4.3.1 Kommunikation zwischen Abschlussprüfer und Aufsichtsrat

Der Abschlussprüfer ist verpflichtet, vor Annahme oder Fortführung eines Mandats zu überprüfen, ob zwischen ihm und der zu prüfenden Gesellschaft finanzielle, berufliche oder sonstige Beziehungen bestehen, die seine Unabhängigkeit beeinträchtigen bzw. eine Besorgnis der Befangenheit hervorrufen könnten. Bereits in den siebziger Jahren des letzten Jahrhunderts wurde daher in Deutschland vorgeschlagen, dass der Abschlussprüfer dem Aufsichtsrat das Ergebnis dieser Überprüfung mitteilt. Der Aufsichtsrat soll dann „in seinem schriftlichen Bericht an die Hauptversammlung erklär[en], daß der Abschlussprüfer keine Identitäten festgestellt hat, oder – im anderen Fall – die Beziehungen im einzelnen darstell[en]“[1177]. Teilweise wurde in der Literatur auch gefordert, eine Unabhängigkeitserklärung gegenüber allen Abschlussadressaten abzugeben.[1178] Eine Unabhängigkeitserklärung des Abschlussprüfers an den Aufsichtsrat wird in Deutschland durch den DCGK für alle börsennotierten Unternehmen empfohlen. Die Empfehlung umfasst eine Erläuterung der ggf. vorliegenden geschäftlichen, finanziellen, persönlichen oder sonstigen Beziehungen zwischen dem zu prüfenden Unternehmen und der Wirtschaftsprüfungsgesellschaft sowie zwischen den jeweiligen Organen beider Gesellschaften.[1179]

Die EU verlangt bei Unternehmen des öffentlichen Interesses eine schriftliche Mitteilung aller Beziehungen zwischen dem Abschlussprüfer, der Prüfungsgesellschaft und dem Firmenverbund auf der einen und dem Prüfungsmandanten sowie dessen verbundenen Unternehmen auf der anderen Seite.[1180] Dies umfasst auch eine Offenlegung der Honorare.

Die IFAC verlangt bei kapitalmarktorientierten Audit Clients eine schriftliche und mündliche Berichterstattung des Abschlussprüfers an das Audit Committee in Bezug auf Beziehungen und andere Angelegenheiten, die zwischen der Prüfungsgesellschaft und ihrem Firmenver-

---

1177 Schruff (1976), S. 149. Sieben/Russ (1992), Sp. 1984, schlagen vor, diese Unabhängigkeitserklärung im Rahmen des Prüfungsberichts abzugeben, damit der Leser des Prüfungsberichts beurteilen kann, ob sich der Abschlussprüfer ein unbefangenes Urteil bilden konnte.

1178 Vgl. Hönle (1978), S. 174; Richter (1978), S. 33-34.

1179 Vgl. DCGK (2005), Abschn. 7.2.1; Pfitzer/Orth/Wader (2002), S. 753-755; Ruhnke (2003b), S. 372f. Nach einer Untersuchung von Werder/Talaulicar/Kolat sind der Empfehlung, eine Unabhängigkeitserklärung einzuholen, ca. 97 % der DAX-Unternehmen nachgekommen. Vgl. Werder/Talaulicar/Kolat (2003), S. 1862-1863. Auch Oser/Orth/Wader (2004), S. 1122-1125 analysieren die Umsetzung des DCGK in der Praxis, gehen indes nicht explizit auf die Unabhängigkeitserklärung ein. Zur Bindungswirkung des DCGK im Allgemeinen vgl. Kapitel II.1.2.5 dieser Arbeit.

1180 Vgl. EU-Kommission (2002e), S. 25f.

bund und dem Audit Client bestehen und die Auswirkungen auf die Unabhängigkeit des Abschlussprüfers haben können.[1181]

In den USA ist seit In-Kraft-Treten des ISB 1 im Juli 1999 eine mindestens jährliche, schriftliche Offenlegung aller Beziehungen zwischen dem Abschlussprüfer und seinen verbundenen Unternehmen sowie dem Audit Client und dessen verbundenen Unternehmen, die Auswirkungen auf die Unabhängigkeit des Abschlussprüfers haben können, gegenüber dem Audit Committee verpflichtend.[1182] Die Offenlegung der Honorare wird nicht durch ISB 1, sondern durch die Regulation S-X vorgeschrieben.

4.3.2 Die Vorschriften zur Offenlegung bestimmter Informationen

Deutsche Vorschriften

Abschnitt 7.2.1 des DCGK empfiehlt für börsennotierte Unternehmen:

„Vor Unterbreitung des Wahlvorschlags soll der Aufsichtsrat bzw. der Prüfungsausschuss eine Erklärung des vorgesehenen Prüfers einholen, ob und ggf. welche geschäftlichen, finanziellen, persönlichen oder sonstigen Beziehungen zwischen dem Prüfer und seinen Organen und Prüfungsleitern einerseits und dem Unternehmen und seinen Organmitgliedern andererseits bestehen, die Zweifel an seiner Unabhängigkeit begründen können. Die Erklärung soll sich auch darauf erstrecken, in welchem Umfang im vorausgegangenen Geschäftsjahr andere Leistungen für das Unternehmen, insbesondere auf dem Beratungssektor, erbracht wurden bzw. für das folgende Jahre vertraglich vereinbart sind.“[1183]

Der DCGK enthält keine nähere inhaltliche Ausgestaltung der Unabhängigkeitserklärung. Das IDW legt jedoch in IDW PS 345 eine Formulierungsempfehlung für Unabhängigkeitserklärungen vor. Inhaltlich gliedert sich die Unabhängigkeitserklärung nach IDW PS 345 in drei große Bereiche: Angaben zu beruflichen, finanziellen und sonstigen Beziehungen, Honorarangaben sowie sonstige Erklärungen.[1184]

Die Angaben zu beruflichen, finanziellen und sonstigen Beziehungen beinhalten alle bedeutsamen Beziehungen zwischen dem Abschlussprüfer, seinen Organen und dem Prüfungsteam[1185] einerseits sowie dem zu prüfenden Unternehmen und dessen Organmitgliedern andererseits. IDW PS 345 verlangt über den Deutschen Corporate Governance Kodex hinaus auch die Einbeziehung der mit dem Abschlussprüfer nach § 271 Abs. 2 HGB verbundenen Unternehmen im Rahmen der Beurteilung der beruflichen, finanziellen und sonstigen Beziehungen.[1186] Handelt es sich bei dem durchzuführenden Auftrag um eine Konzernabschlussprüfung, so ist die Erklärung neben dem Mutterunternehmen auch auf die Tochterunternehmen i.S.d. § 290 HGB und deren Organe auszudehnen. Liegen Beziehungen vor, die die Unabhängigkeit gefährden können, hat der Abschlussprüfer diese zu erläutern und zu erklären, welche

[1181] Vgl. IFAC (2001c), Tz. 8.39f.
[1182] Vgl. ISB (2001d).
[1183] DCGK (2005), Abschn. 7.2.1. Vgl. auch Gelhausen/Hönsch (2002), S. 530f.; Peltzer (2003), S. 102-104.
[1184] Vgl. IDW PS 345, Tz. 39-54.
[1185] Vgl. IDW PS 345, Tz. 40f.
[1186] Vgl. IDW PS 345, Tz. 41.

Maßnahmen er ergreifen will, um diese Beziehungen vor Auftragsannahme zu beseitigen. Liegen solche Beziehungen nicht vor, ist eine Negativerklärung abzugeben.[1187]

In Bezug auf die Honorare ist anzugeben „in welchem Umfang im vorausgegangenen Geschäftsjahr andere Leistungen, insbesondere auf dem Beratungssektor, für das Unternehmen erbracht wurden bzw. für das folgende ... Geschäftsjahr vertraglich vereinbart sind“[1188]. Unter „andere Leistungen“ fallen alle Dienstleistungen, die außerhalb der Abschlussprüfung erbracht wurden. Das IDW empfiehlt, zusätzlich auch die Honorare anzugeben, die der Abschlussprüfer für die Prüfung des Jahresabschlusses des abgelaufenen Geschäftsjahrs erhalten hat. In Anlehnung an §§ 285 Satz 1 Nr. 17, 314 Abs. 1 Nr. 9 HGB hält es das IDW für sachgerecht, den Gesamtbetrag der Honorare für Nichtprüfungsleistungen in die Kategorien „Honorare für sonstige Bestätigungs- oder Bewertungsleistungen“, „Steuerberatungsleistungen“ und „sonstige Leistungen“ aufzugliedern. Handelt es sich bei der Prüfung um eine Konzernabschlussprüfung, so sind alle Honorare für die Leistungen anzugeben, die für das Mutterunternehmen sowie für dessen Tochterunternehmen erbracht wurden. In diesem Zusammenhang ist zu beachten, dass es gerade bei Konzernmutterunternehmen mit umfangreichen Beteiligungen im Ausland geboten sein kann, auch die Leistungen anzugeben, die von (nicht deutschen) Unternehmen im Firmenverbund des Abschlussprüfers erbracht wurden, auch wenn dies der DCGK nicht explizit vorsieht.[1189] Kritisch ist an dieser Stelle anzumerken, dass sich die Honorarangaben im DCGK und im Anhang zum Jahres- bzw. Konzernabschluss dahingehend unterscheiden, dass im DCGK anzugeben ist, welche Honorare der Abschlussprüfer erhalten hat, während im Anhang die Honorare anzugeben sind, die in dem Geschäftsjahr als Aufwand erfasst wurden.

Die sonstigen Erklärungen umfassen alle weiteren Angaben, die der Abschlussprüfer im Bereich der Unabhängigkeit für wesentlich hält. Das IDW empfiehlt, in die Unabhängigkeitserklärung ebenfalls aufzunehmen, dass sich die Wirtschaftsprüfungsgesellschaft einem Peer Review unterzogen hat und eine wirksame Bescheinigung über die Teilnahme an der Qualitätskontrolle gem. § 57a WPO vorweisen kann.[1190]

Falls nach Abgabe der Unabhängigkeitserklärung während der Prüfung Umstände eintreten, die die Unabhängigkeit des Abschlussprüfers beeinträchtigen, so hat der Abschlussprüfer den Aufsichtsrat unverzüglich zu informieren, wenn diese Umstände nicht durch geeignete Maßnahmen kurzfristig beseitigt werden können. Dies gilt gleichwohl nicht nur bei Unternehmen,

---

1187 Vgl. IDW PS 345, Tz. 39-48 und IDW PS 345, Anhang 2.
1188 IDW PS 345, Tz. 49. Vgl. auch Niehus (2002), S. 621.
1189 Vgl. IDW PS 345, Tz. 49-53 und IDW PS 345, Anhang 2.
1190 Vgl. IDW PS 345, Tz. 54. Dies gewinnt insb. nach In-Kraft-Treten des BilReG an Relevanz, da die Pflicht zur Teilnahme an der externen Qualitätskontrolle in § 319 Abs. 1 HGB geregelt ist und daher eine nicht erfolgte Teilnahme unmittelbare Auswirkungen auf den Prüfungsmandanten selbst hat.

die eine Unabhängigkeitserklärung eingefordert haben, sondern für alle Unternehmen, bei denen eine (gesetzliche oder freiwillige) Abschlussprüfung durchgeführt wird.[1191]

Vorschriften der EU-Kommission

Die Europäische Union verlangt bei Unternehmen des öffentlichen Interesses, dass der Abschlussprüfer dem Kontrollorgan mindestens ein Mal pro Jahr folgendes schriftlich mitteilt:

- den Gesamtbetrag aller Honorare, die der Abschlussprüfer, seine Prüfungsgesellschaft und der Firmenverbund dem Prüfungsmandanten in Rechnung gestellt hat, aufgegliedert nach dem Honorar für Abschlussprüfungsleistungen, andere Assurance Services[1192], Steuerberatungsleistungen sowie sonstige Nichtprüfungsleistungen, die ggf. weiter zu untergliedern sind,[1193] wenn die Postenzusammensetzung sehr heterogen ist,
- genaue Informationen über alle Beziehungen zwischen dem Abschlussprüfer, der Prüfungsgesellschaft und dem Firmenverbund einerseits und dem Prüfungsmandanten sowie dessen verbundenen Unternehmen[1194] andererseits, die nach Auffassung des Abschlussprüfers berechtigten Grund zu der Annahme geben, dass seine Unabhängigkeit bzw. Objektivität beeinträchtigt sein könnte,[1195]
- die durch den Abschlussprüfer getroffenen Schutzmaßnahmen in Bezug auf die identifizierten Problemfelder.[1196]

Der Abschlussprüfer hat zudem schriftlich zu bestätigen, dass er seiner Auffassung nach die gesetzlichen und sonstigen Bestimmungen zur Unabhängigkeit nicht verletzt hat bzw., wenn dies nicht der Fall ist, in welchen Fällen seine Unabhängigkeit und Objektivität gefährdet sind. Daneben hat der Abschlussprüfer diese Punkte auch mündlich mit dem Kontrollorgan zu erörtern.[1197] Handelt es sich nicht um ein Unternehmen von öffentlichem Interesse, das trotzdem über ein Kontrollorgan verfügt, hat der Abschlussprüfer zu überdenken, ob das Ergreifen

---

1191 Vgl. IDW PS 345, Tz. 55f. mit Verweis auf WPK/IDW (1996), Abschn. B.1f.

1192 Unter Assurance Services versteht die EU-Kommission ein „engagement of a statutory auditor to evaluate or measure a subject matter that is the responsibility of another party against identified suitable criteria, and to express a conclusion that provides the audit client with a level of assurance about that subject matter". EU-Kommission (2002e), S. 55 (bzw. unter „Zusicherungsleistung" auf S. 57 der deutschen Übersetzung).

1193 Dabei ist mindestens zu untergliedern nach erhaltenen Honoraren für erbrachte Leistungen in Bezug auf Finanzinformationssysteme, Interne Revision, Bewertungen, Rechtsstreitigkeiten und Einstellung von Personal. Vgl. EU-Kommission (2002e), S. 25f.

1194 Verbundene Unternehmen sind solche Unternehmen, die in den Konzernabschluss eines anderen Unternehmens einbezogen werden, und solche, die durch gemeinsames Eigentum, gemeinsame Kontrolle oder Geschäftsleitung miteinander verbunden sind. Vgl. EU-Kommission (2002e), S. 56.

1195 Hier wäre es sinnvoller, wenn der Abschlussprüfer alle Beziehungen gegenüber dem Aufsichtsrat offen legen würde. Zwar ist auch das Kriterium der Wesentlichkeit zu beachten, jedoch sollte nicht der Abschlussprüfer die Entscheidung treffen, ob eine bestimmte Beziehung die Unabhängigkeit beeinträchtigt oder nicht. Diese Entscheidung ist dem Aufsichtsrat zu überlassen.

1196 Vgl. EU-Kommission (2002e), S. 25f. Dies wird durch Artikel 40 des Vorschlags zur Modernisierung der Prüfungsrichtlinie bestätigt.

1197 Vgl. EU-Kommission (2002e), S. 26.

ähnlicher Maßnahmen angemessen ist.[1198] Die gegenüber dem Kontrollorgan angegebenen Honorare sind auch gegenüber der Öffentlichkeit offen zu legen.[1199]

Vorschriften des IFAC Code of Ethics

Der IFAC Code of Ethics verlangt bei kapitalmarktorientierten Audit Clients mindestens einmal jährlich eine mündliche und schriftliche Berichterstattung des Abschlussprüfers an das Audit Committee in Bezug auf alle Beziehungen und andere Angelegenheiten, die zwischen der Prüfungsgesellschaft und ihrem Firmenverbund sowie dem Audit Client bestehen und die Auswirkungen auf die Unabhängigkeit des Abschlussprüfers haben können. Die zu berichtenden Angelegenheiten können je nach Sachverhalt variieren. Es liegt in der Verantwortung der Prüfungsgesellschaft zu entscheiden, ob und in welchem Umfang bestimmte Sachverhalte berichtet werden.[1200] Die IFAC schreibt somit keine Offenlegung der Honorare gegenüber dem Aufsichtsrat oder der interessierten Öffentlichkeit vor.[1201] Daneben muss der Auditor „those charged with governance" über weitere Aspekte der Prüfung informieren, wie z.B. über Änderungen des Bestätigungsvermerks und Auseinandersetzung mit der Unternehmensleitung über bestimmte Bilanzierungsweisen.[1202]

US-amerikanische Vorschriften

Nach den Vorschriften der SEC in ISB 1 muss der Abschlussprüfer gegenüber dem Audit Committee mindestens jährlich schriftlich alle Beziehungen zwischen dem Abschlussprüfer und seinem Firmenverbund sowie dem zu prüfenden Unternehmen und dessen verbundenen Unternehmen offen legen, die nach Beurteilung des Abschlussprüfers Auswirkungen auf seine Unabhängigkeit haben können. Der Abschlussprüfer muss zudem mindestens jährlich schriftlich bestätigen, dass er von dem zu prüfenden Unternehmen nach den Vorschriften des SA unabhängig ist und seine Unabhängigkeit mit dem Audit Committee diskutieren.[1203] Im Jahresabschluss eines Issuer müssen gem. Regulation S-X folgende Informationen in Bezug auf Honorare des Abschlussprüfers offen gelegt werden:[1204]

- Die Summe der Honorare, die innerhalb der letzten zwei Geschäftsjahre für die gesetzliche Abschlussprüfung und ggf. eine vorgeschriebene prüferische Durchsicht bezahlt wurde (sog. Audit Fees).
- Die Summe der Honorare, die innerhalb der letzten zwei Geschäftsjahre für prüfungsnahe Dienstleistungen an den Abschlussprüfer bezahlt wurde (sog. Audit-Related Fees). Die Art der Dienstleistungen ist zu beschreiben.

1198 Vgl. EU-Kommission (2002e), S. 26.

1199 Vgl. EU-Kommission (2002e), S. 27. Daneben müssen diese Angaben auch im künftigen Transparenzbericht der Prüfungsgesellschaft offen gelegt werden. Vgl. Kapitel II.2.2.2 dieser Arbeit.

1200 Vgl. IFAC (2001c), Tz. 8.39f.

1201 Vgl. auch Niehus (2002), S. 620.

1202 Vgl. IFAC (2004c), S. 265f. (ISA 260.11f.).

1203 Vgl. ISB (2001d).

1204 Vgl. 17 CFR § 249, Item 14C(d) für amerikanische und 16C(d) für nicht-amerikanische Issuer.

- Die Summe der Honorare, die innerhalb der letzten zwei Geschäftsjahre für Steuerberatung (Tax Compliance, Tax Advice, Tax Planning) bezahlt wurde (sog. Tax Fees). Die Art der Dienstleistungen ist zu beschreiben.
- Die Summe der Honorare, die innerhalb der letzten zwei Geschäftsjahre für Nichtprüfungsleistungen erbracht wurde, die nicht unter eine der o.g. Kategorien fallen (sog. All Other Fees).

Zudem müssen die Vorgehensweise zur Vorabgenehmigung von Nichtprüfungsleistungen durch das Audit Committee und der prozentuale Anteil der genehmigten Nichtprüfungsleistungen offen gelegt werden.[1205]

Kritische Würdigung

Alle Regelungsinstitutionen verlangen zu Recht eine schriftliche Berichterstattung des Abschlussprüfers gegenüber dem Aufsichtsrat (bzw. dem Audit Committee) über Sachverhalte, die die Unabhängigkeit des Abschlussprüfers berühren können. Diese Berichterstattung ist sinnvoll und unterstützt den Aufsichtsrat bei der Entscheidung über den Vorschlag zur Wahl des Abschlussprüfers. Die Berichterstattung ist indes nicht vollumfänglich für die Öffentlichkeit bestimmt.

Hingegen können die Informationen zu den vereinbarten Honoraren, wie in Deutschland, von der EU und von der SEC für kapitalmarktorientierte Unternehmen vorgesehen, für die Abschlussadressaten und auch für die Forschung Signale in Bezug auf die Unabhängigkeit des Abschlussprüfers liefern und den einzelnen Aktionär bei seiner Entscheidung im Rahmen der Wahl des Abschlussprüfers in der Hauptversammlung unterstützen.[1206] Diese Veröffentlichung ist folglich zielführend.

1205 Vgl. 17 CFR § 249, Item 14C(e)(5).

1206 Vgl. zu empirischen Forschungsergebnissen Kapitel I.3.3.

Kapitel V: Entwurf eines Unabhängigkeitsstandards für Deutschland

Aus den vorangegangenen Untersuchungen wurde deutlich, dass der deutsche Abschlussprüfer eine Vielfalt an Regelungen und Vorschriften zu beachten hat. Diese sind jedoch bis heute nicht methodisch in einem umfassenden Ansatz, sondern in verschiedenen Gesetzen und Verlautbarungen des Berufsstands sowie in der Rechtsprechung z.T. sehr einzelfallbezogen geregelt. Die systematische Zusammenfassung dieser Vorschriften in einem übergreifenden „Unabhängigkeitsstandard" in Form eines Conceptual Framework ist folglich von großer Bedeutung, um zum einen die Rechtssicherheit des Abschlussprüfers zu erhöhen und zum anderen, um der Öffentlichkeit zu verdeutlichen, welche Anforderungen in Bezug auf die Unabhängigkeit an den Abschlussprüfer in Deutschland gestellt werden. Aus den Ausführungen in Kapitel III wurde zudem deutlich, dass in Deutschland insb. in Bezug auf die zu implementierenden Schutzmaßnahmen Regelungslücken bestehen.

Dieser Unabhängigkeitsstandard soll – in Anlehnung an die Empfehlung der EU-Kommission – in ein Rahmenkonzept (Teil A) und eine kasuistische Regelung einzelner Tatbestände (Teil B) gegliedert sein. Damit ist gewährleistet, dass einerseits durch das prinzipienbasierte Rahmenkonzept auf neue Sachverhalte schnell reagiert und auf individuelle Situationen rasch eingegangen werden kann.[1207] Andererseits wird durch die Einzelfallregelungen explizit geregelt, wie bestimmte, häufig auftretende Sachverhalte zu beurteilen sind. Zudem sollte der Unabhängigkeitsstandard auch über eine dynamische Komponente verfügen und regelmäßig überarbeitet werden. Dies betrifft insb. den Teil B.

Im Folgenden wird ein Entwurf für einen deutschen Unabhängigkeitsstandard dargestellt. Zudem wird auf die entsprechenden Kapitel dieser Arbeit verwiesen, in denen eine intensivere Auseinandersetzung mit dem jeweiligen Sachverhalt stattfindet. Der hier vorgestellte Entwurf eines Unabhängigkeitsstandards verdeutlicht, dass die Unabhängigkeit des Abschlussprüfers in Deutschland grundsätzlich umfassend geregelt ist, jedoch einer systematischen Aufbereitung bedarf, um sowohl für den Abschlussprüfer selbst als auch für die Adressaten der Öffentlichkeit greifbar zu sein.

[1207] Vgl. auch Nonnenmacher (2003), S. 477.

Entwurf eines Unabhängigkeitsstandards

A. Rahmenkonzept

1. Grundsatz[1208]

(1) Der Wirtschaftsprüfer hat seinen Beruf unabhängig auszuüben.

(2) Unabhängigkeit umfasst sowohl die innere Unabhängigkeit (Unbefangenheit), d.h. die innere Einstellung, die ausschließlich die vorliegenden auftragsrelevanten Aspekte in Betracht zieht, als auch die äußere Unabhängigkeit (das Nichtbestehen der Besorgnis der Befangenheit), d.h. die Vermeidung von Tatsachen und Umständen, die so schwer ins Gewicht fallen, dass ein sachverständiger und informierter Dritter die Fähigkeit des Abschlussprüfers zur objektiven Wahrnehmung seiner Aufgaben in Zweifel ziehen würde.

2. Persönlicher Anwendungsbereich[1209]

(3) Zur Unabhängigkeit verpflichtet sind alle Abschlussprüfer, d.h. der Wirtschaftsprüfer selbst, die Wirtschaftsprüfungsgesellschaft, alle Personen, die im Rahmen der Abschlussprüfung eingesetzt werden (sog. Prüfungsteam) sowie weitere Personen, die mit der Durchführung der Abschlussprüfung im Rahmen von Berichtskritik o.ä. befasst sind.

(4) Unter den Begriff Abschlussprüfer fallen auch Unternehmen, mit denen der Abschlussprüfer gesellschaftsrechtlich oder über ein gemeinsames Netzwerk bzw. über einen gemeinsamen Namen verbunden ist.

3. Sachlicher Anwendungsbereich[1210]

(5) Ein Wirtschaftsprüfer muss grundsätzlich bei allen Tätigkeiten seine Unabhängigkeit wahren, insbesondere bei allen freiwilligen und gesetzlichen Abschlussprüfungen, die mit einem Bestätigungsvermerk enden (sog. Prüfungsleistungen).

(6) Die Unabhängigkeit ist insb. gegenüber dem Prüfungsmandanten zu gewährleisten. Ein Prüfungsmandant ist ein Unternehmen, bei dem der Wirtschaftsprüfer als Abschlussprüfer tätig ist sowie dessen verbundene Unternehmen, soweit sie in den Konzernabschluss des Prüfungsmandanten einbezogen werden. Davon abzugrenzen sind Mandanten, d.h. Unternehmen, die ausschließlich Nichtprüfungsleistungen in Anspruch nehmen.

(7) Für kapitalmarktorientierte Unternehmen und Unternehmen, die mit diesen i.S.d. § 271 Abs. 2 HGB verbunden sind, gelten z.T. strengere Vorschriften. Kapitalmarktorientierte Unternehmen sind Unternehmen, die einen organisierten Markt i.S.d. § 2 Abs. 5 WpHG in Anspruch nehmen.

[1208] Vgl. Kapitel I.3.1.
[1209] Vgl. Kapitel II.1.2.3, II.2.2.2, II.3.2.2 und II.4.3.2.
[1210] Vgl. Kapitel II.1.2.6, II.2.2.2, II.3.2.4 und II.4.3.2.

4. Zeitlicher Anwendungsbereich[1211]

(8) Die Unabhängigkeit muss ab dem Tag, an dem der Wirtschaftsprüfer zum Abschlussprüfer bestellt wird bzw. ab Beginn des zu prüfenden Zeitraums gewährleistet sein. Wurden Nichtprüfungsleistungen erbracht, als der Wirtschaftsprüfer noch kein Abschlussprüfer war, dürfen diese in Bezug auf den zu prüfenden Abschluss die Unabhängigkeit nicht gefährden.

5. Risiken, die eine Gefahr für die Unabhängigkeit des Abschlussprüfers darstellen[1212]

(9) Die Unabhängigkeit des Abschlussprüfers ist grundsätzlich durch das Risiko des Eigeninteresses und der Einschüchterung, der Selbstprüfung, der persönlichen Abhängigkeit und eines überhöhten Vertrauens gefährdet.

(10) Das Risiko des Eigeninteresses und der Einschüchterung besteht, falls der Abschlussprüfer aufgrund finanzieller Interessen an dem Prüfungsmandanten durch Anteilsbesitz, Darlehensverträge oder Honorarverhandlungen seinem gesetzlichen Auftrag nicht in dem erforderlichen Umfang nachkommt.

(11) Das Risiko der Selbstprüfung birgt die Gefahr, dass der Abschlussprüfer vor der eigentlichen Prüfung auf einen Sachverhalt Einfluss nimmt, den er im Rahmen der Prüfung zu beurteilen hat. Dies ist bei einem der Prüfungstätigkeit vorausgehendem Organ- oder Angestelltenverhältnis oder durch das Erbringen von Nichtprüfungsleistungen des Abschlussprüfers beim Prüfungsmandanten der Fall.

(12) Das Risiko der persönlichen Abhängigkeit besteht, wenn der Abschlussprüfer für oder gegen die Position eines Prüfungsmandanten Stellung bezieht, z.B. als Interessenvertreter.

(13) Das Risiko eines erhöhten Vertrauens besteht bei verwandtschaftlichen oder freundschaftlichen Beziehungen des Abschlussprüfers zu den Organmitgliedern des Prüfungsmandanten oder aufgrund einer langjährigen Mandatsbeziehung.

6. Maßnahmen zur Sicherung der Unabhängigkeit des Abschlussprüfers[1213]

(14) Zur Sicherung der Unabhängigkeit des Abschlussprüfers können verschiedene Maßnahmen notwendig sein. Hierzu zählen präventive Maßnahmen des Gesetzgebers, die Erhöhung der Transparenz gegenüber dem Aufsichtsrat und der Öffentlichkeit sowie die Maßnahmen der internen Qualitätssicherung der Wirtschaftsprüferpraxis. Der Prüfungsmandant hat ebenfalls intern geeignete Maßnahmen zu ergreifen, um die Unabhängigkeit seines Abschlussprüfers zu sichern.

[1211] Vgl. z.B.III.2.1.3.
[1212] Vgl. Kapitel III.1.
[1213] Vgl. Kapitel IV.

B. Kasuistische Regelung einzelner Tatbestände

1. Finanzielle Abhängigkeit[1214]

(15) Der Abschlussprüfer darf von dem Prüfungsmandanten nicht finanziell abhängig sein.

(16) Der Abschlussprüfer darf folglich keine direkte oder wesentliche indirekte finanzielle Beteiligung an dem Prüfungsmandanten halten.

(17) Die Beteiligung kann durch Aktien, Schuldverschreibungen, Optionen oder sonstige Wertpapiere begründet sein (Anteile bzw. Anteilsbesitz). Dabei ist es unerheblich, ob diese Anteile für eigene Rechnung oder treuhänderisch gehalten werden. Der Besitz von Fondsanteilen ist zulässig, solange der Fonds ausreichend diversifiziert ist und die Fondsanteile nicht dazu ermächtigen, Anlageentscheidungen zu treffen.

(18) Ein Anteilsbesitz am Prüfungsmandanten ist immer unzulässig, unerheblich von der Dauer des Haltens oder der Anzahl der gehaltenen Anteile.

(19) Der Anteilsbesitz von direkten, finanziell abhängigen Familienangehörigen sowie von Ehegatten und Lebensgefährten wird dem Abschlussprüfer zugerechnet.

(20) Ein Anteilsbesitz des Abschlussprüfers an verbundenen Unternehmen von Prüfungsmandanten, die selbst keine Mandanten, für den Prüfungsmandanten jedoch wesentlich sind bzw. für die der Prüfungsmandant wesentlich ist, sind, ist unzulässig.

(21) An der Wirtschaftsprüfungsgesellschaft selbst sollen (Prüfungs-) Mandanten keine Anteile halten.

(22) Der Abschlussprüfer darf keine Bürgschaften und Garantien für den Prüfungsmandanten übernehmen, solange sie nicht für alle Parteien unwesentlich sind.

(23) Kredite an den Abschlussprüfer dürfen nur von Prüfungsmandanten gewährt werden, die Kreditinstitute sind, müssen unter marktüblichen Konditionen zustande kommen und sollten – solange sie nicht für beide Parteien unwesentlich sind – durch eine Hypothek o.ä. gesichert sein.

(24) Der Abschlussprüfer darf einem Prüfungsmandanten keine Kredit gewähren.

(25) Eine erfolgsabhängige Vergütung darf nie von einem Wirtschaftsprüfer oder einer Wirtschaftsprüfungsgesellschaft vereinbart werden – unabhängig davon, ob es sich um einen Mandanten oder um einen Prüfungsmandanten handelt. Die einzige Ausnahme besteht in einer Vergütung, die von einem Gericht oder einer anderen öffentlichen Stelle festgelegt wurde.

(26) Der Abschlussprüfer darf nicht mehr als 30 % seiner Gesamteinnahmen von einem Prüfungsmandanten erhalten. Bei kapitalmarktorientierten Prüfungsmandanten liegt diese Grenze bei 15 %.

(27) Erzielt ein einzelner Partner einer Wirtschaftsprüfungsgesellschaft einen Großteil seiner Einnahmen mit einem Prüfungsmandanten, ist seine Arbeit einer zusätzlichen Durchsicht zu unterziehen.

[1214] Vgl. Kapitel III.2.1.1-III.2.1.3.

(28) **Werden fällige Honorare eines Prüfungsmandanten über einen längeren Zeitraum nicht beglichen, ist der Sachverhalt einer Untersuchung zu unterziehen und mit dem Kontrollorgan des Prüfungsmandanten zu diskutieren. Kann keine Einigung erzielt werden, hat der Abschlussprüfer Kontakt zur Enforcement-Instanz aufzunehmen.**

(29) **Gibt der Abschlussprüfer ein Angebot für eine Erstprüfung ab und liegt das Honorar hierfür wesentlich unter dem des vorherigen Abschlussprüfers, muss er gegenüber seinem Auftraggeber nachweisen, dass er einen angemessenen Zeitaufwand und ausreichend ausgebildete Mitarbeiter eingeplant hat und alle anzuwendenden Prüfungsstandards sowie Qualitätssicherungsmaßnahmen einhalten kann.**

2. Rechtsstreitigkeiten zwischen Prüfungsmandant und Abschlussprüfer[1215]

(30) **Treten zwischen einem Prüfungsmandanten und dem Abschlussprüfer bzw. einem der Mitarbeiter des Abschlussprüfers Rechtsstreitigkeiten auf, ist die Unabhängigkeit gefährdet, wenn die Rechtsstreitigkeit für eine der Parteien wesentlich ist oder das Ergebnis einer Pflichtprüfung in Frage gestellt wird.**

(31) Die Rechtsstreitigkeit ist mit dem Kontrollorgan des Prüfungsmandanten und der Enforcement-Instanz zu diskutieren. Der Abschlussprüfer hat von dem Prüfungsauftrag – soweit möglich – zurückzutreten bzw. den Auftrag so schnell wie möglich zu beenden. Ausnahmen von diesem Grundsatz können nur gewährt werden, wenn die Rechtsstreitigkeit eine Nichtprüfungsleistung betrifft, deren Honorar für beide Parteien unwesentlich ist.

3. Geschäftliche Beziehungen[1216]

(32) **Geschäftliche Beziehungen dürfen zwischen dem Abschlussprüfer und dem Prüfungsmandanten nur unter marktüblichen Bedingungen wie unter fremden Dritten eingegangen werden. Handelt es sich um wesentliche geschäftliche Beziehungen, sind diese vorab mit dem Kontrollorgan des Prüfungsmandanten zu erörtern.**

4. Organstellung beim/Angestelltenverhältnis zum Prüfungsmandanten[1217]

(33) **Eine Organstellung von Abschlussprüfern sowie Personen in Organstellung innerhalb der Wirtschaftsprüfungsgesellschaft beim Prüfungsmandanten ist während der Prüfung unzulässig.**

(34) **Ein Angestelltenverhältnis von Abschlussprüfern sowie Personen in Organstellung innerhalb der Wirtschaftsprüfungsgesellschaft beim Prüfungsmandanten ist**

[1215] Vgl. Kapitel III.2.1.4.
[1216] Vgl. Kapitel III.2.1.5.
[1217] Vgl. Kapitel III.2.2.1.

während der Prüfung unzulässig, wenn das Angestelltenverhältnis beim Mandanten die Übernahme von Führungs- oder Kontrollfunktionen beinhaltet.

(35) **Ein Wechsel eines Abschlussprüfers zum Prüfungsmandanten ist zulässig, sofern das Mitglied des Prüfungsteams sofort aus diesem ausgeschlossen wird. Handelt es sich bei der wechselnden Person um einen mandatsverantwortlichen Partner, der in eine Position mit Einfluss auf Rechnungswesen, Buchhaltung oder Inhalte des Jahresabschluss wechselt, muss eine Frist von zwei Jahren zwischen beiden Tätigkeiten verstreichen, um die Unabhängigkeit des Abschlussprüfers nicht zu gefährden.**

5. Erbringen bestimmter Nichtprüfungsleistungen[1218]

(36) **Das Erbringen unzulässiger Nichtprüfungsleistungen führt zum Verlust der Unabhängigkeit des Abschlussprüfers und dazu, dass der Abschlussprüfer sein Prüfungsmandat niederlegen muss bzw. nicht annehmen kann.**

(37) **Die Übernahme der Buchführung eines Prüfungsmandanten ist grundsätzlich unzulässig.**

(38) Handelt es sich um rein technische oder mechanische Tätigkeiten, darf der Abschlussprüfer nicht kapitalmarktorientierte Prüfungsmandanten in Einzelfällen unterstützen.

(39) Der Abschlussprüfer darf seinen Prüfungsmandanten in Bezug auf Einzelfragen auch in Bezug auf die Buchführung beraten.

(40) Unzulässig ist, die Buchhaltung für den Prüfungsmandanten vollständig zu übernehmen oder Buchungen für den Prüfungsmandanten durchzuführen.

(41) **Die Erstellung des Jahres- oder Konzernabschlusses oder des (Konzern-) Lageberichts für einen Prüfungsmandanten ist generell unzulässig.**

(42) Zulässig ist hingegen, zu einer bestimmten Bilanzierungsweise des Prüfungsmandanten Stellung zu nehmen oder diesen in Bezug auf die steuerlichen Auswirkungen bestimmter Transaktionen zu beraten.

(43) **Die Entwicklung, Einrichtung oder Einführung eines Finanzinformationssystems für einen kapitalmarktorientierten Prüfungsmandanten durch den Abschlussprüfer ist unzulässig.**

(44) Zulässig ist hingegen, den Prüfungsmandanten im Rahmen der Entwicklung, Einrichtung oder Einführung eines Finanzinformationssystems zu beraten, Gestaltungsalternativen aufzuzeigen und Verbesserungsvorschläge zu unterbreiten.

(45) **Die Durchführung von Bewertungen von Vermögensgegenständen, Schulden oder eines ganzen Unternehmens ist unzulässig, wenn die Ergebnisse der Bewertung in den Jahresabschluss des Prüfungsmandanten einfließen und wesentlich für den Jahresabschluss sind.**

(46) Zulässig sind hingegen Routinebewertungen, solange der Prüfungsmandant die zugrunde liegenden Annahmen bestätigt und die Verantwortung für die durchgeführte

[1218] Vgl. Kapitel III.2.2.2.

Bewertung übernimmt. Bewertungen für steuerliche Zwecke und die Beratung des Prüfungsmandanten in Bezug auf Bewertungsmethoden sowie die Durchsicht und Plausibilisierung der von ihm durchgeführten Bewertungen sind zulässig.

(47) Als Schutzmaßnahme dürfen jedoch die Mitglieder der beiden Auftragsteams nicht identisch sein und sich in Bezug auf die beiden Aufträge nicht fachlich austauschen.

(48) Die vollständige oder teilweise Übernahme der Internen Revision eines Prüfungsmandanten in verantwortlicher Position durch den Abschlussprüfer ist unzulässig.

(49) Die beratende Teilnahme an der Internen Revision in Fällen, die keinen Einfluss auf das Rechnungs- und Finanzwesen sowie den Jahresabschluss haben sowie die Beurteilung bestimmter Teile oder Programme der Internen Revision ist zulässig, solange die Mitglieder der beiden Auftragsteams nicht identisch sind und sich in Bezug auf die beiden Aufträge nicht fachlich austauschen.

(50) Die rechtliche Beratung des Prüfungsmandanten durch seinen Abschlussprüfer ist unzulässig, solange es sich hier um Tätigkeiten handelt, die sich auf den zu prüfenden Jahresabschluss nicht nur unwesentlich auswirken.

(51) Die Vertretung des Prüfungsmandanten vor Gericht durch den Abschlussprüfer ist unzulässig. Ausgenommen hiervon sind die Vertretung bei Steuerstreitigkeiten, Zeugenaussagen oder Stellungnahmen zu einer bestimmten Bilanzierungsweise.

(52) Berät der Abschlussprüfer seinen Prüfungsmandanten in Bezug auf die Einstellung neuer Mitarbeiter, so ist seine Unabhängigkeit gefährdet, wenn es sich hier um Mitarbeiter aus dem Bereich Rechnungswesen oder Finanzen handelt. Die Entscheidung über die Einstellung ist in jedem Fall durch den Prüfungsmandanten zu treffen.

(53) Zulässig ist die Beratung des Prüfungsmandanten in Bezug auf die Eignung bestimmter Kandidaten, oder die Erstellung einer Auswahlliste bestimmter Kandidaten. Bei kapitalmarktorientierten Prüfungsmandanten ist letzteres ebenfalls unzulässig.

(54) Die Steuerberatung des Prüfungsmandanten durch seinen Abschlussprüfer ist grundsätzlich zulässig, solange die funktionale Entscheidungszuständigkeit des Prüfungsmandanten gewahrt bleibt. Bei kapitalmarktorientierten Prüfungsmandanten dürfen keine Steuerberatungsleistungen erbracht werden, die unmittelbare gestalterische Auswirkungen auf den Jahresabschluss haben.

(55) Der Abschlussprüfer darf keine Empfehlungen über den Erwerb bestimmter Wertpapiere an Dritte oder an den Prüfungsmandanten geben oder Wertpapiere des Prüfungsmandanten für Dritte erwerben.

(56) Die Inanspruchnahme von Leistungen des Abschlussprüfers durch den Prüfungsmandanten in Bezug auf die Zeichnung, das Angebot, die Vermarktung oder den Verkauf von Wertpapieren, die der Prüfungsmandant emittiert oder emittiert hat, ist unzulässig. Zulässig ist hingegen die Beratung des Prüfungsman-

danten in Bezug auf die Entwicklung von Unternehmensstrategien, die Identifizierung von Kapitalquellen und die Analyse der Auswirkungen bestimmter Transaktionen auf die Rechnungslegung.

(57) **Das Erstellen versicherungsmathematischer Gutachten für Prüfungsmandanten durch den Abschlussprüfer ist unzulässig, wenn die hier ermittelten Werte Prüfungshandlungen im Rahmen der Abschlussprüfung unterliegen.**

6. Parteilichkeit aufgrund besonderer Aufträge[1219]

(58) **Ein Abschlussprüfer darf nicht tätig werden, wenn die Gefahr einer Interessenkollision zwischen Aufträgen, die für verschiedene Mandanten erbracht werden, besteht.**

(59) Für einen neuen Auftraggeber darf er in der gleichen Sache nur tätig werden, wenn der alte und der neue Auftraggeber dem zustimmen. Die Prüfung von konkurrierenden Unternehmen gilt nicht als Vertretung widerstreitender Interessen.

7. Rotation[1220]

(60) **Der den Bestätigungsvermerk unterzeichnende Wirtschaftsprüfer bzw. der mandatsverantwortliche Partner eines kapitalmarktorientierten Prüfungsmandantens haben das Prüfungsteam nach fünf Jahren zu verlassen und dürfen für die Dauer von zwei Jahren für diesen Prüfungsmandanten nicht mehr tätig werden.**

8. Erteilung des Prüfungsauftrags[1221]

(61) **Der Aufsichtrat schlägt der Hauptversammlung in Absprache mit dem Prüfungsausschuss einen Abschlussprüfer zur Wahl vor. Nach der Wahl der Hauptversammlung, die an diesen Wahlvorschlag nicht gebunden ist, erteilt der Aufsichtsrat dem gewählten Abschlussprüfer den Prüfungsauftrag.**

9. Tätigkeit von nahen Angehörigen bei einem Prüfungsmandanten[1222]

(62) **Nahe Angehörige eines Mitglieds des Prüfungsteams dürfen bei einem Prüfungsmandanten keine gehobene Führungsposition einnehmen oder auf die Buchhaltung bzw. die Erstellung des Jahresabschlusses Einfluss nehmen.**

(63) Ein Abschlussprüfer, dessen nahe Angehörige eine der o.g. Positionen einnehmen, ist von dem Prüfungsmandat auszuschließen.

10. Annahme von Geschenken[1223]

(64) **Geschenke, deren Wert wesentlich ist, dürfen vom Abschlussprüfer nicht angenommen werden.**

1219 Vgl. Kapitel III.2.3.
1220 Vgl. Kapitel III.2.4.1.
1221 Vgl. Kapitel III.2.4.1.
1222 Vgl. Kapitel III.2.4.2.
1223 Vgl. Kapitel III.2.4.3

11. Interne Qualitätssicherungsmaßnahmen innerhalb der Wirtschaftsprüfungsgesellschaft zur Gewährleistung der Unabhängigkeit[1224]

(65) Jede Wirtschaftsprüfungsgesellschaft hat interne Maßnahmen zu ergreifen, um ihre Unabhängigkeit zu sichern.

(66) Dazu gehören verbindliche schriftliche Vorschriften zur Unabhängigkeit, die allen Fachmitarbeitern zur Verfügung stehen, die Überprüfung der Einhaltung dieser Regelungen und die Benennung eines Verantwortlichen für die Unabhängigkeit. Zudem ist für jeden Prüfungsmandanten zu beurteilen, ob Risiken in Bezug auf die Unabhängigkeit des Abschlussprüfers bestehen.

(67) Gegen einen möglichen Verstoß gegen diese Vorschriften sind geeignete Sanktionsmaßnahmen zu implementieren und zu kommunizieren.

12. Rechtsfolgen eines Verstoßes[1225]

(68) Aus einem Verstoß gegen die Vorschriften zur Unabhängigkeit des Abschlussprüfers resultiert die Nichtigkeit des Prüfungsauftrags mit den Konsequenzen des Verlusts des Honoraranspruchs und des Entfallens der gesetzlichen Haftungsbeschränkung. Zudem kann der Prüfungsmandant Schadenersatz verlangen und der Wirtschaftsprüfer mit einem Bußgeld belegt werden.

13. Haftung[1226]

(69) Der Abschlussprüfer haftet seinem Prüfungsmandanten gegenüber bei fahrlässigem Handeln beschränkt auf die gesetzlich festgelegten Beträge.

(70) Gegenüber Dritten haftet der Abschlussprüfer wie gegenüber dem Prüfungsmandanten. Die Beweispflicht liegt beim klagenden Dritten.

14. Enforcement[1227]

(71) Der Wirtschaftsprüfer unterliegt der Berufsaufsicht der Wirtschaftsprüferkammer.

(72) Der Wirtschaftsprüfer hat sich regelmäßig einer externen Qualitätskontrolle zu unterziehen.

(73) Stellen die Prüfstelle für Rechnungslegung oder die Bundesanstalt für Finanzdienstleistungsaufsicht Berufspflichtverletzungen eines Wirtschaftsprüfers fest, sind diese der Wirtschaftsprüferkammer zu übermitteln, die geeignete Sanktionsmaßnahmen ergreift.

1224 Vgl. Kapitel IV.2.
1225 Vgl. Kapitel IV.3.1.
1226 Vgl. Kapitel IV.3.2.
1227 Vgl. Kapitel IV.3.3.

15. Vorabgenehmigung von Nichtprüfungsleistungen[1228]

(74) **Der Aufsichtsrat als Auftraggeber des Abschlussprüfers ist über alle weiteren Aufträge, die der Prüfungsmandant dem Abschlussprüfer erteilt, vorab zu informieren.**

(75) **Er soll verbindlich festlegen, welche Nichtprüfungsleistungen a) ausgeschlossen, b) nach Überprüfung durch den Aufsichtsrat (bzw. den Prüfungsausschuss) zulässig und c) ohne Einschaltung des Aufsichtsrats (bzw. Prüfungsausschusses) zulässig sind.**

16. Unabhängigkeitserklärung[1229]

(76) **Der Abschlussprüfer soll dem Aufsichtrat (bzw. dem Prüfungsausschuss) vor Unterbreitung des Wahlvorschlags an die Hauptversammlung eine Unabhängigkeitserklärung abzugeben.**

(77) Die Unabhängigkeitserklärung soll sämtliche geschäftlichen, finanziellen, persönlichen und sonstigen Beziehungen zwischen dem Abschlussprüfer und dem Prüfungsmandanten beschreiben, die Zweifel an der Unabhängigkeit des Abschlussprüfers begründen können.

(78) Dabei sind ebenfalls Beziehungen zu Unternehmen des Firmenverbunds des Abschlussprüfers sowie zu in gerader Linie verbundenen Unternehmen des Prüfungsmandanten zu berücksichtigen.

(79) **Zusätzlich erstreckt sich die Unabhängigkeitserklärung auf Angaben zu den vereinbarten Honoraren für Prüfungsleistungen, sonstige Bestätigungs- oder Bewertungsleistungen, Steuerberatungsleistungen und sonstige Leistungen.**

(80) Handelt es sich um eine Konzernabschlussprüfung, beziehen sich die Honorarangaben auf die Leistungen, die für die in den Konzernabschluss einbezogene Unternehmen erbracht wurden, unabhängig davon, ob es sich bei diesen Unternehmen ebenfalls um Prüfungsmandanten handelt.

(81) **Die Angaben zu den Honoraren sind von dem Prüfungsmandanten in seinem Jahres- bzw. Konzernabschluss offen zu legen, sofern es sich um ein kapitalmarktorientiertes Unternehmen handelt.**

1228 Vgl. Kapitel IV.4.2.

1229 Vgl. Kapitel IV.4.3.

Thesenförmige Zusammenfassung

1. Eine wesentliche Anforderung an die kapitalmarktorientierte Rechnungslegung wird in der Bereitstellung entscheidungsdienlicher Informationen für die Kapitalmarktteilnehmer gesehen. Die von einem Unternehmen veröffentlichten Informationen leisten nur dann einen positiven Beitrag zur Entscheidungsfindung bei den Kapitalmarktteilnehmern, wenn diese für sie glaubwürdig sind. Einer solchen Information wird jedoch nur dann ein hohes Maß an Glaubwürdigkeit zugeschrieben, wenn diese von einer unternehmensexternen Instanz geprüft und das Ergebnis der Prüfung den Kapitalmarktteilnehmern kommuniziert worden ist. Diese Aufgabe kommt dem Abschlussprüfer zu, der folglich einen Beitrag zur Lösung der Agency-Problematik leisten kann.

2. Die Unabhängigkeit des Abschlussprüfers ist eine unabdingbare Voraussetzung für seine Glaubwürdigkeit und damit für das Funktionieren des Systems Abschlussprüfung als Element der Corporate Governance. Dies gilt insb. in Deutschland, da hier die Abschlussprüfung neben der – international vorherrschenden – Garantiefunktion auch eine Unterstützungsfunktion des Aufsichtsrats wahrzunehmen hat. Eine enge Zusammenarbeit zwischen Abschlussprüfer und Aufsichtsrat ist folglich zur Gewährleistung einer effizienten Unternehmensüberwachung erforderlich.

3. In diesem Zusammenhang ist nicht nur die innere, subjektive Unabhängigkeit des Abschlussprüfers in Bezug auf den Prüfungsgegenstand, die sog. Independence in Fact, zu gewährleisten, sondern auch die äußere Unabhängigkeit, die sog. Independence in Appearance, die durch einen objektiven Dritten festgestellt wird.

4. In der Prüfungstheorie ist die Unabhängigkeit des Abschlussprüfers, insb. die Vereinbarkeit von Abschlussprüfung und Beratung, Gegenstand ökonomischer und empirischer Untersuchungen. Entgegen der Auffassung in der aktuellen regulativen Debatte um die gleichzeitige Abschlussprüfung und Beratung kommen die ökonomischen Analysen indes größtenteils zu dem Ergebnis, dass eine gleichzeitige Abschlussprüfung und Beratung nicht nur nicht unvorteilhaft, sondern für das geprüfte Unternehmen gerade vorteilhaft sein kann. Dieses Ergebnis wird durch empirische Untersuchungen zum gleichen Themenkomplex gestützt.

5. International existieren zwei Modelle zur Sicherung der Unabhängigkeit – der prinzipienorientierte (Principle-Based) Threats and Safeguards-Approach der EU-Kommission und der IFAC sowie der eher regelorientierte (Rule-Based) Ansatz der SEC. Grundsätzlich ist ein prinzipienorientierter Ansatz vorzuziehen, da so auch im Falle neuer Konstellationen rasch Entscheidungen anhand der Prinzipien abgeleitet werden können. Jedoch sollte, insb. aus Gründen der Rechtssicherheit für Unternehmen und Abschlussprüfer, kodifiziert

werden, welche Tatbestände in jedem Fall mit der gleichzeitigen Abschlussprüfung unvereinbar sind.

6. In Deutschland wurde durch das Bilanzrechtsreformgesetz eine Kombination aus einer prinzipienorientierten Definition des Begriffs der Unabhängigkeit mit einer kasuistisch enumerativen Aufzählung einzelner Ausschlusstatbestände gewählt. Indes liegt bis heute kein umfassend kodifizierter Ansatz zur Unabhängigkeit des Abschlussprüfers vor – Regelungen zur Unabhängigkeit finden sich bspw. im HGB, in der WPO, der Berufssatzung WPK und in einigen Verlautbarungen des IDW und der WPK. Diese Regelungen sollten – insb. im Interesse einer stärkeren Ausrichtung an den Adressaten – in einem übergreifenden Unabhängigkeitsstandard systematisch zusammengefasst werden.

7. International werden in Bezug auf die Unabhängigkeit des Abschlussprüfers das Risiko des Eigeninteresses und der Einschüchterung, der Selbstprüfung, der Parteilichkeit aufgrund besonderer Aufträge und das Risiko eines erhöhten Vertrauens unterschieden. Diese Aufteilung kann die Risiken nur grob kategorisieren; teilweise können auf einen Tatbestand auch zwei Risikoarten zutreffen, wie z.B. im Falle eines Angestelltenverhältnisses von Mitarbeitern der Prüfungsgesellschaft bei einem Prüfungsmandanten: Hier besteht das Risiko des Eigeninteresses und das Risiko der Selbstprüfung.

8. In der Literatur und Praxis wird am häufigsten die Problematik der Selbstprüfung diskutiert: Einerseits besteht die Gefahr, dass der Abschlussprüfer bei der Prüfung von Sachverhalten, an denen er selbst mitgewirkt hat, nicht mit der erforderlichen Sorgfalt prüft oder wenn er Fehler feststellt, diese aus Angst, sich zu diskreditieren, nicht kommuniziert. Andererseits ist zu berücksichtigen, dass der Abschlussprüfer auch einem Einwirkungsgebot unterliegt, und gerade hier die Grenzen zwischen Abschlussprüfung und Beratung verschwimmen. In diesem Zusammenhang ist das vom BGH im Jahr 1997 gefundene Abgrenzungskriterium der funktionalen Entscheidungszuständigkeit von erheblicher Bedeutung: Danach darf ein Abschlussprüfer beratend tätig sein, solange das geprüfte Unternehmen die endgültige Entscheidung über den Sachverhalt trifft. Ähnlich argumentieren auch IFAC und EU. Mit diesem Urteil wurde in Deutschland die gleichzeitige Prüfung und Beratung weitgehend für zulässig erklärt und die benötigte Rechtssicherheit geschaffen. Hierbei ist jedoch zu berücksichtigen, dass das Kriterium der funktionalen Entscheidungszuständigkeit nicht so ausgelegt werden darf, dass ein bloßes Absegnen des – alternativlosen – Entscheidungsvorschlags des Abschlussprüfers durch das geprüfte Unternehmen die Unabhängigkeit des Abschlussprüfers gewährleistet. Gerade da die Rechtsprechung der gleichzeitigen Prüfung und Beratung keine grundsätzliche Absage erteilt hat, ist dieses Kriterium sehr restriktiv anzuwenden. Andernfalls bleibt dem Gesetzgeber nur ein – weder dem Abschlussprüfer noch dem Unternehmen zuträgliches – Verbot der gleichzeitigen Abschlussprüfung und Beratung, wie dies mittlerweile für einzelne Nichtprüfungsleistungen durch das Bilanzrechtsreformgesetzes umgesetzt wurde. Dieser Auf-

fassung folgt auch die SEC, die zur Einhaltung des Selbstprüfungsverbots das Erbringen einzelner Nichtprüfungstätigkeiten neben der Abschlussprüfung explizit untersagt.

9. Auch die anderen Risiken, d.h. das Risiko des Eigeninteresses und der Einschüchterung, das Risiko der Parteilichkeit aufgrund besonderer Aufträge und das Risiko eines erhöhten Vertrauens, sind im Rahmen einer umfassenden Beurteilung der Unabhängigkeit des Abschlussprüfers nicht zu vernachlässigen. Insbesondere die Mandantenabhängigkeit durch Honorar sowie die Problematik um eine interne oder externe Rotation und der Wechsel von Mitarbeitern des Abschlussprüfers zu Prüfungsmandanten wird von den vier untersuchten Rechtskreisen hervorgehoben.

10. Zur Stärkung der Unabhängigkeit des Abschlussprüfers hat der deutsche Gesetzgeber bei einem Verstoß gegen die §§ 319 Abs. 2 bis 5, 319a HGB für den Wirtschaftsprüfer strenge Rechtsfolgen vorgesehen, die nur den Abschlussprüfer, nicht jedoch das zu prüfende Unternehmen treffen – wie z.B. der Verlust des Honoraranspruchs oder eine unbegrenzte Haftung. Daneben haftet der Abschlussprüfer immer, wenn er vorsätzlich oder fahrlässig seine Pflichten verletzt oder der Kapitalgesellschaft oder einem verbundenen Unternehmen der Kapitalgesellschaft daraus ein Schaden entsteht. Damit soll die gewissenhafte und unparteiische Prüfung des Abschlussprüfers sichergestellt werden. Nicht geregelt ist in Deutschland – im Gegensatz zu den USA – bis heute die Haftungsproblematik gegenüber Dritten außerhalb der geprüften Kapitalgesellschaft, die z.B. durch ein fehlerhaftes Testat des Abschlussprüfers Schaden erlitten haben. Die Bundesregierung hat zwar mittlerweile eine Änderung der Regelungen zur Dritthaftung angekündigt. Deren Ausgestaltung ist indes noch unklar.

11. Eine weitere präventive Maßnahme des Gesetzgebers zur Sicherung der Unabhängigkeit des Abschlussprüfers besteht in der Etablierung einer vom Unternehmen und vom Abschlussprüfer unabhängigen Kontrollinstanz zur Durchsetzung der Einhaltung der Rechnungslegungsvorschriften. Mit der SEC ist eine solche staatliche Instanz bereits in den USA tätig. In Deutschland wurde nach Verabschiedung des Bilanzkontrollgesetzes (BilKoG) mit der Einrichtung eines zweistufigen Enforcement-Systems, das auf der ersten Stufe eine private Instanz und auf der zweiten Stufe eine Behörde vorsieht, soeben begonnen. Da ein Enforcement-System ebenfalls der Sicherung der Glaubwürdigkeit der offen gelegten Informationen dient, ist seine Einrichtung zu begrüßen.

12. Ein wesentliches Element der Überwachung einer Kapitalgesellschaft ist der Aufsichtsrat. Folglich muss gerade dieser mit dem Abschlussprüfer eng zusammenarbeiten, um seiner Überwachungsfunktion in ausreichendem Maße nachkommen zu können. Ein erster Schritt in diese Richtung wurde durch den Übergang der Kompetenz zur Beauftragung des Abschlussprüfers vom Vorstand an den Aufsichtsrat bei Aktiengesellschaften durch das KonTraG 1998 geleistet. Insbesondere die erst in letzter Zeit wieder verstärkt diskutierten

Ansatzpunkte einer Genehmigungspflicht von Zusatzaufträgen an den Abschlussprüfer durch den Aufsichtsrat sowie der Unabhängigkeitserklärung des Abschlussprüfers an den Aufsichtsrat sind ebenfalls geeignet, die Zusammenarbeit zwischen Abschlussprüfer und Aufsichtsrat weiter zu verbessern und können einen Beitrag zur Sicherung der Unabhängigkeit des Abschlussprüfers leisten.

13. Nach den Vorschriften der SEC unterliegen alle Nichtprüfungsleistungen einer Pflicht zur Vorabgenehmigung durch den Aufsichtsrat – dies können deutsche Aufsichtsräte ebenfalls erreichen, wenn sie von § 111 Abs. 4 AktG Gebrauch machen. Auch die EU empfiehlt dem Prüfungsausschuss im Aufsichtsrat, verbindlich festzulegen, welche Nichtprüfungsleistungen gar nicht zulässig, nur Genehmigung des Prüfungsausschusses oder ohne Genehmigung des Prüfungsausschusses zulässig sind. Dieser Ansatz ist zu befürworten, da so eine Transparenz der zusätzlichen Leistungen des Abschlussprüfers gegenüber dem Aufsichtsrat erreicht wird. Daneben empfiehlt der DCGK, dass der Abschlussprüfer einmal jährlich seine beruflichen, finanziellen und sonstigen Beziehungen gegenüber dem geprüften Unternehmen offen legt.

14. Eine Offenlegung der Honorare für Prüfungs- und Nichtprüfungsleistungen dient der Information der Adressaten und ist auch im Hinblick auf die empirische Forschung in Deutschland zu begrüßen. Die Unabhängigkeitserklärung im Sinne des IDW PS 345 sah jedoch nur eine Offenlegung gegenüber dem Aufsichtsrat vor, während die SEC und die EU-Kommission eine Offenlegung gegenüber allen Abschlussadressaten verlangten. Eine Ausweitung dieser Regelungen im Sinne der SEC und der EU-Kommission ist mittlerweile durch das Bilanzrechtsreformgesetz bei Unternehmen, die einen organisierten Markt i.S.d. § 2 Abs. 5 WpHG in Anspruch nehmen, erfolgt.

15. Aus den Ausführungen wird deutlich, dass es in Deutschland aufgrund der Vielzahl unterschiedlicher Regelungen mit unterschiedlicher Verbindlichkeit dringend eines detaillierten Unabhängigkeitsstandards bedarf, um das Themengebiet der Unabhängigkeit des Abschlussprüfers für die Öffentlichkeit transparent zu gestalten und dem Abschlussprüfer selbst einen Handlungsrahmen beiseite zu stellen. Mit dem hier entwickelten Entwurf eines Unabhängigkeitsstandards wird gezeigt, dass eine solche Aufbereitung möglich und sachgerecht ist.

16. Zusammenfassend ist festzustellen, dass die Unabhängigkeit des Abschlussprüfers objektiv schwer messbar ist, da ein wesentlicher Aspekt, die Independence in Appearance, das subjektive Empfinden eines Dritten abbildet und somit nicht operationalisiert werden kann. Der Abschlussprüfer sollte daher, bevor er einen Auftrag annimmt oder weiterführt, die Auswirkung dieses Auftrags auf seine Unabhängigkeit analysieren und dabei auch die Sichtweise eines Dritten berücksichtigen. Hat er Zweifel an seiner Unabhängigkeit, kann er den Auftrag nicht annehmen. Bewertungsmaßstab muss dabei stets die Qualität der Ab-

schlussprüfung sein, denn die Unabhängigkeit ist keine Bedingung an sich, sondern notwendige Voraussetzung für die Prüfungsqualität.[1230] Nur durch eine qualitativ hochwertige und unabhängige Abschlussprüfung kann das Vertrauen in die Rechnungslegung und die Abschlussprüfung auch zukünftig gewahrt werden.

1230 Vgl. z.B. Lennox (1999), S. 240.

Literaturverzeichnis

ADS (1957): Rechnungslegung und Prüfung der Aktiengesellschaft. Handkommentar für die Bilanzierungs- und Prüfungspraxis nach dem Aktiengesetz unter Berücksichtigung der sonstigen handelsrechtlichen Vorschriften, von Adler, Hans/Düring, Walther/Schmaltz, Kurt, 3., neubearbeitete Auflage, Stuttgart 1957.

ADS (1971): Adler/Düring/Schmaltz, Rechnungslegung und Prüfung der Aktiengesellschaft. Handkommentar, völlig neu bearbeitet von Schmaltz, Kurt/Forster, Karl-Heinz/Goerdeler, Reinhard/Havermann, Hans, 4. Auflage, Stuttgart 1971.

ADS (2000): Adler/Düring/Schmaltz, Rechnungslegung und Prüfung der Unternehmen, Kommentar zum HGB, AktG, GmbHG, PublG nach den Vorschriften des Bilanzrichtlinien-Gesetzes, völlig neu bearbeitet von Forster, Karl-Heinz/Goerdeler, Reinhard/Lanfermann, Josef/Müller, Hans-Peter/Siepe, Günter/Stolberg, Klaus, 6. Auflage, Stuttgart 2000.

Agrawal, Anup/Chadha, Sahiba (2003): Corporate Governance and Accounting Scandals, Working Paper, Culverhouse College of Business, Tuscaloosa, online im Internet unter http://www.ssrn.com, Abruf am 23.2.204.

AICPA (1978): Summary of the conclusions and recommendations of the Commission on Auditors' Responsibilities, in: JoA, Vol. 145 (1978), No. 4, S. 92-102.

AICPA (1995): AICPA Mission Statement (The fundamental purpose of the AICPA), November 1995, online im Internet unter http://www.aicpa.org/about/mission.htm, Abruf am 24.8.2004.

AICPA (2001): AICPA Independence November 2001 Rules, online im Internet unter http://www.aicpa.org/public/download/members/div/ethics/Final_AICPA_Rules.doc, Abruf am 7.1.2003.

AICPA (2003a): Code of Professional Conduct, online im Internet unter http://www.aicpa.org/about/code/index.htm, Abruf am 18.8.2003.

AICPA (2003b): Exposure Draft – Omnibus Proposal of Professional Ethics Division Interpretations and Rulings, March 19, 2003, online im Internet unter http://www.aicpa.org/download/ethics/ED-omnibus2003-0319.pdf, Abruf am 16.7.2003.

AICPA (2003c): Consideration of Fraud in a Financial Statement Audit, in: JoA, Vol. 195 (2003), No. 1, S. 105-119.

Akerlof, George A. (1970): The market for „lemons": Qualitative uncertainty and the market mechanism, in: Quarterly Journal of Economics, Vol. 84 (1970), S. 488-500.

Albach, Horst (1999): Eine allgemeine Theorie der Unternehmung, in: ZfB, 69. Jg. (1999), S. 411-427.

Albrecht, Achim (2003): Neue aktienrechtliche Entwicklungen in den USA – die Principles of Corporate Governance und der Sarbanes-Oxley-Act, in: IWB, 54. Jg. (2003), Gruppe 3, S. 359-368.

Alchian, Armen A./Demsetz, Harold (1972): Production, Information Costs and Economic Organization, in: A.E.R., Vol. 62 (1972), S. 777-795.

Antle, Rick (1982): The Auditor as an Economic Agent, in: Journal of Accounting Research, Vol. 20 (1982), S. 503-527.

Antle, Rick/Gordon, Elizabeth A./Narayanamoorthy, Ganapathi/Zhou, Ling (2002): The Joint Determination of Audit Fees, Non-Audit Fees, and Abnormal Accruals, online im Internet unter http://www.ssrn.com/, Abruf am 2.2.2004.

Arbeitskreis Bilanzrecht der Hochschullehrer Rechtswissenschaft (2002): Zu den Vorschlägen der EU-Kommission zur Prüferunabhängigkeit, in: BB, 57. Jg. (2002), S. 2663-2664.

Arrow, Kenneth J. (1985): The Economics of Agency, in: Pratt, John W./Heckhauser, Richard J. (Hrsg.): Principals and Agents: The Structure of Business, Boston 1985, S. 37-51.

Arrow, Kenneth J. (1994): Methodolocial Individualism and Social Knowledge, in: A.E.R., Vol. 82 (1994), S. 1-9.

Ashbaugh, Hollis/LaFond, Ryan/Mayhew, Brian W. (2003): Do Nonaudit Services Compromise Auditor Independence? Further Evidence, in: The Accounting Review, Vol. 78 (2003), S. 611-639.

Atkins, Paul S. (2003): Der US-Sarbanes-Oxley Act: Zielsetzungen, Inhalt und Implementierungsstand, in: Der Konzern, 1. Jg. (2003), S. 260-264.

Backhaus, Klaus (1990): Betriebswirtschaftliche Beratung von Unternehmen durch Wirtschaftsprüfer, in: WPg, 43. Jg. (1990), S. 680-688.

Backhaus, Klaus/Meffert, Heribert/Bongartz, Michael/Eschweiler, Maurice (2003): Selbst- und Fremdbild der Wirtschaftsprüfer – Empirische Befunde zur Positionierung des Wirtschaftsprüfers in der Öffentlichkeit –, in: WPg, 56. Jg. (2003), S. 625-637.

Bärenz, Christian (2003): Haftung des Abschlussprüfers bei Bestätigung fehlerhafter Jahresabschlüsse gem. § 323 Abs. 1 S. 3 HGB, in: BB, 58. Jg. (2003), S. 1781-1784.

Baetge, Jörg/Lutter, Marcus (2003): Abschlussprüfung und Corporate Governance. Stärkere Unabhängigkeit für Wirtschaftsprüfer, Köln 2003.

Baetge, Jörg/Sell, Kirsten (1999): Die US-amerikanischen, internationalen und deutschen Prüfungsgrundsätze im Vergleich, in: StuB, 1. Jg. (1999), S. 517-525.

Baetge, Jörg/Thiele, Stefan (2004): Kommentierung zu § 319 HGB, in: Küting, Karlheinz/Weber, Claus-Peter (Hrsg.): Handbuch der Rechnungslegung Einzelabschluss. Kommentar zur Bilanzierung und Prüfung, 5., aktualisierte und erweiterte Auflage, Stuttgart 2004 (Stand: 6. Ergänzungslieferung März 2004).

Baetge, Jörg/Thiele, Stefan/Matena, Sonja (2004): Mittelbare Sicherung der Prüfungsqualität durch Enforcement geprüfter Jahres- und Konzernabschlüsse – Überlegungen aus ökonomischer Sicht, in: BFuP, 56. Jg. (2004), S. 201-218.

Baiman, Stanley (1979): Discussion of Auditing: Incentives and Truthful Reporting, in: Journal of Accounting Research, Vol. 17 (1979), Supplement, S. 25-29.

Ballwieser, Wolfgang (1986): Kapitalmarkt, Managerinteressen und die Rolle des Wirtschaftsprüfers, in: Schneider, Dieter (Hrsg.): Kapitalmarkt und Finanzierung, Schriften des Vereins für Socialpolitik, Heft 165, Berlin 1986, S. 351-362.

Ballwieser, Wolfgang (1989): Auditing in an Agency Setting, in: Bamberg, Günter/Spremann, Klaus (Hrsg.): Agency Theory, Information, and Incentives, Berlin u.a. 1989, S. 327-346.

Ballwieser, Wolfgang (2001): Die Unabhängigkeit des Wirtschaftsprüfers – eine Analyse von Beratungsverbot und externer Rotation, in: Lutter, Marcus (Hrsg.): Der Wirtschaftsprüfer als Element der corporate governance, Düsseldorf 2001, S. 99-115.

Barkess, Lynn/Simnett, Roger (1994): The Provision of Other Services by Auditors: Independence and Pricing Issues, in: Auditing and Business Research, Vol. 24 (1994), S. 99-108.

Bates, Homer L./Ingram, Robert W./Reckers, Philip M. J. (1982): Auditor-Client Affiliation: The Impact on „Materiality". A study of the effect of auditor rotation on materiality judgements, in: JoA, Vol. 153 (1982), No. 4, S. 60-63.

Baumbach, Adolf/Hopt, Klaus J. (2000): Handelsgesetzbuch: mit GmbH & Co., Handelsklauseln, Bank- und Börsenrecht, Transportrecht (ohne Seerecht), 30., völlig neubearbeitete und erweiterte Auflage, München 2000.

Baums, Theodor (1997): Stellungnahme zur Aktienrechtsreform 1997, in: AG, 42. Jg. (1997), Sonderheft, S. 26-38.

Baums, Theodor (2001): Bericht der Regierungskommission Corporate Governance: Unternehmensführung, Unternehmenskontrolle, Modernisierung des Aktienrechts, Köln 2001.

Baums, Theodor/Fischer, Christian (2003): Haftung des Prospekt- und des Abschlussprüfers gegenüber den Anlegern, in: Richter, Frank/Schüler, Andreas/ Schwetzler, Bernhard (Hrsg.): Kapitalgeberansprüche, Marktwertorientierung und Unternehmenswert. Festschrift für Prof. Dr. Dr. h.c. Jochen Drukarczyk zum 65. Geburtstag, München 2003, S. 37-58.

Baums, Theodor/Stöcker, Mathias (2003): Die Vorschläge der Regierungskommission Corporate Governance und ihre bisherige Umsetzung durch den Deutschen Corporate Governance Kodex und das TransPuG, in: Dörner, Dietrich/Menold, Dieter/Pfitzer, Norbert/Oser, Peter (Hrsg.): Reform des Aktienrechts, der Rechnungslegung und der Prüfung: KonTraG – Corporate Governance – TransPuG, 2., überarbeitete und erweiterte Auflage, Stuttgart 2003, S. 1-39.

Beattie, Vivien/Brandt, Richard/Fearnley, Stella (1999): Perceptions of Auditor Independence: U.K. Evidence, in: Journal of International Accounting, Auditing and Taxation, Vol. 8 (1999), Heft 1, S. 67-107.

Benckendorff, Andreas (1996): Anmerkung zu OLG Karlsruhe, Urteil vom 23.11.1995 – 9 U 24/95, in: WPK-Mitt., 35. Jg. (1996), S. 122-124.

Berg, Stefan/Stöcker, Mathias (2002): Anwendungs- und Haftungsfragen zum Deutschen Corporate Governance Kodex, in: WM, 56. Jg. (2002), S. 1569-1616.

Bertschinger, Peter/Schaad, Martin (2002): Der amerikanische Sarbanes-Oxley Act of 2002. Mögliche Auswirkungen auf die amerikanische und internationale Wirtschaftsprüfung und Corporate Governance, in: Der Schweizer Treuhänder, 76. Jg. (2002), S. 883-888.

Bezzenberger, Gerold (1995): Aufsichtsrat und Abschlußprüfer in ihrer Aufgabe für die Kontrolle des Unternehmens, in: IDW (Hrsg.): Neuorientierung der Rechenschaftslegung – Eine Herausforderung für Unternehmer und Wirtschaftsprüfer –, Bericht über die Fachtagung 1994 des IDW e.V., Düsseldorf 1995, S. 503-516.

Biener, Herbert (1980): Zur Transformation der 4. EG-Richtlinie, in: WPg, 33. Jg. (1980), S. 689-698.

Biener, Herbert (1987): Die Möglichkeiten und Grenzen berufsständischer Empfehlungen zur Rechnungslegung, in: Havermann, Hans (Hrsg.): Bilanz- und Konzernrecht, Festschrift zum 65. Geburtstag von Dr. Dr. h.c. Reinhard Goerdeler, Düsseldorf 1987, S. 45-60.

Biener, Herbert (1995): Die Erwartungslücke – eine endlose Geschichte, in: Lanfermann, Josef (Hrsg.): Internationale Wirtschaftsprüfung: Festschrift zum 65. Geburtstag von Professor Dr. Dr. h.c. Hans Havermann, Düsseldorf 1995, S. 38-63.

Biener, Herbert (1996): Fachnormen statt Rechtsnormen – Ein Beitrag zur Deregulierung der Rechnungslegung, in: Ballwieser, Wolfgang/Moxter, Adolf/Nonnenmacher, Rolf (Hrsg.): Rechnungslegung – warum und wie: Festschrift für Hermann Clemm zum 70. Geburtstag, München 1996, S. 59-79.

Biener, Herbert (1997a): Stand und künftige Entwicklung der Harmonisierung der Vorschriften über die Rechnungslegung und deren Prüfung in der Europäischen Union, in: Forster, Karl-Heinz/Grunewald, Barbara/Lutter, Marcus/Semler, Johannes (Hrsg.): Aktien- und Bilanzrecht, Festschrift für Bruno Kropff, Düsseldorf 1997, S. 393-415.

Biener, Herbert (1997b): Wäre eine Übernahme der Prüfungsgrundsätze der IFAC oder anderer Berufsorganisationen geeignet, die Qualität der Abschlussprüfung in Deutschland zu verbessern?, in: Fischer, Thomas R./Hömberg, Reinhold (Hrsg.): Jahresabschluß und Jahresabschlußprüfung. Probleme, Perspektiven, internationale Einflüsse. Festschrift zum 60. Geburtstag von Jörg Baetge, Düsseldorf 1997, S. 640-666.

Biener, Herbert/Bernecke, Wilhelm (1986): Bilanzrichtlinien-Gesetz, Düsseldorf 1986.

Binz, Hans-Bert (1985): Kritik an den deutschen Wirtschaftsprüfern – ein Glaubwürdigkeitsproblem? Eine Profession im Spannungsfeld der Interessen, Bergisch-Gladbach 1985.

Bleicher, Knut/Paul, Herbert (1986): Das amerikanische Board-Modell im Vergleich zur deutschen Vorstands-/Aufsichtsratsverfassung – Stand und Entwicklungstendenzen, in: DBW, 46. Jg. (1986), S. 263-288.

Bleicher, Knut/Leberl, Diethard/Paul, Herbert (1989): Unternehmensverfassung und Spitzenorganisation: Führung und Überwachung von Aktiengesellschaften im internationalen Vergleich, Wiesbaden 1989.

BMJ (2003a): Referentenentwurf des Gesetzes zur Einführung internationaler Rechnungslegungsstandards und zur Sicherung der Qualität der Abschlussprüfung (Bilanzrechtsreformgesetz – BilReG), online im Internet unter http://www.bmj.bund.de/images/11732.pdf, Abruf am 16.12.2003.

BMJ (2003b): Maßnahmenkatalog der Bundesregierung zur Stärkung der Unternehmensintegrität und des Anlegerschutzes, online im Internet unter http://www.bmj.bund.../inhalt.html?sid=df7bc1eca0940f9642d9b758766cd965&offset=, Abruf am 25.2.2003.

Böckem, Hanne (2000): Die Durchsetzung von Rechnungslegungsstandards: eine kapitalmarktorientierte Untersuchung, Frankfurt am Main u.a. 2000.

Böcking, Hans-Joachim (1999): Auswirkungen der neuen Rechnungslegungs- und Prüfungsvorschriften auf die Erwartungslücke, in: Dörner, Dietrich/Menold, Dieter/Pfitzer, Norbert (Hrsg.): Reform des Aktienrechts, der Rechnungslegung und Prüfung, Stuttgart 1999, S. 717-743.

Böcking, Hans-Joachim (2001): Die öffentliche Aufgabe des Wirtschaftsprüfers. Untersuchungs- und Redepflicht versus verbale Verschleierung, in: Lutter, Marcus (Hrsg.): Der Wirtschaftsprüfer als Element der corporate governance, Düsseldorf 2001, S. 53-65.

Böcking, Hans-Joachim (2003a): Corporate Governance und Transparenz. Zur Notwendigkeit der Transparenz für eine wirksame Unternehmensüberwachung, in: Werder, Axel von/Wiedmann, Harald (Hrsg.): Internationalisierung der Rechnungslegung und Corporate Governance. Festschrift für Professor Dr. Klaus Pohle, Stuttgart 2003, S. 247-277.

Böcking, Hans-Joachim (2003b): Audit und Enforcement: Entwicklungen und Probleme, in: ZfbF, 55. Jg. (2003), S. 683-706.

Böcking, Hans-Joachim (2004): Stellungnahmen im Meinungsspiegel zum Thema: Sicherung der Abschlußprüfung durch Enforcement – aber wie?, in: BFuP, 56. Jg. (2004), S. 268-279.

Böcking, Hans-Joachim/Dutzi, Andreas (2002): Kommentierung zu §§ 285 Nr. 16, 342 und 342a HGB, in: Baetge, Jörg/Kirsch, Hans-Jürgen/Thiele, Stefan (Hrsg.): Bilanzrecht. Handelsrecht mit Steuerrecht und den Regelungen des IASB, Kommentar, Bonn/Berlin 2002.

Böcking, Hans-Joachim/Dutzi, Andreas (2003): Corporate Governance und Value Reporting. Verbesserung der Corporate Governance durch wertorientierte Unternehmensberichterstattung?, in: Seicht, Gerhard (Hrsg.): Jahrbuch für Controlling und Rechnungswesen 2003, Wien 2003, S. 213-239.

Böcking, Hans-Joachim/Dutzi, Andreas/Müßig, Anke (2004): Ökonomische Funktion des Prüfungsausschusses im deutschen Corporate Governance System, in: BFuP, 56. Jg. (2004), S. 417-440.

Böcking, Hans-Joachim/Herold, Christian/Wiederhold, Philipp (2003): Modernisierung des HGB in Richtung IAS/IFRS – Auswirkungen der Änderungen der 4. und 7. EU-Richtlinie vom 6.5.2003 –, in: Der Konzern, 1. Jg. (2003), S. 394-409.

Böcking, Hans-Joachim/Kiefer, Marcus (2002): Eine europäische Finanzaufsichtsbehörde ist notwendig. Ein Plädoyer für ein schlagkräftiges Pendant zur amerikanischen Börsenaufsichtsbehörde SEC, in: FAZ vom 23.9.2002, Nr. 221, S. 28.

Böcking, Hans-Joachim/Löcke, Jürgen (1997): Abschlußprüfung und Beratung. Eine ökonomische Analyse, in: DBW, 57. Jg. (1997), S. 461-474.

Böcking, Hans-Joachim/Müßig, Anke (2001): Prüfung von Konzernabschlüssen kapitalmarktorientierter Unternehmen nach den International Standards on Auditing (ISA) (9.1.4), in: Achleitner, Ann-Kristin/Thoma, Georg F. (Hrsg.): Handbuch Corporate Finance: Konzepte, Strategien und Praxiswissen, Loseblattausgabe, 2. Auflage Köln 2002, Stand: 3. Ergänzungslieferung Juni 2002.

Böcking, Hans-Joachim/Müßig, Anke (2002): Kommentierung zu §§ 289 und 315 HGB, in: Baetge, Jörg/Kirsch, Hans-Jürgen/Thiele, Stefan (Hrsg.): Bilanzrecht. Handelsrecht mit Steuerrecht und den Regelungen des IASB, Kommentar, Bonn/Berlin 2002.

Böcking, Hans-Joachim/Müßig, Anke (2003): Neue Herausforderungen für den Konzernlagebericht durch das Transparenz- und Publizitätsgesetz sowie den Deutschen Corporate Governance Kodex? – Zugleich ein Ausschnitt aus dem gegenwärtigen Anforderungsprofil an Vorstand, Aufsichtsrat und Abschlussprüfer –, in: Der Konzern, 1. Jg. (2003), S. 38-50.

Böcking, Hans-Joachim/Orth, Christian (1998a): Kann das „Gesetz zur Kontrolle und Transparenz im Unternehmensbereich (KonTraG)" einen Beitrag zur Verringerung der Erwartungslücke leisten? – Eine Würdigung auf Basis von Rechnungslegung und Kapitalmarkt, in: WPg, 51. Jg. (1998), S. 351-364.

Böcking, Hans-Joachim/Orth, Christian (1998b): Neue Vorschriften zur Rechnungslegung und Prüfung durch das KonTraG und das KapAEG – Ergebnisse eines kapitalmarktorientierten Reformzwangs, in: DB, 51. Jg. (1998), S. 1241-1246.

Böcking, Hans-Joachim/Orth, Christian (1998c): Offene Fragen und Systemwidrigkeiten bei den neuen Rechnungslegungs- und Prüfungsvorschriften des KonTraG und des KapAEG, in: DB, 51. Jg. (1998), S. 1873-1879.

Böcking, Hans-Joachim/Orth, Christian (1999): Mehr Kontrolle und Transparenz im Unternehmensbereich durch eine Verbesserung der Qualität der Abschlussprüfung?, in: BFuP, 51. Jg. (1999), S. 418-436.

Böcking, Hans-Joachim/Orth, Christian (2000): Risikomanagement und das Testat des Abschlussprüfers, in: BFuP, 52. Jg. (2000), S. 242-260.

Böcking, Hans-Joachim/Orth, Christian (2002): Beratung und Prüfung, Vereinbarkeit von, in: Ballwieser, Wolfgang/Coenenberg, Adolf G./Wysocki, Klaus von (Hrsg.): Handwörterbuch der Rechnungslegung und Prüfung (HWRP), 3., überarbeitete und erweiterte Auflage, Stuttgart 2002, Sp. 257-267.

Böcking, Hans-Joachim/Orth, Christian/Brinkmann, Ralf (2000): Die Anwendung der International Standards on Auditing (ISA) im Rahmen der handelsrechtlichen Konzernabschlussprüfung und deren Berücksichtigung im Bestätigungsvermerk, in: WPg, 53. Jg. (2000), S. 216-234.

Böckli, Peter (2000): Corporate Governance auf Schnellstrassen und Holzwegen. Folgerungen für die Schweizer Praxis aus den neuesten Texten – „Hampel", „London Stock Exchange Combined Code", „Turnbull" und „Blue Ribbon", in: Der Schweizer Treuhänder, 74. Jg. (2000), S. 133-152.

Bormann, Michael (2002): Unabhängigkeit des Abschlussprüfers: Aufgabe und Chance für den Berufsstand, in: BB, 57. Jg. (2002), S. 190-197.

Born, Karl (1999): Rechnungslegung International: Konzernabschlüsse nach IAS, US-GAAP, HGB und EG-Richtlinien, 2. Auflage, Stuttgart 1999.

Braun, Frank (1996): Gebührendruck und Prüfungsqualität bei Pflichtprüfungen mittelständischer Unternehmen, in: BB, 51. Jg. (1996), S. 999-1001.

Breker, Norbert/Naumann, Klaus-Peter/Tielmann, Sandra (1999): Der Wirtschaftsprüfer als Begleiter der Internationalisierung der Rechnungslegung (Teil II), in: WPg, 52. Jg. (1999), S. 185-195.

Brillinger, Hans-Peter (1971): Unternehmensberatung durch den Wirtschaftsprüfer – Eine Konsequenz ihrer Zielsetzungen und die dabei entstehenden Interessenkonflikte, in: NBW, 24. Jg. (1971), S. 50-56.

Buchner, Robert (1997): Wirtschaftliches Prüfungswesen, 2., aktualisierte und erweiterte Auflage, München 1997.

Budde, Wolfgang Dieter/Steuber, Elgin (1996): Rechnungslegung im Spannungsfeld zwischen Gläubigerschutz und Information der Gesellschafter, in: AG, 41. Jg. (1996), S. 542-550.

Buijink, Willem/Maijoor, Steven/Meuwissen, Roger/van Witteloostuijn, Arjen (1996): The Role, Position and Liability of the Statutory Auditor within the European Union, Brüssel 1996.

Busse von Colbe, Walther (1993): Die Entwicklung des Jahresabschlusses als Informationsinstrument, in: Wagner, Franz W. (Hrsg.): Ökonomische Analyse des Bilanzrechts – Entwicklungslinien und Perspektiven, ZfbF, Sonderheft 32/1993, S. 11-29.

Callaway Dee, Carol/Lulseged, Ayalew/Nowlin, Tanya S. (2001): Earnings Quality and Auditor Independence: An Examination Using Non-Audit Fee Data, Virginia Commonwealth University 2001, online im Internet unter http://www.ssrn.com, Abruf am 1.4.2002.

Carcello, Joseph V./Hermanson, Roger H./McGrath, Neal T. (1992): Audit Quality Attributes: The Perceptions of Audit Partners, Preparers, and Financial Statement Users, in: Auditing: A Journal of Practice and Theory, Vol. 11 (1992), Heft 1, S. 1-15.

Carey, John L./Doherty, William O. (1966): Ethical Standards of the Accounting Profession, New York 1966.

CESR (2003): Standard No. 1 on Financial Information. Enforcement of Standards on Financial Information in Europe, March 2003, online im Internet unter http://www.europefesco.org/DOCUMENTS/STANDARDS/03-073.pdf, Abruf am 7.2.2004.

Chung, Hyeesoo/Kallapur, Sanjay (2003): Client Importance, Non-Audit Services, and Abnormal Accruals, in: The Accounting Review, Vol. 78 (2003), S. 931-955.

Claussen, Carsten Peter (1992): Anmerkung zu: Kein Honoraranspruch bei Verstoß gegen § 319 HGB: §§ 318, 319 HGB; §§ 134, 677, 812, 817 BGB, in: AG, 37. Jg. (1992), S. 440.

Claussen, Carsten Peter/Korth, H.-Michael (1991): Kölner Kommentar zum AktG, 2. Auflage, §§ 316-330, 340-340o HGB; §§ 150, 152, 170-176 AktG, Stand der Bearbeitung: Juli 1991, Köln u.a. 1991.

Clemm, Herrmann (1984): Erwartungen an die Abschlußprüfung, in: WPg, 37. Jg. (1984), S. 645-655.

Coenenberg, Adolf Gerd/Reinhart, Alexander/Schmitz, Jochen (1997): Audit Committees – Ein Instrument zur Unternehmensüberwachung? – Reformdiskussion im Spiegel einer Befragung der Vorstände deutscher Unternehmen –, in: DB, 50. Jg. (1997), S. 989-997.

Consbruch, Johannes/Möller, Annemarie/Bähre, Inge Lore/Schneider, Manfred (2002): Kreditwesengesetz mit weiteren Vorschriften zum Aufsichtsrecht der Banken. Textsammlung. Band I, Loseblattsammlung, Stand: Juli 2002, München 2002.

Corless, John C./Parker, Larry M. (1987): The Impact of MAS on Auditor Independence: An Experiment, in: Accounting Horizons, Vol. 1 (1987), September, S. 25-29.

Craswell, Allen T. (1999): Does the Provision of Non-Audit Services Impair Auditor Independence, in: International Journal of Auditing, Vol. 3 (1999), S. 29-40.

Craswell, Allen/Stokes, Donald J./Laughton, Janet (2002): Auditor Independence and Fee Dependence, in: JAE, Vol. 33 (2002), S. 253-275.

DeAngelo, Linda Elizabeth (1981a): Auditor Size and Audit Quality, in: JAE, Vol. 3 (1981), S. 183-199.

DeAngelo, Linda Elizabeth (1981b): Auditor Independence, „Low Balling", and Disclosure Regulation, in: JAE, Vol. 3 (1981), S. 113-127.

Deckenbrock, Christian (2002): Interessenkonflikte bei Wirtschaftsprüfern und Rechtsanwälten unter dem besonderen Aspekt der beruflichen Verschwiegenheitspflicht, in: BB, 57. Jg. (2002), S. 2453-2461.

DeFond, Mark L./Raghunandan, Kannan/Subramanyam, K. R. (2002): Do Non-Audit Service Fees Impair Auditor Independence? Evidence from Going Concern Audit Opinions, in: Journal of Accounting Research, Vol. 40 (2002), S. 1247-1274.

Demme, Nicole D. (2003): Die Unabhängigkeit des Abschlussprüfers nach deutschem, US-amerikanischem und internationalem Recht, Baden-Baden 2003

Deutscher Corporate Governance Kodex (2005): vom 2.6.2005 online im Internet unter http://www.corporate-governance-code.de/ger/download/D_CorGov_Endfassung2005-markiert.pdf Abruf am 17.6.2005.

Donald, David C. (2003): Die Entwicklung der US-amerikanischen Corporate Governance nach Enron, in: WM, 57. Jg. (2003), S. 705-714.

Dopuch, Nicholas/King, Ronald R. (1991): The Impact of MAS on Auditors' Independence: An Experimental Markets Study, in: Journal of Accounting Research, Vol. 29 (1991), Supplement, S. 60-98.

Dopuch, Nicholas/King, Ronald R./Schwartz, Rachel (2001): An Experimental Investigation of Retention and Rotation Requirements, in: Journal of Accounting Research, Vol. 39 (2001), S. 93-117.

Dopuch, Nicholas/King, Ronald R./Schwartz, Rachel (2003): Independence in Appearance and in Fact: An Experimental Investigation, in: Contemporary Accounting Research, Vol. 20 (2003), S. 79-114.

Dörner, Dietrich (1995): Eröffnungsansprache, in: IDW (Hrsg.): Neuorientierung der Rechenschaftslegung – Eine Herausforderung für Unternehmen und Wirtschaftsprüfer –, Bericht über die Fachtagung 1994 des IDW e.V., Düsseldorf 1995, S. 9-19.

Dörner, Dietrich (1997): Inwieweit schließen sich Erstellung, Beratung und Prüfung von Jahresabschlüssen gegenseitig aus?, in: Festschrift Stehle. Steuerberatung im Spannungsfeld von Betriebswirtschaft und Recht, Stuttgart 1997, S. 81-107.

Dörner, Dietrich (1998a): Ändert das KonTraG die Anforderungen an den Abschlussprüfer?, in: DB, 51. Jg. (1998), S. 1-8.

Dörner, Dietrich (1998b): Von der Wirtschaftsprüfung zur Unternehmensberatung, in: WPg, 51. Jg. (1998), S. 302-318.

Dörner, Dietrich (1999): Die externe Qualitätskontrolle für Wirtschaftsprüfer und vereidigte Buchprüfer, in: WPK-Mitt., 38. Jg. (1999), S. 126-132.

Dörner, Dietrich (2000): Zusammenarbeit von Aufsichtsrat und Wirtschaftsprüfer im Lichte des KonTraG – Schlüssel zur Verbesserung der Corporate Governance –, in: DB, 53. Jg. (2000), S. 101-105.

Dörner, Dietrich/Oser, Peter (1995): Erfüllen Aufsichtsrat und Wirtschaftsprüfer ihre Aufgaben? – Zugleich ein Plädoyer für eine bessere Zusammenarbeit von Aufsichtsrat und Wirtschaftsprüfern, in: DB, 48. Jg. (1995), S. 1085-1093.

Dörner, Dietrich/Schwegler, Iren (1997): Anstehende Änderungen der externen Rechnungslegung sowie deren Prüfung durch den Wirtschaftsprüfer, in: DB, 50. Jg. (1997), S. 285-289.

Dörner, Wolfgang (1976): Der Wirtschaftsprüfer als unparteiischer Gutachter bei der Bewertung von Unternehmungen, in: BFuP, 28. Jg. (1976), S. 505-516.

Dorn-Zachertz, Wolfgang (1977): Die Unabhängigkeit und Unbefangenheit des Abschlussprüfers in der Pflichtprüfung der Aktiengesellschaft, Dissertation, Mainz 1977.

DRSC (DRS, 2004): Deutsche Rechnungslegungs Standards (DRS) –German Accounting Standards (GAS), Loseblattsammlung (Stand: März 2004).

Dutzi, Andreas (2005): Der Aufsichtsrat als Instrument der Corporate Governance. Ökonomische Analyse der Veränderungen im Corporate-Governance-System börsennotierter Aktiengesellschaften, Wiesbaden 2005.

Ebke, Werner F. (1983): Wirtschaftsprüfer und Dritthaftung, Bielefeld 1983.

Ebke, Werner F. (1997a): Zum Ausschluss der Dritthaftung im Rahmen des Entwurfs eines Gesetzes zur Kontrolle und Transparenz im Unternehmensbereich, in: WPK-Mitt., 36. Jg. (1997), S. 108-113.

Ebke, Werner F. (1997b): Rechungslegung und Abschlußprüfung im Umbruch, in: WPK-Mitt., 36. Jg. (1997), Sonderheft Juni, S. 12-24.

Ebke, Werner F. (1998a): Anmerkung zum Urteil des BGH vom 2.4.1998, in: WPK-Mitt., 37. Jg. (1998), S. 258-263.

Ebke, Werner F. (1998b): Anmerkung zum Urteil des BGH vom 21.4.1997, in: WPK-Mitt., 37. Jg. (1998), S. 76-81.

Ebke, Werner F. (2001): Kommentierung zu §§ 318, 319 und 323 HGB, in: Schmidt, Karsten (Hrsg.): Münchner Kommentar zum Handelsgesetzbuch, Bd. 4. Drittes Buch – Handelsbücher: §§ 238-342 a HGB, München 2001.

Ebke, Werner F. (2002): Haftung bei Rechnungslegung und Prüfung international, in: Ballwieser, Wolfgang/Coenenberg, Adolf G./Wysocki, Klaus von (Hrsg.): Handwörterbuch der Rechnungslegung und Prüfung (HWRP), 3., überarbeitete und erweiterte Auflage, Stuttgart 2002, Sp. 1085-1100.

Ebke, Werner F./Jurisch, Ann-Veruschka (2000): Der unerwünschte Abschlußprüfer: Ersetzungsverfahren (§ 318 Abs. 3 HGB) versus Anfechtungsklage (§ 243 Abs. 1 AktG), in: AG, 45. Jg. (2000), S. 208-216.

Ebke, Werner F./Paal, Boris (1999): Anmerkung zum Urteil des OLG Düsseldorf vom 15.12.1998 – 24 U 27/98, in: WPK-Mitt., 38. Jg. (1999), S. 262-264.

Eibelshäuser, Manfred (1997): Aufsichtsrat und Abschlußprüfer. Kann die erweiterte Prüfung und Berichterstattung des Abschlußprüfers nach § 53 HGrG zu einer Verbesserung der Aufsichtsratsinformation beitragen?, in: WPK-Mitt., 36. Jg. (1997), S. 166-177.

Eibelshäuser, Manfred/Nowak, Karsten (2004): Kommentierung zu § 53 HGrG, in: Engels, Dieter/Eibelshäuser, Manfred (Hrsg.): Heuer. Kommentar zum Haushaltsrecht, Loseblattsammlung, Stand: Dezember 2004, München 2004.

Eisolt, Dirk (1992): US-amerikanische und deutsche Konzernrechnungslegung, Hamburg 1992.

Eisolt, Dirk (1993): Die rechtlichen Grundlagen der amerikanischen Konzernrechnungslegung, in: AG, 38. Jg. (1993), S. 209-233.

Elschen, Rainer (1998): Principal-Agent, in: Busse von Colbe, Walther/Pellens, Bernhard (Hrsg.): Lexikon des Rechnungswesens, 4., überarbeitete und erweiterte Auflage, München u.a. 1998, S. 557-560.

Emmerich, Gerhard/Schaum, Wolfgang (2003): Auswirkungen des Sarbanes-Oxley Act auf deutsche Abschlussprüfer – Berufsaufsicht, Registrierung, Unabhängigkeit, in: WPg, 56. Jg. (2003), S. 677-691.

Emmerich, Volker (1977): Die Kontrolle der Kontrolleure, in: Busse von Colbe, Walther/Lutter, Markus (Hrsg.): Wirtschaftsprüfung heute: Entwicklung oder Reform? Ein Bochumer Symposium, Wiesbaden 1977, 215-232.

Erle, Bernd (1990): Der Bestätigungsvermerk des Abschlußprüfers, Düsseldorf 1990.

Ernst, Christoph/Seibert, Ulrich/Stuckert, Fritz (1998): KonTraG, KapAEG, StückAG, EuroEG: (Gesellschafts- und Bilanzrecht); Textausgabe mit Begründungen der Regierungsentwürfe, Stellungnahmen des Bundesrates mit Gegenäußerungen der Bundesregierung, Berichten des Rechtsausschusses des Deutschen Bundestages, Stichwortverzeichnis, Düsseldorf 1998.

Escher-Weingart, Christina (1999): Die gewandelte Rolle des Wirtschaftsprüfers als Partner des Aufsichtsrats nach den Vorschriften des KonTraG, in: NZG, 2. Jg. (1999), S. 909-919.

Ettredge, Michael/Greenberg, Robert (1990): Determinants of Fee Cutting on Initial Audit Engagements, in: Journal of Accounting Research, Vol. 28 (1990), S. 198-210.

EU-Kommission (1996a): Ergebnisbericht Act of the Conference on Rolle, Stellung und Haftung des Abschlussprüfers in der Europäischen Union am 5. und 6. Dezember 1996, online im Internet unter http://europa.eu.int/comm/internal_market/en/company/audit/docs/actde.pdf, Abruf am 30.7.2003.

EU-Kommission (1996b): Grünbuch – Rolle, Stellung und Haftung des Abschlussprüfers in der Europäischen Union, in: WPK-Mitt., 35. Jg. (1996), S. 280-296.

EU-Kommission (1998): Mitteilung der Kommission betreffend die Abschlußprüfung in der Europäischen Union: künftiges Vorgehen (98/C 143/03), in: ABlEG Nr. C 143 vom 8.5.1998, S. 12-18.

EU-Kommission (2000a): Consultative Paper on Statutory Auditors' Independence in the EU: A Set of Fundamental Principles, Brüssel, 15. Dezember 2000, online im Internet unter http://europa.eu.int/comm/internal_market/en/company/audit/ news/independence_en.pdf, Abruf am 30.7.2003.

EU-Kommission (2000b): Mitteilung der Kommission an den Rat und das Europäische Parlament, Rechnungslegungsstrategie der EU: Künftiges Vorgehen, online im Internet unter http://europa.eu.int/eur-elx/de/com/cnc/2000/ com2000_0359de01.pdf, Abruf am 2.7.2003.

EU-Kommission (2001): Empfehlung der Kommission vom 15. November 2000 Mindestanforderungen an Qualitätssicherungssysteme für die Abschlussprüfung in der EU, in: ABlEG Nr. L 91 vom 31.3.2001, S. 91-97.

EU-Kommission (2002a): Committee on Auditing, online im Internet unter http://europa.eu.int/comm/internal_market/en/company/audit/committ/index.htm, Abruf am 5.11.2002.

EU-Kommission (2002b): Vermerk für den informellen Ecofin-Rat am 12. und 13. April 2002 in Oviedo, online im Internet unter http://www.europa.eu.int/comm/internal_market/en/company/company/news/ecofin_2004_04_enron_de.pdf, Abruf am 28.5.2002.

EU-Kommission (2002c): Auditing: Commission issues Recommendation on independence of statutory auditors, online im Internet unter http://europa.eu.int/rapid/start/cgi/guesten.ksh?p_action.gettxt=gt&doc=IP/02/723|0|RAPID&lg=DE&display=, Abruf am 17.5.2002.

EU-Kommission (2002d): Auditor independence – frequently asked questions, online im Internet unter http://europa.eu.int/rapid/start/cgi/guesten.ksh?p_action.gettxt=gt&doc=MEMO/02/96|0|RAPID &lg= DE&display=, Abruf am 17.5.2002.

EU-Kommission (2002e): Empfehlung der Kommission vom 16. Mai 2002 Unabhängigkeit des Abschlussprüfers in der EU – Grundprinzipien, in: ABlEG Nr. L 191 vom 19.7.2002, S. 22-57.

EU-Kommission (2003a): Mitteilung der Kommission an den Rat und das Europäische Parlament: Modernisierung des Gesellschaftsrechts und Verbesserung der Corporate Governance in der Europäischen Union – Aktionsplan, online im Internet unter http://europa.eu.int/eur-lex/de/com/cnc/2003/com 2003_0284de01.pdf, Abruf am 15.7.2003.

EU-Kommission (2003b): A study on systems of civil liability of statutory auditors in the context of a Single Market for auditing services in the European Union, online im Internet unter http://europa.eu.int/comm/internal_market/en/company/audit/docs/auditliability.pdf, Abruf am 20.6.2003.

EU-Kommission (2003c): Mitteilung der Kommission an den Rat und das europäische Parlament: Stärkung der Abschlussprüfung in der EU, in: AblEG Nr. C 236 v. 2.10.2003, S. 2-13.

EU-Kommission (2004): Recommendation on the role of (independent) non-executive or supervisory directors. Consultation document of the Services of the Internal Market Directorate General (5.5.2004), online im Internet unter http://europa.eu.int/comm/internal_market/company/index_en.html, Abruf am 10.5.2004.

EU-Kommission (2005): Empfehlung der Kommission vom 15. Februar 2005 zu den Aufgaben der nicht geschäftsführenden Direktoren/Aufsichtsratsmitglieder börsennotierter Unternehmen sowie zu den Ausschüssen des Verwaltungs-/Aufsichtsrats, in: AblEG Nr. L 52 v. 25.2.2005, S. 51-63.

European Contact Group (1996): Responding to Market Expectations. An Action Plan to reduce the Expectation Gap, London 1996.

Ewert, Ralf (1985): Rechnungslegung, Gläubigerschutz und Agency-Probleme, Wiesbaden 1986.

Ewert, Ralf (1990): Wirtschaftsprüfung und asymmetrische Information, Berlin u.a. 1990.

Ewert, Ralf (1993): Rechnungslegung, Wirtschaftsprüfung, rationale Akteure und Märkte. Ein Grundmodell zur Analyse der Qualität von Unternehmenspublikationen, in: ZfbF, 45. Jg. (1993), S. 715-747.

Ewert, Ralf (1999): Wirtschaftsprüfung und ökonomische Theorie – Ein selektiver Überblick –, in: Richter, Martin (Hrsg.): Theorie und Praxis der Wirtschaftsprüfung II: Wirtschaftsprüfung und ökonomische Theorie – Prüfungsmarkt – Prüfungsmethoden – Urteilsbildung / 2. Symposium der KPMG/Universität Potsdam zur Theorie und Praxis der Wirtschaftsprüfung am 9. und 10. Oktober 1998 in Potsdam, Berlin 1999, S. 35-99.

Ewert, Ralf (1999): Wirtschaftsprüfung, in: Bitz, M. et al. (Hrsg.): Vahlens Kompendium der Betriebswirtschaftslehre, Band 2, 4. Auflage, München 1999, S. 505-553.

Ewert, Ralf (2002): Unabhängigkeit und Unbefangenheit, in: Ballwieser, Wolfgang/Coenenberg, Adolf G./Wysocki, Klaus von (Hrsg): Handwörterbuch der Rechnungslegung und Prüfung (HWRP), 3., überarbeitete und erweiterte Auflage, Stuttgart 2002, Sp. 2386-2395.

Ewert, Ralf (2003): Prüfung, Beratung und externe Rotation: Ökonomische Forschungsbeiträge zur aktuellen Regulierungsdebatte im Bereich der Wirtschaftsprüfung, in: Der Konzern, 1. Jg. (2003), S. 528-539.

Ewert, Ralf/Feess, Eberhard/Nell, Martin (2000): Prüfungsqualität, Dritthaftung und Versicherung, in: BFuP, 52. Jg. (2000), S. 572-593.

Ewert, Ralf/Stefani, Ulrike (2001): Wirtschaftsprüfung, in: Jost, Peter-J. (Hrsg.): Die Prinzipal-Agenten-Theorie in der Betriebswirtschaftslehre, Stuttgart 2001, S. 147-217.

Ewert, Ralf/Wagenhofer, Alfred (2000): Neuere Ansätze zur theoretischen Fundierung von Rechnungslegung und Prüfung, in: Lachnit, Laurenz/Freidank, Carl-Christian/Schulz, Arne (Hrsg.): Investororientierte Unternehmenspublizität: Neue Entwicklungen von Rechnungslegung, Prüfung und Jahresabschlussanalyse, Wiesbaden 2000, S. 31-60.

Ewert, Ralf/Wagenhofer, Alfred (2003): Aspekte ökonomischer Forschung in der Rechnungslegung und Anwendung auf Ausschüttungsbemessung und Unabhängigkeit des Prüfers, in: BFuP, 55. Jg. (2003), S. 603-622.

Fama, Eugene F. (1980): Agency Problems and the Theory of the Firm, in: Journal of Political Economy, Vol. 88 (1980), S. 288-307.

Fearnley, Stella/Beattie, Vivien A./Brandt, Richard (2005): Auditor Independence and Audit Risk: A Reconceptualization, in: Journal of International Accounting Research, 4. Jg. (2005), S. 39-71.

Feddersen, Christoph (1999): Die Dritthaftung des Wirtschaftsprüfers nach § 323 HGB – Zugleich Anmerkungen zum Urteil des LG Hamburg vom 22.6.1998 (WM 1999, 138 ff) –, in: WM, 53. Jg. (1999), S. 105-116.

FEE (1998): Statutory Audit Independence and Objectivity. Common Core of Principles for the Guidance of the European Profession. Initital Recommendations, Brüssel Juli 1998.

FEE (2001): Enforcement Mechanisms in Europe. A Preliminary Investigation of Oversight Systems, April 2001, online im Internet unter http://www.fee.be/publications/main.htm, Abruf am 7.2.2004.

FEE (2002): FEE Sarbanes Letter, online im Internet unter http://www.fee.be/secretariat/PDFs/FEE%20Letter%20&%20%20Paper/Sarbanes%20020926.pdf, Abruf am 27.1.2003.

Feess, Eberhard (2000): Mikroökonomie. Eine spieltheoretisch- und anwendungsorientierte Einführung, Marburg 2000.

Ferlings, Josef/Lanfermann, Georg (2002): Unabhängigkeit von deutschen Abschlussprüfern nach Verabschiedung des Sarbanes-Oxley Acts, in: DB, 55. Jg. (2002), S. 2117-2122.

Fey, Gerd (1995): Corporate Governance – Unternehmensüberwachung bei deutschen Aktiengesellschaften, in: DStR, 33. Jg. (1995), S. 1320-1327.

Firth, Michael (1981): Auditor-Client Relationship and their Impact on Bankers' Perceived Lending Decisions, in: Journal of Banking and Finance, Vol. 11 (1981), Sommer, S. 179-188.

Fleischer, Holger (1996): Das Doppelmandat des Abschlussprüfers – Grenzen der Vereinbarkeit von Abschlussprüfung und Steuerberatung, in: DStR, 34. Jg. (1996), S. 758-764.

Fliess, Wolfgang (1992): Die Haftung des Wirtschaftsprüfers unter Berücksichtigung internationaler Entwicklungen, in: WPK-Mitt., 31. Jg. (1992), S. 49-62.

Flume, Werner (1952): Die Unabhängigkeitsgarantie des Abschlussprüfers nach § 137 Abs. 2 AktG, in: NJW, 5. Jg. (1952), S. 484-486.

Forster, Karl-Heinz (1976): Gedanken zur passiven Sicherung der Unabhängigkeit des Abschlußprüfers, in: Baetge, Jörg/Moxter, Adolf/Schneider, Dieter (Hrsg.): Bilanzfragen. Festschrift zum 65. Geburtstag von Prof. Dr. Ulrich Leffson, Düsseldorf 1976, S. 331-337.

Forster, Karl-Heinz (1993): Zur Bestellung und Abberufung des Abschlußprüfers, in: Bierich, Marcus/Hommelhoff, Peter/Kropff, Bruno (Hrsg.): Unternehmen und Unternehmensführung im Recht. Festschrift für Johannes Semler, Berlin/New York 1993, S. 819-834.

Forster, Karl-Heinz (1994a): Gedanken beim Unterzeichnen eines Bestätigungsvermerks, in: Ballwieser, Wolfgang/Böcking, Hans-Joachim/Drukarczyk, Jochen/ Schmidt, Reinhard H. (Hrsg.): Bilanzrecht und Kapitalmarkt: Festschrift zum 65. Geburtstag von Professor Dr. Dr. h.c. Dr. h.c. Adolf Moxter, Düsseldorf 1994, S. 951-966.

Forster, Karl-Heinz (1994b): Zur „Erwartungslücke" bei der Abschlußprüfung, in: WPg, 47. Jg. (1994), S. 789-795.

Forster, Karl-Heinz (1995): MG, Schneider, Balsam und die Folgen – was können Aufsichtsräte und Abschlußprüfer gemeinsam tun?, in: AG, 40. Jg. (1995), S. 1-7.

Forster, Karl-Heinz (1998): Abschlußprüfung nach dem Regierungsentwurf des KonTraG, in: WPg, 51. Jg. (1998), S. 41-56.

Forster, Karl-Heinz (1999): Zum Zusammenspiel von Aufsichtsrat und Abschlußprüfer nach dem KonTraG, in: AG, 44. Jg. (1999), S. 193-198.

Frankel, Richard M./Johnson, Marilyn F./Nelson, Karen K. (2002): The Relation between Auditors' Fees for Nonaudit Services and Earnings Management, in: The Accounting Review, Vol. 77 (2002), Supplement, S. 71-105.

Freeman, R. Edward/Reed, David L. (1983): Stockholders and Stakeholders: A New Perspective on Corporate Governance, in: California Management Review, Vol. 25 (1983), No. 3, S. 88-106.

Fujinuma, Tsuguoki (2000): Strengthening Self-Regulation to meet Global Demands, online im Internet unter http://www.ifac.org/library/speechArticle.tmpl? NID=97542786181374, Abruf am 3.5.2002.

Funke, Rainer (1996): Aktienrechtsreform 1997: Aufsichtsrat und Abschlussprüfer, in: ZIP, 17. Jg. (1996), S. 1602-1604.

Geiger, Marshall A./Raghunandan, Kannan (2002): Auditor Tenure and Audit Reporting Failures, in: Auditing: A Journal of Practice and Theory, Vol. 21 (2002), S. 67-78.

Gelhausen, Hans Friedrich (1997): Reform der externen Rechnungslegung und ihrer Prüfung durch den Wirtschaftsprüfer, in: AG, 42. Jg. (1997), S. 73-82.

Gelhausen, Hans Friedrich/Hönsch, Henning (2002): Deutscher Corporate Governance Kodex und Abschlussprüfung, in: AG, 47. Jg. (2002), S. 529-535.

Gelhausen, Hans Friedrich/Kuss, Ehrenfried (2003): Vereinbarkeit von Abschlussprüfung und Beratungsleistungen durch den Abschlussprüfer, in: NZG, 6. Jg. (2003), S. 424-427.

Gessler, Ernst (1956): Die Wirtschaftsprüfer als Garanten aktienrechtlicher Publizität, in: WPg, 9. Jg. (1956), S. 463-465.

Ghosh, Aloke/Moon, DooCheol (2003): Does Auditor Tenure Impair Audit Quality?, online im Internet unter http://www.ssrn.com, Abruf am 3.2.2004.

Gietzmann, Miles B./Pradyot, K. Sen (2002): Improving Auditor Independence Through Selective Mandatory Rotation, in: International Journal of Auditing, Vol. 6 (2002), S. 183-210.

Gigler, Frank/Penno, Mark (1995): Imperfect Competition in Audit Markets and Its Effect on the Demand for Audit-Related Services, in: The Accounting Review, Vol. 70 (1995), S. 317-336.

Glazer, Alan S./Jaenicke, Henry R. (2002): A Pathology of the Independence Standards Board's Conceptual Framework, in: Accounting Horizons, Vol. 16 (2002), S. 329-352.

Glezen, G. William/Millar, James A. (1985): An Empirical Investigation of Stockholder Reaction to Disclosures Required by ASR No. 250, in: Journal of Accounting Research, Vol. 23 (1985), S. 859-870.

Göhner, Frank (2000): Die Reform der Qualitätskontrolle im Berufsstand des Wirtschaftsprüfers, in: DStR, 38. Jg. (2000), S. 1404-1408.

Götz, Heinrich (1995): Die Überwachung der Aktiengesellschaft im Lichte jüngerer Unternehmenskrisen, in: AG, 40. Jg. (1995), S. 337-353.

Gómez-Aguilar, Nieves/Ruiz-Barbadillo, Emiliano/Carrera, M. Nieves (2004): Does Mandatory Auditor Rotation enhance Auditor Independence? Evidence from Going Concern Audit Opinions, Working Paper, Universidad de Cádiz and Manchester School of Accounting and Finance, März 2004, erhalten per e-mail von N. Gómez-Aguilar (nieves.gomez@uca.es).

Grams, Hartmut A. (1998): Zur Gesetzgebung der europäischen Union. Eine vergleichende Strukturanalyse aus staatsorganisatorischer Sicht, Neuwied, Kriftel 1998.

Granobs, Hein (1981): Die Unabhängigkeit des Abschlußprüfers, in: BFuP, 33. Jg. (1981), S. 531-549.

Granobs, Hein (1996): Abschlußerstellung durch den Wirtschaftsprüfer, in: Baetge, Jörg/Börner, Dietrich/Forster, Karl-Heinz/Schruff, Lothar (Hrsg.): Rechnungslegung, Prüfung und Beratung – Herausforderungen für den Wirtschaftsprüfer, Festschrift zum 70. Geburtstag von Professor Dr. Rainer Ludewig, Düsseldorf 1996, S. 275-302.

Graumann, Mathias (2002): Initiativen und Maßnahmen zur Harmonisierung der Abschlussprüfung in der EU, in: StuB, 4. Jg. (2002), S. 313-323.

Gruson, Michael/Kubicek, Matthias (2003): Der Sarbanes-Oxley Act, Corporate Governance und das deutsche Aktienrecht, in: AG, 48. Jg. (2003), S. 337-352 (Teil I) und S. 393-406 (Teil II).

Guy, Dan M./Zeff, Stephen A. (2002): Independence and Objectivity. Retired Partners on Audit Committees, in: The CPA Journal, Vol. 72 (2002), No. 7, S. 30-34.

Haasen, Uwe (1988): Die Bedeutung der Audit Committees. Ein Beispiel für die Zusammenarbeit der Überwachungsträger?, in: ZfbF, 40. Jg. (1988), S. 370-379.

Hachmeister, Dirk (1999): Die gewandelte Rolle des Wirtschaftsprüfers als Partner des Aufsichtsrats nach den Vorschriften des KonTraG, in: DStR, 37. Jg. (1999), S. 1453-1460.

Haegert, Lutz (1985): Der Grundsatz der Prozeßunabhängigkeit des Abschlußprüfers – Soll und Ist, in: Gross Gerhard (Hrsg.): Der Wirtschaftsprüfer im Schnittpunkt nationaler und internationaler Entwicklungen. Festschrift für Klaus von Wysocki, Düsseldorf 1985, S. 201-219.

Hagel, Joachim (2002): Unabhängigkeit als ethisch-moralische Herausforderung, in: WPg, 55. Jg. (2002), S. 1355-1360.

Hagemeister, Christina (2002): Neue Anforderungen an die Unabhängigkeit des Abschlussprüfers durch IFAC und Europäische Kommission, in: DB, 55. Jg. (2002), S. 333-340.

Haller, Axel (1993): Die Grundlagen der externen Rechnungslegung in den USA: unter besonderer Berücksichtigung der rechtlichen institutionellen und theoretischen Rahmenbedingungen, 3., unveränderte Auflage, Stuttgart 1993.

Haller, Axel/Raffournier, Bernard/Walton, Peter (2000): Unternehmenspublizität im internationalen Wettbewerb, Stuttgart 2000.

Haller, Axel/Reitbauer, Susanne (2002): Obligatorische externe Rotation des Abschlussprüfers – Felix Austria?, in: DB, 55. Jg. (2002), S. 2229-2235.

Harder, Nils (1996): Die Steuerberatung durch den Abschlußprüfer – Anmerkungen zu dem Urteil des OLG Karlsruhe vom 23.11.1995 –, in: DB, 49. Jg. (1996), S. 717-720.

Heine, Marc Oliver (1994): Prüfung des handelsrechtlichen Jahresabschlusses durch einen im Sinne von § 319 Abs. 2 Nr. 5 HGB befangenen Abschlußprüfer, in: BuW, 48. Jg. (1994), S. 808-813.

Heininger, Klaus/Betram, Klaus (2004): Neue Anforderungen an Berufsaufsicht und Qualitätskontrolle durch das Abschlussprüferaufsichtsgesetz (APAG), in: DB, 57. Jg. (2004), S. 1737-1741.

Hellwig, Hans-Jürgen (1999): Beratungsverträge des Abschlussprüfers – Genehmigungspflicht analog § 114 AktG und Publizitätspflicht analog § 125 Abs. 1 Satz 2 AktG, in: ZIP, 20. Jg. (1999), S. 2117-2130.

Heni, Bernhard (1997): Zur Risikolage des Abschlußprüfers bei Mißachtung des Selbstprüfungsverbots – Zugleich eine Besprechung des BGH-Urteils vom 21.04.1997, II ZR 317/95, in: DStR, 35. Jg. (1997), S. 1210-1215.

Hense, Burkhard (1995): Der Prüfungsbericht hat zu viele Empfänger – auch ein Beitrag zur besseren Zusammenarbeit von Aufsichtsrat und Abschlußprüfer, in: Förschle, Gerhart/Kaiser, Klaus/Moxter, Adolf (Hrsg.): Rechenschaftslegung im Wandel, Festschrift für Wolfgang Dieter Budde, München 1995, S. 287-311.

Hense, Burkhard (2003): Kommentierung zu §§ 332, 333 und 334 HGB, in: Beck'scher Bilanzkommentar, Handels- und Steuerrecht – §§ 238 bis 339 HGB, 5., völlig neubearbeitete Auflage, München 2003.

Hense, Burkhard/Veltins, Michael A. (2003): Kommentierung zu §§ 318, 319 HGB, in: Beck'scher Bilanzkommentar, Handels- und Steuerrecht – §§ 238 bis 339 HGB, 5., völlig neubearbeitete Auflage, München 2003.

Henssler, Martin (2003): Der Einfluss des Sarbanes Oxley-Acts auf die Fortentwicklung des deutschen Gesellschaftsrechts – Eine Einführung, in: Der Konzern, 1. Jg. (2003), S. 255-259.

Heppe, Hansjörg (2003): Nach dem Vertrauensverlust – Ist es an der Zeit, die Dritthaftung deutscher Abschlussprüfer zu verschärfen? –, in: WM, 57. Jg. (2003), S. 714-724 (Teil I) und S. 753-762 (Teil II).

Herzig, Norbert/Watrin, Christoph (1995): Obligatorische Rotation des Wirtschaftsprüfers – ein Weg zur Verbesserung der externen Unternehmenskontrolle?, in: ZfbF, 47. Jg. (1995), S. 775-804.

Heukamp, Wessel (2000): Abschlußprüfer und Haftung, Köln u.a. 2000.

Hilber, Marc/Hartung, Jürgen (2003): Auswirkungen des Sarbanes-Oxley Act auf deutsche WP-Gesellschaften: Konflikte mit der Verschwiegenheitspflicht der Wirtschaftsprüfer und dem Datenschutzrecht, in: BB, 58. Jg. (2003), S. 1054-1060.

Hoffmann, Wolf-Dieter (2000): Lehren aus der bayerischen Großbanken-Fusion für die Bilanzierungs- und Prüfungspraxis in Deutschland – Mit Seitenblick auf Holzmann –, in: DB, 53. Jg. (2000), S. 485-490.

Holler, Manfred J./Illing, Gerhard (2000): Einführung in die Spieltheorie, 4., vollständig überarbeitete und erweiterte Auflage, Berlin u.a. 2000.

Hommelhoff, Peter (1997a): Abschlußprüfung und Abschlußberatung – Besprechung der Entscheidung BGH ZIP 1997, 1162 – „Allweiler", in: ZGR, 26. Jg. (1997), S. 550-562.

Hommelhoff, Peter (1997b): Zur Mitwirkung des Abschlussprüfers nach § 319 Abs. 2 Nr. 5 HGB, in: Schön, Wolfgang (Hrsg.): Gedächtnisschrift für Brigitte Knobbe-Keuk, Köln 1997, S. 471-485.

Hommelhoff, Peter (1998): Die neue Position des Abschlußprüfers im Kraftfeld der aktienrechtlichen Organisationsverfassung, in: BB, 53. Jg. (1998), S. 2567-2573 (Teil I) und S. 2625-2631 (Teil II).

Hommelhoff, Peter (2001): Peer Review oder Bundesaufsichtsamt; Brauchen wir eine Kontrolle der Kontrolleure?, in: Lutter, Marcus (Hrsg.): Der Wirtschaftsprüfer als Element der corporate governance, Düsseldorf 2001, S. 147-156.

Hommelhoff, Peter/Mattheus, Daniela (1998): Corporate Governance nach dem KonTraG, in: AG, 43. Jg. (1998), S. 249-259.

Hommelhoff, Peter/Mattheus, Daniela (2003): Die Rolle des Abschlussprüfers bei der Corporate Governance, in: Hommelhoff, Peter/Hopt, Klaus J./Werder, Axel von (Hrsg.): Handbuch Corporate Governance. Leitung und Überwachung börsennotierter Unternehmen in der Rechts- und Wirtschaftspraxis, Stuttgart 2003, S. 639-671.

Hommelhoff, Peter/Mattheus, Daniela (2004): BB-Gesetzgebungsreport: Verlässliche Rechnungslegung – Enforcement nach dem geplanten Bilanzkontrollgesetz, in: BB, 59. Jg. (2004), S. 93-100.

Hönle, Bernd Michael (1978): Die Unabhängigkeit des aktienrechtlichen Abschlußprüfers, Baden-Baden 1978.

Hönle, Bernd Michael (1981): Der Wirtschaftsprüfer, ein Organ der Rechtspflege, in: BB, 36. Jg. (1981), S. 466-473.

Hopt, Klaus J. (1986): Die Haftung des Wirtschaftsprüfers – Rechtsprobleme zu § 323 HGB (§ 168 AktG a. F.) und zur Prospekt- und Auskunftshaftung, in: WPg, 39. Jg. (1986), S. 461-466 (Teil I) und S. 498-506 (Teil II).

Hopt, Klaus J. (2002): Haftung bei Rechnungslegung und Prüfung in Deutschland, in: Ballwieser, Wolfgang/Coenenberg, Adolf G./Wysocki, Klaus von (Hrsg.): Handwörterbuch der Rechnungslegung und Prüfung (HWRP), 3., überarbeitete und erweiterte Auflage, Stuttgart 2002, Sp. 1071-1084.

Hoyle, Joe (1978): Mandatory Auditor Rotation: The Arguments and an Alternative, in: JoA, Vol. 145 (1978), No. 5, S. 69-78.

Hunger, Joe R. (1980): Die Jahresabschlußprüfung im Meinungsbild der Wirtschaftsprüfer, ihrer Mandanten und der Öffentlichkeit – Ergebnisse einer empirischen Untersuchung, in: BFuP, 32. Jg. (1980), S. 21-33.

Hüffer, Uwe (2002): Aktiengesetz, 5., neubearbeitete Auflage, München 2002.

Hütten, Christoph (2002): Kommentierung zu § 325 HGB, in: Küting, Karlheinz/Weber, Claus-Peter (Hrsg.): Handbuch der Rechnungslegung Einzelabschluss. Kommentar zur Bilanzierung und Prüfung, 5., aktualisierte und erweiterte Auflage, Stuttgart 2002 (Loseblattsammlung, Stand: Juli 2003).

IASB (2004): International Financial Reporting Standards (IFRSs) including International Accounting Standards (IASs) and Interpretations as at 31 March 2004, London 2004.

IDW (1978): Rechnungslegung und Prüfung in internationaler Sicht. Bericht über den 11. Internationalen Accountants-Kongreß, München 1977, 10. bis 14. Oktober, Düsseldorf 1978.

IDW (1995): Aufsichtsrat und Wirtschaftsprüfer sollen sich stärker ergänzen – IDW zur Gestaltung der Überwachung in der Aktiengesellschaft, in: FN-IDW, o.Jg. (1995), Beilage zu Heft 3, S. 102a-102h.

IDW (1996): IDW-Stellungnahme zum Grünbuch der EU-Kommission zur Rolle, Stellung und Haftung des Abschlußprüfers in der EU, in: FN-IDW, o.Jg. (1996), Beilage zu Heft 12, S. 554a-554l.

IDW (1997a): Stellungnahme zum Referentenentwurf eines KonTraG, in: FN-IDW, o.Jg. (1997), S. 4-12.

IDW (1997b): Stellungnahme zum Entwurf eines Gesetzes zur Verbesserung von Transparenz und Beschränkung von Machtkonzentrationen in der deutschen Wirtschaft und zum Referentenentwurf eines Gesetzes zur Kontrolle und Transparenz im Unternehmensbereich (KonTraG), in: FN-IDW, o.Jg. (1997), S. 1-4.

IDW (1998): Benennung der künftigen Verlautbarungen des IDW, in: WPg, 51. Jg. (1998), S. 652-653.

IDW (2000): Wirtschaftsprüfer-Handbuch 2000, Band I, bearbeitet von Geib, Gerd u.a., 12. Auflage, Düsseldorf 2000.

IDW (2001): Satzung des Instituts der Wirtschaftsprüfer in Deutschland e.V. in der Fassung der auf dem 25. Wirtschaftsprüfertag am 28. November 2001 in Düsseldorf beschlossenen Satzungsänderung, online im Internet unter http://www.idw.de/dw/generator/id=280966.html, Abruf am 15.4.2003.

IDW (2002a): Position des IDW zu den in der Diskussion befindlichen Vorschlägen zur Stärkung der Abschlussprüfung nach dem Enron-Zusammenbruch, in: FN-IDW, o.Jg. (2002), S. 253-259.

IDW (2002b): Neuregelungen der Verantwortlichkeiten für Rechnungslegung, Prüfung und Berufsaufsicht über die Prüfungsgesellschaften SEC-registrierter Unternehmen, in: FN-IDW, o.Jg. (2002), S. 453-456 (Teil I) und S. 514-515 (Teil II).

IDW (2002c): Wirtschaftsprüfer-Handbuch 2002, Band II, bearbeitet von Dörner, Dietrich u.a., 12. Auflage, Düsseldorf 2002.

IDW (2003): Bericht des Vorstands anlässlich der Verwaltungsratssitzung am 21.5.2003, in: FN-IDW, o.Jg. (2003), S. 233-249.

IDW (2004): Stellungnahme zum Referentenentwurf eines Gesetzes zur Kontrolle von Unternehmensabschlüssen (Bilanzkontrollgesetz – BilKoG), in: WPg, 57. Jg. (2004), S. 138-143.

IDW/WPK (2002): Stellungnahme von IDW und WPK zum Sarbanes-Oxley Act of 2002 gegenüber dem Bundesministerium der Justiz, in: WPK-Mitt., 41. Jg. (2002), S. 293-296.

IFAC (2000a): Independence – Proposed Changes of the Code of Ethics for Professional Accountants – Exposure Draft, Juni 2000, online im Internet unter http://www.ifac.org/Members/Source_Files/Exposure_Drafts/EXD-Eth-Final_Independence.pdf, Abruf am 28.10.2000.

IFAC (2000b): Handbook of International Auditing, Assurance, and Ethics Pronouncements, New York 2000.

IFAC (2001a): International Federation of Accountants Constitution, online im Internet unter http://www.ifac.org/About/NEW_CONSTITUTION_Nov_ 2001.pdf, Abruf am 30.7.2003.

IFAC (2001b): Exposure Draft on Independence – Proposed Changes to the Code of Ethics for Professional Accountants, New York 2001.

IFAC (2001c): IFAC Code of Ethics, Section 8: Independence, online im Internet unter http://www.ifac.org/Members/Download/ETH-Code_of_Ethics.doc, Abruf am 30.7.2003.

IFAC (2004a): Code of Ethics for Professional Accountants. Revision to Paragraph 8.151, approved June 2004, online im Internet unter http://www.ifac.org/Members/DownLoads/Revised Paragraph8.151Final.pdf, Abruf am 19.7.2004.

IFAC (2004b): About IFAC, online im Internet unter http://www.ifac.org/About/, Abruf am 24.8.2004.

IFAC (2004c): Handbook of International Auditing, Assurance and Ethics Pronouncements, 2004 Edition, online im Internet unter http://www.ifac.org/Members/DownLoads/IAASB_Handbook_2004.pdf, Abruf am 24.8.2004.

IFAC (2004d): Committees, online im Internet unter http://www.ifac.org/Committees/, Abruf am 24.8.2004.

IFAC (2004e): Forum of Firms, online im Internet unter http://www.ifac.org/Forum_of_Firms/, Abruf am 24.8.2004.

IFAC (2004f): International Standard on Quality Control 1: Quality Control for Firms That Perform Audits and Reviews of Historical Financial Information, and Other Assurance and Related Services Engagements, online im Internet unter http://www.ifac.org/Members/DownLoads/2004_ISQC_1.pdf, Abruf am 24.8.2004.

ISB (2001a): Independence Standards Board to Cease Operations after Making Major Contributions to the Resolution of Difficult and Longstanding Auditor Independence Issues, online im Internet unter http://www.cpaindependence.org/, Abruf am 22.7.2001.

ISB (2001b): Independence Standards Board, online im Internet unter http://www.cpaindependence.org/, Abruf am 30.7.2003.

ISB (2001c): Staff Report: A Conceptual Framework for Auditor Independence, Juli 2001, online im Internet unter http://www.cpaindependence.org, Abruf am 30.7.2003.

ISB (2001d): ISB No. 1 Independence Discussion with Audit Committees, ISB No. 2, Certain Independence Implications of Audits of Mutual Funds and Related Entities, ISB No. 3, Employment with Audit Clients, online im Internet unter http://www.cpaindependence.org, Abruf am 15.7.2003.

ISB (2001e): ISB Intepretation 99-1, Impact on Auditor Independence of Assisting Clients in the Implementation of FAS 133; ISB Interpretation 00-1, ISB No. 1 and Secondary Auditors; ISB Interpretation 00-2, An Amendment of Interpretation 00-1, online im Internet unter http://www.cpaindependence.org, Abruf am 16.7.2003.

Jäckel, Andreas/Leker, Jens (1995): Abschlußprüfer und Konzernpublizität, in: WPg, 48. Jg. (1995), S. 293-305.

Jäckel, Günther (1960): Die Unabhängigkeit des Abschlussprüfers bei der Prüfung von Aktiengesellschaften der „öffentlichen Hand“, Hamburg, Berlin, Bonn 1960.

Jacob, Hans-Joachim (1998): Die Fortentwicklung der Prüfung in Deutschland, in: IDW (Hrsg.): Weltweite Rechnungslegung und Prüfung: Bericht über die IDW-Fachtagung, 1.-2. Oktober 1997 in Hannover, Düsseldorf 1998, S. 157-170.

Jacob, Hans-Joachim (2001): Die Transformation der International Standards on Auditing in deutsche Grundsätze ordnungsmäßiger Abschlussprüfung, in: WPg, 54. Jg. (2001), S. 237-244.

Jacobs, Otto H. (1975): Zur Frage der Vereinbarkeit von Jahresabschlußprüfung und Beratung, in: DB, 28. Jg. (1975), S. 2237-2241.

Jenkins, J. Gregory (1999): A Decleration of Independence, in: JoA, Vol. 188 (1999), No. 5, S. 31-33.

Jenkis, Helmut (1989): Der Wirtschaftsprüfer im Konflikt zwischen Prüfung und Beratung: Ursprung, Entwicklung, Probleme, Berlin 1989.

Jensen, Michael C./Meckling, William H. (1976): Theory of the Firm: Managerial Behavior, Agency Costs and Ownership Structure, Journal of Financial Economics, Vol. 3 (1976), S. 305-360.

Joecks, Wolfgang (2004): Handelsrechtliche Abschlußprüfung und das Recht, in: BFuP, 56. Jg. (2004), S. 239-251.

Jupe, Robert E. (1999): Enforcing Compliance with accounting standards: the role of the Financial Reporting Review Panel in the UK regulatory framework, in: Journal of financial regulation and compliance: an international journal, Vol. 7 (1999), S. 323-330.

Kamann, Hans-Georg/Simpkins, Martina (2003): Sarbanes-Oxley Act – Anlass zu verstärkter internationaler Kooperation im Bereich der Corporate Governance?, in: RIW, 49. Jg. (2003), S. 183-189.

Kaminski, Horst/Marks, Peter (1995): Die Qualität der Abschlussprüfung in der internationalen Diskussion, in: Lanfermann, Josef (Hrsg.): Internationale Wirtschaftsprüfung, Festschrift zum 65. Geburtstag von Dr. Dr. h.c. Hans Havermann, Düsseldorf 1995, S. 247-282.

Kämpfer, Georg (1997): „Zur Vereinbarkeit von Jahresabschlußprüfung und Beratung" – das BGH-Urteil vom 21. April 1997. Anmerkungen zu Hans-Joachim Böcking und Jürgen Löcke: „Abschlussprüfung und Beratung", in: DBW, 57. Jg. (1997), S. 869-872.

Kasperzak, Rainer/Mölls, Sascha-Hendrik (1998): Maßnahmen zur Stärkung der Unabhängigkeit des Wirtschaftsprüfers aus institutionenökonomischer Perspektive, Arbeitspapier Nr. 6 Betriebswirtschaftliche Studien Marketing, Organisation, Rechnungslegung, Universität Marburg 1998.

Keller, Gernot/Schlüter, Kai Grit (2003): Peer Review: Perspektiven nach den Sarbanes-Oxley Act of 2002, in: BB, 58. Jg. (2003), S. 2166-2174.

Kersting, Christian (2003): Auswirkungen des Sarbanes-Oxley-Gesetzes in Deutschland: Können deutsche Unternehmen das Gesetz befolgen?, in: ZIP, 24. Jg. (2003), S. 233-242.

Kicherer, Hans-Peter (1970): Grundsätze ordnungsmäßiger Abschlußprüfung, Berlin 1970.

Kicherer, Hans-Peter (1972): Zur Unabhängigkeit des Abschlußprüfers, in: AG, 17. Jg. (1972), S. 37-40.

Kiefer, Marcus (2003): Kritische Analyse der Kapitalmarktregulierung des U.S. Securities and Exchange Commission, Wiesbaden 2003.

Kilian, Matthias (2004): Glaubwürdigkeit des Jahresabschlusses: Die Kontrolle der Kontrolleure, in: ZGR, 33. Jg. (2004), S. 189-226.

Kinney, William R. Jr./Palmrose, Zoe-Vonna/Scholz, Susan (2003): Auditor Independence and Non-audit Services: What do Restatements Suggest?, online im Internet unter http://www.ssrn.com Abruf am 28.2.2004.

Klaas, Helmut (1996): Die Bestellung des gesetzlichen Abschlussprüfers in Europa, in: WPg, 49. Jg. (1996), S. 453-457.

Kleekämper, Heinz/Goth, Johannes/Schmitz, Ulrich (2003): Interne Rotation, in: Dörner, Dietrich/Menold, Dieter/Pfitzer, Norbert/Oser, Peter (Hrsg.): Reform des Aktienrechts, der Rechnungslegung und der Prüfung: KonTraG – Corporate Governance – TransPuG, 2., überarbeitete und erweiterte Auflage, Stuttgart 2003, S. 899-922.

Kleekämper, Heinz/König, Kai (2003): Die Haftung des Abschlussprüfers, in: Dörner, Dietrich/Menold, Dieter/Pfitzer, Norbert/Oser, Peter (Hrsg.): Reform des Aktienrechts, der Rechnungslegung und der Prüfung: KonTraG – Corporate Governance – TransPuG, 2., überarbeitete und erweiterte Auflage, Stuttgart 2003, S. 957-970.

Kleekämper, Heinz/Kuhlewind, Andreas-Markus/Alvarez, Manuel (2002): Kapitel I: Ziele, Organisation, Entwicklung und Bedeutung des IASB, in: Baetge, Jörg/Dörner, Dietrich/Kleekämper, Heinz/Wollmert, Peter/Kirsch, Hans-Jürgen (Hrsg.): Rechnungslegung nach International Accounting Standards. Kommentar auf der Grundlage des deutschen Bilanzrechts, 2. Auflage, Stuttgart 2002, Abschnitt A.

Klein, Gabriele (2003): Internationale Rechnungslegung und Konzernabschluss. Entwicklung eines Sollkonzepts für den zukünftigen Standardsetzungsprozess, Wiesbaden 2003.

Klein, Klaus-Günter/Tielmann, Sandra (2004): Die Modernisierung der Abschlussprüferrichtlinie – Vorschlag der EU-Kommission zur Überarbeitung der 8. EU-Richtlinie –, in: WPg, 57. Jg. (2004), S. 501-510.

Knief, Peter (1976): Der Wirtschaftsprüfer im Spannungsfeld zwischen gesetzlichem Auftrag und öffentlicher Erwartung, in: BFuP, 28. Jg. (1976), S. 114-139.

KPMG (2003): Rechnungslegung nach US-amerikanischen Grundsätzen. Grundlagen der US-GAAP und SEC-Vorschriften, 3. überarbeitete und erweiterte Auflage, Düsseldorf 2003.

Krawitz, Norbert/Leukel, Stefan (1998): Qualitätssicherung in der Wirtschaftsprüferpraxis, in: DStR, 36. Jg. (1998), S. 1930-1936.

Krishnan, Jayanthi/Sami, Heibatollah/Zhang, Yinqi (2004): Does the Provision of Non-Audit Services Affect Investor Perceptions of Auditor Independence?, Working Paper, Temple University, erhalten per e-mail von H. Sami (hsami@sbm.temple.edu).

Kubin, Konrad W. (2002): Amercian Institute of Certified Public Accountants, in: Ballwieser, Wolfgang/Coenenberg, Adolf G./Wysocki, Klaus von (Hrsg): Handwörterbuch der Rechnungslegung und Prüfung (HWRP), 3., überarbeitete und erweiterte Auflage, Stuttgart 2002, Sp. 42-47.

Kuhner, Christoph (1999): Der Code of Ethics for Professional Accountants der International Federation of Accountants (IFAC) – Neue Verhaltensrichtschnur für den Wirtschaftsprüfer?, in: WPK-Mitt., 38. Jg. (1999), S. 7-15.

Kuhner, Christoph/Päßler, Nadja (2003): Kommentierung zu § 323 HGB, in: Küting, Karlheinz/Weber, Claus-Peter (Hrsg.): Handbuch der Rechnungslegung Einzelabschluss. Kommentar zur Bilanzierung und Prüfung, 5., aktualisierte und erweiterte Auflage Stuttgart 2003 (Loseblattsammlung, Stand: Juli 2003).

Küting, Karlheinz/Wohlgemuth, Frank (2002): Internationales Enforcement – Bestandsaufnahme und Entwicklungstendenzen –, in: KoR, 2. Jg. (2002), S. 265-276.

Lai, Kam-Wah/Yim, Andrew T. L. (2002): Non-Audit Services and Big Five Auditor Independence: Evidence from Audit Pricing and Audit Opinion of Initial Engangement, Working Paper City University of Hong Kong Oktober 2002, online im Internet unter http://www.ssrn.com, Abruf am 27.1.2004.

Lanfermann, Georg (2004): Vorschlag der EU-Kommission zur Modernisierung der EU-Prüferrichtlinie, in: DB, 57. Jg. (2004), S. 609-613.

Lanfermann, Georg/Maul, Silja (2002): Auswirkungen des Sarbanes-Oxley Acts in Deutschland, in: DB, 55. Jg. (2002), S. 1725-1732.

Lanfermann, Georg/Maul, Silja (2003a): SEC-Ausführungsregelungen zum Sarbanes-Oxley Act – Auswirkungen auf Rechnungslegung und Abschlussprüfung europäischer Unternehmen –, in: DB, 56. Jg. (2003), S. 349-355.

Lanfermann, Georg/Maul, Silja (2003b): Registrierung von deutschen Abschlussprüfern bei der neuen US-Berufsaufsicht PCAOB, in: DB, 56. Jg. (2003), S. 1237-1239.

Lanfermann, Ines/Lanfermann, Josef (2003): Besorgnis der Befangenheit des Abschlussprüfers. Verunsicherung der Praxis durch das BGH-Urteil vom 25.11.2002, II ZR 49/01?, in: DStR, 41. Jg. (2003), S. 900-908.

Lanfermann, Josef (1978): XI. Internationaler Accountants-Kongreß im Oktober 1977 in München, in: WPg, 31. Jg. (1978), S. 1-13.

Lanfermann, Josef (1998): Unzulässige Mitwirkung des Abschlussprüfers bei der Erstellung des Abschlusses, in: WPK-Mitt., 37. Jg. (1998), S. 270-278.

Lang, Arno (1989): Zur Dritthaftung der Wirtschaftsprüfer, in: WPg, 42. Jg. (1989), S. 57-64.

Lange, Stefan (1994): Die Kompatibilität von Abschlussprüfung und Beratung: eine ökonomische Analyse, Frankfurt am Main u.a. 1994.

Langenbucher, Günther (1997): Qualität und Umfang der Abschlussprüfung, in: Baetge, Jörg (Hrsg.): Aktuelle Entwicklungen in Rechnungslegung und Wirtschaftsprüfung: Reformbedarf, Perspektiven, internationale Einflüsse; Vorträge und Diskussionen zum 12. Münsterschen Tagesgespräch des Münsteraner Gesprächskreises Rechnungslegung und Prüfung e.V. am 24. Mai 1996, Düsseldorf 1997, S. 61-107.

Langenbucher, Günther/Blaum, Ulf (1994): Audit Committees – Ein Weg zur Überwindung der Überwachungskrise?, in: DB, 47. Jg. (1994), S. 2197-2206.

Langenbucher, Günther/Blaum, Ulf (1997): Die Aufdeckung von Fehlern, dolosen Handlungen und sonstigen Gesetzesvorstößen im Rahmen der Abschlussprüfung, in: DB, 50. Jg. (1997), S. 437-443.

Lee, Chi-Wen Jevons/Gu, Zhaoyang (1998): Low Balling, Legal Liability, and Auditor Independence, in: The Accounting Review, Vol. 73 (1998), S. 533-555.

Leffson, Ulrich (1988): Wirtschaftsprüfung, 4., vollständig überarbeitete und erweiterte Auflage, Wiesbaden 1988.

Lennox, Clive S. (1999): Non-Audit Fees, Disclosure, and Audit Quality, in: The European Accounting Review, Vol. 8 (1999), S. 239-252.

Lenz, Hansrudi (1991): Der Low-balling-Effekt und die Unabhängigkeit des handelsrechtlichen Abschlußprüfers, in: WiSt, 20. Jg. (1991), S. 181-184.

Lenz, Hansrudi (1999): Entwicklungstendenzen in der Wirtschaftsprüfung, in: WPg, 52. Jg. (1999), S. 540-549.

Lenz, Hansrudi (2001): Unabhängigkeit des Abschlussprüfers und Non-Audit-Services – Neue Vorschriften der SEC, in: BB, 56. Jg. (2001), S. 299-304.

Lenz, Hansrudi (2002): Sarbanes-Oxley Act of 2002 – Abschied von der Selbstregulierung der Wirtschaftsprüfer in den USA, in: BB, 57. Jg. (2002), S. 2270-2275.

Lenz, Hansrudi (2004a): Beschränkung der Beratungstätigkeiten durch Abschlussprüfer: Mangelhafter Umgehungsschutz im Entwurf des BilReG, in: BB, 59. Jg. (2004), S. 707-712.

Lenz, Hansrudi (2004b): Referentenentwurf eines Abschlussprüferaufsichtsgesetzes: noch unzureichende Kontrolle des Berufsstands, in: BB, 59. Jg. (2004), S. 1951-1956.

Lenz, Hansrudi/Bauer, Michael (2004): Prüfungs- und Beratungshonorare von Abschlussprüfern deutscher börsennotierter Aktiengesellschaften, in: WPg, 57. Jg. (2004), S. 985-998.

Lenz, Hansrudi/Ostrowski, Markus (1997): Kontrolle und Transparenz im Unternehmensbereich durch die Institution Abschlussprüfung. Eine Beurteilung der Regelungen im Referentenentwurf eines Gesetzes zur Kontrolle und Transparenz im Unternehmensbereich aus ökonomischer Sicht, in: BB, 52. Jg. (1997), S. 1523-1529.

Levitt, Arthur (1998): Spielen mit Zahlen – „The Numbers Game", online im Internet unter http://www.sec.gov/news/speech/speecharchive/ 1998/spch220.txt, Abruf am 30.7.2003, sowie die deutsche Übersetzung in: DB, 51. Jg. (1998), S. 2544-2547.

Levitt, Arthur (2000): Renewing the Covenant with Investors, online im Internet unter http://www.sec.gov/news/speech/spch370.htm, Abruf am 30.7.2003.

Liggio, Carl D. (1997): Information in Global Financial Markets: Maybe we do need liability, in: WPK-Mitt. 36. Jg. (1997), Sonderheft Juni, S. 139-144.

Lindgens-Strache, Ursula (1997): Peer Review – ein probates Mittel zur Sicherung und Verbesserung der Prüfungsqualität in Deutschland? Anmerkungen aus der Sicht der Praxis, in: BFuP, 49. Jg. (1997), S. 266-291.

Lindsay, Daryl (1992): Auditor-Client Conflict Resolution: An Investigation of the Perceptions of the Financial Community in Australia and Canada, in: International Journal of Accounting, Vol. 27 (1992), S. 342-365.

Löcke, Jürgen (1997): Mitwirkung des Abschlußprüfers bei der Erstellung des Jahresabschlusses, in: GmbHR, 88. Jg. (1997), S. 1052-1057.

Lück, Wolfgang (1990): Audit Committee – Eine Einrichtung zur Effizienzsteigerung betriebswirtschaftlicher Überwachungssysteme?, in: ZfbF, 42. Jg. (1990), S. 995-1013.

Lück, Wolfgang (1991): Wirtschaftsprüfung und Treuhandwesen, 2., überarbeitete Auflage, Stuttgart 1991.

Lück, Wolfgang (1999): Audit Committees – Prüfungsausschüsse zur Sicherung und Verbesserung der Unternehmensüberwachung in deutschen Unternehmen, in: DB, 52. Jg. (1999), S. 441-443.

Lück, Wolfgang (2003): Betriebswirtschaftliche Aspekte der Einrichtung eines Risikomanagementsystems und eines Überwachungssystems, in: Dörner, Dietrich/ Menold, Dieter/Pfitzer, Norbert/Oser, Peter (Hrsg.): Reform des Aktienrechts, der Rechnungslegung und der Prüfung: KonTraG – Corporate Governance – TransPuG, 2., überarbeitete und erweiterte Auflage Stuttgart 2003, S. 329-375.

Lück, Wolfgang/van Hall, George (1984): Audit Committees – Zur Entwicklung von Prüfungsausschüssen in den USA, in: DB, 37. Jg. (1984), S. 1941-1943.

Ludewig, Rainer (2003): Zur Berufsethik der Wirtschaftsprüfer, in: WPg, 56. Jg. (2003), S. 1093-1099.

Luik, Hans (1976): Ist ein obligatorischer Prüferwechsel für Aktiengesellschaften sinnvoll?, in: BB, 31. Jg. (1976), S. 237-239.

Lutter, Marcus (2001): Vergleichende Corporate Governance - Die deutsche Sicht, in: ZGR, 30. Jg. (2001), S. 224-237.

Lutter, Marcus (2002): Die Erklärung zum Corporate Governance Kodex gemäß § 161 AktG. Pflichtverstöße und Binnenhaftung von Vorstands- und Aufsichtsratsmitgliedern, in: ZHR, 166. Jg. (2002), S. 523-543.

Lutter, Marcus (2003): Deutscher Corporate Governance Kodex, in: Dörner, Dietrich/Menold, Dieter/Pfitzer, Norbert/Oser, Peter (Hrsg.): Reform des Aktienrechts, der Rechnungslegung und der Prüfung: KonTraG – Corporate Governance – TransPuG, 2., überarbeitete und erweiterte Auflage, Stuttgart 2003, S. 67-79.

Lutter, Marcus/Hommelhoff, Peter (2000): GmbH-Gesetz: Kommentar, 15., neubearbeitete und erweiterte Auflage, Köln 2000.

Lutter, Marcus/Krieger, Gerd (2002): Rechte und Pflichten des Aufsichtsrats, 4. völlig neu bearbeitete und erweiterte Auflage, Köln 2002.

Luttermann, Claus (2003): Unabhängige Bilanzexperten in Aufsichtsrat und Beirat. Reformvorschläge anhand des „Audit Committee Financial Expert" in den USA, der Europäischen Aktiengesellschaft und der Bundesregierung zum Anlegervertrauen, in: BB, 58. Jg. (2003), S. 745-750.

Magee, Robert P./Tseng, Mei-Chiun (1990): Audit Pricing and Independence, in: The Accounting Review, Vol. 65 (1990), S. 315-336.

Mandler, Udo (2003): Enforcement und Unabhängigkeit des Abschlussprüfers: Ergebnisse einer Professorenbefragung, in: KoR, 3. Jg. (2003), S. 343-349.

Mansi, Sattar A./Maxwell, William F./Miller, Darius P. (2003): Does Auditor Quality and Tenure Matter to Investors? Evidence from the Bond Market, Working Paper, online im Internet unter http://www.ssrn.com, Abruf am 27.8.2003.

Marks, Peter/Schmidt, Stefan (2000): Externe Qualitätskontrolle nach dem Regierungsentwurf eines Wirtschaftsprüferordnungs-Änderungsgesetzes (WPOÄG), in: WPg, 53. Jg. (2000), S. 409-425.

Markus, Hugh B. (1992): Der Wirtschaftsprüferberuf, in: WPK-Mitt., 31. Jg. (1992), S. 1-10.

Marsch-Barner, Reinhard (1999): Kommentierung zu §§ 318, 319 HGB, in: Ensthaler, Jürgen (Hrsg): Gemeinschaftskommentar zum Handelsgesetzbuch, begündet von Bandasch, Georg W., bearbeitet von Achilles, Wilhelm-Albrecht, ... , 6., neubearbeitete und erweiterte Auflage, Neuwied, Kriftel 1999.

Marten, Kai-Uwe (1994): Der Wechsel des Abschlußprüfers, Düsseldorf 1994.

Marten, Kai-Uwe (1995): Empirische Analyse des Prüferwechsels im Kontext der Agency- und Signalling-Theorie, in: ZfB, 65. Jg. (1995), S. 703-727.

Marten, Kai-Uwe (1999a): Der Markt für Prüfungsleistungen – Ausgewählte Forschungsbeiträge, theoretische Grundlagen, nationale und internationale Einflüsse –, in: Richter, Martin (Hrsg.): Theorie und Praxis der Wirtschaftsprüfung II: Wirtschaftsprüfung und ökonomische Theorie – Prüfungsmarkt – Prüfungsmethoden – Urteilsbildung / 2. Symposium der KPMG/Universität Potsdam zur Theorie und Praxis der Wirtschaftsprüfung am 9. und 10. Oktober 1998 in Potsdam, Berlin 1999, S. 101-165.

Marten, Kai-Uwe (1999b): Qualität von Wirtschaftsprüferleistungen: eine empirische Untersuchung des deutschen Marktes für Wirtschaftsprüferleistungen, Düsseldorf 1999.

Marten, Kai-Uwe/Köhler, Annette G. (2000): 4. WPO-Novelle: Anstoß zu einer externen Qualitätskontrolle von Wirtschaftsprüfern in Deutschland, in: BB, 55. Jg. (2000), S. 867-870.

Marten, Kai-Uwe/Köhler, Annette G. (2001): Entwicklung und gegenwärtiger Stand der Assurance Services in den USA, in: WPg, 54. Jg. (2001), S. 435-440.

Marten, Kai-Uwe/Köhler, Annette G. (2002): Durchführung externer Qualitätskontrollen in der Wirtschaftsprüferpraxis – Vergleich deutscher und US-amerikanischer Normen –, in: WPg, 55. Jg. (2002), S. 241-251.

Marten, Kai-Uwe/Köhler, Annette G. (2005): Vertrauen durch öffentliche Aufsicht – Die Abschlussprüferaufsichtskommission als Kernelement der WPO-Novellierung –, in: WPg, 58. Jg. (2005), S. 145-152.

Marten, Kai-Uwe/Köhler, Annette G./Meyer, Stephanie (2003): Umbruch im Peer-Review-System – Deutscher Status quo und der Sarbanes-Oxley Act of 2002 –, in: WPg, 56. Jg. (2003), S. 10-17.

Marten, Kai-Uwe/Quick, Reiner/Ruhnke, Klaus (2003): Wirtschaftsprüfung: Grundlagen des betriebswirtschaftlichen Prüfungswesens nach nationalen und internationalen Normen, 2., überarbeitete Auflage, Stuttgart 2003.

Marx, Susanne (2002a): Unabhängige Abschlussprüfung und Beratung. Grenzen des Full-Service-Konzepts moderner Wirtschaftsprüfungsgesellschaften nach deutschem, europäischen und US-amerikanischem Recht, Baden-Baden 2002.

Marx, Susanne (2002b): Die Unabhängigkeit des Abschlussprüfers – Herausforderungen des Full-Service-Konzepts moderner Wirtschaftsprüfungsgesellschaften für Standardsetter und Praxis, in: ZGR, 31. Jg. (2002), S. 292-319.

Marx, Susanne (2003): Beratungsleistungen des Abschlussprüfers erneut auf dem Prüfstand – Anmerkungen zum Urteil des BGH vom 25.11.2002 – II ZR 49/01 (HypoVereinsbank), DB 2003 S. 383 ff. –, in: DB, 56. Jg. (2003), S. 431-436.

Mathews, Kurt (1987): Der berufliche Wirkungskreis des Wirtschaftsprüfers nach dem Inkrafttreten des Bilanzrichtlinien-Gesetzes, in: BB, 42. Jg. (1987), S. 2265-2274.

Mattheus, Daniela (1999): Die gewandelte Rolle des Wirtschaftsprüfers als Partner des Aufsichtsrats nach dem KonTraG, in: ZGR, 28. Jg. (1999), S. 682-714.

Mattheus, Daniela (2000): Mängel in der Abschlussprüfung, in: Lutter, Marcus (Hrsg.): Der Wirtschaftsprüfer als Element der corporate governance, Düsseldorf 2001, S. 7-17.

Mattheus, Daniela (2002): Kommentierung zu §§ 318 und 319 HGB, in: Baetge, Jörg/Kirsch, Hans-Jürgen/Thiele, Stefan (Hrsg.): Bilanzrecht. Handelsrecht mit Steuerrecht und den Regelungen des IASB, Kommentar, Bonn/Berlin 2002.

Mattheus, Daniela/Schwab, Martin (2004): Fehlerkorrektur nach dem Rechnungslegungs-Enforcement: Private Initiative vor staatlicher Intervention, in: BB, 59. Jg. (2004), S. 1099-1106.

Maul, Silja/Lanfermann, Georg/Eggenhofer, Erich (2003): Aktionsplan der Europäischen Kommission zur Reform des Europäischen Gesellschaftsrechts, in: BB, 58. Jg. (2003), S. 1289-1295.

McGrath, Susan/Siegel, Arthur/Dunfee, Thomas W./Glazer, Alan S./Jaenicke, Henry R. (2001): A Framework for Auditor Independence, in: JoA, Vol. 191 (2001), No.1, S. 39-42.

Meisel, Bernd Stefan (1993): Ursprünge des wirtschaftlichen Prüfungswesens in Deutschland und die historischen Vorläufer des Wirtschaftsprüfers, in: WPK-Mitt., 32. Jg. (1993), S. 1-9.

Merkt, Hanno (2002): Securities and Exchange Commission (SEC), in: Ballwieser, Wolfgang/Coenenberg, Adolf G./Wysocki, Klaus von (Hrsg): Handwörterbuch der Rechnungslegung und Prüfung (HWRP), 3., überarbeitete und erweiterte Auflage, Stuttgart 2002, Sp. 2181-2187.

Merkt, Hanno (2003): Zum Verhältnis von Kapitalmarktrecht und Gesellschaftsrecht in der Diskussion um die Corporate Governance, in: AG, 48. Jg. (2003), S. 126-136.

Mertin, Dietz/Schmidt, Stefan (2001): Internationale Harmonisierung der Anforderungen an die Abschlussprüfung auf der Grundlage der Verlautbarungen der IFAC, in: WPg, 54. Jg. (2001), S. 317-334.

Meyer, Andreas (2003): Aspekte einer Reform der Prospekthaftung – Eine Würdigung der Verhandlungen des 64. Deutschen Juristentages –, in: WM, 57. Jg. (2003), S. 1301-1313 (Teil I) und S. 1349-1355 (Teil II).

Meyer, Conrad/Spreiter, Franziska (1999): Die Rechnungslegung der USA. Konzeptionelle und institutionelle Grundlagen, in: Der Schweitzer Treuhänder, 73. Jg. (1999), S. 509-511.

Meyer, Justus/Ludwig, Sören (2004): Aktienoptionen für Aufsichtsräte ade? Zugleich Besprechung zu BGH, Urt. V. 16.2.2004 – II ZR 316/02, ZIP 2004, 613, in: ZIP, 25. Jg. (2004), S. 940-945.

Miller, Richard I./Pashkoff, Paul H. (2002): Regulations Under the Sarbanes-Oxley Act, in: JoA, Vol. 194 (2002), No. 4, S. 33-36.

Molho, Ian (1997): The Economics of Information. Lying and Cheating in Markets and Organisations, Oxford 1997.

Moxter, Adolf (1976): Fundamentalgrundsätze ordnungsmäßiger Rechenschaft, in: Baetge, Jörg/Moxter, Adolf/Schneider, Dieter (Hrsg.): Bilanzfragen. Festschrift zum 65. Geburtstag von Prof. Dr. Ulrich Leffson, Düsseldorf 1976, S. 87-100.

Moxter, Adolf (1981): Wirtschaftsprüfung und Zeitgeist, in: WPg, 34. Jg. (1981), S. 579-583.

Moxter, Adolf (1995): Gesetzlich vorgeschriebener Wechsel des Abschlußprüfers sinnvoll?, in: WPK-Mitt., 34. Jg. (1995), S. 134-135.

Moxter, Adolf (1996a): Zur Abgrenzung von unzulässiger Mitwirkung und gebotener Einwirkung des Abschlußprüfers bei der Abschlußerstellung. Eine kritische Würdigung der Entscheidung des OLG Karlsruhe vom 23. November 1995 zu § 319 Abs. 2 Nr. 5 HGB, in: BB, 51. Jg. (1996), S. 683-686.

Moxter, Adolf (1996b): Zur Prüfung des „true and fair view“, in: Baetge, Jörg/Börner, Dietrich/Forster, Karl-Heinz/Schruff, Lothar (Hrsg.): Rechnungslegung, Prüfung und Beratung – Herausforderungen für den Wirtschaftsprüfer, Festschrift zum 70. Geburtstag von Professor Dr. Rainer Ludewig, Düsseldorf 1996, S. 671-682.

Moxter, Adolf (2003): Grundsätze ordnungsgemäßer Rechnungslegung, Düsseldorf 2003.

Myers, James N./Myers, Linda A./Omer, Thomas C. (2003): Exploring the Term of the Auditor-Client Relationship and the Quality of Earnings: A Case for Mandatory Auditor Rotation?, in: The Accounting Review, Vol. 78 (2003), S. 779-799.

Myers, James N./Myers, Linda A./Palmrose, Zoe-Vonna/Scholz, Susan (2003): Mandatory Auditor Rotation: Evidence from Restatements, online im Internet unter http://www.ssrn.com, Abruf am 29.2.2004.

Müller, Herbert/Müller, Katrin (2005): Prüfung und Beratung aus einer Hand, in: Endres, Dieter/Oestreicher, Andreas/Scheffler, Wolfram/Schreiber, Ulrich/Spengel, Christoph (Hrsg.): Die internationale Unternehmensbesteuerung im Wandel. Symposium für Otto. H. Jacobs zum 65. Geburtstag, München 2005, S. 162-177.

Müller, Matthias (2002): Aufsichtsrat und Abschlussprüfer – ein spannendes Verhältnis, in: WPg, 55. Jg. (2002), S. 1301-1306.

Müller, Welf (2003): Allweiler redivivus? – Zur Unabhängigkeit des Abschlussprüfers und zu einigen Quisquilien in der Hauptversammlung, in: WPg, 56. Jg. (2003), S. 741-750.

Münch, Bernd (1993): Legt der BGH strengere Maßstäbe hinsichtlich der Befangenheit des Wirtschaftsprüfers an? – Bei welcher Tätigkeit (Mitwirkung am Abschluß) setzt die Befangenheit des Abschlußprüfers ein? –, in: DB, 46. Jg. (1993), S. 851.

Müßig, Anke (2004): Glaubwürdigkeit des Jahresabschlusses: Brauchen wir eine Kontrolle der Kontrolleure und wenn ja, welche?, in: NZG, 7. Jg. (2004), S. 796-801.

Naumann, Klaus-Peter (2003): Das IDW als Berufsorganisation für den gesamten Wirtschaftsprüferberuf, in: WPg, 56. Jg. (2003), S. 25-35.

Neumann, Nicola (1998): Abschlussprüfung und Beratung nach der Allweiler-Entscheidung des BGH, in: ZIP, 19. Jg. (1998), S. 1338-1349.

Niehues, Michael (2002): Unabhängigkeit des Abschlußprüfers – Empfehlung der EU-Kommission – Hintergrund und Überblick, in: WPK-Mitt., 41. Jg. (2002), S. 182-193.

Niehus, Rudolf J. (1998): Gewährleistung der Qualität der Abschlussprüfung international: Leitfaden und Checklisten für die Praxis, Düsseldorf 1998.

Niehus, Rudolf J. (2000): Peer Review in der deutschen Abschlussprüfung – Ein Berufsstand kontrolliert sich –, in: DB, 53. Jg. (2000), S. 1133-1142.

Niehus, Rudolf J. (2002): Corporate Governance: Das Honorar und der Abschlussprüfer – Stärkung der Unabhängigkeit durch Offenlegung? –, in: WPg, 55. Jg. (2002), S. 616-625.

Niehus, Rudolf J. (2003): Turnusmäßiger Wechsel des Abschlussprüfers – Argumente eines Pro und seine Gestaltungsmöglichkeiten –, in: DB, 56. Jg. (2003), S. 1637-1643.

Nonnenmacher, Rolf (2003): Stärkung der Abschlussprüfung durch strengere Unabhängigkeitsregeln und erweiterte Haftung?, in: Der Konzern, 1. Jg. (2003), S. 476-479.

NYSE (2003): Listed Company Manual, online im Internet unter http://lcm.nyse.com/cpgdata/nlcs/lcm/lcm.nsf/LaunchFrames, Abruf am 25.11.2003.

O'Reilly, Vincent M. et al. (1998): Montgomery's Auditing, 12. Auflage, New York u.a. 1998.

o.V. (2003): Referentenentwurf Fünfte WPO-Novelle, in: WPK-Mitt., 42. Jg. (2003), S. 29-32.

Orth, Christian (2000): Abschlussprüfung und Corporate Governance: Vom Financial Audit zum Business Audit vor dem Hintergrund der Erwartungslücke, Wiesbaden 2000.

Oser, Peter (1993): Verbundene Unternehmen im Bilanzrecht: ein interdisziplinärer Ansatz, Stuttgart 1993.

Oser, Peter/Orth, Christian/Wader, Dominic (2004): Beachtung der Empfehlungen des Deutschen Corporate Governance Kodex. Erste Ergebnisse einer empirischen Folgeuntersuchung der Entsprechenserklärungen börsennotierter Unternehmen, in: BB, 59. Jg. (2004), S. 1121-1126.

Ostermeyer, Robert (2001): Unternehmensüberwachung durch Audit Committees im anglo-amerikanischen Board-Modell, in: IStR, 10. Jg. (2001), S. 256-262 (Teil I) und S. 292-296 (Teil II).

Ostrowski, Markus/Söder, Björn H. (1999): Der Einfluß von Beratungsaufträgen auf die Unabhängigkeit des Jahresabschussprüfers, in: BFuP, 51. Jg. (1999), S. 554-564.

Page, Carol (2001): Erfahrungsbericht über die Tätigkeit des Financial Reporting Review Panel, in: WPg, 54. Jg. (2001), Sonderheft, S. S 34-S 38.

Palandt (2003): Bürgerliches Gesetzbuch, Kommentar, 62. Auflage, München 2003.

Pany, Kurt/Reckers, Philip M. J. (1988): Auditor Performance of MAS: A Study of its Effects on Decisions and Perceptions, in: Accounting Horizons, Vol. 2 (1988), No. 6, S. 31-38.

PCAOB (2003a): Establishment of Interim Professional Auditing Standards, PCAOB Release No. 2003-006, April 18, 2003, online im Internet unter http://www.pcaobus.org/rules/Release2003-006.pdf, Abruf am 15.7.2003.

PCAOB (2003b): Registration System for Public Accounting Firms, PCAOB Release No. 2003-007, May 6, 2003, PCAOB Rulemaking Docket Matter No. 001, online im Internet unter http://www.pcaobus.org/rules/Release 2003-007.pdf, Abruf am 16.7.2003.

PCAOB (2004a): Annual Report. Restoring Confidence, online im Internet unter http://www.pcaobus.org/documents/PCAOB_2003_AR.pdf, Abruf am 21.7.2004.

PCAOB (2004b): Bylaws and Rules of the Public Company Accounting Oversight Board as of June 18, 2004, online im Internet unter http://www.pcaobus.org/documents/rules_of_the_board/all.pdf, Abruf am 21.7.2004.

PCAOB (2004c): Proposed Ethics and Independence Rules Concerning Independence, Tax Services, and Contingent Fees vom 14.12.2004, online im Internet unter http://www.pcaob.org/Rules_of_the_Board/Documents/Docket_017/Release2004-015.pdf, Abruf am 13.6.2005.

Peemöller, Volker H./Finsterer, Hans (1997): Kompatibilität von gleichzeitiger Jahresabschlussprüfung und Steuerberatung – Anmerkungen zum BGH-Urteil vom 21.4.1997 –, in: BBK, o.Jg. (1997), Fach 28, S. 1045-1048.

Peemöller, Volker H./Keller, Bernd (1997): Bestandsaufnahme zum EU-Grünbuch über Rolle, Stellung und Haftung des Abschlussprüfers in der Europäischen Union, in: DStR, 35. Jg. (1997), S. 895-896.

Peemöller, Volker H./Oberste-Padtberg, Stefan (2001): Unabhängigkeit des Abschlussprüfers – Internationale Entwicklungen, in: DStR, 39. Jg. (2001), S. 1813-1820.

Peemöller, Volker H./Oehler, Ralph (2004): Regierungsentwurf des BilReG: Änderungen gegenüber dem Referentenentwurf, in: BB, 59. Jg. (2004), S. 1158-1161.

Pellens, Bernhard/Fülbier, Rolf Uwe/Gassen, Joachim (2004): Internationale Rechnungslegung. IFRS/IAS mit Beispielen und Fallstudie, 5., überarbeitete und erweiterte Auflage, Stuttgart 2004.

Peltzer, Martin (2003): Deutsche Corporate Governance. Ein Leitfaden, München 2003.

Pfennig, Gero (2002): Kommentierung zu § 334 HGB, in: Küting, Karlheinz/Weber, Claus-Peter (Hrsg.): Handbuch der Rechnungslegung Einzelabschluss. Kommentar zur Bilanzierung und Prüfung, 5., aktualisierte und erweiterte Auflage, Stuttgart 2002 (Loseblattsammlung, Stand: Juli 2003).

Pfitzer, Norbert/Orth, Christian (2003): Die Berichterstattung des Abschlussprüfers nach neuem Recht, in: Dörner, Dietrich/Menold, Dieter/Pfitzer, Norbert/Oser, Peter (Hrsg.): Reform des Aktienrechts, der Rechnungslegung und der Prüfung: KonTraG – Corporate Governance – TransPuG, 2., überarbeitete und erweiterte Auflage, Stuttgart 2003, S. 873-897.

Pfitzer, Norbert/Orth, Christian/Hettich, Natalie (2004): Stärkung der Unabhängigkeit des Abschlussprüfers? – Kritische Würdigung des Referentenentwurfs zum Bilanzrechtsreformgesetz, in: DStR, 42. Jg. (2004), S. 328-336.

Pfitzer, Norbert/Orth, Christian/Wader, Dominic (2002): Die Unabhängigkeitserklärung des Abschlussprüfers gegenüber dem Aufsichtsrat im Sinn des Deutschen Corporate Governance Kodex, in: DB, 55. Jg. (2002), S. 753-755.

Pfitzer, Norbert/Oser, Peter/Orth, Christian (2002): Zur Reform des Aktienrechts, der Rechnungslegung und der Prüfung durch das TransPubG – Darstellung und kritische Würdigung des Referentenentwurfs vom 26.11.2001, in: DB, 55. Jg. (2002), S. 157-165.

Pfitzer, Norbert/Oser, Peter/Orth, Christian (2004): Offene Fragen und Systemwidrigkeiten des Bilanzrechtsreformgesetzes (BilReG) – Erste Handlungsempfehlungen für eine normkonforme Umsetzung –, in: DB, 57. Jg. (2004), S. 2593-2602.

Pinner, Albert (1932): Staub's Kommentar zum Handelsgesetzbuch (1932). Nachtrag zur 12. und 13. Auflage, enthaltend die Vorschriften der Verordnung über Aktienrecht vom 19. September 1931. Verfaßt unter Mitarbeit von Dr. Walter Schmidt und Dr. Heinz Pinner, Berlin, Leipzig 1932.

Poll, Jens (2002): Kommentierung zu § 171 AktG, in: Küting, Karlheinz/Weber, Claus-Peter (Hrsg.): Handbuch der Rechnungslegung Einzelabschluss. Kommentar zur Bilanzierung und Prüfung, 5., aktualisierte und erweiterte Auflage, Stuttgart 2002 (Loseblattsammlung, Stand: März 2004).

Potthoff, Erich (1996): Board-System versus duales System der Unternehmensverwaltung – Vor- und Nachteile, in: BFuP, 48. Jg. (1996), S. 253-268.

Pougin, Erwin (1976): Die Sozialverpflichtung des Wirtschaftsprüfers, in: BFuP, 28. Jg. (1976), S. 93-113.

Purcell, Tom/Lifson, David (2001): Auditor independence and tax practitioners, in: JoA, Vol. 191 (2001), No. 6, S. 71-74.

Quick, Reiner (1992): Die Haftung des handelsrechtlichen Abschlußprüfers, in: BB, 47. Jg. (1992), S. 1675-1685.

Quick, Reiner (2000a): Nationale und internationale Haftungsrisiken deutscher Abschlußprüfer, in: DBW, 60. Jg. (2000), S. 60-77.

Quick, Reiner (2000b): Zivilrechtliche Verantwortlichkeit europäischer und amerikanischer Abschlußprüfer, BFuP, 52. Jg. (2000), S. 525-548.

Quick, Reiner (2001): Externe Qualitätskontrolle im deutschen Prüfungswesen, in: Der Schweizer Treuhänder, 75. Jg. (2001), S. 25-32.

Quick, Reiner (2002): Abschlussprüfung und Beratung. Zur Vereinbarkeit mit der Forderung nach Urteilsfreiheit, in: DBW, 62. Jg. (2002), S. 622-643.

Quick, Reiner/Baker, C. Richard (1995): Die zivilrechtliche Haftung des Abschlussprüfers in den USA, in: RIW, 41. Jg. (1995), S. 474-485.

Raghunandan, Kannan (2003): Nonaudit Services and Shareholder Ratification of Auditors, in: Auditing: A Journal of Practice & Theory, Vol. 22 (2003), S. 155-163.

Raghunandan, Kannan/Read, William J./Whisenant, Scott (2003): Are Non-Audit Fees Associated with Restated Financial Statements? Initial Empirical Evidence, online im Internet unter http://www.ssrn.com, Abruf am 5.7.2003.

Ranzinger, Christoph/Blies, Peter (2001): Audit Committees im internationalen Kontext, in: AG, 46. Jg. (2001), S. 455-462.

Rasmusen, Eric (2001): Games and Information: An Introduction to Game Theory, 3. Auflage, Oxford 2001.

Regierungskommission DCGK (2005): Mitteilung für die Presse zur heutigen Plenarsitzung der Regierungskommission, am 02. Juni 2005, online im Internet unter http://www.corporate-governance-code.de/ger/news/presse-20050602.html, Abruf am 13.6.2005.

Richter, Martin (1975): Die Sicherung der aktienrechtlichen Publizität durch ein Aktienamt, Köln u.a. 1975.

Richter, Martin (1976): Zur Unabhängigkeit des Wirtschaftsprüfers. Ergebnisse einer schriftlichen Befragung von Wirtschaftsprüfern und Wirtschaftsjournalisten, Saarbrücken 1976.

Richter, Martin (1977): Die Inkompatibilität von Jahresabschlußprüfung und Unternehmensberatungen durch Wirtschaftsprüfer, in: JfB, 27. Jg. (1977), S. 21-42.

Richter, Martin (1978): Die Stellung des Abschlußprüfers im Entscheidungs- und Kontrollprozeß der Aktiengesellschaft, in: DBW, 38. Jg. (1978), S. 21-38.

Richter, Martin (2002): Audit Committees, in: Ballwieser, Wolfgang/Coenenberg, Adolf G./Wysocki, Klaus von (Hrsg): Handwörterbuch der Rechnungslegung und Prüfung (HWRP), 3., überarbeitete und erweiterte Auflage, Stuttgart 2002, Sp. 111-119.

Richter, Rudolf/Furubotn, Eirik G. (1999): Neue Industrienökonomik, 2. Auflage Tübingen 1999.

Richter, Stefan (2004): Aktienoptionen für den Aufsichtsrat? Eine kritische Analyse des BGH-Urteils vom 16.2.2004, BB 2004, 621 ff., in: BB, 59. Jg. (2004), S. 949-957.

Ring, Harald (2002): Trennung von gleichzeitiger Prüfung und Beratung – Ein geeigneter Weg zur Überwindung der aktuellen Vertrauenskrise? –, in: WPg, 55. Jg. (2002), S. 1345-1354.

Röhricht, Volker (1998): Beratung und Abschlußprüfung, in: WPg, 51. Jg. (1998), S. 153-163.

Röhricht, Volker (2001): Unabhängigkeit des Abschlussprüfers, in: WPg, 54. Jg. (2001), Sonderheft, S. S 80-S 90.

Römermann, Volker (2001): Kommentar zum Urteil des OLG Brandenburg vom 10.7.2001 – 11 U 37/00, in: GmbHR, 92. Jg. (2001), S. 871-872.

Ross, Stephen (1973): The Economic Theory of Agency: The Principal's Problem, in: A.E.R., Vol. 63 (1973), No. 2, S. 134-139.

Rückle, Dieter (1995): Bestellung und Auswahl des Abschlußprüfers – Zur ökonomischen Analyse des Rechts der Rechnungslegung, in: Elschen, Rainer u.a. (Hrsg.): Unternehmenstheorie und Besteuerung: Dieter Schneider zum 60. Geburtstag, Wiesbaden 1995, S. 495-514.

Ruffert, Matthias (2002): Kommentierung zu Art. 249 EGV, in: Callies, Christian/ Ruffert, Matthias (Hrsg.): Kommentar des Vertrages über die Europäische Union und des Vertrages zur Gründung der Europäischen Gemeinschaft: EUV/EGV, 2., neubearbeitete und erweiterte Auflage, Neuwied 2002.

Ruhnke, Klaus (1995): Die International Federation of Accountants (IFAC), in: DB, 48. Jg. (1995), S. 940-945.

Ruhnke, Klaus (1997): Internationale Normen der Abschlussprüfung, in: WPK-Mitt., 36. Jg. (1997), S. 78-89.

Ruhnke, Klaus (2003a): Nutzen von Abschlussprüfungen: Bezugsrahmen und Einordnung empirischer Studien, in: ZfbF, 55. Jg. (2003), S. 250-280.

Ruhnke, Klaus (2003b): Prüfung der Einhaltung des Deutschen Corporate Governance Kodex durch den Abschlussprüfer, in: AG, 48. Jg. (2003), S. 371-377.

Ruhnke, Klaus/Schmidt, Martin (2002): Kommentierung zu § 316 HGB, in: Baetge, Jörg/Kirsch, Hans-Jürgen/Thiele, Stefan (Hrsg.): Bilanzrecht. Handelsrecht mit Steuerrecht und den Regelungen des IASB, Kommentar, Bonn/Berlin 2002.

Rürup, Lebrecht (1995): Möglichkeiten verbesserter Kontrolle und Beratung der Geschäftsführung durch den Aufsichtsrat mit Hilfe des Wirtschaftsprüfers, in: AG, 40. Jg. (1995), S. 219-223.

Ryan, Stephen G./Herz, Robert H./Iannaconi, Teresa E./Maines, Laureen A./Palepu, Krishna/Schrand, Catherine M./Skinner, Douglas J./Vincent, Laura (2001): SEC Auditor Independence Requirements, in: Accounting Horizons, Vol. 15 (2001), S. 373-386.

Säcker, Franz Jürgen (2004): Rechtliche Anforderungen an die Qualifikation und Unabhängigkeit von Aufsichtsratsmitgliedern, in: AG, 49. Jg. (2004), S. 180-186.

Sahner, Friedhelm/Schulte-Groß, Horst/Clauß, Carsten (2001): Das System der Qualitätskontrolle im Berufsstand der Wirtschaftsprüfer und vereidigten Buchprüfer, in: WPK-Mitt., 40. Jg. (2001), Sonderheft April, S. 5-17.

Sarbanes-Oxley Act of 2002: online im Internet unter http://www.pcaobus.org/rules/ Sarbanes_Oxley_Act_of_2002.pdf, Abruf am 30.9.2003.

Scharpf, Paul (1997): Die Sorgfaltspflichten des Geschäftsführers der GmbH – Pflicht zur Errichtung eines Risikomanagement- und Überwachungssystems aufgrund der geplanten Änderung des AktG auch für den GmbH-Geschäftsführer, in: DB, 50. Jg. (1997), S. 737-743.

Scheffler, Eberhard (1995): Aufsichtsrat und Abschlußprüfer als Überwachungsorgane der Aktiengesellschaft, in: Lanfermann, Josef (Hrsg.): Internationale Wirtschaftsprüfung, Festschrift zum 65. Geburtstag von Hans Havermann, Düsseldorf 1995, S. 653-680.

Scheffler, Eberhard (2003): ECLR Aufgaben und Zusammensetzung von Prüfungsausschüssen (Audit Committees), in: ZGR, 32. Jg. (2003), S. 236-263.

Schildbach, Thomas (1996a): Die Glaubwürdigkeitskrise der Wirtschaftsprüfer – zu Intensität und Charakter der Jahresabschlußprüfung aus wirtschaftlicher Sicht, in: BFuP, 48. Jg. (1996), S. 1-30.

Schildbach, Thomas (1996b): Probleme der Jahresabschlußprüfung und Reformansätze aus der Sicht rationalen Prüferverhaltens, in: Kofler, H./Nadvornik, W./ Pernsteiner, H. (Hrsg.): Betriebswirtschaftliches Prüfungswesen in Österreich, Festschrift zum 65. Geburtstag von Karl Vodrazka, Wien 1996, S. 631-654.

Schildbach, Thomas (1997): Qualität der Abschlußprüfung und Vereinbarkeit von Prüfung und Beratung. Anmerkungen zu Böcking / Löcke: „Abschlußprüfung und Beratung", in: DBW, 57. Jg. (1997), S. 872-874.

Schildbach, Thomas (2000): Der handelsrechtliche Jahresabschluss, 6. Auflage, Herne, Berlin 2000.

Schildbach, Thomas (2004): Der Richtlinienvorschlag der EU-Kommission vom 17. Februar 2004 zur Prüfung von Jahres- und Konzernabschluß – Weichenstellung für das Enforcement in Europa, in: BFuP, 56. Jg. (2004), S. 252-267.

Schildbach, Thomas/Straßer, Rainer (2003): Das britische Financial Reporting Review Panel als Vorbild für eine Enforcment-Institution in Deutschland?, in: DStR, 41. Jg. (2003), S. 1720-1724.

Schindler, Joachim/Rabenhorst, Dirk (1998): Auswirkungen des KonTraG auf die Abschlußprüfung, in: BB, 53. Jg. (1998), S. 1886-1893 (Teil I) und S. 1939-1944 (Teil II).

Schindler, Joachim/Rosin, Udo (2001): Die Unabhängigkeit des Wirtschaftsprüfers nach Deutschem und Amerikanischem Recht – insbesondere: Beratungsverbot und Rotation –, in: Lutter, Marcus (Hrsg.): Der Wirtschaftsprüfer als Element der corporate governance, Düsseldorf 2001, S. 117-138.

Schmalenbach, Eugen (1948): Über die literarische Betätigung des Wirtschaftsprüfers, in: WPg, 1. Jg. (1948), S. 3-4.

Schmalenbach-Gesellschaft (1995): Grundsätze ordnungsmäßiger Aufsichtsratstätigkeit – ein Diskussionspapier, hrsg. vom Arbeitskeis „Externe und interne Überwachung der Unternehmung" der Schmalenbach-Gesellschaft/Deutsche Gesellschaft für Betriebswirtschaft e.V., in: DB, 48. Jg. (1995), S. 1-4.

Schmalenbach-Gesellschaft (2000): Prüfungsausschüsse in deutschen Aktiengesellschaften, hrsg. vom Arbeitskreis „Externe und interne Überwachung der Unternehmung" der Schmalenbach-Gesellschaft für Betriebswirtschaft e.V., in: DB, 53. Jg. (2000), S. 2281-2285.

Schmalenbach-Gesellschaft (2002): Enforcement der Rechnungslegung, hrsg. vom Arbeitskreis „Externe Unternehmensrechnung" der Schmalenbach-Gesellschaft für Betriebswirtschaft e.V., in: DB, 55. Jg. (2002), S. 2173-2176.

Schmalenbach-Gesellschaft (2004): Stellungnahme zum Referentenentwurf eines Bilanzkontrollgesetzes, hrsg. vom Arbeitskreis „Externe Unternehmensrechnung" der Schmalenbach-Gesellschaft für Betriebswirtschaft e.V., in: DB, 57. Jg. (2004), S. 329-332.

Schmidt, Manfred/Kaiser, Sven (2003): Die Fünfte WPO-Novelle – eine umfassende Reform in schwieriger Zeit, in: WPK-Mitt., 42. Jg. (2001), S. 150-163.

Schmidt, Peter-Jürgen (1996): Überlegungen zur Erweiterung der gesetzlichen Regelungen über die Abschlußprüfung, in: BFuP, 48. Jg. (1996), S. 52-75.

Schmidt, Peter-Jürgen (1997): Diskussionsbeitrag zu Prüfungen im 21. Jahrhundert – Entwicklungen, Probleme, Visionen – Podiums- und Plenardiskussion, in: Richter, Martin (Hrsg.): Theorie und Praxis der Wirtschaftsprüfung: Abschlußprüfung – Interne Revision – kommunale Rechnungsprüfung, Berlin 1997, S. 236-237.

Schmidt, Stefan (2003): Neue Anforderungen an die Unabhängigkeit des Abschlussprüfers: SEC-Verordnung im Vergleich mit den Empfehlungen der EU-Kommission und den Plänen der Bundesregierung, in: BB, 58. Jg. (2003), S. 779-786.

Schmidt, Andreas/Pfitzer, Norbert/Lindgens, Ursula (2005): Qualitätssicherung in der Wirtschaftsprüferpraxis, in: WPg, 58. Jg. (2005), S. 321-343.

Schmidtmeier, Susanne (1998): Vereinbarkeit von Prüfung und (Steuer-)Beratung durch denselben Wirtschaftsprüfer – Zugleich eine Anmerkung zum BGH-Urteil vom 21.4.1997 II ZR 317/95, in: DB, 51. Jg. (1998), S. 1625-1630.

Schmittmann, Jens M. (2001): Unzulässige Mitwirkung eines WP oder vBP bei der Jahresabschlussaufstellung, in: StuB, 3. Jg. (2001), S. 1145-1147.

Schneider, Uwe H. (2000): Kapitalmarktorientierte Corporate Governance-Grundsätze, in: DB, 53. Jg. (2000), S. 2413-2417.

Schramm, Wibke (2003): Interessenkonflikte bei Wirtschaftsprüfern, Steuerberatern und Rechtsanwälten unter dem besonderen Aspekt der beruflichen Verschwiegenheit, in: DStR, 41. Jg. (2003), S. 1316-1320 (Teil I) und S. 1364-1358 (Teil II).

Schruff, Lothar (1976): Zur Objektivierung des Unabhängigkeitspostulats bei Jahresabschlußprüfungen, in: BFuP, 28. Jg. (1976), S. 140-150.

Schruff, Wienand (2001): Zukünftige Anforderungen an den Abschlussprüfer – Aktuelle Entwicklungen auf internationaler und nationaler Ebene –, in: WPg, 54. Jg. (2001), S. S 90-S 94.

Schruff, Wienand (2003): Zur Aufdeckung von Top-Management-Fraud durch den Wirtschaftsprüfer im Rahmen der Jahresabschlussprüfung, in: WPg, 56. Jg. (2003), S. 901-911.

Schulze-Osterloh, Joachim (1976): Zur öffentlichen Funktion des Abschlussprüfers, in: ZGR, 5. Jg. (1976), S. 411-434.

Schulze-Osterloh, Joachim (1977): Stellung und Unabhängigkeit des Wirtschaftsprüfers, in: Busse von Colbe, Walther/Lutter, Markus (Hrsg.): Wirtschaftsprüfung heute: Entwicklung oder Reform? Ein Bochumer Symposium, Wiesbaden 1977, S. 95-119.

Schüppen, Matthias (1997): Anmerkung zu BGH: Grundsätzliche Zulässigkeit gleichzeitiger Steuerberatung und Abschlußprüfung, in: WiB, 4. Jg. (1997), S. 863.

Schüppen, Matthias (1998): Aktuelle Fragen der Wirtschaftsprüferhaftung, in: DB, 51. Jg. (1998), S. 1317-1319.

Schwalbach, Joachim (2004): Effizienz des Aufsichtsrats, in: AG, 49. Jg. (2004), S. 186-190.

Schwandtner, Christian (2002): Die Unabhängigkeit des Abschlussprüfers. Europäische und internationale Ansätze im Vergleich, in: DStR, 40. Jg. (2002), S. 323-332.

Schwarz, Günter Christian/Holland, Björn (2002): Enron, WorldCom ... und die Corporate-Governance-Diskussion. Zu den strukturellen Defiziten eines kapitalmarktorientierten Corporate-Governance-Systems und zum US-amerikanischen Sarbanes-Oxley Act, in: ZIP, 23. Jg. (2002), S. 1661-1672.

Schwegler, Iren (1995): Die Stellung des Wirtschaftsprüfers zu den Organen Hauptversammlung, Aufsichtsrat und Vorstand, in: BB, 50. Jg. (1995), S. 1683-1685.

SEC (1997): Inquiry Letter Weinberg, Pershes & Company, P.A., WSB File No. 032497025, Fiche Locator No. 2737B3, New York 1997.

SEC (1998): Authorizing SEC Release (FRR-50): Commission Statement of Policy on the Establishment and Improvement of Standards Related to Auditor Independence, New York, 1998.

SEC (2000): Revision of the Commissions Auditor Independence Requirements vom 21.11.2000, online im Internet unter http://www.sec.gov/rules/ final/33-7919.htm, Abruf am 24.11.2000.

SEC (2001): Regulation S-X: Form and Content of and Requirements for Financial Statements, in: SEC (Hrsg): SEC Guideline. Rules and Regulations, New York 2001.

SEC (2002a): Enforcement Proceedings: SEC censures KPMG for Auditor Independence Violation, online im Internet unter http://www.sec.gov/news/headlines/kpmgcensure.htm, Abruf am 30.7.2003.

SEC (2002b): SEC Censures Dutch Ernst & Young Firm and Orders It to Pay $ 400,000 Civil Penalty, online im Internet unter http://www.sec.gov/news/press/2002-95.htm, Abruf am 10.9.2002.

SEC (2003a): Final Rule: Strengthening the Commission's Requirements Regarding Auditor Independence vom 22.1.2003, online im Internet unter http://www.sec.gov/rules/final/33-8183.htm, Abruf am 29.1.2003.

SEC (2003b): Final Rule, Disclosure Required by Sections 406 and 407 of the Sarbanes Oxley-Act of 2002 vom 23.1.2003, online im Internet unter http://www.sec.gov/rules/final/33-8177.htm, Abruf am 9.9.2003.

Seibert, Ulrich (1997): Kontrolle und Transparenz im Unternehmensbereich, in: WM, 51. Jg. (1997), S. 1-9.

Seibert, Ulrich (1999): OECD Principles of Corporate Governance – Grundsätze der Unternehmensführung und -kontrolle für die Welt. Vorbemerkungen, in: AG, 44. Jg. (1999), S. 337-339.

Seibert, Ulrich (2003): Das 10-Punkte-Programm „Unternehmensintegrität und Anlegerschutz", in: BB, 58. Jg. (2003), S. 693-698.

Shafer, William E./Morris, Roselyn E./Ketchand, Alice A. (1999): The Effects of Formal Sanctions on Auditor Independence, in: Auditing: A Journal of Practice and Theory, Vol. 18 (1999), Supplement, S. 85-101.

Sharma, Divesh S./Sidhu, Jagdish (2001): Professionalism vs. Commercialism: The Associations between Non-Audit Services and Audit Independence, in: Journal of Business Finance & Accounting, Vol. 28 (2001), S. 595-629.

Sieben, Günter (1977): Formaltestat oder materielle Prüfung, in: Busse von Colbe, Walther/Lutter, Marcus (Hrsg.): Wirtschaftsprüfung heute: Entwicklung oder Reform? Ein Bochumer Symposium, Wiesbaden 1977, S. 55-70.

Sieben, Günter/Russ, Wolfgang (1992): Unabhängigkeit und Unbefangenheit, in: Coenenberg, Adolf/Wysocki, Klaus von (Hrsg.): Handwörterbuch der Revision, 2., neugestaltete und ergänzte Auflage Stuttgart 1992, Sp. 1973-1986.

Siefke, Kirsten (2000): US-amerikanische und internationale Prüfungsgrundsätze, in: Castan, Edgar/Heymann, Gerd/Ordelheide, Dieter/Pfitzer, Norbert/Scheffler, Eberhard (Hrsg.): Beck'sches Handbuch der Rechnungslegung, Band II, München 2002 (Stand: Juli 2002), Abschnitt B 601.

Siegel, Theodor (1997): Zur Vereinbarkeit von Jahresabschlußprüfung und Beratung. Diskussion des Beitrags von Hans-Joachim Böcking und Jürgen Löcke: „Abschlußprüfung und Beratung", in: DBW, 57. Jg. (1997), S. 874-877.

Simitis, Spiros (1972): Zur Unabhängigkeit der Abschlussprüfer, in: Pleyer, Klemens/Schultz, Dietrich/Schwinge, Erich (Hrsg.): Festschrift für Rudolf Reinhardt zum 70. Geburtstag, Köln 1972, S. 329-343.

Simon, Daniel T./Francis, Jere R. (1988): The Effects of Auditor Change on Audit Fees: Tests of Price Cutting and Price Recovery, in: The Accounting Review, Vol. 63 (1988), S. 255-269.

Sommerschuh, Nicole (2003): Strengere Berufsaufsicht durch die 5. WPO-Novelle: Eine neuer Ansatz zur Kontrolle der Wirtschaftsprüfer, in: BB, 58. Jg. (2003), S. 1166-1171.

Spence, Michael (1973): Job Market Signaling, in: Quarterly Journal of Economics, Vol. 87 (1973), S. 355-374.

Spremann, Klaus (1990): Asymmetrische Information, in: ZfB, 60. Jg. (1990), S. 561-586.

Stefani, Ulrike (2002a): Abschlussprüfung, Unabhängigkeit und strategische Interdependenzen. Eine ökonomische Analyse institutioneller Reformen zur Steigerung der Prüfungsqualität, Stuttgart 2002.

Stefani, Ulrike (2002b): Vorgehen und Probleme bei Anwendung formalanalytischer Forschungsmethoden im Prüfungswesen, in: Richter, Martin (Hrsg.): Theorie und Praxis der Wirtschaftsprüfung III: Entwicklungstendenzen – Corporate Governance – E-Commerce, 3. Symposium der KPMG/Universität Potsdam zur Theorie und Praxis der Wirtschaftprüfung, Berlin 2002, S. 209-246.

Stegemeyer, Welf (2002): Der Vergleich von Abschlussprüfung und Unternehmensberatung aus der Perspektive der Agency- und der Signalling-Theorie, Marburg 2002.

Steiner, Bertram (1991): Der Abschlußprüfer als externer Controller, in: WPg, 44. Jg. (1991), S. 470-482.

Stevenson, Joanna (2000): Dodging the Rules, in: Accountancy, Vol. 125, April 2000, S. 148.

Straßer, Manuel (2003): Die Haftung der Wirtschaftsprüfer gegenüber Kapitalanlegern für fehlerhafte Testate, Frankfurt am Main 2003.

Streinz, Rudolf (2001): Europarecht, 5., völlig neubearbeitete Auflage, Heidelberg 2001.

Strickmann, Michael (2000): Wirtschaftsprüfung im Umbruch: eine empirische Untersuchung zur Konzentration und Honorargestaltung im deutschen Prüfungswesen, Herne, Berlin 2000.

Sutton, Michael H. (1997): Auditor Independence: The Challenge of Fact and Appearance, in: Accounting Horizons, Vol. 11 (1997), No. 1, S. 86-91.

Sweeney, Paul/Waller Vallario, Cynthia (2002): NYSE Sets Audit Committees on New Road, in: JoA, Vol. 194 (2002), No. 5, S. 51-59.

Taupitz, Jochen (1991): Die Standesordnung der freien Berufe: geschichtliche Entwicklung, Funktionen, Stellung im Rechtssystem, Berlin u.a 1991.

Theisen, Manuel René (1989): Das Board-Modell: Lösungsansatz zur Überwindung der „Überwachungslücke" in deutschen Aktiengesellschaften?, in: AG, 34. Jg. (1989), S. 161-168.

Theisen, Manuel René (1994): Notwendigkeit, Chancen und Grenzen der Zusammenarbeit von Wirtschaftsprüfer und Aufsichtsrat, in: WPg, 47. Jg. (1994), S. 809-820.

Theisen, Manuel René (1995): Zwischenbilanz zur Diskussion über das Verhältnis zwischen Aufsichtsrat und Abschlußprüfer, in: WPK-Mitt., 34. Jg. (1995), S. 185-195.

Theisen, Manuel René (1999): Vergabe und Konkretisierung des WP-Prüfungsauftrags durch den Aufsichtsrat, in: DB, 52. Jg. (1999), S. 341-346.

Thiele, Stefan (1997): Anmerkung zum BGH-Urteil vom 21.4.1997, in: DB, 50. Jg. (1997), S. 1396-1397.

Thümmel, Manfred (1986): Die unterschiedliche Bedeutung des Begriffs „Unabhängigkeit" im Rahmen prüfender und beratender Tätigkeit, in: WPg, 39. Jg. (1986), S. 643-650.

Tielmann, Sandra (2001a): Wie können sich Aufsichtsrat und Abschlussprüfer noch besser ergänzen? – Bericht über die Podiums- und Plenardiskussion –, in: WPg, 54. Jg. (2001), Sonderheft, S. S 25-S 30.

Tielmann, Sandra (2001b): Durchsetzung ordnungsmäßiger Rechnungslegung – Fortentwicklung der Vorschläge des IDW zur Umsetzung der Empfehlungen der Regierungskommission „Corporate Governance" zur Schaffung eines deutschen Review Panel –, in: DB, 54. Jg. (2001), S. 1625-1634.

Tielmann, Sandra (2001c): Durchsetzung ordnungsmäßiger Rechnungslegung – Ein Beitrag zur aktuellen Enforcement-Diskussion –, Düsseldorf 2001.

Turnbull, Shann (1997): Corporate Governance: its scope, concerns and theories, in: Corporate Governance – An international Review, Vol. 5 (1997), S. 180-205.

Turner, Lynn E. (1999): Speech by SEC Staff: Right to the End. Remarks by Lynn E. Turner, Chief Accountant, U.S. Securities and Exchange Commission, at the „Ethics under Stress“ Conference of the American Institute of CPAs, Amercian Accounting Association, National Associatian of State Boards of Accountancy, online im Internet unter http://www.sec.gov/news/speech/speecharchive/1999/spch277.com, Abruf am 7.7.2003.

Turner, Lynn E. (2001): Independence: A Convenant for the Ages, online im Internet unter http://www.sec.gov/news/speech/spch504.htm, Abruf am 5.8.2002.

Turner, Lynn E./Godwin, Joseph H. (1999): Auditing, Earnings Management, and International Accounting Issues at the Securities and Exchange Commission, in: Accounting Horizons, Vol. 13 (1999), S. 281-297.

United States General Accounting Office (2003): Report to the Senate Committee on Banking, Housing, and Urban Affairs and the House Committee on Financial Services: Public Accounting Firms. Required Study on the Potential Effects of Mandatory Audit Firm Rotation, November 2003, online im Internet unter http://www.gao.gov, Abruf am 28.4.2004.

van Hulle, Karel (1996): Vorbemerkung zum Grünbuch der Europäischen Kommission: Rolle, Stellung und Haftung des Abschlußprüfers in der Europäischen Union, in: WPK-Mitt., 35. Jg. (1996), S. 279.

van Hulle, Karel/Lanfermann, Georg (2003): Mitteilung der Europäischen Kommission zur Stärkung der Abschlussprüfung, in: BB, 58. Jg. (2003), S. 1323-1328.

Vanstraelen, Ann (2000): Impact of renewable long-term audit mandates on audit quality, in: The European Accounting Review, Vol. (2000), S. 419-442.

Varian, Hal R. (1995): Grundzüge der Mikroökonomik, 3., überarbeitete und erweiterte Auflage, München 1995.

Veit, Klaus-Rüdiger (2003): Verbreitung von Bilanzprüfungsausschüssen in Deutschland, in: DB, 56. Jg. (2003), S. 2021-2023.

Veltins, Michael (2004): Verschärfte Unabhängigkeitsanforderungen an Abschlussprüfer, in: DB, 57. Jg. (2004), S. 445-452.

Vetter, Eberhard (2004): Stock Options für Aufsichtsräte – ein Widerspruch? Zugleich Anmerkung zu dem Urteil des BGH vom 16.2.2004 – II ZR 316/02, AG 2004, 265 (in diesem Heft), in: AG, 49. Jg. (2004), S. 234-238.

Vollmer, Lothar/Maurer, Torsten (1993): Beratung durch Aufsichtsratsmitglieder oder Abschlußprüfer aufgrund von Zusatzaufträgen, in: BB, 48. Jg. (1993), S. 591-597.

Vorstand der WPK (1996): Verlautbarung des Vorstandes der Wirtschaftsprüferkammer zur Abgrenzung von Prüfung und Erstellung (§ 319 Abs. 2 Nr. 5 HGB), in: WPK-Mitt., 35. Jg. (1996), S. 196-197.

Wagenhofer, Alfred/Ewert, Ralf (2003): Externe Unternehmensrechnung, Berlin u.a. 2003.

Wagner, Klaus-R. (2000): Prospektprüfung und Prospekthaftung bei Wirtschaftsprüfern, in: BFuP, 52. Jg. (2000), S. 594-606.

Wallace, Wanda A. (1980): The Economic Role of the Audit in Free and Regulated Markets, University of Rochester, 1980.

Weber-Braun, Elke (1995): Umsetzung der Richtlinien in den EU-Mitgliedstaaten, in: Küting, Karlheinz/Weber, Claus-Peter (Hrsg.): Handbuch der Rechnungslegung: Kommentar zur Bilanzierung und Prüfung, Band Ia, 4., grundlegend überarbeitete und erweiterte Auflage, Stuttgart 1995, S. 3-24.

Weiland, Rainer (1996): Zur Vereinbarkeit von Abschlussprüfung und Beratung: Die Inkompatibilitätsvorschriften des § 319 Abs. II Nr. 5 HGB, in: BB, 51. Jg. (1996), S. 1211-1216.

Weißenberger, Barbara E. (1997): Wider die erzwungene Rotation des Abschlußprüfers, in: BB, 52. Jg. (1997), S. 2315-2321.

Weißenberger, Barbara E. (2003): Ökonomische Analyse des Prüferwechsels – Eine Untersuchung des § 319 Abs. 3 Nr. 6 HGB, in: Dörner, Dietrich/Menold, Dieter/Pfitzer, Norbert/Oser, Peter (Hrsg.): Reform des Aktienrechts, der Rechnungslegung und der Prüfung: KonTraG – Corporate Governance – TransPuG, 2., überarbeitete und erweiterte Auflage Stuttgart 2003, S. 923-956.

Werder, Axel von (2002): Der Deutsche Corporate Governance Kodex – Grundlagen und Einzelbestimmungen, in: DB, 55. Jg. (2002), S. 801-810.

Werder, Axel von/Talaulicar, Till/Kolat, Georg L. (2003): Kodex Report 2003: Die Akzeptanz der Empfehlungen des Deutschen Corporate Governance Kodex, in: DB, 56. Jg. (2003), S. 1857-1863.

Westhoff, André O. (2003): Glaubwürdigkeit des Jahresabschlusses: Brauchen wir eine Kontrolle der Kontrolleure bezogen auf die Abschlussprüfer und wenn ja, welche?, in: DStR, 41. Jg. (2003), S. 2086-2092 (Teil I) und S. 2132-2136 (Teil II).

Westrick, Peter (1963): Abschlußprüfung und Abschlußprüfer nach geltendem und zukünftigen Aktienrecht, Heidelberg 1963.

Wiedmann, Harald (1996): Entwicklung internationaler Prüfungs-Standards, in: Schruff, Lothar (Hrsg.): Bilanzrecht unter dem Einfluß internationaler Reformzwänge, Bericht über die Göttinger Bilanztage „10 Jahre BiRiLiG: Bilanzrecht vor neuen Reformzwängen" am 7. und 8. Dezember 1995, Düsseldorf 1996, S. 149-196.

Wiedmann, Harald (1997): Abschlußprüfung und Beratung aus ökonomischer Sicht kein Gegensatz. Stellungnahme zu dem Beitrag von Hans-Joachim Böcking und Jürgen Löcke „Abschlussprüfung und Beratung – eine ökonomische Analyse", in: DBW, 57. Jg. (1997), S. 877-879.

Wiedmann, Harald (1998): Ansätze zur Fortentwicklung der Abschlußprüfung, in: WPg, 51. Jg. (1998), S. 338-350.

Wiedmann, Harald (1999): Bilanzrecht, Kommentar zu den §§ 238 bis 342a HGB, München 1999.

Wiedmann, Harald (2000): Abschlußprüfung zwischen Ordnungsmäßigkeitsprüfung und betriebswirtschaftlicher Überwachung, in: Poll, Jens (Hrsg.): Bilanzierung und Besteuerung der Unternehmen. Das Handels- und Steuerrecht auf dem Weg ins 21. Jahrhundert; Festschrift für Dr. iur. Dr. rer. pol. Herbert Brönner zum 70. Geburtstag, Stuttgart 2000, S. 443-464.

Wiesner, Peter M. (2003): Corporate Governance und kein Ende, in: ZIP, 24. Jg. (2003), S. 977-980.

Willemer, W. (1981): Ausschluß von Wirtschaftsprüfern von der Bestellung zum Abschlußprüfer bei wesentlichem Umsatzanteil eines Auftraggebers, in: DB, 34. Jg. (1981), S. 1477-1479.

Windmöller, Rolf (1996): Unabhängigkeit und Unbefangenheit – Internationales Verständnis und Deutsche Grundsätze, in: Baetge, Jörg u.a. (Hrsg.): Rechnungslegung, Prüfung und Beratung: Herausforderungen für den Wirtschaftsprüfer; Festschrift zum 70. Geburtstag von Professor Dr. Rainer Ludewig, Düsseldorf 1996, S. 1089-1127.

Wines, Graeme (1994): Auditor Independence, Audit Qualifications, and the Provision of Non-Audit Services: A Note, in: Accounting and Finance, Vol. 34 (1994), S. 75-86.

Wöhe, Günter (1987): Der Standort des steuerberatenden Berufs nach Inkrafttreten des Bilanzrichtlinien-Gesetzes, in: DStR, 25. Jg. (1987), S. 3-12.

Wolz, Matthias (1998): Die Erwartungslücke vor und nach Verabschiedung des KonTraG. Zustandekommen, alte und neue Lösungswege vor dem Hintergrund des Gesetzes zur Kontrolle und Transparenz im Unternehmensbereich, in: WPK-Mitt., 37. Jg. (1998), S. 122-135.

Wolz, Matthias (2001): Zum Stand der Umsetzung von Risikomanagementsystemen aus der Sicht börsennotierter Aktiengesellschaften und ihrer Prüfer – Eine empirische Studie –, in: WPg, 54. Jg. (2001), S. 789-801.

WPK (1997): Entwurf eines Gesetzes zur Kontrolle und Transparenz im Unternehmensbereich (KonTraG). Stellungnahme der Wirtschaftsprüferkammer, in: WPK-Mitt., 36. Jg. (1997), S. 100-107.

WPK (2000): Stellungnahme vom 13.9.2000 zum Diskussionsentwurf der IFAC, online im Internet unter http://www.wpk.de/ie-d/news-04-09.html, Abruf am 24.7.2001.

WPK (2002a): Satzung der Wirtschaftsprüferkammer über die Rechte und Pflichten bei der Ausübung der Berufe des Wirtschaftsprüfers und des vereidigten Buchprüfers (Berufssatzung für Wirtschaftsprüfer/vereidigte Buchprüfer – BS WP/vBP), hrsg. v. WPK, Berlin 2002.

WPK (2002b): Stellungnahme der WPK zum Sarbanes-Oxley Act gegenüber dem Bundesministerium für Wirtschaft und Technologie, in: WPK-Mitt., 41. Jg. (2002), S. 290-293.

WPK/IDW (1996): VO 1/1995: Zur Qualitätssicherung in der Wirtschaftsprüferpraxis, in: WPK-Mitt., 35. Jg. (1996), Beilage zu Heft 1/1996.

WPK/IDW (2002): Gemeinsame Stellungnahme von WPK und IDW: Empfehlungen der EU-Kommission zur Unabhängigkeit des Abschlussprüfers, in: WPg, 55. Jg. (2002), S. 1270-1271.

WPK/IDW (2005): Entwurf VO 1/2005: Anforderungen an die Qualitätssicherung in der Wirtschaftsprüferpraxis, in: WPg, 58. Jg. (2005), S. 374-390.

Wüstemann, Gerd (1975): Probleme der Glaubwürdigkeit von Abschlussprüfern: Wirtschaftsprüfer und Certified Public Accountants, Frankfurt am Main, Zürich 1975.

Wüstemann, Jens (2002): Normdurchsetzung in der deutschen Rechnungslegung – Enforcement nach dem Vorbild der USA, in: BB, 57. Jg. (2002), S. 718-725.

Zemke, Corinna (1994): Inkompatibilität von Prüfung und Beratung – Interessenkonflikte des Wirtschaftsprüfers infolge seiner Doppelfunktion und deren Analyse anhand der Rechtsnormen –, in: StB, 45. Jg. 1994, S. 87-98.

Ziemons, Hildegard (2000): Erteilung des Prüfungsauftrages an den Abschlussprüfer einer Aktiengesellschaft durch einen Aufsichtsratsausschuss?, in: DB, 53. Jg. (2000), S. 77-81.

Zimmer, Daniel (2002): Kommentierung zu §§ 318 und 319 HGB, in: Canaris, Claus-Wilhelm/Schilling, Wolfgang/Ulmer, Peter (Hrsg.): Handelsgesetzbuch: Großkommentar, begründet von Hermann Staub, 4., neubearbeitete Auflage, Berlin, New York 2002.

Zitzelsberger, Siegfried (1998): Beratungsaufgaben der Wirtschaftsprüfer, in: Küting, Karlheinz (Hrsg.): Saarbrücker Handbuch der Betriebswirtschaftlichen Beratung, Berlin 1998, S. 13-22.

Zuck, Rüdiger (2001): Die Berufsfreiheit der freien Berufe, in: NJW, 54. Jg. (2001), S. 2055-2059.

Verzeichnis der Gesetzesmaterialien

1. Gesetze

3. Gesetz zur Änderung der Wirtschaftsprüferordnung
vom 15.7.1994, in: BGBl. I 1994, S. 1569-1580.

4. Finanzmarktförderungsgesetz
Gesetz zur weiteren Fortentwicklung des Finanzplatzes Deutschland (Viertes Finanzmarktförderungsgesetz) vom 21.6.2002, in: BGBl. I 2002, S. 2010-2072.

APAG
Gesetz zur Fortentwicklung der Berufsaufsicht über Abschlussprüfer in der Wirtschaftsprüferordnung (Abschlussprüferaufsichtsgesetz – APAG) vom 27.12.2004, in: BGBl. I 2004, S. 3846-3851.

Bilanzrichtlinien-Gesetz
Gesetz zur Durchführung der Vierten, Siebenten und Achten Richtlinie des Rates der Europäischen Gemeinschaften zur Koordinierung des Gesellschaftsrechts (Bilanzrichtlinien-Gesetz) vom 19.12.1985, in: BGBl. I 1985, S. 2355-2433.

BilKoG
Gesetz zur Kontrolle von Unternehmensabschlüssen (Bilanzkontrollgesetz – BilKoG) vom 15.12.2004, in: BGBl. I 2004, S. 3408-3415.

BilReG
Gesetz zur Einführung internationaler Rechnungslegungsstandards und zur Sicherung der Qualität der Abschlussprüfung (Bilanzrechtsreformgesetz – BilReG) vom 4.12.2004, in; BGBl. I 2004, S. 3166-3182.

Erste Verordnung zur Durchführung der aktienrechtlichen Vorschriften der Verordnung des Reichspräsidenten über Aktienrecht, Bankenaufsicht und über eine Steueramnestie
vom 16.12.1931, in: RGBl. I 1931, S. 760-772.

Euro-Bilanzgesetz
Gesetz zur Anpassung bilanzrechtlicher Bestimmungen an die Einführung des Euro, zur Erleichterung der Publizität für Zweigniederlassungen ausländischer Unternehmen sowie zur Einführung einer Qualitätskontrolle für genossenschaftliche Prüfungsverbände (Euro-Bilanzgesetz – EuroBilG) vom 10.12.2001, in: BGBl. I 2001, S. 3414-3421.

KapCoRiLiG
Gesetz zur Durchführung der Richtlinie des Rates der Europäischen Union zur Änderung der Bilanz- und der Konzernbilanzrichtlinie hinsichtlich ihres Anwendungsbereichs (90/605/EWG), zur Verbesserung der Offenlegung von Jahresabschlüssen und zur Änderung anderer handelsrechtlicher Bestimmungen (Kapitalgesellschaften- und Co-Richtlinie-Gesetz – KapCoRiLiG) vom 24.2.2000, in: BGBl. I 2000, S. 154-162.

KonTraG
Gesetz zur Kontrolle und Transparenz im Unternehmensbereich (KonTraG) vom 27.4.1998, in: BGBl. I 1998, S. 786-794.

TransPuG
Gesetz zur weiteren Reform des Aktien- und Bilanzrechts, zu Transparenz und Publizität (Transparenz- und Publizitätsgesetz) vom 19.7.2002, in: BGBl. I 2002, S. 2681-2687.

Verordnung des Reichspräsidenten über Aktienrecht, Bankenaufsicht und über eine Steueramnestie
vom 19.9.1931, in: RGBl. I 1931, S. 493-509.

WPOÄG
Gesetz zur Änderung von Vorschriften über die Tätigkeit der Wirtschaftsprüfer (Wirtschaftsprüferordnungs-Änderungsgesetz – WPOÄG) vom 19.12.2000, in: BGBl. I 2000, S. 1769-1781.

Wirtschaftsprüferexamens-Reformgesetz
Gesetz zur Reform des Zulassungs- und Prüfungsverfahrens des Wirtschaftsprüferexamens vom 1.12.2003, in: BGBl. I 2003, S. 2446-2464.

2. Gesetzesentwürfe und Gesetzesbegründungen

Bundesratsdrucksachen

BR-Drucksache 872/97
Entwurf eines Gesetzes zur Kontrolle und Transparenz im Unternehmensbereich (KonTraG), in: BR-Drucksache 872/97 vom 7.11.1997.

BR-Drucksache 109/02
Entwurf eines Gesetzes zur weiteren Reform des Aktien- und Bilanzrechts, zu Transparenz und Publizität (Transparenz- und Publizitätsgesetz), in: BR-Drucksache 109/02 vom 8.2.2002.

BR-Drucksache 302/03
Entwurf eines Gesetzes zur Reform des Zulassungs- und Prüfungsverfahrens zum Wirtschaftsprüfer (Wirtschaftsprüferexamens-Reformgesetz – WPRefG), in: BR-Drucksache 302/03 vom 9.5.2003.

BR-Drucksache 665/04
Entwurf eines Gesetzes zur Fortentwicklung der Berufsaufsicht über Abschlussprüfer in der Wirtschaftsprüferordnung (Abschlussprüferaufsichtsgesetz – APAG), in: BR-Drucksache 665/04 vom 3.9.2004.

Bundestagsdrucksachen

BT-Drucksache 15/4054
Beschlussempfehlung und Bericht des Rechtsausschusses (6. Ausschuss) zu dem Gesetzentwurf des Bundesregierung – Drucksache 15/3419 – Entwurf eines Gesetzes zur Einführung internationaler Rechnungslegungsstandards und zur Sicherung der Qualität der Abschlussprüfung (Bilanzrechtsreformgesetz – BilReG), in: BT-Drucksache 15/4054 vom 27.10.2004.

BT-Drucksache 15/3419
Entwurf eines Gesetzes zur Einführung Internationaler Rechnungslegungsstandards und zur Sicherung der Qualität der Abschlussprüfung (Bilanzrechtsreformgesetz – BilReG), in: BT-Drucksache 15/3419 vom 23.6.2004.

BT-Drucksache 15/3421
Entwurf eines Gesetzes zur Kontrolle von Unternehmensabschlüssen (Bilanzkontrollgesetz – BilKoG), in: BT-Drucksache 15/3421 vom 23.6.2004.

BT-Drucksache 15/1241
Entwurf eines Gesetzes zur Reform des Zulassungs- und Prüfungsverfahrens des Wirtschaftsprüferexamens (Wirtschaftsprüferexamens-Reformgesetz – WPRefG), in: BT-Drucksache 15/1241 vom 25.6.2003.

BT-Drucksache 14/3649
Entwurf eines Gesetzes zur Änderung von Vorschriften über die Tätigkeit der Wirtschaftsprüfer (Wirtschaftsprüferordnungs-Änderungesetz – WPOÄG), in: BT-Drucksache 14/3649 vom 23.6.2000.

BT-Drucksache 14/6040
Entwurf eines Gesetzes zur Modernisierung des Schuldrechts, in: BT-Drucksache 14/6040 vom 14.5.2001.

BT-Drucksache 14/8769
Entwurf eines Gesetzes zur weiteren Reform des Aktien- und Bilanzrechts, zu Transparenz und Publizität (Transparenz- und Publizitätsgesetz), in: BT-Drucksache 14/8769 vom 11.4.2002.

BT-Drucksache 13/9712
Entwurf eines Gesetzes zur Kontrolle und Transparenz im Unternehmensbereich (KonTraG), in: BT-Drucksache 13/9712 vom 28.1.1998.

BT-Drucksache 13/10038
Beschlußempfehlung und Bericht des Rechtsausschusses (6. Ausschuß) zur BT-Drucksache 13/9712, BT-Drucksache 13/357, BT-Drucksache 13/9716 und BT-Drucksache 13/7737, in: BT-Drucksache 13/10038 vom 4.3.1998.

BT-Drucksache 10/317
Entwurf eines Gesetzes zur Durchführung der Vierten Richtlinie des Rates der Europäischen Gemeinschaften zur Koordinierung des Gesellschaftsrechts (Bilanzrichtlinie-Gesetz), in: BT-Drucksache 10/317 vom 26.8.1983.

BT-Drucksache 10/4428
Änderungsantrag der Fraktion der SPD zur zweiten Beratung des Entwurfs eines Gesetzes zur Durchführung der Vierten, Siebenten und Achten Richtlinie des Rates der Europäischen Gemeinschaften zur Koordinierung des Gesellschaftsrechts (Bilanzrichtlinien-Gesetz – BiRiLiG) – Drucksachen 10/317, 10/3440, 10/4268, in: BT-Drucksache 10/4428 vom 4.12.1985.

3. EG-Richtlinien

Achte EG-Richtlinie (Prüferrichtlinie)
Achte Richtlinie des Rates vom 10. April 1984 aufgrund von Artikel 54 Absatz 3 Buchstabe g) des Vertrages über die Zulassung der mit der Pflichtprüfung der Rechnungslegungsunterlagen beauftragten Personen (84/253/EWG), in: AblEG Nr. L 126 vom 12.5.1984, S. 20-26.

Modernisierungsrichtlinie
Richtlinie 2003/51/EG des Europäischen Parlaments und des Rates vom 18. Juni 2003 zur Änderung der Richtlinien 78/660/EWG, 83/349/EWG, 86/635/EWG und 91/674/EWG über den Jahresabschluss und den konsolidierten Abschluss von Gesellschaften bestimmter Rechtsformen, von Banken und anderen Finanzinstituten sowie von Versicherungsunternehmen, in: AblEG Nr. L 178 vom 17.7.2003, S. 16-22.

Vorschlag zur Modernisierung der Prüferrichtlinie
Vorschlag für eine Richtlinie des Europäischen Parlaments und des Rates über die Prüfung des Jahresabschlusses und des konsolidierten Abschlusses und zur Änderung der Richtlinien 78/660/EWG und 83/349/EWG des Rates vom 16.3.2004, online im Internet unter http://europa.eu.int/eur-lex/fr/com/pdf/2004/com2004_0177fr01.pdf, Abruf am 27.7.2004.

Rechtsprechungsverzeichnis

Gericht und Datum	Aktenzeichen	Fundstelle
1. Entscheidungen des Europäischen Gerichtshofs		
EuGH-Urteil v. 13.12.1989	C-322/88 (Grimaldi)	Slg. 1989, 4407, Rz. 18
2. Entscheidungen des Bundesverfassungsgerichts		
BVerfG, Beschluss v. 5.4.1990	2 BvR 413/88	BVerfGE Bd. 82, S. 30-42
BVerfG, Beschluss v. 7.11.1972	1 BvR 338/68	BVerfGE Bd. 34, S. 103-118
3. Entscheidungen des Bundesgerichtshofs		
BGH-Urteil v. 3.6.2004	X ZR 104/03	DB, 57. Jg. (2004), S. 1605-1608
BGH-Urteil v. 16.2.2004	II ZR 316/02	Der Konzern, 2. Jg. (2004), S. 333-335
BGH-Urteil v. 25.11.2002	II ZR 49/01	BB, 58. Jg. (2003), S. 462-467
BGH-Urteil v. 26.9.2000	X ZR 94/98	NJW, 54. Jg. (2001), S. 360-365
BGH-Urteil v. 2.4.1998	III ZR 245/96	DB, 51. Jg. (1998), S. 1073-1075
BGH-Urteil v. 21.4.1997	II ZR 317/95	DB, 50. Jg. (1997), S. 1394-1396
BGH-Urteil v. 18.5.1995	III ZR 109/94	DB, 48. Jg. (1995), S. 1558-1590
BGH-Urteil v. 30.4.1992	III ZR 151/91	DB, 45. Jg. (1992), S. 1466-1468
BGH-Urteil v. 25.3.1991	II ZR 188/89	DB, 44. Jg. (1991), S. 1212
BGH-Urteil v. 4.11.1987	IV a ZR 158/86	WPg, 41. Jg. (1988), S. 77-79
BGH-Urteil v. 15.11.1982	II ZR 27/82	NJW, 36. Jg. (1983), S. 991-992
4. Entscheidungen des Bundesfinanzhofs		
BFH-Urteil v. 4.12.1980	VR 120/73	DB, 34. Jg. (1981), S. 670-671
5. Entscheidungen der Oberlandesgerichte		
OLG Düsseldorf, Urteil v. 14.1.2005	I-16 U 59/04; n. rkr.	DB, 58. Jg. (2005), S. 713-716
OLG Frankfurt am Main, Beschluss v. 4.12.2003	20 W 232/03	DB, 57. Jg. (2004), S. 369-371
OLG Stuttgart, Beschluss v. 3.12.2003	20 W 6/03	DB, 57. Jg. (2004), S. 60-64
OLG Karlsruhe, Urteil v. 24.7.2003	11 U 21/02	WPK Magazin, o.Jg. (2004), Heft 2, S. 55-58
OLG Brandenburg, Urteil v. 10.7.2001	11 U 37/00; n. rkr.	GmbHR, 92. Jg. (2001), S. 865-872
OLG Düsseldorf, Beschluss v. 21.12.2000	19 W 5/00AktE	AG, 46. Jg. (2001), S. 533-534.
OLG München, Urteil v. 8.11.2000	7 U 5995/99; n.rkr	DB, 54. Jg. (2001), S. 258-259
OLG Frankfurt a.M., Urteil vom 19.2.1999	24 U 85/97	WPK-Mitt., 38. Jg. (1999), S. 266-267

Gericht und Datum	Aktenzeichen	Fundstelle
OLG Düsseldorf, Urteil v. 15.12.1998	24 U 27/98	WPK-Mitt., 38. Jg. (1999), S. 258-262
OLG Düsseldorf, Urteil vom 19.11.1998	8 U 59/98	NZG, 2. Jg. (1999), S. 901-906
OLG Koblenz, Urteil vom 18.6.1998	5 U 1653/97	WPK-Mitt., 38. Jg. (1999), S. 267
OLG Karlsruhe, Urteil v. 23.11.1995	9 U 24/95	DB, 48. Jg. (1995), S. 2514-2515
OLG Köln, Urteil v. 1.7.1992	11 U 11/92	BB, 47. Jg. (1992), S. 2108-2109
OLG Hamburg, Beschluss v. 11.6.1992	11 Wx 25/92	BB, 47. Jg. (1992), S. 1533
OLG Düsseldorf, Urteil v. 16.11.1990	22 U 147/90 n. rkr.	AG, 36. Jg. (1991), S. 321-323
Bayerisches ObLG, Beschluss v. 17.9.1987	3 Z 76/87	WM, 41. Jg. (1987), S. 1361-1367

6. Entscheidungen der Landgerichte

LG Bonn, Beschluss v. 29.10.2001	37 Qs 59/01	WPK-Mitt., 42. Jg. (2003), S. 74-75
LG München I, Urteil v. 21.10.1999	5HK O 9527/99	DB, 53. Jg. (2000), S. 35-36
LG Hamburg, Urteil v. 22.6.1998	402 O 70/97	WM, 53. Jg. (1999), S. 139-143
LG Passau, Grundurteil v. 28.5.1998	1.0.1132/97 n.rkr.	BB, 53. Jg. (1998), S. 2052-2053
LG Frankfurt, Urteil v. 8.4.1997	2/18 0 475/95	BB, 52. Jg. (1997), S. 1682-1685
LG Köln, Urteil v. 1.4.1997	3 O 504/96	AG, 42. Jg. (1997), S. 431-432
LG Konstanz, Urteil v. 13.1.1995	1 HO 87/93	WPK-Mitt., 34. Jg. (1995), S. 102-103

7. Entscheidungen der Amtsgerichte

Amtsgericht Duisburg, Beschluss v. 31.12.1993	23 HR B 3193	DB, 47. Jg. (1994), S. 466-467
Amtsgericht Hamburg, Beschluss v, 6.6.1991	66 HRB 31223	WPK-Mitt., 31. Jg. (1992), S. 40-41

Verzeichnis der Verlautbarungen des IDW

1. Prüfungsstandards

IDW PS 140
Die Durchführung von Qualitätskontrollen in der Wirtschaftsprüferpraxis (IDW PS 140, Stand: 2.3.2005), in: WPg, 58. Jg. (2005), S. 361-374.

IDW PS 200
Ziele und allgemeine Grundsätze der Durchführung von Abschlussprüfungen (IDW PS 200, Stand: 28.6.2000), in: WPg, 53. Jg. (2000), S. 706-710.

IDW PS 201
Rechnungslegungs- und Prüfungsgrundsätze für die Abschlussprüfung (IDW PS 201, Stand: 17.11.2000), in: WPg, 53. Jg. (2000), S. 710-713.

IDW PS 210
Zur Aufdeckung von Unregelmäßigkeiten im Rahmen der Abschlussprüfung (IDW PS 210, Stand: 8.5.2003), in: WPg, 56. Jg. (2003), S. 655-663.

IDW PS 220
Beauftragung des Abschlußprüfers, (IDW PS 220, Stand: 2.7.2001), in: WPg, 54. Jg. (2001), S. 895-898.

IDW PS 230
Kenntnisse über die Geschäftstätigkeit sowie das wirtschaftliche und rechtliche Umfeld des zu prüfenden Unternehmens im Rahmen der Abschlussprüfung (IDW PS 230, Stand: 28.6.2000), in: WPg, 53. Jg. (2000), S. 842-846.

IDW PS 255
Beziehungen zu nahe stehenden Personen im Rahmen der Abschlussprüfung (IDW PS 255, Stand: 1.7.2002), in: WPg, 56. Jg. (2003), S. 1069-1072.

IDW PS 260
Das interne Kontrollsystem im Rahmen der Abschlussprüfung (IDW PS 260, Stand: 2.7.2001, in: WPg, 54. Jg. (2001), S. 821-831.

IDW PS 300
Prüfungsnachweise im Rahmen der Abschlussprüfung (IDW PS 300, Stand: 2.7.2001), in: WPg, 54. Jg. (2001), S. 898-903.

IDW PS 320
Verwendung der Arbeit eines anderen externen Prüfers (IDW PS 320, Stand: 5.5.2004), in: WPg, 57. Jg. (2004), S. 593-597.

IDW PS 321
Interne Revision und Abschlussprüfung (IDW PS 321, Stand: 6.5.2002), in: WPg, 55. Jg. (2002), S. 686-689.

IDW PS 340
Zur Prüfung des Risikofrüherkennungssystems nach § 317 Abs. 4 HGB (IDW PS 340, Stand: 11.9.2000; verabschiedet vom HFA am 25.6.1999. Redaktionelle Anpassung am 11.9.2000), in: WPg, 52. Jg. (1999), S. 658-662.

IDW PS 345
Auswirkungen des Deutschen Corporate Governance Kodex auf die Abschlussprüfung (IDW PS 345; Stand: 2.3.2005), in: WPg, 58. Jg. (2005), S. 516-524.

IDW PS 400
Grundsätze für die ordnungsmäßige Erteilung von Bestätigungsvermerken bei Abschlussprüfungen (IDW PS 400, Stand: 1.10.2002; verabschiedet vom HFA am 24.6.1999, redaktionelle Anpassung am 25.2.2000, Änderung durch den HFA am 17.11.2000, 30.10.2001 und 1.10.2002), in: WPg, 52. Jg. (1999), S. 641-657, WPg, 54. Jg. (2001), S. 1492 und WPg, 55. Jg. (2002), S. 1249.

IDW PS 450
Grundsätze ordnungsmäßiger Berichterstattung bei Abschlussprüfungen (IDW PS 450, Stand: 29.9.2003), in: WPg, 56. Jg. (2003), S. 1127-1141.

IDW PS 470
Grundsätze für die mündliche Berichterstattung des Abschlussprüfers an den Aufsichtsrat (IDW PS 470, Stand: 8.5.2003), in: WPg, 56. Jg. (2003), S. 608-610.

2. Prüfungshinweise

IDW PH 9.140
Checklisten zur Durchführung der Qualitätskontrolle (IDW PH 9.140, Stand: 4.9.2001), in: WPg, 55. Jg. (2002), S. 124-146.

3. Standards

IDW ES 1
Grundsätze zur Durchführung von Unternehmensbewertungen (IDW ES 1 n.F., Stand: 9.12.2004), in: WPg, 58. Jg. (2005), S. 28-46.

IDW S 4
Grundsätze ordnungsmäßiger Beurteilung von Prospekten über öffentlich angebotene Kapitalanlagen (IDW S 4, Stand: 1.9.2000), in: WPg, 53. Jg. (2000), S. 922-937.

FSC
www.fsc.org
MIX
Papier | Fördert gute Waldnutzung
FSC® C083411

Kolibri 360 GmbH
Ferdinand-Jühlke-Straße 7
99095 Erfurt, Deutschland
produktsicherheit@kolibri360.de